上市公司财会案例解析

——基于浙江省大学生财会信息化竞赛试题数据

浙江省大学生财会信息化竞赛命题组　编著

立信会计出版社
LIXIN ACCOUNTING PUBLISHING HOUSE

图书在版编目(CIP)数据

上市公司财会案例解析：基于浙江省大学生财会信息化竞赛试题数据/浙江省大学生财会信息化竞赛命题组编著. —上海：立信会计出版社，2017.6
ISBN 978 - 7 - 5429 - 5482 - 4

Ⅰ.①上… Ⅱ.①浙… Ⅲ.①上市公司—财务会计—会计分析—中国 Ⅳ.①F279.246

中国版本图书馆 CIP 数据核字(2017)第 126860 号

策划编辑　　方士华
责任编辑　　方士华
封面设计　　南房间

上市公司财会案例解析
——基于浙江省大学生财会信息化竞赛试题数据

出版发行	立信会计出版社			
地　　址	上海市中山西路 2230 号	邮政编码	200235	
电　　话	(021)64411389	传　　真	(021)64411325	
网　　址	www.lixinaph.com	电子邮箱	lxaph@sh163.net	
网上书店	www.shlx.net	电　　话	(021)64411071	
经　　销	各地新华书店			
印　　刷	上海天地海设计印刷有限公司			
开　　本	787 毫米×1092 毫米		1/16	
印　　张	28	插　　页	1	
字　　数	747 千字			
版　　次	2017 年 6 月第 1 版			
印　　次	2017 年 6 月第 1 次			
书　　号	ISBN 978 - 7 - 5429 - 5482 - 4/F			
定　　价	66.00 元			

如有印订差错，请与本社联系调换

序　言

　　浙江省大学生财会信息化竞赛是由浙江省大学生科技竞赛委员会主办、浙江财经大学承办，面向浙江省经济、管理类专业在校大学生的省级学科竞赛。自2004年以来，已连续成功举办了13届，累计参加学生人数达24 000余人次。十余春秋，浙江省大学生财会信息化竞赛正如一个襁褓中的婴儿茁壮成长，从起步到壮大，再由壮大步入成熟，经历了从无到有、从有到强的过程。目前，竞赛项目在规模、质量、管理等方面均上了一个新的台阶，业已形成一套成熟、规范的竞赛规则和流程，现已具有竞赛品牌效应，得到了学生和社会各界的广泛认可，在浙江省已具有较大知名度，在长三角地区也已具有一定影响。现在，在新的经济形势下，竞赛组委会与时俱进，在发挥竞赛传统优势的基础上，积极引进时代元素，为赛制注入了新鲜血液，力争把浙江省大学生财会信息化竞赛办成在全国具有一定影响的赛事。

　　浙江省大学生财会信息化竞赛的宗旨是顺应财会信息化的发展趋势，进一步培养在校大学生财会信息化的各项能力，提高学生的创新意识、创新能力和团队合作精神，同时有力深化实践教学改革、推进课程体系设置、促进教风学风建设。凡参加过竞赛的学生，他们的各项能力均有不同程度的提高，他们的参赛获奖证书甚至成了一些用人单位的"免检证书"。积极参与竞赛的院校在教学改革、实践教学、人才培养方面也颇为受益。浙江省大学生财会信息化竞赛既是培养学生综合能力的平台，又是教学改革的助推器，这已得到社会各界的普遍认同。

　　我们认为，浙江省大学生财会信息化竞赛之所以成为一项品牌赛事，除了具有成熟的赛制和规范的流程外，还具有优质的试题数据。每一届竞赛试题均是以某家上市公司的财会案例为蓝本，对知识点进行加工设计，以达到考核学生发现问题、分析问题和解决问题的能力的目的。这些试题凝结了命题组成员辛勤的汗水，它既是参赛学生展现风采的盛宴，也是参赛院校提高竞赛成绩和促进教学改革的宝贵资料。因此，为了满足社会各界、各参赛院校对历届试题研究学习的渴求，推进竞赛向更高层次发展，我们不遗余力地将历届竞赛试题汇编成册并付之梨枣，以飨读者。因时间仓促，加之水平有限，错误疏漏之处难免，请多提宝贵意见和建议。

浙江省大学生财会信息化竞赛组委会

2017年6月

目　录

一、"天平杯"浙江省大学生财会信息化竞赛本科组试题及参考答案 ………………… 1

"天平杯"浙江省第十三届大学生财会信息化竞赛试题(本科组) ………………… 3

"天平杯"浙江省第十二届大学生财会信息化竞赛试题(本科组) ………………… 45

"天平杯"浙江省第十一届大学生财会信息化竞赛试题(本科组) ………………… 88

"天平杯"浙江省第十届大学生财会信息化竞赛试题(本科组) ………………… 135

"天平杯"浙江省第九届大学生财会信息化竞赛试题(本科组) ………………… 169

"天平杯"浙江省第十三届大学生财会信息化竞赛参考答案及评分标准(本科组) ………… 217

"天平杯"浙江省第十二届大学生财会信息化竞赛参考答案及评分标准(本科组) ………… 239

"天平杯"浙江省第十一届大学生财会信息化竞赛参考答案及评分标准(本科组) ………… 258

"天平杯"浙江省第十届大学生财会信息化竞赛参考答案及评分标准(本科组) ………… 280

"天平杯"浙江省第九届大学生财会信息化竞赛参考答案及评分标准(本科组) ………… 295

二、"天平杯"浙江省第十三届大学生财会信息化竞赛决赛试题及参考答案(本科组) ………… 315

三、"天平杯"浙江省大学生财会信息化竞赛高职高专组试题及参考答案 ………………… 321

"天平杯"浙江省第十三届大学生财会信息化竞赛试题(高职高专组) ………………… 323

"天平杯"浙江省第十二届大学生财会信息化竞赛试题(高职高专组) ………………… 332

"天平杯"浙江省第十一届大学生财会信息化竞赛试题(高职高专组) ………………… 348

"天平杯"浙江省第十届大学生财会信息化竞赛试题(高职高专组) ………………… 362

"天平杯"浙江省第九届大学生财会信息化竞赛试题(高职高专组) ………………… 374

"天平杯"浙江省第十三届大学生财会信息化竞赛参考答案及评分标准(高职高专组) …… 384

"天平杯"浙江省第十二届大学生财会信息化竞赛参考答案及评分标准(高职高专组) …… 395

"天平杯"浙江省第十一届大学生财会信息化竞赛参考答案及评分标准(高职高专组) …… 406

"天平杯"浙江省第十届大学生财会信息化竞赛参考答案及评分标准(高职高专组) …… 416

"天平杯"浙江省第九届大学生财会信息化竞赛参考答案及评分标准(高职高专组) …… 428

四、"天平杯"浙江省第十三届大学生财会信息化竞赛决赛试题及参考答案(高职高专组) …… 437

"天平杯"浙江省大学生财会信息化竞赛

本科组试题及参考答案

"天平杯"浙江省第十三届大学生财会信息化竞赛试题(本科组)

Dragon 控股(集团)股份有限公司资料

(说明:该案例仅供竞赛使用,不与实际企业挂钩)

第一部分 公司简介和主要财务指标

一、公司简介

Dragon 控股(集团)股份有限公司(以下简称"公司""本公司""Dragon 控股"或"Dragon 控股公司")于 1995 年 9 月在浙江省绍兴经济开发区创建,2001 年在深交所上市,目前注册资金为53 839.5万元。公司从事的主要业务:研发、制造和销售水刺、熔纺、衬布等各类无纺布;加工、研发和销售无纺系列的医疗卫生制品、旅游用品、家居用品、美容化妆用品等无纺深加工产品;研发、制造和销售磷酸二氢钾、高端水溶肥等磷化工产品;石油、橡胶及木材等产品的贸易;证券、委托理财等投资业务。

公司的核心产品水刺无纺布处于产业链的中游,其上游产业为粘胶短纤、木浆纸、棉花等天然纤维素再生纤维和天然纤维以及涤纶短纤等人工合成纤维,下游主要用于医疗、卫生、家居、美容、化妆、工业擦拭等方面;公司的无纺深加工制品目前主要以生活擦拭布和湿巾等家居用品为主,其未来的业务发展方向包括:家庭清洁擦拭产品、婴童系列产品、成人尿不湿和妇女卫生巾等四大块板。

二、主要会计数据和财务指标

主要会计数据和财务指标 单位:元

项 目	2015 年	2014 年	本年比上年增减	2013 年
营业收入(元)	303 235 247.51	259 903 576.98	16.67%	226 142 926.36
归属于上市公司股东的净利润(元)	−76 858 051.42	4 873 532.94	−1 677.05%	−53 448 212.87
归属于上市公司股东的扣除非经常性损益的净利润(元)	−89 559 304.85	−53 625 648.11	−67.01%	−57 678 134.43
经营活动产生的现金流量净额(元)	−8 344 411.89	1 103 317.52	−856.30%	−29 795 674.90

（续表）

项 目	2015 年	2014 年	本年比上年增减	2013 年
基本每股收益(元/股)	−0.15	0.01	−1 600.00%	−0.08
稀释每股收益(元/股)	−0.15	0.01	−1 600.00%	−0.08
加权平均净资产收益率	−0.24%	0.02%	−0.26%	−0.08%

项 目	2015 年年末	2014 年年末	本年末比上年年末增减	2013 年年末
总资产(元)	1 091 728 380.75	1 000 610 795.37	9.11%	1 007 406 795.68
归属于上市公司股东的净资产(元)	620 083 478.72	677 527 630.14	−8.48%	672 653 823.45

三、分季度主要财务指标

分季度主要财务指标　　　　　　　　　　　单位:元

项 目	第一季度	第二季度	第三季度	第四季度
营业收入	52 550 759.06	79 713 976.19	102 255 865.97	68 714 646.29
归属于上市公司股东的净利润	−10 005 863.19	−9 006 740.77	−7 632 386.44	−50 213 061.02
归属于上市公司股东的扣除非经常性损益的净利润	−10 924 674.46	−8 556 125.24	−6 066 110.87	−64 012 394.28
经营活动产生的现金流量净额	−1 850 690.02	1 335 969.34	−7 578 227.61	−251 463.60

四、非经常性损益项目及金额

非经常性损益项目及金额　　　　　　　　　单位:元

项 目	2015 年金额	2014 年金额	2013 年金额
非流动资产处置损益(包括已计提资产减值准备的冲销部分)	−39 754.39	40 547 142.56	7 848.87
计入当期损益的政府补助(与企业业务密切相关,按照国家统一标准定额或定量享受的政府补助除外)	5 095 749.81	17 174 094.50	3 828 467.00
计入当期损益的对非金融企业收取的资金占用费	172 000.00		
委托他人投资或管理资产的损益	868 738.09	1 108 093.15	1 408 848.88
债务重组损益	98 240.00	21 038.60	662 708.91
除同公司正常经营业务相关的有效套期保值业务外,持有交易性金融资产、交易性金融负债产生的公允价值变动损益,以及 处置交易性金融资产、交易性金融负债和可供出售金融资产取得的投资收益	9 151 120.93		
除上述各项之外的其他营业外收入和支出	−158 507.80	350 459.77	−1 173 595.10
减:所得税影响额	2 330 131.32	636 110.03	504 357.00
少数股东权益影响额(税后)	156 201.89	65 537.50	
合　　计	12 701 253.43	58 499 181.05	4 229 921.56

第二部分　管理层讨论与分析

一、公司核心竞争力分析

公司的核心竞争力主要体现于水刺无纺布及其深加工制品、纺粘和熔喷等产品的研发、制造方面。通过多年的努力,公司已形成了在非织造行业的技术优势、资源优势、品质优势和规模优势。

(1) 公司系国内首家引进水刺无纺材料制造技术的企业,具有行业先入优势。由于较早引进无纺 r 技术并建设投产生产线,使公司有机会较早地与国际领先的设备、原材料厂商以及广泛的产品用户接触,在国际国内市场上建立了良好的品牌认知度,"Dragon"品牌在国内外非织造材料行业内均享有较高的知名度及美誉度。

(2) 公司先后通过了 ISO9001 质量管理体系、ISO14001 环境管理体系、国际认证联盟(IQNET)质量认证并通过了水刺等产品的 ISO9001 质量认证,具有较为完善的质量管理体系;随着市场竞争日趋激烈,企业实施了标准化战略,通过了"标准化良好行为企业"国家 AAAA 级认证。

(3) 公司立足科技创新,以技术开发推动企业发展。经过多年的不懈努力,公司目前已拥有"博士后科研工作站"、国内非织造行业唯一的"国家非织造材料工程技术研究中心"、"浙江省非织造新材料工程技术中心",同时被认定为"国家非织造材料高新技术产业化基地"。

(4) 公司自成立以来,坚持以"高科技、高起点、大规模、国际化"为企业发展方向,始终把自主创新和技术研发放在首位。公司先后承担完成了多项国家和省部级科研项目,并且获得了多项奖励。公司已研发储备了一批技术含量高,产品市场潜力大的优秀项目。国家科技部下达了年度"科技兴贸行动"计划项目,公司承担的"功能性无纺布卷材后整理生产线"项目获得该项目计划支持,这是浙江省首次获得项目计划经费支持的"科技兴贸行动"计划项目。该生产线是公司自主设计开发的可满足多种无纺布卷材后整理工艺生产线,技术上达到国际先进水平。

(5) 公司拥有良好的技术人才优势。公司自身拥有包括享受国务院津贴专家、省优专家在内的技术团队,还聘请了国内外相关院校及亚洲非织造材料协会(ANFA)和中国产业用纺织品行业协会等的专家组成专家顾问团队,以保证公司能及时地掌握国际非织造材料前沿技术和行业发展动态。

(6) 公司被认定为高新技术企业,享受"按减半的税率征收企业所得税"的税收优惠政策。

二、公司 2015 年度生产经营状况分析

2015 年国内宏观经济形势持续低迷,实体经济普遍陷入困境。在董事会的正确决策和监事会的有效监督下,公司经营团队克服了诸多困难,对核心业务水刺及其后加工制品业务调整了适销对路的产品结构,制定了适应市场竞争的销售价格,而且大力开拓了贸易业务,保持了公司整体营业收入的稳步增长。报告期共完成营业总收入 30 323.5 万元,较上年增长 16.67%。营业总毛利额为 3 299 万元,较上年增加了 495 万元。同时,为了提高资金的使用效益,公司积极稳妥地开展了委托衍生品投资和保本型理财产品投资业务,获得了投资收益 1 047.55 万元。

在公司主营业务转好的情况下,公司整体净利润依然出现了大额的亏损,其主要原因如下:

(1) 报告期内公司大股东浙江金纱实业有限公司无偿赠予 352.98 万股给公司员工持股计划,根据《企业会计准则第 11 号——股份支付》的相关规定,增加了当期管理费用 1 941 万元。

(2) 报告期末对资产减值情况进行测试时发现,部分子公司生产线因辖区环保达标问题难以

解决及市场问题等原因导致其持续生产存在客观上的困难;同时,尚有部分子公司的存货及债权也存在减值迹象。公司相应计提了各项资产减值准备,增加了本期亏损额 2 421.27 万元。

(3) 报告期内公司在湖北和湖南的无纺新项目绝大部分时间处于建设和调试阶段,虽然市场前景看好,但由于该项目第四季度才正式投产,实现稳定生产及市场拓展尚有一个过程,真正形成效益还需时日,而且筹建期间的费用在投产时一次性列入当期费用,导致报告期内新增亏损502.55万元。

(4) 报告期内,子公司宜昌 Dragon 化工和上海 Dragon 衬布公司因受环保限制和市场低迷等原因的影响开机率严重不足,销售额在原本萎缩的情况下继续下滑,亏损额有所增加。

三、公司未来发展的展望

(一) 行业竞争格局和发展趋势

近几年,随着非织造行业在医疗卫生、环保过滤和新能源等领域的迅猛发展,无纺材料的新用途不断被拓展,其市场需求量亦大幅增加。鉴于这种高增长的市场机会,2015 年全国又有部分新增产能投产,非织造产业进一步向浙江山东集中。这种产业集中度的提升,增加了当地企业的成本优势,公司主打产品水刺无纺布的销售受到一定的挤压,迫使公司由常规产品进一步向细分化领域转型。2015 年公司开发了美容面膜用水刺无纺布,并取得了较好的销售业绩。为了应对市场竞争形势,2016 年公司计划在多个细分领域加大研发力度,摆脱在常规产品上的成本压力,在细分领域建立自己的产品优势,进一步向高技术含量、高品质、高附加值方向发展,以产品低价取胜逐步往以产品品质取胜过渡。真正稳固公司在非织造行业的龙头企业地位。

(二) 公司未来发展战略

公司继续夯实和发展无纺主业,努力将公司打造成为中国高品质多系列非织造材料及深加工产品的优质供应商和服务商。同时,按照公司已确定的"大健康、大医疗"的企业发展定位,将于2016 年度在以下几个具体方面付出努力:

(1) 借助公司现有的非织造材料的生产及研发优势,逐步向下游延伸无纺产业链,加强无纺后加工制品的产销能力,以实现从中间产品向无纺终端转型升级,从而大幅提高无纺材料的整体盈利水平。随着国家二胎政策的放开,市场对母婴和家庭用品的需求量呈现井喷式的增长,市场空间巨大。公司确定将清洁擦拭产品、婴童系列产品、成人尿不湿和妇女卫生巾等四大块板作为重点发展方向。

(2) 加强资本运营工作,努力寻找医药行业中较好的并购标的,实现公司向"大健康、大医疗"方向的转型,快速提升公司整体盈利水平。

(3) 利用公司丰富的土地资源和浙江地产的区位优势,开发健康养生养老地产项目,创新地产销售模式,提高公司整体收益。

(三) 公司 2016 年度的经营计划

公司 2016 年度的经营目标是:2016 年度主营业务收入在 2015 年度的基础上增长 50%。公司拟在 2016 年度重点做好以下工作:

(1) 做大做强公司的无纺主业,加大对水刺材料的研发力度,尽快开发出更多的适销对路的产品,进一步向高技术含量、高品质、高附加值方向发展。并且最大限度地利用与发挥设备和技术优势,快速提升水刺产品的产销总量。

(2) 借助国家开放二胎政策后婴童用品市场需求量井喷式增长的机会,加快公司从无纺卷材向无纺终端产品实现战略转型升级的进程,大幅提升公司产品的盈利能力。

(3) 加强对宜昌 Dragon 卫材和湖南 Dragon 非织造公司新项目的运营管理,本着"人无我有、人有我优"的经营理念,打造天然、环保、抑菌、安全等差异化产品,确保新项目尽早产生效益。

(4) 与国内金融机构、投资机构合作,以创新方式盘活公司土地资产,增加公司土地开发收益。

(5) 建设专业营销团队,采用新兴互联网和传统商超相结合的营销模式,扩大无纺终端产品的经营规模。

(6) 加强大健康大医疗项目的甄选和建设。争取在本年度内,完成重大资产重组和现金发行工作;同时,加强生物制药原料基地公司的建设及运行工作。

(四) 可能面对的风险及其应对措施

1. 宏观经济风险

公司主要从事非织造材料,其与国民经济和社会发展状况密切相关。由于经济发展具有其内在的周期性和波动性,非织造材料行业发展也不可避免地受到国民经济周期的影响,并且公司产品销往国内外市场,国内外的整体经济发展状况会很大程度上影响公司的业绩和发展前景。

应对措施:加强行业趋势分析,针对行业发展趋势及时调整经营政策及经营方向。

2. 信用风险

本公司的信用风险主要来自货币资金、应收账款、其他应收款。

应对措施:制定适当的信用政策,高度关注且持续监察信用敞口的变化。选择信用良好的银行存放公司持有的货币资金。为提高资金效率并兼顾风险控制的需要,货币资金主要用于定期存款和购买保本型理财产品。对于应收账款、其他应收款,设定相关政策以控制信用风险敞口。基于对客户的财务状况、从第三方获取担保的可能性、信用记录及当期市场状况等评估客户的信用资质并设置相应的信用额度及信用期限。定期对客户信用记录进行监控,对于信用记录不良的客户,及时采用书面催款、缩短信用期或取消信用期等方式,以确保公司的整体信用风险在可控的范围内。

3. 流动性风险

流动性风险是指本公司无法及时获得充足资金,满足业务发展需要或偿付到期债务以及其他支付义务的风险。

应对措施:本公司金融事务部、计划财务处持续监控公司短期和长期的资金需求,以确保维持充裕的现金储备;同时持续监控是否符合借款协议的规定,从主要金融机构获得提供足够备用资金的承诺,以满足短期和长期的资金需求。

4. 市场风险

(1) 外汇风险。本公司有较大份额的业务为出口业务,计价货币主要为美元和欧元,其汇率的变动将对公司业绩造成影响。

应对措施:加强对外汇市场的分析,及时根据汇率的变动及时调整结算方式和外币结算币种以达到规避外汇风险的目的;同时公司财务部门将密切监控公司外币交易和外币资产及负债的规模,以最大程度降低可能的外汇风险。

(2) 利率风险。公司的利率风险主要产生于银行借款等。公司借款利率全部采取固定利率结算,固定利率的金融负债使本公司面临公允价值利率风险。利率上升会增加新增带息债务的成本,并对本公司的财务业绩产生重大的不利影响。

应对措施:公司将根据当时的市场环境来决定选择相应的金融机构,以规避公允价值利率风险;公司安排金融事务部、计划财务处持续监控公司利率水平,管理层会依据最新的市场状况及时做出调整,这些调整可能是通过调整及选择相应的金融机构等财务安排来降低利率风险。

(3) 价格风险。公司的主要原材料为各种短纤、木浆纸等,主要从国内采购。近年来,由于国内经济环境原因,与公司产品相关的原材料价格及产品价格不稳定,若没有快速的市场反应机制,就会对公司产品盈利水平造成直接的影响。

应对措施：加强原料市场行情分析，在价格下滑阶段适当增加原材料储备量，在价格上涨阶段适当控制原材料库存量。

5. 技术泄密和人才流失的风险

公司历来注重自主创新和技术研发，技术水平在国内非织造材料行业处于领先地位。目前，公司已形成了良好人才结构，为企业的持续发展提供技术支撑。尽管公司已将竞业禁止条款加入到劳动合同中，但是由于行业增速较快，竞争也较为激烈，仍存在技术人员流失到竞争对手或其他企业的风险，并因此而带来技术泄密的风险。

应对措施：严格执行公司关于鼓励技术创新的激励政策，为技术人员提供良好的发挥能力的平台，以进一步提高技术研发队伍的稳定性。同时，积极改善公司职工待遇和生活条件，提高职工的凝聚力和向心力。报告期内公司实施的员工持股计划也将有利于增强职工与公司利益的一致性，对于稳定人才队伍有着重大的、积极的影响。

第三部分　重要事项

一、公司普通股利润分配及资本公积金转增股本情况

公司近 3 年(包括本报告期)普通股现金分红情况表如下：

公司近 3 年(包括本报告期)普通股现金分红情况表　　　　　　　　单位：元

分红年度	现金分红金额(含税)	分红年度合并报表中归属于上市公司普通股股东的净利润	占合并报表中归属于上市公司普通股股东的净利润的比率	以其他方式现金分红的金额	以其他方式现金分红的比例
2015 年	0.00	−76 858 051.42	0.00%	0.00	0.00%
2014 年	0.00	4 873 532.94	0.00%	0.00	0.00%
2013 年	0.00	−53 448 212.87	0.00%	0.00	0.00%

二、公司子公司重大事项

Dragon 控股在 2011 年出资设立两家子公司：上海鑫达实业有限公司(简称"鑫达公司")和上海洁梦环保器材有限公司(简称"洁梦公司")。Dragon 控股分别持有鑫达公司 100% 股权和洁梦公司 70% 的股权，洁梦公司其余 30% 的股权被青岛翼锋科技有限公司(简称"翼锋公司"，非关联方企业)所持有。2015 年 11 月 11 日，鑫达公司以货币资金同时购入 Dragon 控股持有的洁梦公司 40% 的股权以及翼锋公司所持有的洁梦公司 20% 的股权，从而对洁梦公司实施控制。

三、公司重大资产重组事项

2014 年 6 月 30 日，为加快实现公司发展战略目标，拓展业务发展空间，提升公司经营业绩水平，切实维护全体股东的利益，经慎重考虑，本公司选定了以下 3 家收购标的公司，作为要推进的重大资产重组事项。2014 年年底，本公司已与标的公司签署了相关框架协议，并已组织财务顾问、审计机构、律师、评估机构等中介机构在现场对标的公司开展尽职调查、审计、评估、披露文件编制等

工作。上述三家被收购标的公司资产具体情况如下:

(1) 收购国内浙江康鑫医药有限公司的100％股权。浙江康鑫医药有限公司主要从事红花注射液、红花口服液等心脑血管类中成药的研发、生产和销售。本公司与浙江康鑫药业有限公司控股股东和实际控制人不存在关联关系。

(2) 收购国内河南蓝海之梦药业股份有限公司的70％股权。河南蓝海之梦药业股份有限公司主要从事中药饮片的生产和销售。本公司与河南蓝海之梦药业股份有限公司控股股东和实际控制人不存在关联关系。

(3) 收购国内江苏一鸣惊人文化传媒股份有限公司的60％股权。江苏一鸣惊人文化传媒股份有限公司主要从事广告制作代理、影视节目制作发行、网络传输服务、旅游酒店、房地产开发、艺术品、移动新媒体等业务。本公司与江苏一鸣惊人文化传媒股份有限公司控股股东和实际控制人不存在关联关系。

2015年底,公司上述重大资产重组事项基本顺利完成。根据法律法规及监管部门的有关规定,本公司根据重组进展情况及时披露了有关信息。

四、公司重大担保事项

报告期内,本公司对控股子公司及其关联方提供担保的情况如下:

本公司对控股子公司及其关联方提供担保的情况　　　　金额单位:万元

担保对象名称	担保额度相关公告披露日期	担保额度	实际发生日期(协议签署日)	实际担保金额	担保类型	担保期	是否履行完毕	是否为关联方担保
浙江维佳无纺股份有限公司	2015年2月1日	10 000	2015年3月31日	8 000	连带责任保证;抵押	1年	否	否
浙江维佳无纺股份有限公司	2015年2月25日	10 000	2015年3月18日	3 000	连带责任保证;抵押	1年	否	否
杭州维佳卫生材料有限公司	2015年3月8日	500	2015年3月14日	500	连带责任保证	8个月	否	否
报告期末已审批的对子公司担保额度合计		20 500	报告期末对子公司实际担保余额合计			11 500		
实际担保总额占公司净资产的比例						18.90％		

关联担保情况说明:

(1) 2015年3月31日,本公司为全资子公司浙江维佳无纺股份有限公司向兴业银行股份有限公司杭州分行申请办理基本额度授信(授信最高本金额度为人民币1亿元整,有效期为1年)提供资产抵押担保及连带责任担保。截至2015年12月31日,上述借款本金为8 000万元。

(2) 2015年3月17日,本公司为全资子公司浙江维佳无纺股份有限公司向平安银行股份有限公司杭州分行申请办理综合授信额度人民币1亿元整提供资产抵押担保,有效期1年。截至2015年12月31日,上述借款本金为3 000万元。

(3) 2015年3月14日,公司为全资子公司杭州维佳卫生材料有限公司向杭州市财政局申请使用县域经济发展调度资金人民币500万元整(借款时间截至2015年11月20日)提供连带责任保证。截至2015年6月30日,上述借款本金为500万元。

第四部分　财务报告

一、合并财务报表

(一) 合并资产负债表

合并资产负债表

编制单位:Dragon 控股(集团)股份有限公司　2015 年 12 月 31 日　　　　单位:元

项　　目	期末余额	期初余额
流动资产:		
货币资金	274 979 834.28	209 945 197.43
结算备付金		
拆出资金		
以公允价值计量且其变动计入当期损益的金融资产	14 462 119.81	
衍生金融资产		
应收票据	801 577.78	2 837 895.22
应收账款	40 225 852.47	26 354 641.60
预付款项	5 357 200.23	7 153 144.71
应收保费		
应收分保账款		
应收分保合同准备金		
应收利息	1 520 553.33	1 903 464.44
应收股利	1 908 700.00	727 122.00
其他应收款	11 756 944.15	14 603 338.53
买入返售金融资产		
存货	69 696 104.31	63 265 716.17
划分为持有待售的资产		
一年内到期的非流动资产		
其他流动资产	22 806 417.24	36 386 757.73
流动资产合计	443 515 303.60	363 177 277.83
非流动资产:		
发放贷款及垫款		
可供出售金融资产		
持有至到期投资		

（续表）

项　　目	期末余额	期初余额
长期应收款		
长期股权投资	16 071 968.00	17 065 894.00
投资性房地产	8 111 422.00	7 727 122.00
固定资产	478 547 719.72	418 700 613.65
在建工程	9 263 012.49	56 187 318.47
工程物资	111 422.22	159 938.44
固定资产清理		
生产性生物资产		
油气资产		
无形资产	122 882 876.22	106 704 496.69
开发支出		
商誉	9 263 000.00	8 805 200.00
长期待摊费用	2 093 969.64	334 643.29
递延所得税资产	134 002.00	67 906.00
其他非流动资产	1 733 684.86	21 680 385.00
非流动资产合计	648 213 077.15	637 433 517.54
资产总计	1 091 728 380.75	1 000 610 795.37
流动负债：		
短期借款	85 000 000.00	18 000 000.00
向中央银行借款		
吸收存款及同业存放		
拆入资金		
以公允价值计量且其变动计入当期损益的金融负债		
衍生金融负债		
应付票据	2 000 000.00	
应付账款	39 978 182.79	31 002 256.54
预收款项	2 350 280.96	2 058 046.39
卖出回购金融资产款		
应付手续费及佣金		
应付职工薪酬	1 201 889.48	263 007.44
应交税费	946 877.27	5 065 593.39
应付利息	611 608.00	560 042.48

（续表）

项　目	期末余额	期初余额
应付股利		
其他应付款	64 359 333.22	63 887 629.82
应付分保账款		
保险合同准备金		
代理买卖证券款		
代理承销证券款		
划分为持有待售的负债		
一年内到期的非流动负债	50 000 000.00	109 863 013.70
其他流动负债		
流动负债合计	246 448 171.72	230 699 589.76
非流动负债：		
长期借款	150 000 000.00	50 000 000.00
应付债券	8 000 000.00	1 200 000.00
其中:优先股		
永续债		
长期应付款		
长期应付职工薪酬		
专项应付款	8 013 223.80	3 320 000.00
预计负债	14 400 000.00	10 800 000.00
递延收益	8 635 310.19	3 660.00
递延所得税负债	206 000.00	83 700.00
其他非流动负债		
非流动负债合计	189 254 533.99	65 407 360.00
负债合计	435 702 705.71	296 106 949.76
所有者权益：		
股本	538 395 000.00	538 395 000.00
其他权益工具		
其中:优先股		
永续债		
资本公积	469 310 798.33	449 896 898.33
减:库存股		
其他综合收益		

(续表)

项　目	期末余额	期初余额
专项储备		
盈余公积		
一般风险准备		
未分配利润	−387 622 319.61	−310 764 268.19
归属于母公司所有者权益合计	620 083 478.72	677 527 630.14
少数股东权益	35 942 196.32	26 976 215.47
所有者权益合计	656 025 675.04	704 503 845.61
负债和所有者权益总计	1 091 728 380.75	1 000 610 795.37

（二）合并利润表

合并利润表

编制单位：Dragon 控股（集团）股份有限公司 2015 年度　　　　　　　单位：元

项　目	本期发生额	上期发生额
一、营业总收入	303 235 247.51	259 903 576.98
其中：营业收入	303 235 247.51	259 903 576.98
利息收入		
已赚保费		
手续费及佣金收入		
二、营业总成本	396 064 730.88	313 714 924.77
其中：营业成本	270 241 620.26	231 860 148.26
利息支出		
手续费及佣金支出		
退保金		
赔付支出净额		
提取保险合同准备金净额		
保单红利支出		
分保费用		
营业税金及附加	338 165.03	316 892.90
销售费用	16 769 800.61	14 907 654.82
管理费用	75 698 859.09	47 791 837.20
财务费用	8 803 540.69	16 317 896.94
资产减值损失	24 212 745.20	2 520 494.65

（续表）

项　目	本期发生额	上期发生额
加:公允价值变动收益(损失以"-"号填列)	-455 598.69	
投资收益(损失以"-"号填列)	10 475 457.71	1 108 093.15
其中:对联营企业和合营企业的投资收益		
三、营业利润(亏损以"-"号填列)	-82 809 624.35	-52 703 254.64
加:营业外收入	5 744 864.38	58 760 811.14
其中:非流动资产处置利得	1 417.10	40 570 970.13
减:营业外支出	749 136.76	668 075.71
其中:非流动资产处置损失	41 171.49	23 827.57
四、利润总额(亏损总额以"-"号填列)	-77 813 896.73	5 389 480.79
减:所得税费用	428 173.84	636 110.03
五、净利润(净亏损以"-"号填列)	-78 242 070.57	4 753 370.76
归属于母公司所有者的净利润	-76 858 051.42	4 873 532.94
少数股东损益	-1 384 019.15	-120 162.18
六、其他综合收益的税后净额		
归属母公司所有者的其他综合收益的税后净额		
(一) 以后不能重分类进损益的其他综合收益		
1. 重新计量设定受益计划净负债或净资产的变动		
2. 权益法下在被投资单位不能重分类进损益的其他综合收益中享有的份额		
(二) 以后将重分类进损益的其他综合收益		
1. 权益法下在被投资单位以后将重分类进损益的其他综合收益中享有的份额		
2. 可供出售金融资产公允价值变动损益		
3. 持有至到期投资重分类为可供出售金融资产损益		
4. 现金流量套期损益的有效部分		
5. 外币财务报表折算差额		
6. 其他		
归属于少数股东的其他综合收益的税后净额		
七、综合收益总额	-78 242 070.57	4 753 370.76
归属于母公司所有者的综合收益总额	-76 858 051.42	4 873 532.94
归属于少数股东的综合收益总额	-1 384 019.15	-120 162.18
八、每股收益:		
(一) 基本每股收益	-0.15	0.01
(二) 稀释每股收益	-0.15	0.01

（三）合并现金流量表

合并现金流量表

编制单位:Dragon 控股(集团)股份有限公司 2015 年度　　　　　　　　　　　　　　单位:元

项　目	本期发生额	上期发生额
一、经营活动产生的现金流量:		
销售商品、提供劳务收到的现金	312 341 908.01	252 130 403.04
客户存款和同业存放款项净增加额		
向中央银行借款净增加额		
向其他金融机构拆入资金净增加额		
收到原保险合同保费取得的现金		
收到再保险业务现金净额		
保户储金及投资款净增加额		
处置以公允价值计量且其变动计入当期损益的金融资产净 增加额		
收取利息、手续费及佣金的现金		
拆入资金净增加额		
回购业务资金净增加额		
收到的税费返还	12 018 403.77	12 699 751.60
收到其他与经营活动有关的现金	24 884 968.10	33 444 680.72
经营活动现金流入小计	349 245 279.88	298 274 835.36
购买商品、接受劳务支付的现金	267 766 667.15	218 780 108.10
客户贷款及垫款净增加额		
存放中央银行和同业款项净增加额		
支付原保险合同赔付款项的现金		
支付利息、手续费及佣金的现金		
支付保单红利的现金		
支付给职工以及为职工支付的现金	41 622 570.80	37 243 775.49
支付的各项税费	13 606 008.43	6 802 468.78
支付其他与经营活动有关的现金	34 594 445.39	34 345 165.47
经营活动现金流出小计	357 589 691.77	297 171 517.84
经营活动产生的现金流量净额	−8 344 411.89	1 103 317.52
二、投资活动产生的现金流量:		
收回投资收到的现金	119 339 538.63	113 000 000.00

（续表）

项　目	本期发生额	上期发生额
取得投资收益收到的现金	10 475 457.71	1 108 093.15
处置固定资产、无形资产和其他长期资产收回的现金净额	15 000.00	49 054 602.00
处置子公司及其他营业单位收到的现金净额		
收到其他与投资活动有关的现金	22 615 000.00	4 616 000.00
投资活动现金流入小计	152 444 996.34	167 778 695.15
购建固定资产、无形资产和其他长期资产支付的现金	67 810 780.09	114 584 759.65
投资支付的现金	117 257 257.13	19 396 000.00
质押贷款净增加额		
取得子公司及其他营业单位支付的现金净额		
支付其他与投资活动有关的现金	2 000 000.00	
投资活动现金流出小计	187 068 037.22	133 980 759.65
投资活动产生的现金流量净额	−34 623 040.88	33 797 935.50
三、筹资活动产生的现金流量：		
吸收投资收到的现金	10 350 000.00	27 000 000.00
其中：子公司吸收少数股东投资收到的现金		
取得借款收到的现金	228 200 000.00	20 000 000.00
发行债券收到的现金	6 800 000.00	
收到其他与筹资活动有关的现金	1 821 781.25	
筹资活动现金流入小计	247 171 781.25	47 000 000.00
偿还债务支付的现金	127 863 013.70	97 000 000.00
分配股利、利润或偿付利息支付的现金	10 567 249.25	17 052 378.22
其中：子公司支付给少数股东的股利、利润		
支付其他与筹资活动有关的现金	2 000 000.00	
筹资活动现金流出小计	140 430 262.95	114 052 378.22
筹资活动产生的现金流量净额	106 741 518.30	−67 052 378.22
四、汇率变动对现金及现金等价物的影响	988 352.57	45 128.48
五、现金及现金等价物净增加额	64 762 418.10	−32 105 996.72
加：期初现金及现金等价物余额	207 833 639.31	239 939 636.03
六、期末现金及现金等价物余额	272 596 057.41	207 833 639.31

(四) 合并所有者权益变动表

合并所有者权益变动表

2015 年度

编制单位:Dragon控股(集团)股份有限公司　　　　　　　　　　　单位:元

项　目	归属于母公司所有者权益											少数股东权益	所有者权益合计
	其他权益工具				资本公积	减:库存股	其他综合收益	专项储备	盈余公积	一般风险准备	未分配利润		
	股本	优先股	永续债	其他									
一、上年期末余额	538 395 000.00				449 896 898.33						-310 764 268.19	26 976 215.47	704 503 845.61
加:会计政策变更													
前期差错更正													
同一控制下企业合并													
其他													
二、本年期初余额	538 395 000.00				449 896 898.33						-310 764 268.19	26 976 215.47	704 503 845.61
三、本期增减变动金额(减少以"—"号填列)					19 413 900.00						-76 858 051.42	8 965 980.85	-48 478 170.57
(一)综合收益总额											-76 858 051.42	-1 384 019.15	-78 242 070.57
(二)所有者投入和减少资本												10 350 000.00	29 763 900.00
1. 股东投入的普通股													
2. 其他权益工具持有者投入资本												10 350 000.00	10 350 000.00
3. 股份支付计入所有者权益的金额					19 413 900.00								19 413 900.00
4. 其他													
(三)利润分配													
1. 提取盈余公积													
2. 提取一般风险准备													
3. 对所有者(或股东)的分配													
4. 其他													
(四)所有者权益内部结转													
1. 资本公积转增资本(或股本)													

（续表）

本期

项　目	归属于母公司所有者权益											少数股东权益	所有者权益合计
	股本	其他权益工具			资本公积	减:库存股	其他综合收益	专项储备	盈余公积	一般风险准备	未分配利润		
		优先股	永续债	其他									
2. 盈余公积转增资本（或股本）													
3. 盈余公积弥补亏损													
4. 其他													
（五）专项储备													
1. 本期提取													
2. 本期使用													
（六）其他													
四、本期期末余额	538 395 000.00				469 310 798.33						−387 622 319.61	35 942 196.32	656 025 675.04

上期

项　目	归属于母公司所有者权益											少数股东权益	所有者权益合计
	股本	其他权益工具			资本公积	减:库存股	其他综合收益	专项储备	盈余公积	一般风险准备	未分配利润		
		优先股	永续债	其他									
一、上年期末余额	538 395 000.00				449 896 624.58						−313 537 801.13	492 651.40	675 246 474.85
加：会计政策变更											−2 100 000.00		−2 100 000.00
前期差错更正													
同一控制下企业合并													
其他													
二、本年期初余额	538 395 000.00				449 896 624.58						−315 637 801.13	492 651.40	673 146 474.85
三、本期增减变动金额（减少以"−"号填列）					273.75						4 873 532.94	26 483 564.07	31 357 370.76
（一）综合收益总额											4 873 532.94	−120 162.18	4 753 370.76
（二）所有者投入和减少资本					273.75							26 603 726.25	26 604 000.00

（续表）

上期

项目	归属于母公司所有者权益										少数股东权益	所有者权益合计
	股本	其他权益工具			资本公积	减:库存股	其他综合收益	专项储备	盈余公积	一般风险准备	未分配利润		
		优先股	永续债	其他									
1. 股东投入的普通股												27 000 000.00	27 000 000.00
2. 其他权益工具持有者投入资本													
3. 股份支付计入所有者权益的金额													
4. 其他					273.75							−396 273.75	−396 000.00
（三）利润分配													
1. 提取盈余公积													
2. 提取一般风险准备													
3. 对所有者（或股东）的分配													
4. 其他													
（四）所有者权益内部结转													
1. 资本公积转增股本（或股本）													
2. 盈余公积转增资本（或股本）													
3. 盈余公积弥补亏损													
4. 其他													
（五）专项储备													
1. 本期提取													
2. 本期使用													
（六）其他													
四、本期期末余额	538 395 000.00				449 896 898.33						−310 764 268.19	26 976 215.47	704 503 845.61

二、合并财务报表项目注释(节选)

(一) 资产负债表项目注释

(1) 货币资金中经营活动所需的货币资金数额为当年销售收入的60％。

(2) 应收票据中有40％为带息票据,票面利率6％,2014年度和2015年度获得的利息收入已冲减财务费用。

(3) 应付票据中30％为带息票据,票面利率6％,2014年度和2015年度支付的利息已计入财务费用。

(4) 应收股利中,由长期股权投资形成的应收股利占35％,其余为金融资产形成的应收股利。

(5) 投资性房地产均采用公允价值计量模式。

(6) 递延所得税资产均为经营性资产形成,递延所得税负债均为经营性负债形成。

(7) 其他流动资产和其他非流动资产,均为经营资产。

(8) 专项应付款为公司收到的科学技术部拨入国家科技支撑计划专项经费,用于医疗卫生用非织造屏蔽材料的研究开发及产业化项目。

(9) 递延收益为公司收到的政府补助,用于公司的基础设施建设。

(二) 利润表项目注释

1. 营业收入、营业成本

营业收入、营业成本　　　　　　单位:元

项　　目	本期发生额		上期发生额	
	收入	成本	收入	成本
主营业务	299 352 378.00	267 096 000.37	249 750 068.71	221 751 895.57
其他业务	3 882 869.51	3 145 619.89	10 153 508.27	10 108 252.69
合计	303 235 247.51	270 241 620.26	259 903 576.98	231 860 148.26

2. 营业税金及附加

营业税金及附加　　　　　　单位:元

项　　目	本期发生额	上期发生额
营业税	176 893.17	168 643.88
城市维护建设税	73 335.72	83 292.31
教育费附加	63 944.69	60 034.36
资源税	23 991.45	4 922.35
合计	338 165.03	316 892.90

3. 销售费用

销 售 费 用　　　　　　单位:元

项　　目	本期发生额	上期发生额
职工薪酬费用	3 757 905.57	3 769 448.36
办公费	443 964.19	488 009.91

(续表)

项　目	本期发生额	上期发生额
业务接待费	747 034.79	597 956.63
差旅费	1 070 673.80	1 333 280.27
通讯费	413 863.64	573 154.20
租赁费	439 325.69	326 499.95
广告宣传费	271 304.81	405 038.17
运杂费	8 093 406.49	6 299 809.57
折旧及摊销费用	7 998.32	7 894.36
其他费用	1 524 323.31	1 106 563.40
合计	16 769 800.61	14 907 654.82

4. 管理费用

管理费用   单位:元

项　目	本期发生额	上期发生额
职工薪酬费用	17 165 997.10	13 464 039.30
办公费	978 811.69	976 135.87
业务接待费	1 518 706.66	1 622 298.95
差旅费	1 955 071.61	1 835 501.78
通讯费	1 534 372.92	1 553 312.52
保险费、修理费	903 904.36	924 860.16
税金	7 341 959.62	7 044 105.75
折旧、摊销支出	14 605 730.57	11 406 470.53
聘请中介机构费	1 383 688.69	3 170 300.98
股份支付费用	19 413 900.00	
其他费用	8 896 715.87	5 794 811.36
合计	75 698 859.09	47 791 837.20

5. 财务费用

财务费用   单位:元

项　目	本期发生额	上期发生额
利息支出	14 218 814.77	24 182 803.76
减:利息收入	3 609 341.76	8 498 258.21
汇兑损失	16 861.26	73 566.59
减:汇兑收益	2 065 257.15	
其他	242 463.57	559 784.80
合计	8 803 540.69	16 317 896.94

6. 投资收益

投 资 收 益

单位:元

项目	本期发生额	上期发生额
以公允价值计量且其变动计入当期损益的金融资产在持有期间的投资收益	9 606 719.62	
其他	868 738.09	1 108 093.15
合计	10 475 457.71	1 108 093.15

投资收益主要系本期出售以公允价值计量且其变动计入当期损益的金融资产所致,其他系保本型理财产品收益。

三、与金融工具相关的风险

2015 年度本公司有较大份额的业务为出口业务,计价货币主要为美元和欧元,其汇率的变动将对公司业绩造成不利影响。本公司加强对外汇市场的分析,及时根据汇率的变动及时调整结算方式和外币结算币种以达到规避外汇风险的目的;同时公司财务部门密切监控公司外币交易和外币资产及负债的规模,以最大程度降低可能存在的外汇风险。

(1) 截至 2015 年 12 月 31 日,本公司持有的外币金融资产和外币金融负债按期末汇率折算成人民币的金额列示如下:

本公司持有的外币金融资产和外币金融负债按期末汇率折算成人民币的金额

单位:元

项目	期末余额		
	美元项目	欧元项目	合计
期末汇率	6.493 6	7.095 2	
外币金融资产:			
货币资金	829 948.35	695.72	5 394 288.88
应收账款	1 708 764.77	198 929.10	12 507 476.66
预付账款	122 376.80		794 665.99
小计本币	2 661 089.92	199 624.82	
小计人民币	17 280 053.50	1 416 378.02	18 696 431.53
外币金融负债:			
应付账款	41 446.21		
小计本币	41 446.21		
小计人民币	269 135.11		269 135.11

（2）敏感性分析：

敏感性分析　　　　　　　　　　　　　　　　单位：元

项目	期末余额		
	美元项目	欧元项目	合计
期末汇率	5.844 2	6.385 7	
外币金融资产：			
货币资金	829 948.35	695.72	4 854 826.81
应收账款	1 708 764.77	198 929.10	11 256 664.62
预付账款	122 376.80		715 194.49
小计本币	2 661 089.92	199 624.82	
小计人民币	15 551 941.71	1 274 744.21	16 826 685.92
外币金融负债：			
应付账款	41 446.21		242 219.94
小计本币	41 446.21		
小计人民币	242 219.94		242 219.94

截至 2015 年 12 月 31 日，对于本公司各类美元及欧元金融资产和美元及欧元金融负债，如果人民币对美元及欧元升值 10%，则持有的外币金融资产和外币金融负债按期末汇率折算成人民币的金额分别为 16 826 685.92 元和 242 219.94 元，将会影响本公司减少利润约 1 842 830.44 元；反之，如果人民币对美元及欧元贬值 10%，其他因素保持不变，则本公司将增加净利润 1 842 830.44 元(2014 年度约 1 168 703.77 元)。

第五部分　补充资料

一、审计发现

Dragon 控股公司根据 2014 年股东大会的决议，续聘诚信财达会计师事务所(特殊普通合伙)(以下简称"诚信财达事务所")作为公司 2015 年度财务报告的审计机构，审计对象为母公司个别财务报告和合并财务报告。Dragon 控股公司的子公司审计工作由子公司自行选择符合有关规定的会计师事务所，也可以委托诚信财达事务所(包括其符合条件的分所或是合作所)进行年报审计工作。

Dragon 控股公司共有子公司 22 家，其中 8 家为企业集团的重要组成部分，这 8 家子公司根据自身的实际情况，分别确定了相关的审计机构，具体情况如下表所示：

8 家子公司对应的审计机构

序号	子公司名称	子公司简称	所在城市	审计机构
1	浙江 Dragon 无纺股份有限公司	"Dragon 无纺"	浙江绍兴	诚信财达事务所
2	宜昌市化工新材料有限公司	"宜昌化工"	湖北宜昌	诚信财达武汉分所
3	宜昌市 Dragon 熔纺材料有限公司	"宜昌熔纺"	湖北宜昌	诚信财达武汉分所
4	上海 Dragon 衬布制造有限公司	"上海 Dragon"	上海市	诚信财达上海分所
5	浙江 Dragon 丰裕实业有限公司	"Dragon 丰裕"	浙江杭州	诚信财达事务所
6	湖南 Dragon 非织造材料有限公司	"湖南 Dragon"	湖南长沙	诚信财达事务所
7	宜昌市 Dragon 卫生材料有限公司	"宜昌 Dragon"	湖北宜昌	诚信财达武汉分所
8	大连 Dragon 石油化工有限公司	"Dragon 石化"	辽宁大连	大连 SD 会计师事务所

2015 年 9 月诚信财达事务所对 Dragon 控股公司及相关子公司启动预审工作,并与有关方面进行了全面沟通。根据本次预审的结果以及 Dragon 控股公司的实际情况,经诚信财达事务所与公司协商,最终确定了对该公司进行 2015 年度审计工作的时间安排,约定 2016 年 4 月 10 日向该公司提交审计报告。

按照审计业务约定书,诚信财达事务所结合 Dragon 控股公司及相关子公司的实际情况,委派 11 人组成审计组。其中注册会计师 7 人,分别为郭小钢、吴小波、宋小丹、于小谦、黄小翔、岳小鹏和李小咏,其中事务所合伙人郭小钢为项目负责人,郭小钢和吴小波为签字注册会计师;审计业务助理人员 4 人,分别为贾大玲、陈大赫、宋大宝和张大菲。

审计小组在审计工作中的部分实施情况和收集的资料如下。

资料一

1. 郭小钢和吴小波作为签字注册会计师对审计工作进行了整体规划,由于项目组将就母公司个别报告和合并财务报告发表审计意见,而子公司的财务信息将包含在合并财务信息中,所以如何保证子公司的财务信息不存在重大错报对项目组的审计意见具有重大影响。

2. 两位注册会计师认为除了合并财务报告和母公司个别报告之外,Dragon 控股公司的 3 家子公司个别财务报告由项目组执行审计,风险由项目组自行承担,无需另行考虑;另有 4 家子公司的审计工作由本事务所的分所执行,分所长期执行本所的审计业务质量控制制度,重要审计工作底稿的复核也由本所完成,因此这 4 家子公司的审计风险也在可控范围之内,仅要求分所在 2016 年 3 月 15 日之前完成并提供子公司审计报告;唯一需要特别考虑的是大连 Dragon 石油化工有限公司的审计工作由大连 SD 会计师事务所执行,该所与本所没有任何实质关联,需要对这一子公司的审计风险进行特别控制。

3. 两位注册会计师认为大连 SD 会计师事务所也具有证券业审计从业资格,理应具有相应的审计风险评估和应对能力,因此只需要本所和对方在审计责任上进行明确划分。有鉴于此,两位注册会计师以大连 SD 会计师事务所的名义起草了一份"承诺书",要求大连 SD 会计师事务所确认后盖章寄回,以下是承诺书原稿。

承　诺　书

诚信财达会计师事务所:

　　我们知悉贵所是 Dragon 控股(集团)股份有限公司 2015 年度财务报告的审计机构,将对该公司的个别财务报告和合并财务报告发表审计意见。大连 Dragon 石油化工有限公司为该公司的子公司,大连 Dragon 石油化工有限公司 2015 年的财务报告审计工作将由本所执行,为了清晰地理顺其中的责任关系,根据贵所的要求我所承诺:

　　一、大连 Dragon 石油化工有限公司 2015 年度的审计报告我所将在 2016 年 3 月 15 日之前按有关要求完成并提交,以不影响贵所的审计工作时间安排;

　　二、我所及项目组承诺将按《中国注册会计师审计准则》的要求执行对大连 Dragon 石油化工有限公司的审计工作,并独立承担由此带来的一切审计风险;

　　三、如果贵所不干涉我所及项目组的工作,对大连 Dragon 石油化工有限公司的审计工作全程由我所独立完成,则此项审计工作所涉及的一切责任由我所及相应的注册会计师承担,与贵所无涉。

　　以上承诺仅特指大连 Dragon 石油化工有限公司 2015 年的财务报告审计工作,在其余方面没有任何实质意义,对此的误解或误用本所概不负责。

大连 SD 会计师事务所(盖章)

项目负责人:

2015 年 10 月 8 日

资料二

　　在风险评估阶段,注册会计师郭小钢和宋小丹带领业务助理人员宋大宝和张大菲系统分析了该公司的财务和非财务信息,以了解被审计单位及其环境并评估财务报表层次的重大错报风险。在分析程序的应用过程中,4 位审计人员按"投资与收益""偿债能力""盈利能力""经营能力"和"资本结构"5 个方面计算该公司的相关综合指标。同时安排开展同行业数据的搜集和分析工作,由于该公司的主营业务属于非织造类的纺织制造,目前上市公司中有 7 家公司与该公司属于同行企业,在系统取得这 7 家公司财务数据的基础上,4 位审计人员对这 7 家公司的数据进行了相同口径的计算分析,形成了被审计单位和同行业数据的对比表:

被审计单位和同行业数据的对比表

类别	指标	2015 年		2014 年	
		Dragon 控股	行业平均	Dragon 控股	行业平均
投资与收益	基本每股收益(元)	−0.15	0.181 5	0.01	0.433
	每股净资产(元)	1.151 7	4.685 4	1.258 4	5.621
	净资产收益率	−11.76%	1.441 7%	0.72%	6.071 7%
	扣除非经常性损益后的每股收益(元)	−0.17	0.037 5	−0.1	0.367 1

（续表）

类别	指标	2015 年		2014 年	
		Dragon 控股	行业平均	Dragon 控股	行业平均
偿债能力	流动比率	1.8	1.215	1.57	1.273 3
	速动比率	1.52	0.943 3	1.3	0.971 7
	应收账款周转率	9.11	9.64	9.73	13.483 3
	资产负债率	39.91%	46.605%	29.59%	41.026 7%
盈利能力	净利润率	−23.35%	3.705%	1.88%	12.666 7%
	总资产报酬率	−7.35%	1.758 3%	0.49%	3.735%
经营能力	存货周转率（次）	4.07	6.318 3	4.43	7.581 7
	固定资产周转率（次）	0.63	2.7	0.69	3.401 7
	总资产周转率（次）	0.29	0.53	0.26	0.606 7
资本结构	净资产比率	56.8%	49.251 7%	67.71%	54.906 7%
	固定资产比率	46.91%	23.835%	45.21%	18.876 7%

在实施风险评估程序时,运用分析程序的目的是了解被审计单位及其环境并评估重大错报风险,在这个阶段运用分析程序是注册会计师的强制要求。根据中国注册会计师审计准则的相关规定,注册会计师可以将分析程序与询问、检查和观察程序结合运用。对于分析程序结果显示的比率、比例与合理预期不一致的,可以要求被审计单位管理层提供合理解释。如果被审计单位管理层无法提供合理解释,注册会计师应当考虑其是否表明被审计单位的财务报表存在重大错报风险。

资料三

根据项目组的分工,注册会计师于小谦、黄小翔负责 Dragon 丰裕的报表审计工作,在审计过程中两位注册会计师带领业务助理人员陈大赫和贾大玲对 Dragon 丰裕的内部控制进行调查,通过调查问卷形式了解 Dragon 丰裕的销售与收款循环内部控制状况,具体的调查结果汇总如下:

问卷调查结果汇点表

序号	调查问题	调查结果			备注
		是	否		
			轻	重	
1	是否有专门人员处理客户订单?	√			
2	销售前检查客户的信用情况;赊销是否经过审批?	√			
3	对已接受的客户订单,是否由业务部门编制连续编号的销售通知单			√	
4	是否根据销售通知单填写出库单?			√	
5	主营业务收入总账、明细账与应收账款总账、明细账的登记人员是否岗位分离?	√			
6	销售收入明细账和应收账款明细账是否与其总账定期核对?	√			

（续表）

序号	调查问题	调查结果 是	否 轻	否 重	备注
7	销售发票开具后，是否由其他人员对发票复核？	√			
8	是否定期向主要客户寄送对账单用以核对，并及时催收应收账款？	√			
9	销售折让和折扣是否事后有核对？	√			
10	坏账准备的计提、核销是否有专门的审批程序？		√		
11	门卫是否检查提货单据(出门联)，验证货物后放行并填写出门登记簿？	√			

在以上调查问卷法基础上，审计人员运用检查、询问、穿行测试方法，对销售和应收账款内部控制进行测试，测试的结果中除了以下列明或补充的情况外，其余与"调查表"反映的结果相近。

（1）Dragon 丰裕销售部在收到顾客的订单后，由销售部经理汪高峰对顾客订单中的品种、规格、数量、价格、付款条件和结算方式等信息进行详细审核后签章，由汪高峰签章后的顾客订单交公司成品仓库办理发货手续。

（2）公司成品仓库接到顾客订单后，在发运商品出库时，均必须由仓库主任周小伦根据经销售部经理汪高峰批准的顾客订单，填制一式五联的销售通知单。在销售通知单各联上签章后，第一联作为发运单，由仓库工作人员配货并随货交顾客；第二、三联送财务部；第四联送应收账款管理专员刘小欢；第五联则由仓库主任周小伦按编号顺序连同订单一并归档保存，作为商品盘存的依据。

（3）财务部在收到销货通知单后，根据通知单中所列信息开具销售发票，将发票联和抵扣联寄送顾客，将发票复印件盖财务专用章后交应收账款管理专员刘小欢，作为刘小欢记账和收款的凭证。

（4）应收账款管理专员刘小欢在收到盖章的发票复印件后，将发票复印件和销货通知单进行核对，如无错误，据以登记应收账款明细账，并将发票和销货单按顾客顺序归档保存。

资料四

根据审计项目组的分工，注册会计师岳小鹏和李小咏主要负责湖南 Dragon 的审计工作。在审计计划阶段，为了确定湖南 Dragon 报表层次的重要性水平，两位注册会计师搜集了相关的数据，数据汇总如下：

资产负债表(简化/已修正)

编制：湖南 Dragon　　　　　2015 年 12 月 31 日　　　　　单位：万元

项目	期末余额	期初余额	项目	期末余额	期初余额
流动资产合计	6 200	4 950	流动负债合计	2 160	760
其中：			其中：		
以公允价值计量且其变动计入当期损益的金融资产	316	456	一年内到期的非流动负债	1 500	0

（续表）

项　　目	期末余额	期初余额	项目	期末余额	期初余额
流动资产减值准备金额	−300	−160	非流动负债合计	1 235	1 852.5
非流动资产合计	3 816	3 346	长期借款	1 000	1 700
其中：			专项应付款	50	0
长期应收款	320	0	预计负债	136	87.5
固定资产	1 815	1 978	递延收益	49	65
在建工程	813	689	股本	3 000	3 000
工程物资			资本公积	0	0
无形资产	842	637	未分配利润	3 621	2 683.5
长期待摊费用	26	42	所有者权益合计	6 621	5 683.5
资产总计	10 016	8 296	负债和权益总计	10 016	8 296

利润表(简化/已修正)

编制：湖南 Dragon　　　　　　2015 年度　　　　　　单位：万元

项　　目	本期发生额	上期发生额
一、营业收入	11 284	8 951
二、营业总成本	8 623	6 709
营业税金及附加	175	139
销售费用	480	394
管理费用	567	492
财务费用	352	160
资产减值损失	181	92
投资收益	119	31
三、营业利润	1 025	996
加：营业外收入	261	131
减：营业外支出	36	69
四、利润总额	1 250	1 058
其中包括：		
非经常性业务收益	369	112
非经常性业务损失	19	22
减：所得税费用	312.5	264.5
五、净利润	937.5	793.5

　　对于财务报表层次审计重要性水平的确定，诚信财达会计师事务所以往的基本做法是以总资产的 0.5%、净资产的 5%、营业收入的 0.5% 和营业利润的 5% 为基准。

在确定实际执行的重要性时,岳小鹏和李小咏两位注册会计师考虑到了被审计单位的以下细节:

(1)诚信财达事务所对湖南Dragon实施的审计工作为连续审计,以往的审计工作中都出具了标准无保留意见的审计报告。

(2)在以往审计过程中尽管注册会计师发现该公司在"管理费用"和"销售费用"存在较多的调整事项,但是被审计单位都能按注册会计师的要求对这些事项进行相应的调整。

(3)该公司的主业为非织造材料的生产、加工和销售,业务处于非高风险行业,多年度持续盈利,所面临的业绩压力较低。

(4)该公司的内部控制整体运行有效,只是由于原材料和加工工艺原因,在存货控制环节还存在一定的不足,但是这些不足可以通过注册会计师的努力予以弥补。

有鉴于以上细节和事实,两位注册会计师认为综合考虑被审计单位的实际情况和审计项目的整体性,应按报表层次重要性水平的75%确定实际执行的重要性。

二、舟山大洋化工有限责任公司相关资料

2014年4月10日,Dragon控股与舟山大洋化工有限责任公司(简称"大洋公司")的股东签订股权收购协议,Dragon控股以1190万元的价格收购大洋公司85%的股份。6月30日,Dragon控股支付了收购款并完成股权划转手续,取得了对大洋公司的控制权。当日,大洋公司资产负债表有关项目信息如下:股东权益总额为1140万元,其中:股本为600万元,资本公积为200万元,盈余公积为120万元,未分配利润为220万元。除一批存货外,大洋公司其他可辨认资产、负债的公允价值与账面价值相等。该批存货的账面价值为470万元,其公允价值为550万元。大洋公司为增值税一般纳税人,销售货物适用的增值税率为17%,销售无形资产适用的增值税率为6%,适用的所得税率为25%,各年实现的净利润按10%计提盈余公积。

2014年7月26日,大洋公司将一项专利权以84.8万元(含增值税4.8万元)的价格出售给Dragon控股,该项专利权的原值为90万元,累计摊销的金额为50万元,未计提减值准备,其预计剩余使用年限为4年,无残值,大洋公司和Dragon控股均采用平均年限法对其进行摊销,所摊销的金额计入管理费用。大洋公司2014年全年实现净利润720万元(假定利润在年度当中均衡发生),年末提取盈余公积72万元。除上述事项外,无其他所有者权益变动。至2014年末,公允价值与账面价值不一致的存货已对外出售60%。

2015年3月5日,大洋公司宣告并发放现金股利180万元。2015年11月10日,大洋公司取得一项可供出售金融资产,取得时的成本为210万元,2015年12月31日其公允价值为250万元。大洋公司2015年全年实现净利润240万元,年末提取盈余公积24万元。除上述事项外,无其他所有者权益变动。至2015年末,公允价值与账面价值不一致的存货已全部对外出售。

2016年1月25日,大洋公司的其他股东向大洋公司增资1500万元,导致Dragon控股对大洋公司的持股比例下降到40%,丧失对大洋公司的控制权,但对大洋公司仍具有重大影响。

三、浙江康鑫医药公司相关资料

Dragon控股公司自2015年开始实施"大健康、大医疗"发展战略。作为实施该战略的重要一步,Dragon控股公司在2015年收购了浙江康鑫医药公司100%股权,正式进军医药行业。浙江康鑫医药公司是一家集研发、生产、销售于一体的现代化股份制制药企业,信誉等级AA。公司目前共有20个注册产品,常年生产的品种有:红花注射液、红花口服液、复方黄芪益气口服液、参蓝口服液等品种。其中"红花注射液"和"红花口服液""复方黄芪益气口服液""参蓝口服液"等产品均为全

国独家品种。

公司自主研发并申请发明专利的红花口服液自 2008 年上市后销量快速增长,目前生产已达到满负荷状态。因此,公司目前正在研究是否新建红花口服液生产线及其配套项目以提高生产能力。为此,公司管理层前期已委托第三方调研机构对红花口服液的市场状况及新建生产线的市场前景进行了调研,并支付了相关费用 20 万元。通过前期的调研,管理层得到以下有关资料,计划以此制定该新生产线的可行性报告,并在 2016 年年底提交公司董事会进行决策。

(一) 生产线投资

为了实施该增产计划,公司需进口一条全新口服液生产线。购买总价为 9 000 万元,公司预计该生产线可使用 5 年,采用直线法计提折旧,预计项目结束时,该生产线可进行转让,预计转让价格 2 600 万元。该生产线税法规定的折旧年限为 6 年,预计残值为 5%。新建项目预计能在 2017 年年初购入并开始安装,安装期为 1 年,2017 年年末完成安装并投入使用。公司管理层根据未来产品市场状况进行估计,预计该新生产线投产 5 年后,结束该项目,并将该生产线进行转让。

(二) 厂房

关于新购生产线的用房需求,公司考虑可以利用现有一处闲置厂房,该厂房原价 5 000 万元,截止 2016 年年底,累计折旧 2 000 万元,变现净值为 1 980 万元,尚可使用 8 年,税法规定的净残值率为 1%,预计使用期满残值收入为 26 万元。但公司规定,为了不影响其他项目的正常生产,该厂房不允许出售与出租。税法规定该厂房使用直线法计提折旧,假设尚可使用年限正好符合税法规定。

为了满足新生产线的相关使用要求,在新生产线投产前需要对该厂房进行一次性装修改造,装修费用预计为 500 万元,装修费需在 2017 年年初支付给相关装修单位。对于该装修费用,公司规定在各受益年度进行平均分摊(与税法规定相同)。

(三) 收入与成本

公司管理层预计红花口服液 2017 年销量为 300 万盒/年(假定产销量相同),销售价格为 30 元/盒。管理层根据前期市场调研认为,红花口服液具有广阔的市场空间,新生产线投产后,预计 2018 年销量将增长 30%,2019 年增长 40%,2020 年增长 50%,此后各年维持在 2020 年销量水平。由于公司出产的红花口服液受专利保护,品质优秀,市场需求巨大,公司判断新生产线的投产将不会影响公司现有产品的正常销售,销售价格也将保持不变。为简化计算,营业现金流量均发生在各年年末。

当前红花口服液的变动制造成本率为 75%,预计新生产线所生产产品的变动制造成本率将降低到 65%。每年的付现销售和管理费用合计占销售收入的 10% 不变,2018 年、2019 年、2020 年的固定付现成本分别为 1 200 万、1 400 万和 1 600 万,以后各年保持在 1 600 万。

(四) 营运资本

预计 2018 年随着新生产线的投产,公司需要增加配套的经营流动资产和经营流动负债分别为 1 755 万和 468 万,此后各年所需的经营流动资产和经营流动负债按照销售百分比法同比例增加。垫支的营运资本在各销售年度的年初投入,在项目结束时一次性收回。

(五) 资本结构与融资计划

公司目前的资本结构(负债/权益)为 3/2,公司计划继续保持此资本结构。为了获得新项目所需资金,浙江康鑫医药公司计划通过发行公司债券及增发普通股两种方式进行筹资。

如该新生产线予以立项,则公司可以在 2016 年年底对外公开发行公司债券。发行期限 5 年、面值 1 000 元,票面利率 6%,每年年末付息,到期还本,计划发行价格为每张 950 元,发行费用率为 2%;目前医药行业有一家非常具有代表性的浙江 A 医药公司,A 医药公司股票的 β 值为 1.8,其资产负债率为 70%,适用所得税为 25%,A 医药公司计划保持目前的资本结构不变。当前市场的无风险报酬率为 4%，权益市场的平均风险溢价为 8%。

（六）相关税率

公司适用的增值税税率为 17%，不考虑固定资产投资中的增值税，公司所得税税率为 25%。

四、西子传媒公司相关资料

Dragon 控股公司为了产业转型和结构调整，在布局大健康产业的同时，也在寻求进入文化传媒行业的机会。西子传媒公司一直以促进文化繁荣、发展文化产业为己任，现已发展成为涵盖传媒内容、投资管理、互联网新媒体、旅游酒店等四大业务板块，经营地域以杭州、上海为重心并辐射全国的大型综合性文化传媒企业。浙江文传集团是西子传媒公司的控股股东，共持有西子传媒公司 82.5% 的股份。由于西子传媒公司尚未上市，浙江文传集团有意出售所持有的西子传媒公司的股份。因此，Dragon 控股公司打算将西子传媒公司作为目标公司之一，打算在合适的时机以合适的价格进行收购。

（一）西子传媒公司的财务数据

西子传媒公司经过天健会计师事务所审计的 2015 年 12 月 31 日财务报表显示，该公司经营及财务情况如下：2015 年 12 月 31 日，该公司的普通股股数为 7 087.78 万股，经审计后的账面总资产为 78 022.26 元，负债总额为 43 603.74 万元，净资产为 34 418.52 万元；2015 年该公司实现营业收入 31 926.74 万元，净利润 5 555.59 万元。

西子传媒公司 2015 年度管理用报表如下：

资产负债表（管理用）　　　　　　　　　　　单位：万元

净经营资产		净负债和股东权益	
经营性流动资产		金融负债	
货币资金（经营）	6 385.35	短期借款	15 193.67
应收票据（经营）	3 945.73	应付票据（金融）	517.81
应收账款	2 196.61	长期借款	8 413.11
预付账款	4 593.65	应付债券	7 500.00
其他应收款	2 982.09	金融负债合计	31 624.60
存货	9 129.50	金融资产	
其他流动资产（经营）	858.47	货币资金（金融）	869.92
经营性流动资产合计	30 091.40	金融资产合计	869.92
经营性流动负债		净负债	30 754.68
应付票据（经营）	1 208.22		
应付账款	4 173.44		
预收账款	2 326.71		
应付职工薪酬	807.72		
应交税费	1 203.56		
其他应付款	2 259.50		
经营性流动负债合计	11 979.14		

（续表）

净经营资产		净负债和股东权益	
经营营运资本	18 112.25	股东权益	
经营性长期资产		股本	7 087.78
固定资产	30 084.02	资本公积	8 109.69
在建工程	6 867.21	其他综合收益	3 520.72
无形资产	4 200.49	盈余公积	4 308.81
开发支出	5 909.23	未分配利润	11 391.52
经营性长期资产合计	47 060.95	股东权益合计	34 418.52
净经营资产总计	65 173.20	净负债及股东权益总计	65 173.20

利润表（管理用）	单位：万元
一、营业总收入	31 926.74
减：营业成本	20 590.16
二、毛利	11 336.58
减：营业税金及附加	239.07
销售费用	2 115.47
管理费用	545.61
加：营业外收入	139.94
减：营业外支出	39.86
三、税前营业利润	8 536.51
减：经营利润所得税	1 707.30
五、税后经营净利润	6 829.20
六、利息费用	1 491.94
减：利息费用抵税	298.39
七、税后利息费用	1 193.55
八、净利润	5 635.65

（二）交易价格评估情况

西子传媒公司 2015 年 12 月 31 日经审计的每股净资产 4.86 元，每股收益 0.78 元。Dragon 控股公司拟收购文传集团持有的西子传媒公司 52.5％的股份。与浙江文传集团达成的初步协议，以经审计的 2015 年 12 月 31 日的每股净资产为基准，溢价 50％（即每股 7.29 元）作为股份转让价格。Dragon 控股公司董事会中部分董事考虑到西子传媒公司目前的盈利状况以及未来的发展情况，认为此收购价格合理；而另有一些董事认为，应该找专业的评估公司对西子传媒公司进行价值评估后，再确定拟收购的价格。因此，公司董事会尚未就收购事宜达成最终一致意见。

（三）西子传媒公司经营预测信息

（1）西子传媒公司依据其前三年的平均销售增长率，预测 2016 年度依然会保持快速的增长，销售收入增长率预测为12％;此后随着行业竞争的加剧,销售增长率将逐年下降,预计2017～2020年,销售增长率将分别为10％、8％、7％、5％,并在2021年度以后进入均衡增长期,将保持5％稳定增长(假设可以无限期持续)。

（2）由于处于一个相对比较快速发展的行业,西子传媒公司预计未来盈利状况良好,因此计划将资本结构(净负债/净经营资产)逐步调整到40％。①负债融资部分,在2016年及以后年度中,金融性应付票据与销售收入的百分比比例可长期维持2015年度水平不变,短期借款、长期借款和应付债券的比例固定为2：1：1。带息商业汇票的年利率为4％,短期借款的年利率为5％,长期借款和应付债券的年利率为7％。②股权融资部分,公司未来不打算增资扩股或减少股本。若当年的留存收益不足于满足企业的股权融资需求,则不足部分通过增加负债融资进行弥补。③公司计划采用剩余股利政策分配股利。当年的利润分配在当年支付完成。

（3）预计西子传媒公司2016年及以后年度可将销售成本率维持在60％不变。

（4）预计西子传媒公司未来"营业税金及附加""销售费用""管理费用""经营性流动资产""经营性长期资产""经营性流动负债"与销售收入的百分比均可长期维持2015年度水平不变。

（5）利息费用按照金融负债的期初余额计算;盈余公积的计提比例为当年净利润的10％。

（6）西子传媒公司计划从2016年开始,根据资本结构的调整,将归属于金融资产的货币资金,优先用于偿还借款,偿债后将不打算再持有货币资金(金融)。

（7）营业外收入和营业外支出均属于偶然损益,不具有可持续性。

（8）假设不存在税会差异,即不存在递延所得税资产和递延所得税负债。

（9）西子传媒公司适用的平均企业所得税税率为20％,加权平均资本成本为8％。

（10）采用实体现金流量折现模型估计企业价值,净债务价值按基期账面价值估计。

五、易市化工新材料有限公司相关资料

易市化工新材料有限公司(下简称"易市化工")为Dragon控股公司的全资子公司,主营生产销售化工产品,并对当地化工企业(非关联公司)提供生产技术服务,产品增值税税率为17％,所得税税率为25％,各年按净利润10％计提盈余公积。易市化工采用与Dragon控股公司一致的会计政策。

资料一

2015年12月31日,Dragon控股的财务总监关注到易市化工的下列经济业务的会计处理:

（1）2015年7月1日,易市化工与丙公司(非关联公司)签订一项劳务合同,为丙公司提供生产技术服务2年(自2015年7月1日起为2年),总价款为120万元,估计技术指导期间支出60万元。价款结算约定于2016年7月1日和2017年7月1日各收取60万元。公司对该项业务按时间进度确认累计完工百分比。至2015年年末累计技术指导服务支出18万元,易市化工得知丙公司年末发生巨大意外灾害,估计2年内难以改变严重财务困境,如期收取价款可能性甚小。易市化工认为合同已完工25％,并按完工百分比法确认:2015年主营业务收入30万元,结转主营业务成本15万元。

（2）2015年10月份易市化工与M公司(非关联公司)签订一份不可撤销销售合同,数量10万公斤,每公斤售价10元,交货时间为2016年1月20日,如不按时交货需支付违约金30万元。原预计单位成本9元。当11月份易市化工为生产产品购买原材料时发现原材料成本上升导致生产成本将超过合同售价。2015年年末库存产品为9万公斤,单位生产成本11元,尚有1万公斤产品在下月开工生产。2015年12月31日易市化工在会计报表中将上述产品列示为存货余额为99万元,预计负债10万元,并在2015年度损益中确认营业外支出10万元。

(3) 2015 年 12 月 1 日易市化工与 N 公司(非关联公司)签订一份不可撤销非货币性资产交换合同,合同约定易市化工以持有交易性金融资产与 N 公司专利权置换。交换日,该交易性金融资产公允价值 11.7 万元,账面余额 13 万元,其中:"成本"为 12 万元,"公允价值变动"为 1 万元;N 公司专利权账面原始价值 8 万元,已提累计摊销 0.9 万元,公允价值 12 万元,按税法规定计算增值税 0.72 万元,易市化工在该交换中应付补价 1.02 万元,当天转账付讫。该交换是具有商业实质且公允价值是可靠的。该交换在签合同当日完成。易市化工会计编制如下会计分录(单位:万元):

借:无形资产	12.72
投资收益	1.30
贷:交易性金融资产——成本	12.00
——公允价值变动	1.00
银行存款	1.02

(4)2015 年 12 月份易市化工与债权企业(非关联公司)签订债务重组协议。重组债务 1 000 万元,现金支付 100 万元;以自制产品一批偿付,其含税公允价值 468 万元,成本 415 万元,已提跌价准备 5 万元;增发新股 100 万股抵偿剩余债务,新股发行时公允价为每股 2.2 元,新股每股面值 1 元。债转股后,债权人持有股权 12 个月内不能转让。易市化工会计处理如下(单位:万元):

借:应付账款	1 000.0
贷:银行存款	100.0
库存商品	410.0
应交税费——应交增值税(进项税额转出)	69.7
股本	220.0
营业外收入	200.3

(5)2015 年 12 月 31 日,易市化工补计 2014 年和 2015 年无形资产年摊销额各 200 万元,为此 2015 年报表中确认管理费用 400 万元。按照税法规定,以前年度漏计的无形资产摊销额可在本年度纳税申报时扣除。

资料二

2014 年易市化工董事会决议,按同行业国际标准对公司环保设施进行全面提升,并将环保工程外包给美国一家公司实施。为建造该环保项目,公司于 2015 年 1 月 1 日发行美元债券,债券面值 100 万美元,实际发行价格 102.7 万美元。该债券的票面利率为 6%,市场利率为 5%,期限为 3年,每年 12 月 31 日计息并付息,到期一次还本。发行当日支付与债券有关的发行费用 0.3 万美元,直接从发行收入中扣除。公司未支出的债券资金存入银行(美元存款),年利率为 3.6%,公司的外币存款利息按单利于年末一次计提和收取。

该环保工程于 2015 年 1 月 1 日开始实体建造,预计 2016 年 12 月 31 日完工达到预定可使用状态。期间发生的资产支出如下:

(1) 2015 年 1 月 1 日,支出 22.4 万美元。

(2) 2015 年 7 月 1 日,支出 40 万美元。

(3) 2015 年 12 月 31 日,支出 20 万美元。

(4) 假定 2016 年 12 月 31 日,办理工程竣工决算,支出 20 万美元。

该工程因质量纠纷于 2016 年 2 月 1 日至 5 月 31 日停工整顿。公司记账本位币为人民币,外币业务采用业务发生时市场汇率折算。相关汇率如下:

(1) 2015 年 1 月 1 日市场汇率为 1 美元=6.68 元人民币。

（2）2015 年 12 月 31 日市场汇率为 1 美元＝6.66 元人民币。

（3）2016 年 1 月 1 日市场汇率为 1 美元＝6.66 元人民币。

（4）假定 2016 年 12 月 31 日市场汇率为 1 美元＝6.78 元人民币。

公司按"应付债券"账户人民币余额确认摊余成本，并在每年末计算汇兑差额。假定全年按 360 天计算，每月按平均 30 天计算。

六、富阳皓佳卫生材料有限公司相关资料

2015 年 Dragon 控股成功开发新产品"纯天然水刺无纺布"，该产品可用于医疗、家居和美容等多个领域，帮助 Dragon 控股进军美容和婴儿产品市场，具有较为广阔的前景。本公司对该产品极为重视，投资新建富阳皓佳卫生材料有限公司(简称"富阳皓佳")。富阳皓佳作为"纯天然水刺无纺布"的主要生产基地，于 2015 年 10 月正式投产，水刺无纺布卷材年设计生产能力为 5 000 吨，同时具备无纺布卷材生产和深加工能力。该生产线引进国际先进设备，机械化程度较高，生产过程中能够达到"安全、环保"等要求，符合 ISO 国际认证。

资料一

2015 年 10 月投产至今，富阳皓佳累计生产"纯天然水刺无纺布卷材"2 000 吨，除用于深加工外其余都直接对外销。目前，"纯天然水刺无纺布"可被深加工为三种美容面膜(保湿面膜、美白面膜、中药护理面膜)、两款婴儿产品(婴儿消毒湿巾、婴儿干面巾)和一款成人干面巾。由于美容面膜和婴儿产品尚处于推广期，产品知名度和认可度较低，每月销量较低。每类深加工产品月均产量约 15 吨。

在众多产品中，"纯天然中药护理面膜"是 Dragon 控股重点打造的明星产品。该产品针对亚洲人肤质特点设计，借"纯天然纤维"＋"纯天然中药"打造"纯天然"高品质面膜产品，具有较强竞争力。

"纯天然水刺无纺布卷材"的主要原材料天然纤维主要从国内采购。近年来，由于国内经济环境原因，与公司产品相关的原材料价格及产品价格不稳定。此外，面膜添加的"纯天然中药精华液"成份目前由集团内另一子公司生产，按照成本价格提供给富阳皓佳。该"纯天然中药精华液"在美容护肤产品中具有降为广泛的用途，目前正处于推广阶段，产量较低，尚未进入大规模批量生产阶段。

面膜主要生产工艺可以分为"水刺无纺布卷材制造——面膜剪裁成型——成分添加(保湿、美白或中药成分)——成品包装"几个部分。与工艺有关的相关说明见表1。

表1 车间、产品和工艺说明

车间	主要生产工艺	产品/半成品	原材料投料
水刺无纺布卷材车间(卷材车间)	水刺无纺布卷材制造	无纺布卷材	生产开始时一次性投入
面膜剪裁成型车间(剪裁车间)	面膜原坯剪裁	面膜原坯	
成品车间	成分添加和包装	面膜	面膜原坯在生产开始时一次性投入；面膜精华液等随着加工进度逐渐投入，投料率与完工百分比相同

水刺无纺布卷材车间设计生产能力为每年 5 000 吨，生产出的"纯天然水刺无纺布"可深加工成为面膜或湿巾类产品，也可直接对外销售；面膜剪裁成型车间可以加工多种规格、形状的面膜原

坯,设计生产能力为每年 2 000 吨。

为了加强成本核算和部门业绩考核,企业采用综合逐步结转分步法进行成本核算。半成品成本结转采用实际成本计价原则,存货发出采用先进先出法。目前,水刺无纺布卷材和面膜原坯两种半成品主要以满足自用为主,生产能力利用率较低。因此,半成品生产由面膜产品销售拉动,按需生产,完工半成品直接被下一生产车间领用,不通过半成品库收发。月末完工产品和在产品成本采用约当产量法进行计算。

2016 年 10 月,"中药护理面膜产品"各车间的生产情况如表 2 所示,各车间月初在产品成本如表 3 所示,各车间本月生产费用如表 4 所示。

表 2　各车间生产情况　　　　　　　　　　　　　　计量单位:吨

项　　目	卷材车间	剪裁车间	成品车间
期初在产品	4(完工程度 30%)	5(完工程度 30%)	6(完工程度 50%)
本月投产	20	18	20
完工转出	18	20	20
月末在产品	6(完工程度 40%)	3(完工程度 30%)	6(完工程度 50%)

表 3　各车间月初在产品成本　　　　　　　　　　　单位:万元

车　　间	半成品	直接材料	直接人工	制造费用	合　　计
卷材车间	0	15	2	121	138
剪裁车间	130	0	3	72	205
成品车间 *	260	160	4	28	452

* 成品车间消耗的直接材料主要是包含天然中药提取物的护肤精华液。

表 4　各车间本月生产费用　　　　　　　　　　　　单位:万元

车　　间	半成品	直接材料	直接人工	制造费用	合　　计
卷材车间	0	70	20	648	738
剪裁车间	0	23	432		
成品车间	640	22	160		

资料二

富阳皓佳下属维修车间主要为各基本生产车间提供维修服务。为了提高维修人员工作积极性,明确单位经济绩效,制定如下维修劳务费用计算和分配方案。

一线维修人员工资采取底薪加劳务工资的方式支付。其中,劳务工资采取计件方式,根据维修员工参与维修业务的次数为基础计算,维修劳务工资按照 0.025 万元/人/次计算。

现有一线维修人员 10 人,每人每月底薪 0.2 万元。每次维修业务安排均 2 名维修人员参与,平均每次维修消耗的材料费约 0.1 万元。维修车间每月的管理人员工资、设备房屋折旧费和办公费等固定支出合计 20 万元。

维修车间每月发生成本合计数按照维修次数平均分配给各受益车间。2016 年 9～10 月各月份维修车间提供服务情况如表 5 所示。

表5　维修车间提供维修劳务情况

月　　份	维修劳务(次)		合计
	卷材车间	剪裁车间	
9	10	10	20
10	12	28	40

资料三

富阳皓佳公司近期开始接受来自欧盟的"婴儿湿巾"订单,这些订单的完成情况对于 Dragon 公司拓展海外市场极为重要。针对欧盟订单,富阳皓佳专门对现有生产线进行专项升级改造。改造后的生产线专门用于欧洲订单的生产。

为了更有效地进行成本管理,富阳皓佳开始推行标准成本管理制度。由于欧盟对于该类产品的卫生要求和安全标准极高,为了确保该类产品能够在欧洲立足,公司提高了产品质量检测标准,导致产品合格率降低,预计该类湿巾产品的废品率为5％。

2016年8月,富阳皓佳接受了一份来自德国的 95 000 包"婴儿湿巾"产品订单,该批产品9月初投产并于当月完工。2016年9月份的有关生产资料如下:

(1) 该种"婴儿湿巾"主要采用纯天然水刺无纺布作为原料,经技术测定,生产每包湿巾需要消耗无纺布等直接材料0.8千克,正常的边角废料平均每包0.15千克,直接材料的标准价格为2.5元/千克。本月生产实际消耗直接材料 94 000 千克,每千克直接材料购买价格为2.8元。(湿巾添加消毒、杀菌和护肤材料成本与无纺布原料成本合并,不单独测算。)

(2) 每包湿巾需要直接加工工时0.152小时,直接人工小时标准工资率为20元。生产工人每周按照40小时支付工资,其中32小时为直接加工工时,另外8小时包括必要的停工和休息时间。本月实际使用人工 21 000 个小时,每小时实际支付工资21元,共支付人工工资44.1万元。

(3) 固定制造费用预算为70万元,按直接人工小时分配,预算直接人工小时可达 28 000 小时。变动制造费用标准分配率为9.5元/直接人工小时。固定制造费用实际发生额为72万元,变动制造费用实际发生额为21万元。

第六部分　各科竞赛具体内容与解答要求

一、公司战略与风险管理(20分)

(一) 5分

根据"第四部分 财务报告 三、与金融工具相关的风险"回答以下问题:

1. 该公司2015年度进行外汇风险敏感性分析时选取的关键经济指标因素具体是什么?(1分)

2. 假设您作为该公司财务部门的总负责人,谈谈在使用敏感性分析方法时需要主要哪些事项?(4分)

(二) 5.5分

根据"第二部分 管理层讨论与分析"回答以下问题:

1. 该公司在未来业务发展方向上具体采取了发展战略中的哪几种类型?并说明原因。(2分)

2. 为了实现制定的发展战略,该公司可以选择的途径包括哪些?(1.5分)

3. 迫于市场竞争带来的压力,该公司将由常规产品进一步向细分化领域转型。分析该公司

2016 的做法一旦成功可能给企业带来何种竞争优势？（2 分）

（三）4.5 分

根据"第三部分 重要事项 三、公司重大资产重组事项"回答以下问题：

1. 分析该公司 2015 年收购三家公司的并购行为所属类型，并说明理由。（1 分）

2. 分析该公司可能的并购动机？（1.5 分）

3. 假设您作为该公司并购事宜的总负责人，谈谈影响并购成功的最主要因素。（2 分）

（四）5 分

根据"第三部分 重要事项 四、公司重大担保事项"回答以下问题：

1. 该公司相关部门负责办理担保业务时，需要重点关注担保申请人资信状况的哪些方面？（1.5 分）

2. 分析该公司给其子公司提供担保业务时可能面临的风险点。（1.5 分）

3. 针对该公司可能的风险点，简要给出相应的管理建议。（2 分）

二、内部控制与审计（20 分）

（一）5 分

根据"第五部分 补充资料 一、审计发现"的主体部分及其中的"资料一"，解决以下问题：

1. 结合 Dragon 控股公司及其子公司的实际情况，分析郭小钢和吴小波两位注册会计师对相关子公司审计风险防范和审计责任区分的理解是否正确？为什么？（1.5 分）

2. 郭小钢和吴小波两位注册会计师要求大连 SD 会计师事务所出具的承诺书有没有实质意义？为什么？（1 分）

3. 郭小钢等项目组成员是否需要和大连 SD 会计师事务所执行大连 Dragon 石油化工有限公司审计任务的注册会计师保持联系？如否，请说明原因？如是，请说明应向这些注册会计师说明哪些内容？（2.5 分）

（二）5 分

根据"第五部分 补充资料 一、审计发现"的主体部分及其中的"资料二"，立足于风险评估阶段，在已经取得相关的账户余额、趋势和相关比率之后，且在和被审计单位专题沟通之前这个时间节点，假如你是四位审计人员中的一员，你认为哪些指标或比率与你的合理预期不一致？如果被审计单位无法对你的疑问提供合理解释，则这些不一致会表明被审计单位财务报告在哪些领域存在重大错报风险？

（三）6 分

根据"第五部分 补充资料 一、审计发现"的主体部分及其中"资料三"，分析 Dragon 丰裕公司在销售与收款循环内部控制中存在的缺陷，并针对上述缺陷，提出改进完善措施。

（四）4 分

根据"第五部分 补充资料 一、审计发现"的主体部分及其中的"资料四"，计算确定报表层次的重要性水平，同时分析岳小鹏和李小咏两位注册会计师在确定实际执行的重要性方面的思路是否存在误区并说明理由。

三、财务会计（20 分）

（一）5.5 分

根据"第五部分 补充资料 五、易市化工新材料有限公司相关资料（资料一）"回答以下问题（会计分录中的金额单位以"万元"表示，涉及"应交税费"及"利润分配"科目应列出明细科目）：

按照《企业会计准则》规定,逐项判断易市化工的会计处理是否正确,并简要说明理由。若不正确,请编制更正的会计分录。

(二) 3.5分

根据"第五部分 补充资料 五、易市化工新材料有限公司相关资料(资料二)"回答以下问题(会计分录中的金额单位以"万元"表示,保留小数点后四位,"应付债券"应列出明细科目):

1. 计算:①2015年应付债券年末摊余成本;②2015年借款利息(含溢折价摊销额)资本化金额;③2015年年末汇兑差额资本化金额。(0.75分)

2. 编制2015年债券发行、年末计付息(含溢折价摊销额)、年末收取存款利息、年末汇兑差额的会计分录。(1分)

3. 计算:①2016年专门借款利息(含溢折价摊销额)资本化金额及费用化金额;②2016年年末汇兑差额资本化金额及费用化金额。(1分)

4. 编制2016年年末计付息(含溢折价摊销额)、年末收取存款利息、年末汇兑差额的会计分录。(0.75分)

(三) 8分

根据"第五部分 补充资料 二、舟山大洋化工有限责任公司相关资料"回答以下问题(会计分录中的金额单位以"万元"表示):

1. 计算Dragon控股2015年度合并财务报表中应确认的商誉金额。(0.5分)

2. 编制2015年度合并财务报表中与内部权益性投资有关的调整及抵销分录。(4分)

3. 编制2015年度合并财务报表中与内部无形资产交易有关的抵销分录。(2分)

4. 分析2016年1月25日Dragon控股对大洋公司持股比例发生变动时,其个别报表应如何进行会计处理?并编制相关会计分录。(1.5分)

(四) 3分

根据"第三部分 重要事项 二、公司子公司重大事项",回答以下问题:

1. 分析判断鑫达公司合并洁梦公司这一交易的性质(同一控制/非同一控制)?并简要说明理由。(0.5分)

2. 鑫达公司合并日/购买日的个别报表和合并报表应如何进行会计处理?鑫达公司在合并当期期末编制合并报表时其比较信息如何列报?(1.5分)

3. 对于上述交易,Dragon控股在个别报表及合并报表中应如何进行会计处理?(1分)

四、财务管理(20分)

(一) 6.5分

根据"第四部分 财务报告"回答以下问题:

1. 编制Dragon控股2015年管理用资产负债表。(2分)

2. 编制Dragon控股2015年管理用利润表。(2分)

3. 基于上述管理用报表,计算2015年和2014年的净经营资产净利率、税后利息率、经营差异率、净财务杠杆、杠杆贡献率、权益净利率。并使用连环替代法,进行2015年较2014年权益净利率变动的驱动因素分析,判断影响权益净利率变动的主要因素。(2分)

4. Dragon控股公司董事会提出2016年公司要实现扭亏为盈,权益净利率要达到5%的目标,管理层经过分析认为目前受资本市场约束,税后利息率难以改变,但净财务杠杆可以在2015年年末的基础上提高30%。在以上条件下,为实现董事会提出的目标,2016年度的净经营资产净利率应该达到什么水平?(0.5分)

（注：采用公允价值模式计量的投资性房地产视为金融资产；权益净利率及其变动影响的最终结果保留 2 位小数，其他指标及中间结果以百分号表示的保留 3 位小数，无百分号表示的保留 5 位小数。）

（二）6.5 分

根据"第五部分 补充资料 三、浙江康鑫医药公司相关资料"回答以下问题：

1. 计算新建生产线的债务税后资本成本（运用插值法计算）、股权资本成本和加权平均资本成本。（1.5 分）

2. 计算新生产线所需的营运资本的现金流情况。（1 分）

3. 计算新建生产线的各年年末的现金净流量及项目的净现值（计算结果按下表格式完成），并判断扩建项目是否可行。（2 分）

项　　目	2016 年年末	2017 年年末	2018 年年末	2019 年年末	2020 年年末	2021 年年末
⋮						
现金净流量						
折现系数						
折现值						
净现值						

4. 公司经理层认为该生产线可行，并制定了关于该生产线的可行性报告提交公司董事会讨论。在董事会会议中，董事张斌对于新生产线能够维持 5 年时间产生疑问，他认为在新生产线运行 4 年后，公司红花口服液的专利保护期到期，国内将出现大量类似产品，这将导致本公司的红花口服液不再具有竞争优势。其认为应该在新生产线投产四年后，应放弃该生产线（提前转让，转让价格不变），转而生产经济附加值更高的替代产品。那么，如果该新生产线的运行期缩短到 4 年，该新生产线的可行性是否会受到影响呢？请你运用净现值方法，说明董事的这个担忧是否有必要？（2 分）

（注：个别资本成本精确到 0.001%，加权平均资本成本精确到 0.01%；计算现金流过程使用 EXCEL 工具计算，最终结果金额以"万元"为单位，保留小数点后 2 位。）

（三）7 分

根据"第五部分 补充资料 四、西子传媒公司相关资料"回答以下问题：

1. 西子传媒公司 2016 年度能否将资本结构调整到 40%？西子传媒公司 2016 年是否分配现金股利？期末股东权益是多少？（0.75 分）

2. 西子传媒公司 2016 年金融负债总额期末余额是多少？其中，金融性应付票据和短期借款的期末余额各应是多少？（0.5 分）

3. 西子传媒公司 2016 年度的利息费用是多少？（0.25 分）

（提示：上述问题请直接使用 EXCEL 表格计算，最终结果保留两位小数。）

4. 以西子传媒公司 2015 年的作为预测基期数据，编制 2016—2020 年度的预计资产负债表和预计利润表（相关报表如下）。（4 分）

5. 计算西子传媒公司 2016—2020 年度每年的实体现金流量，并以 2015 年 12 月 31 日为评估基础日,估算西子传媒公司的实体价值和每股股权价值。请根据每股股权价值,判断 Dragon 控股公司与浙江文传集团达成的初步协议中的拟收购价格是否被高估。(提示:请直接使用 EXCEL 表格计算,最终结果保留两位小数。)(1.5 分)

2016—2020 年度预计资产负债表

项目	基期	占收入比	2016 年度	2017 年度	2018 年	2019 年	2020 年
经营性流动资产							
货币资金(经营)							
应收票据(经营)							
应收账款							
预付账款							
其他应收款							
存货							
其他流动资产(经营)							
经营性流动资产合计							
经营性流动负债							
应付票据(经营)							
应付账款							
预收账款							
应付职工薪酬							
应交税费							
其他应付款							
经营性流动负债合计							
经营营运资本							
经营性长期资产							
固定资产							
在建工程							
无形资产							
开发支出							
经营性长期资产合计							
净经营资产总计							
净负债和股东权益							
金融负债							

（续表）

项目	基期	占收入比	2016 年度	2017 年度	2018 年	2019 年	2020 年
短期借款							
应付票据（金融）							
长期借款							
应付债券							
金融负债合计							
金融资产							
货币资金（金融）							
金融资产合计							
净负债							
股东权益							
股本							
资本公积							
其他综合收益							
盈余公积							
未分配利润							
股东权益合计							
净负债及股东权益总计							

2016—2020 年度预计利润表

项目	基期	占收入比	2016 年度	2017 年度	2018 年	2019 年	2020 年
一、营业总收入							
减：营业成本							
二、毛利							
减：营业税金及附加							
销售费用							
管理费用							
三、税前营业利润							
减：经营利润所得税							
四、税后经营净利润							
五、利息费用							
减：利息费用抵税							
六、税后利息费用							
七、净利润							

五、成本管理会计（20 分）

（一）11. 5 分

根据"第五部分 补充资料 六、富阳皓佳卫生材料有限公司相关资料（资料一）"回答以下问题：

1. 设置并登记各生产步骤产品成本明细账（见表 1～表 3）。（7 分）

说明：①单位万元；②请先计算半成品/完工产品成本，再倒挤在产品成本；③填入表格的所有计算结果四舍五入保留两位小数；④由于四舍五入产生的计算差异倒挤计入制造费用。

表 1 卷材车间产品成本明细账

产品名称：水刺无纺布卷材　　　　　　2016 年 10 月　　　　　　单位：万元

摘　要	自制半成品	直接材料	直接人工	制造费用	合　计
月初在产品成本					
本月生产费用					
合计					
月末在产品成本					
半成品成本					

表 2 剪裁车间产品成本明细账

产品名称：A 型面膜原坯　　　　　　2016 年 10 月　　　　　　单位：万元

摘　要	自制半成品	直接材料	直接人工	制造费用	合　计
月初在产品成本					
本月生产费用					
合计					
月末在产品成本					
半成品成本					

表 3 成品车间产品成本

明细账产品名称：面膜（中药护理）　　2016 年 10 月　　产成品产量：20 吨　　单位：万元

摘　要	自制半成品	直接材料	直接人工	制造费用	合　计
月初在产品成本					
本月生产费用					
合计					
月末在产品成本					
完工产品成本					
完工产品单位成本（吨）					

2. 综合逐步结转分步法成本还原。（3 分）

经过市场调研，富阳皓佳发现与同类产品相比，"中药护理面膜"成本偏高。为了进行有效成本分析和控制,要求对该种面膜产品的成本进行还原。请将成本还原结果填入表4。

表4　产品成本还原计算表

产品名称:面膜(中药护理)　　2016年10月　　产成品产量:20吨　　单位:万元

项　目	半成品	直接材料（天然纤维）	直接材料（精华液）	直接人工	制造费用*
第一次还原 还原前产品成本					
第一次还原 上一步骤本月所产半成品成本					
第一次还原 还原率					
第一次还原 半成品成本还原①					
第二次还原 上一步骤本月所产半成品成本					
第二次还原 还原率					
第二次还原 半成品成本还原②					
第二次还原 还原后产成品成本					
第二次还原 产成品单位成本(吨)					

＊四舍五入计算差异计入制造费用

3. 根据计算结果及背景信息,分析导致"纯天然中药护理面膜"成本较高的主要原因。(1.5分)

(二) 2分

根据"第五部分 补充资料 六、富阳皓佳卫生材料有限公司相关资料(资料二)"回答以下问题:

1. 根据维修劳务量及费用分配规则,计算2016年9~10月各基本生产车间维修费用。(0.5分)

2. 根据计算结果,从基本生产车间角度,分析采取上述维修费用分配方案可能出现的问题及原因? 有何改进建议? (1.5分)

(三) 6.5分

根据"第五部分 补充资料 六、富阳皓佳卫生材料有限公司相关资料(资料三)"回答以下问题(说明:单位元,四舍五入保留两位小数):

1. 计算生产每包合格湿巾产品消耗的直接材料标准成本和直接人工标准成本。(2分)

2. 计算直接材料的价格差异和数量差异。(1分)

3. 计算直接人工的工资率差异和效率差异。(1分)

4. 计算变动制造费用的耗费差异和效率差异。(1分)

5. 计算固定制造费用的耗费差异、闲置能量差异和效率差异。(1.5分)

"天平杯"浙江省第十二届大学生
财会信息化竞赛试题(本科组)

GW 影视股份有限公司资料

（说明：该案例仅供竞赛使用，不与实际企业挂钩）

第一部分　公司基本情况信息

一、公司背景

GW 影视股份有限公司是一家专注于电视剧投资、制作、发行及广告等衍生业务的文化创意企业，是全国最大的影视传媒机构之一。公司始终坚持"以主流价值为导向，以市场价值为根基""打造具有影响力精品大剧"的经营理念和业务定位，坚持全流程市场导向和全流程控制的运作经营模式，引入业内数名优秀编剧、导演和演员成为股东并建立长期合作关系，投拍并获得发行许可的电视剧规模从 2009 年的 1 部 40 集，迅速扩张到 2013 年的 10 部近 500 集。

公司拥有全国电视剧拍摄最高级别的甲类许可证，电视节目发行遍及全国及海外各大电视机构。这些作品取得较高收视率的同时也产生了极高的社会反响，公司多部作品荣获全国五个一工程奖、中国电视飞天一等奖、中国电视金鹰奖、牡丹奖等全国性各类大奖，真正实现了社会效益、经济效益双丰收。

2014 年是具有里程碑意义的一年。公司通过实施重大资产重组，完成了由制造业向文化传媒产业的蜕变。借助资本平台，内生增长与外延扩张双向驱动，一方面不断提升内容制作的核心竞争力，确保国内电视剧制作发行最大单位之一的行业地位，另一方面布局广告业，打造广告"托拉斯"，与内容制作和输出平台、渠道高度协同。创新营销模式，与下游输出平台战略合作，打造卫视黄金时段"GWFT 剧场"，"全内容、全产业链"综合文化传媒集团初步形成。

二、组织架构以及业务模式

(一) 组织架构

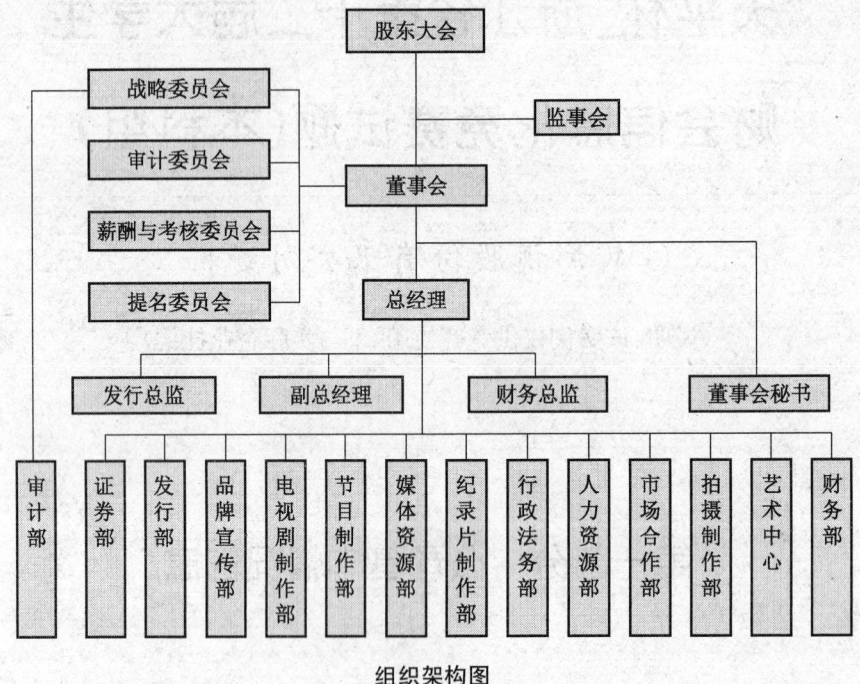

组织架构图

注:来自公司官网。

(二) 业务模式

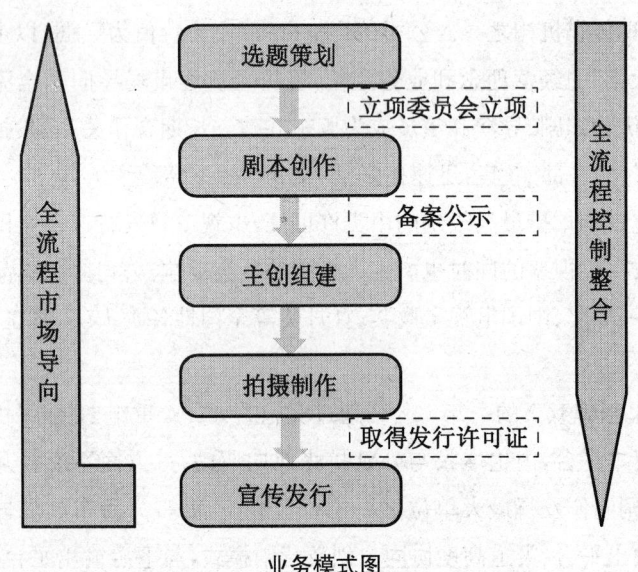

业务模式图

三、近三年会计数据和财务指标摘要

(一)主要会计数据和财务指标

主要会计数据和财务指标

单位:元

	2014 年	2013 年	本年比上年增减	2012 年
营业收入(元)	507 764 060.95	439 209 047.80	15.61%	437 288 136.10
归属于上市公司股东的净利润(元)	200 514 259.88	154 080 169.01	30.14%	142 084 736.91
归属于上市公司股东的扣除非经常性损益的净利润(元)	178 760 647.06	131 223 959.23	36.23%	120 403 319.66
经营活动产生的现金流量净额(元)	−44 948 307.36	−5 585 158.98	−704.78%	−25 848 816.70
基本每股收益(元/股)	0.43	0.45	−4.44%	0.42
稀释每股收益(元/股)	0.43	0.45	−4.44%	0.42
加权平均净资产收益率	26.70%	26.82%	−0.12%	33.25%
	2014 年年末	2013 年年末	本年年末比上年年末增减	2012 年年末
总资产(元)	1 379 210 793.60	751 553 478.54	83.51%	572 840 882.75
归属于上市公司股东的净资产(元)	851 128 546.55	650 614 286.67	30.82%	498 392 105.29

注:由于报告期内,公司实施完成了重大资产重组,根据《企业会计准则第20号——企业合并》的相关规定,采用了本报告期与上年同期备考数据作对比。

(二)非经常性损益和项目金额

非经常性损益和项目金额

单位:元

项 目	2014 年金额	2013 年金额	2012 年金额
计入当期损益的政府补助(与企业业务密切相关,按照国家统一标准定额或定量享受的政府补助除外)	25 305 596.00	28 392 964.84	26 688 523.60
除上述各项之外的其他营业外收入和支出	122 693.03	400 000.00	—
其他符合非经常性损益定义的损益项目	4 256 722.87	1 698 561.71	2 220 032.74
减:所得税影响额	7 171 375.72	7 622 881.64	7 227 139.09
少数股东权益影响额(税后)	760 023.36	12 435.13	—
合 计	21 753 612.82	22 856 209.78	21 681 417.25

注:对公司根据《公开发行证券的公司信息披露解释性公告第1号——非经常性损益》定义界定的非经常性损益项目,以及把《公开发行证券的公司信息披露解释性公告第1号——非经常性损益》中列举的非经常性损益项目界定为经常性损益的项目,应说明原因。

四、控股股东、董事、监事及高级管理人员情况

（一）公司与实际控制人之间的产权与控制方框图

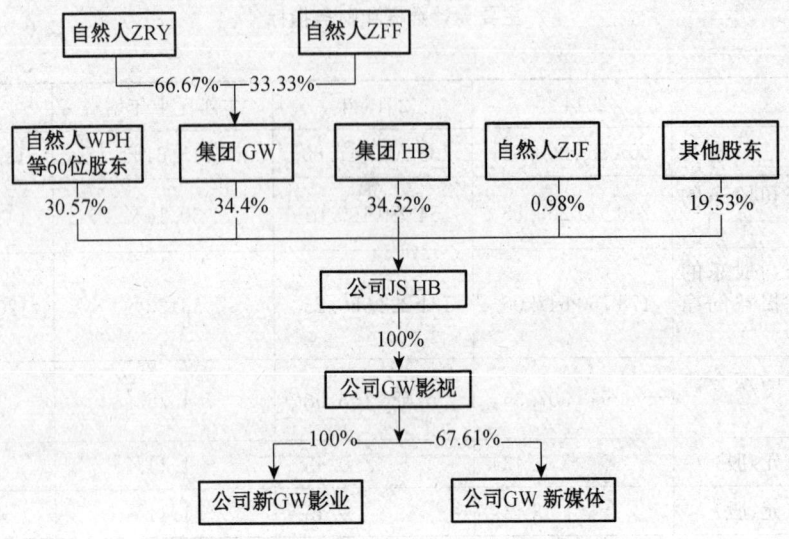

公司与实际控制人之间的产权与控制方框图

（二）董事、监事和高级管理人员任职情况

公司现任董事、监事和高级管理人员现职

姓名	职务	性别
ZYY	董事长	男
ZFF	副董事长	男
	总经理	
FQ	董事	男
	副总经理	
CXM	董事	男
GGX	董事	男
WPH	董事	男
QXW	独立董事	男
YTC	独立董事	男
YLP	独立董事	女
XHB	监事会主席	男
LYB	监事	男
LWQ	监事	女

(续表)

姓名	职务	性别
ZYJ	副总经理	男
MXT	副总经理	男
WTH	副总经理	男
WTH	董事会秘书	男
ZMH	财务总监	女
ZZF	发行总监	男
HXF	发行总监	女

(三) 董事、监事和高级管理人员持股历年变动情况

董事、监事和高级管理人员持股历年变动情况

证券简称	董监高姓名	变动日期	变动股份数量	成交均价	变动原因	变动比例(‰)	当日结存股数	股份变动人姓名	职务	变动人与董监高的关系
GW影视	ZYY	2015-7-6	2 365 929	15.63	竞价交易	4.502 8	183 097 482	GW影视文化企业集团有限公司	董事	受控法人
GW影视	ZZF	2015-6-12	−10 000	31.2	竞价交易	0.019	180 529	ZZF	高管	本人
GW影视	ZZF	2015-6-11	−20 000	29.5	竞价交易	0.038 1	190 529	ZZF	高管	本人
GW影视	MXT	2015-6-8	−10 000	29.17	竞价交易	0.019	611 458	MXT	高管	本人
GW影视	ZZF	2015-6-5	−10 176	28.95	竞价交易	0.019 4	210 529	ZZF	高管	本人
GW影视	WPH	2015-6-1	−900 000	27.06	大宗交易	1.712 9	11 760 130	WPH	董事	本人
GW影视	WPH	2015-5-22	−1 000 000	26	大宗交易	1.903 2	12 660 130	WPH	董事	本人
GW影视	WPH	2015-5-21	−1 900 000	26.4	大宗交易	3.616 1	13 660 130	WPH	董事	本人
GW影视	MXT	2015-5-18	−20 000	26.27	竞价交易	0.038 1	621 458	MXT	高管	本人
GW影视	XHB	2015-5-18	−198 471	25.73	竞价交易	0.377 7	595 413	XHB	监事	本人
GW影视	ZZF	2015-5-14	−20 000	25.5	竞价交易	0.038 1	220 705	ZZF	高管	本人
GW影视	FQ	2015-5-12	−2 861	23.02	竞价交易	0.005 4	7 015 101	FQ	董事,高管	本人
GW影视	FQ	2015-5-11	−1 002 173	22.85	竞价交易	1.907 3	7 017 962	FQ	董事,高管	本人
GW影视	HXF	2015-4-24	−900	25.04	竞价交易	0.001 7	—	HXY	高管	兄弟姐妹
GW影视	HXF	2015-3-6	−900	20.75	竞价交易	0.001 7	—	CJF	高管	配偶
GW影视	HXF	2015-3-5	100	21	竞价交易	0.000 2	900	CJF	高管	配偶
GW影视	HXF	2015-3-4	800	20.95	竞价交易	0.001 5	800	CJF	高管	配偶
GW影视	ZJF	2014-5-7	−97 848	21.08	竞价交易	0.186 2	4 858 723	ZJF	董事,高管	本人
GW影视	ZJF	2014-5-6	−188 393	20.98	竞价交易	0.358 6	4 956 571	ZJF	董事,高管	本人
GW影视	ZJF	2009-12-10	−350 000	9.17	大宗交易	2.853	3 429 976	ZJF	董事,高管	本人
GW影视	ZJF	2009-12-9	−450 000	9.17	大宗交易	3.668 1	3 779 976	ZJF	董事,高管	本人

第二部分　董事会报告摘要

一、概述

2014 年，公司通过实施重大资产重组，完成了由制造业向文化传媒产业的蜕变。借助资本平台，内生增长与外延扩张双向驱动，一方面不断提升内容制作的核心竞争力，确保国内电视剧制作发行最大单位之一的行业地位；另一方面，布局广告业，打造广告"托拉斯"，与内容制作和输出平台、渠道高度协同。创新营销模式，与下游输出平台战略合作，打造卫视黄金时段"GW 飞天剧场"，"全内容、全产业链"综合文化传媒集团初步形成。

1. 顺利完成重大资产重组的各项重要工作

在报告期内，公司顺利完成了重大资产重组，主营业务由"五金产品的生产与销售"向"电视剧的投资、制作与发行"转型，证券简称变更为"GW 影视"。通过实施重大资产重组注入优质文化资产，上市公司经营状况得以根本改善，增强了持续盈利能力和长期发展潜力，为未来发展迎来更为广阔的空间。

2. 落实"全内容、全产业链"战略，"内容＋广告"产业布局基本完成

在聚焦制作精品电视剧的基础上，积极推进"全内容、全产业链"战略，尤其是产业链延伸，从内容提供为主向"内容＋广告"构建纵向产业布局。自公司成立以来，凭借内容业务的专注性和核心竞争力的打造，建立了较高的品牌知名度和市场地位，成为国内最大的电视剧制作发行单位之一。报告期内，公司披露了《非公开发行 A 股股票预案》，公司拟非公开发行股份募集不超过 7.5 亿元（公司于 2015 年 2 月 8 日召开的第五届董事会第十一次会议及 2015 年 3 月 2 日召开的 2015 年第一次临时股东大会对公司非公开发行的定价基准日、发行价格、发行对象进行调整，募集资金调整为不超过 8.75 亿元）用于投拍精品电视剧项目、电影项目以及补充流动资金。

本次非公开发行股份目的在于进一步扩大精品电视剧的业务规模，推进在电影投拍、制作与发行等业务领域的布局，打造内容多元化。报告期内，公司主营电视剧业务逐步由"全独家制作模式"向"独家投资制作＋合作制作模式"转变，进一步加强了对纪录片业务的精耕细作。同时，公司也为进入微电影、微电视剧、节目制作等内容领域做了资源与人才储备。公司借助全流程成本控制优势和编剧优势，为与新媒体平台实现深度合作推出网络剧，做好充分准备，实现内容制作横向一体化的"全内容"模式。

公司上市后借助资本市场平台实现内生与外延的持续发展，延展产业链，朝"全产业链"积极布局。报告期内，全资子公司 DYGW 收购 SHSM 100％股权、ZJGX 80％股权，此次产业并购使公司切入电影院线广告和电视台广告代理业务，"内容＋广告"纵向产业链布局初具雏形。公司筹备打造广告"托拉斯"，融合上游广告大客户资源，汇聚下游传统媒体资源、互联网新媒体及电影院线、户外社区广告平台。通过对以内容为核心的各个板块的扩张，促进各板块间的良性互动和协同效应，实现资源的共享和品牌共振效应。

3. 探索并购整合管理，主营业务收入结构实现可喜变化

公司通过平台资源共享、业务协同，共同拓展并购广告公司原有媒介代理能力，同时通过整合管理结构、加强人才团队建设，提高并购公司品牌整合营销能力，报告期内初步显现整合效益，为公司未来收入增长开拓巨大上升空间。

4. 创新营销模式,构建全媒体生态链

报告期内,积极应对"一剧两星"政策给内容公司带来的播出限制,不断创新营销模式。依托"全内容"优势,积极与各大卫视、广电传媒集团开展深入战略合作,积极探索地面频道剧场合作经营模式,参与电视台频道黄金档的运营,同时积极拓展新媒体渠道,与新媒体、网络版权分销机构通过战略合作构建全媒体生态链。公司隆重推出 700 集首轮上星定制剧,以及纪录片提供、广告、节目及频道宣传策划活动等领域战略合作,通过广告资源置换等创新举措,打造系列化品牌产品,形成更丰富的产业链,与合作方实现共赢,开创了与下游平台合作的崭新模式。与多方合作,通过联合推出中国的造星梦工场,实现全部影视作品卫视、网络、移动同播,合力实现电视剧的多平台、渠道无缝链接。

5. 加强企业内部控制建设,提高企业抗风险能力

内部控制建设工作顺利推进,公司运作更加规范。报告期内,公司对内控制度、流程进行了全方位的梳理,结合文化企业的特点,以财务、无形资产、人力资源管理为核心,结合业务发展的需要,不断测试、优化流程,严格控制了成本、费用,同时降低了公司经营风险。

6. 报告期内,公司的整体发展跃上一个新台阶,获得各级主管部门的好评,公司及公司作品获得多项重要荣誉

公司荣获包括国家商务部、宣传部、财政部、文化部、国家新闻出版广电总局六部委颁发的"2013—2014 年度国家文化出口重点企业"奖,获 ZJ 省商务厅颁发的"ZJ 省文化出口重点企业"奖、ZJ 省第十二届精神文明建设"五个一工程"奖、HZ 市第十二届精神文明建设"五个一工程"奖、"HZ 市文艺作品补助"奖、"ZJ 产优秀电视剧"奖、"ZJ 第九批精品工程"奖。"精品电视剧研发团队"被评为"HZ 市首批十大产业文化创新团队"。

二、主营业务分析

公司主营业务为电视剧的投资、制作、发行及广告等衍生业务。报告期内,公司实现营业收入50 776.41 万元,比上年同期增长 15.61%;利润总额为 28 006.86 万元,比上年同期增长 32.11%;归属于上市公司股东的净利润为 20 051.43 万元,比上年同期增长 30.14%,归属于上市公司股东的扣除非经常性损益后的净利润为 17 876.06 万元,比上年同期增长 36.23%。各项指标较上年同期相比均有不同程度的提升。根据 RH 会计师事务所(特殊普通合伙)出具的《通过重大资产重组置入资产 2014 年度业绩承诺实现情况的专项审核报告》(瑞华核字〔2015〕24030004 号),置入资产DYGW 在 2014 年度实现归属于母公司股东的净利润及扣除非经常性损益后的归属于母公司股东的净利润分别为 22 016.25 万元和 19 940.88 万元,超额完成对资本市场的业绩承诺。2014 年,公司第四季度确认主营业务收入 19 625.83 万元,占全年收入的 38.65%。这个前低后高的收入曲线,是公司长期以来主营电视剧制作业务的主要特征。

一是由电视剧生产的特殊性造成的。电视剧的生产需要经过题材立项审批、剧本创作、拍摄、制作、审片、发行等多道流程,所以每年年初立项投拍的电视剧取得发行许可证时,往往要到第四季度。由于 GW 影视历年来所有生产的电视剧系独家投拍,这样取得发行许可证相对更集中在下半年尤其是第四季度。因此,前三季度的收入主要依靠往年取得发行许可证的电视剧发行所得。

二是与电视剧的收入确认标准有关。电视剧销售及其衍生收入确认的标准为:完成摄制并经电视行政主管部门审查通过取得《电视剧发行许可证》,满足合同约定标准的影视剧载体送达客户单位并已取得收款权利时确认收入。公司前三季度与电视台签署的电视剧的发行合同,因未能达到收入确认标准,不能计入前三季度的收入和利润,待相关合同取得发行许可证后才可确认收入。

主营业务分析表

按产品划分收入和成本

名称	产品	主营业务收入(万元)			主营业务成本(万元)			主营业务利润(万元)		毛利率(%)		报告期	证监会
		金额	占比(%)	增长率(%)	金额	占比(%)	增长率(%)	金额	占比(%)	大小	变动		
GW影视	纪录片	78.84	0.16	-2.34	5.58	0.03	-56.48	73.25	0.23	92.92	8.81	2014-12-31	广播、电视、电影和影视录音制作业
GW影视	广告及其他	11 025.64	21.71	897.54	4 022.85	21.50	0.00	7 002.79	21.84	63.51	-36.49	2014-12-31	广播、电视、电影和影视录音制作业
GW影视	电视剧	39 671.93	78.13	-7.17	14 678.92	78.47	-22.83	24 993.01	77.93	63.00	7.51	2014-12-31	广播、电视、电影和影视录音制作业
GW影视	硅料加工调试	834.32	2.11	—	873.52	2.84	—	-39.20	-0.45	-4.70	—	2013-12-31	广播、电视、电影和影视录音制作业
GW影视	发电收入	944.00	2.38	969.80	189.62	0.62	9.60	754.39	8.59	79.91	175.98	2013-12-31	广播、电视、电影和影视录音制作业
GW影视	锻件五金	18 289.71	46.20	-1.19	14 934.52	48.47	-7.37	3 355.20	38.21	18.34	5.44	2013-12-31	广播、电视、电影和影视录音制作业
GW影视	工具五金	19 524.23	49.31	1.51	14 812.91	48.08	-1.39	4 711.32	53.65	24.13	-0.10	2013-12-31	广播、电视、电影和影视录音制作业
GW影视	发电收入	88.24	0.23	0.00	173.01	0.55	0.00	-84.77	-1.19	-96.07	0.00	2012-12-31	广播、电视、电影和影视录音制作业
GW影视	锻件五金	18 509.79	48.18	-14.47	16 122.23	51.48	-11.11	2 387.56	33.60	12.90	-3.29	2012-12-31	广播、电视、电影和影视录音制作业
GW影视	工具五金	19 823.44	51.59	-2.49	15 021.02	47.97	-8.79	4 802.42	67.59	24.23	5.24	2012-12-31	广播、电视、电影和影视录音制作业

注:按产品划分收入和成本。

按行业划分收入和成本

名称	行业	主营业务收入(万元)			主营业务成本(万元)			主营业务利润(万元)		毛利率(%)		报告期	证监会
		金额	占比(%)	增长率(%)	金额	占比(%)	增长率(%)	金额	占比(%)	大小	变动		
GW影视	广告业	11 025.64	21.71	897.54	4 022.85	21.50	0.00	7 002.79	21.84	63.51	-56.49	2014-12-31	广播、电视、电影和影视录音制作业
GW影视	影视行业	39 750.77	78.29	-7.16	14 634.50	78.50	-22.85	25 066.27	78.16	63.06	7.52	2014-12-31	广播、电视、电影和影视录音制作业
GW影视	光伏制造行业	834.32	2.11	—	873.52	2.84	—	-30.20	-0.45	-4.70	—	2013-12-31	广播、电视、电影和影视录音制作业
GW影视	电力行业	944.00	2.38	969.80	189.62	0.62	9.60	754.39	8.59	79.91	175.98	2013-12-31	广播、电视、电影和影视录音制作业
GW影视	五金制造行业	37 813.94	95.51	-1.35	29 747.42	96.55	-4.48	8 066.52	91.86	21.33	2.57	2012-12-31	广播、电视、电影和影视录音制作业
GW影视	电力行业	88.24	0.23	0.00	173.01	0.55	0.00	-84.77	-1.19	-96.07	0.00	2012-12-31	广播、电视、电影和影视录音制作业
GW影视	五金制造行业	38 000.20	99.77	99.77	01 140.26	99.45	10.00	7 109.99	101.19	18.70	1.21	2012-12-31	广播、电视、电影和影视录音制作业

注:按行业划分收入和成本。

按地区划分收入和成本

名称	地区	主营业务收入(万元)			主营业务成本(万元)			主营业务利润(万元)		毛利率(%)		报告期	证监会(新)
		金额	占比(%)	增长率(%)	金额	占比(%)	增长率(%)	金额	占比(%)	大小	变动		
GW影视	国外	1 240.29	2.44	-62.37	506.90	2.71	-65.38	733.40	2.29	59.13	-3.52	2014-12-31	广播、电视、电影和影视录音制作业
GW影视	国内	49 536.11	97.56	21.94	18 206.46	97.29	3.58	31 329.66	97.71	63.26	6.52	2014-12-31	广播、电视、电影和影视录音制作业
GW影视	国外	11 570.11	29.22	4.66	8 834.70	28.84	1.29	2 685.89	30.58	23.21	2.56	2013-12-31	广播、电视、电影和影视录音制作业
GW影视	国内	28 021.68	70.78	2.39	21 926.86	71.16	-2.74	6 095.82	69.42	21.75	4.13	2013-12-31	广播、电视、电影和影视录音制作业
GW影视	国外	11 055.15	28.77	-3.99	8 771.81	28.01	-9.60	2 283.34	32.14	20.65	4.92	2012-12-31	广播、电视、电影和影视录音制作业
GW影视	国内	27 366.33	71.23	-10.14	22 544.45	71.99	-9.47	4 821.88	67.86	17.62	-0.61	2012-12-31	广播、电视、电影和影视录音制作业

注:按地区划分收入和成本。

公司通过逐步实施"全内容、全产业链"战略,内容板块业务不断丰富,尤其在报告期内并购 SHSM 和 ZJGX 两家公司,和 2015 年继续扩张广告板块之后,业绩曲线会相对平滑,但短时间内还会表现出前低后高的盈利趋势。报告期,随着施工项目的推进,中标订单在报告期陆续转化确认收入。同时,公司施工毛利率基本稳定,营业成本随收入同步增长。公司通过逐步实施"全内容、全产业链"战略,内容板块业务不断丰富,尤其在报告期内并购 SHSM 和 ZJGX 两公司,和 2015 年继续扩张广告板块之后,业绩曲线会相对平滑,但短时间内还会表现出前低后高的盈利趋势。

三、报告期内公司发展趋势与公司发展战略

(一)行业竞争格局和发展趋势

1. 国家政策支持文化产业的发展

近年来,国家相继推出《中共中央关于全面深化改革若干重大问题的决定》《坚定不移沿着中国特色社会主义道路前进为全面建成小康社会而奋斗》《"十二五"时期文化产业倍增计划》《国家"十二五"时期文化改革发展规划纲要》《中共中央关于深化文化体制改革、推动社会主义文化大发展大繁荣若干重大问题的决定》等一系列鼓励扶持影视文化传媒产业发展的政策,影视文化行业迎来高速发展的"黄金期"。

2. 居民物质生活水平的提高带动文化消费发展

根据普华永道的统计数字,目前全球文化产业年消费额在两万多亿美元左右,未来五年的增长率保持在 5%~6%。全球文化产业的整体提升对我国有重要的带动作用。根据发达国家文化消费的增长经验,人均 GDP 达到 5 000 美元是文化消费爆发的临界点。2011 年,我国人均 GDP 已经突破 5 000 美元大关,达到 35 197.79 元人民币,为影视文化产业近年来高速发展奠定了良好的需求基础。近年来,随着国民经济的持续增长,对精神文化产品的需求也随之不断增大。受益于国内居民释放出的文化产品需求,我国文化产业也迎来了快速发展的阶段,为影视内容产业创造了巨大的市场空间。

3. 电视广告投放量的持续增长形成行业发展的基本保障

电视台广告收入规模与电视台电视剧播出份额占比密切相关,互为前提,相互促进。广告收入为采购电视剧提供了资金保证,电视剧的播出又直接吸引了广告资金投入。根据《2009 年中国广播电影电视发展报告》,除了中央电视台因为处于特殊地位,其新闻、体育、电影频道独具权威性,导致这些节目的广告收入超过电视剧外,其他电视台由电视剧带来的广告收入在总收入中都占最大份额。目前我国电视台播出节目中,电视剧的播出份额所占比例最高。各电视台为了追求更高的广告收入,会继续保持电视剧的播出份额,并持续购进电视剧,尤其是卫视频道精品剧。

4. 新媒体的迅速发展扩大了电视剧进一步发展空间

随着网络视频行业规模的不断扩大,收视资源逐步向视频网站分散,各主要视频网站已逐步成为与电视台争夺电视剧版权的重要竞争力量。从国内主要视频网站购买影视剧版权的总金额来看,各主要视频网站用于购买影视剧版权的资金呈快速增长态势,同时,观看网络视频的主要为 80、90 后等消费需求较高的年轻一代,其为网络视频广告收入的快速增长带了来足够的保证,从而使网络视频行业得到快速发展,扩大了电视剧市场的整体规模。此外,随着各视频网站逐步参与到电视剧市场的竞争中,电视台的收视垄断地位被逐渐打破,收视渠道的多样化发展加大了市场对电视剧尤其是优质电视剧资源的争夺,电视剧的单集价格呈现逐步上升趋势,电视剧价格的上涨进一步扩大了电视剧市场的整体规模。除网络视频市场外,国家对搭建多媒体广播电视运营平台、手机电视集成播控平台的引导和支持,以及针对其他新媒体市场领域的鼓励政策不断出台,亦将推动其他新媒体市场的发展,从而带动对电视剧内容资源的需求增长。

5. 产业整合正在重塑行业格局

内生"增长"与外延"并购"是影视文化企业发展的必由之路。近年来,得益于国民经济的持续快速增长,居民对文化娱乐产品的消费欲望和消费能力均快速提升。作为影视文化市场重要组成部分的电视剧、电影市场已连续多年实现快速增长,这吸引了各类社会资本(国有、民营、外资)积极进军影视文化行业。随着影视文化行业在国民经济中地位的不断提升,行业内公司逐渐增多。部分行业内优秀公司通过早期内生增长积累资本,不断做大做强,登陆资本市场后更是通过外延并购式增长,实现跨越式发展;同时部分传统行业公司亦向文化产业转型,通过收购合并影视文化公司不断进入本行业。因此,在电影、电视剧等内容制作机构的竞争呈现愈演愈烈的行业格局下,具有雄厚资本实力的企业在整合各项资源方面将更有优势,可以更好地把握影视文化行业未来发展的趋势,实现更好更快的发展。

（二）公司发展战略及经营计划

2014年,资本市场经历了一场前所未有的文化产业＋互联网＋的并购浪潮,对于国内影视业来说,整合并购才刚刚起步。由于BAT强势介入,互联网基因改变了影视行业的传统格局,文化产业显示出更高的产业价值。尤其是移动互联网时代信息的去中心化,使那些能粘合用户注意力的内容平台展现无限的价值空间。公司长期以来通过专注于内容业务的精耕细作和打造核心竞争力,建立了较高的品牌知名度和市场地位。未来将助力资本平台,通过内生与外延双轮驱动,以内容业务为核心,以主流价值为导向,以市场价值为根基,以互联网为发力点,构建"全内容、全产业链"娱乐内容大平台为标志的新GW公司,成为具有领先创新能力的文化影视产业的引领者。

2015年,公司将利用经济新常态下的外部新形势,厘清高速发展下面临的内部新格局,迅速因需而变,明确董事会提出的"整合理顺、应变创新"新年工作重点,围绕管理制度创新、产业整合创新、盈利模式创新,继续按照"全内容、全产业链"的战略规划,深耕内容业务,不断丰富内容业务板块,以互联网为着力点,深化产业链布局,使企业在新的一年有大的发展。

四、公司未来运营风险

1. 政策监管风险

电视剧行业从制作机构的经营资质管理到电视剧的题材立项、内容审查、发行许可等方面都要受到国家相关部门的监管。国家广电总局对电视剧行业实施经营资质管理,设立广播电视节目制作经营机构或从事广播电视节目制作经营活动应当取得《广播电视节目制作经营许可证》,且制作电视剧需事先另行取得《电视剧制作许可证》;电视剧的拍摄制作实行备案公示制度,且电视剧摄制完成后,必须经国家广电总局或省级广电局审查通过并取得《电视剧发行许可证》之后方可发行;另外,政府对电视剧产业的监管还体现在对电视台播出电视剧的调控管理上,由于电视台播出内容具有重大的导向作用,应服从国家政策及发展大局。因此,电视剧制作公司存在因严格的行业监管和政策导向变化而发生电视剧制作成本无法收回或受到监管处罚的可能性。公司一直严格按照政策导向进行电视剧业务经营,精准把握发行时机,且出品了不少代表主流价值、取得良好社会反响的电视剧,一定程度上体现了公司在选题与剧本创作这一电视剧制作核心环节的突出特色和优势。

2. 电视剧适销性的风险

电视剧作为文化产品的一种,缺乏客观质量评价标准,电视台、视频网站等主要客户对于一部电视剧作品的好坏评价标准,主要是电视剧播出后的收视率或点击率水平及市场影响力,而这与电视剧观众的主观喜好和价值判断相关,并且随社会、经济、文化环境的变化而不断变迁,较难事先预测。因此,对于电视剧制作机构而言,由于每次出品发行的电视剧均属于新产品,对产品的把握主要基于对市场需求的前瞻性判断,因此,电视剧产品是否能够取得预期的发行效果和投资回报具有一定的不确定性,即具有一定的适销性风险。结合上述,虽然公司以市场价值为根基的经营理念及全流程市场导向的运作模式有利于降低发行风险、增强产品适销性,但是由于观众主观喜好和客户需求处于不断变动过程中,公司不能确保总是前瞻性的制作出与广大观众主观喜好一致的作品,无法完全避免所投资制作的电视剧存在因定位不准确、与市场热点偏差等原因而不被市场接受,导致无法实现预期回报的风险,从而可能因少量电视剧适销性问题而对公司整体经营业绩产生不利影响,造成公司经营业绩的波动,并且,如果既有电视剧出现适销性问题,将可能影响公司的整体品牌形象,并将对未来电视剧的发行造成不利影响,从而可能影响公司盈利稳定性和持续性。

3. "一剧两星"新政策影响的风险

2014 年 4 月,广电总局召开全国电视剧播出工作会议,发布《总局对卫视综合频道黄金时段电视剧播出方式进行调整》,自 2015 年 1 月开始,总局将对卫视综合频道黄金时段电视剧播出方式进行调整。具体内容包括:同一部电视剧每晚黄金时段联播的综合频道不得超过两家,同一部电视剧在卫视综合频道每晚黄金时段播出不得超过两集。2015 年开始实行"一剧两星"新政之后,同一电视剧不能同时在超过两家的卫星频道黄金时段播出,因此 2015 年以后首轮卫星和次首轮卫星的黄金档发行均受不超过两家卫星频道的限制。"一剧两星"播出政策使得电视剧播出容量增加,但由于黄金时段首轮播映权价格远大于非黄金时段首轮播映权价格,一部剧首轮黄金时段播映权最多只能同时卖给两家卫视,卫视分摊成本能力的下降带来电视剧面临首轮卫视播映权价格下降的风险。长期来看,"一剧两星"政策将会对电视剧制作与发行行业的竞争格局产生重大影响,如果公司不能有效应对新政带来的变化,将有可能无法在未来竞争中占据有利地位。

4. 制作成本上升的风险

近年来,随着国内物价水平的提高以及各制作机构对演员、编剧、导演及拍摄所需摄影、美术、配音等各类专业人才及制作资源争夺的加剧,电视剧制作成本呈不断攀升态势。如果公司电视剧的制作成本继续攀升而发行价格不能获得同比上涨,则公司投拍制作的电视剧可能存在利润空间被压缩的情况。

5. 业务规模扩大带来的人才管理及盈利波动风险

公司作为轻资产的文化传媒企业,对编剧、导演、后期制作员、发行人等人力资源的依赖度较高。随着业务规模的不断扩大,如果公司不能对自身人员团队形成有效的管理、建立持续高效的运作体系;或者不能持续聚集并高效整合优秀编剧、导演、演员等关键内部及外部资源,将对公司电视剧题材的筛选、投拍计划的顺利执行和预期发行效果造成不利影响,进而造成公司的经营业绩波动。

6. 侵权盗版风险

目前电视剧行业的侵权盗版现象主要体现为盗版音像制品和网络侵权播放。盗版音像制品的存在直接影响了正版音像制品的销售,导致了我国音像制品市场交易额大幅下滑,对于电视剧制作机构而言,则大幅减少了音像制品版权收入。尽管我国政府相关部门近年来为保护知识产权加大了打击侵权盗版的执法力度,有效遏制了侵权盗版的蔓延之势,但打击侵权盗版、规范市场秩序具有长期性,侵权盗版行为短期内难以杜绝,公司仍面临由于盗版侵权而影响公司电视剧销售收入的风险。

7. 知识产权纠纷风险

电视剧拍摄制作过程中不可避免地会使用他人的智力成果,如将他人小说改编为剧本、使用他人创作的音乐作为影视剧插曲等,因此公司电视剧作品存在多方主张知识产权的情形。为了避免出现第三方主张权利的纠纷,公司已尽可能获得相应知识产权所有者的许可或者与相关合作单位或个人就相应知识产权的归属进行了明确约定,但如果存在原权利人自身的权利存在瑕疵,公司即使获得了其许可或进行了约定也仍然存在侵犯第三方知识产权的潜在风险。尽管公司未发生因知识产权纠纷引起的诉讼,但仍然不排除未来公司在投资制作电视剧过程中因知识产权产生纠纷并引起法律诉讼等情形的可能。

8. 初涉电影行业及国产电影市场竞争加剧的风险

由于拟投拍电影项目为公司初次涉及电影投拍、制作与发行业务,与该领域领先公司相比,公司仍缺少运作大制作影片的经验,旗下没有签约大牌电影导演和艺人,在这一领域品牌美誉度和票房号召力均较弱,可能无法准确把握电影发行的最佳策略从而影响影片经济效益的最大化。因此该项业务的发展仍存在一定不确定性。尽管近年来国产电影的制作与发行呈上升趋势,口碑与票房也逐年提高,但随着整个市场的发展,进入电影市场的机构也越来越多,国外引进的大片亦会对国产电影的票房造成一定影响,使得整个行业竞争加剧。电影的创作只有满足大多数观众的主观喜好和判断标准的认知才能获得广大消费者喜爱,取得良好的票房。公司将通过严格的剧本创作与筛选,对电影项目内容严格管控,努力扩大公司的经营规模,提高公司电影作品质量,提升公司的竞争能力,从而避免监管政策给公司正常业务经营带来风险确保项目顺利取得发行许可证,同时加大发行力度与宣传,防止公司投拍电影项目带来的风险。

9. 存货占比较高的风险

公司存货账面金额较大,占流动资产的比例较高。公司存货主要由处于拍摄制作阶段的在产品以及取得发行许可证尚未结转完成本的库存商品构成,在产品在制作完成并取得发行许可证后结转入库存商品,而库存商品则根据电视剧的销售情况结转成本。虽然存货占比较高是电视剧行业的普遍特征,公司也已通过各种措施尽可能降低产品适销性风险,且历史上未出现存货滞销情形,但是存货仍面临因主管部门审查或者市场需求变化而引致的销售风险,存货金额特别是期末在产品金额较大,占资产比重较高,在一定程度上构成了公司的经营和财务风险。

10. 应收账款金额较大的风险

公司应收账款账面净额较大,占同期期末流动资产的比例较高。这一方面将增加公司的资金周转压力,可能提升资金成本和财务风险,另一方面如果出现不能及时收回或无法收回的情况,将对公司业绩和生产经营产生不利影响。这主要是由电视剧行业的特点决定的,公司主要通过加强应收账款的催收管理力度、加快资金回笼以及尽量实现电视剧预收款等方式来平滑应收账款变化带来的资金波动。此外,公司销售客户主要为各大电视台及主流视频网站,普遍信用良好,坏账风险较低。

11. 投资并购和业务整合风险

公司在聚焦精品电视剧的基础上,正在积极推进"全内容、全产业链"战略,拟通过进入电影制作、娱乐节目制作等内容制作领域,成为电视剧、电影、节目、纪录片、广告等的"全内容"供应商。未来,公司仍将通过产业并购实现向以内容为核心的各个板块的扩张。在收购过程中,可能会出现战略决策失误、估值过高、标的资产经营等风险。收购完成后,收购标的是否会产生预期效益,以及公司能否对其进行业务、制度、文化的有效整合,与其他各业务板块间产生良性互动和协同效应,都存在不确定性。同时,收购完成后,公司规模将会迅速扩大,如果内部管理不能迅速跟进,将会对本公司经营业绩造成不利影响。

五、利润分配与转增股本预案

报告期内,公司根据中国证监会发布的《关于进一步落实上市公司现金分红有关事项的通知》《上市公司监管指引第 3 号——上市公司现金分红》的相关要求,结合公司的发展需要和实际情况,对公司重大资产重组前《公司章程》中利润分配的相关条款进行了修订,并经公司 2014 年第一次临时股东大会审议批准。公司分别于 2014 年 7 月、2014 年 12 月召开第三次和第五次临时股东大会,审议通过了《关于修改〈公司章程〉的议案》，继续对《公司章程》中关于利润分配的相关条款进行修订，进一步完善了利润分配政策，增强了利润分配政策的透明度和可操作性，切实维护了公众投资者的合法权益。

现金分红政策专项说明表

现金分红政策的专项说明	
是否符合公司章程的规定或股东大会决议的要求：	是
分红标准和比例是否明确和清晰：	是
相关的决策程序和机制是否完备：	是
独立董事是否履职尽责并发挥了应有的作用：	是
中小股东是否有充分表达意见和诉求的机会，其合法权益是否得到了充分保护：	是
现金分红政策进行调整或变更的，条件及程序是否合规、透明：	是

公司近 3 年（含报告期）的利润分配预案或方案及资本公积金转增股本预案或方案情况如下。

1. 2012 年度利润分配方案及资本公积金转增股本方案

因 2012 年公司发生亏损，经董事会决议该年度利润分配方案及资本公积金转增股本方案为：不进行现金分红，不送红股；不进行资本公积金转增股本。该分配方案经 2013 年 5 月召开的 2012 年年度股东大会审议通过。

2. 2013 年度利润分配方案及资本公积金转增股本方案

2013 年度归属于母公司所有者的净利润为 640.20 万元，但 2013 年 1～4 月归属于母公司所有者的净利润为－88.73 万元。鉴于公司当时正在进行的重大资产置换及发行股份购买资产事宜已获得中国证监会并购重组委有条件通过，一旦中国证监会下发核准批文，则上市公司、HB 集团、置入资产"DYGW"全体股东于 2013 年 8 月签署的《重大资产置换及发行股份购买资产协议》将正式生效。根据该协议的约定，过渡期内置出资产运营所产生的盈利或亏损及任何原因造成的权益变动均由 HB 集团享有或承担。故公司 2013 年度利润分配方案及资本公积金转增股本方案为：不进行现金分红，不送红股；不进行资本公积金转增股本。该分配方案经 2014 年 2 月召开的 2013 年年度股东大会审议通过。

3. 2014 年度利润分配预案及资本公积金转增股本预案

不进行现金分红，不送红股；不进行资本公积金转增股本。本预案尚需提交公司 2014 年年度股东大会审议通过。

公司近三年现金分红情况表

单位：元

分红年度	现金分红金额（含税）	分红年度合并报表中归属于上市公司股东的净利润	占合并报表中归属于上市公司股东的净利润的比率	以现金方式要约回购股份资金计入现金分红的金额	以现金方式要约回购股份资金计入现金分红的比例
2014 年	0	200 514 259.88	0.00%	0	0.00%
2013 年	0	154 080 169.01	0.00%	0	0.00%
2012 年	0	142 084 736.91	0.00%	0	0.00%

注：2014 年 4 月，本公司实施完成了重大资产重组，根据《企业会计准则》的相关规定，本公司已对前期报告数据进行重述。上表中"分红年度合并报表中归属于上市公司股东的净利润"2012、2013 年度的数据为重述后数据，故与以前年度披露数据有差异。

公司报告期内盈利且母公司未分配利润为正但未提出现金红利分配预案原因如下：根据《公司章程》有关利润分配的相关规定，利润分配的原则是公司的利润分配政策保持连续性和稳定性，同时兼顾公司的可持续发展和全体股东的整体利益。同时，现金分红的条件是公司实施现金分红不会影响公司后续持续经营。由于按生效的并购协议，公司将于 2015 年支付前期收购 ZJGX 影视策划有限公司及 SHSM 广告有限公司第二期股权转让款共计 6 200 万元；且如公司第五届董事会第十二次会议审议通过的重大资产购买事项通过相应审批程序并予实施，公司将在 2015 年支付收购 3 家标的公司的股权转让款（或第一期股权转让款）共计约 4.6 亿元，累计将于 2015 年支付股权转让款共计约 5.22 亿元。

同时，公司拟通过非公开发行 A 股股票方式，向特定对象发行股票以募集 8.75 亿元用于投拍精品电视剧项目、投拍电影项目以及补充流动资金，在募集资金到位之前，公司亦需垫付巨额资金，因此面临着较大资金压力。根据公司利润分配的相关规定和公司未来现金支付的现实需求，基于公司未来可持续发展考虑，为更好地维护全体股东的长远利益，稳步落实公司"全内容、全产业链"战略规划，董事会拟定 2014 年度利润分配预案为：不进行现金分红；不送红股；不进行资本公积金转增股本。

六、大股东股权质押情况

2014 年 7 月我国资本市场"牛市"启动以来，上市公司大股东开始进入"全面质押"阶段。距统计，在 2014 年 1 月至 12 月期间，就有 1 541 家上市公司完成总计 4 246 次的股权质押，质押股本 4 647 亿股，参考市值近 46 255 亿元。即使按照 30%～50% 的质押折算点数，上市公司获得资金近 13 877 亿～23 128 亿元。仅 2015 年的前 7 个月，就有 973 家上市公司总计完成 2 974 次股权质押。质押股本 842 亿股，参考市值 15 476 亿元，上市公司获得资金 4 643 亿～7 738 亿元。

GW 影视股份公司从 2014 年 6 月首次公告称持该公司股份 5% 以上股东 JSHB 集团有限公司于 2014 年 6 月 23 日将其持有的本公司无限售流通股份中的 684 万股（占本公司总股本的 1.30%）质押给中国农业银行股份有限公司 ZJG 分行，质押期限至 2016 年 6 月 19 日止。从 2014 年 6 月开始，GW 影视股份公司曾十余次公告该公司持股 5% 以上股东的所持本公司股份质押、解押公告。

GW 影视股份控股股东 GW 影视文化集团认为，公司股价近期大幅波动，公司目前股票市值不能完全反映公司价值，特别是随着公司"全内容、全产业链"战略逐步实施，未来公司价值将进一步提升。自 2014 年上半年通过重组实现上市以来，GW 影视集团积极支持本公司发展，参与公司非公开发行股票的认购，基于对公司未来发展战略和良好发展前景的信心，看好国内资本市场长期投资的价值，GW 集团未来不排除进一步增持，累计增持不超过公司股份总数的 2%（含本次已增持）增持方式，通过深圳证券交易所交易系统以集中竞价交易方式增持。2015 年 7 月 6 日，GW 集团通过深圳证券交易所证券交易系统以集中竞价交易方式增持公司股份 2 365 929 股，占公司总股本的 0.45%，成交价格区间为 15.00 元/股～15.96 元/股。

GW 股份 2015 年 8 月 24 日公告显示，该公司控股股东 GW 影视文化企业集团有限公司将其持有的本公司有限售条件流通股中的 1 557.64 万股股份（占本公司总股本的 2.96%）质押给上海浦东发展银行股份有限公司 HZJG 支行，并已于 2015 年 8 月 21 日通过中国证券登记结算有限责任公司深圳分公司办理了股权质押登记手续，质押期限自 2015 年 8 月 21 日起至质权人办理解除质押登记手续之日止。据披露，GW 集团持有本公司股份 18 309.75 万股，占本公司总股本的 34.85%，累计质押 10 523.64 万股，占本公司总股本的 20.03%。对于该上市公司而言，质押次数和质押规模，自牛市启动以来都出现了大幅增长。除了传统的上市公司将股权质押给银行进行融资，目前资本市场上更为常见的是与信托公司进行股权质押以及理财产品作为资金的提供方。

GW 影视股份有限公司股权质押情况

名称			质押							解押			剩余质押股数(万股)
名称	出质人	质权人	公告日期	股数(万股)	起始日期	截止日期	收盘价(起始日)	收盘价(截止日 or 最新)	折溢价率(%)	公告日期	日期	股数(万股)	
GW 影视	JXHB 集团有限公司	华夏银行股份有限公司苏州分行	2015-09-30	300.000 0	2015-09-25	2018-09-21	12.990 0	15 500 0	119.32	—	—	—	—
GW 影视	JXHB 集团有限公司	上海浦东发展银行股份有限公司张家港支行	2015-09-22	200.000 0	2015-09-17	2018-01-04	12.680 0	15 500 0	122.24	—	—	—	—
GW 影视	GW 影视文化企业集团有限公司	中国银行股份有限公司浙江省分行	2015-09-18	5 000.000 0	2015-09-16	—	12.910 0	15 500 0	120.06	—	—	—	—
GW 影视	GW 影视文化企业集团有限公司	上海浦东发展银行股份有限公司杭州建国支行	2015-08-25	1 557.640 0	2015-08-21	—	14.270 0	15 500 0	108.62	—	—	—	—
GW 影视	GW 影视文化企业集团有限公司	民生加银资产管理有限公司	2015-04-21	1 236.000 0	2015-04-16	2018-01-04	22.780 0	15 500 0	88.04	—	—	—	—
GW 影视	GW 影视文化企业集团有限公司	上海浦东发展银行股份有限公司张家港支行	2015-01-13	280.000 0	2015-01-08	2018-01-04	19.380 0	15 500 0	79.98	—	—	—	—
GW 影视	GW 影视文化企业集团有限公司	中信银行股份有限公司杭州分行	2014-12-11	2 500.000 0	2014-12-10	—	19.380 0	15 500 0	79.98	—	—	—	—
GW 影视	JXHB 集团有限公司	中国建设银行股份有限公司张家港塘桥支行	2014-09-10	1 088.000 0	2014-09-05	2014-09-04	20.910 0	15 500 0	74.13	—	—	—	—
GW 影视	GW 影视文化企业集团有限公司	中信证券股份有限公司	2014-08-22	2 200.000 0	2014-08-20	—	20.740 0	24 200 0	116.68	2015-03-21	2015-03-19	2 200.000 0	0.000 0
GW 影视	GW 影视文化企业集团有限公司	中国银行股份有限公司浙江省分行	2014-08-06	2 300.000 0	2014-08-05	—	20.180 0	13 820 0	68.48	2015-09-14	2015-09-11	2 300.000 0	0.000 0
GW 影视	GW 影视文化企业集团有限公司	江苏银行股份有限公司杭州分行	2014-08-05	1 000.000 0	2014-07-18	—	19.900 0	15 500 0	77.89	—	—	—	—
GW 影视	GW 影视文化企业集团有限公司	中国民生银行股份有限公司杭州分行	2014-08-05	1 930.000 0	2014-08-01	—	19.520 0	15 500 0	79.41	—	—	—	—
GW 影视	JXHB 集团有限公司	中国银行股份有限公司张家港分行	2014-07-30	445.000 0	2014-07-24	2016-07-22	19.010 0	22.900 0	120.46	2015-03-16	2015-05-11	445.000 0	—
GW 影视	JXHB 集团有限公司	中国银行股份有限公司张家港分行	2014-06-26	684.000 0	2014-06-23	2016-06-19	20.600 0	15.500 0	75.24	—	—	—	—

（续表）

名称	出质人	质权人	质押							解押			剩余质押股数（万股）
			公告日期	股数（万股）	起始日期	截止日期	收盘价（起始日）	收盘价（截止日 or 最新）	折溢价率（%）	公告日期	日期	股数（万股）	
GW影视	JXHB集团有限公司	江苏张家港农村银行股份有限公司	2014-05-18	400.0000	2014-05-08	2016-04-30	20.8200	15.5000	74.45	—	—	—	—
GW影视	JXHB集团有限公司	江苏张家港农村银行股份有限公司	2014-04-30	950.0000	2014-04-29	2016-06-30	18.2000	21.5700	118.52	2014-07-07	2014-07-03	950.0000	0.0000
GW影视	JXHB集团有限公司	华夏银行股份有限公司苏州分行	2014-03-28	300.0000	2014-03-24	2016-03-19	24.1900	25.0500	103.56	2015-05-21	2015-05-15	300.0000	0.0000
GW影视	JXHB集团有限公司	中国建设银行股份有限公司张家港支行	2013-02-23	1 088.0000	2013-02-21	2015-02-03	5.5700	20.9100	375.40	2014-09-10	2014-09-05	1 088.0000	0.0000
GW影视	JXHB集团有限公司	上海浦东发展银行股份有限公司张家港支行	2013-01-11	910.0000	2013-01-08	2014-12-17	5.6000	19.3800	346.07	2015-01-17	2015-01-14	910.0000	0.0000
GW影视	JXHB集团有限公司	中国农业银行股份有限公司张家港分行	2012-12-11	1 500.0000	2012-12-07	2014-11-28	4.9900	20.1800	404.41	2014-08-08	2014-08-05	1 500.0000	0.0000
GW影视	JXHB集团有限公司	江苏张家港农村商业银行股份有限公司	2012-11-10	1 000.0000	2012-11-05	2014-11-05	5.6200	21.3100	379.18	2014-05-27	2014-05-22	1 000.0000	0.0000
GW影视	JXHB集团有限公司	华夏银行股份有限公司苏州分行	2012-11-10	500.0000	2012-11-08	2013-11-05	5.6200	21.1900	430.43	2014-03-28	2014-03-24	800.0000	0.0000
GW影视	JXHB集团有限公司	华夏银行股份有限公司苏州分行	2012-07-10	300.0000	2012-07-05	2013-06-26	6.1400	15.5000	253.71	—	—	—	—
GW影视	JXHB集团有限公司	中国建设银行股份有限公司	2012-03-09	688.0000	2012-03-06	2013-03-05	9.2400	5.5700	60.58	2013-02-23	2013-02-21	688.0000	0.0000
GW影视	JXHB集团有限公司	上海浦东发展银行股份有限公司张家港支行	2011-12-31	580.0000	2011-12-28	2012-12-22	8.1000	5.6400	69.58	2013-01-11	2013-01-09	580.0000	0.0060
GW影视	JXHB集团有限公司	华夏银行股份有限公司苏州分行	2011-04-20	300.0000	2011-04-18	2012-04-12	14.9300	8.1400	41.25	2012-07-10	2012-07-05	300.0000	0.0000
GW影视	JXHB集团有限公司	中国建设银行股份有限公司张家港支行	2011-03-25	491.0000	2011-03-23	2012-03-22	15.9900	9.2400	57.98	2012-03-09	2012-03-06	491.0000	0.0000
GW影视	JXHB集团有限公司	江苏张家港农村商业银行股份有限公司	2011-01-21	1 000.0000	2011-01-18	2012-12-09	11.0000	5.3500	49.03	2012-12-18	2012-12-17	1 000.0000	0.0000

第三部分　内部控制

根据《企业内部控制基本规范》及其配套指引的规定和其他内部控制监管要求(以下简称"企业内部控制规范体系"),结合 GW 影视股份有限公司(以下简称"公司")内部控制制度和评价办法,在内部控制日常监督和专项监督的基础上,本着客观、审慎的原则,我们对公司截至 2014 年 12月 31 日(内部控制评价报告基准日)的内部控制有效性进行的评价如下。

一、重要声明

按照企业内部控制规范体系的规定,建立健全和有效实施内部控制,评价其有效性,并如实披露内部控制评价报告,是公司董事会的责任。监事会对董事会建立和实施内部控制进行监督。经理层负责组织领导企业内部控制的日常运行。公司董事会、监事会及董事、监事、高级管理人员保证本报告内容不存在任何虚假记载、误导性陈述或重大遗漏,并对报告内容的真实性、准确性和完整性承担个别及连带法律责任。公司内部控制的目标是合理保证经营管理合法合规、资产安全、财务报告及相关信息真实完整,提高经营效率和效果,促进实现发展战略。由于内部控制存在的固有局限性,故仅能为实现上述目标提供合理保证。此外,由于情况的变化可能导致内部控制变得不恰当,或对控制政策和程序遵循的程度降低,根据内部控制评价结果推测未来内部控制的有效性具有一定的风险。

二、内部控制评价结论

根据公司财务报告内部控制重大缺陷的认定情况,于内部控制评价报告基准日,不存在财务报告内部控制重大缺陷,董事会认为:公司已按照企业内部控制规范体系和相关规定的要求在所有重大方面保持了有效的财务报告内部控制。根据公司非财务报告内部控制重大缺陷认定情况,于内部控制评价报告基准日,公司未发现非财务报告内部控制重大缺陷。自内部控制评价报告基准日至内部控制评价报告发出日之间未发生影响内部控制有效性评价结论的因素。

三、内部控制评价工作情况

(一)内部控制评价范围

公司按照风险导向原则确定纳入评价范围的主要单位、业务和事项以及高风险领域。纳入评价范围的主要单位包括 6 家。纳入评价范围单位资产总额占公司合并财务报表资产总额的100%,营业收入合计占公司合并财务报表营业收入总额的 100%。纳入评价范围的主要业务和事项包括:组织架构、发展战略、人力资源、企业文化、分子公司管理、对外投资控制、对外担保、关联交易、全面预算、合同管理、采购与付款、生产管理、市场营销、募集资金使用、信息披露等方面;其中重点关注的高风险领域主要包括:子公司管理、对外投资决策、对外担保决策、关联交易、信息披露、资金管理、采购与付款、销售与收款等方面。上述纳入评价范围的单位、业务和事项以及高风险领域涵盖了公司经营管理的主要方面,不存在重大遗漏。

(二)重点关注的高风险领域内控情况

1. 对控股子公司的管理

公司通过建立和完善对控股子公司的管理制度,向控股子公司委派董事、监事及重要高级管理人员;督导其建立相应经营计划、风险管理程序;要求控股子公司建立重大事项报告制度和审议程序,及时向总公司分管负责人和公司董事会秘书报告重大经营事项、报送重要文件、严格按照授权规定将重大事项提交公司董事会审议或股东大会审议;定期取得并分析控股子公司各类季度(月度)经营报告;建立和完善对控股子公司的绩效考核制度等手段来保证公司强化对控股子公司的管理控制报告期内,公司各控股子公司能按照上市公司既定的方针政策开展经营,及时报送和呈递相关的经营报告、重要文件和事项。各控股子公司经营过程得到了有效的控制和管理。

2. 对外投资的内部控制

公司在《公司章程》《对外投资管理制度》中明确规定了对外投资事项的审批权限、对外投资管理的组织机构、对外投资的决策及资产管理、对外投资的转让与收回、对外投资的财务管理及审计、重大事项报告及信息披露等内容。报告期内,公司对外投资及相关行为严格遵循《深圳证券交易所股票上市规则》《上市公司治理准则》《深圳证券交易所中小企业板上市公司规范运作指引》以及公司《对外投资管理制度》等有关规定,履行了正常的投资决策程序及信息披露义务。

3. 对外担保的内部控制

公司对外担保的内部控制遵循合法、审慎、互利、安全的原则,严格控制担保风险。公司按照有关法律、行政法规、部门规章以及《深圳证券交易所股票上市规则》等有关规定,在《公司章程》《股东大会议事规则》中明确股东大会、董事会关于对外担保事项的审批权限。在确定审批权限时,公司执行《深圳证券交易所股票上市规则》关于对外担保累计计算的相关规定。报告期内,公司及所属子公司未有对外担保行为发生。

4. 关联交易的内部控制

公司在《公司章程》《关联交易管理办法》《股东大会议事规则》《董事会议事规则》及其他相关文件中对关联关系、关联人及关联交易的确认、关联交易的决策程序、关联交易的信息披露等环节作出了明确规定,保证了公司与关联方之间的关联交易符合监管机构的有关规定,并遵循诚实信用、平等、自愿、公平、公开、公允及不损害公司及非关联股东合法权益的原则。

5. 信息披露的内部控制

公司制定的《信息披露管理办法》《重大信息内部报告制度》《内幕信息知情人登记管理制度》《定期报告信息披露重大差错责任追究制度》《投资者关系管理制度》等相关制度明确了信息披露事务管理部门、责任人及义务人职责;信息披露事务的责任划分及责任追究制度;信息的传递、审核、披露流程;信息披露的保密措施等。证券事务部是公司信息披露事务的日常工作部门,在董事会秘书的直接领导下,统一负责公司的信息披露事务,目前已建立了畅顺的董事、监事沟通渠道,投资者回访机制和证券分析师沟通机制。

6. 货币资金的内部控制

公司制定了《货币资金内部控制制度》《对外投资管理制度》《募集资金管理办法》等制度,并严格执行。制度中对岗位分工及授权批准、货币资金支付、支票及有关印鉴章的管理、网银管理等作了明确的规定。报告期内,公司货币资金使用安全,未发生违反《货币资金内部控制制度》的情形。

7. 采购与付款的内部控制

公司制定了《采购与付款内部控制制度》,明确了采购不相容岗位的分离,在请购与审批、询价与确定供应商、采购合同的订立与审计、采购与验收及相关会计记录、付款审批与付款执行等环节明确了各自的权责及相互制约要求与措施。本公司目前对采购及付款的内部控制使公司能够按时、保质、保量和经济高效地获取生产经营所需的物料,同时确保资金支付的计划性和安全性,相关会计核算合法、真实、完整和及时。

8. 销售与收款的内部控制

公司已制定了较为可行的销售政策,对定价原则、信用标准和信用条件、收款方式以及销售业务人员的职责权限等相关内容作了明确规定。公司制订的《销售与收款内部控制制度》,规范了从销售谈判到合同审批、合同订立、组织销售、组织供带、销货退回、逾期应收账款催收等一系列工作,以保证公司销售业务的正常开展和货款及时安全回收。公司及下属企业将收款责任落实到发行部或营销部,将销售货款回收情况作为主要考核指标之一。

(三) 内部控制评价工作依据及内部控制缺陷认定标准

公司根据企业内部控制规范体系及其配套指引等相关规定结合公司实际情况组织开展内部控制评价工作。公司董事会根据企业内部控制规范体系对重大缺陷、重要缺陷和一般缺陷的认定要求,结合公司规模、行业特征、风险偏好和风险承受度等因素,区分财务报告内部控制与非财务报告内部控制,研究确定了适用于本公司的内部控制缺陷。

(1) 公司确定的财务报告内部控制缺陷评价的定量标准如下:内部控制缺陷可能导致或导致的损失与利润表相关的,以影响利润总额指标衡量。如果该缺陷单独或连同其他缺陷可能导致的财务报告错报金额小于税前利润总额的 2.5%,则认定为一般缺陷;如果超过税前利润 2.5%、小于5%,则认定为重要缺陷;如果超过税前利润 5%,则认定为重大缺陷。内部控制缺陷可能导致或导致的损失与资产管理相关的,以资产总额指标衡。如果该缺陷单独或连同其他缺陷可能导致的财务报告错报金额小于资产总额的 0.5%,则认定为一般缺陷;如果超过资产总额 0.5%、小于1%,则认定为重要缺陷;如果超过资产总额的 1%,则认定为重大缺陷。

(2) 公司确定的财务报告内部控制缺陷评价的定性标准如下:财务报告重大缺陷的迹象包括:①公司董事、监事和高级管理人员的舞弊行为;②对已发布的财务报告进行重大差错更正(由于政策变化或其他客观因素变化导致的对以往年度的追溯调整除外);③注册会计师发现的却未被公司内部控制识别的当期财务报告中的重大错报;④审计委员会和内部审计部门对公司的对外财务报告和财务报告内部控制监督无效。财务报告重要缺陷的迹象包括:①未依照公认会计准则选择和应用会计政策;②未建立反舞弊程序和控制措施;③对于非常规或特殊交易的账户处理没有建立相应的控制机制或没有实施且没有相应的补偿性控制;④对于期末财务报告过程的控制存在一项或多项缺陷且不能合理保证编制的财务报表达到真实、完整的目标。一般缺陷是指除上述重大缺陷、重要缺陷之外的其他控制缺陷。

(四)内部控制缺陷认定及整改情况

(1) 财务报告内部控制缺陷认定及整改情况根据上述财务报告内部控制缺陷的认定标准,报告期内公司不存在财务报告内部控制重大缺陷和重要缺陷。

(2) 非财务报告内部控制缺陷认定及整改情况,根据上述非财务报告内部控制缺陷的认定标准,报告期内未发现公司非财务报告内部控制重大缺陷、重要缺陷。

第四部分　财务报表

一、合并资产负债表

合并资产负债表

编制单位:GW 影视股份有限公司　　　2014 年 12 月 31 日　　　　　　　　单位:元

项　目	期末余额	期初余额	项　目	期末余额	期初余额
流动资产:			流动负债:		
货币资金	91 936 200.47	43 999 808.22	短期借款	195 000 000.00	5 000 000.00
结算备付金			向中央银行借款		
拆出资金			吸收存款及同业存放		
以公允价值计量且其变动计入当期损益的金融资产	—	—	以公允计量且其变动计入当期损益的金融负债		
衍生金融资产			衍生金融负债		
应收票据	1 500 000.00	—	应付票据	—	—
应收账款	641 097 064.71	466 157 092.52	应付账款	22 677 960.70	—
预付款项	2 443 117.18	29 200.00	预收款项	1 624 996.31	1 444 480.00
应收保费			卖出回购金融资产款		
应收分保账款			应付手续费及佣金		
应收分保合同准备金			应付职工薪酬	1 769 450.05	1 345 401.65
应收利息			应交税费	77 519 129.47	61 403 801.61
应收股利			应付利息		
其他应收款	3 058 749.45	3 358 314.31	应付股利		
买入返售金融资产			其他应付款	188 160 234.21	2 241 023.05
存货	343 233 939.28	215 198 222.62	应付分保账款		
划分为持有待售的资产			划分为持有待售的负债		
一年内到期的非流动资产			一年内到期的非流动负债		
其他流动资产	1 315 485.81	222 834.45	其他流动负债	200 000.00	700 000.00

（续表）

项　目	期末余额	期初余额	项　目	期末余额	期初余额
流动资产合计	1 084 584 556.90	728 965 472.12	流动负债合计	486 951 770.74	72 134 706.31
非流动资产:			非流动负债:		
发放贷款及垫款			长期借款	—	—
可供出售金融资产	—	—	应付债券		
持有至到期投资	—	—	长期应付款		
长期应收款			长期应付职工薪酬	1 646 632.45	—
长期股权投资	—	—	专项应付款	—	—
投资性房地产	—	—	预计负债		
固定资产	5 370 353.02	6 674 566.29	递延收益		
在建工程	—	—	递延所得税负债	—	—
工程物资			其他非流动负债		
固定资产清理			非流动负债合计	1 646 632.45	
生产性生物资产			负债合计	488 598 403.19	72 134 706.31
油气资产			所有者权益:		
无形资产			股本	525 429 878.00	154 818 000.00
开发支出			资本公积	—284 333 959.53	86 277 918.47
商誉	272 720 780.74		盈余公积	46 327 722.47	36 282 647.14
长期待摊费用	136 393.80	—	未分配利润	563 704 905.61	373 235 721.06
递延所得税资产	16 398 709.14	15 913 440.13	归属于母公司所有者权益合计	851 128 546.55	650 614 286.67
其他非流动资产			少数股东权益	39 483 843.86	28 804 485.56
非流动资产合计	294 626 236.70	22 588 006.42	所有者权益合计	890 612 390.41	679 418 772.23
资产总计	1 379 210 793.60	751 553 478.54	负债和所有者权益总计	1 379 210 793.60	751 553 478.54

二、合并利润表

合并利润表

编制单位:GW 影视股份有限公司　　　　2014 年 1～12 月　　　　单位:元

项　目	本期发生额	上期发生额
一、营业总收入	507 764 060.95	439 209 047.80
其中:营业收入	507 764 060.95	439 209 047.80

（续表）

项　目	本期发生额	上期发生额
利息收入	—	—
已赚保费	—	—
手续费及佣金收入	—	—
二、营业总成本	252 926 590.11	255 229 276.01
其中:营业成本	187 133 505.30	190 422 676.10
利息支出		
手续费及佣金支出		
退保金		
赔付支出净额		
提取保险合同准备金净额		
保单红利支出		
分保费用		
营业税金及附加	5 154 316.22	4 325 795.67
销售费用	17 789 473.46	10 862 252.94
管理费用	41 306 711.83	23 122 837.02
财务费用	4 533 621.80	627 617.36
资产减值损失	−2 991 038.50	25 868 096.92
加:公允价值变动收益(损失以"−"号填列)		
投资收益(损失以"−"号填列)	−197 173.86	
其中:对联营企业和合营企业的投资收益		
汇兑收益(损失以"−"号填列)		
三、营业利润(亏损以"−"号填列)	254 640 296.98	183 979 771.79
加:营业外收入	25 428 798.04	28 792 964.84
其中:非流动资产处置利得	—	
减:营业外支出	509.01	770 817.00
其中:非流动资产处置损失		
四、利润总额(亏损总额以"−"填列)	280 068 586.01	212 001 919.63
减:所得税费用	73 466 360.81	53 188 275.28
五、净利润(净亏损以"−"号填列)	206 602 225.20	158 813 644.35
归属于母公司所有者的净利润	200 514 259.88	154 080 169.01
少数股东损益	6 087 965.32	4 733 475.34
六、其他综合收益的税后净额		

（续表）

项 目	本期发生额	上期发生额
七、综合收益总额	206 602 225.20	158 813 644.35
归属于母公司所有者的综合收益总额	200 514 259.88	154 080 169.01
归属于少数股东的综合收益总额	6 087 965.32	4 733 475.34
八、每股收益：		
（一）基本每股收益	0.43	0.45
（二）稀释每股收益	0.43	0.45

三、合并现金流量表

合并现金流量表

编制单位:GW 影视股份有限公司　　　　2014 年 1～12 月　　　　　单位:元

项 目	本期发生额	上期金额发生额
一、经营活动产生的现金流量：		
销售商品、提供劳务收到的现金	426 090 026.11	309 301 812.70
收到的税费返还		
收到其他与经营活动有关的现金	50 101 604.51	29 807 201.65
经营活动现金流入小计	476 191 630.62	339 109 014.35
购买商品、接受劳务支付的现金	328 166 989.16	236 227 876.24
支付利息、手续费及佣金的现金		
支付给职工以及为职工支付的现金	16 622 601.87	12 558 679.40
支付的各项税费	98 581 629.09	66 959 734.89
支付其他与经营活动有关的现金	77 768 717.86	28 947 882.80
经营活动现金流出小计	521 139 937.98	344 694 173.33
经营活动产生的现金流量净额	−44 948 307.36	−5 585 158.98
二、投资活动产生的现金流量：		
收回投资收到的现金	2 000 000.00	
取得投资收益收到的现金		
处置固定资产、无形资产和其他长期资产收回的现金净额		
处置子公司及其他营业单位收到的现金净额		
收到其他与投资活动有关的现金	—	—
投资活动现金流入小计	2 000 000.00	—
购建固定资产、无形资产和其他长期资产支付的现金	601 096.80	1 023 059.00

（续表）

项目	本期发生额	上期金额发生额
投资支付的现金		14 513 233.00
质押贷款净增加额		
取得子公司及其他营业单位支付的现金净额	91 263 430.88	
支付其他与投资活动有关的现金	2 443 039.38	—
投资活动现金流出小计	94 307 567.06	15 536 292.00
投资活动产生的现金流量净额	−92 307 567.06	−15 536 292.00
三、筹资活动产生的现金流量：		
吸收投资收到的现金		
其中：子公司吸收少数股东投资收到的现金		
取得借款收到的现金	215 000 000.00	5 000 000.00
发行债券收到的现金		
收到其他与筹资活动有关的现金	—	—
筹资活动现金流入小计	215 000 000.00	5 000 000.00
偿还债务支付的现金	25 000 000.00	
分配股利、利润或偿付利息支付的现金	4 807 733.33	614 086.67
其中：子公司支付给少数股东的股利、利润		
支付其他与筹资活动有关的现金	—	—
筹资活动现金流出小计	29 807 733.33	614 086.67
筹资活动产生的现金流量净额	185 192 266.67	4 385 913.33
四、汇率变动对现金及现金等价物的影响		
五、现金及现金等价物净增加额	47 936 392.25	−16 735 537.65
加：期初现金及现金等价物余额	43 999 808.22	60 735 345.87
六、期末现金及现金等价物余额	91 936 200.47	43 999 808.22

第五部分　其他相关补充资料与试题要求

一、公司战略与风险控制（20分）

资料（一）

1. 请结合公司的运营和财务状况，分析 2014 年下半年以来，GW 影视股份公司控股股东大规模股权质押的主要原因？（3分）

2. 2014 年 9 月，国务院颁布《关于进一步促进资本市场健康发展的若干意见》，首次提出"鼓

励上市公司建立市值管理制度",请简述上市公司市值管理制度建设对类似本例大股东股权质押行为的影响?(2分)

资料(二)

GW影视股份公司在2014年度聘请会计师事务所开展的内部控制制度建设情况调查中,对其下属C1,C2,C3和C4四家全资子公司内部控制制度的健全性和有效性进行检查和评价。发现如下问题:

(1)C1公司对外担保管理松弛。2014年11月,该子公司为TD公司提供200万元贷款担保。公司风险管理部的李某根据总经理指示办理此担保业务。由于李某对担保业务并不熟悉,且C1公司内部也未建立相应的管理制度和操作流程,因此李某只是觉得TD公司董事长是C1公司的总经理的亲属,应该不会有问题,于是再未进行任何调查及采取风险控制措施的情况下,根据总经理的授意办理了担保手续。之后,TD公司破产,C1公司承担担保连带责任。

(2)C2公司工程项目部管理混乱。2014年8月,C2公司开工建设职工活动中心,同年12月份完工。工程原定总投资3 500万元,决算金额3 950万元。据调查,该工程由C2公司工会提出申请,由工会有关人员进行可行性研究和评审,经C2董事会审批同意并授权由工会主席白某具体负责工程项目的实施和对工程价款支付的审批。随后,白某私自决定将工程交由其小学同学经营的个体施工队承建。在工程即将完工时,施工队负责人向白某提出,职工活动中心应有配套建设设施,建议增建保龄球馆。白某认为这一建设可取,指示工会有关人员提出工程项目变更申请,经其签字批准后实施。在工程完工后,由工会有关人员办理了竣工验收手续。由财务部门将交付使用资产登记入账。职工活动中心交付使用后,发现包括保龄球馆道在内的多项工程设备存在严重的质量问题。

(3)C3公司重大设备采购控制不严。2014年11月,该公司决定从国外引进三条具有世界领先水平的影视后期处理设备。经某客户推荐和联系,C3公司指派一名副总经理带队赴国外S公司实地考察。考察期间,考察团仅观看了所要采购设备的图片和影视资料,未进行实地考察和技术测试。双方代表经过谈判,并经各自公司授权批准,签订了采购合同。同年12月5日,该公司按照合同约定一次性支付了设备款。2015年1月初,三条影视后期处理设备运抵该公司,并在启封、安装后立即投入使用。但在生产过程中,这两台设备多次出现故障。后经专家鉴定,这些后期处理设备均系国外淘汰多年的旧机器,S公司仅仅更换了一些零部件、重新喷涂了油漆就将其再次销售给C3公司,其实际价值不足售价的10%。

(4)C4公司对外违规投资遭遇欺诈,蒙受重大损失。经查,该投资项目发生于2013年8月,当时C4公司董事长赵某经朋友介绍认识了自称是海外华人投资基金会的执行董事庞某。双方约定,海外华人投资基金会从花旗银行开立以该公司为受益人的借款保函,该公司向该基金会投资1 000万元,期限1年,收益率为20%。稍后,赵某收到庞某提供的以SWIFT方式开立的保函影印件,说即将发出,正在对方银行审核。赵某考虑到这项投资能给本公司带来的巨额回报,为避免错失良机,赵某直接指令财务部先将1 000万元资金汇往该基金会中国办事处,之后再向董事会补办报批手续、补签投资协议。财务部汇出资金后向对方核实是否收到汇款时却始终联系不到庞某。后经查实SWIFT开立的保函系伪造,所谓海外华人投资基金会及在华办事机构纯系子虚乌有。

负责审查的会计师事务所在内部控制评价工作结束后,向公司管理层报告了内部控制评价情况。针对所属全资子公司在内部控制方面存在的问题,集团公司召开了由集团领导、各部门负责人和各子公司参加的专门会议进行研究。在会上,相关领导发言要点总结如下。

公司董事长:这几个公司内部控制薄弱给企业和国家财产造成重大损失,教训极其深刻,值得反思。集团公司和各子公司要切实建立健全内部控制制度,不要怕程序复杂,也不要怕审批繁琐,只要能搞好内部控制,花多大代价都值得。

公司总会计师:要强化内部审计,在集团公司财会部增设审计处,专门负责对会计和内部控制制度执行情况的监督。审计处接受财会部领导,但重大问题可直接向我汇报。

公司财务部经理:第一,建议加强对工程项目的预算管理,实行刚性预算,超预算的工程支出一律不予批准;第二,落实固定资产采购责任制,建议由各子公司技术部全权负责办理采购事宜,并建立严格的追责机制。

要求:

1. 根据《企业内部控制基本规范》《企业内部控制配套指引》,判断并指出 4 个子公司各自内部控制所存在的薄弱循环。(2 分)

2. 根据《企业内部控制基本规范》《企业内部控制配套指引》,分析、判断该公司董事长、总会计师和财务部经理在会议发言中的观点有哪些不妥之处,并请简要说明理由。(3 分)

资料(三)

董事会是公司最高决策机构,公司治理实践方面最重要的部分之一就是董事会的独立性问题。独立董事是我国《公司法》明确规定的一种法律身份。关于独立董事的成文性规定主要是中国证监会 2001 年发布的《关于在上市公司建立独立董事制度指导意见》,这是目前关于我国独立董事制度最重要的文件。该文件要求上市公司董事会中独立董事比例不少于 1/3。依据 GW 影视股份公司董事、监事和高级管理人员任职情况,该公司有 3 名独立董事,占董事会人数正好 1/3,3 名独立董事背景分别为高校会计学教授、并购重组专家和影视行业政府主管部门行业领导。2013 年,中央组织部颁布 18 号文《关于进一步规范党政领导干部在企业兼职(任职)问题的意见》,200 多家上市公司的官员独立董事纷纷去职,上市公司遭遇独立董事离职。因此,GW 影视股份公司 3 名独立董事中 1 名担任行业政府主管部门领导的独立董事离职。

要求:

1. 请简述独立董事任职的基本条件和法律风险。(2 分)

2. 社会上有观点认为独立董事这一群体目前对上市公司发挥的监督作用非常有限,难以避免外界屡有的"花瓶"之称,请谈谈你对该观点的理解。(3 分)

资料(四)

2014 年以来,具有影视行业背景的企业大量涌入资本市场。据万得资讯提供的数据显示,从 2013 年涉及 A 股影视行业企业并购的仅 7 起猛增至 2014 年的 54 起,涉及资产价值超过 500 亿元。而其中并非传媒而实现跨界并购的公司占比为 54%。GW 影视股份公司借壳 JSHB 上市受到市场瞩目,使得 JSHB 这家之前市值 10 亿元左右的上市公司迎来了 11 天的连续涨停,股价突破 30 元,总市值推高至 50 亿元。但这场并购案却由于在重大资产重组的敏感期泄露了重组议案等内部信息而遭到证监会的立案调查,泄露这一信息的正是此次并购重组事件的介绍人 C 某某,而通过内幕交易牟利的是其妻子 W 某某。经调查核实,证监会决定,没收 W 某某违法所得 15 万元,并处以 15 万元罚款。

事实上,针对内幕交易行为,我国证券监管部门和交易所均有严格的规定。其中:深交所于 2007 年 5 月颁布的《上市公司董事、监事和高级管理人员所持本公司股份及其变动管理业务指引》中明确规定内部人买卖本公司股份及其衍生产品的信息必须在两个工作日内,由董事会向交易所报告并同时在交易所网站披露。上交所颁布的《上市公司董事、监事、高级管理人员所持本公司股份及其变动管理规则》也有类似的规定。证券监管机构和交易所对上市公司内部人股份交易行为明确了禁止期和敏感期,防范内部人利用内幕信息套利,这些敏感期包括定期公告、业绩快报(预告)、重大资产重组等影响股价的重要事件日前后。

要求:

1. 请根据"第一部分公司基本情况信息"中的四(三)董事、监事和高级管理人员持股历年变动情况,依据深交所和上交所发布的《上市公司董事、监事和高级管理人员所持本公司股份及其变动》,试述本文所涉内部人交易行为的特点以及如何进一步加强此类内幕交易监管。(2分)

2. 深圳证券交易所和上海证券交易所分别在 2006 年 8 月和 2007 年 4 月颁布实施了象征公平信息披露管制两个重要文件——《深圳证券交易所上市公司公平信息披露指引》和《上海证券交易所上市公司信息披露事务管理制度指引》,请试述何为"公平信息披露"并分析公平信息披露监管政策对约束内部人交易行为的影响。(3分)

二、审计(20分)

资料(一)

GFHH 会计师事务所的王明和赵立两位注册会计师负责对 GW 影视股份公司的下属公司 SM 公司进行 2014 年度财务报表审计。2014 年 4 月 GW 影视股份公司收购 SM 公司 100％ 股权,此次产业并购使 GW 影视股份公司切入电影院线广告和电视台广告代理业务,"内容＋广告"纵向产业链布局初具雏形。作为首次承接业务,王明和赵立通过对 SM 公司及其环境的了解,发现 SM 公司 2014 年度存在以下需要关注的情况。

表1　年末余额或年度发生额　　　　　　　　　　　　　单位:万元

项　　目	金额(2014 年审数)	金额(2013 年审数)
总资产	5 500	2 700
负债	3 850	1 700
所有者权益	1 650	1 000
营业收入	9 580	4 500
营业成本	7 940	3 570
营业利润	1 640	930
利润总额	1 300	710
净利润	1 430	750

(1) 2014 年 4 月底,自 GW 影视股份公司收购 SM 公司后,由 SM 公司自己任命新管理层,新管理层上任后,将原由内部审计部门日常从事的工作交由财务部门进行不定期抽查和监督。

(2) 2014 年 10 月底前,GW 影视股份公司耗资 400 万元实现全面会计电算化,并要求所有子公司都统一采用用友 ERP 系统,原来 SM 公司采用手工记账方式。

(3) 因 GW 影视股份公司收购 SM 公司 100％ 股权的收购价格是 12 600 万元,远超过 SM 公司总资产,并且按 SM 公司 2013 年净利润 750 万元,收购价格对应市盈率 17 倍估值。高估值使得两公司在被合并之初商定业绩补偿方案,业绩补偿方案约定如果 SM 公司 2014 年度、2015 年度、2016 年度分别高于承诺净利润 1 400 万元、1 700 万元、2 100 万元,则 SM 公司不需向 SM 公司支付对价;如果 SM 公司没有达到承诺净利润,则 SM 公司不需向 GW 影视股份公司支付对价。支付对价的计算公式为:2014 年支付对价＝－(2014 年实现净利润－1 400 万元)×17,支付对价以 1 400万元为限。SM 公司应在 2014 年度的审计报告出具之日起 30 日内,将上述现金补偿款支付至 GW 影视股份公司指定的账户。

(4) 2014年6月5日,为开展业务及拓展新客户,SM公司向银行借入2 000万元短期借款,2014年12月5日,该笔贷款到期后,SM公司多次提出延长半年还款,但债权银行仍于2015年初强行收回了贷款。

(5) 2014年8月,SM公司某广告产品因涉及不健康内容,被国家广电总局要求停播,该事件导致签约客户X认定SM公司违约,要求支付违约款及合同预付款100万元,SM公司于2014年11月已修改广告内容并通过国家广电总局要求,但是修改后的广告内容尚未得到客户X认可,收入确认存在重大不确定性。

(6) SM公司在合并前按照开具发票时间确认营业收入,合并后按照广告行业惯例和GW影视股份公司要求,在提供劳务交易的结果能够可靠估计的情况下,于资产负债表日按照完工百分比法确认提供的劳务收入。劳务交易的完工进度按已经发生的劳务成本占估计总成本的比例确定。

(7) SM公司2014年度的销售30%来自GW影视股份公司,SM公司管理层在2014年财务报表附注中披露关联方交易价格公允。由于SM公司所在行业各个项目收益差异较大,且最终收益属于保密内容,因此缺乏公开的交易数据。

要求:

1. 结合表1和材料(1)~(7),假定不考虑其他条件,仅运用分析程序识别SM公司2014年度财务报表是否存在重大错报风险,并列示分析过程和分析结果(请列表作答)。(1分)

2. 结合材料(1)~(7),单独考虑上述各种情况,指出是否会导致SM公司2014年度财务报表产生重大错报风险。如认为产生重大错报风险,请指出重大错报风险是属于财务报表层次还是认定层;如认为是认定层,请指明涉及财务报表的哪一个项目的哪一项认定,并简要说明理由。(3.5分,每小题0.5分)

3. 对于(2)中财务报表存在舞弊导致的认定层次的重大错报风险,王明和赵立两位注册会计师应当分别考虑采用哪些方式予以应对。(1.5分)

资料(二)

GFHH会计师事务所的孙兰和刘一两位注册会计师对GW影视股份公司2014年度的电影电视剧收入进行审计,认为GW影视股份公司总体风险一般,报表层次重要性水平按照主营业务收入/总资产为0.5%,按净利润为5%,重要科目的重要性水平按照报表层次重要性水平50%取值,非重要性科目按照报表层次70%取值,孙兰和刘一两位注册会计师以往审计时较为谨慎。两位注册会计师在审计过程中发现提供劳务收入确认方法与《企业会计准则第14号——收入》不符,存在一定问题。经注册会计师讨论,决定对2014年影视剧项目进行逐一清理排查。GW影视股份公司收入确认按照本公司产成品符合电视剧收入确认条件之日起,存货确认采用计划收入比例法将全部实际成本按照计划收入的完成比例结转销售成本。当电视剧的发行收入符合收入确认原则予以确认时,相应的成本按照实际销售收入占预计销售总收入的比例在首轮发行期内进行结转。管理层主要依靠以往的销售业绩和行业经验,对发行的即将上映影视片节目的市场状况进行综合分析判断。在电视剧发行期间,管理层在每个会计期末,将影视片实际销售状况与预测的销售收入总额进行比较,对以后期间该影视片预计销售收入进行重新预测和调整。GW影视股份公司部分销售业务是买卖双方以一定时期内相关电视剧所播出媒体平台类别(一般包括黄金档、A档、B档、C档)确定许可费用价格,随着合同规定期间内媒体播放平台类别的增加,未来可能会对相关电视剧业务收入确认的金额进行相应的调整,本公司本年度对该部分收入确认根据本年度已经播出的媒体平台类别进行确认。(注:审计调整分录均不考虑对GW影视股份公司2014年度的税费、递延所得税资产和负债、期末结转损益及利润分配的影响,下同。)

(1) 销售给 A 电视台电视剧作品《BA》独家首轮黄金档上星播映权共计 3 500 万元,相关合同约定:按每集 70 万元,预计 50 集,首期(1~10 集),母带移交日期定为 2014 年 7 月 20 日,后续母带移交将随着播出进度提前进行,移交日 A 电视台支付前期费用 1 000 万元,剩余费用于每月按播放集数确定。实际执行情况是:2014 年 7 月 25 日首次移交母带后,经双方确认,GW 影视股份公司开具了 1 000 万元发票并确认相应收入。截至 2014 年 12 月 31 日,该电视剧共播出 36 集,GW 影视股份公司共收到并确认收入 2 800 万元(包括上述 1 000 万元),此时电视剧已拍摄完毕,总集数变更为 48 集。该电视剧制作和宣传成本为 3 000 万元,GW 影视股份公司同时确认 2 400 万成本。2014 年年末 GW 影视股份公司预计该电视剧还可取得 500 万元网络播放收入,后续宣传成本预计 200 万元。

(2) 2013 年 7 月 10 日,GW 影视股份公司和 YH 公司签署《电视剧〈XS〉合作投资摄制协议书》,该等合同约定:双方合作摄制电视剧《XS》,GW 影视股份公司投资比例为 20%、YH 公司投资比例为 80%;双方共同享有该剧在全球范围内的著作权;该剧收入分配顺序如下:①YH 公司根据协议约定提取的 15% 的宣传发行代理费;②贵公司垫付的维权费用;③双方按各自的投资比例进行分配。

电视剧《XS》投资预算为人民币 150 万元/集,36 集共计 5 400 万元,其中 YH 公司投资 4 320.00 万元,占投资预算的 80%;GW 影视股份公司投资人民币 1 080 万元,占投资预算的 20%。

双方公司履约情况:截至 2013 年 12 月 31 日,GW 影视股份公司已将应支付的联合投资摄制款 1 080 万元全部支付完毕。

双方结算情况:①根据 YH 公司 2014 年 7 月 30 日出具的《关于电视剧〈XS〉成本确认函》,双方一致同意按照电视剧《XS》投资预算 5 400 万元作为最终的成本结算金额,扣除 YH 公司提取的 15% 的宣传发行代理费,YH 公司无其他代垫费用。②根据 YH 公司于 2014 年 5 月 30 日出具的《关于电视剧〈XS〉发行情况的通知函》,截至 2014 年 5 月 30 日,电视剧《XS》累计发行金额 14 464.8 万元。根据 YH 公司 2014 年 12 月 31 日出具的《关于电视剧〈XS〉发行的确认函》,电视剧《XS》累计发行金额 14 472 万元。③YH 公司已于 2013 年 12 月支付本公司收益款 1 080 万元。

GW 影视股份公司收入确认情况:GW 影视股份公司于 2013 年未确认任何收入成本,2014 年确认收入 1 080 万元及成本 1 080 万元。

(3) 2014 年 4 月 12 日,GW 影视股份公司与国外电影制作公司 LGF 公司签订协议,由 GW 影视股份公司协助发行电影 LGF《JEYX》。根据协议规定以及电影《JEYX》相关票房数据,如果《JEYX》中国票房达到 5 000 万元,GW 影视股份公司可按每张电影票 0.3 元的获得相应票房收益,如果票房达到 1 亿元,LGF 除上述收益外还将按约定应给予 GW 影视股份公司奖励 50 万美元。截至 2014 年 12 月 31 日,《JEYX》实现票房 8 500 万元,GW 影视股份公司预计有 50% 的可能票房将会达到 1 亿,但 LGF 公司尚未将任何款项支付给 GW 影视股份公司,GW 影视股份公司也未确认任何收入成本。实际上,截至 2014 年 12 月 31 日,GW 影视股份公司已发生宣传费用 1 800 万元,预计未来还将发生 80 万元费用。GW 影视股份公司并未进行任何账务处理。

(4) 2014 年 10 月 1 日,GW 影视股份公司和 HD 公司签署《电视连续剧〈HJ〉摄制协议书》,该合同约定如下:双方合作摄制电视剧《HJ》,总投资 2 200 万元,GW 影视股份公司投资比例为 60%;HD 公司投资比例为 40%。发行规定 GW 影视股份公司负责该剧在中国大陆(中国大陆不包括香港、澳门及台湾地区)地区的发行工作,并保证该地区发行收入扣除发行费后不少于人民币 76 万元/集,在计算收入分成时,不足此数之款额由甲方负责补足;HJ 公司负责除上述甲方负责地区外之发行工作,并保证该地区发行收入扣除发行费用后不少于人民币 12 万元/集,在计算收入分成时,补足此数之款额由乙方负责补足。双方同意利润分配按照净利润=该剧总收入-制作成本-发行成本,其中发行成本不超过发行收入的 15%;该净利润先支付给制作团队(包括导演及主演等)

15%作为提成,再支付给发行方净利润的10%作为提成后,双方按约定比例进行分成,所得税款由各自承担。

截至2014年12月31日,制片尚未完成,但HD公司已支付电视剧《HJ》联合投资摄制款50%款项;电视剧《HJ》摄制成本合计1 389万元。此外,因电视剧《HJ》的宣传精神与某社会团体政策相符,收到一次性资助30万元。GW影视股份公司将发生的成本(收到HD公司投资款作为成本的减项)和收到的HD投资款全部结转,并将收到的社会团体资助结转至营业外收入项目。

此外,本公司制定了切实可行的销售政策,明确规定了销售定价原则,影视发行部可以根据市场情况适当调整销售定价和信用标准,但必须根据调整金额报营销总监或总经理审批。电视剧母带移交过程中,基本采用邮寄方式,以邮寄发出日期推断电视剧母带移交日期,由专人保管邮寄单据,把邮寄单据复印件、客户订单、签订的销售合同,以及发票复印件交由秘书归档,并把邮寄单据复印件、客户订单、签订的销售合同复印件交由财务部门作为确认销售收入的依据,对于数据不符的交易则进行调查及调整。同时,财务部通过应收账款分客户、分合同进行账龄分析、超期提示等风险预警机制并编制汇总表,对其中的重大差异和异常情况进行跟进分析,编制分析报告并承包财务总监、营销总监和总经理审阅后讨论解决措施。

要求:

1. 计算财务报表层次重要性水平及重要科目和非重要科目重要性水平各自是多少。(0.5分)

2. 请结合注册会计师审计中发现的问题,重新确定上述4个项目2014年12月31日应确认的合同收入和合同成本。(2分)

3. 请帮助注册会计师对GW影视股份公司收入成本作相应审计调整分录。(2分)

4. 如果你是注册会计师,将对GW影视股份公司收入确认方式和相关内部控制进行控制测试,请你针对销售定价、母带移交、账龄风险预警拟定控制测试程序。(1.5分)(会计分录中金额以万元为单位)

资料(三)

黄文注册会计师制定了GW影视股份公司的重要全资子公司TR公司总体审计策略,部分内容摘录如下:

(1) 黄文注册会计师拟在审计计划阶段与治理层沟通,主要内容为:注册会计师与财务报表审计相关的责任、注册会计师的独立性、计划的审计范围以及具体审计程序的性质和时间安排。

(2) 另一位审计人员E未能参加集团项目组对集团财务报表重大错报风险的讨论。黄文注册会计师拟另行安排时间与E进行沟通,并向其通报集团项目组讨论的情况。

(3) GW影视股份公司内部审计部门2014年对TR公司控制的有效性进行了测试,黄文注册会计师拟信赖内部审计部门对TR的测试,通过与内部审计人员讨论和阅读内部审计报告,评价内部审计人员的测试工作,拟利用内部审计的测试结果,并认为该工作足以实现审计目的。

(4) TR公司2014年11月出售一家持股比例为30%并能对其施加重要影响的OP公司,黄文注册会计师认为OP公司不属于合并范围内子公司,拟对OP公司进行简单审阅。

问题:针对资料(三),逐项指出黄文注册会计师的处理是否恰当,如不恰当,简要说明理由。(2分)

资料(四)

因自制拍摄影片成本较高,GW影视股份公司除自制广告拍摄外,主要与其他单位合作摄制影电视剧业务,主要包括以下四种形式:

(1) 联合摄制,指企业与其他投资方共同出资,并按各自出资比例或按合同约定分享利益及分担风险的摄制业务(主要指GW影视股份公司负责摄制成本核算的)。

(2) 受托摄制,指企业接受其他单位的全额出资,代为制作影片的摄制业务。

(3) 委托摄制,指企业全额出资,委托其他制片单位代为制作影片的摄制业务。

(4) 协作摄制,指由其他制片单位全额出资,企业仅以提供设备、器材、场地、劳务等方式给予协助的摄制业务。

问题:请分别就以上4种形式说明收入或成本结转核算方式,分析其在收入或成本确定时可能存在的风险及对应的实质性审计策略。(4分)

资料(五)

2014年GW影视股份公司存在部分特殊事项,孙兰和刘一两位注册会计师对这些特殊事项进行了详细审计,结合材料(二)重要性水平,对下列事项进行分析:

(1) GW影视股份公司于2014年3月1日借入3 600万元、年利率为11%的专门借款,用于已开工建设并预计于2015年末完工的摄影基地。因GW公司与施工方对工程质量存在纠纷,该工程于2014年5月1日至2014年10月15日中断。GW公司当年资本化利息为330万元。

(2) GW影视股份公司定于2015年1月对实地拍摄员工发放年终奖共计180万元,对于高管和管理人员GW影视股份公司按照实现净利润1%发放年终奖,并定于过年前发放。公司并未进行任何账务处理。

(3) GW影视股份公司2014年管理费用总体规模为8 000万元,样本规模为200万元,样本审前账面金额合计为3 900万元。孙兰和刘一注册会计师发现样本中有一项错报:GW影视股份公司2012年年初购买一台管理用设备,原始价值16.4万元,原估计使用年限为5年,预计净残值4 000元,按直线法计提折旧。由于新技术的发展,该设备已不能按原估计使用年限计提折旧,本公司于2014年年初将该设备的耐用年限变更为4年,预计净残值为2 000元,以反映该设备的真实耐用年限和净残值。但会计处理还是按照原预计方法计提折旧。计算管理费用审定金额、错报金额的点估计值和审计调整分录。(注:不考虑本材料其他影响。)

(4) 假设孙兰和刘一两位注册会计师对固定资产累计折旧进行控制测试,并准备抽取样本,确定的可接受的信赖过度风险是10%,可容忍偏差率是6%,预计总体偏差率是1.75%,可接受的信赖过度风险为10%的样本量表摘录如下:

可接受的信赖过度风险为10%的样本量表

预计总体偏差率	可容忍偏差率		
	5%	6%	7%
1.25%	77(1)	64(1)	55(1)
1.50%	105(2)	64(1)	55(1)
1.75%	105(2)	88(2)	55(1)

要求:

确定两位注册会计师此次控制测试的样本规模,加入注册会计师测试样本后发现3例偏差,据此判断GW影视股份公司该科目控制是否可信赖,并简要说明理由。(2分)(答案中金额以万元为单位)

三、财务会计(20分)

资料(一)

GW影视股份有限公司2013年至2015年的长期股权投资有关资料如下:

(1) 2013年6月30日,GW影视股份公司取得Y公司持有B公司60%股权,能够对B公司实施控制,当日,B公司可辨认净资产账面价值8 400万元,可辨认净资产公允价值为10 000万元,除一项固定资产和一项无形资产外,还有其他资产、负债的公允价值与账面价值等。固定资产的账面价值为 3 600 万元,公允价值为 4 800 万元;无形资产的账面价值为 2 000 万元,公允价值为 2 400 万元。固定资产为一栋办公楼,预计该办公楼自 2013 年 6 月 30 日起剩余使用年限为 20 年、净残值为 0,采用年限平均法计提折旧;无形资产为一项土地使用权,预计该土地使用权自 2013 年 6 月 30 日起剩余使用年限为 10 年、净残值为 0,采用直线法摊销。

假定该办公楼和土地使用权均为管理层使用。经协商,双方确定 B 公司 60% 股权的公允价值为 5 700 万元,GW 影视股份公司以一栋办公楼和一项土地使用权作为对价。GW 影视股份公司作为对价的办公楼 2013 年 6 月 30 日的账面原价为 2 800 万元,累计折旧为 600 万元,计提的固定资产减值准备为 200 万元,公允价值为 4 200 万元;作为对价的土地使用权 2013 年 6 月 30 日的账面原价为 2 600 万元,累计摊销为 400 万元,计提的无形资产减值准备为 200 万元,公允价值为 1 500 万元。2013 年 6 月 30 日,GW 影视股份公司以银行存款支付购买股权过程中发生的咨询费用 200 万元。GW 影视股份公司与 Y 公司不存在关联方关系。

B 公司 2013 年及 2014 年实现损益等有关情况如下:①2013 年度 B 公司实现净利润 1 200 万元(假定有关收入、费用在本年度中间均匀发生),当年提取盈余公积 120 万元,未对外分配现金股利,未发生其他所有者权益变动。②2014 年度 B 公司实现净利润 1 600 万元,当年提取盈余公积 160 万元,未对外分配现金股利,未发生其他所有者权益变动。③2013 年 7 月 1 日至 2014 年 12 月 31 日,B 公司除实现净利润外,未发生引起股东权益变动的其他交易和事项。

2015 年 1 月 2 日,GW 影视股份公司以 2 500 万元的价格出售 B 公司 20% 的股权。当日,收到购买方通过银行转账支付的价款,并办理完毕股权转让手续。GW 影视股份公司在出售该部分股份后,持有 B 公司的股权比例降至 40%,不再拥有对 B 公司的控制权,但能够对 B 公司实施重大影响。2015 年度 B 公司实现净利润 800 万元,当年提取盈余公积 80 万元,未对外分配现金股利。B 公司因当年购入的可供出售金融资产公允价值上升确认其他综合收益 300 万元,无其他所有者权益变动。

其他有关资料:①不考虑相关税费因素的影响。②GW 影视股份公司按照净利润的 10% 提取盈余公积。③投资单位和被投资单位未发生内部交易。④出售 B 公司 20% 股权后,GW 影视股份公司无子公司,无需编制合并财务报表。

要求:

1. 判断 GW 影视股份公司购买 B 公司 60% 股权交易的企业合并类型,并说明理由。(1 分)

2. 计算 GW 影视股份公司企业合并的成本、GW 影视股份公司转让作为对价的固定资产和无形资产对其 2013 年度利润总额的影响金额。(1 分)

3. 计算 GW 影视股份公司对 B 公司长期股权投资的入账价值并编制相关会计分录。(1 分)

4. 计算 2014 年 12 月 31 日 GW 影视股份公司对 B 公司长期股权投资的账面价值。(1 分)

5. 计算 GW 影视股份公司出售 B 公司 20% 股权产生的损益并编制相关会计分录。(2 分)

6. 计算 2015 年 1 月 2 日 GW 影视股份公司对 B 公司长期股权投资由成本法转为权益法核算后的账面价值并编制相关会计分录。(2 分)

7. 计算 2015 年 12 月 31 日 GW 影视股份公司对 B 公司长期股权投资的账面价值并编制相关的会计分录。(2 分)(会计分录中金额以万元为单位)

资料(二)

GW 影视集团下属 GW 影视股份公司(系上市公司)和 GW 新媒体公司(简称 GW 新媒体),GW 影视股份公司为 GW 新媒体的母公司。2013 年 1 月 1 日,经股东大会批准,GW 影视股份公司与旗下 100 名高级管理人员、GW 新媒体 20 名高级管理人员签署股份支付协议。协议规定:①GW

影视股份公司向集团内 120 名高级管理人员每人授予 10 万份股票期权,行权条件为这些高级管理人员从授予股票期权之日起连续服务满 3 年,GW 影视集团 3 年平均净利润增长率达 12%;②符合行权条件后,每持有 1 股股票期权,可以自 2016 年 1 月 1 日起 1 年内,以每股 3 元的价格购买 1 股 GW 影视股份公司普通股股票,在行权期间内未行权的股票期权将失效。GW 影视股份公司估计授予日每股股票期权的公允价值为 12 元。2013 年至 2016 年,GW 影视股份公司与股票期权有关的资料如下:

（1）2013 年,GW 影视股份公司有 4 名高级管理人员离开,GW 新媒体无高级管理人员离开,本年度 GW 影视集团净利润增长率为 10%。2013 年年末,GW 影视集团预计 GW 影视公司未来两年将有 4 名高级管理人员离开公司,GW 新媒体无高级管理人员离开,预计 3 年平均净利润率将达到 12%;每股股票期权的公允价值为 13 元。

（2）2014 年,GW 影视股份公司有 2 名高级管理人员离开,GW 新媒体无高级管理人员离开,本年净利润增长率为 14%。2014 年末,集团预计 GW 影视股份公司预计未来一年将有 2 名高级管理人员离开公司,GW 新媒体无高级管理人员离开,预计 3 年平均净利润增长率将达到 12.5%;每股股票期权的公允价值为 14 元。

（3）2015 年,GW 影视股份公司和 GW 新媒体没有高级管理人员离开,本年净利润增长率为 15%。2015 年年末,每股股票期权的公允价值为 15 元。

（4）2016 年 1 月,剩余 114 名高级管理人员全部行权,GW 影视股份公司向 114 名高级管理人员定向增发股票,共收到款项 3 420 万元。

（5）不考虑其他因素影响。

要求:

1. 编制 GW 影视股份公司 2013 年、2014 年、2015 年与股份支付有关的会计分录。（1 分）

2. 编制 GW 新媒体公司 2013 年、2014 年、2015 年与股份支付有关的会计分录。（1 分）

3. 编制 GW 影视集团 2013 年、2014 年、2015 年合并财务报表与股份支付有关的抵销分录,并说明合并财务报表中的结果。（1 分）

4. 编制 GW 影视股份公司和 GW 新媒体公司高级管理人员行权时的相关会计分录。（1 分）（会计分录中金额以万元为单位）

资料（三）

2011 年 12 月 10 日,GW 影视股份公司与 YY 公司签订了一项租赁协议,将一栋经营管理用写字楼出租给 YY 公司,租赁期为 3 年,租赁期开始日为 2011 年 12 月 31 日,年租金为 480 万元,于次年起每年年初收取。相关资料如下:2011 年 12 月 31 日,GW 影视股份公司将该写字楼停止自用,准备出租给 YY 公司,拟采用成本模式进行后续计量。该写字楼于 2007 年 12 月 31 日达到预定可使用状态时的账面原价为 3 940 万元,预计使用年限为 50 年,预计净残值为 40 万元,采用年限平均法计提折旧。2012 年 1 月 1 日,预收当年租金 480 万元,款项已收存银行。GW 影视股份公司按月将租金收入确认为其他业务收入,并结转相关成本。

2013 年 12 月 31 日,GW 影视股份公司考虑到所在城市存在活跃的房地产市场,并且能够合理估计该写字楼的公允价值,为提供更相关的会计信息,将投资性房地产的后续计量从成本模式转换为公允价值模式,当日,该写字楼的公允价值为 4 472 万元。2014 年 12 月 31 日,该写字楼的公允价值为 4 550 万元。2015 年 1 月 1 日,租赁合同到期,GW 影视股份公司为解决资金周转困难,将该写字楼出售给 BB 企业,价款为 4 600 万元,款项已收存银行。

GW 影视股份公司按净利润的 10% 提取法定盈余公积,不考虑其他因素。

要求:

1. 编制 GW 影视股份公司 2011 年 12 月 31 日将该写字楼转换为投资性房地产的会计分录。（1 分）

2. 编制 GW 影视股份公司 2012 年 1 月 1 日收取租金、1 月 31 日确认租金收入和结转相关成本的会计分录。（1 分）

3. 编制 GW 影视股份公司 2013 年 12 月 31 日将该投资性房地产的后续计量由成本模式转换为公允价值模式的相关会计分录。（1 分）

4. 编制 GW 影视股份公司 2014 年 12 月 31 日确认公允价值变动损益的相关会计分录。（1 分）

5. 编制 GW 影视股份公司 2015 年 1 月 1 日处置该投资性房地产时的相关会计分录。（2 分）

（采用公允价值模式进行后续计量的投资性房地产应写出必要的明细科目，金额以万元为单位）

四、财务管理（20 分）

（一）根据案例中 GW 影视股份公司 2014 年年报中的数据，完成如下分析

1. 用杜邦分析法对 GW 影视进行分析。（1.5 分）

2. 传统的杜邦分析法有哪些不足之处。（1 分）

（二）资料

GW 影视拟将其以前租用过的一处外景地改建为动漫主题游乐城，目前拟对其进行财务评估，相关资料如下：

（1）该外景地位于 DF 风景旅游区内，经 GW 影视与 DF 风景区管理处协商并初步约定，GW 影视一次性支付给 DF 风景区经营许可费 800 万元（税法规定在 5 年内摊销，期满无残值），取得动漫主题游乐城 5 年的开发与经营权；此外，GW 影视还需每年按营业收入的 5% 向 DF 风景区管理处支付景区管理费。

（2）该动漫主题游乐城的主要投资包括：平整场地、修建道路等预计支出 100 万元；修建房屋等投资 200 万元；购入游乐设备 20 台，每台平均市价 5 000 元。按税法规定，以上固定资产可在 10 年内按直线法计提折旧，期满无残值。5 年后，DF 风景区以 300 万元买断该动漫主题游乐城，GW 影视公司退出经营。

（3）为宣传该动漫主题游乐城，前期需投入广告费 60 万元。按税法规定，广告费在项目运营后第 1 年年末税前扣除。

（4）收入方面，GW 影视经调研，拟将该动漫主题游乐城的门票价格设定为 200 元/人次，预计第 1 年可接待游客 30 000 人次；第 2 年及以后年度项目将满负荷运营，预计每年可接待游客 40 000 人次。

（5）预计动漫主题游乐城第 1 年的人工成本支出为 70 万元，第 2 年增加 15 万元，以后各年人工成本保持不变。

（6）游乐设备设施的年维护成本及其他营业开支预计为 100 万元。

（7）营运资金方面，预计需按照营业收入的 20% 垫支营运资金。

（8）GW 影视计划以 60% 的资产负债率作为该项目的目标资本结构，新筹集的负债的税前资本成本为 11.46%；公司过去没有投产过类似项目，但可以参照一家运行游乐城项目的上市公司，该上市公司的 β 为 2，其资产负债率为 50%；目前证券市场的无风险收益率为 5%，证券市场的平均收益率为 10%。

（9）预计游乐城项目短时间可建成，可以假设没有建设期。为简化计算，假设经营许可费、项目初始投资、广告费均发生在第 1 年年初（零时点），项目营业收入、付现成本等均发生在以后各年年末，垫支的营运资金于各年年初投入，在项目结束时全部收回。

（10）GW 影视适用的企业所得税税率为 25%。

要求:

1. 根据所给资料,计算该游乐城项目的加权平均资本成本。(2分)

2. 请用净现值法,判断项目是否可行并说明原因。(1.5分)

3. 以项目目前净现值为基准,假设该游乐城项目门票价格下降10%,用敏感程度法计算净现值对门票价格的敏感系数。(2.5分)

(三) 为了打通上下游产业链条,GW 影视拟收购一家广告公司,经过多方洽谈,拟收购 AC 广告公司,现需要对 AC 广告公司的股权价值进行评估。相关资料如下

(1) 以 2014 年为预测期,该年经修正利润表和资产负债表如下:

2014 年修正利润表和资产负债表　　　　　　单位:万元

年　　份	2014
利润表项目(年度):	
营业收入	12 000
税后经营净利润	1 500
减:税后利息费用	275
税后利润	1 225
减:应付股利	725
本期利润留存	500
加:年初未分配利润	4 000
年末未分配利润	4 500
资产负债表项目(年末):	
经营营运资本	1 000
净经营性长期资产	10 000
净经营资产总计	11 000
净金融负债	5 500
股本(股数 1 000 万股)	1 000
年末未分配利润	4 500
股东权益合计	5 500
净金融负债及股东权益总计	11 000

(2) 以 2015 年和 2016 年为详细预测期,2015 年的预计销售增长率为 12%,2016 年的预计销售增长率为 6%,以后各年的预计销售增长率稳定在 6%的水平。

(3) 假设 AC 广告公司未来的"税后经营净利润/营业收入""经营营运资本净额/营业收入""净经营性长期资产/营业收入"可以维持预测基期的水平。

(4) 假设 AC 广告公司未来将维持基期的资本结构(净金融负债/净经营资产),并持续采用剩余股利政策。公司资金不足时,优先选择有息负债筹资;当进一步增加负债会超过目标资本结构限制时,将选择增发股份筹资。

(5) 假设 AC 广告公司未来的"净金融负债平均利息率(税后)"为 5%,各年的"利息费用"按年

初"净金融负债"的数额预计。

(6) 假设 AC 广告公司未来的加权平均资本成本为 10%，股权资本成本为 12%。

要求：

1. 编制价值评估所需的预计利润表和资产负债表。（1 分）

单位：万元

年　份	2014	2015	2016
利润表项目(年度)：			
营业收入	12 000		
税后经营净利润	1 500		
减：税后利息费用	275		
税后利润	1 225		
减：应付股利	725		
本期利润留存	500		
加：年初未分配利润	4 000		
年末未分配利润	4 500		
资产负债表项目(年末)：			
经营营运资本	1 000		
净经营性长期资产	10 000		
净经营资产总计	11 000		
净金融负债	5 500		
股本(股数 1 000 万股)	1 000		
年末未分配利润	4 500		
股东权益合计	5 500		
净金融负债及股东权益总计	11 000		

2. 计算 2015 年和 2016 年的"实体现金流量""股权现金流量"。（2 分）

3. 编制实体现金流量法、股权现金流量法的股权价值评估表，假设债务价值按账面价值确定。（2.5 分）

（四）GW 影视拟添置一台设备以扩充经营能力，预计设备投入使用后会使企业销售收入每年增加 520 万元，营运成本每年增加 150 万元，扩充生产能力需要新增垫支营运资本为 200 万元，设备的添置可以通过自行购置，也可以通过租赁取得。有关资料如下

(1) 如果自行购置该设备，预计购置成本 1 000 万元。该项固定资产的税法折旧年限为 6 年，法定残值率为购置成本的 10%。预计该资产 4 年后变现价值为 240 万元。

(2) 如果以租赁方式取得该设备，乙租赁公司要求每年租金 265 万元，租期 4 年，租金在每年年末支付。

（3）已知甲公司适用的所得税税率为25％，税前借款（有担保）利率为12％。项目要求的必要报酬率为15％。

（4）合同约定，租赁期内不得退租，租赁期满设备所有权不转让。

要求：

1. 计算项目的常规净现值，判断应否投资购买该设备。（1.5分）
2. 计算GW影视租赁相比自行购买的净现值。（4分）
3. 判断租赁取得该设备的方案是否可行。（0.5分）

五、管理会计(20分)

GW影视股份公司通过借壳上市，从原先的从事五金业务转向主营电视剧投资、制作和发行业务，并涉猎纪录片制作与发行，以及广告等电视剧衍生业务；拥有全资子公司新GW影业培育电影业务，以及控股子公司GW新媒体培育网络剧等新媒体业务。以下各图为GW影视股份公司2013年借壳上市之初所在行业市场数据，该数据来自相关市场咨询机构和国家广电监管部门，包括：市场规模、播出电视剧数量、各级频道首播新剧、播出模式、电视剧市场份额、发行许可、取得发行许可的电视剧部（集）数、传媒各细分业态、电影广告市场分布等。

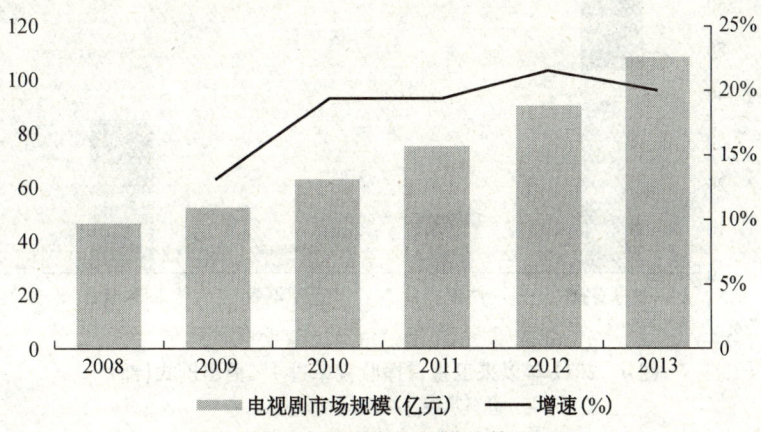

电视剧市场规模(亿元)　——增速(%)

图1　我国电视剧市场规模趋势(亿元)
资料来源：广电总局，艺思咨询

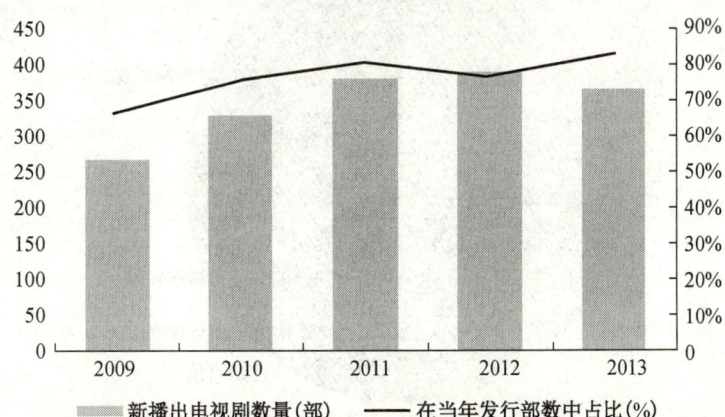

新播出电视剧数量(部)　——在当年发行部数中占比(%)

图2　2009年以来我国当年新播出电视剧数量趋势(部)
资料来源：CSM，广电总局。

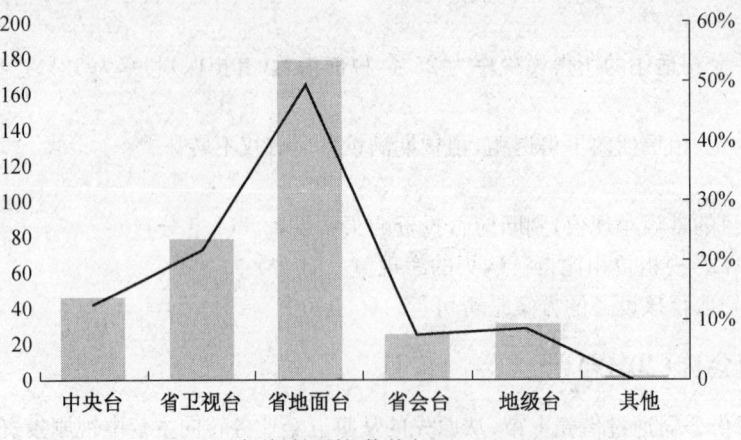

图3　2013年各级频道首播新剧部数(部)

资料来源:CSM,广电总局。

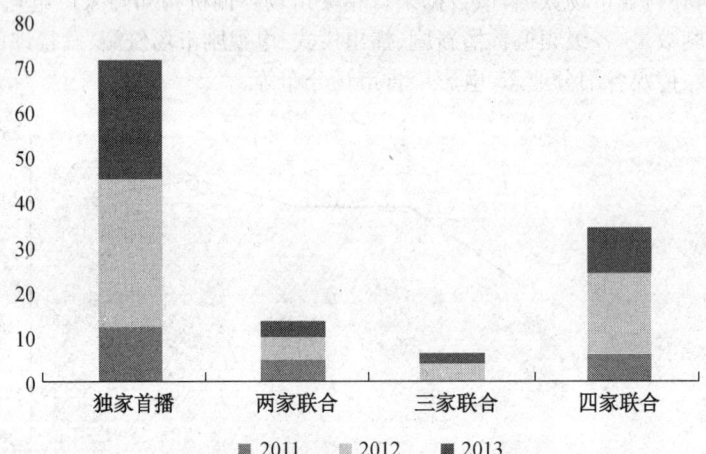

图4　2011年以来卫视首播收视率过1%播出模式(部)

资料来源:CSM,广电总局。

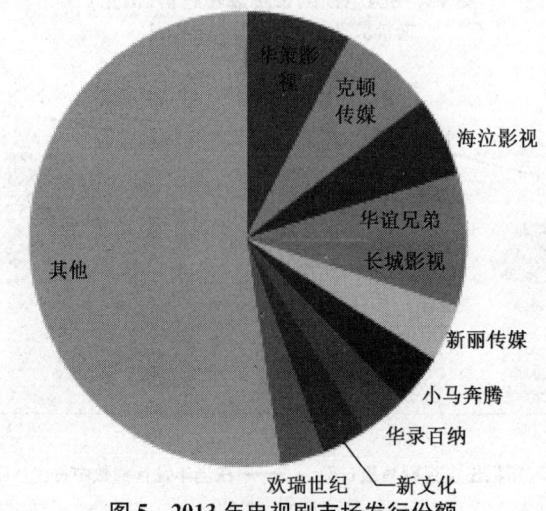

图5　2013年电视剧市场发行份额

资料来源:艺恩咨询。

	2009	2010	2011	2012	2013E
有1部剧通过审批的申报机构比例	70.5	57.5	75.7	73.7	75.4
有2部剧通过审批的申报机构比例	15.2	24.9	17.1	15.3	13
有3部剧通过审批的申报机构比例	5.7	7.3	2.7	4.6	5.8
有4部剧通过审批的申报机构比例	3.7	4.7	2.7	1.5	2.7
有5部剧通过审批的申报机构比例	1.2	2.6	1.2	2.5	1.4
有6部剧通过审批的申报机构比例	2.5	1.3	—	1.2	0.7
有7部剧通过审批的申报机构比例	0.8	1.3	0.6	0.3	0
有9部剧通过审批的申报机构比例	0	0.4	—	0	0.3
有10部剧通过审批的申报机构比例	0.4	0	—	0.9	0.7

资料来源:广电总局

图6 获得发行许可证机构情况统计

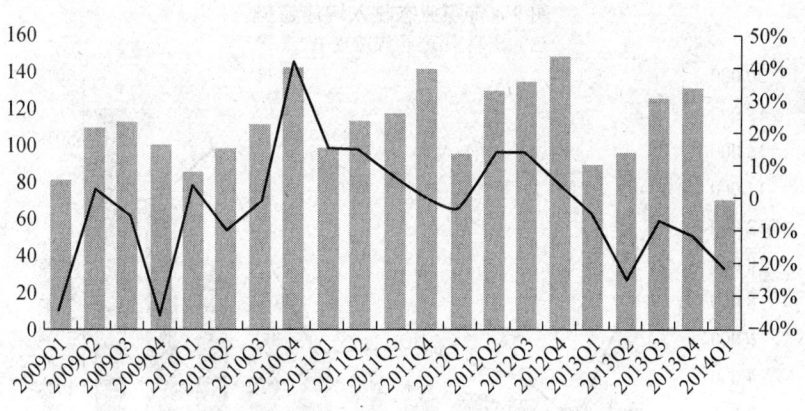

取得发行许可电视剧总数(部) ——增速(%)

图7 取得发行许可证电视剧部数趋势

资料来源:广电总局。

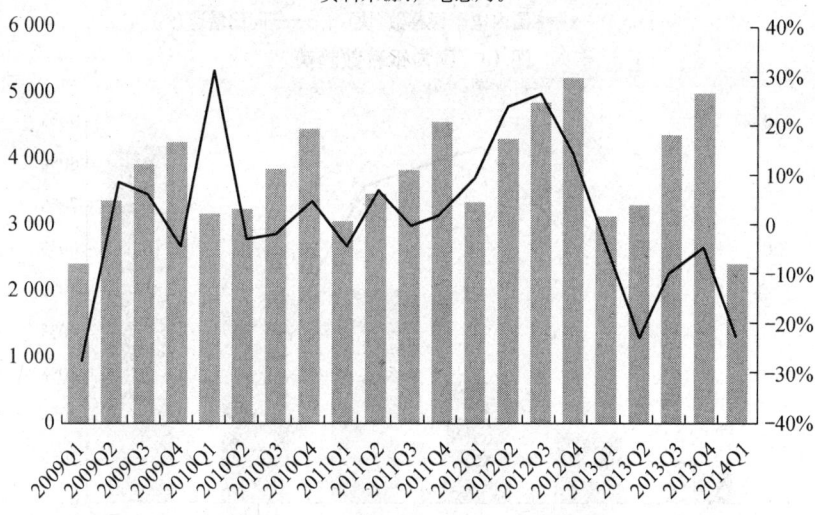

取得发行许可电视剧集数(部) ——增速(%)

图8 取得发行许可证电视剧集数趋势

资料来源:广电总局。

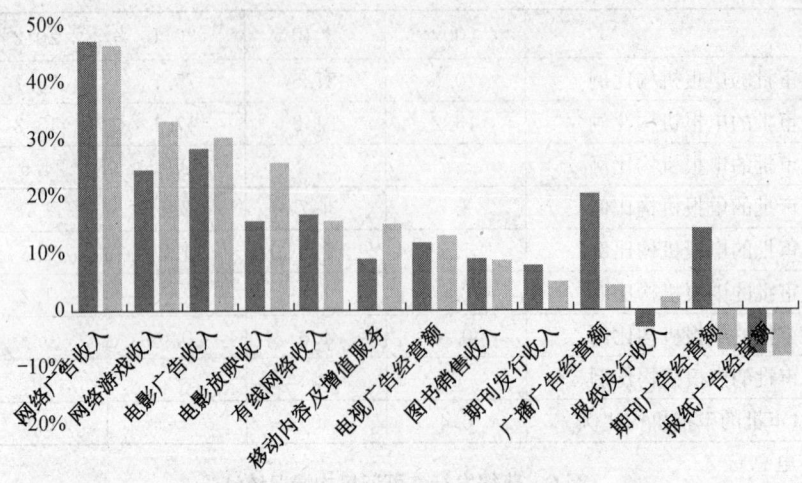

■ 2012 ■ 2013

图 9　传媒业态收入增速趋势

资料来源：传媒蓝皮书。

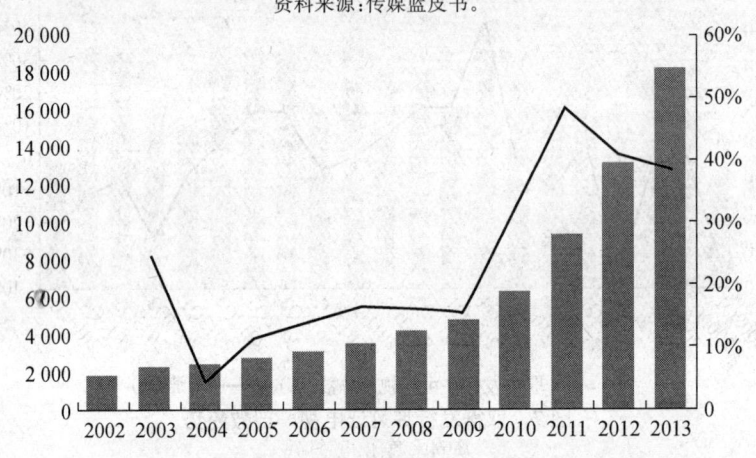

■ 国内电影银幕数(块)　— 同比增速(%)

图 10　国内银幕数趋势

资料来源：广电总局，艺思咨询。

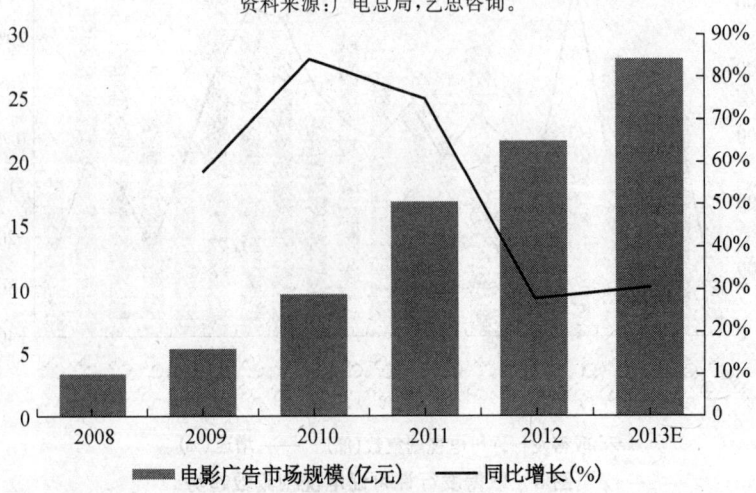

■ 电影广告市场规模(亿元)　— 同比增长(%)

图 11　中国电影广告市场规模

资料来源：艺思传媒。

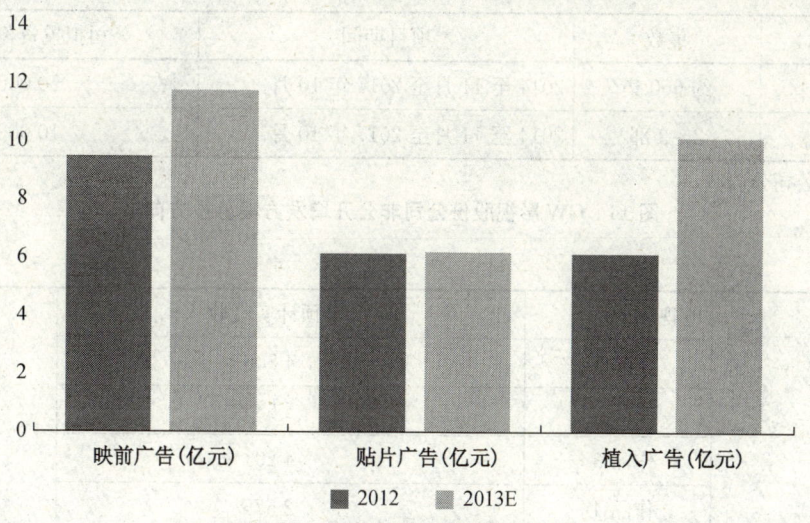

图 12　各类电影广告规模趋势

资料来源:艺思咨询。

作品名称	版权情况	开机时间	杀青时间	拍摄周期(天)	后续制作完成时间	制作周期(天)	取得发行许可证时间	可首次交付录带时间	项目周转天数
作品 1	独家享有	2010/8/28	2011/1/18	143	2011/5/24	126	2011/5/24	2011/6/17	293
作品 2	独家享有	2010/11/28	2011/2/23	87	2011/7/14	141	2011/7/14	2011/9/10	286
作品 3	独家享有	2011/2/18	2011/5/5	76	2011/9/23	141	2011/9/23	2011/9/30	224
作品 4	独家享有	2011/5/8	2011/8/3	87	2011/12/5	124	2011/12/5	2011/12/13	219
作品 5	独家享有	2011/6/18	2011/9/5	79	2011/12/23	109	2011/12/23	2012/1/29	225
作品 6	独家享有	2011/5/18	2011/8/17	91	2011/12/23	128	2011/12/23	2012/3/2	289
作品 7	独家享有	2011/7/28	2011/9/21	55	2012/2/7	139	2012/2/7	2012/2/23	210
作品 8	独家享有	2011/9/28	2011/12/31	94	2012/6/25	177	2012/6/25	2012/7/23	299
作品 9	独家享有	2011/10/28	2012/2/28	123	2012/7/25	148	2012/7/25	2012/11/22	391
作品 10	独家享有	2012/3/8	2012/4/25	48	2012/9/5	133	2012/9/5	2012/10/3	209
作品 11	独家享有	2011/10/28	2012/2/28	123	2012/11/23	269	2012/11/23	2012/12/21	420
作品 12	独家享有	2012/3/18	2012/6/7	81	2012/12/21	197	2012/12/21	2012/12/22	279
作品 13	独家享有	2012/5/28	2012/8/13	77	2012/5/10	270	2013/5/10		
作品 14	独家享有	2012/8/8	2012/11/30	114	2013/5/18	169	2013/5/18		
作品 15	独家享有	2012/8/8	2012/10/30	83	2013/6/20	233	2013/6/20		

资料来源:公司公告。

图 13　GW 影视股份公司 2011 年以来电视剧项目周转情况

项目名称	集数	项目期间	公司拟投资额(万元)
精品剧	约660集	2014至11月至2017年10月	50 000
电影	2~3部	2014至11月至2017年10月	10 000

资料来源:公司公告。

图 14　GW 影视股份公司非公开增发方案募投方向

电视剧	2014 年预计实现收入
作品 1	4 506
作品 2	5 686
作品 3	4 291
作品 4	2 575
作品 5	11 157
作品 6	2 231
作品 7	3 647
作品 8	4 892
作品 9	4 935
作品 10	4 634
作品 11	2 896
作品 12	3 647
作品 13	3 433
作品 14	3 067
合计	61 597

资料来源:公司公告。

图 15　GW 影视电视剧业务 2014 年预计实现收入(万元)

指标	2012	2013	2014E	2015E	2016E
营业收入(百万元)	414.52	417.39	690.25	837.53	963.98
营业收入增长率	−9.42%	0.69%	65.37%	21.34%	15.10%
净利润(百万元)	(54.87)	6.40	220.87	287.19	336.83
净利润增长率	−457.07%	−111.67%	3 349.99%	30.03%	17.28%
EPS(元)	(0.10)	0.01	0.42	0.55	0.64
ROE(归属母公司)(摊薄)	−18.29%	2.04%	15.45%	16.83%	16.60%
P/E	(205)	1 761	51	39	33

图 16　GW 影视股份公司盈利预测数据

证券代码	公司名称	股价	EPS			PE		
			13A	14E	15E	13A	14E	15E
300291	华录百纳	30.05	0.47	0.97	1.26	63.9	31.0	23.8
002174	游族网络	47.22	(0.07)	1.51	2.11	−674.6	31.3	22.4
002555	顺荣股份	45.37	0.01	0.36	1.08	4 537.0	126.0	42.0
300315	掌趣科技	15.83	0.12	0.36	0.52	131.9	44.0	30.4
300251	光线传媒	18.31	0.32	0.42	0.52	57.2	43.6	35.2
300104	乐视网	36.79	0.30	0.40	0.56	122.6	92.0	65.7
300058	蓝色光标	22.30	0.46	0.73	0.97	48.5	30.5	23.0
300133	华策影视	29.16	0.40	0.73	0.96	72.9	39.9	30.4
002400	省广股份	21.85	0.50	0.72	0.88	43.7	30.3	24.8
300027	华谊兄弟	22.25	0.54	0.65	0.78	41.2	34.2	28.5
002266	浙富控股	6.93	0.06	0.15	0.20	115.5	46.2	34.7

图17 行业估值数据

注:以上各图中13A,14E,15E分别表示13年的实际值、14年预期值和15年的预期值。2014年、2015年和2016年的年度预期股价分别为:19.74元、19.80元和19.84元。

要求:请根据"第一部分公司基本情况和第二部分董事会报告摘要",结合图1~图17中提供的影视行业和GW影视股份公司的实际与预测数据,站在公司管理层的角度,帮助公司草拟一份盈利预测和投资价值调研报告,不少于3 000字。要求:必须包括对图1~图17所反映情况的分析(每图1分)和必要的估值预测结论(3分)。研究报告可以任意调换各图表的顺序,但须图表随文走。

"天平杯"浙江省第十一届大学生
财会信息化竞赛试题（本科组）

CD 路桥工程股份有限公司资料

（说明：该案例仅供竞赛使用，不与实际企业挂钩）

第一部分　公司基本情况

一、公司背景

CD 路桥工程股份有限公司成立于 1988 年，2004 年 3 月经 CD 市经济体制改革办公室"CD 体改〔2004〕19 号"文批复，由该公司前身 CD 市路桥工程公司在有限责任公司制的基础上，以整体改制的方式，由王俞等 352 名自然人共同出资以发起设立方式组建的股份有限公司。2011 年 11 月在深圳证券交易所正式挂牌上市，成功进入 A 股中小板块交易市场。

该公司于 1996 年 6 月 30 日经批准由事业单位转制为公司制。注册资本 3 000 万元。在 CD 市工商行政管理局登记注册，领取了《企业法人营业执照》。后经股权变更和增资，截至 2005 年 12 月 31 日，公司注册资本增至 9 000 万元。其中自然人股东 5 400 万元，CD 交通工程有限公司职工持股会 3 600 万元。公司经股权整合和股份公司改造，于 2008 年发起设立了 CD 交通工程股份有限公司，总股数 125 000 000 股，每股面值 1 元，总股本 125 000 000 元。2011 年 10 月 25 日，CD 工程股份有限公司在深圳股票交易所首次发行股票，发行量 4 200 万股，每股面值 1 元。发行后，公司总股本 16 700 万元。

该公司自设立以来，一直从事路面、路基、桥梁等的施工建设工作。营业范围为：公路、桥梁、隧道、市政工程、给排水工程、交通安全设施、机电通讯、绿化、公路维护保养；项目投资及项目建设管理服务；承包境外公路工程及境内国际招标工程及所需设备材料出口、对外派遣实施上述境外工程所需的劳务人员；房屋建筑施工、勘测设计。该公司的主营业务为公路桥梁建筑施工。公司建立了系统的信息技术中心，有科学规范的管理平台，拥有从事高速公路建设施工的专业研究员和省部级专家库人员；有从事公路路基、路面、桥梁、隧道、交通安全设施、机电安装等支撑公司健康发展的高尖端专业技术人才；公司具备了在大中繁华城市和在平原地区、山岭重丘地区等高等级公路及市政工程施工经验，可向社会各界提供优质的咨询服务。公司业务覆盖了国内 20 多个省市自治区，遍及华东、华南、华北、华中、西北和西南等地区，远涉东南亚项目已经启动。参与建设施工的项目均以一流的效率和质量推进，以卓越的业绩赢得业主青睐；相继拓展的高等级公路、特大桥、隧道、市政建设施工项目在同行业多次拔得头筹。

二、业务流程

公司系路桥工程整体改制设立,公司设立前后业务流程没有发生本质变化。公司主要从事公路、桥梁等的施工建设业务,业务流程如下图所示:

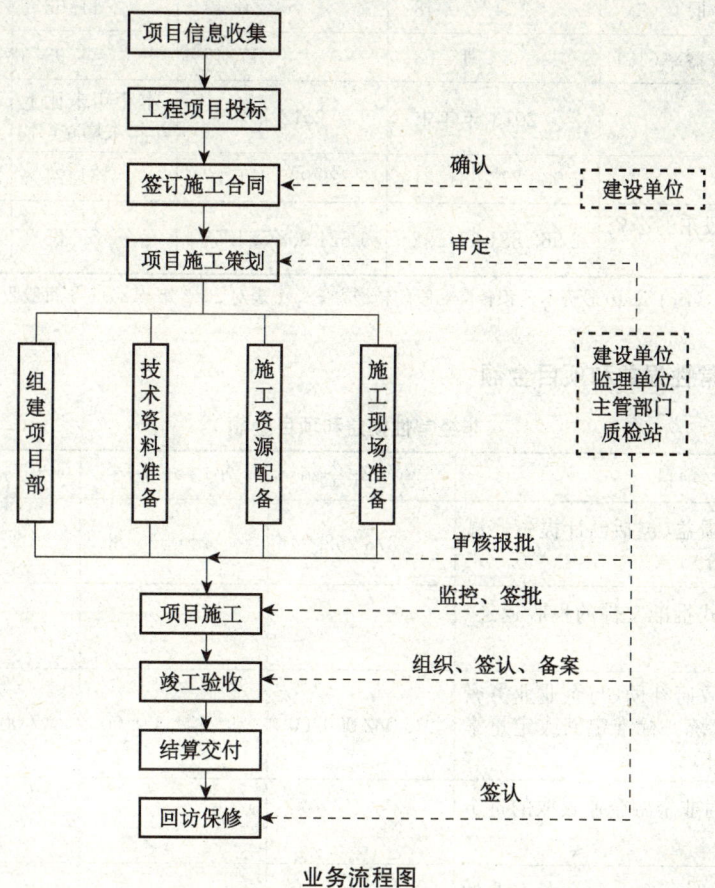

业务流程图

三、近三年会计数据和财务指标摘要

(一) 主要会计数据和财务指标

主要会计数据和财务指标 单位:元

	2013 年	2012 年	本年比上年增减(%)	2011 年
营业收入(元)	4 271 478 342.07	3 940 476 477.62	8.40%	2 552 175 984.14
归属于上市公司股东的净利润(元)	314 942 841.04	260 355 939.19	20.97%	191 633 972.89
归属于上市公司股东的扣除非经常性损益的净利润(元)	312 550 408.24	257 970 138.51	21.16%	184 986 114.56
经营活动产生的现金流量净额(元)	−423 929 039.75	−701 747 836.80	39.59%	−190 933 896.48

（续表）

	2013 年	2012 年	本年比上年增减(%)	2011 年
基本每股收益(元/股)	0.48	0.43	11.63%	0.41
稀释每股收益(元/股)	0.48	0.43	11.63%	0.41
加权平均净资产收益率(%)	15.53%	17.46%	−1.93%	33.27%
	2013 年年末	2012 年年末	本年年末比上年年末增减(%)	2011 年年末
总资产(元)	7 908 273 681.81	5 229 995 671.27	51.21%	2 876 598 888.62
归属于上市公司股东的净资产(元)	2 563 881 674.92	1 621 908 554.59	58.08%	1 376 005 336.44

注：报告期内，公司实施了每 10 股资本公积转增 8 股的转增方案。上表对 2012 年及 2011 年每股收益及稀释每股收益进行了相应调整。

（二）非经常性损益和项目金额

非经常性损益和项目金额　　　　　单位：元

项目	2013 年金额	2012 年金额	2011 年金额	说明
非流动资产处置损益(包括已计提资产减值准备的冲销部分)	373 958.94	744 555.80	2 321 672.99	
越权审批或无正式批准文件的税收返还、减免				
计入当期损益的政府补助(与企业业务密切相关,按照国家统一标准定额或定量享受的政府补助除外)	5 082 000.00	2 949 000.00	7 000 000.00	
计入当期损益的对非金融企业收取的资金占用费				
企业取得子公司、联营企业及合营企业的投资成本				
小于取得投资时应享有被投资单位可辨认净资产公允价值产生的收益				
非货币性资产交换损益				
委托他人投资或管理资产的损益				
因不可抗力因素,如遭受自然灾害而计提的各项资产减值准备				
债务重组损益	−1 917 898.54			
企业重组费用,如安置职工的支出、整合费用等				
交易价格显失公允的交易产生的超过公允价值部分的损益				

（续表）

项目	2013 年金额	2012 年金额	2011 年金额	说明
同一控制下企业合并产生的子公司期初至合并日的当期净损益			464 819.46	
与公司正常经营业务无关的或有事项产生的损益				
除同公司正常经营业务相关的有效套期保值业务外，持有交易性金融资产、交易性金融负债产生的公允价值变动损益，以及处置交易性金融资产、交易性金融负债和可供出售金融资产取得的投资收益				
单独进行减值测试的应收款项减值准备转回				
采用公允价值模式进行后续计量的投资性房地产公允价值变动产生的损益				
根据税收、会计等法律、法规的要求对当期损益进行一次性调整对当期损益的影响				
除上述各项之外的其他营业外收入和支出	−348 150.00	−512 488.22	−1 077 621.17	
其他符合非经常性损益定义的损益项目				
减：所得税影响额	797 477.60	795 266.90	2 061 012.95	
少数股东权益影响额（税后）				
归属于母公司所有者的非经常性损益净额	2 392 432.80	2 385 800.68	6 647 858.33	

注：对公司根据《公开发行证券的公司信息披露解释性公告第 1 号——非经常性损益》定义界定的非经常性损益项目，以及把《公开发行证券的公司信息披露解释性公告第 1 号——非经常性损益》中列举的非经常性损益项目界定为经常性损益的项目，应说明原因。

四、控股股东、董事、监事及高级管理人员情况

（一）公司与实际控制人之间的产权与控制方框图

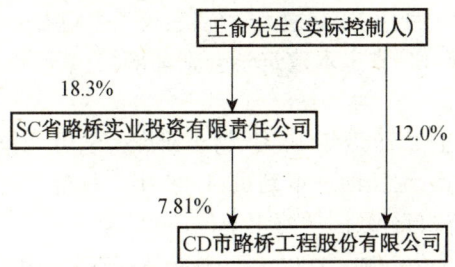

公司与实际控制人之间的产权与控制方框图

（二）董事、监事和高级管理人员任职情况

1. 董事从业简历

王俞先生，中国国籍，生于 1963 年 2 月，本科学历，高级工程师，现任本公司董事长。2000 年 9

月至2004年2月在CD市路桥工程公司任董事长兼总经理;2004年3月至2007年1月在本公司任董事长兼总经理;2007年2月至今在本公司任董事长。

王刚先生,中国国籍,生于1963年5月,中专学历,高级工程师、一级建造师,现任本公司董事、总经理。2000年9月至2004年2月在CD市路桥工程公司工作,先后任二公司经理、总经理助理、副总经理;2004年3月至2007年1月在本公司工作,先后任公路公司经理、副总经理、董事;2007年2月至今在本公司任董事、总经理。

邱云女士,中国国籍,生于1969年4月,本科学历,高级会计师,现任本公司董事、副总经理、财务总监。2000年9月至2004年2月在CD市路桥工程公司任财务副总监、财务科长;2004年3月至2007年7月在本公司任财务副总监、财务部部长;2007年8月至2008年4月在本公司任副总经理、财务总监。2008年5月至今在本公司任董事、副总经理、财务总监。

王伟先生,中国国籍,生于1970年9月,本科学历,高级工程师、一级建造师,现任本公司董事、常务副总经理。2000年9月至2004年2月在CD市路桥工程公司工作,先后任交通设施公司副经理、桥梁公司副经理;2004年3月至2007年1月在本公司工作,先后任桥梁公司副经理、市政公司副经理、公路公司常务副经理、公路公司经理;2007年2月至2010年3月在本公司工作,先后任董事、副总经理、公路分公司经理;2010年4月至2013年5月在本公司任董事、副总经理、公路分公司经理;2013年5月至2013年12月在本公司任董事、副总经理;2014年1月至今在本公司任董事、常务副总经理。

王勇建先生,中国国籍,生于1971年6月,大专学历,高级工程师,现任本公司董事。2000年9月至2004年2月在CD市路桥工程公司任广安分公司经理;2004年3月至2007年1月在本公司工作,先后任GA分公司经理、公路公司常务副经理、桥梁公司经理;2007年2月至2008年1月在本公司任监事、桥梁分公司经理;2008年2月至2012年10月在本公司任监事、市政分公司经理;2012年10月至2013年3月在本公司任副总经理;2013年4月至今在本公司任董事。

伍合平先生,中国国籍,生于1970年11月,本科学历,高级工程师,现任本公司董事、董事会秘书。2000年9月至2004年2月在CD市路桥工程公司工作,任交通设施公司经理;2004年3月至2013年12月在本公司任交通设施分公司经理;2013年4月至2013年6月在本公司任董事;2013年7月至今在本公司任董事、董事会秘书。

李加宽先生,中国国籍,生于1946年6月,教授,博士生导师,国家级有突出贡献专家,全国有突出贡献的回国留学人员,享受国务院特殊津贴,长期从事结构工程及计算力学的教学及研究工作。1997年12月至2007年1月任XJ交通大学校长、校党委副书记。现任SC省力学学会名誉理事长、中国铁道学会常务理事、SC省土木建筑学会副理事长、某股份公司独立董事。2013年4月开始在本公司担任独立董事。

伊力鹏先生,中国国籍,生于1968年10月,博士研究生学历,副教授。1990年7月至1996年9月在HN省ZZ市中级人民法院任助理审判员;1996年9月至2003年9月在BJ大学法学院学习,获行政法学硕士学位、宪法与行政法学博士学位;2003年9月至今在BF工业大学文法学院法律系先后任讲师、副教授、硕士生导师。2008年5月开始在本公司担任独立董事。

霍延东先生,中国国籍,生于1970年2月,教授,博士生导师,现任XN大学经济信息工程学院院长、SC省灾后重建专家团专家、SC省政府采购评审专家、CD仲裁委第三届委员会成员。曾任XJ财经学院讲师、XJ证券有限责任公司高级经理;2010年至2011年受SC省委组织部选派挂职自贡市商务局副局长;2010年5月至2013年5月任XN大学国际商学院副院长;2013年6月至今任XN大学经济信息工程学院执行院长;2013年4月开始在本公司担任独立董事。

2. 监事从业简历

李萍女士，中国国籍，生于 1975 年 1 月，本科学历，高级经济师，现任本公司监事会主席。2003 年 8 月至 2006 年 2 月在本公司人力资源部从事人力资源管理工作；2006 年 3 月至 2008 年 1 月在 SC 省路桥实业投资有限责任公司行政部任副部长；2008 年 2 月至今在本公司人力资源部先后任副部长（主持工作）、部长。2012 年 5 月当选为公司第三届监事会监事。2013 年 4 月开始在本公司担任监事会主席。

孙琰先生，中国国籍，生于 1975 年 10 月，大学本科学历，高级工程师，现任公司职工代表监事、桥梁分公司经理。2000 年 9 月至 2004 年 2 月在 CD 市路桥工程公司工作，先后任工程科主办、项目副经理、项目经理；2004 年 3 月至 2009 年 6 月在本公司工作，先后任工程部主管、项目副经理、项目经理；2009 年 7 月至 2011 年 10 月在本公司任桥梁分公司副经理；2011 年 11 月至 2012 年 9 月在本公司任桥梁分公司经理；2012 年 10 月至今在本公司任职工代表监事、桥梁分公司经理。

尚文飞先生，中国国籍，生于 1976 年 10 月，大专学历，高级工程师、一级建造师，现任本公司监事、公路分公司经理。2000 年 9 月至 2004 年 2 月在 CD 市路桥工程公司工作，先后任项目质检工程师、项目副经理、项目总工程师；2004 年 3 月至 2011 年 10 月在本公司工作，先后任项目副经理、项目经理，2011 年 11 至 2013 年 3 月在本公司任桥梁分公司副经理；2013 年 4 月至今在本公司任监事、公路分公司经理。

3. 高管从业简历

沈基伟先生，中国国籍，生于 1962 年 9 月，研究生学历，教授级高级工程师，现任本公司副总经理、总工程师。1997 年 11 月至 2000 年 12 月在 SC 路桥集团担任集团总工办主任，主持 HB 省宜昌长江大桥的施工，兼任项目副经理和总工程师；2001 年 1 月至 2004 年 4 月在 SC 路桥集团任副总工程师，主持 BD 长江公路大桥的建设，兼任项目经理和总工程师；2004 年 5 月至 2007 年 2 月在本公司任总工程师；2007 年 2 月至今在本公司任副总经理、总工程师。

冯兰女士，中国国籍，生于 1968 年 12 月，本科学历，高级工程师、注册造价师，现任本公司副总经理、总经济师。2000 年 1 月至 2004 年 2 月在 CD 市路桥工程公司工作，先后任经营科科长、副总经济师；2004 年 3 月至 2007 年 7 月在本公司任副总经济师、经营部部长；2007 年 8 月至 2013 年 4 月在本公司任总经济师；2013 年 4 月至今在本公司任副总经理、总经济师。

（三）董事、监事和高级管理人员持股变动情况

董事、监事和高级管理人员持股变动情况

姓名	职务	任职状态	性别	年龄	任期起始日期	任期终止日期	期初持股（股）	本期增持股份数量（股）	本期减持股份数量（股）	期末持股数（股）
王俞	董事长	现任	男	51	2013 年 04 月	2016 年 04 月	49 276 358	39 421 086	0	88 697 444
王刚	董事、总经理	现任	男	51	2013 年 04 月	2016 年 04 月	3 275 418	2 620 334	0	5 895 752
李萍	监事会主席	现任	女	39	2013 年 04 月	2016 年 04 月	814 383	651 506	−366 473	1 099 416
邱云	董事、财务总监、副总经理	现任	女	45	2013 年 04 月	2016 年 04 月	2 003 638	1 602 910	0	3 606 548
王伟	董事、常务副总经理	现任	男	44	2013 年 04 月	2016 年 04 月	1 204 068	963 254	0	2 167 322
王勇建	董事	现任	男	43	2013 年 04 月	2016 年 04 月	867 654	694 123	0	1 561 777
	副总经理	离任	男	43	2012 年 10 月	2013 年 04 月				
伍合平	董事、董事会秘书	现任	男	44	2013 年 04 月	2016 年 04 月	0	0	0	0

（续表）

姓名	职务	任职状态	性别	年龄	任期起始日期	任期终止日期	期初持股（股）	本期增持股份数量（股）	本期减持股份数量（股）	期末持股数（股）
沈基伟	副总经理、总工程师	现任	男	52	2013 年 04 月	2016 年 04 月	1 204 000	963 200	0	2 167 200
冯兰	副总经理、总经济师	现任	女	46	2013 年 04 月	2016 年 04 月	2 003 638	1 602 911	0	3 606 549
孙琰	监事	现任	男	39	2013 年 04 月	2016 年 04 月	0	0	0	0
尚文飞	监事	现任	男	38	2013 年 04 月	2016 年 04 月	0	0	0	0
李加宽	独立董事	现任	男	68	2013 年 04 月	2016 年 04 月	0	0	0	0
伊力鹏	独立董事	现任	男	46	2013 年 04 月	2014 年 04 月	0	0	0	0
霍延东	独立董事	现任	男	44	2013 年 04 月	2016 年 04 月	0	0	0	0
王玉	独立董事	离任	女	69	2010 年 04 月	2013 年 04 月	0	0	0	0
李健	独立董事	离任	男	61	2010 年 04 月	2013 年 04 月	0	0	0	0
罗宣正	副董事长	离任	男	59	2010 年 04 月	2013 年 04 月	6 008 422	4 806 738	0	10 815 160
廖开明	监事会主席	离任	男	59	2010 年 04 月	2013 年 04 月	6 008 422	4 806 738	0	10 815 160
胡晓晗	董事、董事会秘书	离任	男	41	2010 年 04 月	2013 年 04 月	1 937 964	1 550 371	0	3 488 335

五、公司治理结构

报告期内，公司严格按照《公司法》《证券法》和中国证监会有关法律、法规的要求，不断完善公司法人治理结构，建立健全内部管理和控制制度，进一步提高公司治理水平。截至报告期末，公司运作规范，信息披露规范，公司治理的实际状况基本符合中国证监会发布的有关上市公司治理的规范性文件要求，公司没有收到被监管部门采取行政监管措施的文件。

（一）股东与股东大会

公司按照《公司法》《证券法》《深圳证券交易所股票上市规则》《中小企业板上市公司规范运作指引》《公司章程》和《股东大会议事规则》等相关法律、法规要求，规范公司股东大会的召集、召开程序；提案的审议、投票、表决程序；会议记录及签署、保护中小股东权益等方面工作，公司能够平等对待所有股东，特别是确保中小股东享有平等地位。公司通过建立与股东沟通的有效渠道，保证了股东对公司重大事项平等地享有知情权与参与权。

（二）控股股东与实际控制人

报告期内，公司控股股东与实际控制人能够严格按照《中小企业板上市公司规范运作指引》《公司章程》的规定和要求规范行为，通过股东大会行使股东权利，并承担相应义务。报告期内，公司控股股东与实际控制人未发生超越公司股东大会直接或间接干预公司重大决策和经营活动的行为，也不存在损害公司及其他股东利益的情况。

（三）关于董事与董事会

报告期内，公司董事会严格按照《公司法》《证券法》《中小企业板上市公司规范运作指引》《公司章程》《董事会议事规则》《独立董事工作制度》等相关规定召集召开董事会，公司董事按时出席董事会，认真审议各项议案，勤勉尽责，并对公司重大事项作出科学、合理决策。公司独立董事独立履行职责，对公司重大事项发表独立意见，切实维护公司利益和股东权益，尤其关注中小股东的合法权益不受损害，独立董事对公司重大决策发挥了重要作用。

（四）监事与监事会

报告期内,公司监事会共有 3 名监事,其中职工代表监事 1 名。公司严格按照《公司法》《公司章程》等相关法律、法规选举产生监事人选,监事会人数及人员构成符合法律、法规的要求。公司监事会严格按照《公司章程》及《监事会议事规则》等相关规定召集召开监事会,各监事认真出席监事会会议,认真履行职责,对公司重大事项、关联交易、财务状况等进行监督并发表意见;对董事会决策程序、决议事项及公司财务状况、依法运作情况实施监督;对公司董事、经理和其他高级管理人员履行职责的合法合规性等进行有效监督。

（五）投资者关系管理与信息披露

公司根据《章程》和中国证监会及深圳证券交易所的相关法律、法规的要求,认真履行信息披露义务。报告期内,公司指定报刊《中国证券报》《证券时报》《上海证券报》《证券日报》和"巨潮资讯网"为公司信息披露媒体,并严格按照有关法律法规等要求,真实、准确、及时地披露公司相关信息,确保公司所有股东公平地获得公司相关信息。此外,公司指定董事会秘书为投资者关系管理负责人,组织实施投资者关系的日常管理工作,通过电话、邮件、互动易等形式及时解答投资者问题;指定证券部为专门的投资者关系管理机构,加强与投资者的沟通,充分保证了广大投资者的知情权。

公司已经建立和在报告期内修订的公司治理制度如下:

公司治理制度表

序号	制度名称	披露日期	披露媒体
1	信息披露管理办法	2011-12-19	巨潮资讯网
2	独立董事年报工作制度	2011-12-19	巨潮资讯网
3	对外信息报送管理制度	2011-12-19	巨潮资讯网
4	董事、监事、高级管理人员持有和买卖本公司股票管理制度	2011-12-19	巨潮资讯网
5	投资者关系管理制度	2011-12-19	巨潮资讯网
6	重大信息内部报告制度	2011-12-19	巨潮资讯网
7	年报信息披露重大差错责任追究制度	2011-12-19	巨潮资讯网
8	董事会审计委员会年报工作规程	2011-12-19	巨潮资讯网
9	独立董事工作细则	2011-11-25	巨潮资讯网
10	总经理工作细则	2011-11-25	巨潮资讯网
11	股东大会议事规则	2011-11-25	巨潮资讯网
12	董事会议事规则	2011-11-25	巨潮资讯网
13	关联交易管理办法	2011-11-25	巨潮资讯网
14	董事会提名委员会工作细则	2011-11-25	巨潮资讯网
15	董事会战略委员会工作细则	2011-11-25	巨潮资讯网
16	监事会议事规则	2011-11-25	巨潮资讯网
17	董事会薪酬与考核委员会工作细则	2011-11-25	巨潮资讯网
18	董事会审计委员会工作细则	2011-11-25	巨潮资讯网

（续表）

序号	制度名称	披露日期	披露媒体
19	内部审计制度	2012-2-18	巨潮资讯网
20	审计委员会工作细则	2012-2-29	巨潮资讯网
21	董事会秘书工作细则	2012-2-29	巨潮资讯网
22	董事、监事、高级管理人员考核奖惩管理办法	2012-7-5	巨潮资讯网
23	内幕信息及知情人管理制度	2012-8-29	巨潮资讯网
24	募集资金管理办法	2013-8-30	巨潮资讯网

第二部分　董事会报告摘要

一、概述

2013 年是传统建设市场相对低迷的一年。受 SC 省传统公路建设项目和 CD 市市政建设整体放缓因素的影响,报告期传统施工项目招投标明显减少,大型高速公路项目多是以 BOT 模式招商,对投资商的投融资能力、管理能力、经营能力均有较高的要求。面对复杂被动的市场形势,董事会和管理层坚持"做大做强,稳步发展"的理念,找准定位抓市场,三位一体抓经营,明晰责权抓管理,充分利用资本运营杠杆,撬动实体经营的快速稳健发展。报告期内,公司实现营业收入 427 147.83 万元,同比增长 8.40％,实现归属于上市公司股东的净利润 31 494.28 万元,同比增长 20.97％。报告期末,公司总资产 79.08 亿元,同比增长 51.21％,净资产 25.64 亿元,同比增长 58.08％。报告期内,公司以确保持续盈利为目标,坚持严格的项目选择标准,充分考量项目工期、施工难度、成本、利润、偿债能力各因素,抓住省内 ZQ 道路、YA 地区灾后重建、BT 项目投资等机遇,审慎寻找适合公司投资标准的项目,全年累计实现中标 22.49 亿元。

报告期内,公司各项工作扎实推进:在内部治理方面,公司完成了董事会、监事会的换届改选,选举产生了第四届董事会和监事会,聘任了新的管理团队,实现了领导层的新老交替,公司经营管理得到有序传承,为公司后续稳健发展奠定了坚实的基础。在经营管理方面,XX 市一大批重点市政建设项目集中进入抢工收尾阶段,经过管理层的科学统筹、重点攻坚,这批重点项目保质如期完工;同时,公开增发募投项目—XX 新区元华路项目也取得显著进展,为今年的顺利完工打下了基础。这些重点项目的集中收尾和完工,进一步巩固了公司在 XX 建设市场的优势地位;并且,高强度施工锻炼了公司的机料供应能力、人员组织协调能力、资金管控支撑能力、后勤安全保障能力,为公司下一步承接更大型施工项目积累了宝贵的经验。在资本运营方面,公司的公开增发申请于 2013 年 6 月 7 日获得了证监会发审委审核通过,并于 7 月 26 日向社会公开发行股份 7 567.56 万股,募集资金近 7 亿元。随着募集资金的到位和公司注册资本的扩大,进一步提高了公司经营实力与项目承接能力,扩大了公司的生产边际,增强了公司抗风险能力。同时,为优化公司负债结构,降低财务风险,公司于 2013 年底向证监会申请发行不超过 10 亿元人民币的公司债券,用于偿还短期银行贷款。目前发行公司债申请正待证监会审批。

二、主营业务分析

报告期内公司实现营业收入42.71亿元,同比增长8.4%,系随着施工项目的推进,中标订单在报告期陆续转化确认收入。同时,公司施工毛利率基本稳定,营业成本随收入同步增长。期间费用为1.89亿元,同比增长45.49%,主要系报告期内筹资力度较大,银行长短期贷款期末增加96%,支付3亿元短期融资券利息,导致财务费用上升所致。经营活动现金流量净额较上年同期增加39.59%,主要系报告期部分BT、EPC项目完工并进入回购期,业主回款增加所致。

三、报告期内发展战略与经营计划进展情况

报告期内,管理层围绕董事会年初提出的生产经营目标,明确市场定位、抓住建设机遇、微调经营结构,全力推进重点项目建设,坚持实体、资本"两个市场"同步抓,保持了企业良好的发展势头,营业收入和营业利润的完成情况分别达到预算的92.86%和97.70%。但由于市场环境变化,报告期公司工程中标未及预期,致使本年度营业收入和营业利润未达到年初预算。

报告期内管理层主要做了以下工作:

(1) 科学组织,精心管理,重点工程圆满按期完工。公司在2012年中标的XX市部分市政项目按合同约定要在报告期内完工,这些市政项目工期短、要求高、影响大,公司从全局出发,根据业主要求,集中人力物力确保了XX市二环路东段、二环路西段等多个市政项目的圆满完工,获得业主好评,进一步提高了公司的市场影响力。

(2) 找准定位,确保公司市场份额目前,公路建设市场分化日益明显,传统建设模式占比不断萎缩,融资建造总承包模式被广泛应用于重点建设项目中,特别是投资体量特别巨大的BOT项目。面对严峻形势,管理层深入分析公司市场定位,继续坚持严格的项目选择标准,充分考量项目工期、施工难度、成本、利润、偿债能力各因素,重点关注传统建设项目和符合公司风险控制标准的BT等投资类项目,量力而为,全年中标22.49亿元,虽比2012年度有较大幅度的下降,但防控了风险,减少了高风险项目对资金的占用。

(3) 加强资金管理,防控财务风险报告期内,公司积极推进与银行金融机构的战略合作,先后取得了农业银行、建设银行AAA级资信等级,全年新增借款亿元。在继续深化与各大银行合作的同时,公司积极研究拓宽融资渠道,按期偿付到期短期融资券,积累商业信用。通过多渠道融资,有效降低了融资成本。

(4) 加强技术创新,强化安全生产报告期内,公司大力开展技术创新实践,在施工中创造和使用了"钢抱箍顶升技术""桩基三合一工艺""智能张拉与循环压降技术"等多种新工法、新工艺,举办了公司学术交流会并出版了论文集,充分发挥了技术方案对质量、成本的保障监督作用。公司强化安全生产,加大对安全生产的经费投入,持续开展全员安全教育,全年未发生重特大安全生产事故。

(5) 构建企业文化体系,促进员工成长发展公司在发展。中积淀了深厚的企业文化。报告期内,公司大力弘扬以"三实、三新、三义"为核心的企业文化,凝聚共识、凝聚人心,增强员工责任意识和企业归属感。同时,公司加快构建科学的人才梯队,使公司人才结构布局更加合理;不断完善激励机制,充分调动员工的积极性和创造性;以提高员工岗位胜任能力与满足业务发展需要为出发点,强化培训体系建设,积极鼓励广大员工开展自学自考,不断提高自身专业素养。

四、未来运营风险

公司在未来经营中可能面临以下风险:

（1）产业政策风险。公司属于建筑业，经济周期的变化与公司的主营业务紧密相关。公司的发展在很大程度上依赖于国民经济运行状况及国家固定资产投资规模，特别是基础设施投资规模和城市化进程发展等。国家在基建方面的公共预算如有重大削减，尤其是交通基建方面的削减，将会对路桥建筑行业构成不利影响。

（2）行业竞争风险。由于近几年国家在基础设施建设方面保持了较高的投资规模，基建行业整体稳步增长，特别是西部地区保持了较快的增长。但由于基建行业施工企业众多，行业竞争仍然十分激烈，造成行业单价低，毛利率低，盈利水平弱，给公司带来较大的经营风险。

（3）回购风险。以 BT、EPC 方式建设项目，回购时间一般为 2～4 年，由于基础设施建设项目前期投资金额大、回购期较长，存在着业主受货币政策、地方财政在交通基础设施领域的投入水平变化等因素影响而不能按时支付工程回购款的回购风险。

（4）原材料供应量和价格的大幅波动风险。建筑行业所需的某些原材料（如钢材、水泥）价格一直大幅波动，并经常出现供应短缺，行业内企业若未能按合理的商业条款及时取得足够的原材料，就会对企业的生产经营和经营业绩造成不利影响。

五、利润分配与转增股本预案

（一）利润分配政策的制定依据

公司利润分配政策制定的依据是《公司章程》。《公司章程》明确了董事会、股东大会对利润分配尤其是现金分红事项的决策程序和机制，对利润分配尤其是现金分红政策的具体内容、利润分配的形式、时间间隔、现金分红的具体条件、各期现金分红的最低比例等作了明确的规定。

1. 利润分配原则

公司实施连续、稳定的利润分配政策，公司利润分配应重视对投资者的合理投资回报，并兼顾公司的可持续发展。在满足公司正常经营的资金需求情况下，公司将积极采取现金分红方式分配利润。

2. 分配利润形式

公司可以采取现金、股票或现金与股票相结合的方式分配利润。

3. 利润分配条件

公司以现金分红方式分配利润应同时满足下列条件：①公司该年度实现的可分配利润（即公司弥补亏损、提取公积金后所余的税后利润）为正值；②审计机构对公司该年度财务报告出具标准无保留意见的审计报告；③公司无重大投资计划或重大现金支出等事项发生（募集资金项目除外）。公司以股票股利分红方式分配利润的条件：在确保最低现金分红比例的条件下，若公司营业收入和净利润增长迅速，董事会认为公司股本规模和股权结构合理，公司可以发放股票股利。

4. 利润分配期间间隔

公司原则上采取每年度进行一次现金分红的方式分配利润。公司也可以进行中期利润分配。在公司当年实现盈利符合利润分配条件时，公司董事会应根据公司的具体经营情况和市场环境，制订利润分配预案报股东大会批准。

5. 现金分红比例

公司每年以现金方式分配的利润不少于当年实现的可供股东分配利润的 10%，但出现下列情况之一的除外：①拟进行重大资本性支出；②当年经营性净现金流量为负；③拟采取股票方式分配股利。同时，公司最近三年以现金方式累计分配的利润不少于该三年实现的年均可分配利润的 30%。

现金分红政策专项说明表

现金分红政策的专项说明	
是否符合公司章程的规定或股东大会决议的要求:	是
分红标准和比例是否明确和清晰:	是
相关的决策程序和机制是否完备:	是
独立董事是否履职尽责并发挥了应有的作用:	是
中小股东是否有充分表达意见和诉求的机会,其合法权益是否得到了充分保护:	是
现金分红政策进行调整或变更的,条件及程序是否合规、透明:	是

(二)公司近 3 年(含报告期)的利润分配预案或方案及资本公积金转增股本预案或方案情况

1. 2012 年度利润分配方案及资本公积金转增股本方案情况

经 ZTJ 会计师事务所 ZTJ 审(2013)11-9 号审计报告确认,2012 年度归属于上市公司股东的净利润为 260 355 939.19 元,母公司的净利润为 257 816 926.71 元。依据《公司法》和《公司章程》的规定,以母公司实现的净利润为基础,按 10% 提取法定公积金 25 781 692.67 元,加上上年度分配后留存的未分配利润 373 426 897.33 元,减去 2011 年度分配的现金红利 20 040 000 元,累计可供股东分配的利润为 585 422 131.37 元。2012 年度以总股本 334 000 000 股为基数,每 10 股派发现金红利 1.52 元(含税),共计派发现金 50 768 000 元;不转增,不送股。

2. 2011 年度利润分配方案及资本公积金转增股本方案情况

经 ZTJ 正信会计师事务所 ZTJ 正信审(2012)GF 字第 040008 号审计报告确认,2011 年度归属于上市公司股东的净利润为 191 633 972.89 元,母公司的净利润为 176 013 669.42 元。2011 年度以总股本 167 000 000 股为基数,每 10 股派发现金红利 1.2 元(含税),共计派发现金 20 040 000 元;每 10 股转增 10 股,共计转增 167 000 000 股;转增后,公司总股本 334 000 000 股。

公司近三年现金分红情况表

分红年度	现金分红金额(含税)	分红年度合并报表中归属于上市公司股东的净利润	占合并报表中归属于上市公司股东的净利润的比率(%)
2013 年	66 367 459.35	314 942 841.04	21.07%
2012 年	50 768 000.00	260 356 424.13	19.50%
2011 年	20 040 000.00	191 633 972.89	10.46%

注:公司报告期内盈利且母公司未分配利润为正但未提出现金红利分配预案。

3. 本报告期(2003 年度)利润分配及资本公积金转增股本预案

公司高度重视对投资者的回报。根据国务院办公厅《关于进一步加强资本市场中小投资者合法权益保护工作的意见》(国办发〔2013〕110 号)、证监会《上市公司监管指引第 3 号——上市公司现金分红》(证监会公告〔2013〕43 号)、证监会 SC 省监管局《关于进一步做好现金分红有关工作的通知》(SC 省证监上市〔2014〕7 号)相关文件精神,董事会严格按照《公司章程》规定制定利润分配政策。

(1) 公司所在行业状况。公司的主营业务为公路桥梁隧道工程的投资与施工,属于建筑行业。近年来,随着基础设施建设投资主体多元化,BT、EPC 等经营模式已在我国建设领域广泛采用,建筑行业由以前的劳动密集型变为资本密集型,盈利模式由以前的普通施工盈利模式向工程融资建造模式转变,资金实力的强弱已成为体现工建筑程公司竞争实力的关键要素之一。为顺应行业变化,公司承接了部分融资建造项目,虽然融资建造项目的盈利能力高于一般普通招标的施工项目,但融资建造项目要占用较多的运营资金,对公司的资金实力有较高的要求。

(2) 公司所处的发展阶段。公司自 2011 年上市以来,抓住西部大开发和新型城镇化建设的机遇,利用上市后良好的融资平台,经营规模快速扩张,营业收入和净利润连续增长,但由于行业经营模式的特点,公司经营活动现金流连续多年为负。虽然目前公司银行授信情况良好,能够及时得到银行的有力支持,但银行信贷受货币政策影响较大,留存收益与债务融资相比,限制条件少,资金成本和风险都较小。综上,公司目前正处于快速发展的成长期,在控制财务风险的前提下,将继续加大优质投资类项目承接,因此现阶段公司具有较高的资金需求。

(3) 征求独立董事和中小投资者意见情况。根据 SC 省证监局《关于进一步做好现金分红有关工作的通知》和《公司章程》规定,公司于 2014 年 3 月 6 日召开座谈会,专门听取独立董事会关于 2013 年度利润分配的意见和建议;同时,公司通过电话、传真、互动平台等多种渠道收集整理中小投资者关于 2013 年年度利润分配的意见,为董事会决策提供了广泛的参考依据。在广泛听取各方意见和诉求的基础上,董事会认为,公司 2013 年利润分配预案应充分考虑全体股东、特别是中小股东实现稳定现金收入预期的意愿和要求,既要重视对投资者的合理投资回报,也要兼顾投资者对公司持续快速发展的期望,在保证公司正常经营发展的前提下,采用现金分红的利润分配方式。2013 年度利润分配预案如下:

2013 年度利润分配预案

每 10 股送红股数(股)	0
每 10 股派息数(元)(含税)	0.9
每 10 股转增数(股)	0
分配预案的股本基数(股)	737 416 215
现金分红总额(元)(含税)	66 367 459.35
可分配利润(元)	825 628 758.92
现金分红占利润分配总额的比例(%)	100%

现金分红政策

公司发展阶段属成长期且有重大资金支出安排的,进行利润分配时,现金分红在本次利润分配中所占比例最低应达到 20%

利润分配或资本公积金转增预案的详细情况说明

本年度将以总股本 737 416 215 股为基数,每 10 股派发现金红利 0.9 元(含税),共计派发现金股利 66 367 459 元;不转增,不送股。本次利润分配预案已经第四届董事会第十次会议表决通过,但须经过 2013 年年度股东大会审议批准后方能生效、实施。

六、重大事项

(一) 日常经营相关的关联交易

日常经营相关的关联交易

交易方	关联关系	交易类型	交易内容	交易定价原则	交易价格	交易金额(万元)	占同类交易金额的比例(%)	交易结算方式	可获得同类交易市价	披露日期	披露索引
JK置业	受同一实际控制人控制	提供劳务	向关联方提供工程施工劳务	根据市场价格协商确定	—	604.42	0.14%	按合同约定以银行转账方式结算		2013年03月16日	巨潮资讯网
ZC园林	受同一实际控制人控制	租赁	租赁关联方工业用地	根据市场价格协商确定	37.43			按合同约定以银行转账方式结算			
大额销货退回的详细情况	无										
关联交易的必要性、持续性、选择与关联方(而非市场其他交易方)进行交易的原因	上述关联交易是公司实际生产经营需要所产生的,是在公平、互利的基础上进行的,目的是充分利用交易双方资源互补优势,追求公司经济效益最大化										
关联交易对上市公司独立性的影响	关联交易占公司营业收入和营业成本比例很小,不影响公司独立性。										
公司对关联方的依赖程度,以及相关解决措施(如有)	公司对关联方不存在依赖。										

(二) 关联债权债务往来

关联债权债务往来

关联方	关联关系	债权债务类型	形成原因	是否存在非经营性资金占用	期初余额(万元)	本期发生额(万元)	期末余额(万元)
JAC置业投资有限公司	SC省路桥实业公司之合营企业	应收关联方债权	工程质量保证金	否	170.53	0	170.53
关联债权债务对公司经营成果及财务状况的影响	属于以前年度施工工程质量保证金,金额较小,对报告期经营成果和财务状况无影响。						

(三) 重大承诺事项

重大承诺事项

承诺事项	承诺方	承诺内容	承诺时间	承诺期限	履行情况
股改承诺					
收购报告书或权益变动报告书中所作承诺					

（续表）

承诺事项	承诺方	承诺内容	承诺时间	承诺期限	履行情况
资产重组时所作承诺					
首次公开发行或再融资时所作承诺	公司第一大股东及实际控制人高级管理人员；与王俞先生一致行动的除上述董事、监事、高管以外的其他37名自然人股东；本公司第二大股东 SC 省路桥实业投资有限责任公司	自股票上市之日起三十六个月内，不转让或者委托他人管理其本次发行前已持有的公司股份，也不由公司回购该部分股份。	2011年11月03日	2011年11月3日至2014年11月3日	严格履行
首次公开发行或再融资时所作承诺	王俞先生、SC 省路桥实业投资有限责任公司	本人/本公司目前无投资并控制与 CD 路桥产品、业务相同或类似企业；除应 CD 路桥要求为 CD 路桥利益协助采取行动外，将不会主动从事与 CD 路桥业务相竞争或/本公司控制的公司已在经营的，只要本人/本公司仍然是 CD 路桥的控股股东或实际控制人，本人/本公司同意 CD 路桥对相关业务在同等商业条件下有优先收购权。	2010年08月11日	无期限	严格履行
承诺是否及时履行		是			
未完成履行的具体原因及下一步计划（如有）		无			

第三部分　内部控制

　　为规范公司法人治理、财务管理、生产经营以及信息披露等工作，保证公司日常工作有序开展，按照《公司法》《证券法》《深圳证券交易所股票上市规则》《企业内部控制基本规范》等法律法规和规范性文件要求，公司结合自身实际情况及发展需要，制定了一整套贯穿于生产经营管理各个层面的内部控制体系，在日常工作中不断完善并严格遵照执行，确保企业合法合规运行、不断提高公司经营效率和水平，保证公司发展战略和经营目标的全面实施，实现股东及其他相关者的利益。

CD路桥工程股份公司主要对"不相容职位分离、授权审批、会计系统、独立稽核、绩效考评、对外担保、关联交易"等关键控制点进行了控制,保证财务报告在内部控制等方面不存在重大缺陷。2013年公司聘请专业咨询公司,对其某下属子公司的内控制度进行评价。该子公司的内控评价报告摘要如下。

一、工程质量

据核查项目部与工程质量控制直接相关的部门有 4 个,相关业务流程 6 项,本次核查发现内控设计重大缺陷 1 项,具体情况如下表所列:

工程质量核查表

部门名称	流程编号	流程名称	主要风控点提示	内控执行缺陷及其说明
机料科	JLK-6	期末盘点流程	注 1-1	重大缺陷 1 项:(注 1-2)
工程科	GCK-3	工序控制	隐蔽工程在外部监理签批前不得进入下道工序	尚未发现
质检科	ZJK-2	协调内外部检查	质量外部检查风险	尚未发现
	ZJK-3	施工日志的编制和存档	工程质量的重要文档	尚未发现
	ZJK-4	结算点质检报告的出具	主导工程投料数量的核查	尚未发现
试验科	HYK-1	试验科基本流程	主导从物资接收、施工过程到工程局部质量验收的全过程控制	尚未发现

注 1-1:该子公司规定需要对协作队伍领用材料进行盘点;根据公司与协作施工队签订的《隧道施工合同》的结算条款,公司与协作单位实行工程总造价扣除甲供材料后再进行结算的机制;机料科根据隧道施工物资采购需求表执行采购,物资一经交付隧道施工班组,机料科即确认为领料发出,领出物资管理由隧道班组自行管理,机料科不再参与定期盘点;评价组认为:根据上述结算条款,协作施工单位有"为减少结算扣款而缩减工程用料的强烈动机";对工程质量构成重大影响。

注 1-2:评价组认为:尽管隧道施工现场有项目部施工员、质检员及外部监理对施工情况进行监督,但不对协作单位领用后的材料进行定期盘点,就不能对协作单位的用料情况进行有效的二次监督,难以确保隧道施工的质量。需要强调的是,项目的完工验收是工程质量控制的最终目标及环节,由于本次评价时该事项尚未发生,评价组未对该流程描述与核查,公司应对此项流程高度关注。

二、施工成本

项目部与施工成本控制直接相关的部门有 5 个,业务流程 9 项。本次核查发现内控执行重大缺陷 2 个、重要缺陷 2 个、一般缺陷 2 个,具体情况如下表所列:

施工成本核查表

部门名称	流程编号	流程名称	主要风控点提示	内控执行缺陷及其说明
机料科	JLK-3	磅房工作流程	注 1-1	注 1-2:重要缺陷 1 个
	JLK-4	物料请购、采购、入库、结算	同上	同上
	JLK-5	材料领用、耗用计量流程	注 2-1 材料消耗成本动态控制的关键环节	注 2-2:重大缺陷 1 个

（续表）

部门名称	流程编号	流程名称	主要风控点提示	内控执行缺陷及其说明
机料科	JLK-6	期末盘点流程	材料成本计量及分析的关键环节	注3：同上列之资产安全管理 JLK-6
	JLK-7	租赁设备管理及租金结算流程	设备租赁费控制的关键环节	注4：一般缺陷1个
工程科	GCK-2	工程成本的控制、统计及上报	注5-1	注5-2：重大缺陷1个
质检科	ZJK-2	协调内外部检查	可能发生质量整改成本费用	注6：重要缺陷1个
安全科	AQK-1	安全科流程	安全整改费用的分担	注7：一般缺陷1个
试验科	HYK-1	试验科基本流程	注8-1	尚未发现（注8-2）

注1-1：据统计机物料成本占整个工程成本的70%左右，磅房是所有大宗物料进出施工现场的必经环节，对工程材料成本的控制至关重要，一旦失控后果不堪设想。

注1-2：未发现明显的控制缺失，但磅房信息化程度较低，也没有轮岗制度，无法形成有效的二次监控。

注2-1：协作队伍领用材料按月核对书面确认是控制材料领用、形成扣款依据的重要环节，也是对材料现场领用手续的再补充，是重要风险控制点。

注2-2：按月编制的上报公司报表环节中，大宗材料设计用量与实际耗用对照表中预算量及实际量对比结果未填列，未对材料耗用偏差进行定期盈亏分析，项目部及公司本部不能及时掌握材料消耗动态。据了解，主要原因系项目部未按队伍编制分解控制预算，未按分部分项统计材料用量。

注3：同上列（三）工程质量之注1及（四）资金资产安全与财务风险之注2。

注4：机料科报财务科的设备燃油耗用并未进行单项核算，将燃料耗用与原材料（水泥、砂石）耗用汇总后报财务科，财务科只能看到拌和站耗用材料总金额，在进行能耗分析及其他财务信息分析产生不利影响。机料部门未进行单机核算、能耗分析及使用效率评价。设备费用高低目前还缺乏衡量标准，所以单机核算和对使用效率评价是必要的。

注5-1：本流程是工程材料成本的源头控制环节，施工现场管理对材料及施工机械费消耗起重大作用；施工员处于工程成本源头控制的最前沿，日常要处理诸如钢筋笼的下料扎制、混凝土浇筑、土石方开挖、施工现场安排指挥等一系列关系到施工成本消耗的源头环节；如何在确保施工安全及工程质量前提下节约工程成本，现场施工员责任重大。施工员对质量缺陷和安全隐患亦负有现场监督职责，故施工员岗位不仅要求具有丰富的施工经验还要有强烈的敬业精神和职业道德。如在月末统计时发现材料偏差较大，不论何种原因损失都已经存在；故现场施工员发现异常后及时上报、及时与施工单位交涉对动态成本控制至关重要。

注5-2：材料及设备台班设计消耗量与实际耗用量的对比分析环节是成本动态控制的关键，现场施工员发现异常后及时上报、及时与施工单位交涉对动态成本控制至关重要；据评价组复查工程科上报机料科的月度材料分析报表，发现部分项目偏差较大，但偏差原因栏全为空白；不利于项目部及公司及时掌握项目成本消耗动态。

注6：如发生质量问题，整改过程中可能发生整改费用；协作施工合同一般都附有质保金条款，公司亦制定有责任追究条例。但实际执行过程中可能出现责任难厘清（施工队与项目部之间），追究制度流于形式的情况，可能增加施工成本。

注7：安全成本由合同约定，一般约定由施工队承担，构成工程造价的一部分；据了解，实际操作过程中安全成本中材料部分由公司承担，人工费用由施工队承担。

注8-1：检测岗位至关重要，主要体现在：①水泥、砂石等材料的水分检测将形成质量扣款依据；②混凝土配合比对成本影响重大，如何确保配合比达到最优，需重点监控；③试验室的抽样频率规范极为重要，不保证一定的抽样频率，就不能及时发现并制止材料采购及施工中存在的重大质量问题，将造成不可挽回的损失。

注8-2：受评价组专业背景所限，无法对从试验科收集的试验指标数据进行评价，但评价组认为试验科的经济技术指标数据的分析比对是成本控制的基础环节，需要建立与完善。

第四部分 财务报表

一、合并资产负债表

合并资产负债表

编制单位:CD路桥工程股份有限公司 2013年12月31日   单位:元

项　　目	期末余额	期初余额	项目	期末余额	期初余额
流动资产:			流动负债:		
货币资金	1 988 466 437.33	850 129 563.06	短期借款	1 900 000 000.00	1 110 000 000.00
结算备付金			向中央银行借款		
拆出资金			拆入资金		
交易性金融资产	0	0	交易性金融负债		
应收票据			应付票据	28 000 000.00	28 300 000.00
应收账款	831 939 662.33	495 174 057.07	应付账款	1 792 297 783.79	1 301 732 129.16
预付款项	13 300 968.98	28 248 577.49	预收款项	391 609 086.52	357 688 341.31
应收分保账款			应付手续费及佣金		
应收分保合同准备金			应付职工薪酬	10 463 996.98	12 563 394.90
应收利息			应交税费	248 414 297.02	201 480 496.54
应收股利			应付利息	3 650 630.55	2 467 605.55
其他应收款	536 306 842.16	493 094 995.36	应付股利	52 726.57	52 726.57
买入返售金融资产			其他应付款	281 198 032.24	114 567 840.78
存货	834 813 054.74	719 235 991.28	应付分保账款		
一年内到期的非流动资产	1 387 253 079.14	29 069 800.00	一年内到期的非流动负债		
其他流动资产			其他流动负债		301 443 666.00
流动资产合计	5 592 080 044.68	2 614 952 984.26	流动负债合计	4 655 686 553.67	3 430 296 200.81
非流动资产:			非流动负债:		
发放委托贷款及垫款			长期借款	550 000 000.00	140 000 000.00

（续表）

项　目	期末余额	期初余额	项目	期末余额	期初余额
可供出售金融资产			应付债券		
持有至到期投资			长期应付款	138 705 453.22	37 790 915.87
长期应收款	2 168 579 918.62	2 461 055 295.39	专项应付款		
长期股权投资	2 763 712.43	2 998 328.38	其他非流动负债		
投资性房地产			非流动负债合计	688 705 453.22	177 790 915.87
固定资产	101 398 482.77	121 192 065.05	负债合计	5 344 392 006.89	3 608 087 116.68
在建工程	0	0	所有者权益（或股东权益）：		
工程物资			实收资本（或股本）	737 416 215.00	334 000 000.00
固定资产清理			资本公积	838 698 693.02	562 946 109.50
生产性生物资产			减：库存股		
油气资产			专项储备	11 559 960.74	12 930 479.97
无形资产	3 851 999.94	2 926 316.06	盈余公积	103 810 509.07	71 479 994.90
开发支出			一般风险准备		
商誉			未分配利润	872 396 297.09	640 551 970.22
长期待摊费用	1 055 667.00		外币报表折算差额		
递延所得税资产	38 543 856.37	26 870 682.13	归属于母公司所有者权益合计	2 563 881 674.92	1 621 908 554.59
其他非流动资产			少数股东权益		
非流动资产合计	2 316 193 637.13	2 615 042 687.01	所有者权益（或股东权益）合计	2 563 881 674.92	1 621 908 554.59
资产总计	7 908 273 681.81	5 229 995 671.27	负债和所有者权益（或股东权益）总计	7 908 273 681.81	5 229 995 671.27

二、合并利润表

合并利润表

编制单位：CD路桥工程股份有限公司　　　2013年1～12月　　　　　　　单位：元

项　目	本期金额	上期金额
一、营业总收入	4 271 478 342.07	3 940 476 477.62
其中：营业收入	4 271 478 342.07	3 940 476 477.62
利息收入		

(续表)

项　　目	本期金额	上期金额
已赚保费		
手续费及佣金收入		
二、营业总成本	4 020 480 010.50	3 667 104 741.48
其中:营业成本	3 631 747 093.01	3 360 075 191.97
利息支出		
手续费及佣金支出		
退保金		
赔付支出净额		
提取保险合同准备金净额		
保单红利支出		
分保费用		
营业税金及附加	149 747 388.45	132 009 755.56
销售费用		
管理费用	75 056 546.03	66 672 241.19
财务费用	114 214 245.42	63 418 917.76
资产减值损失	49 714 737.59	44 928 635.00
加:公允价值变动收益(损失以"-"号填列)		
投资收益(损失以"-"号填列)	169 109 097.94	71 650 259.18
其中:对联营企业和合营企业的投资收益	-54 975.95	127 124.23
汇兑收益(损失以"-"号填列)		
三、营业利润(亏损以"-"号填列)	420 107 429.51	345 021 995.32
加:营业外收入	5 607 968.18	3 833 775.94
减:营业外支出	2 418 057.78	652 708.36
其中:非流动资产处置损失	112 009.24	125 666.95
四、利润总额(亏损总额以"-"号填列)	423 297 339.91	348 203 062.90
减:所得税费用	108 354 498.87	87 847 123.71
五、净利润(净亏损以"-"号填列)	314 942 841.04	260 355 939.19
其中:被合并方在合并前实现的净利润		
归属于母公司所有者的净利润	314 942 841.04	260 355 939.19
少数股东损益		

（续表）

项　目	本期金额	上期金额
六、每股收益：	—	—
（一）基本每股收益	0.48	0.43
（二）稀释每股收益	0.48	0.43
七、其他综合收益		
八、综合收益总额	314 942 841.04	260 355 939.19
归属于母公司所有者的综合收益总额	314 942 841.04	260 355 939.19
归属于少数股东的综合收益总额		

三、合并现金流量表

合并现金流量表

编制单位：CD路桥工程股份有限公司　　2013年1～12月　　　　　　　　　单位：元

项　目	本期金额	上期金额
一、经营活动产生的现金流量：		
销售商品、提供劳务收到的现金	2 710 153 401.46	1 644 018 992.67
收到的税费返还		
收到其他与经营活动有关的现金	428 880 235.25	383 319 329.20
经营活动现金流入小计	3 139 033 636.71	2 027 338 321.87
购买商品、接受劳务支付的现金	2 825 786 794.24	2 339 399 195.25
支付利息、手续费及佣金的现金		
支付给职工以及为职工支付的现金	75 448 405.38	46 494 135.06
支付的各项税费	142 359 454.48	91 928 714.18
支付其他与经营活动有关的现金	519 368 022.36	251 264 114.18
经营活动现金流出小计	3 562 962 676.46	2 729 086 158.67
经营活动产生的现金流量净额	－423 929 039.75	－701 747 836.80
二、投资活动产生的现金流量：		
收回投资收到的现金	18 835 124.01	70 000 000.00
取得投资收益所收到的现金	104 743 638.12	18 298 809.46
处置固定资产、无形资产和其他长期资产收回的现金净额	1 295 503.00	1 686 673.00
处置子公司及其他营业单位收到的现金净额		
收到其他与投资活动有关的现金		
投资活动现金流入小计	124 874 265.13	89 985 482.46

（续表）

项　目	本期金额	上期金额
购建固定资产、无形资产和其他 长期资产支付的现金	13 597 101.00	48 288 666.95
投资支付的现金	32 637 477.46	467 717 160.60
取得子公司及其他营业单位支付的现金净额		
支付其他与投资活动有关的现金		
投资活动现金流出小计	46 234 578.46	516 005 827.55
投资活动产生的现金流量净额	78 639 686.67	−426 020 345.09
三、筹资活动产生的现金流量：		
吸收投资收到的现金	682 924 318.07	
其中:子公司吸收少数股东投资收到的现金		
取得借款收到的现金	2 350 000 000.00	1 390 000 000.00
发行债券收到的现金	298 800 000.00	
收到其他与筹资活动有关的现金	63 750 000.00	22 343 551.80
筹资活动现金流入小计	3 096 674 318.07	1 711 143 551.80
偿还债务支付的现金	1 450 000 000.00	430 000 000.00
分配股利、利润或偿付利息支付的现金	169 280 574.53	78 179 196.67
其中:子公司支付给少数股东的股利、利润		
支付其他与筹资活动有关的现金	443 984 012.19	3 484 430.10
筹资活动现金流出小计	2 063 264 586.72	511 663 626.77
筹资活动产生的现金流量净额	1 033 409 731.35	1 199 479 925.03
四、汇率变动对现金及现金等价物的影响		
五、现金及现金等价物净增加额	688 120 378.27	71 711 743.14
加:期初现金及现金等价物余额	828 625 665.95	756 913 922.81
六、期末现金及现金等价物余额	1 516 746 044.22	828 625 665.95

第五部分　财务报表附注

一、合并现金流量表补充资料

合并现金流量补充资料表

编制单位:CD 路桥工程股份公司　　　　　　　　　　　　单位:元

补充资料	本期金额	上期金额
1. 将净利润调节为经营活动现金流量：	—	—
净利润	314 942 841.04	260 355 939.19

（续表）

补充资料	本期金额	上期金额
加:资产减值准备	49 714 737.59	44 928 635.00
固定资产折旧、油气资产折耗、生产性生物资产折旧	26 968 264.56	24 401 285.55
无形资产摊销	255 548.12	161 807.04
长期待摊费用摊销	374 333.00	
处置固定资产、无形资产和其他长期资产的损失（收益以"－"号填列）	－373 958.94	－744 555.80
财务费用（收益以"－"号填列）	118 251 933.53	63 250 468.22
投资损失（收益以"－"号填列）	－169 109 097.94	－71 650 259.18
递延所得税资产减少（增加以"－"号填列）	－11 673 174.24	－11 502 043.12
存货的减少（增加以"－"号填列）	－115 577 063.46	－241 053 127.38
经营性应收项目的减少（增加以"－"号填列）	－1 373 354 396.87	－1 576 324 638.21
经营性应付项目的增加（减少以"－"号填列）	735 650 993.86	806 428 651.89
经营活动产生的现金流量净额	－423 929 039.75	－701 747 836.80
2. 不涉及现金收支的重大投资和筹资活动:	—	—
3. 现金及现金等价物净变动情况:	—	—
现金的期末余额	1 516 746 044.22	828 625 665.95
减:现金的期初余额	828 625 665.95	756 913 922.81
现金及现金等价物净增加额	688 120 378.27	71 711 743.14

二、营业外收入和支出

营业外收入和支出情况表

编制单位:CD 路桥工程股份公司　　　　　　　　　　　　单位:元

项　目	金　额	说　明
非流动资产处置损益（包括计提资产减值准备的冲销部分）	373 958.94	
计入当期损益的政府补助（与企业业务密切相关,按照国家统一标准定额或定量享受的政府补助除外）	5 082 000.00	
债务重组损益	－1 917 898.54	
除上述各项之外的其他营业外收入和支出	－348 150.00	

第六部分　其他相关补充资料与试题要求

一、公司战略与风险控制(20分)

资料(一)

CD 路桥工程股份公司所在行业企业众多,竞争激烈,直接导致行业单价低、毛利率低、盈利水平弱。2013 年是传统建设市场相对低迷的一年。同时,受 SC 省传统公路建设项目和 CD 市市政建设整体放缓因素的影响,传统施工项目招投标明显减少,大型高速公路项目多是以 BOT 模式招商,对投资商的投融资能力、管理能力、经营能力均有较高的要求。基于建筑行业的特殊性,我国政府对进入建筑行业的企业实行较为严格的市场准入和资质审批、认定制度。对进入建筑行业的企业,政府将根据企业的经营业绩、资金、技术、人员、装备等状况,核准资质等级,核定承揽业务的范围,并实行按年受审,动态考核。

CD 路桥工程股份公司的主要业务分布在 SC 省内,而 CD 市及周边地区的工程项目占了公司主要项目的较大份额,该公司从 2010 年至 2013 年在 CD 市公路建筑施工市场的份额分别占到21%,12%,17%和 15%。近年来,该公司一直是 SC 省内综合实力和市场份额排名靠前的建筑企业。根据 2013 年度 SC 省统计局的相关认定,该公司为 SC 省建筑施工企业综合实力 50 强。同时,该公司也面临着省内和全国其他大型建筑施工企业的竞争。其他有关该公司主要销售客户和供应商情况的资料如下表所示。

公司主要销售客户情况

前五名客户合计销售金额(元)	3 051 978 382.88
前五名客户合计销售金额占年度销售总额比例	71.45%

公司前 5 大客户资料

序号	客户名称	销售额(元)	占年度销售总额比例
1	客户一	835 511 232.87	19.56%
2	客户二	643 160 712.10	15.06%
3	客户三	624 412 349.16	14.62%
4	客户四	537 562 265.23	12.58%
5	客户五	411 331 823.52	9.63%
合计		3 051 978 382.88	71.45%

公司主要供应商情况

前五名供应商合计采购金额(元)	110 043 600.00
前五名供应商合计采购金额占年度采购总额比例	17.71%

公司前 5 名供应商资料

序号	供应商名称	采购额（元）	占年度采购总额比例
1	供应商一	31 500 000.00	5.07%
2	供应商二	23 552 422.00	3.79%
3	供应商三	21 255 178.00	3.42%
4	供应商四	20 080 000.00	3.23%
5	供应商五	13 656 000.00	2.20%
合计		110 043 600.00	17.71%

问题：

1. 结合"第二部分 董事会报告摘要"的相关内容，分析公司采取了哪种总体战略？（2分）

2. 分析宏观和行业环境因素是如何影响公司战略选择的？（2分）

3. 请结合美国哈佛大学商学院 Michael E. Porter(1979)提出的用于行业分析和商业战略选择的波特五力模型的相关理论，评价该公司所在行业吸引力。（2分）

资料（二）

为规范上市公司法人治理、财务管理、生产经营以及信息披露等工作，保证公司日常工作有序开展，按照《公司法》《证券法》《深圳证券交易所股票上市规则》《企业内部控制基本规范》等法律、法规和规范性文件要求，证券监管部门要求公司结合自身实际情况及发展需要，制定了一整套贯穿于生产经营管理各个层面的内部控制体系，在日常工作中不断完善并严格遵照执行，促进公司的规范运作，有效防范经营决策及管理风险，确保公司的稳健经营。根据 2013 年 CD 路桥工程股份公司的年报信息披露所示，CD 路桥工程股份公司及其下属子公司的内控制度尚不够健全或执行不到位，特别是建造合同的管理、核算中尚存在一些不够完善的地方，从而导致公司收入、利润不真实不准确，影响公司的会计报告质量。

问题：

1. 请指出内部控制框架构成的五要素及其对上市公司风险控制的作用和价值？（2分）

2. 依据"第一部分 公司基本情况"中"第二节 业务流程"所示，请就 2013 年度 CD 路桥工程股份公司年报中内部控制评价报告并结合《企业内部控制应用指引第 11 号—工程项目》，分析工程项目实施中 CD 路桥工程股份内部控制缺陷性质及其对企业的影响？（2分）

3. 如何进一步完善 CD 路桥工程股份公司的内部控制？（2分）

资料（三）

CD 路桥工程股份公司所在行业属于建筑业，经济周期的变化与公司的主营业务紧密相关。原材料供应量和价格的大幅波动是公司重要的风险因素。例如，建筑行业所需的某些原材料（如钢材、水泥）价格一直大幅波动，并经常出现供应短缺，行业内企业若未能按合理的商业条款及时取得足够的原材料，就会对企业的生产经营和经营业绩造成不利影响。CD 路桥工程股份公司于 2013 年 8 月 25 日召开的第四届董事会第二次会议，审议通过了《关于开展钢材、水泥期货套期保值业务的议案》，同意公司在 2013 年度进行钢、水泥期货套期保值业务。

背景资料：CD 路桥工程有限公司作为路桥工程项目产业，铜材和水泥占原材料成本约 65% 以上，其价格波动对公司经营业绩影响较大。为规避钢、水泥价格波动带来的经营风险，公司亦已于 2011 年和 2012 年连续两年进行了有效的钢材期货套期保值操作，较好规避了水泥、钢铁价波动风险。

CD 路桥工程股份公司管理层为规避其政府客户的订单风险,锁定建造成本,稳定公司业绩,故提出在 2013 年度继续进行部分钢材的期货套期保值操作。依据公司对建造合同钢需求量的测算,2013 年度第二季度该公司需求螺纹钢 1 000 000 吨。根据公司对未来钢价走势的判断结合当前钢价,按 0.32 万元/吨折算,上述套期保值合同额约 320 000 万元,所需保证金总额约 16 000 万元,其中关键政府客户指定部分保证金 13 600 万元由客户提供,本公司实际承担保证金不超过 2 400 万元。

问题:请简述上述案例中 CD 路桥工程股份公司进行钢材套期保值业务的策略选择原理,并结合公司实际分析进行套期保值的目的和风险战略。(3 分)

资料(四)

CD 路桥工程股份公司部分项目工程完工后多余材料被直接使用在其他项目上,其中子公司 ZCWH 的分公司开发的绕城工程项目 2013 年已完成结算,之后无具体业务发生。2014 年分公司已撤销,撤销前却发现材料剩余 296 万元,这时才进行退库并冲减营业成本。该批材料系从分公司成立开始累积至今的剩余材料,无法对应到具体工程项目。

另外,CD 路桥工程股份公司期末部分已领出未使用材料,部分材料未纳入盘点范围,或者部分材料虽纳入盘点范围,但流于形式。如 CY 高速公路 H 标段等多个项目部,不对协作单位领用后的材料进行定期盘点,物资一经交付协作单位,机料科即确认为领料发出,领出物资管理由协作单位自行管理,机料科不再参与定期盘点;对于钢材等物资加工而成的半成品未纳入定期盘点的范围,也未在机料科料账或者财务科材料账反映半成品制作的过程;期末盘点记录缺少参与部门人员签字,财务、试验部门未参与盘点,有时机料部门的盘点可能停留在纸上作业,盘点失效;项目部虽然定期对物料(水泥、钢筋)进行盘点,但盘点仅为统计物料使用,盘盈盘亏基本上均认定为合理的盈亏,未进行相应的处理。

项目部应收工程款的责任人并不清晰,有时是项目经理部,有时是项目部经理或者项目部的财务人员。特别是项目完工,项目部撤离或者项目部经理承接新的项目之后,应收工程款的责任基本落在原财务人员,甚至是公司总部的财务人员身上。公司总部对各项目部应收工程款的动态管理基本缺失,对建设单位的跟踪分析也是偶尔为之且基本停留在口头上。

问题:

1. 请结合上述资料,分析 CD 路桥工程股份公司在存货内控管理方面存在的问题对企业成本准确核算和真实业绩衡量造成的影响并提出治理建议。(2 分)

2. 请针对 CD 路桥工程股份公司在应收工程款管理存在的风险,自行起草并设计《项目投标及工程款收款管理控制制度》。(3 分)

二、审计(20 分)

资料(一)

ZTJ 会计师事务所的王华和李胜两位注册会计师负责对 CD 路桥工程股份公司的下属公司 NH 公司进行 2013 年度财务报表审计(ZTJ 审〔2014〕11-20 号),并确定财务报表层次的重要性水平为 1 200 000 元。NH 公司 2013 年度财务报告于 2014 年 3 月 25 日获得董事会批准。该公司管理层与 ZTJ 会计师事务所就审计中发现的有关公司财务处理和风险控制方面的问题进行了充分的沟通。注册会计师审计发现该公司项目部应收工程款的责任人不够清晰,公司总部对各项目部应收工程款的动态管理缺乏有利管控等问题。在对 NH 工程公司进行审计的过程中,事务所两位注册会计师王华和李胜注意到如下事项。

表1 年末余额或年度发生额 单位:万元

项 目	金 额
资产总额	42 000
股本	15 000
资本公积	8 000
盈余公积	2 000
未分配利润	1 800
营业收入	36 000
利润总额	600
净利润	400

(1) NH公司会计政策规定,对应收工程款采用账龄分析法计提坏账准备。确定的坏账准备计提比例分别为:账龄1年以内的(含1年,以下类推),按其余额的15%计提;账龄1~2年的,按其余额的40%计提;账龄2~3年的,按其余额的60%计提,账龄3年以上的,按其余额的80%计提。NH公司2013年12月31日未经审计的预收款项账面余额23 445 000元,明细情况如下表所示:

表2 预收账款明细表 单位:元

账龄 客户名称	1年以内	1~2年内	2~3年内	3年以上
预收账款-a公司	3 015 000			
预收账款-b公司		2 100 000		
预售账款-c公司	600 000		25 000	
预售账款-d公司	−9 500 000			
预售账款-e公司				70 000
小计	21 250 000	2 100 000	25 000	70 000

(2) NH公司采用完工百分比法确认合同收入和合同费用,按累计实际发生的合同成本与合同预计总成本的比例确定合同完工程度。2013年1月,NH公司作为建筑承包商与建设单位签订一项总金额为40 000 000元的固定造价合同,预计总成本为36 000 000元。2013年度实际发生成本25 200 000元。2013年末,预计完成该项目合同尚需在2014年发生成本16 800 000元,该合同的结果能够可靠估计,但NH公司在2013年度尚未确认与该项目合同相关的主营业务收入和主营业务成本。

(3) 2013年1月起,NH公司开始研发一项产品专利技术,董事会认为研发该项目具有可靠的技术和财务等资源的支持,并且一旦研发成功,将显著降低该公司施工成本,因此予以批准。2013年11月30日,该项专利技术达到预定用途,结转研发支出,确定无形资产。该无形资产的估计使用寿命为5年,净残值为0,并按直线法摊销。NH公司在研发过程中发生材料费30 000 000元,工资费用6 000 000元,其他相关费用4 000 000元,共计40 000 000元,其中符合资本化条件的支出为18 000 000元。NH公司在2013年度做了如下会计处理:在发生研发支出时,借记"研发支出——费用化支出"22 000 000元、"研发支出——资本化支出"18 000 000元,贷记"原材料"

30 000 000 元、"应付职工薪酬"6 000 000 元、"银行存款"4 000 000 元;在结转研发支出——费用化支出时,借记"管理费用"22 000 000 元,贷记"研发支出——费用化支出"22 000 000 元;在确认无形资产时,借记"无形资产"18 000 000 元,贷记"研发支出——资本化支出"18 000 000 元;在摊销该项无形资产时,借记"制造费用——专利技术"300 000 元,贷记"累计摊销"300 000 元。

(4) 2012 年 2 月,NH 公司与某广告代理公司签订了广告代理合同,委托该公司承办产品广告业务,采用机场广告牌形式。广告代理合同约定:机场广告牌费用为 14 400 000 元。展示时间为2012 年 2 月至 2014 年 1 月,共计两年,若因故在展示期间终止广告,则代理方应退还终止广告期间所对应的广告费用。NH 公司于 2012 年 7 月一次性全额支付该项广告费用,并全额计入 2012 年度销售费用。王华和李胜两位注册会计师在审计该公司 2012 年度财务报告时认为,应自 2012 年2 月起的两年内平均分摊该项广告费用,并提出借记"长期待摊费用"7 800 000 元,贷记"销售费用"7 800 000 元的审计调整建议。HZ 公司调整了 2012 年度财务报表,但未调整 2013 年度相关账户和财务报表。

(5) NH 公司 2013 年 8 月取得了某外国上市公司 18% 的股权(不能实施控制,也无重大影响),投资成本为 8 000 000 元。在编制 2013 年 12 月 31 日资产负债表时,NH 公司对该公司投资的账面价值按当日公允价值反映。2014 年 3 月 24 日,该外国上市公司所在地区发生地震,导致其股票价值与 2013 年 12 月 31 日相比下挫了 60%,从而导致 NH 公司对该上市公司的股权投资遭受重大损失。

(6) 2013 年 1 月 31 日,NH 公司开发建成一栋商住两用楼盘,该商住楼所在地不存在活跃的房地产交易市场,2013 年年末未发生减值迹象。该商住楼的建造成本为 30 000 000 元,其中,一层商铺 12 000 000 元计划用于出租,其余楼层 18 000 000 元计划用于 NH 公司的办公。2013 年 3 月31 日,NH 公司就一层商铺与某超市签订经营租赁合同,租赁期为 2013 年 3 月 31 日至 2015 年 3月 30 日,租赁费用总额为 1 440 000 元,自 2013 年 4 月起按月结算。该商住楼预计使用年限为 30年,预计净残值率为原值的 10%,按平均年限法计提折旧。NH 公司于 2013 年 1 月 31 日作了增加"固定资产——商住楼"30 000 000 元的会计处理;公司于 2013 年 2 月至 12 月计提了该商住楼折旧,作借记"管理费用——折旧费"825 000 元、贷记"累计折旧"825 000 元的会计处理;于 2013 年 4月至 12 月对该商住楼的租赁业务作了借记"银行存款"540 000 元、贷记"营业收入——其他业务收入"540 000元的会计处理。

要求:

1. 如果不考虑审计重要性水平,针对事项(1)至(6),请分别回答两位注册会计师是否需要提出审计处理建议?如若需提出审计调整事项建议,请直接列示审计调整分录(3 分)(注:审计调整分录均不考虑对 NH 公司 2013 年度的税费、递延所得税资产和负债、期末结转损益及利润分配的影响,下同。)

2. 如果考虑审计重要性水平,假定 NH 公司分别只存在注册会计师提出的 6 个事项中的 1 个事项,并且拒绝接受两位注册会计师针对 6 个事项提出的审计处理意见(如有)。在不考虑其他条件的前提下,请指出两位注册会计师应当针对该 6 个独立存在的事项分别出具何种意见类型的审计报告。(3 分)

资料(二)

2013 年初,注册会计师对 CD 路桥工程股份公司 2010 年、2011 年、2012 年度的工程收入成本进行了审计,发现工程收入成本的确认计量方法与会计准则《企业会计准则第 15 号——建造合同》不符,建造合同管理与核算存在一定缺陷。经讨论,决定对 2010 年、2011 年、2012 年的工程项目逐个进行清理。为便于操作,公司提出由会计人员设计一张表格,在这张表格上反映各个项目历史数据和需要调整的如预计收入预计成本、累计和当年实际发生合同成本、工程变更、完工进度、资产减值工程款的结算等要素,调整的会计科目和金额,以及数据出处的经办部门。

工程项目收入成本调整表编制说明(示例用,仅供答题参考):①本表数据无特殊说明的情况下,借方金额以账面数据列示,贷方金额前加负号列示。②完工进度确认方法:成本百分比法(成本百分比＝累计实际发生的合同成本÷合同预计总成本×100%)。

2010 年工程项目收入成本调整表

(列示 2010 年调整表,2011 年、2012 年格式相同)

	工程合同名称	填写部门	1.1	施工合同中工程项目名称	项目 1	项目 2
合同基本信息	业主全称	财务部门	1.2	施工合同中建设单位或发包人		
	工程类型	财务部门	1.3	根据项目主体工程判断选择		
	总合同名称	财务部门	1.4	存在大的工程项目合同的时候需要填列		
	合同起始年份	经营部门	1.5	填列合同约定日期		
	预计/实际完工年份	经营部门	1.6	尚未完工项目填列预计完工日期;已完工项目填列实际完工日期。此处完工日期一定要填写准确,公式设置中对截止该日期的完工百分比设定为100%,若不准确,将导致填写混乱。		
	合同结果能否可靠估计	财务部门	1.7	见上面说明 2		
	合同预计总收入(负数)	经营部门	1.8	指合同初始中标金额扣除暂定金后的余额,为了便于后面公式取数,此处用负数填列		
	工程合同预计总完工量	技术部门	1.9	技术部门测定的预计工程量		
	完工量单位	技术部门	1.1			
	工程合同预计总成本(正数)	经营部门	1.11	初始预计总成本为投标后对项目编制项目总预算金额		
	预计(利润)/亏损		1.12	自动计算,无需手动填列,此处负数表示盈利,正数表示亏损	—	—
	完工进度确认方法	财务部门	1.13	见上面说明3		

2010 年	工程合同名称	填写部门		施工合同中工程项目名称	项目 1	项目 2
合同变更	变更后完工时间	经营部门	2.1	若施工内容等变更对完工时间影响,最新的预计完工时间		
	完工量增加/(减少)	技术部门	2.2	至 2010 年末累计工程工作量变动额,需具备合理的支撑资料		
	变更后合同预计总完工量		2.3		—	—
	合同预计总收入(增加)/减少	经营部门	2.4	至 2010 年末累计合同预计总收入累计变动额。注意:增加填负数,减少填正数;需具备合理的支撑资料		
	变更后合同预计总收入		2.5	注意:以负数列示	—	—
	预计总成本增加/(减少)	经营部门	2.6	至 2010 年末累计预计总成本变动额,需具备合理的支撑资料		
	变更后合同预计总成本		2.7	自动计算		
	变更后预计利润		2.8	自动计算,无需手动填列,此处负数表示盈利,正数表示亏损	—	—

（续表）

2010 年		工程合同名称	填写部门		施工合同中工程项目名称	项目 1	项目 2
补充信息		当期累计发生的合同成本（正数）	财务部门	3.1	2010 年账面累计发生的工程施工—合同成本		
		当期累计实际开票结算金额（正数）	财务部门	3.2	2010 年账面累计业主批复计量金额并开具发票金额		
		当期累计实际已收款金额（负数）	财务部门	3.3	截至 2010 年年末项目累计回款金额		
					请注意该处提示	请在 21 行选择	请在 21 行选择
完工百分比		已同业主确认的完工量/成本金额/实测百分比		4.1	一般填列成本金额,若选择完工量法或实测百分比法时,此处需手工填列数据	请手动填列	请手动填列
		期末应确认的完工百分比		4.2		7%	7%
应确认的金额		主营业务收入（2010 年应确认的合同收入）		5.1		—	—
		2010 年年末累计应确认的合同收入		5.2			
		主营业务成本（2010 年应确认的主营业务成本）		5.3		—	—
		2010 年年末累计应确认的主营业务成本		5.4	未考虑截至 2010 年年末,预计合同损失转入主营业务成本的部分。下同	—	—
		资产减值损失——合同预计损失（2010 年度应确认的损失）		5.5			
		2010 年年末累计应确认的资产减值损失——合同预计损失		5.6	未考虑截至 2010 年年末,预计合同损失转入主营业务成本的部分。下同	—	—
		已完工未结算		5.7			
		已结算未完工		5.8		—	—
		－工程施工——合同成本（2010 年年末累计应确认的合同成本）		5.9		—	—
		－工程施工——合同毛利（2010 年年末累计应确认的毛利）		5.1			
		－工程结算（2010 年年末累计应确认结算金额）		5.11		—	—
		2010 年年末存货跌价准备应有余额		5.12		—	—
		2010 年年末应收账款应有余额		5.13		—	—
		2010 年年末预收账款应有余额		5.14		—	—
		－2010 年年末累计结算金额		5.15		—	—
		－2010 年年末累计收款金额		5.16		—	—

(续表)

2010 年		工程合同名称	填写部门		施工合同中工程项目名称	项目 1	项目 2
账面金额		主营业务收入		6.1			
		主营业务成本		6.2			
		资产减值损失——合同预计损失		6.3			
		2010 年末工程施工与工程结算差额		6.4	自动计算	—	—
		—工程施工——合同成本	财务部门	6.5	截至 2010 年 12 月 31 日账面数据,手工填列,借方数据以账面数据填列,贷方数据前加负号填列。		
		—工程施工——合同毛利	财务部门	6.6	同上		
		—工程结算	财务部门	6.7	同上		
		2010 年末存货跌价准备	财务部门	6.8	同上		
		2010 年末应收账款余额	财务部门	6.9	同上		
		2010 年末预收账款余额	财务部门	6.1	同上		
应调整金额		主营业务收入		7.1			
		主营业务成本		7.2			
		资产减值损失——合同预计损失		7.3			
		已完工未结算		7.4		—	—
		已结算未完工		7.5		—	—
		—工程施工——合同成本		7.6		—	—
		—工程施工——合同毛利		7.7		—	—
		—工程结算		7.8		—	—
		存货跌价准备		7.9		—	—
		应收账款		7.1		—	—
		预收账款		7.11		—	—
		(其他科目)		7.12	若为损益类科目,请在 D 列对应位置选择"P"		
		(其他科目)		7.13	同上		
		(其他科目)		7.14	同上		
		请在此行前加行		7.15	同上		
		检查		7.16		—	—

经对成新高速公路 G 标段工程项目进行审计,发现:

(1) 项目工期在 2010 年 1 月份至 2012 年 6 月份,预计合同总收入 2.5 亿元,2010 年 12 月工程变更,变更部分预计收入 0.5 亿元。公司没有作相应调整。

(2) 2010 年初预计总成本 2.09 亿元,工期中没有作调整。经重新计算和工程变更的成本追加,2010 年底、2011 年底、2012 年 6 月份,预计总成本分别为 2.4 亿元、2.42 亿元和 2.44 亿元。

(3) 合同成本。"工程施工—合同成本—成新高速 G 标"余额如下:2010 年 12 月 31 日、2011 年 12 月 31 日、2012 年 6 月 30 日分别是 1.5 亿元、2.378 亿元和 2.42 亿元。经审计发现:①2011

年12月,隧道工区领用施工材料0.3亿元,截至2011年12月31日,尚有0.2亿元没有使用。②2012年6月30日,应付协作单位的劳务工资0.02亿元没有预估。

(4)成新高速G标项目,在2010年、2011年、2012年已经确认的合同收入分别是:1.6亿元、0.705亿元、0.5亿元。

此外,CD路桥工程股份公司的工程施工收入、成本的确认标准为:工程施工收入以项目部取得的计量款或按业主批复的计量支付证书的工作量为准(包括暂扣的工程保留金,不包括各类预付款),并根据每期计量报告逐期确认。同时根据业主批复计量的进度作为完工进度结转工程结算成本。目前执行《建造合同》单位的收入、成本确认涉及合同、工程、预算、财务等多部门,同时由于建筑市场尚不规范,合同总收入的不确定性较高,工作量与工程施工无对应关系。此外,公司根据经验数据或考核指标确定预计总成本。

公司多个项目经理部2009年及以前年度暂估未结算的成本时,暂估工程施工时缺乏充分依据(无合同、内部审批手续、分包方的报量表、工程管理部门的确认单等),在2010年将以前年度暂估冲回,导致2010年度毛利率远高于2009年度毛利率,公司存在调节利润的主观可能。经初步统计,公司已完工的项目(项目已经销账结束)在2010年冲回营业成本有约2200万元(部分有以前年度工程造价咨询报告,未及时进行处理),直接导致2010年利润增加约2200万元。

要求:

1. 请结合注册会计师审计中发现的问题,重新确定成新高速G标项目2010年12月31日、2011年12月31日、2012年6月30日的完工百分比。(1.5分)

2. 计算成新高速G标项目在2010、2011、2012年度里应该确认的合同收入和合同成本。(3分)

3. 请依据《企业会计准则15号——建造合同》规定的工程施工收入和成本确认和计量的具体方法及其前提条件,分析审计中发现的CD路桥工程股份公司的《建造合同》收入和成本核算与《企业会计准则第15号——建造合同》精神的不一致之处体现在哪里?(2分)?

4. 请你从注册会计师角度,评价该公司的《建造合同》核算流程中存在的控制风险对经营成果准确性和财务报告的公允表达的潜在影响并提出合理化建议?(2分)

资料(三)

CD路桥工程股份公司采用BT(建设-移交)模式参与公共基础设施建设,合同授予方是政府,公司负责BT项目的投融资和建设,项目完工后移交给政府,政府根据回购协议在规定的期限内支付回购资金(含占用资金的投资回报)。CD路桥工程股份公司在过去三年内签订的该类BT项目中大部分项目公司同时提供建造服务。为规范公司BT项目的会计核算,公司决定聘请会计师事务所设计并代拟相应的BT项目核算制度。

问题:假设你是该公司主审注册会计师,请问你将如何协助CD路桥工程股份公司设计BT项目核算办法(提示:要阐述报告期内采用的主要会计政策和会计估计)?(4分)

资料(四)

CD路桥工程股份公司公司报告期内不断进行技术创新,为安全生产提供保障。例如,在施工中创造和使用了"钢抱箍顶升技术""桩基三合一工艺""智能张拉与循环压降技术"等多种新工法、新工艺,充分发挥了技术方案对质量、成本的保障监督作用。公司强化安全生产,不断加大对安全生产的经费投入,持续开展全员安全教育,全年未发生重特大安全生产事安全生产费用,根据财政部下发的"财企〔2006〕478号"《高危行业企业安全生产费用财务管理暂行办法》,该公司及下属涉及公路、桥梁施工的子公司均适用本办法,按收入金额的1‰计提安全生产费。

安全费支出主要包括安全人员工资、工程项目安全检查费用、工程项目在施工过程中购买的安全设施和对现场作业人员进行安全培训教育等费用。2014年审计申报期下属某子公司安全生产费用计提和使用情况时发现:2013 年度,少计提安全生产费用的金额 2 812 000 元。全年使用的安全生产费用 14 353 742.15 元中有 5 250 000 元是于当年 6 月份形成固定资产的安全设施支出,截至 2013 年年底,该下属公司计提了 500 000 元的折旧费。

问题:结合审计发现,请列出补提安全生产费用、安全生产费用使用的账务处理。对形成固定资产的安全生产费用如何进行会计处理?(1.5 分)

三、财务会计(20 分)

资料(一)

CD 路桥工程股份公司 2013 年度收到各类计入当期损益的政府补助(与企业业务密切相关,按照国家统一标准定额或定量享受的政府补助除外)合计近 508 万元。以该公司下属建筑企业 XN 工程公司为例,XN 工程公司 2013 年发生了下列政府补助业务:①2013 年 1 月 1 日收到一笔用于补偿企业以后 5 年间的与环境治理相关的费用 100 万元;②2013 年 6 月 10 日,收到一笔用于补偿企业已发生的相关费用 20 万元;③2013 年 6 月 15 日,收到国家 240 万元的政府补助用于购置安全生产设备,6 月 20 日,XN 工程公司用 240 万元购置了一台符合要求的设备。假设该设备按 5 年、采用年限平均法计提折旧,无残值;④收到税务部门的增值税返还 20 万元。

问题:根据上述资料,编制 2013 年度 XN 工程公司与政府补助有关的会计分录,涉及固定资产的,编制 2013 年度固定资产计提折旧的会计分录(金额单位用万元表示)。(2 分)

资料(二)

CD 路桥工程股份公司下属 HB 建筑公司与 YA 市政府签署了一项价值 40 000 000 元的建筑合同,承建一栋大楼,工程始于 2011 年 7 月,预计 2013 年 9 月完工。最初,预计工程总成本为 36 000 000 元,到 2012 年底,由于材料价格上涨等因素影响,预计总成本为 42 000 000 元。该项工程于 2013 年 5 月竣工。由于提前竣工,客户同意支付奖励款 6 000 000 元。

项 目 情 况 表　　　　　　　　　　　　　　　　　单位:元

项目	2011 年	2012 年	2013 年
至目前为止已发生的成本	12 600 000.00	31 500 000.00	41 600 000.00
完成合同尚需发生的成本	23 400 000.00	10 500 000.00	—
已结算工程款	18 000 000.00	18 000 000.00	10 000 000.00
实际收到的工程款	17 000 000.00	17 200 000.00	11 800 000.00

要求:根据以上资料,编制 HB 建筑公司 2011 年、2012 年和 2013 年相关业务的会计分录。列出确认建筑合同收入、合同毛利并结转合同成本的会计分录及其金额。(3 分)

资料(三)

CD 路桥工程股份公司下属 RJ 建设有限公司(简称:RJ 建设)2010 年至 2013 年与投资业务有关的资料如下:

(1) 2010 年 11 月 1 日,RJ 建设与 TN 股份有限公司(简称:TN 公司)签订股权转让协议。该股权转让协议规定:RJ 建设收购 TN 公司持有的 A 公司股份总额的 30%,收购价为 230 万元,收购价款于协议生效后以银行存款方式支付;该股权协议生效日为 2010 年 12 月 31 日。

该股权转让协议于 2010 年 12 月 25 日分别经 RJ 建设和 TN 公司双方的临时股东大会审议通过,并依法报经有关部门批准。

(2) 2011 年 1 月 1 日,A 公司股东权益总额为 800 万元,其中股本为 400 万元,资本公积为 100

万元,未分配利润为 300 万元(均为 2010 年度实现的净利润)。

(3) 2011 年 1 月 1 日,A 公司董事会提出 2010 年利润分配方案。该方案如下:按实现净利润的 10%提取法定盈余公积,不分配现金股利。对该方案进行会计处理后,A 公司股东权益总额仍为 800 万元,其中股本为 400 万元,资本公积为 100 万元,盈余公积为 30 万元,未分配利润为 270 万元。假定 2011 年 1 月 1 日,A 公司可辨认净资产的公允价值为 800 万元。假定取得投资时被投资单位各项资产的公允价值与账面价值的差额不具有重要性。

(4) 2011 年 1 月 1 日,RJ 建设以银行存款支付收购股权价款 230 万元,并办理了相关的股权划转手续。

(5) 2011 年 5 月 1 日,A 公司股东大会通过 2010 年年度利润分配方案。该分配方案如下:按实现净利润的 10%提取法定盈余公积;分配现金股利 100 万元。

(6) 2011 年 6 月 5 日,RJ 建设收到 A 公司分派的现金股利。

(7) 2011 年 6 月 30 日,A 公司因可供出售的金融资产公允价值上升确认资本公积 50 万元。

(8) 2011 年度,A 公司实现净利润 160 万元。

(9) 2012 年 5 月 4 日,A 公司股东大会通过 2011 年年度利润分配方案。该方案如下:按实现净利润的 10%提取法定盈余公积;不分配现金股利。

(10) 2012 年度,A 公司发生净亏损 200 万元。

(11) 2012 年 12 月 31 日,RJ 建设将其持有的 A 公司股份全部对外转让,转让价款为 195 万元。相关的股利划转手续已办妥,转让价款已存入银行。假定 RJ 建设在转让股份过程中没有发生相关税费。

(12) 不考虑内部交易和相关所得税费的影响。

问题:

1. 确定 RJ 建设有限公司收购 A 公司股权交易中的"股权转让日"。(0.5 分)

2. 编制与 RJ 建设有限公司上述经济业务相关的会计分录。(金额单位用万元表示)(5 分)

资料(四)

CD 路桥工程股份公司下属 A 子公司于 2013 年 12 月 10 日与 CD 园林公司签订了一份施工设备租赁合同,合同主要条款如下:①租赁标的物:甲施工设备;②起租日:2013 年 12 月 31 日;③租赁期:2013 年 12 月 31 日至 2017 年 12 月 31 日;④租金支付方式:2014 年至 2017 年每年年末支付租金 80 万元;⑤租赁期满时,甲施工设备的估计残值为 40 万元,其中 A 子公司担保的余值为 30 万元,未担保的余值为 10 万元;⑥甲施工设备 2013 年 12 月 31 日的原账面价值为 350 万元,已计提折旧 40 万元,公允价值 310 万元,已使用 3 年,预计还可使用 5 年;⑦租赁合同年利率为 6%;⑧2017 年 12 月 31 日,A 子公司将甲施工设备归还给 CD 园林公司。甲施工设备于 2013 年 12 月 31 日运抵 A 子公司,当日投入使用。A 子公司当日的资产总额为 400 万元,其固定资产均采用年限法计提折旧,与租赁有关的未确认融资费用均采用实际利率法摊销,并假定未确认融资费用在相关资产的折旧期限内摊销。

(已知:年利率为 6%,期数为 4 期的普通年金现值系数为 3.465 1;利率为 6%,期数为 4 期的复利现值系数为 0.792 1。)

问题:

1. 判断该租赁的类型,并说明理由。(0.5 分)

2. 编制 A 子公司在起租日的有关会计分录。(2 分)

3. 编制 A 子公司在 2014 年年末至 2017 年年末与租金支付以及其他租赁事项相关的会计分录(假设相关事项均在年末进行处理,答案中的金额单位用万元表示,计算结果保留两位小数)。(7 分)

四、财务管理(20分)

资料(一)

依据《公司章程》,CD路桥工程股份有限公司的董事会、股东大会负责公司的利润分配尤其是现金分红事项。在满足公司重大投资计划或现金支出等正常经营活动对资金的需求的情况下,公司采取积极的现金分红方式分配利润。以现金、股票或现金与股票相结合的方式分配利润,回报投资者。CD路桥工程公司规定每年以现金方式分配的利润不少于当年实现的可供股东分配利润的10%,且公司最近3年以现金方式累计分配的利润不少于该3年实现的年均可分配利润的30%。

由于近几年国家在基础设施建设方面保持了较大的投资规模,基建行业整体稳步发展,特别是西部地区,发展较快。但由于基建行业施工企业众多,行业竞争仍然十分激烈,造成行业单价低、毛利率低、盈利水平弱。此外,目前政府委托的建设项目多以BT(Build-Transfer)、EPC(设计、采购和实施总承包,即:Engineering、procurement and Construction)方式建设项目,回购时间一般多为2~4年,由于基础设施建设项目前期投资金额大、回购期较长,存在着业主受货币政策、地方财政在交通基础设施领域的投入水平变化等因素影响而不能按时支付工程回购款等回购风险。

我国历年来分红监管系列政策

颁布日期	文件名称	涉及分红管制的内容	影响到的分红形式	涉及企业产权性质
2014.6.7	《上市公司章程指引》修订	要求公司在章程中说明现金分红政策,健全分红决策程序和机制,明确现金分红相对于股票股利在利润分配方式中的优先顺序。	现金分红	所有上市企业
2013.11.30	《上市公司监管指引第3号——上市公司现金分红》	董事会应当综合考虑所处行业特点、发展阶段、自身经营模式、盈利水平以及是否有重大资金支出安排等因素,提出差异化的现金分红政策:(1)公司发展阶段属成熟期且无重大资金支出安排的,进行利润分配时,现金分红在本次利润分配中所占比例最低应达到80%;(2)公司发展阶段属成熟期且有重大资金支出安排的,进行利润分配时,现金分红在本次利润分配中所占比例最低应达到40%;(3)公司发展阶段属成长期且有重大资金支出安排的,进行利润分配时,现金分红在本次利润分配中所占比例最低应达到20%	现金分红	所有上市企业
2012.5.9	《关于进一步落实上市公司现金分红有关事项的通知》	要求首次公开发行股票公司应当在招股说明书中做好利润分配相关信息披露工作	现金分红	所有上市企业
2011.12.23	《关于创业板拟上市公司分红要求》	要求拟IPO企业要在公司章程中明确如何制定各期利润分配的具体规划和计划安排,以及调整规划或计划的条件和需要履行何种决策程序等内容;要求应在招股说明书"财务会计信息与管理层分析"一节明确或补充披露报告期内发行人利润分配政策及历次利润分配具体实施情况、公司分红回报规划及其制定考虑的因素及履行的决策程序、发行人发行上市后的利润分配政策,以及具体的规划和计划。	现金分红、股票分红	创业板拟上市企业

(续表)

颁布日期	文件名称	涉及分红管制的内容	影响到的分红形式	涉及企业产权性质
2008.10.9	《关于修改上市公司现金分红若干规定的决定》	要求上市公司公开发行证券应符合最近三年以现金方式累计分配的利润不少于最近三年实现的平均可分配利润的百分之三十;对于报告期内盈利但未提出现金利润分配预案的公司,应详细说明未分红的原因、未用于分红的资金留存公司的用途;应披露现金分红政策在报告期内的执行情况;应以列表方式明确披露公司前三年现金分红的数额与净利润的比率	现金分红	所有上市企业
2008.1.1	《企业所得税法》第二十六条	符合规定条件的居民企业之间的股息、红利等权益性投资收益为免税收入;居民企业之直接投资其他居民企业获得的股息、红利等权益性投资不再按税差补税;取消对外国机构投资者的股息、红利的税收豁免	现金分红	所有企业
2006.5.6	《上市公司证券发行管理办法》	上市公司公开发行证券应符合最近三年以现金或股票方式累计分配的利润不少于最近三年实现的年均可分配利润的百分之二十	现金分红、股票分红	所有上市企业
2004.12.7	《关于加强社会公众股股东权益保护的若干规定》	上市公司董事会未做出现金利润分配预案的,应在定期报告中披露原因,独立董事应当对此发表独立意见;上市公司最近三年未进行现金利润分配的,不得向社会公众增发新股、发行可转换公司债券或向原有股东配售股份	现金分红	所有上市企业
2001.3.28	《上市公司新股发行管理办法》	对于公司最近三年未有分红派息,董事会要作出合理解释的,担任主承销商的证券公司应在尽职调查报告中予以说明	现金分红、股票分红	所有上市企业

问题:在未来建设市场竞争激烈和资金占用日益紧张的情况下,CD 路桥工程股份公司仍保持最近 3 年以现金方式累计分配利润不少于该 3 年实现的年均可分配利润的 30%。请结合上表中提供的历年相关证券监管部门颁布的现金分红监管政策回答下列问题。

1. 分析 CD 路桥工程股份有限公司执行高分红政策的动因是什么。(1 分)

2. 在竞争激烈且资金占用巨大的市场背景下,仍保持高现金分红政策对公司增长性和业绩的影响如何?(1 分)

3. 请评价我国证券监管部门针对上市公司颁布的分红监管政策的有效性,提出分红监管政策有效性的判断标准是什么?(2 分)

资料(二)

在资本运营方面,CD 路桥工程股份公司的公开增发申请于 2013 年 6 月获得中国证监会发审委审核通过,并于 7 月 26 日向社会公开发行股份 7 567.56 万股,募集资金近 7 亿元,这些资金将被陆续用于购买施工设备、补充公路工程施工业务运营资金项目,其使用情况也将被披露。随着募集资金的到位和公司注册资本的扩大,公司经营实力与项目承接能力进一步提高,从而扩大了公司的生产边际,增强了公司的抗风险能力。同时,为优化公司负债结构,降低财务风险,公司于 2013 年底向证监会申请发行不超过 10 亿元人民币的公司债券,用于偿还短期银行贷款。

在保证募集资金投资项目建设的资金需求及募集资金投资项目正常进行的前提下,根据《深圳证券交易所中小板上市公司规范运作指引》等的相关规定,公司拟使用不超过7 600万元闲置募集资金暂时补充公司的流动资金,缓解公司目前流动性偏紧的现状,使用期限不超过公司董事会批准之日起6个月。按照现行银行同期贷款利率及资金使用情况,预计可节约财务费用约231万元。

问题:

1. 利用基于发展阶段的企业财务战略选择模型的相关理论,并结合CD路桥工程股份公司的财务数据,判断并分析企业所处生命周期阶段及其特征。(2分)

2. 基于企业生命周期阶段和波士顿矩阵原理,评价目前CD路桥工程股份公司融资策略是否与其生命周期阶段相匹配?(2分)

3. 由于CD路桥工程有限公司所处行业属于建筑业,其主营业务与经济周期的变化高度相关。公司发展依赖于国民经济运行状况及国家基础设施投资规模和城市化进程,国家基建公共预算的波动和政府政策的不确定性将直接加大公司经营风险。请根据经营风险和财务风险反向搭配的原理,进一步判断公司资本结构及目前资金募集使用风险。(2分)

资料(三)

CD路桥股份公司参与承担的CD市YH路南沿线市政道路(C标段)投融资建设项目的经营模式和合同收入方式如下:

CD市政道路工程C标段项目采用投融资模式实施,即由投融资合同乙方CD路桥工程股份公司和中国WY集团有限公司按投融资合同约定负责项目投融资、工程建设全过程的组织和管理,并承担其期间的风险,在乙方CD路桥工程股份公司按约定将工程建成竣工移交给甲方CD兴城投资建设有限公司后,乙方按投融资回购价款收回投资。合同价款由2类费用4个部分组成:即工程建设成本与融资利息、拆迁资金与利息。

工程建设成本按2009年《SC省建设工程工程量清单计价定额》编制,并由CD市政府投资项目评审中心评审的合同预算价,以竞争确定的下浮比例和费用调整等因素确定,该项目竞争确定下浮比例为0.5%。融资利息是以政府审计确定后的工程建设成本作为融资利息计取的基数,按银行1~3年期同期贷款基准年利率+3%确定。

拆迁资金与利息是CD路桥工程股份公司向甲方CD兴城投资集团有限公司提供项目估算工程投资的15%作为拆迁资金供甲方使用。资金使用不超过2年,融资利率为年利率12%。

项目的业主为:CD兴城投资集团有限公司,是由CD市国有资产监督管理委员会出资设立的国有独资公司,该公司成立于2009年3月,注册资本金55.254 0亿元人民币,公司经营范围:土地整理与开发;城市配套基础设施,环境治理的投融资,建设和管理;廉租房、限价商品房和普通商品房的开发建设;资本运作;特许经营;国有资产经营管理;对外投资;其他非行政许可的经营项目。

本项目经营收入主要包括:①征地拆迁安置补偿及项目前期工程费用资金占用利息费收入;②工程建设费用资金占用利息收入;③工程建设施工成本结余、包干差收入;④完工奖励收入。项目收入成本现金流预测情况表如下:

项目收入成本现金流预测情况表 单位:万元

年度	现金流入			现金流出			净现金流
	工程款	资金占有费	合计	建筑安装	营业税费	小计	
2012				92 709.80		92 709.80	−92 709.80
2013	25 820.05	467.27	26 287.33	74 585.40	909.54	75 494.94	−49 207.62

(续表)

年度	现金流入			现金流出			净现金流
	工程款	资金占有费	合计	建筑安装	营业税费	小计	
2014	112 299.00	16 222.63	128 521.63		4 446.85	4 446.85	124 074.79
2015	40 878.95	6 514.27	47 393.21		1 639.81	1 639.81	45 753.41
2016	14 822.00	940.61	15 762.61		545.39	545.39	15 217.22
小计	193 820.00	24 144.79	217 964.79		7 541.58	174 836.78	43 128.00

预测资金投入时间起算点为 2012 年 1 月 1 日,工程主体于 2013 年 12 月 31 日完工,公路通车。工程造价须经审计确定(通常需较长时间),先做财务竣工决算,最后做整体工程竣工验收。工程完成产值为项目资金投入成本金额和毛利。并假定 2015 年 12 月 31 日项目价审定并竣工验收,合同约定的第 3 和第 4 阶段收款同时进行。假定一期、二期同时验收并确定工程造价成本,拆迁资金和利息的支付在合同约定的最长还款期,即 2013 年年末后的 24 个月;1~3 年期贷款利率取6.15%。项目发生的营业税金及附加、企业所得税按现行税法下发行人实际情况测算,2012 年现金流支出包含拆迁资金支出。可测算项目收入约 122 457.58 万元,投资收益 20 612.78 万元,利润总额约 41 167.05 万元,净利润约 30 875.29 万元。

问题:请计算该投资项目的投资利润率,并利用投资回收期法、净现值法评价该投资项目的可行性。(2 分)

资料(四)

CD 路桥工程股份公司的 2013 年度的主要合并报表财务数据如下:

2013 年度的主要合并报表财务数据

项目	金额(元)
销售收入	4 271 478 342.07
税前经营利润	420 107 429.51
利息支出	114 214 245.42
税前利润	423 297 339.91
所得税	108 354 498.87
税后利润	314 942 841.04
股利分配	66 367 459.35
本期留存收益	248 575 381.70
期末股东权益	2 563 881 674.92
期末净负债	5 344 392 006.89
净经营资产(投资资本)总计	7 908 273 681.81

该公司其他资料:2013 年年末流通在外的普通股股数为 737 416 215.00,期末每股收盘价为 5 元,所得税税率为 25%。假设所有的负债均为金额负债,资产均为经营资产。

问题:

1. 假设该公司 2014 年及以后年度可以维持 2013 年的经营效率和财务政策,并且不准备增发股票;不断增长的施工能力能为市场所接受,不变的销售净利率可以涵盖不断增加的利息;2014年可以按2013年的平均利率水平在需要时取得借款,所得税税率不变。请确定2014年的预期销售增长率、可持续增长率、期初投资资本报酬率以及加权平均资本成本(计算加权资本成本时,假设目标资本结构为股东权益和净负债各占50%)。(2分)

2. 假设公司可以保持第1问的可持续增长率、加权平均资本成本、期初投资资本收益率,而未来预期销售增长率为6%,按照价值创造/增长率矩阵,公司目前有哪些可行的财务战略?(2分)

3. 假设公司打算保持第1问的销售净利率(可以涵盖增加的利息)、资产周转率和股利支付率,并且不增发股份,2014年预期销售增长率为8%,公司拟通过增加负债筹集增长所需的资金,请问2014年年末净负债金额和期末权益乘数各为多少?(2分)

4. 假设公司打算保持第1问的资产周转率、权益乘数、股利支付率并且不增发股份;2014年的预期销售增长率为10%,公司拟通过提高销售净利率获取增长所需资金,请问销售净利率(应可以涵盖增加的利息)应提高到多少?(2分)

五、成本管理会计(20分)

资料(一)

CD路桥工程股份公司下属HB建筑公司的建筑合同成本核算账务处理流程如下图所示:

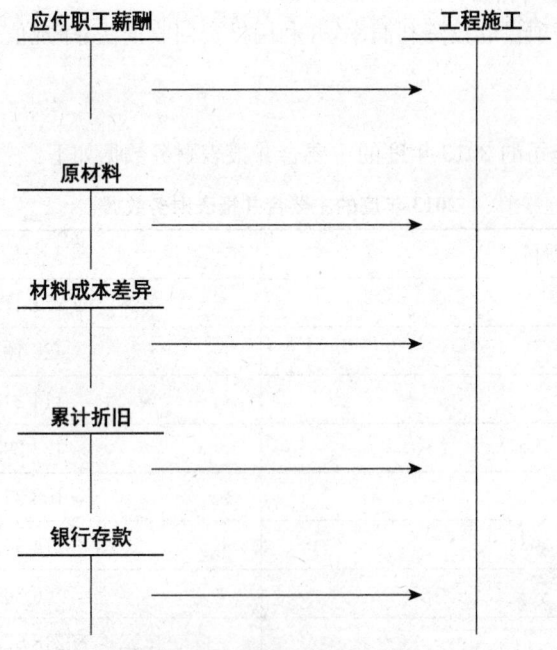

建筑合同成本核算财务处理流程图

该公司现有甲、乙两个工程成本核算对象。该公司没有辅助生产车间。间接费用通过"工程施工——间接费用"账户核算。工程成本包括"人工费""材料费""机械使用费""其他直接费"和"间接费用"5个成本项目。下面为该公司2013年8月份各项费用资料,工程成本计算程序如下:

(a)根据各项费用的原始凭证和其他有关资料,编制各种费用分配表,分配各种要素费用。

① 8月份"工资汇总表"列示发生的建筑工人的工资为78 000元。本月份甲工程耗用21 000个工日,乙工程耗用18 000个工日。

表1 人工费用分配表

2013 年 8 月 31 日 单位:元

成本核算对象	实耗工日数	平均每工日人工费	应分配人工数
甲工程	21 000		
乙工程	18 000		
合计	39 000	2	

② 8 月末财务部门根据本月的"定额领料单""集中配料耗用计算单""大堆材料耗用计算单""退料单""残料交库单""已领未用材料盘点单"等原始凭证,编制"材料费分配表"(周转材料的摊销与"材料费分配表"合并编制)。

表2 材料费分配表

2013 年 8 月 31 日 单位:元

成本核算对象	主要材料				小计		结构件		其他材料		合计		周转材料
	硅酸盐		黑色金属										
	计划成本	成本差异 −1%	计划成本	成本差异 2%	计划成本	成本差异	计划成本	成本差异 −1.5%	计划成本	成本差异 −2%	计划成本	成本差异	
甲工程	33 000		189 000		222 000		72 000		5 400		299 400		9 000
乙工程	30 000		165 000		195 000		57 000		4 800		256 800		7 500
合计	63 000		354 000		417 000		129 000		10 200		556 200		16 500

③ 该公司 8 月份从专业机械化施工公司租入起重机一台,用于甲、乙工程。甲工程使用了 40 个台班,乙工程使用了 20 个台班,每台班单价 150 元,已支付租金。该公司根据"机械租赁费结算账单"支付施工机械使用费,并直接计入受益工程的"机械使用费"成本项目栏。

(b) 自有施工机械发生的费用,先在"机械作业"账户归集。该公司 8 月份使用自有施工机械发生的费用如下表所示。根据表 3 编制相应的会计分录,并登记表 4 和表 5 的"机械作业"明细账。

表3 自有施工机械发生的费用汇总表

2013 年 8 月 31 日 单位:元

经济业务内容	挖土机	搅拌机	合计
分配机上人员工资	2 920	3 200	6 120
提取职工福利费	380	416	796
领用润滑油	3 200	800	4 000
领用燃料	16 000	680	16 680

（续表）

经济业务内容	挖土机	搅拌机	合计
利用替换工具及部件	1 600	600	2 200
分配材料成本差异	384	296	680
提取折旧费	4 400	3 000	7 400
发生修理费用	1 820	1 664	3 484
支付养路费	5 600	0	5 600
合计	36 304	10 656	46 960

表 4　生产成本(机械作业)明细账

总账科目:机械作业　　二级科目:承包工程　　明细科目:挖土机　　　　　单位:元

月	日	凭证编号	摘要	借方	贷方	余额	借方发生额				
							人工费	燃料及动力费	折旧及修理费	其他直接费用	间接费用
8	×	略	分配人工费								
	×		职工福利费								
	×		领用材料								
	×		分配价差								
	×		提取折旧费								
	×		发生修理费								
	×		支付差旅费								
	×		结转实际成本								
			合计								

表 5　生产成本(机械作业)明细账

总账科目:机械作业　　二级科目:承包工程　　明细科目:搅拌机　　　　　单位:元

月	日	凭证编号	摘要	借方	贷方	余额	借方发生额				
							人工费	燃料及动力费	折旧及修理费	其他直接费用	间接费用
8	×	略	分配人工费								

（续表）

月	日	凭证编号	摘要	借方	贷方	余额	借方发生额				
							人工费	燃料及动力费	折旧及修理费	其他直接费用	间接费用
	×		职工福利费								
	×		领用材料								
	×		分配价差								
	×		提取折旧费								
	×		发生修理费								
	×		结转实际成本								
			合计								

（c）月末，财务部门根据"机械作业明细表"和机械管理部门报送的"机械使用月报"等资料，编制"机械使用费分配表"（见表 7），将其费用按一定的分配方法计入有关成本核算对象。本月"机械使用月报"如表 6 所示：

表 6　机械使用月报

2013 年 8 月　　　　　　　　　　　　　　　　单位:元

机械名称	完成工作量(立方米)	
	甲工程	乙工程
挖土机	160	120
搅拌机	140	100

表 7　机械使用费分配表

2013 年 8 月 31 日　　　　　　　　　　　　　单位:元

成本核算对象	挖土机（每立方米成本:129.66）	搅拌机（每立方米成本 44.4）	金额合计
甲工程	160	140	
乙工程	120	100	
合计	280	240	

（d）分配其他直接费用。该公司本月份其他直接费用由甲、乙两工程共同负担，按工程预算成本分配。根据资料编制"其他直接费用分配表"。

表8　其他直接费用分配表

2013 年 8 月 31 日　　　　　　　　　　　　单位:元

成本核算对象	工程预算成本	分配率	分配金额
甲工程	496 400		
乙工程	423 908		
合计	920 308	1.777 9%	

（e）企业发生的间接费用平时先在"工程施工——间接费用"明细账归集,月末按一定的标准将间接费用在各成本核算对象之间进行分配。该公司本月间接费用明细账归集的间接费用总额为 124 000 元,以直接费用成本为标准进行分配,编制"间接费用分配表"。

表9　间接费用分配表

2013 年 8 月 31 日　　　　　　　　　　　　单位:元

成本核算对象	工程直接费用	分配率	应分配金额
甲工程	394 449.1		
乙工程	332 884.7		
合计	727 333.8	17.048 7%	

（f）根据上述会计分录及费用分配表登记工程成本明细账。

表10　建筑安装工程成本明细账

工程名称:甲工程　建筑面积:预算造价　开工日期:竣工日期:　　　　　　单位:元

月	日	摘要	直接费用					间接费用	工程成本
			人工费	材料费	机械使用费	其他直接费用	合计		
8	1	期初未完施工	2 080	3 640	360		6 080	364.8	6 444.8
8	31	分配人工费							
8	31	分配材料费							
8	31	分配材料成本							
8	31	分配周转材料摊销							
8	31	分配机械使用费							
8	31	分配其他直接费用							
8	31	分配间接费用							
8	31	本期施工费用发生额							
8	31	减:期末未完施工	8 400	9 600	4 000	2 000	24 000	1 440	25 440
8	31	本期已完工程实际成本							
8	31	自开工起累计已完工程实际成本	略	略	略	略	略	略	略

表 11　建筑安装工程成本明细账

工程名称:乙工程　建筑面积:预算造价　开工日期:　　竣工日期:　　　　　单位:元

月	日	摘要	直接费用					间接费用	工程成本
---	---	---	人工费	材料费	机械使用费	其他直接费用	合计		
8	1	期初未完施工	2 100	3 860	420		6 380	382.8	6 762.8
8	31	分配人工费							
8	31	分配材料费							
8	31	分配材料成本							
8	31	分配周转材料摊销							
8	31	分配机械使用费							
8	31	分配其他直接费用							
8	31	分配间接费用							
8	31	本期施工费用发生额							
8	31	减:期末未完施工	14 600	15 400	6 000	4 000	40 000	2 400	42 400
8	31	本期已完工程实际成本							
8	31	自开工起累计已完工程实际成本	略	略	略	略	略	略	略

(g) 计算和结转已完工程实际成本。在成本计算期末,应对该工程进行盘点,确定哪些是"已完工程",哪些是"未完工程"。本月已完工程实际成本的计算公式为:

本月已完工程实际成本＝月初未完施工成本＋本月发生的施工费用－月末未完施工成本

其中,月初未完施工成本与本月发生的施工费用可以直接取自"工程成本明细账",而月末未完施工成本必须按一定的方法计算得出。假设该公司月末未完施工在全月的工作量中所占比例较小,且月初月末未完施工数额变化不大,因此以月末未完施工的预算成本代替其实际成本。未完施工(建筑工程)预算成本的计算公式为:

$$\frac{\text{未完施工(建筑工程)}}{\text{预算成本}} = \frac{\text{未完施工(建筑工程)}}{\text{折合已完工程数量}} \times \frac{\text{预算}}{\text{单价}} \times (1 + \text{间接费用定额})$$

假设甲工程月末盘点未完施工墙面抹石灰砂浆 12 000 平方米,预算定额规定的工序为两道,月末盘点时只抹了一遍,预算单价每平方米 4 元;乙工程是黄沙石灰浆底、纸筋面墙抹灰工程,月末盘点完成工作量 10 000 平方米,预算定额规定的工序为两遍,如今只抹了底层,而底层预算工料费占墙面抹灰工程工料费的 20％,预算单价每平方米 5 元。两个工程的间接费用定额均为 6％。月末未完施工预算成本的计算情况表如下：

表 12　未完施工盘点表

2013 年 8 月 31 日

单位工程名称	分部分项工程		未做工序					其中			
	名称	预算单价（元）	名称	占分部分项工程的％	已做数量（m²）	折合分部分项工程量（m²）	预算成本（元）	人工费（元）	材料费（元）	机械使用费（元）	其他直接费用（元）
甲工程	墙面抹石灰浆	4	抹第二遍	50％	12 000	6 000	24 000	8 400	9 600	4 000	2 000
	直接费用合计						24 000				
	加:间接费用						1 440				
	合计						25 440				

表 13　未完施工盘点表

2013 年 8 月 31 日

单位工程名称	分部分项工程		未做工序					其中			
	名称	预算单价（元）	名称	占分部分项工程的％	已做数量（m²）	折合分部分项工程量（m²）	预算成本（元）	人工费（元）	材料费（元）	机械使用费（元）	其他直接费用（元）
乙工程	墙面抹灰工程	5	纸筋面	80％	10 000	8 000	40 000	14 600	15 400	6 000	4 000
	直接费用合计						40 000				
	加:间接费用						2 400				
	合计						42 400				

要求：

1. 根据 CD 路桥股份工程公司下属 HB 公司的建筑施工成本核算步骤（a）～（g），分别列示各步骤的会计分录（每道程序会计分录 0.5 分，合计 7 分），同时填列"人工费分配表""材料费分配表""生产成本（机械作业）明细账——挖土机""生产成本（机械作业）明细账——搅拌机""机械使用费分配表""其他直接费用分配表""间接费用分配表""建筑安装工程成本明细账——甲工程""建筑安装工程成本明细账——乙工程"。（4.5 分,相关分配表、明细账填列各 0.5 分）

2. 根据"未完施工盘点单"所确定的未完施工成本,计入"工程成本明细账"的期末未完施工成

本(表10和表11),以结转并计算已完工工程实际成本。(2.5分)

资料(二)

CD路桥股份公司的下属子公司红桥设备公司为集团内外施工工程企业提施工设备驱动零件,该驱动零件有两种类型,分别是R361和R572。为了完善成本核算程序,该公司采用作业成本控制系统分配产品成本。最初的做法是将车间的间接成本分配到4个作业成本库中。

作业成本库分配表

成本库名	间接成本(元)	成本动因
S1	1 176 000	直接人工成本
S2	1 120 000	机械工时
P1	480 000	—
P2	780 000	—
	3 556 000	

作业成本库S1中归集机械组装、生产调度、车间管理、材料处理、物流和保安等服务性作业成本。作业成本库S2中归集生产设备保养、维护、租金、保险、水电等公用事业等成本。作业成本库P1和P2则归集车间管理人员工资和两个生产车间的间接材料费,这两个车间分别是成型车间和机械车间

公司最初的成本会计系统分别以直接人工成本和机械工时数作为成本动因,将作业成本库S1和S2中归集的上述间接辅助性成本分配至两个生产车间。接下来,将作业成本库P1和P2中所归集的间接辅助性成本以直接人工小时数作为成本动因再分配至两种产品——R361和R572中。两个生产车间的分配动因率是不同的,成型车间的直接人工工资率为15元/小时,而机械车间的直接人工工资率为18元/小时。

直接人工小时数(DLH) 单位:元

车间	R361	R572	合计	直接人工成本
成型车间(P1)	60 000	20 000	80 000	1 200 000
机械车间(P2)	72 000	48 000	120 000	2 160 000
合计	132 000	68 000	200 000	3 360 000

机器工时数(MH) 单位:元

车间	R361	R572	合计
成型车间(P1)	30 000	10 000	40 000
机械车间(P2)	72 000	48 000	120 000
合计	102 000	58 000	160 000

其他相关材料如下:

其他相关资料		单位:元
项目	R361	R572
单位售价	19	20
销售量	500 000	400 000
订单次数	1 000	1 000
机械组装次数	2 000	4 000
单位直接材料成本	8	10

目前,公司计划对现有成本核算系统进行改善,推行与成本动因和成本更加相关的作业成本控制体系。下表为将原先成本库成本追溯分配至新的作业成本库的相关信息。

作业成本动因	S1	S2	P1	P2	Total
新作业成本库分配表					单位:元
P1-直接人工小时数	120 000	0	120 000	0	240 000
P2-直接人工小时数	240 000	0	0	120 000	360 000
机械组装次数	816 000	80 000	240 000	540 000	1 676 000
P1-机器工时数	0	260 000	120 000	0	380 000
P2-机器工时数	0	780 000	0	120 000	900 000
	1 176 000	1 120 000	480 000	780 000	3 556 000

注:驱动零件 R572 要比 R361 更复杂,其中,生产驱动零件 R572 所耗费的机械组装次数(时间)是 R361 的 1.5 倍。

问题:

1. 在最初的旧成本分配系统下,计算两种驱动零件的生产成本(请列出成本动因率、成本分配计算的详细中间步骤)。(2分)

2. 在新的作业成本控制系统下,重新计算两种驱动零件的生产成本(请列出成本动因率、成本分配计算的详细中间步骤)。(2分)

3. 结合作业成本法的相关原理,解释新、旧两种成本控制系统的优劣及其原因。(2分)

"天平杯"浙江省第十届大学生财会信息化竞赛试题(本科组)

浙江制造股份有限公司资料

(说明:该案例仅供竞赛使用,不与实际企业挂钩)

第一部分　公司基本情况

一、公司背景

浙江制造股份有限公司(以下简称"公司""本公司"或"浙江制造")系经浙江省股份制试点工作协调小组浙股〔1992〕第 1 号文批准,于 1994 年 1 月 8 日在浙江省工商行政管理局登记注册,取得注册号为 3300001002136 的《企业法人营业执照》。公司股票已于 1994 年 1 月 10 日在深圳证券交易所挂牌交易,现有注册资本 1 593 263 574.00 元,股份总数 1 593 263 574 股(每股面值 1 元),其中有限售条件的流通股份 A 股 3 052 668 股,无限售条件的流通股份 A 股 1 590 210 906 股。本公司属机械制造行业。经营范围:汽车零部件及相关机电产品的开发、制造和销售,实业投资开发,金属材料、建筑材料的销售,技术咨询服务。

公司专业生产底盘及悬架系统、汽车制动系统、汽车传动系统、轮毂单元、轴承、精密件、工程机械零部件等汽车系统零部件及总成,是目前国内主要的独立汽车系统零部件专业生产基地之一。公司 2012 年度纳入合并范围的子公司有 25 家,其中:通过设立或投资等方式取得的子公司 7 家;通过同一控制下企业合并取得的子公司 13 家;通过非同一控制下企业合并取得的子公司 5 家。2012 年度公司实现营业收入 833 980.53 万元,归属于母公司股东的净利润 33 189.01 万元,分别比去年增长了 0.26%、−30.90%。

二、主要会计数据和财务指标

主要会计数据与财务指标　　　　　　　　　　　单位:元

项　目	2012 年	2011 年		本年比上年增减(%)	2010 年	
		调整前	调整后	调整后	调整前	调整后
营业收入(元)	8 339 805 268.73	8 173 449 414.23	8 318 004 995.04	0.26%	7 819 675 175.17	7 819 675 175.17
归属于上市公司股东的净利润(元)	331 890 098.69	465 393 589.19	480 304 448.72	−30.90%	425 808 640.97	425 808 640.97

（续表）

项　目	2012年	2011年		本年比上年增减(%)	2010年	
		调整前	调整后	调整后	调整前	调整后
归属于上市公司股东的扣除非经常性损益的净利润(元)	250 518 108.64	394 869 233.95	394 869 233.95	−36.56%	365 188 556.69	365 188 556.69
经营活动产生的现金流量净额(元)	614 761 425.53	414 863 246.61	414 715 878.58	48.24%	451 393 467.09	451 393 467.09
基本每股收益(元/股)	0.211	0.292	0.301	−29.90%	0.303	0.303
稀释每股收益(元/股)	0.211	0.292	0.301	−29.90%	0.303	0.303
净资产收益率(%)	8.62%	12.30%	12.23%	−3.61%	14.22%	14.22%
总资产(元)	8 563 329 533.29	8 804 541 656.82	9 308 139 278.12	−8%	8 078 603 202.67	8 078 603 202.67
归属于上市公司股东的净资产(归属于上市公司股东的所有者权益)(元)	3 651 762 744.44	3 866 588 396.03	4 004 844 477.09	−8.82%	3 765 286 953.33	3 765 286 953.33

三、非经常性损益项目及金额

非经常性损益项目及金额

单位:元

项　目	2012年金额	2011年金额	2010年金额	说明
非流动资产处置损益(包括已计提资产减值准备的冲销部分)	24 524 463.91	19 121 040.93	46 155 056.95	
计入当期损益的政府补助(与企业业务密切相关,按照国家统一标准定额或定量享受的政府补助除外)	76 796 299.23	69 022 653.76	37 838 680.76	
同一控制下企业合并产生的子公司期初至合并日的当期净损益	21 960 036.40	14 910 859.53		
除上述各项之外的其他营业外收入和支出	11 715 682.65	4 450 001.87	1 655 628.27	
所得税影响额	25 603 072.32	17 091 712.61	16 980 976.75	
少数股东权益影响额(税后)	28 021 419.82	4 977 628.71	8 048 304.95	
合计	81 371 990.05	85 435 214.77	60 620 084.28	—

四、控股股东及实际控制人情况

浙江制造为民营上市公司,公司控股股东为钱塘集团公司,钱塘集团公司的实际控制人为鲁南,除浙江制造公司以外,实际控制人鲁南还拥有另3家国内上市公司的控制权。公司与实际控制人之间的产权及控制关系如下图所示:

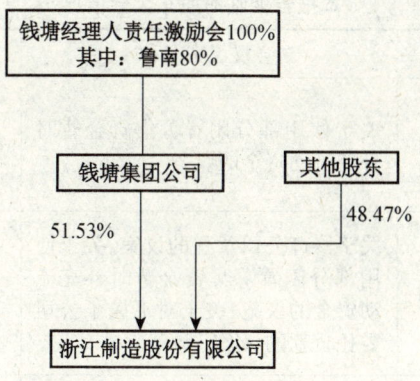

公司与实际控制人之间的产权及控制关系图

五、公司治理

（一）公司治理的基本状况

报告期内，为进一步规范公司内幕信息管理行为，加强内幕信息保密工作，坚持公司信息披露的公开、公平、公正原则，根据中国证监会《关于上市公司建立内幕信息知情人登记管理制度的规定》的通知要求，结合公司实际，对公司《内幕信息知情人登记制度》进行了全面修订。

报告期内，为促进公司规范运作和健康发展，充分维护公司股东依法享有的资产收益等权利，不断完善董事会、股东大会对公司利润分配事项的决策程序和机制。根据中国证监会《关于进一步落实上市公司现金分红有关事项的通知》和浙江证监局《关于转发进一步落实上市公司现金分红有关事项的通知》相关文件精神，公司对利润分配政策进行了调整，并对《公司章程》相应条款进行修订，新修订的《公司章程》已经临时股东大会审议通过。

报告期内，公司严格按照《公司法》《证券法》和中国证监会相关法律、法规的要求，不断完善公司法人治理结构，规范运作，健全内控制度，公司股东大会、董事会、监事会操作规范，运作有效，保障公司全体股东和公司利益，使公司的治理水平进一步提升。

（二）报告期内召开的年度股东大会和临时股东大会的有关情况

本报告期年度股东大会情况

会议届次	召开日期	会议议案名称	决议情况	披露日期
2011 年度股东大会	2012 年 4 月 11 日	2011 年度董事会工作报告、2011 年度监事会工作报告、2011 年度财务决算报告、2011 年度利润分配方案、2011 年度关联交易执行情况报告及 2012 年度日常关联交易预计的议案、关于与钱塘财务有限公司签订《金融服务框架性协议》的议案、关于续聘会计师事务所的议案	全部通过	2012 年 4 月 12 日

本报告期临时股东大会情况

会议届次	召开日期	会议议案名称	决议情况	披露日期
2012 年 第 一 次 临 时 股东大会	2012 年 1 月 31 日	关于使用部分闲置募集资金暂时补充流动资金的议案	通过	2012 年 2 月 1 日
2012 年 第 二 次 临 时 股东大会	2012 年 8 月 16 日	关于修订公司章程的议案、关于使用部分闲置募集资金暂时补充流动资金的议案、关于对下属子公司委托贷款的议案	全部通过	2012 年 08 月 17 日
2012 年 第 三 次 临 时 股东大会	2012 年 12 月 31 日	关于变更部分募集资金用途暨收购钱塘集团公司持有的山东森威股权的议案、关于董事会换届选举的议案、关于监事会换届选举的议案	全部通过	2013 年 01 月 04 日

（三）董事会下设专门委员会在报告期内履行职责情况

公司董事会下设提名与薪酬、审计与考核、战略与投资 3 个专门委员会。

1. 提名与薪酬委员会

公司董事会提名与薪酬委员会由 4 名董事组成,提名与薪酬委员会根据《公司章程》和《提名与薪酬委员会实施细则》的规定开展工作,勤勉尽责。

报告期内,提名与薪酬委员会在公司董事会换届时对各提名董事候选人的个人履历、工作简历等有关资料进行了审阅,对其任职条件、资格是否符合法律、法规规定进行了审核。同时对 2012 年年度报告中披露的董事、监事及高级管理人员的薪酬情况进行了审核,认为 2012 年绩效考核体现了责任、风险、收益对等的原则,公司董事、监事及高级管理人员的薪酬发放符合公司薪酬管理制度的规定,不存在违反公司薪酬管理制度及与薪酬管理制度不一致的情形。

2. 审计与考核委员会

公司董事会审计与考核委员会由 4 名董事组成,其中独立董事 2 名,委员会主任由独立董事担任。审计与考核委员会根据《公司章程》和《审计与考核委员会实施细则》的规定开展工作,勤勉尽职。

在年审注册会计师进场前,审计与考核委员会和独立董事听取了公司财务部经理对公司本年度财务状况和经营成果的汇报,审阅了公司编制的财务会计报表,认为报表的编制符合会计准则的规定,反映了公司的财务状况和经营成果,与会计师事务所协商确定了本年度财务报告审计工作的时间安排后,同意将财务会计报表和相关资料提交年审注册会计师审计。

2013 年 1 月 7 日,审计与考核委员会与独立董事就审计工作小组的人员构成、审计计划、风险判断、风险及舞弊的测试和评价方法、本年度审计重点等与年审注册会计师进行了充分沟通。

在年审注册会计师进场后,审计与考核委员会及时督促会计师事务所按照审计计划完成审计工作,在约定的时间内出具审计报告,在约定时限内提交审计报告,并就审计中的问题与年审注册会计师进行了充分的沟通和交流。

在年审注册会计师出具审计报告初稿后,审计与考核委员会再次审阅了财务会计报表,并形成书面意见。审计与考核委员会对年度财务会计报表、审计工作总结报告等形成了书面决议,提交公司董事会审议。

3. 战略与投资委员会

公司董事会战略与投资委员会由 4 名董事组成,根据《公司章程》和《战略与投资委员会实施细则》的规定开展工作,发挥个人专业特长,参与公司的经营发展规划和相关投资项目的讨论,积极发表个人建议和意见,重视公司法人治理和规范运作,提出规避经营风险措施,对增强公司核心竞争力,加强决策科学性,提高重大投资决策的效益和决策的质量发挥了重要作用。

报告期内,战略与投资委员会对公司战略发展规划和阶段经营目标,以及资源配置、保障措施、生产经营布局等相关方面进行专题讨论。

报告期内,战略与投资委员会重视关注公司募投资金项目建设情况。其中对变更部分募投资金用于收购钱塘集团持有的山东森威 66.69％的股权进行了专题论证和审议,认为:公司部分变更募集资金投向不影响募投项目的整体实施,变更部分募投资金有利于提高募集资金的使用效率,符合公司发展战略需要及全体股东的利益,同意将此事项提交公司董事会审议。

(四) 公司相对于控股股东在业务、人员、资产、机构、财务等方面的独立完整情况

公司与控股股东在业务、人员、资产、机构、财务等方面完全分开,具有独立完整的业务及自主经营能力,具体如下:

(1) 人员分开方面:公司在劳动、人事及工资管理等方面具有独立的管理体系和相应的规章制度,公司总经理、董事会秘书等高级管理人员均在本公司领取报酬,未在股东单位担任职务。

(2) 资产完整方面:本公司保持资产完整独立,拥有独立的生产系统、辅助的生产系统和配套设施,拥有独立的工业产权等无形资产,公司采购和销售系统独立,不存在与控股股东同业竞争的情况。

(3) 财务分开情况:公司设立独立的财务部门,并建立了独立的财务核算体系和财务管理制度,独立在银行开户,依法独立纳税。

(4) 业务分开方面:本公司业务完全独立于控股股东,控股股东及其下属的其他单位没有从事与公司相同或相近的业务。

(5) 机构独立方面:本公司董事会、监事会及其他内部机构完全独立运作,控股股东及其职能部门与本公司及其职能部门之间没有上下级关系。

(五) 高级管理人员的考评及激励情况

公司对高级管理人员有专门的绩效评价体系,并建立了薪酬与公司绩效、个人业绩相联系的相关激励机制,公司设立了考核工作小组,依据年度经营计划目标,对高级管理人员及其所负责的单位进行重点创新工作、经济指标、规范运作等考核。公司将根据发展需要不断完善激励机制。

第二部分　董事会报告摘要

一、概述

公司专业生产底盘及悬架系统、汽车制动系统、汽车传动系统、轮毂单元、轴承、精密件、工程机械零部件等汽车系统零部件及总成,是目前国内主要的独立汽车系统零部件专业生产基地之一。报告期内,由于受到国家整体宏观经济和汽车产业发展速度放缓,竞争加剧,同时公司整体人工成本及研发费用上涨的影响,公司归属于母公司股东的净利润较上年同期有所下降。2012 年度公司实现营业收入 833 980.53 万元,归属于母公司股东的净利润 33 189.01 万元,分别比去年增长了0.26％、−30.90％。

2013 年公司总体战略将继续按"管理信息化、服务网络化、发展品牌化、合作全球化、资本市场

化"的方针,在进一步巩固现有基础上,通过更大力度的优化调整提升效率、增加效益,同时重点实施国际化发展策略。

2013年经营计划:加快主流市场业务平台的构建,带动系列产品加快向主流市场发展;抓管理优化与精益化运营,以更加有效的措施和力度来实施成本内化、提高内部效率;积极推进模块化工厂建设,使之与各专业产品主营公司更好地相辅相成、协同发展;抓好战略管理,集中资源做好轿车等速驱动轴专业产品的投资扩能;重点围绕汽车环保、节能、安全和未来新能源汽车发展的趋势,组织开展包括汽车驱动电机项目、EPS电子助力转向系统以及电机控制器项目等新项目的开发,以培育新的业务增长点,并开展产业化投资。

二、对公司未来发展的展望

(一) 行业现状及发展趋势

近年来随着我国经济和装备制造业的快速发展,我国锻造行业发展速度加快,行业内重要企业家数从2002年的300余家增长到2010年末的近600家,产量也迅速增长,2011年度全国生产自由锻产品超过300万吨。长期以来我国在装备制造业中的发展路径是"重主机、轻配套",因此目前制造工艺、加工工艺、检测工艺要求比较高的零部件的产量不足,质量不高,成为制约我国装备制造业发展的瓶颈。传统上,我国锻件生产企业多为国有大型装备制造企业的附属企业或作为企业整机产品配套车间存在,生产服务于整机生产部门,对锻件生产往往关注不足。锻造部门一般作为企业整机产品配套车间存在,生产服务于整机生产部门。中国锻造行业整体技术水平在上述指标上均落后于国际水平,因为国内锻造企业主要以各类碳钢为原材料,而如钛、镁、铝合金等尖端材料的锻造因工艺落后、成品率低等原因主要还是依赖于进口,锻件的能源成本也远高于国外水平。我国锻造行业单位产值的能耗为工业发达国家的4倍,单位产值耗钢量为1.3~1.5倍,冲压、钣金企业的人均产量指标落后10倍,钣金、冲压企业的人均产值也相应落后,从业人员的工资落后5~10倍。超高强度钢、高强度铝合金等新材料成形技术缺乏。强化本领域的应用基础技术、共性技术、关键技术和前沿技术的研发创新,大力推进技术转移和试验证工作,凝聚和培养一批拔尖人才,是缩小差距并进入国际先进行列的主要途径。近年来国家对装备制造业日益重视,在发改委等主管部门的领导下,发挥协调作用,组织多行业联合攻关,有针对性地开展特殊材料、专用锻件的国产化研发,在很多方面打破了国外的垄断和封锁。"提升大型铸锻件、基础部件、加工辅具、特种原材料等配套产品的技术水平"已纳入《装备制造业调整振兴规划》,为国内锻造行业的发展创造了良好的政策环境。企业经过多年来的研发、生产和经验积累,在研发设计、工艺制造、后续检测等方面都申请或拥有了国家发明专利或专有技术,在材耗能耗方面,通过技术改造,提高了材料利用率,节约了材料成本;在能耗方面,企业采用"径向与反向复合挤压的精密锻造工艺""汽车倒挡齿轮的分流锻造工艺"等专有技术。

主营业务为汽车、机械精密冷、温锻件生产与销售,已取得ISO/TS 16949认证。现年产各类精密锻件5万吨,具有精密锻件自主研发能力。目前,主要的客户有:大众汽车自动变速(大连)有限公司、一汽大众公司、神龙汽车公司、上海纳铁福传动轴有限公司、NEXTEER公司、丹麦丹佛斯、博世、麦格纳、博格华纳等一流制造商。公司冷温锻造生产规模、技术装备、工艺水平居国内锻造业先进水平,在引进日本冷挤压生产技术和设备的基础上通过消化吸收再创新,通过近30年的自主研发,先后开发各类汽车、工程机械精密锻件200多种。

(二) 公司的竞争优势与劣势

1. 公司的竞争优势

公司的竞争优势主要表现在以下几方面:

（1）技术优势。公司具有较强的自主开发能力、核心制造技术及完备的实验检测能力，现有工艺装备及研发技术水平在国内同行业中处于领先地位。公司的技术中心已连续十二年在全国企业技术中心综合评比中列前十位，起草发布国际、国家和行业标准25项。公司的国家级汽车零部件实验室获得国家质量技术监督局、中国实验室国家认可委员会联合颁发的"实验室CNACL认可证书"。目前，公司及旗下9家控股子公司被认定为高新技术企业。2008年"节能环保型冷桥挤压转向万向节"被确认为浙江省省级工业新产品开发项目，并获得国家科学技术部颁发的"国家自主创新产品证书"。产品主要为一汽大众、广州本田、北京现代、上海大众等高档轿车和卡车转向系统配套。同年，公司自主研发生产的轮毂轴承单元（第三代）开始为上海大众和一汽大众配套，成为国内第一家为大众汽车全球配套的轴承企业。此外，公司的万向节、传动轴、制动器等主导产品已经为福特、通用等国际一流主机厂配套。

（2）质量优势。相对于国内同行，公司产品在质量方面具有明显的比较优势。公司较早通过并实施了ISO9000、QS9000质量管理体系，并于1998年在国内同行中率先通过美国保险商实验室（UL）公司认证。2000年11月14日，国际质量监督检测检疫总局向公司颁发了《计量水平确认合格证书》，认为"根据国际技术监督局企业计量水平确认方法和要求，并参照国家标准GB/T 190221—1994 ISO 10012—1：1992，确认你单位在产品质量、经营管理、节能降耗等方面的计量水平已达到一级。"公司的国家级汽车零部件实验室按照ISO 17025（导则25）建立的实验室管理体系于2000年通过国家试验室认可委员会认可，其出具的检测报告被全球46个国家认可。2004年至2005年，公司"追求卓越的比较优势管理"项目先后获得国家级企业管理现代化创新成果二等奖和中国机械工业企业管理现代化创新成果一等奖。2006年，公司荣获"全国质量奖"。2010年，公司荣获浙江省首届省政府质量奖。2010年2月3日，公司获得了中启计量体系认证中心向公司颁发了《测量管理体系认证证书》——AAA级证书，认为"证明你单位在产品质量、经营管理、节能降耗、环境监测等方面的测量管理体系符合GB/T I9022—2003/ISO I0012—2003《测量管理体系-测量过程和测量设备的要求》标准的全部要求。"

（3）品牌优势。公司是国内汽车零部件行业中的先行者，注重公司品牌的培育。"钱江"牌商标系列零部件产品是国家质量技术监督局确定的国家重点保护名优产品，1999年底"钱江"牌产品被国家外经贸部列为重点支持和发展的名牌出口商品。近年来，公司加强推进品牌化战略，品牌优势进一步凸显。截至目前，公司已拥有一个世界名牌、一个驰名商标。2005年"钱江（QJ）"商标被评为中国驰名商标。2006年荣获全国质量奖，同年，"钱江QJ"牌轴承被认定为"最具市场竞争力品牌"。2007年"钱江QJ"牌万向节荣获中国世界名牌产品，万向荣获中国工业大奖表彰奖。2010年荣获首届浙江省政府质量奖。

（4）市场优势。公司通过十余年的市场开拓和积累，已建立完整的营销网络体系。在国内配套市场，公司已与众多主机厂形成了合作伙伴关系，主要产品占据了国内主机厂配套市场的优势地位。在维修市场上公司在全国拥有21个配送中心，建有近260个销售代理点和3 000多个销售网点，同时在湖北、海南、广西、江西、黑龙江、安徽等地与整车厂合作，就地建厂，就地供货，形成战略合作伙伴关系，实现同步发展。公司在八十年代就着力开拓国际市场，部分产品已经为美国通用、福特、克莱斯勒、伊顿、现代、大众等国际知名汽车生产及零部件企业的认证并配套，具备了融入汽车厂家国际采购体系的先发优势。

（5）规模优势。公司是目前国内主要的独立汽车零部件专业生产基地之一，汽车零部件产品系列丰富，分为传动系、轮毂单元与轴承系、底盘三大系列十多种主要产品，各大产品规模基本都位居同行业前列，具备模块级配套能力，有较强的规模优势和抗风险能力。在2008年国际金融危机的冲击下，全年实现营业收入48.48亿元，同比增长14.55％；2009年、2010年和2011年实现营业收入分别为 55.7 亿元、78.2 亿元和 81.73 亿元,保持了较快的增长速度。

2. 公司的竞争劣势

(1) 产业结构需进一步优化整合。公司通过引进先进的设备,形成了零部件产品的专业制造能力,但在质量控制、技术开发方面与国外领先企业相比尚有一定差距;随着汽车零部件产业的升级,公司更多的资源用于总成、模块产品和新产品之中,这导致公司一些自产的基础件产品在同行业同类产品激烈竞争中丧失了成本优势。各模块化工厂带动并开拓了公司零部件产品在当地主机厂的配套市场,但整体合力优势尚待进一步提高。

(2) 技术研发能力有待进一步提高。公司具有完整的研发体系,但与国际同行业先进企业相比还有差距。部分专业产品技术研发尚不能完全满足高端产品尤其是 OEM 产品要求;产品研发周期较长、研发成本较高;公司将通过增强技术研发队伍的实力、增加技术储备等方式提升公司技术研发能力。

(3) 资金实力需进一步增强。随着中国汽车零部件市场竞争的加剧,公司需要持续投入研究和开发费用,将主要产品做专、做精、做强,以保持公司作为中国汽车零部件企业龙头企业的优势地位。相比罗伯特·博世(Robert Bosch GmbH)、电装公司(Denso Corp.)等跨国汽车零部件企业,公司依靠自身发展积累的自有资金较为有限,这将限制公司持续快速发展,公司需要进一步增强资金实力。

(三) 面临的挑战和机遇

1. 机遇与机会方面

(1) 2012 年全国汽车产销 1 927.18 万辆和 1 930.64 万辆,同比分别增长 4.6% 和 4.3%,汽车保有量持续增加,汽车零部件配套市场容量随整车发展而增长。

(2) 国家出台相关政策鼓励新能源汽车发展,为汽车零部件产业发展带来新机遇。

(3) 全球经济不振,发展缓慢带来更多国外企业并购机会,为公司实施走出去引进来战略提供了有利时机。

2. 风险与挑战方面

(1) 全球国际制造业竞争加剧,欧美、日韩的制造业在进一步进行自动化的升级发展,效率成倍提高,技术力量强,质量稳定,我们的生产效率有待提高,人力成本支出、原辅材料、动力能源等都在持续上涨,压缩着企业的利润和效益。

(2) 虽然中国汽车市场总体产销量仍保持一定幅度的增长,但从增长的细分结构看,合资品牌汽车的大幅增长在支撑总体产量的增长,而自主品牌轿车和商用车在 2012 年出现了较大幅度的下滑,给公司以商用车和自主品牌客户为主的部分业务带来了严峻的挑战。

(3) 国内汽车“三包”及“召回”制度即将正式执行,增加了企业的潜在风险及成本,同时,整车的不断降价中主机厂将降价压力向零部件供应商转嫁,将使公司利润压力更大。

(四) 公司未来发展战略

1. 发展战略目标

公司的长远发展愿景为“建设成为世界一流的汽车零部件系统供应商”,公司将紧紧围绕愿景目标,继续实施“管理信息化,发展品牌化,服务网络化,合作全球化,资本市场化”的整体经营方针,做专、做精、做强、做大汽车零部件产业。

2. 发展战略的重点

围绕公司发展愿景,根据整体经营方针,结合公司各专业产品不断“做专、做精、做强、做大”,按照“大集团战略、小核算体系”的运营原则,公司逐步向各自专业领域的省内第一→国内第一→世界第一直到世界同行业主导地位的长远战略目标发展。公司将以集约整合提高投资回报为目的,对下属企业组织进行进一步的优化组合与调整重组,对效益不佳、缺乏竞争力的企业实行关停并转,减少企业个数,提高企业质量,优化企业管理。公司将继续进行围绕主机厂的模块化布点,进一步加强与主机厂的战略合作,带动现有专业产品的市场拓展。同时将逐步向高技术含量、高附加值的汽车总成件方向投资发展。公司将围绕新能源汽车的发展,积极研发、生产新能源汽车的关键零部件,抢占市场先机,保障公司持续稳健的发展。

3. 公司制定的产品和品牌发展战略

公司充分重视技术研发、产品质量、配送便捷、终端服务、积极利用公司已有资源,使其更多地转化为公司的品牌优势,以提高公司产品最终顾客的忠诚度。

4. 公司制定的研发战略

公司围绕市场发展技术,加强产品特别是系统集成模块化产品的自主研发,通过与国外标杆企业的合资合作,在引进消化吸收的基础上,提升重点产品的研发能力,形成自主知识产权,进而带动整体技术实力的提升,具备与主流主机厂同步开发同步配套的能力。加强与国内、外科研院所的技术交流合作,密切跟踪国内外技术发展趋势与潮流,形成自身的技术储备,提升产品的技术质量及附加值。加快汽车零部件实验室中远期规划建设工作,逐步形成系统集成测试能力以及拟开发产品、系统的实验能力,最终形成以汽车底盘为核心、国家授权的第三方权威检测机构。各专业工厂加大检测能力的投入,加快提升自身的工艺装备的改善、提升科技攻关及研发制造能力,尤其是 OEM 配套产品的检测、试验能力。

5. 公司制定的营销战略

对于国内市场,公司将按照"统分结合、资源共享、合力对外"的运营原则,进一步完善"三位一体"市场业务责任体系。重点围绕国内主流主机厂,通过提高产品技术研发、加强技术与售后服务以及内部相互协同和统一归口商务运作,来巩固与提升中高端主机市场,强化专业产品与多元化市场相结合、专业化市场与系列产品资源相结合;做大乘用车零部件的配套市场;通过模块供货、集中开拓等措施相互促进与带动浙江制造系列产品的配套,并在国际汽车及零部件巨头在华合资、独资厂配套供货业务上取得更大突破,扩大与拓展上海大众汽车有限公司、上海通用汽车有限公司、一汽大众汽车有限公司等国外垄断和掌控的配套业务;在充分发挥现有模块工厂的市场功能基础上,理顺各模块工厂与各主营公司、各专业厂之间的职能,进一步调整优化提高,并实现天津、重庆、广州等模块工厂业务。

对于国际市场,公司在原公司内部组织机构基础上,新组建设立浙江制造国际业务部,为公司及下属控股子公司进出口业务统一运作的平台,以实现对原关联业务的直接自营运作的同时,为了在解决过程中,尽可能实现原有业务的顺利转接,避免业务流失损失,公司已商请控股股东将原钱塘进出口公司的与公司业务直接有关的主要人员招聘到"浙江制造国际业务部"工作,以更好地保证业务的正常开展。在具体业务方面,公司将利用万向零部件产品具备国际竞争力的专业制造优势,成为具备相当实力的全球供应商,并力争成为北美核心一级供应商、韩国主要汽车零部件供应商,同时公司还将重点拓展欧洲、日本主机配套市场的产品线。

6. 公司制定的投融资战略

根据公司"发展品牌化"的方针,围绕效益抓投资回报和稳健发展的原则,公司制定的投融资战略具体如下:A. 坚持有所为有所不为的原则,集中资源和力量向主流市场、高档次产品方向发展。B. 紧跟国内外市场变化,适时开展汽车电子等技术含量高、附加值高的产品领域的投资,努力向高端汽车零部件产业方向发展。C. 为提升公司产品档次和市场层次,尝试通过换股、交叉持股等形式积极开展与国际先进企业实施合资合作。

（五）未来发展战略的资金需求、来源及使用计划

根据《试点办法》的相关规定，结合公司财务状况及未来资金需求，经公司 2011 年 9 月 14 日第六届董事会第十一次会议审议，并经 2011 年 9 月 30 日召开的 2011 年第二次临时股东大会批准，本次公司债券的募集资金金额为不超过人民币 15 亿元，募集资金拟用于偿还公司债务、优化公司债务结构和补充流动资金。公司将审慎选择商业银行存放本次募集资金。在股东大会批准的上述用途范围内，公司拟安排债券募集资金中的 4.5 亿元偿还银行贷款，调整债务结构；剩余部分拟用于补充公司流动资金，改善公司资金状况。

三、重要事项

（一）报告期内公司收购事项

2012 年 12 月 10 日，浙江制造公司与钱塘集团公司在杭州签署了《股权转让协议书》，浙江制造公司以现金方式收购钱塘集团公司持有的山东森威精锻有限公司（下称"山东森威"）66.69% 的股权，交易金额为 18 830.38 万元。收购经 2012 年 12 月 11 日第六届董事会审议同意，并经 2012 年第五次临时股东大会审议批准。公司于 2012 年 12 月 31 日支付股权转让款 18 830.38 万元，并办理了相应的财产权交接手续。浙江制造自 2012 年 12 月 31 日起将其纳入合并财务报表范围，并相应调整了合并财务报表的比较数据。2012 年度，山东森威实现归属于母公司的净利润为 33 732 573.06 元。

本次收购打通了公司募投项目等速驱动轴总成产品的上游产业链，为公司及下属子公司进一步完善了生产所需质量稳定的锻件毛坯供应体系，保障生产所需主要半成品锻件毛坯的稳定及时供应，使产业生产更加一体化，同时提高了结余募集资金的使用效益，提升了公司的经济效益，有利于公司利润的最大化，增厚公司每股收益，也彻底解决公司与山东森威之间的关联交易问题，使公司的治理结构更加完善。本次收购有助于对公司等速驱动轴产品业务连续性，对公司管理层的稳定性不产生影响。

经中国证券监督管理委员会《关于核准浙江制造股份有限公司增发股票的批复》（证监许可〔2010〕258 号）核准，公司向社会公开发行人民币普通股（A 股）2 亿股并于 2010 年 4 月 10 日完成发行，募集资金净额为人民币 182 418 万元。募集资金全部用于新增年产 840 万支等速驱动轴总成固定资产投资项目建设，该项目计划投资总额 194 372 万元，其中固定资产投资 186 560 万元，铺底流动资金 7 812 万元。本次公司收购钱塘集团公司持有的山东森威 66.69% 所需资金拟采取变更 2010 年 4 月公司公开增发尚未使用的募集资金来解决，本次拟变更募集资金的比例占 2010 年实施公开增发整体募集资金净额的比例为 10.32%。

（二）公司发行公司债券的情况

（1）根据公司 2011 年第二次临时股东大会决议，公司申请发行不超过人民币 15 亿元的公司债券。2011 年 12 月 12 日，本公司收到中国证券监督管理委员会《关于核准浙江制造股份有限公司公开发行公司债券的批复》（证监许可〔2011〕1926 号）。

（2）2012 年 4 月 25 日，公司债券面向社会公众投资者网上公开发行，2012 年 4 月 25～27 日面向机构投资者网下发行。公司本期债券的发行工作于 2012 年 4 月 27 日结束，发行总额：15 亿元人民币，其中网上发行 0.1 亿元，网下发行 14.9 亿元，债券发行价格每张 100 元；债券期限：5 年；票面利率：6.00%，在第三年末附上调票面利率选择权和投资者回售选择权；债券起息日：2012 年 5 月 1 日；扣除费用后募集资金净额为 14.849 亿元。

（3）经深交所核准，公司本期债券于 2012 年 6 月 1 日起在深交所上市交易。

（4）募集资金运用对公司财务状况的影响主要有以下三点：

第一，改善公司负债结构。本期债券发行完成且上述募集资金运用计划予以执行后，公司合并报表的资产负债率水平将由 2011 年末的 53.18％小幅增加至 58.17％，长期负债占总负债的比例由 2011 年末的 0.05％增加至 26.21％，由于长期债权融资比例有所提高，公司债务结构将得到改善。

第二，公司短期偿债能力增强。本期债券发行完成且根据上述募集资金运用计划予以执行后，公司合并报表口径的流动比率及速动比率将分别由 2011 年末的 1.27 及 0.94 增加至 1.65 及 1.30，流动比率和速动比率均有所提高，公司短期偿债能力增强。

第三，锁定公司财务成本。本次发行固定利率的公司债券，有利于公司锁定财务成本，减少未来贷款利率变动带来的财务风险。

综上所述，本次募集资金将用于偿还公司银行贷款的金额为 4.5 亿元，剩余资金用于补充公司营运资金，可有效地调整公司债务结构、降低公司资金成本，节约财务费用，提高公司短期偿债能力，满足公司对营运资金的需求。

（三）重大关联交易

1. 与日常经营相关的关联交易

与日常经营相关的关联交易

关联交易方	关联关系	关联交易类型	关联交易内容	关联交易定价原则	关联交易价格	关联交易金额（万元）	占同类交易金额的比例（％）	关联交易结算方式
钱塘进出口有限公司	与本公司受同一控股股东—钱塘集团公司控股	日常经营	采购材料	市场公允价格定价	市场价格	19 375.79	2.95％	银行转账
浙江钱塘马瑞利减震器有限公司	参股公司	日常经营	采购产品	市场公允价格定价	市场价格	21 376.89	3.25％	银行转账
钱塘进出口有限公司	与本公司受同一控股股东—钱塘集团公司控股	日常经营	销售产品	市场公允价格定价	市场价格	25 488.21	3.23％	银行转账
钱塘美国公司	与本公司受同一控股股东—钱塘集团公司控股	日常经营	销售产品	市场公允价格定价	市场价格	5 470.46	0.69％	银行转账
合计			—	—		71 711.35	10.12％	—

2. 其他重大关联交易

2012 年 3 月 16 日召开的公司第六届董事会第十三次会议审议通过了《关于与钱塘财务有限公司签订〈金融服务框架性协议〉的议案》，并经 2012 年 4 月 11 日召开的 2011 年度股东大会审议通过。公司与钱塘财务签订的《金融服务框架性协议》约定：①服务内容：根据本公司需求，钱塘财务为公司及下属控股子公司提供存款、结算、信贷及其经中国银行业监督管理委员会批准的可从事的其他金融业务的服务；②合同金额：2012 年公司及下属控股子公司在钱塘财务账户的日各类存款余额最高不超过 125 000 万元（包括汇票保证金）。

公司与钱塘财务签署的《金融服务框架性协议》有利于降低公司的运营成本,优化公司财务管理、提高资金使用效率、降低融资成本和融资风险,为公司长远稳健发展提供资金保障和畅通的融资渠道。

第三部分 财务报表

一、合并资产负债表

合并资产负债表

编制单位:浙江制造股份有限公司　　2012 年 12 月 31 日　　　　　　单位:元

项　目	期末余额	期初余额	项　目	期末余额	期初余额
流动资产:			流动负债:		
货币资金	1 045 059 569.49	1 933 975 769.88	短期借款	34 000 000.00	529 000 000.00
交易性金融资产			拆入资金		
应收票据	946 881 908.52	940 750 732.13	交易性金融负债		
应收账款	1 438 217 627.57	1 342 568 113.00	应付票据	729 414 601.43	748 912 184.02
预付款项	204 774 239.51	298 040 169.65	应付账款	1 517 283 215.62	1 492 401 674.97
应收保费			预收款项	64 221 288.02	95 293 080.46
应收分保账款			卖出回购金融资产款		
应收分保合同准备金			应付手续费及佣金		
应收利息			应付职工薪酬	213 299 778.77	251 192 721.55
应收股利			应交税费	91 112 898.67	63 645 057.61
其他应收款	14 206 611.27	19 734 096.83	应付利息	62 183 112.00	3 973 321.68
买入返售金融资产			应付股利	629 038.50	20 597 544.47
存货	1 430 887 061.78	1 624 638 918.07	其他应付款	103 992 717.80	131 348 314.31
一年内到期的非流动资产			一年内到期的非流动负债	30 000 000.00	
其他流动资产	45 867 649.91	5 000 000.00	其他流动负债	39 398 022.88	1 512 081 104.64
流动资产合计	5 125 894 668.05	6 164 707 799.56	流动负债合计	2 885 534 673.69	4 848 445 003.71
非流动资产:			非流动负债:		
可供出售金融资产			长期借款	212 000 000.00	130 000 000.00
持有至到期投资			应付债券	1 486 780 083.25	
长期应收款			长期应付款	1 249 933.80	1 389 901.80

（续表）

项　目	期末余额	期初余额	项　目	期末余额	期初余额
长期股权投资	338 413 825.54	338 408 266.48	专项应付款		
投资性房地产			预计负债		
固定资产	2 387 032 089.06	2 330 023 812.48	递延所得税负债		
在建工程	459 702 544.08	246 282 537.71	其他非流动负债	1 072 891.56	1 072 891.56
工程物资			非流动负债合计	1 701 102 908.61	132 462 793.36
固定资产清理			负债合计	4 586 637 582.30	4 980 907 797.07
生产性生物资产			所有者权益 （或股东权益）：		
油气资产			实收资本（或股本）	1 593 263 574.00	1 593 263 574.00
无形资产	192 827 733.21	173 583 806.33	资本公积	1 225 577 761.50	1 386 427 220.26
开发支出			盈余公积	136 508 222.06	99 417 190.99
商誉	13 747 669.28	13 747 669.28	未分配利润	696 413 186.88	925 736 491.84
长期待摊费用	21 036 955.97	18 094 922.39	外币报表折算差额		
递延所得税资产	24 674 048.10	23 290 463.89	归属于母公司所有者权益合计	3 651 762 744.44	4 004 844 477.09
其他非流动资产			少数股东权益	324 929 206.55	322 387 003.96
非流动资产合计	3 437 434 865.24	3 143 431 478.56	所有者权益（或股东权益）合计	3 976 691 950.99	4 327 231 481.05
资产总计	8 563 329 533.29	9 308 139 278.12	负债和所有者权益（或股东权益）总计	8 563 329 533.29	9 308 139 278.12

二、合并利润表

合并利润表

编制单位:浙江制造股份有限公司　　　　2012 年度　　　　单位:元

项　目	本期金额	上期金额
一、营业总收入	8 339 805 268.73	8 318 004 995.04
其中:营业收入	8 339 805 268.73	8 318 004 995.04
利息收入		
已赚保费		
手续费及佣金收入		

（续表）

项　目	本期金额	上期金额
二、营业总成本	8 050 048 408.02	7 834 984 043.77
其中：营业成本	6 935 181 469.95	6 836 775 151.07
利息支出		
手续费及佣金支出		
退保金		
赔付支出净额		
提取保险合同准备金净额		
保单红利支出		
分保费用		
营业税金及附加	33 878 876.56	27 138 254.78
销售费用	227 072 508.73	238 216 852.41
管理费用	641 557 419.45	619 386 338.53
财务费用	170 057 075.94	69 485 627.78
资产减值损失	42 301 057.39	43 981 819.20
加：公允价值变动收益（损失以"－"号填列）		
投资收益（损失以"－"号填列）	40 130 559.06	35 172 040.51
其中：对联营企业和合营企业的投资收益	5 559.06	－494 626.16
汇兑收益（损失以"－"号填列）		
三、营业利润（亏损以"－"号填列）	329 887 419.77	518 192 991.78
加：营业外收入	113 841 690.47	98 318 477.71
减：营业外支出	8 716 884.47	8 030 233.96
其中：非流动资产处置损失	171 643.50	1 069 830.83
四、利润总额（亏损总额以"－"号填列）	435 012 225.77	608 481 235.53
减：所得税费用	53 271 171.49	76 796 229.61
五、净利润（净亏损以"－"号填列）	381 741 054.28	531 685 005.92
其中：被合并方在合并前实现的净利润	50 581 156.19	22 111 723.82
归属于母公司所有者的净利润	331 890 098.69	480 304 448.72
少数股东损益	49 850 955.59	51 380 557.20
六、每股收益：	—	—

(续表)

项 目	本期金额	上期金额
（一）基本每股收益	0.211	0.301
（二）稀释每股收益	0.211	0.301
七、其他综合收益		
八、综合收益总额	381 741 054.28	531 685 005.92
归属于母公司所有者的综合收益总额	331 890 098.69	480 304 448.72
归属于少数股东的综合收益总额	49 850 955.59	51 380 557.20

三、合并现金流量表

合并现金流量表

编制单位:浙江制造股份有限公司　　2012 年度　　单位:元

项 目	本期金额	上期金额
一、经营活动产生的现金流量:		
销售商品、提供劳务收到的现金	9 309 582 245.84	9 111 643 948.11
收到的税费返还	67 793 521.69	30 336 295.61
收到其他与经营活动有关的现金	331 007 111.71	286 033 179.93
经营活动现金流入小计	9 708 382 879.24	9 428 013 423.65
购买商品、接受劳务支付的现金	7 398 661 476.15	7 417 683 806.11
支付给职工以及为职工支付的现金	717 150 148.66	693 244 683.73
支付的各项税费	341 291 519.33	293 814 795.87
支付其他与经营活动有关的现金	636 518 309.57	608 554 259.36
经营活动现金流出小计	9 093 621 453.71	9 013 297 545.07
经营活动产生的现金流量净额	614 761 425.53	414 715 878.58
二、投资活动产生的现金流量:		
收回投资收到的现金		
取得投资收益所收到的现金	40 125 000.00	35 666 666.67
处置固定资产、无形资产和其他长期资产收回的现金净额	55 474 731.85	51 625 179.20

（续表）

项　目	本期金额	上期金额
处置子公司及其他营业单位收到的现金净额		
收到其他与投资活动有关的现金	255 568 761.40	349 190 403.19
投资活动现金流入小计	351 168 493.25	436 482 249.06
购建固定资产、无形资产和其他长期资产支付的现金	341 825 207.72	654 635 726.75
投资支付的现金		75 000 000.00
取得子公司及其他营业单位支付的现金净额	188 303 800.00	
支付其他与投资活动有关的现金	3 000 000.00	220 875 000.00
投资活动现金流出小计	533 129 007.72	950 510 726.75
投资活动产生的现金流量净额	−181 960 514.47	−514 028 477.69
三、筹资活动产生的现金流量：		
吸收投资收到的现金		100 000 000.00
取得借款收到的现金	732 500 000.00	4 105 045 000.00
发行债券收到的现金	1 484 900 000.00	1 494 000 000.00
收到其他与筹资活动有关的现金	726 377.40	50 000 000.00
筹资活动现金流入小计	2 218 126 377.40	5 749 045 000.00
偿还债务支付的现金	2 615 500 000.00	5 172 945 000.00
分配股利、利润或偿付利息支付的现金	706 455 023.82	470 019 873.27
其中：子公司支付给少数股东的股利、利润	66 966 433.09	40 229 769.04
支付其他与筹资活动有关的现金	63 708 089.60	726 377.40
筹资活动现金流出小计	3 385 663 113.42	5 643 691 250.67
筹资活动产生的现金流量净额	−1 167 536 736.02	105 353 749.33
四、汇率变动对现金及现金等价物的影响	−354 028.58	−4 938 985.89
五、现金及现金等价物净增加额	−735 089 853.54	1 102 164.33
加：期初现金及现金等价物余额	1 478 452 118.98	1 477 349 954.65
六、期末现金及现金等价物余额	743 362 265.44	1 478 452 118.98

四、合并所有者权益变动表

合并所有者权益变动表

2012年度

编制单位:浙江制造股份有限公司　　　　　　　　　　　　　　单位:元

项　目	本期金额					
	归属于母公司所有者权益				少数股东权益	所有者权益合计
	实收资本(或股本)	资本公积	盈余公积	未分配利润		
一、上年年末余额	1 593 263 574.00	1 386 427 220.26	99 417 190.99	925 736 491.84	322 387 003.96	4 327 231 481.05
加:会计政策变更						
前期差错更正						
其他						
二、本年年初余额	1 593 263 574.00	1 386 427 220.26	99 417 190.99	925 736 491.84	322 387 003.96	4 327 231 481.05
三、本期增减变动金额(减少以"-"号填列)		-160 849 458.76	37 091 031.07	-229 323 304.96	2 542 202.59	-350 539 530.06
(一)净利润				331 890 098.69	49 850 955.59	381 741 054.28
(二)其他综合收益						
上述(一)和(二)小计				331 890 098.69	49 850 955.59	381 741 054.28
(三)所有者投入和减少资本						
1.所有者投入资本						
2.股份支付计入所有者权益的金额						
(四)利润分配			37 091 031.07	-515 070 103.27		-525 287 825.20
1.提取盈余公积			37 091 031.07	-37 091 031.07		
2.提取一般风险准备						
3.对所有者(或股东)的分配				-477 979 072.20	-46 997 927.12	-524 976 999.32
4.其他					-310 825.88	-310 825.88
(五)所有者权益内部结转						
1.资本公积转增资本(或股本)						
2.盈余公积转增资本(或股本)						
3.盈余公积弥补亏损						
(六)其他		-160 849 458.76		-46 143 300.38		-206 992 759.14

（续表）

项　目	本期金额					
	归属于母公司所有者权益				少数股东权益	所有者权益合计
	实收资本（或股本）	资本公积	盈余公积	未分配利润		
四、本期期末余额	1 593 263 574.00	1 225 577 761.50	136 508 222.06	696 413 186.88	324 929 206.55	3 976 691 950.99
一、上年年末余额	1 225 587 365.00	1 750 519 366.25	50 840 821.65	875 001 920.46	316 636 013.25	4 218 585 486.61
加：同一控制下企业合并产生的追溯调整						
加：会计政策变更						
前期差错更正						
二、本年年初余额	1 225 587 365.00	1 750 519 366.25	50 840 821.65	875 001 920.46	316 636 013.25	4 218 585 486.61
三、本期增减变动金额（减少以"-"号填列）	367 676 209.00	-364 092 145.99	48 576 369.34	50 734 571.38	57 509 900.71	108 645 994.44
（一）净利润				480 304 448.72	51 380 557.20	531 685 005.92
（二）其他综合收益						
上述（一）和（二）小计				480 304 448.72	51 380 557.20	531 685 005.92
（三）所有者投入和减少资本						
1. 所有者投入资本						
2. 股份支付计入所有者权益的金额						
（四）利润分配			48 576 369.34	-416 252 578.84	-45 629 566.49	-413 305 775.99
1. 提取盈余公积			48 576 369.34	-48 576 369.34		
2. 提取一般风险准备						
3. 对所有者（或股东）的分配				-367 676 209.50	-45 314 053.66	-412 990 263.16
4. 其他					-315 512.83	-315 512.83
（五）所有者权益内部结转	367 676 209.00	-367 676 209.00				
1. 资本公积转增资本（或股本）	367 676 209.00	-367 676 209.00				
2. 盈余公积转增资本（或股本）						
3. 盈余公积弥补亏损						
（六）其他		3 584 063.01		-13 317 298.50		-9 733 235.49
四、本期期末余额	1 593 263 574.00	1 386 427 220.26	99 417 190.99	925 736 491.84	322 387 003.96	4 327 231 481.05

第四部分　部分财务报表附注

一、营业收入、营业成本

(一) 营业收入、营业成本

营业收入与营业成本

单位:元

项 目	本期发生额	上期发生额
主营业务收入	7 889 899 319.24	7 775 166 384.14
其他业务收入	449 905 949.49	542 838 610.90
营业成本	6 935 181 469.95	6 836 775 151.07

(二) 主营业务(分行业)

主营业务(分行业)

单位:元

行业名称	本期发生额		上期发生额	
	营业收入	营业成本	营业收入	营业成本
机械制造	6 587 535 862.98	5 289 044 744.68	6 776 993 761.92	5 411 658 753.28
物资贸易	1 302 363 456.26	1 277 885 290.17	998 172 622.22	973 023 458.47
合计	7 889 899 319.24	6 566 930 034.85	7 775 166 384.14	6 384 682 211.75

(三) 成本

行 业 分 类

单位:元

行业分类	项目	2012 年		2011 年		同比增减
		金额	占营业成本比重	金额	占营业成本比重	
机械制造	原材料	3 062 356 907.17	57.9%	3 211 734 470.13	59.35%	−1.45%
机械制造	人工工资	371 779 877.85	7.03%	414 817 204.63	7.67%	−0.64%
机械制造	折旧	207 975 132.35	3.93%	190 086 430.23	3.51%	0.42%
机械制造	能源	177 113 091.65	3.35%	173 090 782.43	3.2%	0.15%
机械制造	其他	1 469 819 735.66	27.79%	1 421 786 647.76	26.27%	1.52%

产 品 分 类

单位:元

行业分类	项目	2012 年		2011 年		同比增减
		金额	占营业成本比重	金额	占营业成本比重	
汽车零部件	原材料	3 062 356 907.17	57.9%	3 211 734 470.13	59.35%	−1.45%
汽车零部件	人工工资	371 779 877.85	7.03%	414 817 204.63	7.67%	−0.64%
汽车零部件	折旧	207 975 132.35	3.93%	190 086 430.23	3.51%	0.42%

（续表）

行业分类	项目	2012 年		2011 年		同比增减
		金额	占营业成本比重	金额	占营业成本比重	
汽车零部件	能源	177 113 091.65	3.35%	173 090 782.43	3.2%	0.15%
汽车零部件	其他	1 469 819 735.66	27.79%	1 421 786 647.76	26.27%	1.52%

二、主营业务构成情况

主营业务构成情况　　　　　　　　　　单位:元

	营业收入	营业成本	毛利率（%）	营业收入比上年同期增减	营业成本比上年同期增减	毛利率比上年同期增减
分行业						
机械制造	6 587 535 862.98	5 289 044 744.68	19.71%	−2.8%	−2.27%	−0.44%
物资贸易	1 302 363 456.26	1 277 885 290.17	1.88%	30.47%	31.33%	−0.64%
分产品						
汽车零部件	6 587 535 862.98	5 289 044 744.68	19.71%	−2.8%	−2.27%	−0.44%
钢材、生铁	726 279 266.16	710 758 179.53	2.14%	−5.99%	−6.11%	0.12%
煤炭	551 911 251.68	543 266 064.37	1.57%	200.24%	210.27%	−3.18%
其他	24 172 938.42	23 861 046.27	1.29%	−42.31%	−41.9%	−0.69%
分地区						
国内销售	6 699 293 333.09	5 626 888 928.68	16.01%	−1.06%	0.58%	−1.37%
国外销售	1 190 605 986.15	940 041 106.17	21.05%	18.57%	18.94%	−0.25%

三、销售费用

销　售　费　用　　　　　　　　　　单位:元

项　　目	本期发生额	上期发生额
运费	100 330 002.02	113 268 000.59
三包费	41 778 111.86	35 842 535.12
职工薪酬	39 541 133.69	46 925 884.00
差旅费	7 824 416.86	9 709 536.26
仓储费	12 441 808.65	13 487 832.55
业务招待费	10 449 469.27	7 571 703.63
其他	14 707 566.38	11 411 360.26
合计	227 072 508.73	238 216 852.41

四、管理费用

管 理 费 用   单位:元

项目	本期发生额	上期发生额
技术开发费	319 210 236.34	300 298 867.24
职工薪酬	159 159 320.99	160 194 961.81
折旧及摊销	27 449 070.16	26 675 603.14
税金	18 448 116.02	17 417 595.15
业务招待费	12 343 962.49	15 058 689.09
物料消耗	22 100 747.56	20 134 368.59
差旅费	9 021 230.46	9 276 725.79
租赁费	10 984 609.87	7 861 692.24
水电费	5 564 441.82	5 137 478.77
中介机构费	5 240 345.46	9 146 532.41
其他	52 035 338.28	48 183 824.30
合计	641 557 419.45	619 386 338.53

五、研发支出

研 发 支 出   单位:元

项目	2012 年度	2011 年度	同比增减
研发费用	319 210 236.34	300 298 867.24	6.30%
归属于母公司的净资产	3 651 762 744.44	4 004 844 477.09	−8.82%
研发费用占归属于母公司净资产的比例	8.74%	7.50%	1.24%
营业收入	8 339 805 268.73	8 318 004 995.04	0.26%
研发费用占营业收入的比例	3.83%	3.61%	0.22%

第五部分 补 充 资 料

一、全资子公司(沙塘汽车配件有限公司)相关信息

沙塘汽车配件有限公司(以下简称"沙塘公司")为浙江制造的全资子公司,在业绩评价考核中将其确定为投资中心,按可控投资项目的平均内部报酬率作为考核依据。沙塘公司目前的可控投资项目平均内部报酬率为18%,控股股东的要求是投资项目的内部报酬率不能低于加权平均资本

成本率,当前公司加权平均资本成本率在 10% 至 11% 左右,以 10% 作为最低标准。

　　浙江制造在 2013 年年初面临一新的投资机遇,新项目系公司现有业务的拓展,对公司规模化发展有重要的意义。根据地域因素以及公司的发展战略,公司考虑该项目由沙塘公司实施。新项目可同时生产两种新型配件(以下简称甲产品和乙产品),所需投资总额为 2 800 万元(全部构成固定资产)。如果沙塘公司愿意实施该投资方案,2013 年度建设期所需资金由控股股东垫付,于 2014 年年初建成投产时由沙塘公司全额通过取得银行长期借款(借款期限 5 年,年利率 6%)一次性归还 2 800 万元,并假设 2014 年年初可投产并达到预计生产能力。

　　预计甲产品的市场可销售数量为 20 000 件,市场价格为每件 600 元,单位变动生产成本为 290 元;乙产品的市场可销售数量为 40 000 件,市场价格为 400 元,单位变动生产成本为 196 元;固定制造费用总额为每年 4 660 000 元(包括固定资产折旧费用);销售与管理费用(假定全部为固定成本)为每年 700 000 元。项目最大生产能力为 400 000 人工工时,其中甲产品单位工时为 12 小时,乙产品单位工时为 8 小时;假设项目的使用年限为 10 年,无预计净残值(与税法规定一致)。公司所得税税率 25%。不考虑营运资本垫支与收回问题。在使用年限内,每年销售量和费用成本水平均保持一致。(附:沙塘公司简化资产负债表和利润表)

沙塘公司资产负债表(2012 年 12 月 31 日)　　　　　　　　　　单位:元

资产	期末数	期初数	负债及权益	期末数	期初数
流动资产:			流动负债:		
货币资金	6 230 100	14 302 740	短期借款	57 152 580	61 772 820
应收票据	43 492 710	48 086 400	应付票据	605 220	445 920
应收账款	16 669 890	17 191 110	应付账款	45 309 240	36 159 300
预付款项	0	0	预收款项	29 428 320	24 190 020
其他应收款	0	0	应付职工薪酬	3 471 480	2 666 040
存货	122 752 080	60 513 000	其他应付款	746 340	349 440
其他流动资产	0	0	一年内到期的非流动负债	10 447 200	5 775 510
流动资产合计	189 144 780	140 093 250	流动负债合计	147 160 380	131 359 050
	0	0	非流动负债:	0	0
非流动资产:	0	0	长期借款	23 583 420	15 327 630
长期股权投资	52 383 570	52 578 480	应付债券	55 424 400	54 201 480
固定资产	276 079 020	283 260 570	长期应付款	7 626 180	15 277 320
在建工程	0	0	非流动负债合计	86 634 000	84 806 430
工程物资	0	0	负债合计	233 794 380	216 165 480
无形资产	11 979 000	10 915 800	所有者权益:	0	0
长期待摊费用	0	0	股本	52 536 150	52 536 150
递延所得税资产	0	0	资本公积	110 911 110	109 744 020
其他非流动资产	0	0	盈余公积	60 373 200	53 483 310
非流动资产合计	340 441 590	346 754 850	未分配利润	71 971 530	54 919 140
	0	0	股东权益合计	295 791 990	270 682 620
资产总计	529 586 370	486 848 100	负债与权益合计	529 586 370	486 848 100

沙塘公司利润表(2012年)　　　　　　　　　　　　　　单位:元

项目	2012年	2011年
一、营业收入	999 132 390	1 046 595 330
减:营业成本	828 337 950	951 945 930
营业税金及附加	2 988 360	3 203 460
销售费用	6 849 000	5 862 870
管理费用	30 590 910	24 742 980
财务费用	13 793 670	14 967 360
加:公允价值变动收益	0	0
投资收益	11 800 710	11 694 600
二、营业利润	128 373 210	57 567 330
加:营业外收入	3 494 700	2 162 160
减:营业外支出	928 170	1 246 500
三、利润总额	130 939 740	58 482 990
减:所得税费用	26 580 330	7 298 730
四、净利润	104 359 410	51 184 260

二、控股子公司(漓江汽车底盘部件有限公司)相关信息

漓江汽车底盘部件有限公司(以下简称"漓江公司")系浙江制造股份有限公司(以下简称"浙江制造公司"或"本公司")的子公司,漓江汽车底盘部件公司为增值税一般纳税人,适用的增值税税率均为17%,各年按净利润的10%计提盈余公积。

2010年至2012年,浙江制造公司和漓江汽车底盘部件公司所发生的交易事项如下:

(1) 2010年1月1日,浙江制造公司以银行存款38 500万元自钱塘集团公司购入漓江汽车底盘部件公司16 000万股股份,占漓江汽车底盘部件公司全部股份的80%,股权转让过户手续于当日完成。漓江公司原系钱塘集团公司的全资子公司,取得漓江公司股份之前,本公司的"资本公积——股本溢价"的账面余额为12 450万元。

(2) 2010年1月1日,漓江公司的股东权益总额为45 200万元,其中,股本为20 000万元(每股面值1元),资本公积为8 600万元,盈余公积为7 100万元,未分配利润为9 500万元。在该日,漓江公司可辨认净资产的公允价值为48 000万元。

(3) 2010年4月10日,本公司收到漓江公司派发的现金股利2 400万元、股票股利3 200万股。漓江公司2009年年度利润分配方案为每10股派发现金股利1.5元、每10股派发股票股利2股(按面值计价结转)。

(4) 2010年11月5日,本公司向漓江公司销售A产品180台,销售价格为每台7.5万元(不含增值税)。本公司于当日收到全部货款。本公司向漓江公司销售A产品的毛利率为20%。漓江公司在本年内将该产品全部对外售出。

(5) 2010年度漓江公司实现净利润8 500万元。

(6) 2011年4月1日,本公司收到漓江公司派发的现金股利3 200万元。漓江公司2010年年

度利润分配方案为每 10 股派发现金股利 2 元。

（7）2011 年 6 月 1 日,本公司向漓江公司销售 A 产品 220 台,销售价格为每台 7.5 万元(不含增值税)。本公司于当日收到全部货款。本公司向漓江公司销售 A 产品的毛利率仍为 20%。漓江公司在本年内将该产品全部对外售出。

（8）2011 年 9 月 30 日,漓江公司以 700 万元的价格将一项固定资产(写字楼)转让给本公司,转让手续当日完成。本公司于当日支付全部款项。转让日,漓江公司该固定资产的账面原价为 800 万元,累计折旧为 180 万元,未计提减值准备。本公司购入该项固定资产后,交付管理部门使用,按 8 年的使用寿命采用年限平均法计提折旧,预计净残值为 0。

（9）2011 年 10 月 8 日,漓江公司将其拥有的某项专利权以 7 200 万元的价格转让给本公司,转让手续当日完成。本公司于当日支付全部款项。该专利权的取得成本为 6 000 万元,累计摊销为 600 万元。本公司购入该项专利权后即投入使用,按 9 年的使用寿命采用直线法摊销,预计残值为 0。

（10）2011 年 10 月 15 日,漓江公司向本公司销售 B 产品 1 000 件,销售价格为每件 0.8 万元(不含增值税)。漓江公司向本公司销售 B 产品的毛利率为 25%。截至 2011 年 12 月 31 日,本公司购入的该批 B 产品尚有 800 件未对外出售。

（11）2011 年 12 月 31 日,漓江公司应收账款中包含应收本公司账款 100 万元。

（12）2011 年度,漓江公司发生亏损 1 200 万元。

（13）2011 年度,漓江公司当年购入的可供出售金融资产因公允价值上升确认资本公积 450 万元(已扣除所得税影响)。

（14）2012 年 2 月 5 日,漓江公司收到本公司支付的货款 100 万元。

（15）2012 年 4 月 20 日,漓江公司公布的 2011 年年度利润分配方案为:不分配股利,也不进行转增。

（16）2012 年 4 月 28 日,本公司向漓江公司销售 A 产品 200 台,销售价格为每台 7.5 万元(不含增值税)。本公司于当日收到全部货款。本公司向漓江公司销售 A 产品的毛利率仍为 20%。漓江公司在本年内将该产品全部对外售出。

（17）2012 年 12 月 31 日,本公司存货中包含从漓江公司购入的 B 产品 600 件。该存货系 2011 年购入。

（18）2012 年度,漓江公司实现净利润 2 450 万元。

（19）2012 年度,漓江公司出售可供出售金融资产而转出 2011 年确认的资本公积 120 万元,因可供出售金融资产公允价值上升确认资本公积 150 万元(已扣除所得税影响)。

其他资料如下:

（1）除上述交易之外,本公司与漓江公司之间未发生其他交易。

（2）漓江公司除实现净利润及上述资料中涉及股东权益变动的交易和事项外,未发生影响股东权益变动的其他交易和事项。

（3）漓江公司的会计政策和会计期间与本公司一致。

（4）不考虑合并财务报表中因抵销未实现内部交易损益而产生的递延所得税。

三、并购交易相关信息

（一）收购事项中的标的公司情况

山东森威是 2006 年 4 月由联通创业投资股份有限公司、山东森威集团有限责任公司、戴新民、孙权、徐龙共同出资设立,设立时注册资本 6 200 万元,其中联通创业投资股份有限公司股权比例为 51.61%。2008 年 3 月,联通创业投资股份有限公司将其持有的山东森威 51.61% 股权转让给钱塘集团公司,同年4月,山东森威各股东对该公司进行增资,增资按照各股东实际出资金额的总金额增加公司注册资本,增资完成后山东森威的注册资本变更到8800万元,钱塘集团公司占该公司股权比例增加到53.69%。

2011年4月,山东森威各股东一致同意对该公司进行增资,增资按照各股东实际出资金额的总金额增加公司注册资本,即若折算成股份计算相当于按每股1元的价格对公司进行增资。增资完成后该公司注册资金增加到18800万元,增资完成后钱塘集团占该公司的股权比例为66.69%。

山东森威主营业务是:汽车和工程机械精密冷、温锻件生产与销售。现年产各类精密锻件5万吨,具有精密锻件自主研发能力。主要产品:汽车等速万向节系列精锻件、汽车变速箱轴类冷锻件、汽车变速箱齿轮类冷精锻件、工程机械精密锻件等等。

主要股东及各自持股比例、股权结构表:山东森威股东为钱塘集团公司、山东森威集团有限责任公司及戴新民等3位自然人,其中钱塘集团公司持有该公司66.69%的股权。该公司股权结构具体情况如下:

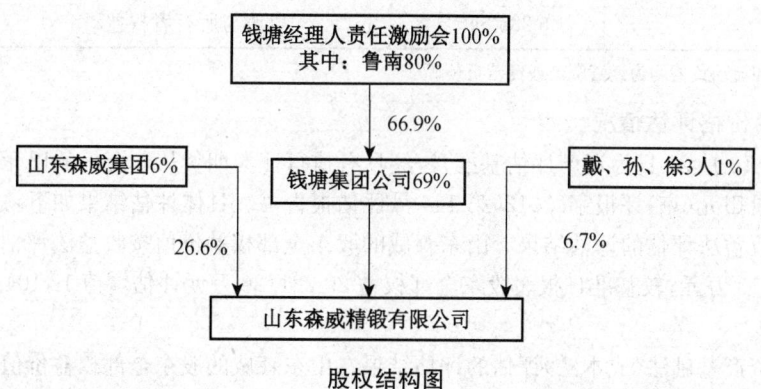

股权结构图

(二) 标的公司财务数据

公司委托天汇会计师事务所(特殊普通合伙)对山东森威2012年1～10月份的财务数据进行审计,并出具了天汇审〔2012〕5735号审计报告书,经审计,该公司经营及财务情况如下:截至2012年10月31日,该公司审计后的账面总资产为56 288.95万元,负债总额为36 067.68万元,净资产为20 221.26万元;2012年1～10月该公司实现营业收入33 869.61万元,净利润2 634.34万元。

利润表及分配表

2012年1～10月 　　　　　　　　　　　　　金额单位:万元

项　　目	2012年1～10月
一、营业收入合计	33 869.61
减:营业成本	24 269.83
销售费用	791.36
管理费用	2 116.07
折旧与摊销	2 208.30
财务费用	1 477.93
二、营业利润	3 006.12
减:所得税	371.78
三、净利润	2 634.34
加:年初未分配利润	86.91

资产负债表

2012 年 10 月 31 日 金额单位:万元

资　产	金　额	负债与所有者权益	金　额
流动资产	28 908.17	流动负债	14 867.68
非流动资产	27 380.77	非流动负债	21 200
固定资产	21 420.97	长期借款	21 200
在建工程	2 236.26	负债合计	36 067.68
无形资产	3 421.23	所有者权权益	20 221.26
长期待摊费用	198.75		
递延所得税资产	103.56		
资产总计	56 288.95	负债与所有者权益	56 288.95

注:该公司资产和流动负债均为经营资产或经营负债。

(三) 交易价格评估情况

以 2012 年 10 月 31 日为资产评估基准日,经具有执行证券期货从业资格的田元资产评估有限公司评估并出具田元(京)评报字〔2012〕第 144 号评估报告书。具体评估结果如下:

(1) 采用收益法评估的评估结果。山东森威的股东全部权益价值按收益法评估的市场价值评估值为 32 326.13 万元,较基准日报表股东全部权益 20 221.26 万元评估增值 12 104.87 万元,增值率 59.86％。

(2) 采用资产基础法(成本法)评估的评估结果。山东森威的股东全部权益价值按资产基础法(成本法)评估的市场价值评估值为 28 235.69 万元,较基准日报表股东全部权益 20 221.26 万元,评估增值 8 014.43 万元,增值率 39.63％。

(四) 交易的定价政策及依据

本次拟收购钱塘集团公司所持有的山东森威精锻有限公司 66.69％的股权,以 2012 年 10 月 31 日为资产审计及评估基准日,经田元资产评估有限公司评估并出具田元(京)评报字〔2012〕第 144 号评估报告书,该公司评估后的净资产最终认定为 28 235.69 万元,钱塘集团公司持有的该公司对应的股权价值为 18 830.38 万元。经双方协商,最终确定该等股权交易价格为 18 830.38 万元。

四、募集资金鉴证报告

募集资金年度存放与使用情况鉴证报告

天汇审〔2013〕1570 号

浙江制造股份有限公司全体股东:

我们鉴证了后附的浙江制造股份有限公司(以下简称浙江制造公司)董事会编制的 2012 年度《关于募集资金年度存放与使用情况的专项报告》。

(一) 对报告使用者和使用目的的限定

本鉴证报告仅供浙江制造公司年度报告披露时使用,不得用作任何其他目的。我们同意将本鉴证报告作为浙江制造公司年度报告的必备文件,随同其他文件一起报送并对外披露。

(二) 董事会的责任

浙江制造公司董事会的责任是提供真实、合法、完整的相关资料,按照《深圳证券交易所主板上市公司规范运作指引》及相关格式指引编制《关于募集资金年度存放与使用情况的专项报告》,并保证其内容真实、准确、完整,不存在虚假记载、误导性陈述或重大遗漏。

(三) 注册会计师的责任

我们的责任是在实施鉴证工作的基础上对浙江制造公司董事会编制的上述报告独立地提出鉴证结论。

(四) 工作概述

我们按照中国注册会计师执业准则的规定执行了鉴证业务。中国注册会计师执业准则要求我们计划和实施鉴证工作,以对鉴证对象信息是否不存在重大错报获取合理保证。在鉴证过程中,我们实施了包括核查会计记录等我们认为必要的程序。我们相信,我们的鉴证工作为发表意见提供了合理的基础。

(五) 鉴证结论

我们认为,浙江制造公司董事会编制的 2012 年度《关于募集资金年度存放与使用情况的专项报告》符合《深圳证券交易所主板上市公司规范运作指引》及相关格式指引的规定,如实反映了浙江制造公司募集资金 2012 年度实际存放与使用情况。

天汇会计师事务所(特殊普通合伙)   中国注册会计师:程刚
中国·杭州   中国注册会计师:吕安

二〇一三年三月二十八日

五、审计发现

浙江制造公司本年继续由浙江天汇会计师事务所实施审计。助理审计员小张参与了浙江制造公司 A 子公司生产与存货循环的审计,以下内容摘自小张的工作底稿。

资料一:

小张了解到与 A 子公司存货有关的内部控制,部分内容摘录如下:

(1) 生产计划部门根据客户订购单或者对销售预测和产品需求的分析来决定生产授权。如决定授权生产,即签发预先未连续编号的生产通知单。此外,生产计划部门还编制一份材料需求报告,列示所需要的材料和零件及其库存。

(2) 在发出原材料过程中,仓库部门根据生产部门开出的领料单发出原材料。领料单必须列明所需原材料的数量和种类,以及领料部门的名称。领料单可以一料一单,也可以多料一单,通常需一式两联,仓库部门发出原材料后,其中一联连同原材料交还领料部门,一联留仓库部门据以登记仓库原材料明细账。

(3) 会计部门的成本会计根据收到的生产通知单、领料单、工时记录和产成品入库单等资料,在月末编制材料费用、人工费用和制造费用分配表,以及完工产品与在产品成本分配表,经本部门的复核人员复核后,据以核算成本和登记相关账簿。

(4) 公司每半年定期对全部存货盘点一次,编制盘点表。会计部门与仓库在核对结存数量后,向管理层报告差异情况及形成原因,并在经批准后进行相应处理。

资料二:

小张 2013 年 1 月审计 A 子公司存货项目时获知,A 子公司已于 2012 年年末对所有存货进行了盘点,但尚未对差异进行处理。因此,小张索取了一份 A 子公司 2012 年 12 月 31 日的"存货盘点表"。部分内容见下表：

存货盘点表

盘点日期： 2012 年 12 月 31 日　数量单位：件　　　金额单位：人民币万元

存货名称	账存数量	账面金额	盘点数	盘盈（＋）盘亏（一）
甲材料	－10	－80	5	15
乙材料	400	800	350	－50
丙材料	80	120	100	20
X 产品	0	20	0	0
Y 产品	120	600	220	100

经检查，小张发现以下情况，并提出相应处理建议：

（1）乙材料出现盘亏是因为有 50 件（成本 100 万）购入的乙材料在 2012 年 12 月 30 日收到采购发票，已登记入账，但实际于 2013 年 1 月 2 日才收到入库。对此，小张提出了调整建议，建议冲回尚未收到入库的乙材料 100 万元。

（2）丙材料出现盘盈是因为有 20 件（成本 30 万）购入的丙材料在 2012 年 12 月 31 日已入库，但采购发票 1 月 5 日才收到，所以在 1 月份入账。对此，小张提出审计调整，于 2012 年末补计已入库的丙材料 30 万元。

（3）X 产品之所以出现没有存货却有账面价值的情况，系公司主营业务成本少结转所致。小张提出审计调整建议，调增营业成本 20 万元，并相应调整减少 2012 年年末 X 产品余额 20 万元。

（4）Y 产品之所以出现盘盈，系公司有部分已对外开具销售发票但未发货的 100 件产品。据销售经理介绍，客户实际于 2012 年 12 月 31 日向公司采购共计 200 件 Y 产品，公司已于 2012 年 12 月 31 日向客户开具 200 件的销售发票，并确认销售收入。其中 100 件已于 2012 年 12 月 31 日交付客户。由于公司 2012 年年末工作繁忙，剩余 100 件实际于 2013 年 1 月 8 日交付客户。销售经理表示客户知道公司延迟发货的安排，且未提出异议。小张检查了 A 子公司于 2012 年 12 月 31 日开具的销售发票，以及于 2013 年 1 月 8 日的交货记录，没有发现异常。小张认为无需提出审计调整建议。

第六部分　各科竞赛具体内容与解答要求

一、公司战略与风险管理（15 分）

（一）5 分

根据"第二部分 董事会报告摘要 三、重要事项（一）"，请进行以下战略分析：

1. 分析浙江制造股份有限公司选择了哪种总体战略。理由是什么？（1 分）

2. 分析浙江制造股份有限公司受让山东森威公司 66.69％的股权对公司经营和财务状况的影响。（2 分）

3. 分析浙江制造股份有限公司受让山东森威公司 66.69％的股权所面临的主要风险。（2 分）

（二）5 分

根据"第二部分 董事会报告摘要"以及相关资料，分析浙江制造股份有限公司的核心竞争力是什么。2013 年公司如何实现其经营战略与经营计划?

(三) 5 分

根据"第二部分 董事会报告摘要 三、重要事项(二)"以及相关资料,分析浙江制造股份有限公司选择债务融资财务战略有何优缺点? 分析可能产生的财务风险。

二、内部控制与审计(20 分)

(一) 2 分

公司董事会报告中提到:"报告期内,由于受到国家整体宏观经济和汽车产业发展速度放缓,竞争加剧,同时公司整体人工成本及研发费用上涨的影响,公司归属于母公司股东的净利润较上年同期有所下降。"你是否同意董事会对于净利润下降原因的分析? 你认为公司净利润下降的主要原因是什么? 请结合报表及附注相关数据,运用分析程序论证你的观点。

(二) 8 分

浙江制造股份有限公司的其他相关信息:

浙江制造 2012 年获得了大量的政府补助,企业的数据显示,期末递延收益金额为 39 398 022.88 元,比上年增长 120%,均系与资产相关或者综合性项目的政府补助;另 2012 年度计入营业外收入的政府补助金额为 6 796 299.23 元。

公司的日常销售除了赊销外,较多地采用商业汇票结算货款。公司将收到的商业承兑汇票和银行承兑汇票部分向银行办理了质押,部分背书转让给供应商用于支付货款。

要求:请根据上述信息、"第一部分 公司基本情况"和"第二部分 董事会报告摘要",假定不考虑其他条件,识别浙江制造 2012 年度财务报表层次和认定层次可能存在的重大错报风险。对于认定层次的重大错报风险,指出所影响的交易、余额和披露的认定,并相应逐项设计进一步的实质性程序。

(三) 3 分

针对"第五部分 补充资料 四、募集资金年度存放与使用情况鉴证报告",指出此项鉴证业务的三方关系、鉴证对象和鉴证对象信息、鉴证标准、鉴证业务目标;判断鉴证业务的类别(基于责任方认定的业务或直接报告业务)并简要说明理由。

(四) 7 分

根据"第五部分 补充资料 五、审计发现",完成下列要求:

1. 针对资料一第(1)项至第(4)项,假定不考虑其他条件,请逐项判断 A 子公司上述内部控制是否存在缺陷。如果存在缺陷,请指出,并提出改进建议。(2 分)

2. 针对资料二盘点表中"甲材料",小张按照公司的发出计价方法进行了重新计算,没有发现异常。请帮助小张分析可能导致盘点表中"甲材料"的账存数量和账面金额均为负数的主要原因。(1 分)

3. 针对资料二第(1)项至第(4)项,假定不考虑其他条件,请逐项说明小张提出的处理建议是否存在不当之处,并简要说明理由。如果存在不当之处,简要提出改进建议。(4 分)

三、财务会计(25 分)

(一) 3 分

2012 年 12 月 10 日,浙江制造股份公司与钱塘集团公司在杭州签署了《股权转让协议书》,公司以现金方式收购钱塘集团公司持有的山东森威精锻有限公司 66.69% 的股权,交易金额为 18 830.38 万元。2012 年 12 月 31 日,公司受让钱塘集团公司持有的山东森威公司 66.69% 的股权,将初始投资成本与银行转账支付对价的差额 35 469 416.76 元冲减资本公积。根据上述资料完成如下要求：

1. 判断企业合并类型，并说明理由；(1分)
2. 判断合并日，并说明理由；(1分)
3. 编制浙江制造股份公司合并日的会计分录。(1分)

(二) 1.5分

2012年4月25日，公司为补充流动资金面向社会公众投资者网上公开发行债券，2012年4月25～27日面向机构投资者网下发行。公司本期债券的发行工作于2012年4月27日结束，发行总额：15亿元人民币，其中网上发行0.1亿元，网下发行14.9亿元，债券发行价格每张100元；债券期限：5年；票面利率：6.00%；债券起息日：2012年5月1日；扣除费用后募集资金净额为14.849亿元。实际利率为6.08%。利息为每年4月30日支付。

根据债券发行资料需要完成如下问题（会计分录金额以万元表示，取整数）：

1. 计算2012年5月1日债券摊余成本。(0.25分)
2. 编制债券发行日会计分录。(0.5分)
3. 编制2012年年末计息会计分录。(0.5分)
4. 计算2012年年末债券摊余成本。(0.25分)

(三) 10.5分

注册会计师在2013年初对浙江制造股份有限公司所属W子公司进行审计时，对以下交易或事项的会计处理提出疑问，要求公司进行会计调整。该W子公司2012年所得税税率为25%，按净利润10%计提盈余公积，上年所得税汇交清算并没有完成。

(1) 2012年实际计提长期借款利息中500万元与正在购建二期厂房工程有关，且年末厂房仍在建设中，而公司将其计入当期损益。

(2) 2012年1月3日向丙公司销售一批商品，公允价值960万元，合同价款1 200万元，约定价款分5年收取，每年年末应收240万元。增值税专用发票上注明价款1 200万元，增值税204万元，该批商品成本为720万元，当即收取增值税存入银行。假如会计与税法对分期收款销售确定一致。(P/A, 6%, 5=4.212 4, P/A, 7%, 5=4.100 2, P/A, 8%, 5=3.992 7, P/A, 9%, 5=3.889 7)。公司编制如下会计分录。

借：长期应收款	1 200万
银行存款	204万
贷：主营业务收入	1 200万
应交税费——应交增值税（销项税额）	204万
借：主营业务成本	720万
贷：库存商品	720万

(3) 2012年1月3日向丁公司销售一批商品，合同约定2013年1月3日以1 120万元价款回购。增值税专用发票已开出，价格1 000万元，增值税170万元，款项已收。该批商品成本为600万元。假如会计与税法对销售回购确定一致。公司编制如下会计分录：

借：银行存款	1 170万
贷：主营业务收入	1 000万
应交税费——应交增值税（销项税额）	170万
借：主营业务成本	600万
贷：库存商品	600万

(4) 2012年初公司以库存商品成本1 800万元,公允价值与计税价均为2 160万元,管理用软件成本900万元,累计摊销360万元,公允价值576万元,与丙公司持有X公司10％长期股权投资交换,该长期股权投资账户余额为2 340万元,公允价值2 700万元,丙公司支付补价403.2万元,双方交易具有商业实质,且公允价值为可靠的。因X公司发生严重决策失误,发生巨额亏损,年末预计持有X公司长期股权投资可收回金额2 160万元,年末未计提减值准备。公司编制该项交易的会计分录如下:

借:长期股权投资——X   2 304万
  银行存款   403.2万
  累计摊销   360万
 贷:库存商品   1 800万
   应交税费——应交增值税(销项税额)   367.2万
   无形资产——管理软件   900万

(5) 2012年公司销售商品100万套,每套售价200元,公司承诺该产品销售后一年内,如发生正常质量问题,提供免费维修。根据以往销售返修记录,估计50％产品无质量问题;估计30％产品存在较大质量问题,预计每件维修费用10元;估计20％产品存在较小质量问题,预计每件维修费5元。当年实际支付维修费300万元,税法规定当年税前允许扣除。公司编制如下会计分录:

借:销售费用   300万
 贷:银行存款   300万

根据上述资料,解决以下问题:

1. 逐项判断公司会计处理是否正确;如不正确,简要说明理由,并编制更正差错的会计分录(应考虑对所得税的影响)。(6.75分)

2. 逐项说明对2012年利润表项目影响金额。(3.75分)

(四) 10分

根据"第五部分 补充资料 二、控股子公司(漓江汽车底盘部件有限公司)相关信息",完成下列要求(金额以万元为单位):

1. 计算漓江汽车底盘部件有限公司2011年经内部交易损益调整后的净利润。(0.5分)

2. 计算漓江汽车底盘部件有限公司2012年经内部交易损益调整后的净利润。(0.5分)

3. 编制2012年度浙江制造公司与漓江汽车底盘部件有限公司有关合并财务报表的调整分录。(1.5分)

4. 编制2012年度浙江制造公司与漓江汽车底盘部件有限公司有关合并财务报表的抵销分录。(7.5分)

四、财务管理(20分)

控股股东与公司之间的利益输送,是表现为掏空(tunneling)效应(即控股股东攫取中小股东的利益),还是支持(propping)效应(即控股股东出自特定动机向公司输送利益),很大程度上取决于控股股东的控股性质和持股比例。同一控制下的并购,其交易价格确定的背后往往隐藏着既可能为掏空效应也可能为支持效应的财务代理冲突。在本案例中,评估公司以成本法所确定的估值(28 235.69万元)作为评估结论,而更适合企业整体价值评估的收益法所确定的交易价格(32 326.13万元)未被采用为最终评估结论。因此,我们自然关注这其中是否潜藏着某种代理问题。

一般而言,对企业整体价值宜采用收益法和市场法评估,对单项资产价值宜采用成本法评估。为了检测评估公司评估结果的公正性和客观性,我们有必要重新使用收益法(现金流量折现法)评估标的公司的权益价值。如果收益法估算的权益价值与评估公司采用该法评估的而价值差异在5%之内,我们可以判断评估公司收益法估算的结果本身不存在问题。

相关假设和条件:

(1)假设标的公司2012年损益项目均衡实现,本大题所依据的标的公司2012年资产负债表和利润表如下:

资产负债表（2012年）			利润表（2012年）		
年　份	10月31日	12月31日	年　份	1～10月	1～12月
经营现金	3 389.47	4 066.86	一、营业收入	33 869.61	40 643.53
其他经营流动资产	25 518.7	30 622.17	减:营业成本	24 269.83	29 123.8
减:经营流动负债	14 867.68	19 861.67	销售和管理费用	2 907.43	3 488.92
经营营运资本	14 040.49	14 827.36	折旧与摊销	2 208.3	2 649.96
经营性长期资产	27 380.77	27 380.77	二、税前经营利润	4 484.05	5 380.86
减:长期经营性负债	0	0	减:经营利润所得税	554.68	665.61
净经营长期资产	27 380.77	27 380.77	三、税后经营利润	3 929.37	4 715.24
净经营资产总计	41 421.26	42 208.13	金融损益		
金融负债:			四、短期借款利息	0	0
短期借款	0	0	加:长期借款利息	1 477.93	1 773.52
长期借款	21 200	21 200	五、利息费用合计	1 477.93	1 773.52
金融负债合计	21 200	21 200	减:利息费用抵税	182.82	219.41
金融资产	0	0	六、税后利息费用	1 295.11	1 554.11
净负债	21 200	21 200	七、税后利润合计	2 634.35	3 161.22
股本		18 800	加:年初未分配利润	86.91	86.91
期初未分配利润		86.91	八、可供分配的利润		3 248.13
净利润		3 161.22	减:应付股利		1 039.99
本年股利		1 039.99	九、未分配利润		2 208.14
期末未分配利润		2 208.14			
股东权益合计	20 221.26	21 008.13			
净负债及股东权益合计	41 421.26	42 208.13			

(2)预期公司未来5年保持营业收入较高水平增长,但呈现递降趋势直至未来第6年后保持稳定增长。2013年增长率依据前4年几何平均增长率预测为19%,2014年、2015年、2016年、2017年预计增长率分别为15%、11%、7%、5%;2018年后保持5%稳定增长。

(3)未来公司营业成本率、折旧与摊销占营业收入比例、销售和管理费用占营业收入比例相对稳定,保持2012年度前10月水平,即分别为71.66%、8.58%、6.52%。

（4）未来公司经营现金、其他经营流动资产、经营流动负债、长期资产等项目与营业收入比例关系相对稳定,保持2012年度前10月水平,即分别为10％、75.34％、43.9％、80.84％。

（5）当公司被收购为上市公司子公司后,资本结构逐渐接近母公司资本结构,预计未来短期借款、长期借款分别占投资资本的30％、30％。同时,公司采用剩余股利政策。

（6）公司未来不计划持有金融资产以及长期经营性负债。

（7）未来公司平均所得税税率同样能够保持2012年度前10月实际水平,即12.73％。

具体相关假设和条件如下表所示:

单位:万元

年份	基期 （2012年 10月31日）	2012年 11～12月 (1/6年)	2012	2013	2014	2015	2016	2017
预测假定								
经营现金	10％	N	N	10％	10％	10％	10％	10％
其他经营流动资产	75.34％	N	N	75.34％	75.34％	75.34％	75.34％	75.34％
经营流动负债	43.9％	N	N	43.9％	43.9％	43.9％	43.9％	43.9％
长期资产	80.84％	N	N	80.84％	80.84％	80.84％	80.84％	80.84％
短期借款/投资资本	30％	N	N	30％	30％	30％	30％	30％
长期借款/投资资本	30％	N	N	30％	30％	30％	30％	30％
营业收入增长率	19％	N	N	19％	15％	11％	7％	5％
营业成本率	71.66％	N	N	71.66％	71.66％	71.66％	71.66％	71.66％
销售和管理费用/营业收入	8.58％	N	N	8.58％	8.58％	8.58％	8.58％	8.58％
折旧与摊销/营业收入	6.52％	N	N	6.52％	6.52％	6.52％	6.52％	6.52％
短期债务利率	5％	N	N	5％	5％	5％	5％	5％
长期债务利率	8.4％	N	N	8.4％	8.4％	8.4％	8.4％	8.4％

要求(使用Excel工具计算,最终结果金额以"万元"为单位,保留小数点后两位;百分数精确到0.01％):

1. 估算标的公司2013—2017年每年实体现金流量。（共10分）

2. 测算标的公司的权益资本成本和综合资本成本。已知国债平均收益率为4％,预期市场平均收益为11.95％,根据历史资料估计该公司的β系数1.3。公司短期借款利率为5％,长期借款利率为8.40％。投资资本中,公司拟保持短期借款30％,长期借款30％的目标资本结构。（权益资本成本测算1分,综合资本成本测算1分,共2分）

3. 已知公司2012年11～12月实体现金流量为0。现以2012年10月31日为评估基础日,估算标的公司的权益价值。请判断评估公司收益法估算的结果是否基本客观。（5分）

4. 试分析并购交易价格确定背后可能潜藏着利益攫取和输送的动机。（3分）

五、成本管理会计（20分）

仔细阅读浙江制造年度财务报告、董事会报告、报表附注及补充资料等，完成相关要求。

注：本大题的计算依据（仅供本大题计算使用，与其他题目的计算要求或结果无关联）。

（1）合并资产负债表中，货币资金均为经营性的，不存在带息应收票据和应付票据，一年内到期的非流动负债为长期借款和应付债券一年内将要到期数，长期应付款和其他非流动负债为不带息债务；合并利润表中，财务费用项目为利息支出，其余均为经营性损益项目；利用合并利润表数据进行分析或计算时，"净利润"项目之后的数据无需考虑（包括净利润项目下的明细项目）；计算过程中所需资产负债表平均数据均取期末数。

（2）近两年的债权人要求的报酬率平均为7.5%，管理层要求的净经营资产最低要求报酬率与加权平均资本成本率均为10.5845%，权益资本的要求报酬率和股权资本成本率均为12%。

（一）4分

1. 根据合并报表的合并数据进行必要调整后计算浙江制造2012年度下列指标：净经营收益（税后经营净利润）、剩余权益收益、剩余经营收益、剩余净金融支出。（2分）

2. 根据合并报表计算浙江制造2011年度和2012年度基本经济增加值。（1分）

3. 比较2012年度剩余经营收益与基本经济增加值的计算结果，分析其产生差异的原因。（1分）

（二）6分

1. 根据本量利分析的基本原理，分析各因素的变化对财务报表税前经营收益产生的影响。并结合案例资料，分析浙江制造2012年度合并报表中营业收入出现微幅上升，但净收益却出现大幅下降的可能原因。（3分）

2. 根据浙江制造的沙塘公司（全资子公司）简化财务报表［"第五部分　补充资料　一、全资子公司（沙塘汽车配件有限公司）相关信息"］，分析其营业收入基本持平，但净经营利润出现大幅上升可能的原因。并基于这一分析结果从管理角度提出相应的建议（仅针对本小题分析结论）。（3分）

（三）10分

1. 根据"第五部分　补充资料　一、全资子公司（沙塘汽车配件有限公司）相关信息"，针对新的投资项目，如何安排甲乙两种产品的生产能使得每年的营业现金净流量达到最大？并依此计算该项目的净现值和内部报酬率，要求的最低投资报酬率为10%。（4分）

2. 逐项分析销售量、单价、变动成本、固定付现成本等与预测偏离10%（按不利计算）时对内部报酬率所产生的影响（分析时仅考虑单因素的影响；两种产品视为组合，即两种产品的销售量或单价或单位变动生产成本等同时上升或下降10%）。（4分）

3. 公司要求的内部收益率不低于加权平均资本成本率，对子公司的业绩考核办法为按高于加权平均资本成本率的百分点计算奖励业绩。要求根据以上1、2项的计算结果分析在公司管理中沙塘公司可能出现的态度，如有必要请提出解决建议。（2分）

"天平杯"浙江省第九届大学生
财会信息化竞赛试题(本科组)

SUNHJ 股份有限公司资料

(说明:该案例仅供竞赛使用,不与实际企业挂钩)

第一部分 公司基本情况

一、公司背景

浙江 SUNHJ 股份有限公司(以下简称"本公司"或"公司")是经浙江省人民政府企业上市工作领导小组浙上市〔2001〕99 号文批准,由浙江 SUN 三尚机电有限公司于 2001 年 12 月 19 日整体变更设立的股份有限公司,设立时总股份为 43 181 865 股,每股面值 1 元,公司注册资本为人民币 43 181 865.00 元。经中国证券监督管理委员会证监发行字〔2004〕79 号《关于核准浙江 SUNHJ 设备股份有限公司公开发行股票的通知》文核准,本公司于 2004 年 6 月 16 日在深圳证券交易所向社会公众发行 2 800 万股人民币普通股股票,于 2004 年 7 月 5 日在深圳证券交易所挂牌交易,证券代码"＊＊＊＊＊＊",证券简称"SUNHJ"。本次发行后公司总股份变更为 71 181 865 股,注册资本为人民币 71 181 865.00 元。

经中国证券监督管理委员会证监公司字〔2007〕216 号《关于核准浙江 SUNHJ 设备股份有限公司向浙江 SUN 精工集团有限公司发行新股购买资产的批复》核准,本公司于 2007 年 12 月 25 日向特定对象非公开发行 9 000 万股人民币普通股(A 股),每股面值人民币 1.00 元,每股发行价为人民币 14.84 元,购买浙江 SUN 精工集团有限公司(以下简称"SUN 精工")持有的浙江 SUN 禾田金属有限公司等子公司股权及其拥有的国有土地使用权和房屋建筑物。本次增发完成后,公司总股份变更为 161 181 865 股,注册资本变更为人民币 161 181 865.00 元。

2008 年 6 月 10 日,本公司实施了以资本公积金每 10 股转增 10 股的转增方案,方案实施完毕后,公司总股份变更为 322 363 730 股,注册资本变更为人民币 322 363 730.00 元,公司于 2008 年 7 月 16 日领取工商变更登记后的《企业法人营业执照》。

经中国证券监督管理委员会证监许可〔2009〕719 号《关于核准浙江 SUNHJ 设备股份有限公司非公开发行股票的批复》核准,本公司于 2009 年 9 月 4 日向 10 名特定对象非公开发行 5 000 万股人民币普通股,募集资金总额 51 300.00 万元(净额 49 600.00 万元),于 2009 年 9 月 17 日上市。本次非公开发行完成后,公司总股份变更为 372 363 730 股,注册资本变更为人民币 372 363 730.00 元。

　　经公司 2009 年度股东大会决议批准,同意公司名称由"浙江 SUNHJ 设备股份有限公司"变更为"浙江 SUNHJ 股份有限公司"。2010 年 5 月 4 日,本公司取得变更后的企业法人营业执照。

　　2011 年 5 月 19 日,本公司实施了以资本公积金每 10 股转增 10 股的转增方案,方案实施完毕后,公司总股份变更为 744 727 460 股,注册资本变更为人民币 744 727 460.00 元,公司于 2011 年 8 月 17 日领取工商变更登记后的企业法人营业执照。

　　经中国证券监督管理委员会《关于核准浙江 SUNHJ 股份有限公司非公开发行股票的批复》(证监许可〔2011〕1617 号)文件核准,公司非公开发行人民币普通股(A 股)8 550 万股,每股发行价 11.30 元,募集资金总额为 96 615.00 万元,扣除发行费用 2 250.00 万元后的实际募集资金净额为 94 365.00 万元,该项募集资金已于 2011 年 10 月 27 日到达募集资金专项账户。上述募集资金到位情况已经 XYZ 正信会计师事务所有限公司出具的 XYZ 正信验(2011)综字第 020151 号《验资报告》验证确认。

　　另 2011 年 12 月 9 日,公司《关于首期股票期权激励计划首次授予第一个行权期行权情况的公告》,行权 771 万股,已经 XYZ 正信会计师事务所有限公司出具的 XYZ 正信验(2011)综字第 020171 号《验资报告》验证确认。经上述二次变更后,公司现有总股份变更为 837 937 460 股(每股面值 1 元),注册资本为人民币 837 937 460.00 元。总股份中,其中有限售条件的流通股份 90 045 636 股;无限售条件的流通股份 747 891 824 股。

　　公司属通用设备制造业,经营范围为:制冷通用设备、家用电力器具部件、金属材料的制造、销售和服务,暖通空调工程的设计、技术咨询及系统工程安装;实业投资;经营进出口业务。

二、前三年的主要会计数据和财务指标

(一) 主要会计数据

主要会计数据　　　　　　　　　　　　　　　　　　　　单位:人民币元

项目	2011 年	2010 年	本年比上年增减(%)	2009 年
营业收入	5 037 462 412.72	3 695 219 243.82	36.32%	2 281 741 063.87
利润总额	312 271 936.61	331 572 042.45	−5.82%	238 334 360.89
归属于上市公司股东的净利润	293 006 043.15	218 185 956.24	34.29%	160 381 354.58
归属于上市公司股东的扣除非经常性损益后的净利润	252 329 989.26	202 582 993.96	24.56%	149 365 323.08
经营活动产生的现金流量净额	442 497 582.70	291 717 088.11	51.69%	150 803 494.96
总资产	7 522 524 004.79	5 221 712 035.19	44.06%	3 118 142 139.55
所有者权益	2 958 344 440.68	1 872 463 078.89	57.99%	1 898 138 366.58
股本	837 937 460.00	372 363 730.00	125.03%	372 363 730.00

（二）主要财务指标

主要财务指标　　　　　　　　　　　　　　　　单位：人民币元

项目	2011 年	2010 年	本年比上年增减（%）	2009 年
基本每股收益	0.385 7	0.293	31.64%	0.239 5
稀释每股收益	0.382 7	0.292 3	30.93%	0.239 5
扣除非经常性损益后的基本每股收益	0.332 2	0.272	22.13%	0.223
扣除非经常性损益后的稀释每股收益	0.329 6	0.271 4	21.44%	0.223
加权平均净资产收益率	14.21%	11.53%	增长 2.68 个百分点	11.73%
扣除非经常性损益后的加权平均净资产收益率	12.24%	10.70%	增长 1.54 个百分点	11.09%
每股经营活动产生的现金流量净额	0.53	0.78	−32.05%	0.4

三、控股股东及实际控制人情况

（一）公司与实际控制人之间的产权及控制关系图

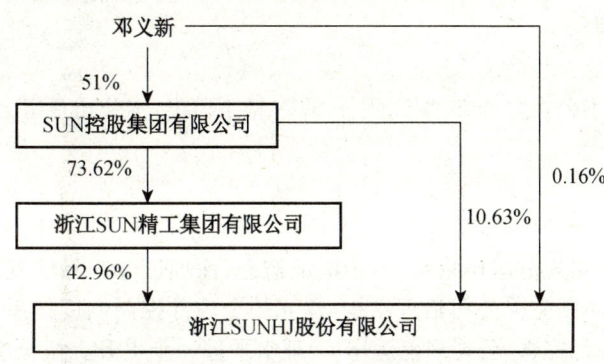

公司与实际控制人之间的产权及控制关系图

（二）董事、监事和高级管理人员

1. 董事

（1）周良才先生，曾任 SUN 控股副总裁，SUN 精工董事长、总裁，本公司总裁；现任本公司董事长。

（2）吴富子先生，曾任 SUN 控股副总裁，本公司董事长；现任 SUN 控股董事、总裁，本公司董事。

（3）葛飞亚先生，曾任本公司下属浙江 SUN 机电科技有限公司总经理、环境优化与系统集成事业部总经理；现任本公司董事、总裁。

（4）喻飞波先生，曾任北京恒帝隆投资有限公司董事、副总裁，本公司董事会秘书；现任本公司副董事长、副总裁。

（5）江候挺先生，曾任 SUN 精工副总裁；现任 SUN 精工董事，本公司董事、副总裁。

（6）徐新家先生，曾任合肥苹果机械研究院制冷空调研究所副所长；现任合肥苹果机械研究院院长助理兼资本运营与战略规划部部长,本公司董事。

(7) 骆骎家先生,曾任北京凯姆克国际贸易有限公司董事长;现任国机财务有限责任公司董事长,本公司独立董事。

(8) 樊定高先生,曾任合肥苹果机械研究院院长;现任中国制冷空调工业协会理事长,中国制冷学会副理事长,安徽省科协副主席,本公司独立董事。

(9) 文瑜宗先生,曾在原国家国有资产管理局工作,主要从事政策研究与管理咨询工作,本公司独立董事。

2. 监事

(1) 汪粮余先生,曾任 SUN 控股财务总监,SUN 化工集团有限公司总裁,SUN 精工副总裁,SUN 控股总裁助理,本公司董事、常务副总裁;现任 SUN 控股监事,SUN 精工董事长,本公司监事会主席。

(2) 沈祥晓先生,曾任杭州赛富特设备有限公司总经理,本公司下属浙江 SUN 国际贸易有限公司总经理;现任 SUN 精工董事、总经理,本公司监事。

(3) 杨军光先生,曾任本公司总经理助理,本公司下属浙江 SUN 机电科技有限公司副总经理,本公司人力资源中心副总监;现任本公司监事。

(4) 孙军存先生,曾任 SUN 控股化工事业部审计专员,SUN 精工审计经理;现任本公司职工代表监事、审计负责人。

(5) 郭萍伟女士,曾任 SUN 控股行政管理课科长;现任 SUN 精工监事,本公司职工代表监事、人力资源中心外联经理。

3. 高级管理人员

何梅晓女士,曾任本公司财务部部长;现任 SUN 精工监事,本公司董事会秘书、财务负责人。

四、治理结构

报告期内,公司严格按照《公司法》《证券法》《上市公司治理准则》《深圳证券交易所股票上市规则》《中小企业板上市公司规范运作指引》等中国证监会、深圳证券交易所发布的有关上市公司治理的规范性文件要求,不断完善公司治理结构,建立健全内部控制制度体系,取得了良好的效果。公司的法人治理结构更加完善,公司规范运作、治理水平进一步提升。截至本年末,公司治理的实际情况符合有关上市公司治理规范性文件的要求。

(一) 关于股东与股东大会

公司严格按照《公司法》《证券法》《深圳证券交易所股票上市规则》《公司章程》和《公司股东大会议事规则》等规定和要求,规范公司股东大会的召集、召开程序,提案的审议、投票、表决程序等,并聘请律师出席见证,确保所有股东特别是中小股东享有平等地位,充分行使自己的权利,不存在损害中小股东利益的情形。

(二) 关于公司与控股股东

公司拥有独立完整的业务和自主经营能力,在业务、人员、资产、机构、财务上独立于控股股东;公司董事会、监事会及其他内部机构独立运作;公司控股股东能够严格规范自身行为,未发生超越股东大会直接或间接干预公司决策及生产经营活动的情况,也不存在损害公司及其他股东利益的情况。

(三) 关于董事和董事会

报告期内,公司严格按照《公司法》《证券法》《深圳证券交易所股票上市规则》《公司章程》等规定完成董事会换届选举,组成公司第四届董事会;公司第四届董事会由 9 名董事组成,设董事长 1

人,副董事长1人,独立董事3人,占全体董事的1/3。公司董事会的人数及人员构成符合有关法律、法规的要求;公司严格按照《公司章程》和《公司董事会议事规则》的规定召集、召开董事会会议;全体董事严格按照《中小企业板块上市公司董事行为指引》《公司董事会议事规则》和《公司独立董事工作制度》等要求开展工作,忠实、诚信、勤勉地履行职责,维护公司和股东利益,认真出席董事会会议。公司董事会下设的审计委员会、战略委员会、提名委员会、薪酬与考核委员会等4个专门委员会充分发挥其专业职能作用,大大提高了董事会办事效率。

(四) 关于监事与监事会

报告期内,公司严格按照《公司法》《证券法》《深圳证券交易所股票上市规则》《公司章程》等规定完成监事会换届选举,组成公司第四届监事会;公司第四届监事会由5名监事组成,其中职工代表监事2名。监事会的人数和构成符合有关法律、法规的要求;监事会严格按照《公司章程》《公司监事会议事规则》的规定召集、召开监事会会议;公司监事能够本着对股东负责的态度,认真履行职责,对公司提供的对外担保、股权激励、重大投资等事项,以及募集资金使用情况、财务状况、董事和高级管理人员的履职情况等进行有效的监督。

第二部分　董事会报告摘要

一、管理层讨论与分析

2011年度,公司紧紧围绕"十二五"战略规划,努力化挑战为机遇,变压力为动力,较好地达成了年度经营目标;同时,公司坚持大力发展节能环保和新能源产业的导向,贯彻"从制造向制造服务转型,从提供产品向提供系统转型,从供应商向运营商、服务商转型"的发展思路,取得显著进展。2011年度,公司实现营业收入503 746.24万元,比上一年度增长36.32%;实现归属于上市公司股东的净利润29 300.60万元,比上一年度增长34.29%;实现经营活动产生的现金流量净额44 249.76万元,比上一年度增长51.69%。

(一) 强化自主创新,做精传统业务

以国家认定企业技术中心为契机,对组织机构和运营管理进行调整和优化,强化研发平台、知识产权和信息平台、基础管理平台建设,并在加大研发投入的基础上,实施研发管理创新,为创新工作的持续进行提供制度保障。同时在传统产业领域实现了新产品、新技术、新工艺的不断推陈出新。

1. 中央空调领域

公司研制的离心式冷水机组顺利通过"国家压缩机制冷设备质量监督检验中心"检测。

2. 制冷配件领域

完成制冷配件全系列节流控制元件的开发,加速推进二代产品的规模化销售;以智能控制为方向,重点开发压力、温度、湿度控制元件的三代产品布局业已展开。

3. 热工领域

公司开发的翅片式冷凝器及蒸发器产品,通过铁道部现场评审认证,顺利取得特种客车、轨道交通行业制冷设备换热器产品的生产资质,公司成为唯一通过铁道部运输局认证的冷凝器及蒸发器生产企业。

4. 知识产权管理

2011年,公司共获得授权专利106个,其中发明专利3个;申请受理专利达到175个,其中发明

专利 68 个。

(二) 加快新兴产业转型升级和商业模式创新

1. 可再生能源业务市场业绩突飞猛进

公司明确了节能产业发展思路,以天津滨海高新区设立的 SUN(天津)节能系统有限公司作为节能产业集投资、管理、研发等职能于一体的总部和示范基地,致力于利用工业余热、城市原生污水、可再生水源(井水、海水、湖水等)及土壤源等可再生能源,采用 BOT、BT、EPC 等模式,解决城镇集中供热(冷)问题,通过设计、设备供应、工程施工、运营管理等全方位服务,快速占领中国北方可再生能源利用市场的制高点。

2. 新能源业务加快推进

公司多晶硅项目,于 2011 年 9 月试投产,产品经检测,主要指标均完全达标。同时公司成功入围国家工业和信息化部《多晶硅行业准入条件》首批企业名单。

3. 核电暖通系统集成取得突破

公司设计制造的核级离心风机和轴流风机产品于 2011 年 8 月顺利通过中国核动力设计研究院国家重点实验室抗震试验。

4. 冷链领域

在成功开发冷库和超市冷链产品的基础上,建成包括大型分体展示柜、大型风冷冷凝器、冷风机等全系列产品的生产能力,并已成功中标超市和冷库冷链产品招标项目。

5. 海外并购打造全球智能控制领先技术平台

公司于 2011 年 11 月实施了对美国 Microstone,Inc. 主要资产的收购,从而快速切入硅控制微电子领域,强化了制冷配件产业三代产品的技术和市场布局,加快了从单一功能执行元件向系统控制产品转型升级的步伐,并为向更尖端前沿的智能控制领域延伸、在全球范围内取得领先地位奠定了基础。

二、对公司未来发展的展望

(一) 行业现状及发展趋势

1. 中央空调及再生能源利用产业

2012 年虽中国经济增速有所放缓,但城市化的加速推进,社会对工作环境、生活环境及健康诉求的提升,使商用中央空调尤其是节能健康型空调以及工业空调拥有了一定的市场空间。根据新的核电中长期发展规划(送审稿),2020 年核电装机目标为 8 000 万千瓦,国家将加快核电建设步伐,对核电站暖通系统及与相关压力容器的需求仍很旺盛。中国建筑能耗占社会总能耗的近 1/3,而随着城市规模不断扩大,与之相关的可再生能源利用市场无限广阔。

2. 制冷配件产业

从国内看,虽然家电下乡政策已退出、房地产政策短期不会有松动、外部市场环境趋紧,但空调不仅将在广大的农村市场普及,而且在节能环保要求下,随着变频空调的逐步推广,也会产生很大的升级换代需求;从国外看,印度、巴西等发展中国家需求提升较快,给公司制冷配件产业的发展提供有力的市场支撑。另外,通过前几年的努力,公司在以膨胀阀为代表的升级换代产品上取得了突破,将带来新的业绩增长点。

3. 光伏产业

根据国家"十二五"规划,到 2015 年我国光伏发电总容量将达到 1 000 万千瓦,2020 年达到 5 000 万千瓦,光伏产业发展空间巨大。虽然受宏观经济和新兴产业特性的影响,光伏产业的发展会出现波动,但总体趋势会是盘整向上。

4. 热工及冷链产业

压力容器、换热器在冷冻冷藏、空调、核电、化工、电力以及轨道交通等领域均有广泛的应用,前景广阔;另外,中国政府也开始高度重视食品安全问题,2010年政府发布的《农产品冷链物流发展规划》明确提出要完善鲜活农产品储藏、加工、运输和配送等冷链物流设施,到2015年初步建成农产品冷链物流服务体系,冷链产业将进入一个快速发展的时期。

(二)面临的市场竞争格局

公司作为制冷配件行业的龙头企业,最主要竞争对手是JZHS股份有限公司,两家公司在截止阀等主导产品上市场份额达到70%以上,形成了相对稳定的竞争格局,因此公司可持续分享未来家用空调市场稳定增长带来的收益。商用空调业务目前与优秀企业相比尚有一定差距,未来将在做精商用空调的基础上,继续实施特种制冷领域的转型战略,保持细分市场领先地位;热工业务将在立足于内部制冷业务配套的基础上,开拓化工、核电等具有良好市场前景的细分领域,巩固行业地位。

公司将大力发展以污水源热泵技术为核心、以城市原生污水、工业余热等为热源的可再生能源供热(冷)项目,灵活运用BT、BOT、EPC等商业模式,成为可再生能源集中供热(冷)系统工程的市场先行者。作为光伏、冷链等新兴产业的新进入者,公司将凭借自身经营管理的优势,依托上市公司平台,在稳健发展的基础上,积极做强做大。

(三)面临的挑战和机遇

2012年中国经济增速将有所放缓、通货膨胀因流动性或将维持高位、货币政策大幅放松可能性不大、房地产政策短期不会放松、人力成本将持续上升,但资源价格的持续走高和中国社会节能减排的迫切性,以及节能环保、新能源、新材料相关产业作为国家战略性新兴产业的定位,给可再生能源利用、节能新产品、绿色冷链等业务带来了发展良机。

(四)公司未来发展战略

公司前瞻性把握了未来发展转型的重点方向,结合当前已取得的升级转型成果,将坚定地按照从传统制造向制造服务转型、从提供产品向提供人工环境系统解决方案转型的发展战略,继续深化产业升级转型,逐步实现企业愿景。

2012年是公司实现经营业绩突破的关键一年,也是夯实管理基础、提升企业经营品质的关键一年,公司将全面贯彻落实战略规划,加快推进新兴产业,提升企业可持续发展能力;重点提升运营效率,提高运营质量。

(1)将节能环保和新能源相关业务培育发展成公司支柱性产业。可再生能源业务继续深化技术研发和商业模式创新,加大余热利用等领域的拓展,致力打造中国节能减排行业的领军企业;在已具备核电站暖通系统集成能力的基础上,积极争取市场突破。

迅速提升作为二代产品代表的膨胀阀系列产品的市场地位;加速推进硅控制微电子技术的整合,并为市场化、产业化提前布局。

利用入围国家工业和信息化部《多晶硅行业准入条件》首批企业名单的机遇,继续强化公司多晶硅产品的成本优势,并通过光伏终端应用的布局,实现跻身光伏产业第一阵营的目标。在终端冷链市场确立市场地位,并有选择地进入冷库市场,同时为系统集成服务和节能改造提前准备和布局。

(2)立足做精做强核心传统业务。通过芜湖中元、南昌中昊等新设子公司的设立与经营,实现制冷配件产能的优化配置,打造制冷配件产业持续的竞争优势。

继续加强中央空调节能、健康技术的应用,提升产品的市场竞争力;深入推进特种化战略,在已进入核电、移动通信、医疗等领域的基础上,继续向工业、民用的各个领域进行延伸,并急速系统集成业务模式的推广。

做强做大热工产业,大力发展化工、核电等特种领域的压力容器产品,加快微通道换热器项目建设,实现批量销售。

(3)运营效率的提升和运营质量的提高。优化组织结构,加强内部管理,提升工作质量与工作效率。加大财务管控,通过压缩费用、加快资金和资产的流转提升获利能力。

继续推进精益化生产,着力提高生产自动化水平,提升制造能力和生产效率,实现运营成本的降低。信息化建设覆盖企业价值链各环节,并加快现有模块的升级。

(4)加强技术创新,提升经营品质。做好"技术经营",以重大技术突破为基础,促进新兴科技与新兴产业的深度融合,加强前瞻性强、附加值高和市场潜力大的新产品、新技术的研发与应用。

谋求设备成套、系统集成和系统解决方案的研发突破,实现技术研发体系软、硬环境的同步提高。利用研发平台适时发展工业系统设计、自动化控制等高技术含量的产业技术,提前进行未来产业布局。

(五)未来发展战略的资金需求、来源及使用计划

根据公司发展战略规划及 2012 年年度经营计划,为实现产业的升级转型,公司将继续加大对部分新业务的投入,并落实相应的资金保障。公司将启动公司债券发行项目,并将结合融资成本、资金结构等因素,灵活考虑与选择其他融资方式;还可能根据实际资金需求,结合海螺型材股票走势,选择合适时机出售。

(六)可能对公司未来产生不利影响的风险因素

1. 市场不确定性带来的风险

受全球经济形势的影响,下游市场需求与上游原材料价格变化存在较大的不确定性。公司将通过深入实施升级转型战略,加大项目投资,促进新产品、新业务的快速成长;并通过强化成熟产业的内部生产、采购和销售的集中管控,辅以部分原材料的套期保值操作,确保经营业绩的稳定增长。

2. 劳动力成本持续上升的风险

公司劳动力成本呈逐年上升的趋势,一定程度上压缩了公司的利润空间。公司未来将通过提高生产自动化程度来提升劳动生产效率。

3. 汇率波动风险

随着国外市场开拓力度的进一步加大,以及泰国生产基地经营规模的持续扩大,汇率的波动将对公司盈利产生一定的影响。公司将根据实际需要,通过远期结汇等手段,减少汇率波动风险。资金成本的上升已形成较大的成本压力,公司将通过进一步强化内部管控,加快资金周转效率,以及发行公司债券等方式降低财务成本。

三、利润分配或资本公积金转增股本预案

经 XYZ 会计师事务所(特殊普通合伙)出具的 XYZ 审(2012)6-01 号《浙江 SUNHJ 股份有限公司 2011 年度财务报表的审计报告》确认,2011 年度母公司实现净利润 278 321 565.36 元,按 2011 年度母公司净利润的 10%提取法定盈余公积金 27 832 156.54 元,加上年初未分配利润 119 111 671.69 元,减去本年度分配 2010 年度利润 111 709 119.00 元;实际可供股东分配的利润为 257 891 961.51 元。截至 2011 年 12 月 31 日,母公司资本公积 1 609 246 122.29 元。公司拟以 2011 年 12 月 31 日总股本 837 937 460 股为基数,向全体股东按每 10 股派发现金红利 2 元(含税),共计派发 167 587 492 元,公司剩余未分配利润 90 304 469.51 元结转至下一年度。公司本年度不实施资本公积金转增股本。

四、重要事项

(一) 重大诉讼仲裁事项

公司于 2008 年 3 月受到来自美国 PARKER HANNIFIN 公司的反倾销指控(详细资料请查阅公开信息)。鉴于美国商务部于 2009 年 3 月 9 日发布的倾销幅度终裁结果和美国国际贸易委员会于 2009 年 4 月 27 日发布的损害终裁决定,美国商务部颁布反倾销税令,规定美国进口商自 2008 年 10 月 22 日起进口的本公司下属全资子公司浙江 SUN 禾田金属有限公司销售的截止阀产品,应按 12.95% 的倾销幅度向美国海关缴纳反倾销税,直至下一次复查后裁定新的倾销幅度。

2010 年 5 月 28 日,美国商务部发布了第一次年度行政复审的启动通知,复审调查期从 2008 年 10 月 15 日至 2010 年 3 月 31 日;2011 年 5 月 12 日,美国商务部发布第一次年度行政复审初步裁定结果,公司下属全资子公司浙江 SUN 禾田金属有限公司倾销幅度为 38.25%;2011 年 11 月 18 日,美国商务部发布第一次年度行政复审终裁结果,公司下属全资子公司浙江 SUN 禾田金属有限公司倾销幅度最终裁定为 9.42%,美国海关将根据此结果结算应缴纳的反倾销税,因此自反倾销原审初裁结果公布(2008 年 10 月 16 日)以来,浙江 SUN 禾田金属有限公司预缴的反倾销保证金与应缴反倾销税的差额将予退回,并且在第二次年度行政复审终裁结果公布之前(第二次年度行政复审已于 2011 年 5 月份启动),浙江 SUN 禾田金属有限公司对美国出口方阀将按照 9.42% 的税率向美国海关预缴相应保证金。

报告期内,公司未发生其他重大诉讼、仲裁事项,也不存在以前期间发生但持续到报告期的重大诉讼、仲裁事项。

(二) 报告期内公司收购及出售资产等事项

(1) 2011 年 3 月,本公司与自然人李伟亮共同出资设立 SUN(天津)节能系统有限公司(以下简称"天津节能公司"),于 2011 年 3 月 17 日办妥工商设立登记手续,并取得注册号为 120193000044580 的《企业法人营业执照》。该公司注册资本 18 000 万元,公司出资 11 160 万元,占其注册资本的 62%,李伟亮出资 6 840 万元,占公司注册资本的 38%。

天津节能公司于 2011 年 4 月 29 日与天津市金大地能源工程技术有限公司及其控股股东张安民签订天津临港大地新能源建设发展有限公司(以下简称"天津新能源公司")股权转让协议,以 4 502 250.00 元的价格受让天津市金大地能源工程技术有限公司持有的天津新能源公司 66% 的股权,双方在交易发生前不存在任何关联方关系。天津新能源公司住所为天津市滨海新区塘沽临港工业区 1 号;法定代表人为李伟亮;公司类型为有限责任公司;注册资本为人民币 1 000 万元;经营范围为:城市供热;蒸汽、热水供应(饮用水除外);城市燃气经营;能源工程施工、线路管道及设备安装;土木工程建筑施工。当日,天津新能源公司账面净资产为 4 446 236.77 元,净资产的公允价值为 4 446 236.77 元。

天津节能公司于 2011 年 4 月 30 日、2011 年 5 月 5 日分两次支付全部股权转让款,并于 2011 年 4 月办妥财产移交及工商变更登记手续,故自 2011 年 4 月起本公司将其纳入合并财务报表范围。

天津新能源公司 2011 年度净利润为 −394 357.86 元,其中,年初至合并日(购买日)的净利润为 −124 108.16 元;2011 年末账面净资产为 4 175 987.07 元。

(2) 2011 年 4 月 29 日,天津节能公司协议受让长春亿光年投资有限公司、北京银茂投资有限公司和自然人李国振分别持有的长春水务热源发展有限公司 23%、22% 和 11% 的股权,合计受让股权 56%。

(3) 2011 年 11 月 6 日,公司协议受让江苏神风空调集团股份有限公司、上海神风中央空调销售有限公司分别持有上海神风环境设备工程有限公司 25.36％和 3.27％的股权，合计受让股权 28.63％；同时，公司单方面对其增资至持有上海神风环境设备工程有限公司 60％的股权。

（4）2011 年 11 月 10 日，公司全资子公司 SUN Microstone，Inc.（SUN 美斯泰克有限公司）协议收购美国 Microstone，Inc. 与微电子控制技术的研发和应用相关资产。截至报告期末，收购资产交割及相关法律手续已全部完成。

（三）公司实施股权激励情况

浙江 SUNHJ 设备股份有限公司首期股票期权激励计划（摘要）如下：

（1）本激励计划中，SUNHJ 拟授予激励对象 1 450 万份股票期权，每一份股票期权拥有在符合行权条件的前提下在可行权日以行权价格购买 1 股 SUNHJA 股股票的权利。股票来源为 SUNHJ 向激励对象定向发行的 1 450 万股 A 股股票。其中，首次授予 1 305 万份，获授权的激励对象共有 35 人；预留股票期权 145 万份，占股票期权数量总额的 10％。预留股票期权应在本激励计划生效后 12 个月内授予。标的股票占本激励计划签署时公司股份总数即 372 363 730 股的比例为 3.89％。预留股票期权根据本激励计划确认激励对象后，公司将依法及时披露。

（2）每份股票期权拥有在本激励计划的可行权日按行权价格购买 1 股"SUNHJ"A 股股票的权利。首次授予的股票期权行权价格为人民币 18.65 元。预留股票期权的行权价格在该部分股票期权授予时由董事会依法确定。

（3）股票期权有效期内发生资本公积金转增股本、派发股票红利、股份拆细、缩股、配股等情形，股票期权数量及行权价格将作相应的调整。

（4）本激励计划行权资金以激励对象自筹方式解决。SUNHJ 承诺，不为激励对象依据本激励计划获取利益而提供贷款、担保以及其他任何形式的财务资助。

（5）激励对象包括公司董事、高级管理人员、核心技术与管理骨干，以及公司认为应当激励的其他员工，但不包括独立董事、监事。激励对象需在公司或其控股子公司全职工作、已与公司或其控股子公司签署劳动合同并在公司或其控股子公司领取薪酬。

激励对象具体情况表

序号	激励对象姓名	职务	获授股票期权数量（份）
1	周良才	董事长	2 500 000
2	江候挺	董事/副总裁	1 000 000
3	喻飞波	副董事长/副总裁	1 000 000
4	何梅晓	董事会秘书/财务总监	500 000
5	王君立	人力资源中心总监	500 000
6	赵锋华	IT 管理部经理	200 000
7	王倩靓	证券投资部经理	200 000
8	赵军校	热工与冷链事业部副总经理	500 000
9	张昌胜	公司技术中心副主任	400 000
10	杨程飞	制冷配件事业部副总经理	250 000
11	吴大兴	制冷配件事业部一厂厂长	250 000
12	楼杨家	制冷配件事业部销售总监	250 000

（续表）

序号	激励对象姓名	职务	获授股票期权数量(份)
13	王峰炎	制冷配件事业部销售总监助理	200 000
14	冯维志	制冷配件事业部供应链部长	200 000
15	倪汝红	制冷配件事业部财务部长	200 000
16	许凤银	公司子公司大通宝富企管部长	200 000
17	张云庭	公司技术中心技术总监	200 000
18	宣星伟	制冷配件事业部质控部副总监	200 000
19	屠女伟	制冷配件事业部三厂厂长	200 000
20	张焕新	制冷配件事业部四厂厂长	200 000
21	蔡裕培	制冷配件事业部五厂厂长	300 000
22	周平建	公司子公司珠海华宇总经理	250 000
23	沈友成	公司子公司天津华信总经理	200 000
24	袁妹细	公司子公司安徽华海总经理	200 000
25	姚均海	公司子公司苏州华越总经理	200 000
26	魏军建	公司子公司内蒙光伏电力总经理	200 000
27	刘峥嵘	公司子公司国贸公司副总经理	250 000
28	戚忠植	公司子公司重庆华超总经理	200 000
29	葛飞亚	董事/总裁	700 000
30	李军建	公司技术中心副主任	400 000
31	宣曙光	公司子公司大通宝富总经理	200 000
32	邓伟家	公司子公司盾安机电总经理	200 000
33	张高兴	制冷设备事业部冷水机组工厂厂长	200 000
34	乐明细	公司子公司合肥通冷总经理	200 000
35	包永斌	公司技术中心副主任	200 000
36	预留	其他待考核、认定人员	1 450 000
合计			14 500 000

（6）股票期权激励计划的有效期、授权日、等待期、可行权日、禁售期。

① 本激励计划的有效期：

本激励计划的有效期为自股票期权授权日起 60 个月内。

② 本激励计划的授权日：

本激励计划授权日由董事会确定。本激励计划报经中国证监会备案且中国证监会无异议后，提交 SUNHJ 股东大会批准 30 日内，按相关规定召开董事会会议对激励对象进行首次授权，并完成登记、公告等相关程序；预留股票期权拟在首次授权日后 12 个月内按相关规定召开董事会对激励对象进行授权。授权日必须为交易日。

③ 本激励计划的等待期：

等待期指授权日起至首个可行权日之间的期间。激励对象根据本激励计划获授的股票期权等待期为 12 个月。

④ 本激励计划的可行权日：

等待期结束后,激励对象方可行权,可行权日为 SUNHJ 定期报告公布后第 2 个交易日,至下一次定期报告公布前 10 个交易日内的任一交易日。

⑤ 标的股票的禁售期(略)。

(7) 股票期权的行权价格及其确定方法。

① 首次授予的股票期权:

首次授予的股票期权行权价格为 18.65 元,即在满足行权条件后,激励对象获授的每份期权可以 18.65 元的价格购买 1 股公司 A 股股票。

行权价格不应低于下列价格较高者:本激励计划(草案)摘要公布前 1 个交易日的公司股票收盘价(为 18.65 元)与本激励计划(草案)摘要公布前 30 个交易日公司股票平均收盘价(为 17.19 元)。

② 预留股票期权:

预留股票期权的行权价格在该部分股票期权授予时由董事会依法确定。

(8) 股票期权的授予条件和行权条件。

① 行权条件:

假设本激励计划授权日所在年度为 N 年,本激励计划在 N、N+1、N+2 及 N+3 年的 4 个年度中,分年度进行绩效考核,每个会计年度考核一次。激励对象对已获授的股票期权行权时必须同时满足如下条件:

第一个行权期行权条件为:2009 年度至 N 年度,归属于公司股东的扣除非经常损益后净利润年复合增长率不低于 12%且归属于公司股东的扣除非经常性损益后的加权平均净资产收益率不低于 10%;第二个行权期(预留股票期权第一个行权期)行权条件为:2009 年度至 N+1 年度,归属于公司股东的扣除非经常损益后净利润年复合增长率不低于 12%且归属于公司股东的扣除非经常性损益后的加权平均净资产收益率不低于 10%;第三个行权期(预留股票期权第二个行权期)行权条件为:2009 年度至 N+2 年度,归属于公司股东的扣除非经常损益后净利润年复合增长率不低于 12%且归属于公司股东的扣除非经常性损益后的加权平均净资产收益率不低于 10%;第四个行权期(预留股票期权第三个行权期)行权条件为:2009 年度至 N+3 年度,归属于公司股东的扣除非经常损益后净利润年复合增长率不低于 12%且归属于公司股东的扣除非经常性损益后的加权平均净资产收益率不低于 10%。

本激励计划等待期内,各年度归属于公司股东的净利润及归属于公司股东的扣除非经常性损益的净利润均不得低于授权日前最近三个会计年度的平均水平且不得为负。

在当年度根据《考核办法》规定,激励对象绩效考核合格。

② 行权安排:

首次授予的股票期权自首次授权日起满 12 个月后,按以下安排行权:

第一个行权期为授权日(T 日)+12 个月后的首个交易日起至授权日(T 日)+24 个月内的最后一个交易日当日止,可行权额度上限为获授股票期权总额的 30%;第二个行权期为授权日(T 日)+24 个月后的首个交易日起至授权日(T 日)+36 个月内的最后一个交易日当日止,可行权额度上限为获授股票期权总额的 30%;第三个行权期为授权日(T 日)+36 个月后的首个交易日起至授权日(T 日)+48 个月内的最后一个交易日当日止,可行权额度上限为获授股票期权总额的 20%;第四个行权期为授权日(T 日)+48 个月后的首个交易日起至授权日(T 日)+60 个月内的最后一个交易日当日止,可行权额度上限为获授股票期权总额的 20%。

预留股票期权自首次授权日起满 24 个月后,按以下安排行权:

第一个行权期为授权日(T 日)+24 个月后的首个交易日起至授权日(T+36 个月内的最后一个交易日当日止,可行权额度上限为获授股票期权总额的 40%;第二个行权期为授权日(T 日)+

36 个月后的首个交易日起至授权日(T 日)+48 个月内的最后一个交易日当日止,可行权额度上限为获授股票期权总额的 30%;第三个行权期为授权日(T 日)+48 个月后的首个交易日起至授权日(T 日)+60 个月内的最后一个交易日当日止,可行权额度上限为获授股票期权总额的 30%。

如未能满足行权条件的,则当期的股票期权不得行权,由公司注销。激励对象符合行权条件但未在上述行权期内全部行权的,则未行权的该部分期权由公司注销。

(9) 股票期权激励计划的调整方法和程序。

股票期权有效期内发生资本公积金转增股本、派发股票红利、股份拆细、缩股、配股等情形,股票期权数量及行权价格将做相应的调整。但调整后行权价不得低于公司已发行股份的每股面值。如发生增发新股情形的,股票期权数量及行权价格不得调整。

① 股票期权数量的调整方法:若在行权前 SUNHJ 有资本公积金转增股本、派送股票红利等事项,应对股票期权数量进行相应的调整。调整方法如下:

$$Q = Q_0 \times (1+n)$$

其中:Q 为调整后的股票期权数量。Q_0 为调整前的股票期权数量;n 为每股资本公积金转增股本、派送股票红利、股份拆细的比率(即每股股票经转增、送股或拆细后增加的股票数量)。

② 行权价格的调整方法:若在行权前 SUNHJ 有资本公积金转增股本、股份拆细、缩股、派送股票红利、配股等事项,应对行权价格进行相应的调整。调整方法如下:

资本公积金转增股份、股份拆细

$$P = P_0 \div (1+n)$$

其中:P 为调整后的行权价格。P_0 为调整前的行权价格;n 为每股的资本公积金转增股本、股份拆细的比率(即每股股票经转增或拆细后增加的股票比例)。

派送股票红利

$$P = P_0 - V$$

其中:P 为调整后的行权价格。P_0 为调整前的行权价格;V 为每股的派息额。

(10) 股票期权激励计划的生效。

本激励计划经中国证监会备案无异议后,提请公司股东大会审议批准之日起生效。

本激励计划的解释权属于公司董事会。

浙江 SUNHJ 设备股份有限公司
董　事　会
2010 年 1 月 19 日

2010 年 8 月 6 日,公司 2010 年第一次临时股东大会审议通过了前述股票期权激励计划相关议案。根据《上市公司股权激励管理办法(试行)》以及《浙江 SUNHJ 股份有限公司首期股票期权激励计划(修订稿)》(以下简称"《首期股票期权激励计划(修订稿)》")的相关授予条件,本次股票期权激励计划授予条件已满足。

2010 年 8 月 13 日,公司召开第三届董事会第十五次临时会议,审议通过了薪酬与考核委员会提议的《关于确定首期股票期权激励计划首次授予相关事项的议案》。

2010 年 10 月,激励对象张高孝先生离职,其预计股票期权 20 万份。

2011 年 4 月 8 日,公司 2010 年度股东大会审议通过了《2010 年度利润分配及资金公积金转增股本的议案》,以 2010 年 12 月 31 日总股本 372 363 730 股为基数,向全体股东按每 10 股派发现金红利 3 元(含税),共计派发 111 709 119 元;以总股本 372 363 730 股为基数,每 10 股转增 10 股。

2011 年 8 月 19 日,公司召开第四届董事会第二次会议,审议通过了《关于首期股票期权激励计划首次授予第一个行权期可行权的议案》。公司同意 34 名符合条件的激励对象在第一个行权期(2011 年 8 月 15 日至 2012 年 8 月 10 日)行权,可行权数量为 771 万份。本次股票期权行权期限:2011 年 8 月 15 日起至 2012 年 8 月 10 日止。

(四) 公司非公开增发股票的基本情况

浙江 SUNHJ 股份有限公司 2011 年 1 月 12 日召开 2011 年度第一次临时股东大会,审议通过了非公开发行 A 股股票相关的议案。

2011 年 9 月 7 日,中国证监会股票发行审核委员会审核有条件通过了 SUNHJ 本次发行,2011 年 10 月 8 日,中国证券监督管理委员会以"证监许可〔2011〕1617 号"《关于核准浙江 SUNHJ 股份有限公司非公开发行股票的批复》批准了公司本次非公开发行。

本次非公开发行 A 股股票(以下简称"本次发行")的基本情况如下:

(1) 发行证券的种类:本次发行的证券种类为人民币普通股(A 股)。

(2) 发行数量:本次发行股票数量为 8 550 万股。

(3) 发行证券面值:本次发行的股票每股面值为人民币 1.00 元。

(4) 发行价格:本次发行价格为 11.30 元/股,该发行价格相当于本次发行底价 11.27 元/股的 100.27%;相当于发行日(2011 年 10 月 21 日)前 20 个交易日股票均价 12.73 元/股的 88.77%;相当于发行日公司收盘价 11.79 元/股的 95.84%。

(5) 募集资金量:本次发行募集资金总额为 96 615 万元,扣除发行费用 2 250 万元,本次发行募集资金净额为 94 365 万元。

(6) 发行对象配售情况:

发行对象配售情况

序号	发行对象	认购价格(元)	配售数量(万股)	认购金额(万元)
1	陈峰伟	11.3	1 500	16 950
2	新亮集团有限公司	11.3	1 500	16 950
3	天津昌恒股权投资基金合伙企业(有限合伙)	11.3	990	11 187
4	中航海港担保有限公司	11.3	900	10 170
5	浙江久融股权投资合伙企业(有限合伙)	11.3	880	9 944
6	西安长城投资管理有限合伙企业	11.3	860	9 718
7	广恒证券股份有限公司	11.3	860	9 718
8	陈晓阳	11.3	620	7 006
9	西安长河投资管理有限合伙企业	11.3	440	4 972
合计	—	—	8 550	96 615

(7) 经 XYZ 正信会计师事务所有限公司出具 XYZ 正信验(2011)020151 号《浙江 SUNHJ 股份有限公司验资报告》验证,本次发行募集资金总额 966 150 000 元,扣除发行费用 22 500 000 元后的募集资金净额为 943 650 000 元,该笔资金已于 2011 年 10 月 27 日汇入公司的募集资金专项账户。2011 年 11 月 3 日,发行人办理了本次发行的股权登记工作。

(8) 募集资金投向:本次发行募集资金投向经 SUNHJ 第三届董事会第十七次临时会议审议通过,经 2011 年第一次临时股东大会批准。拟用于如下项目:

募集资金投向

项目	项目名称	投资总额(万元)	拟使用募集资金(万元)
A 项目	家用空调及压缩机配件生产项目	44 072	34 272
B 项目	收购 HZ 公司股权项目	60 093	60 093

(五) A 项目投资情况说明

浙江 SUNHJ 股份有限公司于 2011 年 12 月 5 日召开第四届董事会第七次临时会议审议通过了《关于在芜湖投资设立家用空调及压缩机配件生产基地的议案》,同意本公司投资 44 072 万元人民币,在安徽省芜湖市设立家用空调及压缩机配件生产基地。

1. 项目投资估算

项目总投资 44 072 万元,其中建设投资 34 272 万元,垫付营运资金 9 800 万元。本项目达产后,设计产能为年产 3 000 万只截止阀、3 000 万只家用空调压缩机用储液器和 200 万套家用空调系统集成管路组件。该项目的投资估算如下:

项目投资估算

项 目	金额(万元)
土地使用权(无形资产)	3 360
房屋、建筑物	13 980
机器设备	16 932
垫付营运资金	9 800
合 计	44 072

注:其中营运资金在经营初期(2013 年年初)一次投入,能满足正常经营年份的流动资金需要。

2. 项目资金来源

本项目所需资金通过公司已实施的非公开增发股票募集资金和借款两种方式筹资。其中固定资产及无形资产投资 34 272 万元使用非公开增发股票所筹资金;营运资金 9 800 万元通过向银行借款。该营运资金在项目投产(2013 年年初)时借入,借款期限为 10 年,年利率为 7%。借款还款计划为:从项目获利年度开始公司每年年末偿还 1 000 万元本金,项目结束时偿还剩余本金,每年支付当年的利息费用。假设投入的营运资金在项目寿命结束时可全部变现收回。

3. 项目投资目的

(1) 本项目是公司根据制冷配件产业"销地生产、组件供应、配套服务"的商业模式,紧随战略客户产能布局完善的步伐,在扩充自身产能的同时,抢占安徽这一新兴家用空调生产基地的市场先机,并对现有市场布局进行优化,继续保持市场竞争的优势地位。

(2)通过实施本项目,可以进一步拓展家用空调系统集成管路组件市场,促进公司整体战略规划的实施与推进。

4. 项目对公司的影响

(1)由于公司与战略客户已形成长期的合作关系,在其生产基地就近设立配套生产基地,将使公司制冷配件产业与主要客户的发展战略形成协同;公司制冷配件生产区域性的配套生产与管理模式已相当成熟,因此本项目整体风险不大。不过公司整体经营状况将受到战略客户生产、销售情况的影响。

(2)存在的风险:钢、铜、铝等金属材料作为制冷配件产品的主要原材料,其价格大幅波动亦将在一定程度上影响公司业绩。

5. 项目主要数据资料

假设该项目可以在 2012 年年初开始建设,全部固定资产投资在 2012 年年初投入,建设期 1 年,在 2012 年年末项目完工,2013 年年初投产并销售。该产品投产后,估计寿命期为 10 年,根据市场预测,项目在 2013 年的销售额为 31 071 万元,2014 年为 72 499 万元。2015 年达到正常销量,年销售收入 103 570 万元,年总成本费用 93 903 万元,年税金及附加 461 万元,年利润总额 9 206 万元。2016 年至 2022 年每年均保持 2015 年的水平。各年销售额和付现成本费用资料如下(单位:万元):

各年销售额和付现成本费用

项　　　目	2013 年	2014 年	2015—2022 年(每年)
销售额	31 071	72 499	103 570
变动性生产成本	22 992.54	53 649.26	76 641.8
固定性生产成本	3 800	3 800	3 800
变动性销售和管理费用	1 896.38	4 424.88	6 321.26
固定性销售及管理费用	5 000	5 000	5 000
营业税金及附加	138.3	322.7	461

(六)B 项目投资情况说明

为了分散经营风险,SUNHJ 公司除上述收购动作外,拟进军生物医药领域。董事会决定通过大宗交易方式收购 HZ 公司(上市公司)大股东所持的部分 HZ 股权。此前,SUNHJ 公司尚未持有 HZ 公司的任何股权。

公司拟以 2011 年年末 HZ 公司的年报为基础数据进行估价,利用非公开发行股票所募集的资金 60 093 万元收购 HZ 公司的部分股权。

HZ 公司的总股本为 4 837.8 万股,全部为普通股,已于 2000 年在证券市场上市。该公司的主营业务为生物制药产品的生产与销售,主要产品为出口的原料药产品和内销的制剂产品,2011 年实现销售收入 33 013.80 万元,并呈现持续增长态势(2011 年与上年度相比销售收入有所下降,但经分析 2012 年起能够维持持续增长的趋势)。该公司的盈利能力强,2011 年度实现净利润 14 615.60 万元。HZ 公司的特点是研发投入大、产品毛利率高,但污染较为严重,面临的经营风险和政策风险都比较大。

HZ 公司 2011 年年末有关财务报表如下:(为简化计算,报表已对所有数据进行了整数化处理;单位:万元)

HZ 公司资产负债表

2011 年 12 月 31 日   单位:万元

资产	期末数	期初数	负债及权益	期末数	期初数
流动资产:			流动负债:		
货币资金	2 511.80	1 979.70	短期借款	1 978.10	2 292.20
交易性金融资产	0	0	交易性金融负债	0	0
应收票据	43.3	146.4	应付票据	478.8	1 223.10
应收账款	2 322.10	2 155.90	应付账款	2 261.20	2 277.10
预付款项	470.5	315.1	预收款项	73.2	15.8
其他应收款	0	0	应付职工薪酬	483.5	538.6
存货	5 916.00	4 881.30	应交税费	414.1	394.1
其他流动资产	0	0	其他流动负债(带息)	1 739.20	1 815.00
流动资产合计	11 263.70	9 478.40	流动负债合计	7 428.10	8 555.90
非流动资产:			非流动负债:		
可供出售金融资产			长期借款	3 000.00	3 300.00
长期应收款	5 554.00		应付债券	8 635.80	374.8
长期股权投资	9 743.90	8 502.80	递延所得税负债	76.8	0
投资性房地产	0	0	其他非流动负债		
固定资产	16 445.70	15 303.50	非流动负债合计	11 712.60	3 674.80
在建工程	2 261.20	2 305.40	负债合计	19 140.70	12 230.70
工程物资	0	0	所有者权益:		
无形资产	3 170.70	2 560.50	股本	4 837.80	4 837.80
长期待摊费用	0	0	资本公积	8 819.00	8 819.00
递延所得税资产	180.5	123.2	盈余公积	2 850.40	2 428.10
其他非流动资产	0	0	未分配利润	12 971.80	9 958.20
非流动资产合计	37 356.00	28 795.40	股东权益合计	29 479.00	26 043.10
资产总计	48 619.70	38 273.80	负债与权益合计	48 619.70	38 273.80

HZ 公司利润表

2011 年   单位:万元

项目	2011 年	2010 年
一、营业收入	33 013.80	39 384.40
减:营业成本	13 062.80	11 263.30
营业税金及附加	170.6	172.7
销售费用	585.6	362.2

（续表）

项目	2011 年	2010 年
管理费用	815.3	632.2
财务费用	963.2	1 215.00
资产减值损失	0	0
加：公允价值变动收益	0	−0.7
投资收益	324.1	419.8
其中：对联合和合营企业投资收益	189	50.5
二、营业利润	17 740.40	26158.1
加：营业外收入	579.1	388.1
减：营业外支出	50	80.2
其中：非流动资产处置净损失	8.3	29.3
三、利润总额	18 269.50	26 466.00
减：所得税费用	3 653.90	5 293.20
四、净利润	14 615.60	21 172.80

（七）C 项目投资情况说明

浙江 SUNHJ 股份有限公司于 2011 年 12 月 5 日召开第四届董事会通过了"关于投资设立甘肃 SUN 光伏电力的议案"，同意本公司设立"甘肃光伏"公司，在甘肃省酒泉市金塔县投资 15 075.79 万元，建设 10 MW 光伏电站项目（以下简称"C 项目"）。

项目总投资 15 075.79 万元，其中建设投资 15 045.52 万元，铺底流动资金 30.27 万元；资金来源：自筹、银行贷款或其他融资方式；项目建成后并网第 1 年即可达到设计发电能力，正常盈利年份每年实现营业收入 1 457.62 万元（按含税电价 1 元/kwh 计），年总成本 110.36 万元，年利润总额 1 347.26 万元；预计第 8 年开始产生盈利，项目投资回收年限为 11.89 年（含建设期 1 年）。

（八）会计估计变更

浙江 SUNHJ 股份有限公司下属全资子公司内蒙古 SUN 光伏科技有限公司于 2011 年 9 月建成试投产，鉴于多晶硅产业建设投入大、收益期长的特点，通过调查研究，并与同行业其他上市公司对比分析，结合公司的自身情况，公司于 2011 年 11 月 15 日召开第四届董事会第六次临时会议，审议通过了《关于固定资产折旧会计估计变更的议案》，变更内容如下：

公司多晶硅业务机器设备折旧年限应按 20 年预计，公司现有其他业务机器设备折旧年限则仍按 10 年预计，如此能够更准确地反映公司整体的固定资产折旧情况，提供更可靠、更准确的会计信息。本次会计估计变更从 2011 年 12 月 1 日起开始执行。

内蒙古 SUN 光伏科技有限公司目前机器设备价值约为 10 亿元，2011 年内蒙古 SUN 光伏科技有限公司预计不会产生销售，根据《企业会计准则》，内蒙古 SUN 光伏科技有限公司 2011 年 12 月发生的机器设备折旧计入存货。

第三部分　财务报表

资产负债表

编制单位：浙江 SUNHJ 股份有限公司　2011 年 12 月 31 日　　　　单位：元

资产	注释号	期末余额		期初余额	
		合并	母公司	合并	母公司
流动资产：					
货币资金	1	1 707 426 282.08	1 185 269 836.29	1 255 076 032.02	664 421 653.12
结算备付金					
拆出资金					
交易性金融资产					
应收票据	2	469 039 838.86	56 312 389.86	448 523 408.37	149 291 201.36
应收账款	3	853 263 832.44	255 336 027.28	645 453 041.03	260 186 752.91
预付款项	4	329 100 007.67	64 778 959.32	119 240 101.08	40 393 385.58
应收保费					
应收分保账款					
应收分保合同准备					
应收利息	5	798 298.55	793 555.55	485 384.84	166 575.00
应收股利			4 268 829.77		4 268 829.77
其他应收款	6	59 432 493.64	1 311 539 732.85	58 593 255.58	145 704 425.46
买入返售金融资产					
存货	7	908 571 558.95	1 080 000.00	804 202 853.81	
一年内到期的非流动资产					
其他流动资产				3 589 200.00	
流动资产合计		4 327 632 312.19	2 879 379 330.92	3 335 163 276.73	1 264 432 823.20
非流动资产：					
发放委托贷款及垫款					
可供出售金融资产	8	188 108 179.30	188 108 179.30	334 112 722.80	334 112 722.80
持有至到期投资					
长期应收款			150 000 000.00		
长期股权投资	9	20 000.00	2 154 167 211.45	20 000.00	1 900 928 111.34
投资性房地产	10	10 781 325.84	282 382 473.56	11 173 215.24	256 015 344.70

（续表）

资产	注释号	期末余额		期初余额	
		合并	母公司	合并	母公司
固定资产	11	745 775 823.01	50 528 019.01	570 920 163.65	34 721 208.16
在建工程	12	1 497 705 506.04	5 106 040.00	483 605 670.80	30 271 501.90
工程物资	13	38 051 228.08		57 279 988.74	
固定资产清理					
生产性生物资产					
油气资产					
无形资产	14	585 100 511.24	3 290 323.35	367 892 344.31	4 918 296.57
开发支出					
商誉	15	30 698 035.00		28 536 627.36	
长期待摊费用	16	18 583 755.62	3 382 650.00	7 329 404.28	629 721.30
递延所得税资产	17	80 067 328.47	57 097 034.81	25 678 621.28	13 709 831.87
其他非流动资产					
非流动资产合计		3 194 891 692.60	2 894 061 931.48	1 886 548 758.46	2 575 306 738.64
资产总计		7 522 524 004.79	5 773 441 262.40	5 221 712 035.19	3 839 739 561.84

负债和股东权益	注释号	期末余额		期初余额	
		合并	母公司	合并	母公司
流动负债:					
短期借款	19	955 440 000.00	607 300 000.00	525 000 000.00	425 000 000.00
向中央银行借款					
吸收存款及同业存放					
拆入资金					
交易性金融负债					
应付票据	20	1 095 993 625.32	534 792 497.36	384 226 652.62	103 855 800.00
应付账款	21	971 964 762.22	188 699 426.71	731 564 600.90	268 657 112.59
预收款项	22	86 567 126.40	21 221 151.63	103 430 470.48	33 639 642.90
卖出回购金融资产款					
应付手续费及佣金					
应付职工薪酬	23	41 185 517.35	2 185 253.73	41 420 918.81	2 148 981.60
应交税费	24	−76 922 377.57	2 622 083.41	24 168 427.00	2 483 073.23
应付利息	25	7 937 688.59	6 630 697.79	6 205 380.62	6 044 645.90
应付股利	26	54 434 061.43		66 016 787.35	

（续表）

负债和股东权益	注释号	期末余额		期初余额	
		合并	母公司	合并	母公司
其他应付款	27	90 040 232.89	656 656 691.24	212 192 055.82	153 349 124.29
应付分保账款					
保险合同准备金					
代理买卖证券款					
代理承销证券款					
一年内到期的非流动负债	28	192 297 470.00	192 297 470.00	20 000 000.00	20 000 000.00
其他流动负债	29	320 849 755.25	300 000 000.00	404 726 374.34	400 000 000.00
流动负债合计		3 739 787 861.88	2 512 405 271.87	2 518 951 667.94	1 415 178 380.51
非流动负债：					
长期借款	30	479 863 143.66	474 594 940.00	704 905 230.00	704 905 230.00
应付债券					
长期应付款	31	200 000 000.00			
专项应付款					
预计负债					
递延所得税负债	17	14 894 416.88	5 177 016.66	27 104 518.28	26 566 138.28
其他非流动负债					
非流动负债合计		694 757 560.54	479 771 956.66	732 009 748.28	731 471 368.28
负债合计		4 434 545 422.42	2 992 177 228.53	3 250 961 416.22	2 146 649 748.79
股东权益：					
股本	32	837 937 460.00	837 937 460.00	372 363 730.00	372 363 730.00
资本公积	33	1 346 078 918.01	1 609 246 122.29	895 374 868.43	1 153 258 077.83
减：库存股					
专项储备					
盈余公积	34	96 835 350.35	76 188 490.07	69 003 193.81	48 356 333.53
一般风险准备					
未分配利润	35	681 645 359.14	257 891 961.51	528 180 591.53	119 111 671.69
外币报表折算差额		−4 152 646.82		7 540 695.12	
归属于母公司股东权益合计		2 958 344 440.68	2 781 264 033.87	1 872 463 078.89	1 693 089 813.05
少数股东权益		129 634 141.69		98 287 540.08	
股东权益合计		3 087 978 582.37	2 781 264 033.87	1 970 750 618.97	1 693 089 813.05
负债和股东权益总计		7 522 524 004.79	5 773 441 262.40	5 221 712 035.19	3 839 739 561.84

利 润 表

编制单位:浙江 SUNHJ 股份有限公司　　　　2011 年 1～12 月　　　　　　　　　单位:元

项　　目	注释号	本期金额		上期金额	
		合并	母公司	合并	母公司
一、营业总收入		5 037 462 412.72	1 710 927 982.11	3 695 219 243.82	1 385 196 682.90
其中:营业收入	1	5 037 462 412.72	1 710 927 982.11	3 695 219 243.82	1 385 196 682.90
利息收入					
已赚保费					
手续费及佣金收入					
二、营业总成本		4 784 539 198.01	1 877 992 004.16	3 387 672 527.93	1 463 800 902.17
其中:营业成本	2	3 971 638 043.27	1 707 376 395.97	2 907 261 106.71	1 380 293 229.86
利息支出					
手续费及佣金支出					
退保金					
赔付支出净额					
提取保险合同准备金净额					
保单红利支出					
分保费用					
营业税金及附加		30 270 410.75	2 333 337.08	12 837 821.21	2 053 247.96
销售费用	3	187 242 290.76	257 046.75	128 636 670.19	560 223.66
管理费用	4	463 163 823.96	68 189 218.35	286 018 101.32	40 181 316.19
财务费用	5	115 838 841.72	97 715 772.35	45 486 005.96	35 761 444.79
资产减值损失	6	16 385 787.55	2 120 233.66	7 432 822.54	4 951 439.71
加:公允价值变动收益					
投资收益	7	4 490 605.93	384 055 806.19	4 489 258.43	190 126 111.46
其中:对联营和合营投资收益					
汇兑损益					
三、营业利润		257 413 820.64	216 991 784.14	312 035 974.32	111 521 892.19
加:营业外收入	8	63 519 350.25	18 519 599.57	27 333 340.67	8 042 643.75
减:营业外支出	9	8 661 234.28	2 136 268.06	7 797 272.54	13 000.00

(续表)

项目	注释号	本期金额		上期金额	
		合并	母公司	合并	母公司
其中:非流动资产处置损失		2 228 558.02	36 268.06	4 376 344.77	
四、利润总额		312 271 936.61	233 375 115.65	331 572 042.45	119 551 535.94
减:所得税费用	10	19 184 124.75	-44 946 449.71	45 607 548.13	-10 081 013.05
五、净利润		293 087 811.86	278 321 565.36	285 964 494.32	129 632 548.99
归属于母公司所有者净利润		293 006 043.15	278 321 565.36	218 185 956.24	129 632 548.99
少数股东损益		81 768.71		67 778 538.08	
六、每股收益:					
(一)基本每股收益		0.385 7		0.293	
(二)稀释每股收益		0.382 7		0.292 3	
七、其他综合收益		-143 086 500.59	-126 174 668.65	-100 599 629.44	-109 095 953.08
八、综合收益总额		150 001 311.27	152 146 896.71	185 364 864.88	20 536 595.91
归属于母公司所有者综合收益总额		149 919 542.56	152 146 896.71	116 973 000.80	20 536 595.91
归属于少数股东综合收益总额		81 768.71		68 391 864.08	

现金流量表

编制单位:浙江 SUNHJ 股份有限公司　　　　2011 年 1～12 月　　　　单位:元

项目	注释号	本期金额		上期金额	
		合并	母公司	合并	母公司
一、经营活动产生的现金流量:					
销售商品:提供劳务收入到的现金		2 933 038 429 26	562 749 708 29	2 206 941 237 84	821 107 780 79
客户存款和同业存放款项净增加额					
向中央银行借款净增加额					
收到原保险合同保费取得的现金					

（续表）

项目	注释号	本期金额		上期金额	
		合并	母公司	合并	母公司
收到再保险业务现金净额					
保户储金及投资款净增加额					
处置交易性金融资产净增加额					
收取利息、手续费及佣金的现金					
拆入资金净增加额					
回购业务资金净增加额					
收到的税费返还		57 328 681.91	38 969.56	44 455 803.57	86 866.23
收到其他与经营活动有关的现金	1	62 885 032.70	36 269 782.24	96 263 719.86	13 227 433.22
经营活动现金流入小计		3 053 252 143.87	599 058 460.09	2 347 660 761.27	834 422 080.24
购买商品、接受劳务支付的现金		1 491 639 809.10	576 467 262.58	1 305 775 087.15	744 377 289.02
客户贷款及垫款净增加额					
存放中央银行和同业款项净增加额					
支付原保险合同赔付款项的现金					
支付利息、手续费及佣金的现金					
支付保单红利的现金					
支付给职工以及为职工支付的现金		513 447 400.04	13 229 182.47	344 412 607.70	8 701 278.55
支付的各项税费		293 152 944.77	6 330 310.23	157 608 450.40	4 869 977.91
支付其他与经营活动有关的现金	2	312 514 407.26	30 342 405.89	248 147 527.91	17 646 413.09

(续表)

项目	注释号	本期金额		上期金额	
		合并	母公司	合并	母公司
经营活动现金流出小计		2 610 754 561.17	626 369 161.17	2 055 943 673.16	775 594 958.57
经营活动产生的现金流量净额		442 497 582.70	-27 310 701.08	291 717 088.11	58 827 121.67
二、投资活动产生的现金流量:					
收回投资收到的现金					
取得投资收益收到的现金		4 490 605.93	384 055 806.19	3 386 790.88	190 126 111.46
处置固定资产、无形资产和其他长期资产收回的现金净额		7 504 857.20	79 351.74	3 900 370.30	218 300.00
处置子公司及其他营业单位收到的现金净额					
收到其他与投资活动有关的现金				1 102 467.55	11 516 165.27
投资活动现金流入小计		11 995 463.13	384 135 157.93	8 389 628.73	201 860 576.73
购建固定资产、无形资产和其他长期资产支付的现金		1 354 413 087.52	54 181 225.68	755 612 085.07	39 126 070.59
投资支付的现金		133 809 837.72	258 186 644.27	156 548 653.94	858 555 664.07
质押贷款净增加额					
取得子公司及其他营业单位支付的现金净额		570 434.25		96 547 189.41	106 580 000.00
支付其他与投资活动有关的现金			150 000 000.00		349 564 640.31
投资活动现金流出小计		1 488 793 359.49	462 367 869.95	1 008 707 928.42	1 353 826 374.97
投资活动产生的现金流量净额		-1 476 797 896.36	-78 232 712.02	-1 000 318 299.69	-1 151 965 798.24
三、筹资活动产生的现金流量:					
吸收投资收到的现金		1 018 427 800.00	1 016 927 800.00	26 660 000.00	

(续表)

项目	注释号	本期金额		上期金额	
		合并	母公司	合并	母公司
其中:子公司吸收少数股东投资收到的现金		1 500 000.00		26 660 000.00	
取得借款收到的现金		1 281 560 000.00	925 000 000.00	1 477 828 869.78	1 328 405 230.00
发行债券收到的现金		298 800 000.00	298 800 000.00	398 400 000.00	398 400 000.00
收到其他与筹资活动有关的现金	3	159 228 659.77	4 408 335 374.45	13 145 890.22	268 040 219.11
筹资活动现金流入小计		2 758 016 459.77	6 649 063 174.45	1 916 034 760.00	1 994 845 449.11
偿还债务支付的现金		1 301 120 000.00	1 192 700 000.00	397 990 869.78	298 500 000.00
分配股利、利润或偿付利息支付的现金		250 949 814.42	219 294 179.60	154 864 069.34	153 925 860.52
其中:子公司支付给少数股东的股利、利润		11 582 725.92		2 309 954.54	
支付其他与筹资活动有关的现金	4	2 500 000.00	4 823 627 393.18	2 005 000.00	2 005 500.00
筹资活动现金流出小计		1 554 569 814.42	6 235 621 572.78	554 859 939.12	454 431 360.52
筹资活动产生的现金流量净额		1 203 446 645.35	413 441 601.67	1 361 174 820.88	1 540 414 088.59
四、汇率变动对现金及现金等价物的影响		4 722 144.86	81 010.30	−366 721.22	11.23
五、现金及现金等价物净增加额		173 868 476.55	307 979 198.87	652 206 888.08	447 275 423.25
加:期初现金及现金等价物余额		1 065 783 923.78	611 998 776.71	413 577 035.70	164 723 353.46
六、期末现金及现金等价物余额		1 239 652 400.33	919 977 975.58	1 065 783 923.78	611 998 776.71

合并股东权益变动表

编制单位:浙江 SUNHJ 股份有限公司　　　　　2011 年度　　　　　单位:元

项目	归属于母公司股东权益							少数股东权益	股东权益合计
	股本	资本公积	减:库存股	专项储备	盈余公积	未分配利润	其他		
一、上期期末余额	372 363 730.00	895 374 868.43			69 003 193.81	528 180 591.53	7 540 695.12	98 287 540.08	1 970 750 618.97
加:会计政策变更									
前期差错更正									
其他									
二、本期期初余额	372 363 730.00	895 374 868.43			69 003 193.81	528 180 591.53	7 540 695.12	98 287 540.08	1 970 750 618.97
三、本期增减变动金额(减少以"-"号)	465 573 730.00	450 704 049.58			27 832 156.54	153 464 767.61	-11 693 341.94	31 346 601.61	1 117 227 963.40
(一)净利润						293 006 043.15		81 768.71	293 087 811.86
(二)其他综合收益		-131 393 158.65					-11 693 341.94		-143 086 500.59
上述(一)和(二)小计		-131 393 158.65				293 006 043.15	-11 693 341.94	81 768.71	150 001 311.27
(三)所有者投入和减少资本	93 210 000.00	954 460 938.23						31 264 832.90	1 078 935 771.13
1. 所有者投入资本	93 210 000.00	937 770 091.65						30 367 178.01	1 061 347 269.66
2. 股份支付计入所有者权益金额		16 690 846.58						897 654.89	17 588 501.47
3. 其他									
(四)利润分配						-139 541 275.54			-111 709 119.00
1. 提取盈余公积					27 832 156.54	-27 832 156.54			
2. 提取一般风险准备									
3. 对股东的分配						-111 709 119.00			-111 709 119.00
4. 其他									
(五)所有者权益内部结转	372 363 730.00	-372 363 730.00							
1. 资本公积转增股本	372 363 730.00	-372 363 730.00							
2. 盈余公积转增股本									
3. 盈余公积弥补亏损									
4. 其他									
(六)专项储备									
(七)其他									
四、本期期末余额	837 937 460.00	1 346 078 918.01			96 835 350.35	681 645 359.14	-4 152 646.82	129 634 141.69	3 087 978 582.37

（续表）

2010 年度

项目	股本	资本公积	减:库存股	专项储备	盈余公积	未分配利润	其他	少数股东权益	股东权益合计
一、上期期末余额	372 363 730.00	1 033 978 897.00			56 039 938.91	434 667 009.19	1 088 791.48	186 216 557.66	2 084 354 924.24
加:会计政策变更									
前期差错更正									
其他									
二、本期期初余额	372 363 730.00	1 033 978 897.00			56 039 938.91	434 667 009.19	1 088 791.48	186 216 557.66	2 084 354 924.24
三、本期增减变动金额（减少"-"号）		−138 604 028.57			12 963 254.90	93 513 582.34	6 451 903.64	−87 929 017.58	−113 604 305.27
（一）净利润						218 185 956.24		67 778 538.08	285 964 494.32
（二）其他综合收益		−107 664 859.08					6 451 903.64	613 326.00	−100 599 629.44
上述（一）和（二）小计		−107 664 859.08				218 185 956.24	6 451 903.64	68 391 864.08	185 364 864.88
（三）所有者投入和减少资本		−30 939 169.49						−156 320 881.66	−187 260 051.15
1. 所有者投入资本		−42 427 564.63						−157 353 376.52	−199 780 941.15
2. 股份支付计入所有者权益的金额		11 488 395.14						1 032 494.86	12 520 890.00
3. 其他									
（四）利润分配					12 963 254.90	−124 672 373.90			−111 709 119.00
1. 提取盈余公积					12 963 254.90	−12 963 254.90			
2. 提取一般风险准备									
3. 对股东的分配						−111 709 119.00			−111 709 119.00
4. 其他									
（五）所有者权益内部结转									
1. 资本公积转增股本									
2. 盈余公积转增股本									
3. 盈余公积弥补亏损									
4. 其他									
（六）专项储备									
（七）其他									
四、本期期末余额	372 363 730.00	895 374 868.43			69 003 193.81	528 180 591.53	7 540 695.12	98 287 540.08	1 970 750 618.97

母公司股东权益变动表

编制单位:浙江 SUNHJ 股份有限公司

2010 年度

金额单位:人民币元

项目	股本	资本公积	减:库存股	专项储备	盈余公积	未分配利润	股东权益合计
一、上期期末余额	372 363 730.00	1 153 258 077.83			48 356 333.53	119 111 671.69	1 693 089 813.05
加:会计政策变更							
前期差错更正							
其他							
二、本期期初余额	372 363 730.00	1 153 258 077.83			48 356 333.53	119 111 671.69	1 693 089 813.05
三、本期增减变动金额(减少以"—"号填列)	465 573 730.00	455 988 044.46			27 832 156.54	138 780 289.82	1 088 174 220.82
(一)净利润						278 321 565.36	278 321 565.36
(二)其他综合收益		−126 174 668.65					−126 174 668.65
上述(一)和(二)小计		−126 174 668.65				278 321 565.36	152 146 896.71
(三)所有者投入和减少资本	93 210 000.00	954 526 443.11					1 047 736 443.11
1.所有者投入资本	93 210 000.00	937 835 596.53					1 031 045 596.53
2.股份支付计入所有者权益的金额		16 690 846.58					16 690 846.58
3.其他							
(四)利润分配					27 832 156.54	−139 541 275.54	−111 709 119.00
1.提取盈余公积					27 832 156.54	−27 832 156.54	
2.提取一般风险准备							
3.对股东的分配						−111 709 119.00	−111 709 119.00
4.其他							
(五)所有者权益内部结转	372 363 730.00	−372 363 730.00					
1.资本公积转增股本	372 363 730.00	−372 363 730.00					
2.盈余公积转增股本							
3.盈余公积弥补亏损							
4.其他							
(六)专项储备							
(七)其他							
四、本期期末余额	837 937 460.00	1 609 246 122.29			76 188 490.07	257 891 961.51	2 781 264 033.87

(续表)

2010年度

项目	股本	资本公积	减:库存股	专项储备	盈余公积	未分配利润	股东权益合计
一、上期期末余额	372 363 730.00	1 250 865 635.77			35 393 078.63	114 151 496.60	1 772 773 941.00
加:会计政策变更							
前期差错更正							
其他							
二、本期期初余额	372 363 730.00	1 250 865 635.77			35 393 078.63	114 151 496.60	1 772 773 941.00
三、本期增减变动金额(减少以"一"号填列)		−97 607 557.94			12 963 254.90	4 960 175.09	−79 684 127.95
(一)净利润						129 632 548.99	129 632 548.99
(二)其他综合收益		−109 095 953.08					−109 095 953.08
上述(一)和(二)小计		−109 095 953.08				129 632 548.99	20 536 595.91
(三)所有者投入和减少资本		11 488 395.14					11 488 395.14
1.所有者投入资本		11 488 395.14					11 488 395.14
2.股份支付计入所有者权益的金额							
3.其他							
(四)利润分配					12 963 254.90	−124 672 373.90	−111 709 119.00
1.提取盈余公积					12 963 254.90	−12 963 254.90	
2.提取一般风险准备							
3.对股东的分配						−111 709 119.00	−111 709 119.00
4.其他							
(五)所有者权益内部结转							
1.资本公积转增股本							
2.盈余公积转增股本							
3.盈余公积弥补亏损							
4.其他							
(六)专项储备							
(七)其他							
四、本期期末余额	372 363 730.00	1 153 258 077.83			48 356 333.53	119 111 671.69	1 693 089 813.05

第四部分　部分财务报表附注

一、合并现金流量表补充资料

合并现金流量表补充资料　　　　　　　　　　　　　　　　金额单位:元

补充资料	本期数	上年同期数
1) 将净利润调节为经营活动现金流量:		
净利润	293 087 811.86	285 964 494.32
加:资产减值准备	16 385 787.55	7 432 822.54
固定资产折旧、油气资产折耗、生产性生物资产		
折旧	64 450 255.98	57 392 622.25
无形资产摊销	13 849 741.34	9 033 001.60
长期待摊费用摊销	3 673 810.00	1 456 002.10
处置固定资产、无形资产和其他长期资产的损失(收益以"－"号填列)	1 594 240.47	3 602 341.60
固定资产报废损失(收益以"－"号填列)		
公允价值变动损失(收益以"－"号填列)		
财务费用(收益以"－"号填列)	113 581 942.79	44 030 631.22
投资损失(收益以"－"号填列)	－4 490 605.93	－4 489 258.43
递延所得税资产减少(增加以"－"号填列)	－54 006 177.18	－11 070 124.44
递延所得税负债增加(减少以"－"号填列)	8 158 153.45	－1 559 246.77
存货的减少(增加以"－"号填列)	－103 315 645.78	－256 387 779.25
经营性应收项目的减少(增加以"－"号填列)	－459 013 233.02	－249 814 606.92
经营性应付项目的增加(减少以"－"号填列)	548 541 501.17	406 126 188.29
其他		
经营活动产生的现金流量净额	442 497 582.70	291 717 088.11
2) 不涉及现金收支的重大投资和筹资活动:		
债务转为资本		
一年内到期的可转换公司债券		
融资租入固定资产		
3) 现金及现金等价物净变动情况:		
现金的期末余额	1 239 652 400.33	1 065 783 923.78
减:现金的期初余额	1 065 783 923.78	413 577 035.70
加:现金等价物的期末余额		
减:现金等价物的期初余额		
现金及现金等价物净增加额	173 868 476.55	652 206 888.08

注:期初银行存款中已质押的作为承兑汇票保证金及信用证保证金的定期存款 44 420 000.00 元不作为现金和现金等价物。

二、资产减值损失

资产减值损失　　　　　　　　　　　　　　　　　　单位:万元

项　　目	本期数	上年同期数
坏账损失	16 385 787.55	7 473 767.48
存货跌价损失		−40 944.94
合计	16 385 787.55	7 432 822.54

三、承诺事项

(一) 重大承诺事项

报告期内,公司对控股子公司、股东、实际控制人及其关联方提供担保的情况如下:

(1) 2011 年 3 月 12 日召开的公司第三届董事会第九次会议审议通过并经 2011 年 4 月 8 日召开的公司 2010 年度股东大会决议通过的《关于提供对外担保事项的议案》:同意公司为子公司浙江 SUN 禾田金属有限公司向中国银行诸暨支行和中国农业银行诸暨支行各融资 20 000.00 万元和 7 000 万元,为子公司浙江 SUN 国际贸易有限公司向中国农业银行诸暨支行融资 2 000 万元分别提供最高额保证担保,保证方式为连带责任保证,保证期限为自融资事项发生之日起 1 年。截至 2011 年 12 月 31 日,上述担保项下借款余额为 10 600.00 万元,子公司浙江 SUN 禾田金属有限公司开具银行承兑汇票使用额度 13 658.16 万元。

(2) 2011 年 7 月 15 日召开的公司第四届董事会第二次临时会议审议通过并经 2011 年 8 月 19 日召开的公司 2011 年第二次临时股东大会决议通过的《关于提供对外担保事项的议案》:同意公司为子公司浙江 SUN 禾田金属有限公司向中信银行杭州分行和中国工商银行诸暨支行各融资 10 000 元,为子公司浙江 SUN 国际贸易有限公司向中信银行杭州分行融资 15 000 元,为子公司浙江 SUN 机电科技有限公司向中国工商银行诸暨支行融资 5 000 万元,为子公司合肥苹果制冷设备有限公司向交通银行合肥高新支行融资 400 万元,为子公司南通宝富风机有限公司向中国农业银行南通开发区支行融资 14 000 万元分别提供最高额保证担保,保证方式为连带责任保证,保证期限为自融资事项发生之日起 1 年。截至 2011 年 12 月 31 日,上述担保项下借款余额为 10 000 元,子公司浙江 SUN 禾田金属有限公司开具银行承兑汇票使用其额度 8 255.29 万元,子公司合肥苹果制冷设备有限公司开具银行承兑汇票使用其额度 230.86 万元,子公司浙江 SUN 机电科技有限公司开具银行承兑汇票使用其额度 1 661.53 万元。

(3) 2011 年 9 月 29 日召开的公司第四届董事会第四次临时会议审议通过并经 2011 年 12 月 30 日召开的公司 2011 年第三次临时股东大会决议通过的《关于提供对外担保事项的议案》:同意公司为子公司内蒙古 SUN 光伏科技有限公司向华融金融租赁股份有限公司融资 20 000 万元,为子公司浙江 SUN 机电科技有限公司向中国工商银行诸暨支行融资 2 000 万元,为子公司浙江 SUN 国际贸易有限公司向中信银行杭州分行融资 10 000 万元分别提供最高额保证担保,保证方式为连带责任保证,保证期限为自融资事项发生之日起 1 年;同意公司与浙江海越股份有限公司提供12 000.00万元等额连带责任互保。截至 2011 年 12 月 31 日,上述担保项下子公司内蒙古 SUN 光伏科技有限公司设备租赁融资使用其额度 20 000 万元,子公司浙江 SUN 国际贸易有限公司开具信用证使用其额度 12 522.86 万元,浙江海越股份有限公司开具银行承兑汇票使用其额度3 100.00 万元。

(4) 2011 年 11 月 15 日召开的公司第四届董事会第六次临时会议审议通过并经 2011 年 12 月 30 日召开的公司 2011 年第三次临时股东大会决议通过的《关于关联互保的议案》:同意公司与安徽南江化工股份有限公司(以下简称"南江化工")提供 20 000 万元人民币的等额连带责任互保,担保方式为连带责任担保,担保期限自融资事项发生之日起 1 年。截至 2011 年 12 月 31 日,上述担保项下借款余额为 0 元。

(5) 2011 年 12 月 5 日召开的公司第四届董事会第七次临时会议审议通过并经 2011 年 12 月 30 日召开的公司 2011 年第三次临时股东大会决议通过的《关于提供对外担保事项的议案》:同意公司为子公司太原火炬再生能源供热有限公司、内蒙古 SUN 光伏科技有限公司、浙江 SUN 禾田金属有限公司向兴业银行杭州分行各融资 10 000 万元、12 000 万元和 15 000 万元,分别提供最高额保证担保,保证方式为连带责任保证,保证期限为自融资事项发生之日起 1 年。截至 2011 年 12 月 31 日,上述担保项下借款余额为 0 元。

(6) 2011 年 12 月 29 日召开的公司第四届董事会第九次临时会议审议通过了《关于提供对外担保事项的议案》:同意公司为子公司内蒙古 SUN 光伏科技有限公司向华融金融租赁股份有限公司融资 20 000 万元,为子公司浙江 SUN 禾田金属有限公司向中国银行浙江分行营业部和中国农业银行诸暨支行各融资 20 000 万元和 7 000 万元,为子公司浙江 SUN 国际贸易有限公司向中国农业银行诸暨支行融资 2 000 万元,分别提供最高额保证担保,保证方式为连带责任保证,保证期限为自融资事项发生之日起 1 年。截至 2011 年 12 月 31 日,上述担保项下借款余额为 0 元。除公司与南江化工提供关联互保外,公司没有为股东、实际控制人及其关联方提供担保,没有直接或间接为除前述控股子公司外的其他资产负债率超过 70%的被担保对象提供债务担保。本公司控股子公司无对外担保情况发生。

根据本公司 2009 年 11 月 2 日第三届董事会第十次临时会议同意,本公司拟通过向晋中能源邢台矿业集团有限责任公司受让其持有的内蒙古鄂尔多斯市金马煤电有限公司 23%股权参与其煤炭资源开发,暂定受让价 115 万元。目前正在办理采矿权证。

(二) 前期承诺履行情况

公司前期承诺事情已履行完毕。

四、资产负债表日后事项

(一) 资产负债表日后借款

2012 年 1 月,本公司归还中国农业银行诸暨市支行的借款 4 230.00 万元,本公司子公司浙江 SUN 禾田金属有限公司归还中国银行诸暨市支行的借款 2 100.00 万元。2011 年 2 月,本公司归还中国农业银行诸暨市支行的借款 3 000.00 万元,本公司子公司浙江 SUN 禾田金属有限公司归还中国银行诸暨市支行的借款 1 500.00 万元,本公司子公司浙江 SUN 国际贸易有限公司归还中信杭分的信用证 5 000.00 万元。上述归还款项合计 15 830.00 万元。

(二) 发行债券

为进一步支持公司业务的开展、增强公司综合竞争实力,并拓宽公司融资渠道、改善资本结构,公司拟公开发行公司债券募集资金,债券的发行规模不超过人民币 12 亿元,一次或分期发行,债券存续期限为不超过 5 年。具体发行规模及分期方式等需提请股东大会授权董事会视具体发行情况确定。

(三) 资产负债表日后利润分配情况说明

公司拟以 2011 年 12 月 31 日总股本 837 937 460 股为基数,向全体股东按每 10 股派发现金红利 2 元(含税),共计派发 167 587 492 元,公司剩余未分配利润 90 304 469.51 元结转至下一年度。

公司本年度不实施资本公积金转增股本。

第五部分　各科竞赛具体内容与解答要求

一、公司战略与风险管理(15 分)

(一) 7 分

由浙江 SUNHJ 股份有限公司 2011 年年报可知,公司强调在传统产业领域实现了新产品、新技术对工艺的不断推陈出新,加快新兴产业转型升级和商业模式创新。2011 年 10 月公司与华能众泰发电有限公司签订了《冷凝热利用供热合同》,同时,成功入围国家工业和信息化部《多晶硅行业准入条件》首批企业名单。11 月公司又实施了对美国 MICROSTONE,INC 主要资产的收购,从而快速切入硅控制微电子领域。

要求:根据公司的组织结构与战略布局,试分析公司采取了哪种总体战略,其原因是什么? 其目的是什么? 评价战略成功的标准有哪些? 结合公司实际评价所采取战略的优缺点。

(二) 3 分

根据"第二部分　董事会报告摘要"中"四、重要事项",回答以下问题:根据国际反倾销的一般规则,分析 SUN 禾田遭遇反倾销的背景,从国际财务策略方面分析遭遇反倾销诉讼风险的原因,以及防范反倾销风险的措施。

(三) 5 分

浙江 SUNHJ 股份有限公司于 2011 年 8 月 19 日召开的第四届董事会第二次会议,审议通过了《关于开展铜期货套期保值业务的议案》,同意公司在 2012 制冷年度(2011 年 9 月—2012 年 8 月)进行铜期货套期保值业务。

背景资料:本公司主营制冷配件产业中,铜材占原材料成本约 60% 以上,其价格波动对公司经营业绩影响较大。为规避铜价波动带来的经营风险,该行业内早已形成产品价格与月度铜价相挂钩的结算体系。公司亦已在 2010 及 2011 制冷年度(2009 年 9 月—2011 年 8 月)进行了有效的铜期货套期保值操作,较好地规避了铜价波动风险。

部分主要战略客户继续要求公司在 2012 制冷年度进行铜期货套期保值操作,以及公司本身为规避其他长期客户订单风险,锁定加工成本,确保正常经营效益,故提出在 2012 制冷年度进行部分铜期货套期保值操作。

依据公司对客户产品需求量的测算,2012 制冷年度对主要战略客户进行 5 000 吨、其他长期客户 2 000 吨的铜期货套期保值。根据公司对未来铜价走势的判断结合当前铜价,按 6.5 万元/吨折算,上述套期保值合同额约 45 500 万元,所需保证金总额约 9 100 万元,其中主要战略客户指定部分保证金 6 500 万元由客户提供,本公司实际承担保证金不超过 2 600 万元。

要求:简述套期保值这种衍生金融工具的策略选择,并结合公司实际分析进行套期保值的目的和风险战略。

二、内部控制与审计(20 分)

2010 年度股东大会决议,SUNHJ 续聘 XYZ 会计师事务所为该公司 2011 年度财务报告的审计机构。2011 年 11 月,XYZ 会计师事务所启动预审工作,并与公司、子公司进行了全面沟通。根据预审的结果与公司的实际情况,经会计师事务所与公司协商,最终确定了对该公司 2011 年度审计工作的时间安排,确定 2012 年 3 月 8 日向该公司提交审计报告。

按照审计业务约定书,会计师事务所委派李广、王强、周立、李阳和吴正清等 7 人(李广、王强、周立是注册会计师;李阳、吴正清等 4 人为审计助理人员)对 SUNHJ2011 年度财务报表进行审计。其审计的部分实施情况和收集的资料如下。

资料(一)

注册会计师首先了解了被审计单位及其环境的相关情况如下。

1. 竞争对手 JZHS 股份有限公司的主要会计数据

考虑到公司作为制冷配件行业的龙头企业,最主要竞争对手是 JZHS 股份有限公司,两家公司在截止阀等主导产品上市场份额达到 70% 以上。因此注册会计师查阅了 JZHS 的年报,主要会计数据和财务指标如下:

JZHZ 股份有限公司主要会计数据和财务指标			单位:万元
项目	2011 年	2010 年	本年比上年增减	2009 年
营业总收入(元)	4 186 894 183.44	3 113 068 106.07	34.49%	2 040 387 287.10
利润总额(元)	534 227 316.61	459 785 611.67	16.19%	336 687 957.68
归属于上市公司股东的净利润(元)	365 883 868.22	315 405 486.22	16.00%	237 853 879.87
归属于上市公司股东的扣除非经常性损益的净利润(元)	337 228 952.97	291 769 968.00	15.58%	219 518 968.50
经营活动产生的现金流量净额(元)	483 608 940.72	314 794 135.26	53.63%	230 898 778.65
基本每股收益(元/股)	1.23	1.19	3.36%	0.9
稀释每股收益(元/股)	1.23	1.19	3.36%	0.9
扣除非经常性损益后的基本每股收益(元/股)	1.13	1.11	2.17%	0.83
加权平均净资产收益率	14.05%	22.66%	−8.61%	19.83%
扣除非经常性损益后的加权平均净资产收益率	12.95%	20.96%	−7.63%	18.30%
项目	2011 年末	2010 年末	本年末比上年末增减(%)	2009 年末
资产总额(元)	4 837 157 657.55	4 469 497 403.66	8.23%	2 440 972 026.27
负债总额(元)	1 813 761 497.44	1 754 537 392.66	3.38%	1 030 097 941.11
归属于上市公司股东的所有者权益(元)	2 723 431 405.08	2 512 023 090.23	8.42%	1 253 599 339.39
总股本(股)	297 368 666.00	297 368 666.00	0.00%	264 000 000.00
资产负债率	37.50%	39.26%	−1.76%	42.20%

2. 股权激励的行权条件

2011 年 8 月 19 日，公司召开董事会审议通过了《关于首期股票期权激励计划首次授予第一个行权期可行权的议案》。公司同意 34 名符合条件的激励对象在第一个行权期（2011 年 8 月 15 日至 2012 年 8 月 10 日）行权，可行权数量为 771 万份。注册会计师进一步了解其行权条件的部分资料如下：

股权激励的行权条件

首期股票期权激励计划设定的行权条件	是否满足行权条件的说明
本激励计划授权日所在年度为 N 年，以公司 2009 年度经审计净利润为基数，第一个行权期行权条件为：N 年度扣除非经常损益后净利润相比 2009 年度的年复合增长率不低于 12%，且 N 年度扣除非经常性损益后的加权平均净资产收益率不低于 10%。	以公司 2009 年度归属于上市公司股东的扣除非经常性损益后的净利润 149 365 323.08 元为基数，公司 2010 年度归属于上市公司股东的扣除非经常性损益后的净利润为 202 582 993.96 元，增长率为 35.63%，高于股权激励计划设定的 12%，满足条件；公司 2010 年度扣除非经常性损益后的加权平均净资产收益率为 10.70%，高于股权激励计划设定的 10%，满足条件。

3. 定向增发股票的其他信息

由于发展需要，公司进行了定向增发筹集资金。2011 年公司完成了向 9 位投资者非公开发行 8 550 万股股份，发行价格为 11.30 元/股。注册会计师注意到，该发行价格相当于发行日（2011 年 10 月 21 日）公司收盘价 11.79 元/股的 95.84%。9 位投资者都是非关联方。

4. 多晶硅市场情况

从 2011 年 3 月开始，多晶硅价格一直往下走。2012 年继续下跌，带来的直接后果是，国内多数多晶硅企业惨淡经营，企业开工率严重不足，部分已经被迫选择停产或半停产，过半多晶硅企业徘徊在破产边缘无法自拔。受此拖累，公司与相关方已商讨对光伏资产、业务进行处置的可能性。公司光伏资产、业务下辖内蒙古 SUN 光伏科技有限公司、内蒙古 SUN 光伏电力有限公司、甘肃 SUN 光伏电力有限公司。

要求：根据上述资料，解决以下问题。（共 6 分）

1. 根据舞弊三角理论，本资料中的同行业数据和公司自身基础数据，结合股权激励的背景信息，请分析注册会计师需要重点关注的公司 2010 年度的收入和费用类项目可能存在的风险，并说明理由（不需要指出具体认定名称，只需指出高估或虚增，低估或遗漏）（2 分）。

2. 根据舞弊三角理论，本资料中的同行业数据和公司自身基础数据，结合定向增发股票的背景信息，请分析公司 2011 年度的收入和费用类项目可能存在的风险，并说明理由（不需要指出具体认定名称，只需指出高估或虚增，低估或遗漏）。（1.5 分）

3. 根据"多晶硅市场情况"，结合报表和附注数据，分析哪些报表项目的何种认定层次可能有风险，注册会计师需要关注。（1.5 分）

4. 结合"第二部分　董事会报告摘要"中"四、重要事项"，判断公司变更固定资产折旧年限是否存在疑点。（1 分）

资料（二）

在审计过程中，注册会计师准备对公司下属某子公司的盘点进行监盘。该子公司装配制冷设备，期末完工产品、零部件和其他原材料都存储在该子公司的仓库中。生产车间挨着仓库，在 2011

年12月28日,在公司盘点过程中,生产车间将继续生产产品,直到下午5点。在12月27日,仓管人员预先估计第二日生产所需的零部件和其他原材料,并送往生产车间。虽然该子公司尽量做到盘点当日存货停止流动,但在必要时,仓库仍将继续接收购入的零部件和其他原材料,并发出产成品。而12月28日完工的产成品将留在车间,直到盘点结束。在盘点当日,注册会计师观察到以下活动:

(1) 盘点人员使用了预先连续编号的盘点标签,该标签列出了每种存货的明细账中的数量,以便实物盘点检查。

(2) 为提高盘点效率,公司从仓管部门抽出熟悉存货情况的员工,每两人组成一个盘点小组。一个人盘点,一个人做记录。

(3) 盘点信息用铅笔记录在盘点标签上,以便在必要时方便修改错误。

(4) 任何没有列在预先连续编号的盘点标签中的存货,将被记录在其他单独的存货盘点标签上。当工作人员使用它们时再进行编号。

(5) 在盘点结束时,盘点人员将收集所有盘点标签,并清点标签的序号是否连续。会计人员C将盘点标签与账簿记录进行核对,然后根据会计准则的规定,并将盘盈盘亏计入相应的账户。

要求:(共6.5分)

1. 识别存货盘点中的缺陷及可能的后果,并提出改进建议。(4.5分)

2. 由于在盘点过程中仍然存在存货流动,为了确保存货不会出现漏盘和重复盘点,注册会计师可以建议该子公司采取哪些程序或措施。(2分)

资料(三)

注册会计师正在对公司下属AAA子公司的销售与收款循环进行审计。

1. 赊销过程的授权控制

为了防范信用风险,AAA子公司对客户赊销条件进行了明确规定。对于销售部门传输过来的销售单,如果是新客户,由信用部门员工A根据赊销条件进行信用审批,符合条件的给予一定的信用额度,在信用审批单上签字,并录入电脑系统中的客户信用情况主文件中。如果是老客户,信用部门的系统将自动审查该客户名称是否在主文件中,如果在主文件中,则进一步审查本次赊销金额连同以前欠款金额一起是否超过其信用额度,如果没有超过信用额度,则生成授权文件,授权仓库发货,否则不予发货或仅发出信用额度内的货物。

为了检查赊销交易的发生性和计价认定,以及应收账款的存在性认定,审计助理人员吴正清在初步了解该授权控制后,准备信赖该内控,因而计划进行控制测试,在测试过程中:

(1) 在确定样本规模时,为了提高效率,审计助理人员决定采用分层测试,将全部赊销按金额大小分成三组,5万元以内、5万~80万元、80万元以上,对前两组采用系统选样的方式选取样本,并根据样本的偏差率推断总体的偏差率。

(2) 审计助理人员在风险评估中初步确定该项内部控制为高水平有效,为此可以容忍的偏差率确定为7%。审计助理人员确定的可接受的信赖过度风险为10%。上年审计时,注册会计师也进行了控制测试,全部3 000笔赊销交易中发现了60笔控制偏差。审计助理人员计划用上年的偏差率预计本年的总体偏差率。表1是信赖过度风险为10%时控制测试样本规模确定表,表2是信赖过度风险为10%时控制测试结果评价表。

表1:控制测试中统计抽样样本规模——信赖过度风险10%。

信赖过度风险 10％时控制测试样本规模确定表

预计总体偏差率 ％	可容忍偏差率							
	2％	3％	4％	5％	6％	7％	8％	9％
0	114(0)	76(0)	57(0)	45(0)	38(0)	32(0)	28(0)	25(0)
0.25	194(1)	129(1)	96(1)	77(1)	64(1)	55(1)	48(1)	42(1)
0.5	194(1)	129(1)	96(1)	77(1)	64(1)	55(1)	48(1)	42(1)
0.75	265(2)	129(1)	96(1)	77(1)	64(1)	55(1)	48(1)	42(1)
1	*	176(2)	96(1)	77(1)	64(1)	55(1)	48(1)	42(1)
1.25	*	221(3)	132(2)	77(1)	64(1)	55(1)	48(1)	42(1)
1.5	*	*	132(2)	105(2)	64(1)	55(1)	48(1)	42(1)
1.75	*	*	166(3)	105(2)	88(2)	55(1)	48(1)	42(1)
2	*	*	198(4)	132(3)	88(2)	75(2)	48(1)	42(1)
2.25	*	*	*	132(3)	88(2)	75(2)	65(2)	42(2)
2.5	*	*	*	158(4)	110(3)	75(2)	65(2)	58(2)
2.75	*	*	*	209(6)	132(4)	94(3)	65(2)	58(2)
3	*	*	*	*	132(4)	94(3)	65(2)	58(2)
3.25	*	*	*	*	153(5)	113(4)	82(3)	58(2)
3.5	*	*	*	*	194(7)	113(4)	82(3)	73(3)
3.75	*	*	*	*	*	131(5)	98(4)	73(3)
4	*	*	*	*	*	149(6)	98(4)	73(3)

表 2：控制测试中统计抽样结果评价——信赖过度风险 10％时的偏差率上限。

信赖过度风险 10％时控制测试结果评价表

样本规模	实际发现的偏差数							
	0	1	2	3	4	5	6	7
20	10.9	18.1	*	*	*	*	*	*
25	8.8	14.7	19.9	*	*	*	*	*
30	7.4	12.4	16.8	*	*	*	*	*
35	6.4	10.7	14.5	18.1	*	*	*	*
40	5.6	9.4	12.8	16	19	*	*	*
45	5	8.4	11.4	14.3	17	19.7	*	*
50	4.6	7.6	10.3	12.9	15.4	17.8	*	*
55	4.1	6.9	9.4	11.8	14.1	16.3	18.4	*
60	3.8	6.4	8.7	10.8	12.9	15	16.9	18.9
70	3.3	5.5	7.5	9.3	11.1	12.9	14.6	16.3
80	2.9	4.8	6.6	8.2	9.8	11.3	12.8	14.3
90	2.6	4.3	5.9	7.3	8.7	10.1	11.5	12.8
100	2.3	3.9	5.3	6.6	7.9	9.1	10.3	11.5

(3) 在对选取的样本项目进行检查时,审计助理人员发现一笔赊销由信用部门另一位员工 B 审核并签字。进一步分析发现,该赊销确实满足公司设定的赊销条件。购货单位也在该笔赊销发生当月就支付了货款,没有导致信用损失,审计助理人员认为这不是控制偏差。

要求:(共 4 分)

(1) 对于上述赊销控制,这里的控制偏差可能是哪些情况?(1 分)

(2) 审计助理人员可以采取什么程序进行控制测试?(1 分)

(3) 审计项目组负责人正在对助理人员吴正清进行监督和复核,对上述资料中的(1)和(3)两种情况,如果你是项目负责人,你会提出哪些建议或意见?(0.5 分)

(4) 请根据表 1 确定控制测试样本规模。假设你在样本中最终发现了 3 个偏差(假设是经过审计项目负责人督导后最终确定的偏差数),根据表 2,审计人员会对该项控制得出什么结论?该结论对后续的审计测试有什么影响?(1.5 分)

2. 销售费用中职工薪酬的实质性分析程序

在销售费用中,AAA 子公司销售部门的职工薪酬与上年相比一定幅度的上升。注册会计师准备先用实质性分析程序。请问:注册会计师如何采用实质性分析程序测试销售部门的薪酬?(0.5 分)

3. 应收账款的实质性测试

AAA 子公司的应收账款余额为 23 260 000 元,明细账都为借方余额。审计助理人员李阳确定的可容忍错报为 684 000 元,预计应收账款的错报为 280 000 元。

为了提高效率,李阳决定继续采用分层测试方法,将全部应收账款按余额大小分成三组,5 万元以内、5 万~80 万元、80 万元以上,对前两组采用随机数表的方式选取样本,进行函证,根据样本函证结果推断总体金额。80 万元以上的应收账款个体则全部函证。在函证过程中:

(1) 在选择函证对象的过程中,对于李阳选出的一笔 60 万元的明细账,被审计单位称该客户是一位西北的客户,路途较远,担心函证回函较慢,影响审计报告及时出具,因此建议注册会计师另选一家公司函证,审计助理人员同意了此建议。

(2) 询证函由被审计单位相关人员帮忙编制,李阳在核对了询证函上的询证金额无误后,准备当日下午将函件放入该子公司的传达室。邮局工作人员会在每日上午到传达室收取邮件。

函证的结果如下:

单位:万元

分层	账面金额	样本账面金额	样本审定金额	样本高估金额
80 万元以上	4 652 000	4 652 000	4 592 000	60 000
5 万~80 万元	15 119 000	6 047 600	5 976 600	71 000
5 万元以下	3 489 000	697 800	682 200	15 600
合计	23 260 000	11 397 400	11 250 800	146 600

在上述函证结果中:

(1) 在 5 万~80 万元的分层中,发现的一个明细账高估金额为 28 000 元,李阳发现该错误属于非常偶然的外部异常因素造成,李阳可以确定在其他应收账款余额中再也不会出现类似情况。除此之外,审计人员核查后,发现其他高估错报都是由笔误所导致的,因此不代表额外的审计风险。

(2) 在 5 万~80 万元的分层中,虽然有一笔应收账款确实由一笔赊销引起,确实存在(不构成余额错报),但目前被审计单位与顾客在发出产品的质量上产生纠纷,对方目前不予付款。

要求:(共 3 分)

(1) 审计项目组负责人正在对审计助理人员进行监督和复核。对于函证过程,如果你是项目负责人,你会对助理人员提出哪些意见?(0.75 分)

（2）对于函证结果，在不考虑该笔涉及纠纷的应收账款明细账的影响时，你是否接受 AAA 子公司的应收账款余额？（1.75 分）

（3）对于该笔涉及纠纷的应收账款明细账，审计助理人员需要注意什么问题？（0.5 分）

三、财务会计（25 分）

（一）6 分

根据"第二部分　董事会报告摘要"中"四、重要事项"，分别回答以下问题：

1. 本公司在编制合并报表时，对于天津节能公司和天津新能源公司，是否应纳入合并范围？并简要说明理由。

2. 如果天津新能源公司被纳入合并范围，判断其合并类型，并简要说明理由；如果是同一控制下的企业合并，计算合并日长期股权投资的入账价值；如果是非同一控制下的企业合并，计算购买日长期股权投资的入账价值及合并报表中应确认的商誉金额。

3. 本公司在编制 2011 年度合并报表时，如果天津新能源公司被纳入合并范围，计算 2011 年度合并报表中与该公司有关的少数股东损益及少数股东权益的金额。

（二）11 分

本公司内部审计部门 2011 年末对下属子公司甲公司进行审计时，对以下交易或事项的会计处理提出疑问：

（1）2011 年 6 月 20 日，甲公司与 P 公司签订一套全新办公用房的销售合同，该办公用房的账面价值为 560 万元，公允价值为 820 万元，售价 940 万元。同时，双方签订经营租赁协议，约定自 2011 年 7 月 1 日起，甲公司从 P 公司将所售办公用房予以租回供管理部门使用，租赁期为 3 年，每年租金为 80 万元，每半年末支付 40 万元。甲公司于 2011 年 6 月 30 日收到 P 公司支付的价款。当日，办公用房所有权的转移手续办理完毕。甲公司对上述交易或事项的会计处理为：

借：固定资产清理		5 600 000
贷：固定资产		5 600 000
借：银行存款		9 400 000
贷：固定资产清理		5 600 000
营业外收入		3 800 000
借：管理费用		400 000
贷：银行存款		400 000

（2）2011 年 8 月，甲公司决定对 W 事业部进行重组，将相关业务转移到其他事业部。经履行相关报批手续，甲公司对外正式公告其重组方案。为了实施重组方案，甲公司预计发生以下支出或损失：对自愿遣散的职工将支付补偿款 45 万元；因强制遣散职工应支付的补偿款 120 万元；因撤销不再使用的厂房租赁合同将支付违约金 16 万元；剩余职工岗前培训费 5 万元；相关资产转移将发生运输费 18 万元。根据上述重组方案，甲公司确认了管理费用和预计负债（其中，辞退福利通过"应付职工薪酬"账户核算）各 204 万元。

（3）2011 年 9 月 10 日，甲公司与壬公司签订一份产品销售合同，约定在 2012 年 2 月以每件 0.2 万元的价格向壬公司销售 4 000 件产品，壬公司应预付定金 160 万元，若甲公司违约，双倍返还定金。2011 年 12 月 31 日，甲公司库存产品 4 000 件，成本总额为 910 万元，按目前市场价格计算的市价总额为 1150 万元。假定甲公司销售该产品不发生销售费用。上述合同至 2011 年 12 月 31 日尚未履行，甲公司 2011 年将收到的壬公司定金确认为预收账款，未进行其他会计处理。其会计

处理如下:

借:银行存款　　　　　　　　　　　　　　　　　　　　　　　　1 600 000

　贷:预收账款　　　　　　　　　　　　　　　　　　　　　　　　　　1 600 000

（4）2011年10月25日,甲公司与乙公司签订一项不可撤销的销售合同,将位于郊区的办公用房转让给乙公司。合同约定,办公用房转让价格为800万元,乙公司应于2012年1月25日前支付上述款项;甲公司应协助乙公司于2012年2月15日前完成办公用房所有权的转移手续。甲公司办公用房系2007年6月达到预定可使用状态并投入使用,成本为1020万元,预计使用年限为20年,预计净残值为60万元,采用年限平均法计提折旧,至2011年10月25日签订销售合同时未计提减值准备。2011年度,甲公司对该办公用房共计提了48万元折旧,相关会计处理如下:

借:管理费用　　　　　　　　　　　　　　　　　　　　　　　　480 000

　贷:累计折旧　　　　　　　　　　　　　　　　　　　　　　　　　480 000

要求:根据上述资料,逐项判断甲公司会计处理是否正确;如不正确,简要说明理由,并编制更正有关会计差错的会计分录(不考虑相关税费的影响)。

(三) 5分

根据"第二部分　董事会报告摘要"中"四、重要事项",分别回答以下问题:

1. 确定该股权激励的授予日、利润分配方案后首次授予期权数量及行权价格。

2. 从母公司、子公司,年末编制合并报表,可行权股权全额行权三个角度,分别列示2011年与该股权激励有关的会计分录(金额略)。

(四) 1.5分

根据"第二部分　董事会报告摘要"中"四、重要事项",分别回答以下问题:

1. 分析说明该会计估计变更是否符合《企业会计准则》的相关规定,及该会计估计变更在财务报告中应披露的内容。

2. 简要说明2011年该项固定资产折旧额的计算思路。

(五) 1.5分

根据"第二部分　董事会报告摘要"中"四、重要事项",回答以下问题:从财务的角度看,公司对C项目是设子公司还是分公司,并说明理由。

四、财务管理(20分)

补充资料。

1. HZ公司经调整的管理用资产负债表和管理用利润表

HZ公司管理用资产负债表
2011年12月31日　　　　　　　　　　　　　　单位:万元

资产	期末数	期初数	负债及权益	期末数	期初数
经营性流动资产:			金融负债		
货币资金	2 511.80	1 979.70	短期借款	1 978.10	2 292.20
应收票据	43.3	146.4	其他带息短期债务	1 739.20	1 815.00
应收账款	2 322.10	2 155.90	长期借款	3 000.00	3 300.00
预付款项	470.5	315.1	应付债券	8 635.80	374.8
存货	5 916.00	4 881.30	金融负债合计	15 353.10	7 782.00

（续表）

资产	期末数	期初数	负债及权益	期末数	期初数
经营性流动资产合计	11 263.70	9 478.40	金融资产		
经营性流动负债			金融资产合计	0	0
应付票据	478.8	1 223.10	净负债	15 353.10	7 782.00
应付账款	2 261.20	2 277.10			
预收款项	73.2	15.8			
应付职工薪酬	483.5	538.6			
应交税费	414.1	394.1			
经营性流动负债合计	3 710.80	4 448.70			
经营营运资本	7 552.90	5 029.70			
经营性非流动资产：					
长期应收款	5 554.00	0			
长期股权投资	9 743.90	8 502.80			
固定资产	16 445.70	15 303.50			
在建工程	2 261.20	2 305.40			
无形资产	3 170.70	2 560.50			
递延所得税资产	180.5	123.2	股东权益：		
经营性非流动资产合计	37 356.00	28 795.40	股本	4 837.80	4 837.80
经营性非流动负债：			资本公积	8 819.00	8 819.00
递延所得税负债	76.8	0	盈余公积	2 850.40	2 428.10
经营性非流动负债合计	76.8	0	未分配利润	12 971.80	9 958.20
净经营性长期资产	37 279.20	28 795.40	股东权益合计	29 479.00	26 043.10
净经营资产总计	44 832.10	33 825.10	净负债及股东权益总计	44 832.10	33 825.10

HZ 公司管理用利润表

2011 年 单位：万元

项目	2011 年	2010 年
经营损益		
一、营业收入	33 013.80	39 384.40
减：营业成本	13 062.80	11 263.30
营业税金及附加	170.6	172.7
销售费用	585.6	362.2
管理费用	815.3	632.2
资产减值损失	0	0
投资收益	324.1	335.84

(续表)

项目	2011 年	2010 年
其中:对联合和合营企业投资收益	189	50.5
二、营业利润	18 703.60	27 289.84
加:营业外收入	579.1	388.1
减:营业外支出	50	80.2
其中:非流动资产处置净损失	8.3	29.3
三、税前经营利润	19 232.70	27 597.74
减:经营所得税费用	3 846.54	5 519.55
四、经营净利润	15 386.16	22 078.19
金融损益		
五、利息费用	963.2	1 131.74
减:利息费用抵税	192.64	226.35
六、税后利息费用	770.56	905.39
七、净利润	14 615.60	21 172.80

2. 相关假设

SUNHJ 公司 2011 年年末的资产负债表中除了"交易性金融资产""应收利息""可供出售金融资产"和"持有至到期投资"为金融资产外,其他资产均为经营资产;"短期借款""交易性金融负债""应付利息""一年内到期的非流动负债""其他流动负债(为"应付短期融资券")""长期借款""应付债券"和"长期应付款"项目为金融负债,其他负债项目均为经营负债。"短期借款""交易性金融负债""一年内到期的非流动负债""其他流动负债""长期借款""应付债券"和"长期应付款"项目为有息负债,合并财务报表中的有息负债作为计算债务资本成本的依据。

3. 固定资产折旧与无形资产摊销政策

该公司对新增固定资产采用平均年限法计提折旧,折旧年限为:房屋、建筑物 30 年;机器设备 10 年;土地使用权摊销年限为 30 年。预计房屋、建筑物 30 年后的净残值率为 10%;设备在 10 年后项目结束时的净残值估计为原价的 5%。以上会计政策为税法所允许。房屋、建筑物及土地使用权在运营 10 年后将整体出售,预计出售价格为 15 000 万元;所有设备能够按照预计的金额收回残值。

4. 资本成本的估算

该公司权益资本的资本成本估算如下:无风险收益率 5%,预期市场风险溢酬为 10%,根据历史资料估计该公司的 β 系数 1.15。

财务人员根据公司 2011 年财务费用中的利息支出和年末有息负债的余额计算该公司 2011 年税前债务资本成本。

年末有息负债=32 084.98+19 229.75+95 544+47 986.31+20 000=214 845.04(万元)。

2011 年度财务费用中的利息费用=12 939.03(万元)。

计算结果如下:税前债务资本成本=12 939.03÷214 845.04=6.02%。

由此计算 2011 年年末资本结构下的加权平均资本成本。

5. 税项

估计公司经营 A 项目的产品其增值税税率为 17%,不考虑固定资产投资中的增值税,公司的所得税税率为 25%,不考虑所得税纳税调整事项。

6. 公司应纳税所得抵减

公司 A 项目某一年度发生的经营亏损抵减公司当年其他经营业务中获得的应纳税所得额,即 A 项目发生的亏损直接减少公司当年应纳所得税。

7. 有关说明

(1) 计算中涉及资产负债表数据的无需按平均数计算。

(2) 债务价值按账面价值计算。

(3) 计算过程及结果规定:百分数精确到 0.01%,其他数据一般以万元为单位显示,计算结果取整数。

要求:

1. 根据 A 项目的有关资料,完成下列财务决策分析事项:

(1) 在进行投资项目可行性财务评价时,公司内部财务人员存在分歧:王凯认为,投资项目可行性财务评价不应当考虑项目所需资金的筹资方式,而应将公司 2011 年年末的资本结构和加权平均资本成本作为贴现率进行评价;卢燕则认为项目可行性财务评价应当考虑项目所需资金的筹资方式,应根据设计的筹资方式计算该项目的历年现金流量,同时按照该项目的筹资结构(非公开发行股票而用行 A 项目的资金已包含在 2011 年财务报表中,2013 年初借入 9 800 万元)重新计算其加权平均资本成本,以此作为贴现率进行评价。

请你指出:王凯提出的评价方法应当具有哪些假设前提? 卢燕提出的评价方法的主要理论依据是什么?(1.6 分)

(2) 请你按照资本资产定价模型计算该公司 2011 年的权益资本成本,并根据该公司财务人员计算税前债务资本成本的方法和结果,以 2011 年年末债务资本(指有息负债)和权益资本的账面价值为权数,计算加权平均资本成本。(2 分)

(3) 按照王凯的观点,以该公司 2011 年的加权平均资本成本作为贴现率,对上述投资项目进行可行性评价。(2.8 分)

(4) 请你指出:公司财务人员根据公司 2011 年承担的利息费用和年末金融负债的余额计算该公司 2011 年税前债务资本成本(计算结果为 6.02%)存在哪些缺陷? 假如你是公司内部的财务人员,你从账簿记录中获悉公司在该年度内有息负债增减比较频繁,你认为应当如何计算该年度的税前债务资本成本,请你设计出相对比较准确的计算税前债务资本成本的公式(用中文表示;若用英文表示应说明英文字母的含义)。(2 分)

(5) 假如该投资项目为一个独立法人的全部经济业务,请你按照公司目前确定的筹资方案,计算该投资项目历年产生的会计账面净利润(计算时假设某一年度的亏损额在 5 年内可以用以后年度的税前利润弥补);并计算历年可用于分配的现金股利数额(假设公司采用剩余股利政策,每年实现的税后利润在归还借款之后全部分配现金股利)。(1.6 分)

2. 根据 B 项目的有关资料,为 SUNHJ 公司股权收购事项作出分析和决策:

(1) 计算 HZ 公司 2011 年度实体现金流量,依据管理用财务报表分析方法计算权益净利率指标。(1.5 分)

(2) 根据下列假设条件,运用 Excel 工具编制 HZ 公司 2012 年度至 2017 年度的预计财务报表(包括预计资产负债表、预计利润表和预计现金流量表,均为管理用报表)。(4.5 分)

① 基期(2011 年,下同)的销售收入为 33 013.8 万元,各年的销售增长率依次为:第 1 年(2012 年,下同)至第 6 年分别为 16%、14%、12%、10%、9%、8%。

② 经营现金、其他经营流动资产、经营流动负债、经营性长期负债等项目保持基期销售百分比不变。

③ 经营性长期资产占销售百分比第 1 年降低到 110％,第 2 年降低到 100％,第 3 年降低到 90％,此后将维持 90％不变。

④ 短期金融债务占投资资本的比例第 1 年将上升到 10％,第 2 年将上升到 15％,此后将维持 15％不变。

⑤ 长期金融债务占投资资本的比例第 1 年将上升到 30％,此后将维持 30％不变。

⑥ 第 1 至第 6 年采用剩余股利政策,第 7 年开始将维持第 6 年的固定股利支付率股利政策。

⑦ 第 7 年开始将进入稳定增长期,各经营效率指标、财务政策(含股利政策)均保持第 6 年的水平,并且不考虑发行新股或回购股份。

⑧ 利润表中,除营业外收支项目不予预计外,其他各损益项目占销售百分比均保持不变,平均所得税税率(20％)也保持不变。

⑨ 假设 HZ 公司的加权平均资本成本率保持不变,每年均为 15％。

⑩ 预计利润表中涉及的折旧与摊销已包括在其他有关项目中,无需单独预计;预计现金流量表中涉及的折旧与摊销按年末经营性长期资产的 6％估计。

(3) 确定 2018 年(第 7 年)及其以后年度的增长率,并通过计算回答:若 SUNHJ 公司动用 60093 万元用于收购 HZ 公司的部分股权,请问如果按 HZ 公司 2011 年末的股权价值计算作价可收购多少(％)股权?是否可达到控股水平(仅考虑持股比例)?(2 分)

(4) 若上项中收购的股权未能达到控股水平,SUNHJ 公司准备通过再次收购 HZ 公司的股权而达到控股水平(假设目标持股比例达到 55％)。如果 SUNHJ 公司采用借款融资方式筹集所需资金,请根据 SUNHJ 公司当前资本结构和 HZ 公司管理用财务报表分析数据等因素分析其财务影响?(1 分)

(5) 除非公开增发与借款两种方式用来满足收购所需资金外,SUNHJ 公司还可考虑的融资方式有哪些?(1 分)

五、成本管理会计(20 分)

资料(一)

根据"第二部分 董事会报告摘要"中"四、重要事项",美国商务部发布中国企业向美国市场倾销家用空调方阀产品反倾销调查第一次年度行政复审(复审期为 2008 年 10 月 22 日至 2010 年 3 月 31 日)的终裁结果,公司下属子公司 SUN 禾田有限责任公司向美国出口方阀的倾销幅度为 9.42％,美国海关将根据复审终裁结果 9.42％的税率结算应缴纳的反倾销税。

该公司下属子公司 SUN 禾田有限责任公司制冷事业部生产 LINK1、LINK2 两种方阀产品,其中 LINK1 产品生产工艺较简单,生产批量很大;LINK2 产品工艺工程较为复杂,生产批量较小。有关资料如下:

项目资料表

项目	LINK1	LINK2
产量(件)	10 000	5 000
直接人工工时(小时)	36 000	4 000
单位产品直接人工成本(元)	100	160
单位产品直接材料成本(元)	240	280
制造费用合计(元)	8 000 000	

SUN 禾田有限责任公司组织结构图如下：

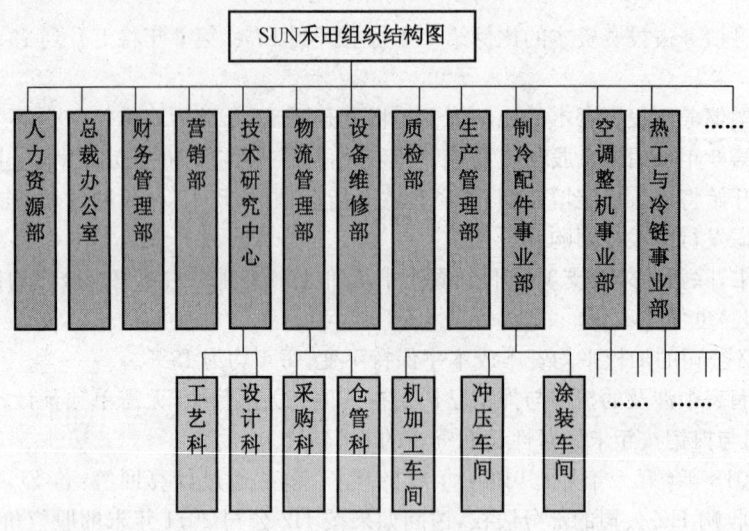

SUM 禾田组织结构图

经过作业分析,SUN 禾田有限责任公司制冷事业部划分为 6 个作业中心:机加工车间划分为开料、机加工两个作业中心,冲压车间划分为剪切冲压、数据机床切割两个作业中心,涂装车间只包括除锈涂漆作业中心,生产协调作业中心为其他生产性作业中心提供管理服务,有关资料如下:

SUN 公司作业资料

作业中心	作业成本库(元)	作业动因	作业动因量		
			LINK1	LINK2	合计
开料	500 000	准备次数	300	200	500
机加工	700 000	机器工时(小时)	1 400	600	2 000
剪切冲压	1 400 000	机器工时(小时)	1 000	400	1 400
数字机床切割	4 300 000	机器工时(小时)	230	200	430
除锈涂漆	2 400 000	面积(m²)	800	400	1 200
生产协调	500 000	协调次数	300	200	500
合计	9 800 000				

注:作业成本法下职工薪酬按照职工所在作业中心计入相应作业成本库。产品直接材料成本与产量基础计算法相同。

要求:

1. 采用产量基础计算法计算 LINK1、LINK2 两种产品应分配的制造费用及单位产品成本。(1分)

2. 采用作业成本计算法计算 LINK1、LINK2 两种产品应分配的制造费用及单位产品成本。(3分)

3. 分析两种计算方法在制造费用和单位成本上产生差异的原因。(2分)

4. 基于作业成本管理视角,为了应对未来可能的反倾销调查,请分析上述 SUN 禾田有限责任公司作业成本系统的不足,提出进一步完善建议,并阐述理由。(4分)

5. 结合 SUN 禾田有限责任公司组织结构图和上述作业成本系统分析,请阐述 SUN 禾田有限责任公司内部单元业绩评价思路,并设计内部单元业绩评价指标体系。(3分)

资料(二)

该公司下属分公司 SUNJX 有限公司只产销截止阀甲产品,甲产品消耗乙、丙两种材料。2012年第四季度按定期法编制 2013 年预算,部分预算资料如下:

(1) 乙、丙材料 2013 年初的预计结存量分别为 5 000 m、2 000 kg,各季度末乙、丙材料预计结存量数据如表1所示。

表 1 2013 年度各季度末乙材料预计结存量

季　度	1	2	3	4
乙材料(m)	4 500	5 000	4 000	5 000
丙材料(kg)	2 800	2 700	2 900	3 000

每季度材料的购货款于当季支付 60%,剩余 40% 于下一季度支付;2013 年年初的预计应付账款余额为 182 000 元,其中乙材料预计应付账款余额为 122 000 元,丙材料预计应付账款余额为 60 000 元。该公司 2013 年度乙、丙材料的采购预算如表2、表3所示:

表 2 2013 年度乙材料的采购预算

项　　目	第一季度	第二季度	第三季度	第四季度	全年
预计产量(件)	3 000	4 000	4 000	3 600	14 600
单位产品材料用量(m/件)	*	*	*	6	*
生产需要量(m)			24 000		
加:期末结存量(m)					
预计需要量合计(m)				26 600	
减:期初结存量(m)		4 500			
预计材料采购量(m)				22 600	
材料计划单价(m/ kg)	*	*	20	*	*
预计采购金额(元)			460 000		

表 3 2013 年度丙材料的采购预算

项　　目	第一季度	第二季度	第三季度	第四季度	全年
预计产量(件)	3 000	4 000	4 000	3 600	14 600
单位产品材料用量(kg/件)	*	*	10		*
生产需要量(kg)	30 000				
加:期末结存量(kg)					
预计需要量合计(kg)			42 900		
减:期初结存量(kg)				2 900	
预计材料采购量(kg)				36 100	
材料计划单价(元/ kg)	*	10	*	*	*
预计采购金额(元)				361 000	

注:①"单位材料用量"是指在现有生产技术条件下,生产单位产品预计所需的材料数量;②全年乙、丙材料单价不变;③表中"*"为省略数值。

(2) SUNJX 有限公司 2013 年第一季度实际生产截止阀甲产品 2 800 件,耗用乙材料 16 000 m,乙材料实际单价为 25 元/m;耗用丙材料 30 400 kg,丙材料实际单价为 9 元/kg。

(3) SUNJX 有限公司 2012 年盈亏临界点销售量 4 000 件,销售单价 500 元,单位成本 300 元,其中单位变动成本 250 元。

要求：

1. 确定公司乙、丙材料预算表中空白的项目数值。（不需要列出计算过程，2 分）

2. 计算 SUNJX 有限公司 2013 年第 1 季度至第 4 季度预计采购现金支出和第 4 季度末预计应付账款金额。（1 分）

3. 计算 SUNJX 有限公司第 1 季度甲产品消耗两种材料的成本差异、价格差异、用量差异。（1 分）

4. 根据上述计算结果，指出 SUNJX 有限公司进一步降低甲产品消耗材料的主要措施。（1 分）

5. 若 SUNJX 有限公司单位变动成本、固定成本不变，销量增长 16%，2013 年拟实现利润比 2012 年增长 20%，销售单价应是多少元？（2 分）

"天平杯"浙江省第十三届大学生
财会信息化竞赛参考答案及
评分标准(本科组)

一、公司战略与风险管理(20分)

(一)5分

1. 关键经济指标因素具体是资产负债表日的美元/人民币即期汇率、欧元/人民币即期汇率。($2×0.5'$,1分)

2. 使用敏感性分析方法时需要注意以下事项:

(1) 适用范围。适合用于对项目不确定性对结果产生的影响进行的定量分析。(0.5分)

(2) 实施步骤。①选取关键不确定性指标因素,并设定关键不确定性指标因素的变动范围;②确定出要分析的对象指标;③进行敏感性分析;④绘制敏感性分析图;⑤确定指标变化的临界点。($5×0.5'$,2.5分)

(3) 局限性。①数据缺乏导致参数变化及结果不是十分的可靠;②主要借助公式计算分析,忽略各种关键不确定性指标因素在未来发生变动的概率,无法给出各参数的具体变化情况,分析结果可能与实际相反。($2×0.5'$,1分)

(二)5.5分

1. 本公司在未来业务发展方向上采取的发展战略类型及原因:

类型:前向一体化战略(0.5分)和相关多元化战略(0.5分)。

原因:

(1) 前向一体化战略的原因:该公司借助现有的生产及研发优势,逐步向下游延伸无纺产业链,加强自身产销能力,以实现从中间产品向无纺终端转型升级,提高整体盈利水平。(0.5分)

(2) 相关多元化战略的原因:该公司以现有业务或市场为基础进入到相关产业或市场。(0.5分)

2. 公司可以选择的途径包括:外部发展(或并购)(0.5分)、内部发展(或新建)(0.5分)、战略联盟(0.5分)。

3. 可能带来的竞争优势:形成进入障碍(0.5分)、降低顾客敏感程度(0.5分)、增强讨价还价能力(0.5分)、防止替代品的威胁(0.5分)。

(三)4.5分

1. 并购行为所属类型:多元化并购。(0.5分)

理由:不同产业,在经营上无密切联系的企业之间的并购。(0.5分)

2. 可能的并购动机:①避开进入障碍,迅速进入,争取市场机会;(0.5分)②获得协同效应;

（0.5分）③克服企业外部性,减少竞争,增强对市场的控制力。（0.5分）

3. 影响并购成功的最主要因素:①并购前是否认真地分析目标企业的潜在成本和效益;（0.5分）②并购前是否合理估计目标企业所在产业的吸引力和自己对目标企业的管理能力;（0.5分）③并购前是否合理评估目标企业的价值、并购费用,考虑是否增加了自身财务负担;（0.5分）④并购后企业战略、组织、制度、业务和文化等诸多方面是否得到有效整合。（0.5分）

（四）5分

1. 重点关注点包括:①资产质量（0.25分）;②经营情况（0.25分）;③偿债能力（0.25分）;④盈利水平（0.25分）;⑤信用程度（0.25分）;⑥行业前景（0.25分）。

2. 面临的风险点主要有:①资信调查不深入,审批不严或越权审批,可能导致的失误或遭受欺诈;（0.5分）②对被担保人监控不力,应对措施不当,可能导致企业承担相应的法律责任;（0.5分）③担保过程中出现的舞弊行为,可能导致相关经办审批等人员涉案或企业利益受损失。（0.5分）

3. 管理建议:①明确要担保的对象、范围、方式、条件、程序、担保限额和禁止担保等关键事项;（0.5分）②严格规范资信调查评估、审核批准、担保执行等环节的工作流程;（0.5分）③严格按照政策、制度、流程办理担保业务;（0.5分）④加强担保业务的日常管理,定期监控业务执行情况和效果。（0.5分）

二、内部控制与审计（20分）

（一）5分

1. 两位注册会计师对相关子公司审计风险防范和审计责任区分的理解不正确。

由于"大连 Dragon""宜昌熔纺""宜昌化工""上海 Dragon"和"宜昌 Dragon"都是 Dragon 控股公司的子公司,这一问题的本质是集团财务报表审计。

集团是指由所有组成部分构成的整体,并且所有组成部分的财务信息包括在集团财务报表中;组成部分是指某一实体或是某项业务活动,其财务信息由集团或组成部分管理层编制并应包括在集团财务报表中;集团项目负责人是指会计师事务所中负责某项集团审计业务及其执行,并代表会计师事务所在对集团财务报表出具的审计报告中签字的合伙人。

关于集团财务报告审计中的责任设定,《中国注册会计师审计准则第 1401 号——对集团财务报表审计的特殊考虑》定义的是"集团项目组对整个集团财务报表审计工作及审计意见负全部责任,这一责任不因利用组成部分注册会计师的工作而减轻"。在这项规定下,尽管组成部分（上述五家子公司）注册会计师基于集团审计目的对组成部分财务信息执行相关工作,并对所有发现问题、得出的结论或形成的意见负责,集团项目合伙人及其所在的会计师事务所仍对集团审计意见负全部责任。

因此,郭小钢和吴小波两位注册会计师在补充资料一第 2 点中关于审计风险防范和审计责任区分的理解是错误的。

（1.5分,建议结合上述加粗部分观点按每一点 0.5 分考虑给分）

2. 两位注册会计师要求大连 SD 会计师事务所出具的承诺书没有实质意义。

因为除了《中国注册会计师审计准则第 1401 号——对集团财务报表审计的特殊考虑》外,在集团财务报表审计中,担任集团审计的注册会计师的目标还包括:

（1）就组成部分注册会计师对组成部分财务信息执行工作的范围、时间安排和发现的问题,与组成部分注册会计师进行清晰的沟通,因此承诺书中"如果贵所不干涉我所及项目组的工作"这一点的前提是不成立的。

（2）针对组成部分财务信息和合并过程,获取充分、适当的审计证据,以对集团财务报表是否在所有重大方面按照适用的财务报告编制基础编制发表审计意见,因此承诺书中"并独立承担由此带来的一切审计风险""审计工作所涉及的一切责任由我所及相应的注册会计师承担,与贵所无涉"等的表述不符合审计准则的规定,导致承诺书整体没有实质意义。

(1分,建议结合答案中的两个目标及其分析,按每一点0.5分考虑给分)

3. 郭小钢等项目组成员应该与大连SD会计师事务所执行大连Dragon石油化工有限公司审计的注册会计师保持双向沟通,其中集团项目组向组成部分注册会计师说明的内容包括:

(1) 在组成部分注册会计师知悉集团项目组将利用其工作的前提下,要求组成部分注册会计师确认其将配合集团项目组的工作。

(2) 与集团审计相关的职业道德要求,特别是独立性要求。

(3) 在对组成部分财务信息实施审计或审阅的情况下,组成部分的重要性和针对特定类别的交易、账户余额或披露采用的一个或多个重要性水平以及临界值,超过临界值的错报不能视为对集团财务报表明显微小的错报。

(4) 识别出的与组成部分注册会计师工作相关的、由于舞弊或错误而导致集团财务报表发生重大错报的特别风险。

(5) 集团管理层编制的关联方清单和集团项目组知悉的任何其他关联方。

(2.5分,建议按每一个沟通内容0.5分考虑给分)

(二) 5分

1. 关于"投资和收益"方面,Dragon控股公司两年的相关指标和比例远远低于同行业的平均水平。从总体情况而言,2015年国内宏观经济形势低迷,实体经济的发展面临较大的困难,表中的行业平均水平2015年在2014年基础上有较大幅度的下降,但是Dragon控股公司的相关指标2014年已经落后于行业平均水平,2015年更是滑向亏损,"基本每股收益""扣非后的每股收益"和"净资产收益率"均为负数,这些指标的快速下滑不符合同行业的发展规律,说明该公司的盈利能力值得审计人员关注。

(1分,建议按"行业对比""加速下滑""盈利能力"三个方面考虑给分)

2. 2014年该公司"基本每股收益"为0.01元,而当年度"扣除非经常性损益后的每股收益"这一指标为－0.1元,两者相差0.11元,如果按该公司53 839.5万股的规模粗略估算,该公司2014年的非经常性收益高达59 223 450元,也正是这个原因勉强维持该公司的盈利。2015年该公司"基本每股收益"为－0.15元,当年度"扣除非经常性损益后的每股收益"这一指标为－0.17元,两者相差0.02元,如果按该公司53 839.5万股的规模粗略估算,该公司2015年的非经常性收益金额为10 767 900元。尽管非经常性损益的形成没有一定的规律,但是两年之间如此大的差距,再加上该公司2014年"基本每股收益"和"扣除非经常性损益后的每股收益"的"一正一负"现象,应理解为与合理预期的不一致。

(1分,建议结合2014年和2015年两种每股收益的对比,2014年两种每股收益的"一正一负"现象按每一点0.5分考虑给分)

对于注册会计师理解的不一致问题,如果被审计单位管理层无法提供合理解释,表明该公司非经常性损益项目(或是分别指出各类非经常性损益的具体项目)和这些项目的截止会存在重大错报风险。

(1分,建议根据是否提到非经常性损益项目和截止两个方面按每一点0.5考虑给分)

3. "盈利能力"方面,该公司净利润率－23.35%,总资产报酬率－7.35%这组指标不但明显低于行业平均水平,同时其指标值也显示公司的盈利能力已经开始影响到企业的生存,这显然和注册会计师的合理预期相距甚远。如果被审计单位管理层无法提供合理解释,表明该公司在"营业收入""营业成本""管理费用""销售费用""财务费用"等方面存在重大错报风险。同时注册会计师关注到该公司2015年曾实施股权激励计划,增加了管理费用近2 000万元,这更是应予以关注的重点领域。

(1.5分,建议按照盈利的对比总结、涉及的错报项目和股权激励计划按每一点0.5分考虑给分)

4. "经营能力"方面的系列指标均低于行业平均水平,两年的存货周转率仅为行业平均水平的60%左右;两年的固定资产周转率仅为行业平均水平的20%左右;总资产周转率仅为行业平均水平的50%左右,这一指标值得注册会计师予以关注。如果被审计单位管理层无法提供合理解释,表明与这些指标相关的"营业成本"、"存货"、"固定资产"等方面存在闲置、浪费、核算等错报风险。

(0.5分,建议按是否提及本点,以及分析的合理性考虑给分)

(三)6分

1. 缺陷:顾客订单中的购销要素不应由销售部经理汪高峰一人审核,购销要素中应根据责任不同分别由不同的部门履行相应的审核职责;

改进措施:应由销售部门根据经过批准的订单编制一式多联连续编号的销售通知单,分别用于批准数量、规格、价格、赊销、发货与装运货物等。

2. 缺陷:销售通知单不应由仓库管理部门或其负责人编制,同时销售通知单不能替代发运或装运凭证;

改进措施:销售通知单应由销售部门编制,发运货物应单独编制发货单(出库单)等专门单据。

3. 缺陷:货物的发货与装运的职责不应由仓库这同一部门承担;

改进措施:运输部门应根据已批准的销售单编制一式多联连续编号提货单,装运货物;仓库部门核对经批准的销售通知单与提货单后发货。

4. 缺陷:财务部门开具销售发票时,只是被动接受销售通知单上的信息,而没有核对装运凭证、销售单和商品价目表等;

改进措施:财务部门应在核对提货单、销售通知单和商品价目表无误的前提下,才能开具发票,这样一方面能实施实物控制,同时也能满足收入确认的相关条件。

5. 缺陷:负责应收账款明细账和收款两项不相容职务不应由管理专员刘小欢一人办理;

改进措施:将应收账款的收款业务和负责记录应收账款明细账的业务分别交由不同的部门或人员负责。

6. 缺陷:销售和收款循环是企业的重要业务环节,在控制过程中各种分权授权的基础上需要对整体进行独立的稽核,而Dragon丰裕公司没有对销售收款循环进行独立稽核;

改进措施:应设置独立稽核人员,专门审核销售发票的数量、单价、入账日期、收款、坏账等关键控制点的控制质量。

(6分,建议每一点1分,每一点中缺陷和改进措施分别按0.5分考虑给分,同时其中的核心内容以加粗表示。如果缺陷和改进措施分别揭示,请根据实质内容综合考虑给分。)

(四)4分

1. 重要性计算:

(1) 按资产总额:10 016万元×0.5%=50.08(万元)。

(2) 按净资产金额:6 621万元×5%=331.05(万元)。

(3) 按营业收入金额:11 284万元×0.5%=56.42(万元)。

(4) 按营业利润金额:根据相关规定,被审计单位属于盈利水平保持稳定的企业,应该采用经常性业务的税前利润作为计算基数,$(1250-369+19)\times5\%=45$(万元)。

(本点1.5分,上述(1)~(3)部分按0.5分考虑给分,(4)部分按1分考虑给分)

2. 报表层次重要性水平的确定:

根据谨慎原则的要求,注册会计师在确定报表层次的重要性时应选择其中的最低者,因此确定报表层次的重要性为45万元。

(0.5分,如果"1.重要性计算"错误,但是体现了谨慎原则的,适当考虑给分)

3. 两位注册会计师在考虑实际执行的重要性时思路存在一定误区:

由于本次审计为连续审计,同时该审计项目的整体审计风险不高,因此对于一般项目,在实际执行过程中可以选择报表层次重要性的75%。但是:

(1)该公司"管理费用"和"销售费用"两个项目在以往审计过程中存在较多调整事项,尽管被审计单位都根据要求调整了当年度的会计报表,但是这不能说明这些调整事项今年不会再次产生或出现,况且在该公司的利润形成过程中两个项目都具有重要的影响,因此这两个项目实际执行的重要性应为报表层次重要性的50%。

(2)该公司存货内部控制环节由于原材料和加工工艺原因,还存在一定的不足,说明不足的原因是出于一种客观环境的影响,同时注册会计师的努力无法左右其内部控制的实际风险,因此存货项目实际执行的重要性应为报表层次重要性的50%。

(2分,建议按每一点的原因和结论两个方面各0.5分综合考虑给分)

三、财务会计(20分)

(一)5.5分

1. 判断:错。(0.25分)

理由:2015年12月31日,劳务交易结果难以可靠确认,故不能用完工百分比法确认收入费用。(0.25分)

更正分录:

① 借:主营业务收入　　　　　　　　　　　　　　　　　　　　　　30
　　　贷:应收账款　　　　　　　　　　　　　　　　　　　　　　　30(0.25分)

② 借:主营业务成本　　　　　　　　　　　　　　　　　　　　　　3
　　　贷:劳务成本　　　　　　　　　　　　　　　　　　　　　　　3(0.25分)

2. 判断:错。(0.25分)

理由:有标的9万公斤损失9万元,应计提存货跌价准备和资产减值损失,而不是确认预计负债和营业外支出。(0.25分)

更正分录:

① 借:预计负债　　　　　　　　　　　　　　　　　　　　　　　　9
　　　贷:营业外支出　　　　　　　　　　　　　　　　　　　　　　9(0.25分)

② 借:资产减值损失　　　　　　　　　　　　　　　　　　　　　　9
　　　贷:存货跌价准备　　　　　　　　　　　　　　　　　　　　　9(0.25分)

3. 判断:错。(0.25分)

理由:换入资产入账价值=换出资产公允价值+销项税额+支付补价-进项税额,且换出资产公允价值与账面价值之间差额计入当期损益。(0.25分)

更正分录:

① 借:应交税费——应交增值税(进项税额)　　　　　　　　　　0.72
　　贷:无形资产　　　　　　　　　　　　　　　　　　　　　0.72(0.25分)

② 借:公允价值变动损益　　　　　　　　　　　　　　　　　　1
　　贷:投资收益　　　　　　　　　　　　　　　　　　　　　1(0.25分)

注:上述分录可合并成一笔分录。

或者:

① 借:无形资产　　　　　　　　　　　　　　　　　　　12.72
　　　投资收益　　　　　　　　　　　　　　　　　　　 1.30
　　　贷:交易性金融资产——成本　　　　　　　　　　　12.00
　　　　　　　　　　　——公允价值变动　　　　　　　 1.00
　　　　银行存款　　　　　　　　　　　　　　　　　　 1.02(0.125分)

② 借:无形资产　　　　　　　　　　　　　　　　　　　12.00
　　　应交税费——应交增值税(进)　　　　　　　　　　 0.72
　　　投资收益　　　　　　　　　　　　　　　　　　　 0.30
　　　公允价值变动损益　　　　　　　　　　　　　　　 1.00
　　　贷:交易性金融资产——成本　　　　　　　　　　　12.00
　　　　交易性金融资产——公允价值变动　　　　　　　 1.00
　　　　银行存款　　　　　　　　　　　　　　　　　　 1.02(0.125分)

4. 判断:错。(0.25分)

理由:公司应将存货偿付债务业务按存货不含税公允价确认为主营业务收入,按公允价值计算增值税额确认为销项税额,按存货账面价值确认为主营业务成本。公司债转股业务应按面值记入股本账户,按公允价值与面值差额计入资本公积。(0.25分)

更正分录:

借:主营业务成本　　　　　　　　　　　　　　　　　　410.0
　　存货跌价准备　　　　　　　　　　　　　　　　　　 5.0
　　应交税费——应交增值税(进项税额转出)　　　　　 69.7
　　股本　　　　　　　　　　　　　　　　　　　　　120.0
　　贷:主营业务收入　　　　　　　　　　　　　　　　400.0
　　　应交税费——应交增值税(销项税额)　　　　　　 68.0
　　　库存商品　　　　　　　　　　　　　　　　　　　 5.0
　　　资本公积——股本溢价　　　　　　　　　　　　　120.0
　　　营业外收入　　　　　　　　　　　　　　　　　　11.7(0.75分)

或者:

① 借:应付账款　　　　　　　　　　　　　　　　　　1 000.0
　　贷:银行存款　　　　　　　　　　　　　　　　　　100.0
　　　库存商品　　　　　　　　　　　　　　　　　　　410.0
　　　应交税费——应交增值税(进项税额转出)　　　　 69.7
　　　股本　　　　　　　　　　　　　　　　　　　　220.0
　　　营业外收入　　　　　　　　　　　　　　　　　　200.3(0.25分)

② 借:应付账款   1 000
   贷:银行存款   100
     主营业务收入   400
     应交税费——应交增值税(销项税额)   68
     股本   100
     资本公积——股本溢价   120
     营业外收入   212(0.25分)

③ 借:主营业务成本   410
     存货跌价准备   5
   贷:库存商品   415(0.25分)

5. 判断:错。(0.25分)

理由:2014年漏记无形资产摊销额为前期重大差错,应计入"以前年度损益调整"科目。(0.25分)

更正分录:

① 借:以前年度损益调整   200
   贷:管理费用   200(0.25分)

② 借:所得税费用   50
   贷:以前年度损益调整   50(0.25分)

③ 借:盈余公积   15
     利润分配——未分配利润   135
   贷:以前年度损益调整   150(0.25分)

(如以盈余公积未作调整,也可得分)

(二) 3.5 分

1.
① 2015年年末应付债券摊余成本=666+10.273 6=676.273 6(万元)。(0.25分)
② 2015年借款利息资本化金额=684.032×5%−2.16×6.66=19.816(万元)。(0.25分)
③ 2015年汇兑差额资本化金额=100×(6.66−6.68)=−2(万元)。(0.25分)

2. 编制 2015 年有关债券发行、计提利息及汇兑差额会计分录。

① 借:银行存款——美元户(102.4×6.68)   684.032
   贷:应付债券——债券面值(100×6.68)   668.000
     应付债券——利息调整   16.032(0.25分)

② 借:在建工程   34.201 6
     应付债券——利息调整   5.758 4
   贷:银行存款——美元户(或应付利息)(6×6.66)   39.9600(0.25分)

③ 借:银行存款   14.385 6
   贷:在建工程   14.385 6(0.25分)

上述②③分录如合并一笔正确,得 0.5 分。

④ 借:应付债券——面值(美元户)   2
   贷:在建工程   2(0.25分)

3. 2016年借款利息资本化金额＝676.273 6×5‰×8÷12－20×3.6‰×6.78×8÷12
$$=19.288(万元)。(0.25分)$$

2016年借款利息费用化金额＝676.273 6×5‰×4÷12－20×3.6‰×6.78×4÷12
$$=11.271 23(万元)。(0.25分)$$

汇兑差额资本化金额＝100×(6.78－6.66)×8÷12＝8(万元)。(0.25分)

汇兑差额费用化金额＝100×(6.78－6.66)×4÷12＝4(万元)。(0.25分)

4.

① 借:在建工程   22.542 4

    财务费用   11.271 2

    应付债券——利息调整   6.866 4

    贷:银行存款——美元户(或应付利息)(6×6.78)   40.680 0(0.25分)

② 借:银行存款——美元户(0.72×6.78)   4.881 6

    贷:在建工程   3.254 4

      财务费用   1.627 2(0.25分)

上述①②如合并一笔正确,可得0.50分。

③ 借:在建工程   8

    财务费用   4

    贷:应付债券——面值(美元户)   12(0.25分)

(三) 8分

1. 商誉＝1 190－85％×[1 140＋80－80×25％]
$$=1190－85％×1 200=1 190－1 020=170(万元)。(0.5分)$$

2. 2015年度合并财务报表中与内部权益性投资有关的调整及抵销分录。

(每笔分录0.5分,借贷方项目正确而金额错误给0.25分;8×0.5′＝4分)

(1) 对大洋公司个别报表的调整:

① 借:存货   80

    贷:资本公积   80

② 借:资本公积   20

    贷:递延所得税负债(80×25％)   20

③ 借:未分配利润——年初(80×60％)   48

    营业成本(80×40％)   32

    贷:存货   80

④ 借:递延所得税负债   20

    贷:未分配利润——年初(48×25％)   12

      所得税费用(32×25％)   8

(2) 对母公司个别报表的调整:

① 借:投资收益(85％×180)   153

    贷:长期股权投资   153

② 借:长期股权投资 ………………………………………………………… 484.5

　　贷:未分配利润——年初 …………………………………………… 275.4

　　　　投资收益 ………………………………………………………… 183.6

　　　　其他综合收益[85%×40×(1−25%)] ……………………… 25.5

(3) 抵销分录:

① 借:股本 …………………………………………………………………… 600.0

　　　资本公积 ………………………………………………………………… 260.0

　　　其他综合收益——本期 ……………………………………………… 30.0

　　　盈余公积 ………………………………………………………………… 216.0

　　　未分配利润——年末[220+324+216−(72+24)−180] …… 484.0

　　　商誉 ……………………………………………………………………… 170.0

　　贷:长期股权投资 ……………………………………………………… 1 521.5

　　　　少数股东权益(15%×1 590) ……………………………… 238.5

② 借:投资收益 ……………………………………………………………… 183.6

　　　少数股东损益(15%×216) ………………………………………… 32.4

　　　未分配利润——年初(220+324−72) ………………………… 472.0

　　贷:提取盈余公积 ……………………………………………………… 24.0

　　　　应付普通股股利 ……………………………………………… 180.0

　　　　未分配利润——年末 ……………………………………… 484.0

3. 2015 年度合并财务报表中与内部无形资产交易有关的抵销分录。

(每笔分录 0.5 分,借贷方项目正确而金额错误给 0.25 分;4×0.5′=2 分)

① 借:未分配利润——年初 ………………………………………………… 35

　　贷:无形资产(40−40÷4×6÷12) …………………………………… 35

② 借:无形资产(40÷4) ………………………………………………… 10

　　贷:管理费用 …………………………………………………………… 10

③ 借:递延所得税资产[25%×(35−10)] ……………………………… 6.25

　　　所得税费用(25%×10) ………………………………………… 2.50

　　贷:未分配利润——年初(25%×35) …………………………… 8.75

④ 借:少数股东权益 ……………………………………………………… 5.062 5

　　贷:未分配利润——年初[15%×(35−8.75)] ………………… 3.937 5

　　　　少数股东损益[15%×(10−2.5)] …………………………… 1.125 0

4. 分析 2016 年 1 月 25 日 Dragon 控股对大洋公司持股比例发生变动时个别报表的会计处理及相关会计分录。

会计处理:根据"企业会计准则解释第 7 号(财会〔2015〕19 号)",投资方因其他投资方对其子公司增资而导致本投资方持股比例下降,从而丧失控制权但能实施共同控制或施加重大影响的,投资方应如何进行会计处理? 在个别财务报表中,应当对该项长期股权投资从成本法转为权益法核算。首先,按照新的持股比例确认本投资方应享有的原子公司因增资扩股而增加净资产的份额,与应结转持股比例下降部分所对应的长期股权投资原账面价值之间的差额计入当期损益;然后,按照新的持股比例视同自取得投资时即采用权益法核算进行调整。(0.5 分)

会计分录:

（每笔分录 0.5 分，借贷方科目正确而金额错误给 0.25 分；2 * 0.5′＝1 分）

① 借：投资收益（1 190÷85％×45％－40％×1 500）　　　　　　　　30

　　贷：长期股权投资——A（损益调整）　　　　　　　　　　　　　　30

② 借：长期股权投资——A（投资成本）　　　　　　　　　　　　560.00

　　　　　　　　　　——A（损益调整）　　　　　　　　　　　　136.50

　　　　　　　　　　——A（其他综合收益）　　　　　　　　　　　12.00

　　贷：长期股权投资——A[1 190÷85％×40％]　　　　　　　　560.00

　　　盈余公积（10％×136.5）　　　　　　　　　　　　　　　　13.65

　　　利润分配——未分配利润　　　　　　　　　　　　　　　122.85

　　　其他综合收益[30×40％]　　　　　　　　　　　　　　　　12.00

（四）3 分

1. 鑫达公司合并洁梦公司的交易性质：同一控制下的企业合并。（0.25 分）

理由：本题中，鑫达公司和洁梦公司合并前后均受 Dragon 控股最终控制且非暂时性，因此为同一控制下的企业合并。（0.25 分）

2. （1）在个别报表中，鑫达公司取得洁梦公司 40％的股权为同一控制下企业合并形成的长期股权投资，其初始投资成本应为按照持股比例计算的应享有洁梦公司净资产在最终控制方合并报表中的账面价值（或个别报表中净资产的账面价值），取得洁梦公司 20％的股权为购买少数股权形成的长期股权投资，其初始投资成本为实际支付给翼锋公司的对价。（0.5 分）

（2）在合并报表中，取得的洁梦公司的资产负债均按照洁梦公司个别报表中的账面价值（或最终控制方合并报表中的账面价值）纳入合并报表，所支付的对价与取得的洁梦公司净资产账面价值份额的差额调整资本公积，资本公积不足冲减的冲减留存收益。（0.5 分）

（3）合并当期期末比较信息的列报。鑫达公司在比较期的合并报表中只应合并洁梦公司 40％的权益份额，其余 60％作为少数股东权益列报。（0.5 分）

3. （1）Dragon 控股在个别报表中的处理：处置洁梦公司 40％股权，应按照不丧失控制权处置股权的原则进行处理。所收到的对价与 40％股权账面价值的差额确认为当期损益，剩余 30％股权仍采用成本法核算。（0.5 分）

（2）Dragon 控股在合并报表中的处理：对洁梦公司的持股比例由 70％增至 90％，按照购买少数股权的原则（权益性交易原则）进行会计处理。（0.5 分）

（注：下划线标注部分为关键采分点，评审过程中酌情处理）

四、财务管理（20 分）

（一）6.5 分

1. 2015 年管理用资产负债表。（共 2 分，经营营运资本年初、年末数正确各得 0.25 分；净经营性长期资产年初、年末数正确各得 0.25 分，净负债年末和年初数正确各得 0.25 分，净负债及股东权益总计正确各得 0.25 分）

2015 年管理用资产负债表　　　　　　　　　　单位：元

资产	期末余额	期初余额
经营性流动资产：		
货币资金（经营）	181 941 148.51	155 942 146.19

（续表）

资产	期末余额	期初余额
应收票据（经营）	480 946.67	1 702 737.13
应收账款	40 225 852.47	26 354 641.60
预付账款	5 357 200.23	7 153 144.71
应收股利（经营）	668 045.00	254 492.70
其他应收款	11 756 944.15	14 603 338.53
存货	69 696 104.31	63 265 716.17
其他流动资产	22 806 417.24	36 386 757.73
经营性流动资产合计	332 932 658.57	305 662 974.76
经营性流动负债：		
应付票据（经营）	1 400 000.00	—
应付账款	39 978 182.79	31 002 256.54
预收账款	2 350 280.96	2 058 046.39
应付职工薪酬	1 201 889.48	263 007.44
应交税费	946 877.27	5 065 593.39
其他应付款	64 359 333.22	63 887 629.82
经营性流动负债合计	110 236 563.72	102 276 533.58
经营营运资本	222 696 094.85	203 386 441.18
经营性长期资产：		
长期股权投资	16 071 968.00	17 065 894.00
固定资产	478 547 719.72	418 700 613.65
在建工程	9 263 012.49	56 187 318.47
工程物资	111 422.22	159 938.44
无形资产	122 882 876.22	106 704 496.69
商誉	9 263 000.00	8 805 200.00
长期待摊费用	2 093 969.64	334 643.29
递延所得税资产	134 002.00	67 906.00
其他非流动资产	1 733 684.86	21 680 385.00
经营性长期资产合计	640 101 655.15	629 706 395.54
经营性长期负债：		
专项应付款	8 013 223.80	3 320 000.00
预计负债	14 400 000.00	10 800 000.00
递延收益	8 635 310.19	3 660.00
递延所得税负债	206 000.00	83 700.00
经营性长期负债合计	31 254 533.99	14 207 360.00
净经营性长期资产	608 847 121.16	615 499 035.54
净经营资产总计	831 543 216.01	818 885 476.72

2015 年管理用资产负债表   单位:元

负债及股东权益	期末余额	期初余额
金融负债:		
短期借款	85 000 000.00	18 000 000.00
应付票据(金融)	600 000.00	—
应付利息	611 608.00	560 042.48
一年内到期的非流动负债	50 000 000.00	109 863 013.70
长期借款	150 000 000.00	50 000 000.00
应付债券	8 000 000.00	1 200 000.00
金融负债合计	294 211 608.00	179 623 056.18
金融资产		
货币资金(金融)	93 038 685.77	54 003 051.24
以公允价值计量且其变动计入当期损益的金融资产	14 462 119.81	—
应收票据(金融)	320 631.11	1 135 158.09
应收利息	1 520 553.33	1 903 464.44
应收股利(金融)	1 240 655.00	472 629.30
投资性房地产	8 111 422.00	7 727 122.00
金融资产合计	118 694 067.03	65 241 425.07
净负债	175 517 540.97	114 381 631.11
股东权益:		
股本	538 395 000.00	538 395 000.00
资本公积	469 310 798.33	449 896 898.33
未分配利润	−387 622 319.61	−310 764 268.19
少数股东权益	35 942 196.32	26 976 215.47
股东权益合计	656 025 675.04	704 503 845.61
净负债及股东权益总计	831 543 216.01	818 885 476.72

2. 2015 年管理用利润表。(共 2 分,税前营业利润本期、上期正确各得 0.25 分,税后经营净利润本期、上期正确各得 0.25 分,税后利息费用本期、上期正确各得 0.25 分,净利润本期、上期正确各得 0.25 分)

2015 年管理用利润表   单位:元

项目	本期发生额	上期发生额
经营损益:		
一、营业总收入	303 235 247.51	259 903 576.98

（续表）

项目	本期发生额	上期发生额
减:营业成本	270 241 620.26	231 860 148.26
二、毛利	32 993 627.25	28 043 428.72
减:营业税金及附加	338 165.03	316 892.90
销售费用	16 769 800.61	14 907 654.82
管理费用	75 698 859.09	47 791 837.20
资产减值损失	24 212 745.20	2 520 494.65
三、税前营业利润	−84 025 942.68	−37 493 450.85
加:营业外收入	5 744 864.38	58 760 811.14
减:营业外支出	749 136.76	668 075.71
四、税前经营利润	−79 030 215.06	20 599 284.58
减:经营利润所得税	434 866.68	2 431 293.86
五、税后经营净利润	−79 465 081.74	18 167 990.72
金融损益:		
六、利息费用	−1 216 318.33	15 209 803.79
减:利息费用抵税	6 692.84	1 795 183.83
七、税后利息费用	−1 223 011.17	13 414 619.96
八、净利润	−78 242 070.57	4 753 370.76

3. （共 2 分,每个驱动因素导致的变动影响 0.5 分,最后原因文字分析大意相同得 0.5 分)

各指标计算结果

项目	2015 年	2014 年
净经营净利率	−9.556%	2.219%
税后利息率	−0.697%	11.728%
经营差异率	−8.860%	−9.509%
净财务杠杆	0.267 55	0.162 36
杠杆贡献率	−2.370%	−1.544%
权益净利率	−11.93%	0.67%

权益净利率的因素分析

影响因素	净经营资产净利率	税后利息率	经营差异率	净财务杠杆	杠杆贡献率	权益净利率	变动影响
上年权益净利率	2.219%	11.728%	−9.509%	0.162 36	−1.544%	0.67%	
净经营资产净利率变动	−9.556%	11.728%	−21.284%	0.162 36	−3.456%	−13.01%	−13.69%
税后利息率变动	−9.556%	−0.697%	−8.860%	0.162 36	−1.438%	−10.99%	2.02%
净财务杠杆变动	−9.556%	−0.697%	−8.860%	0.267 55	−2.370%	−11.93%	−0.93%

根据上述计算结果可知,权益净利率比上年下降 12.6%,通过因素分析法可知:①由于净经营

资产净利率下降,使权益净利率减少 13.69%;②由于税后利息率下降,权益净利率增加 2.02%;③由于净财务杠杆上升,权益净利率减少 0.93%。因此,可以发现净经营资产净利率对权益净利率的影响最大,可以判断是企业的基础盈利能力出现问题。

4. 2016 年度的净经营资产净利率应该达到水平。

假设 2016 年度税后经营净利率为 X,则:

$$X+(X+0.697\%)\times 0.26755\times(1+30\%)=5\%$$
$$解得 X=3.53\%(0.5 分)$$

(二) 6.5 分

1. 假设债务税前资本成本为 k,则:

$$950\times(1-2\%)=1\,000\times 6\%\times(P/A, k, 5)+1\,000\times(P/F, k, 5)$$

运用插值法解得 k=7.721%。(0.25 分)

债务税后资本成本=7.721%×(1-25%)=5.790%。(0.25 分)

参照公司的债务资本比例为 70%,则产权比率为 7/3。

该项目的目标资本结构为债务资本占 60%,则产权比率为 3/2。

$$β 资产=1.8\div[1+7\div 3\times(1-25\%)]=0.654\,5$$
$$β 权益=0.654\,5\times[1+3\div 2\times(1-25\%)]=1.390\,8$$

股权资本成本=4%+1.390 8×8%=15.126%。(0.5 分)

加权平均资本成本=5.790%×3÷5+15.126%×2÷5=9.52%。(0.5 分)

2. 营运资本的需求及现金流量。(各年营运资本现金流全对 1 分,错 1 个扣 0.25 分)

单位:万元

项目	2017 年年末	2018 年年末	2019 年年末	2020 年年末	2021 年年末	2022 年年末
销售额		11 700	16 380	24 570	24 570	24 570
所需经营性流动资产		1 755	2 457	3 685.5	3 685.5	3 685.5
所需经营性流动负债		468	655.2	982.8	982.8	982.8
营运资本需求		1 287	1 801.8	2 702.7	2 702.7	2 702.7
垫支或收回营运资本现金流	−1 287	−514.8	−900.9	0	0	2 702.7

3. 项目的各年年末的现金净流量及项目的净现值:(各年现金净流量全对 1.5 分,错 1 个扣 0.25 分;净现值 0.5 分)

单位:万元

项目	2016 年年末	2017 年年末	2018 年年末	2019 年年末	2020 年年末	2021 年年末	2022 年年末
投资额	−9 000						
装修厂房	−500						
装修费分摊费用抵税			25	25	25	25	25
年折旧额			1 425	1 425	1 425	1 425	1 425
折旧抵税			356.25	356.25	356.25	356.25	356.25
项目结束时生产线账目价值							1 875

(续表)

项目	2016 年年末	2017 年年末	2018 年年末	2019 年年末	2020 年年末	2021 年年末	2022 年年末
项目结束时生产线变现收入							2 600
变现收益纳税							−181.25
销售量		300	390	546	819	819	819
销售收入		9 000	11 700	16 380	24 570	24 570	24 570
税后收入		6 750	8 775	12 285	18 427.5	18 427.5	18 427.5
变动制造成本			−7 605	−10 647	−15 970.5	−15 970.5	−15 970.5
付现销售和管理费用			−1 170	−1 638	−2 457	−2 457	−2 457
固定付现成本			−1 200	−1 400	−1 600	−1 600	−1 600
付现成本合计			−9 975	−13 685	−20 027.5	−20 027.5	−20 027.5
税后付现成本			−7 481.25	−10 263.75	−15 020.625	−15 020.625	−15 020.625
垫支或收回营运资本		−1 287	−514.8	−900.9	0	0	2 702.7
现金净流量	−9 500	−1 287	1 160.2	1 501.6	3 788.125	3 788.125	8 909.575
折现率	1.00	0.91	0.83	0.76	0.70	0.63	0.58
0	−9 500	−1 175.127 8	967.266 2	1 143.073 0	2 632.998 2	2 404.125 4	5 162.931 7
净现值	1635.27						

因为净现值＝1 635.27(万元),大于 0,故认为该新生产线方案可行。

4. 当项目的期限改为 4 年后,各年年末的现金净流量及项目的净现值(各年现金净流量全对1.5 分,错 1 个扣 0.25 分;净值 0.5 分)

单位:万元

项目	2016 年年末	2017 年年末	2018 年年末	2019 年年末	2020 年年末	2021 年年末
投资额	−9 000					
装修厂房	−500					
装修费分摊费用抵税			31.25	31.25	31.25	31.25
年折旧额			1 425	1 425	1 425	1 425
折旧抵税			356.25	356.25	356.25	356.25
项目结束时生产线账目价值						3 300
项目结束时生产线变现收入						2 600
变现收益纳税						175
销售量		300	390	546	819	819
销售收入		9 000	11 700	16 380	24 570	24 570
税后收入		6 750	8 775	12 285	18 427.5	18 427.5

（续表）

项目	2016 年年末	2017 年年末	2018 年年末	2019 年年末	2020 年年末	2021 年年末
变动制造成本			−7 605	−10 647	−15 970.5	−15 970.5
付现销售和管理费用			−1 170	−1 638	−2 457	−2 457
固定付现成本			−1 200	−1 400	−1 600	−1 600
付现成本合计			−9 975	−13 685	−20 027.5	−20 027.5
税后付现成本			−7 481.25	−10 263.75	−15 020.625	−15 020.625
营运资本需求			1 170	1 638	2 457	2 457
垫支或收回营运资本		−1 287	−514.8	−900.9	0	2 702.7
现金净流量	−9 500	−1 287	1 166.45	1 507.85	3 794.375	9 272.075
折现率	1	0.913 075 237	0.833 706 389	0.761 236 659	0.695 066 343	0.634 647 866
折现值	−9 500	−1 175.127 831	972.476 817 6	1 147.830 697	2 637.342 356	5 884.502 616
净现值	−32.98					

因为净现值＝−32.98(万元)，小于 0，故认为当新生产线运营期间缩短为 4 年时，该新生产线方案不可行。

（三）7 分

1. 2016 年西子传媒公司资本结构无法调整到 40%，因为净经营资产合计的 60%大于期初股东权益与本年净利润之和。(0.25 分)

不分配现金股利，因为根据资本结构的要求，该年的净利润不足以满足新增的股权资金的需求，不足部分需要负债融资。(0.25 分)

该年年末的股东权益合计为 41 747.08 万元。(0.25 分)

2. 2016 年期末金融负债合计为 31 246.91 万元。(0.25 分)

其中，短期借款为 15 333.48 万元，金融性应付票据 579.94 万元。(0.25 分)

3. 2016 年利息费用为 1 894.31 万元。(0.25 分)

4. 西子传媒公司的预计报表:(共 4 分)

评分标准:五年的预计数据中，"净经营资产合计""金融负债合计""盈余公积""未分配利润""股东权益合计""税后经营利润""税后利息费用"和"净利润"8 个关键数据行，要求 5 年预计数据全正确，该行才能得 0.5 分。(每一行中，错一个数据，扣 0.25 分，错误两个或两个以上数据，则该行不得分)

2016—2020 年度预计资产负债表　　　　　单位:万元

项　目	基　期	占收入比	2016 年	2017 年	2018 年	2019 年	2020 年
经营性流动资产	—						
货币资金(经营)	6 385.35	0.20	7 151.59	7 866.75	8 496.09	9 090.82	9 545.36
应收票据(经营)	3 945.73	0.12	4 419.22	4 861.14	5 250.03	5 617.54	5 898.41
应收账款	2 196.61	0.07	2 460.20	2 706.22	2 922.72	3 127.31	3 283.68
预付账款	4 593.65	0.14	5 144.89	5 659.38	6 112.13	6 539.98	6 866.98

(续表)

项 目	基 期	占收入比	2016 年	2017 年	2018 年	2019 年	2020 年
其他应收款	2 982.09	0.09	3 339.94	3 673.94	3 967.85	4 245.60	4 457.88
存货	9 129.50	0.29	10 225.04	11 247.54	12 147.34	12 997.66	13 647.54
其他流动资产（经营）	858.47	0.03	961.48	1 057.63	1 142.24	1 222.20	1 283.31
经营性流动资产合计	30 091.40	0.94	33 702.37	37 072.60	40 038.41	42 841.10	44 983.15
经营性流动负债							
应付票据（经营）	1 208.22	0.04	1 353.20	1 488.52	1 607.61	1 720.14	1 806.15
应付账款	4 173.44	0.13	4 674.25	5 141.67	5 553.01	5 941.72	6 238.81
预收账款	2 326.71	0.07	2 605.92	2 866.51	3 095.83	3 312.54	3 478.16
应付职工薪酬	807.72	0.03	904.64	995.11	1 074.72	1 149.95	1 207.44
应交税费	1 203.56	0.04	1 347.99	1 482.79	1 601.41	1 713.51	1 799.19
其他应付款	2 259.50	0.07	2 530.64	2 783.70	3 006.40	3 216.84	3 377.69
经营性流动负债合计	11 979.14	0.38	13 416.64	14 758.30	15 938.97	17 054.70	17 907.43
经营营运资本	18 112.25	0.57	20 285.73	22 314.30	24 099.44	25 786.40	27 075.72
经营性长期资产							
固定资产	30 084.02	0.94	33 694.11	37 063.52	40 028.60	42 830.60	44 972.13
在建工程	6 867.21	0.22	7 691.27	8 460.40	9 137.23	9 776.84	10 265.68
无形资产	4 200.49	0.13	4 704.54	5 175.00	5 589.00	5 980.23	6 279.24
开发支出	5 909.23	0.19	6 618.34	7 280.17	7 862.58	8 412.97	8 833.61
经营性长期资产合计	47 060.95	1.47	52 708.26	57 979.09	62 617.41	67 000.63	70 350.66
净经营资产总计	65 173.20	2.04	72 993.98	80 293.38	86 716.85	92 787.03	97 426.39
净负债和股东权益							
金融负债							
短期借款	15 193.67		15 333.48	15 739.71	16 998.88	18 188.81	19 098.25
应付票据（金融）	517.81	0.02	579.94	637.94	688.97	737.20	774.06
长期借款	8 413.11		7 666.74	7 869.85	8 499.44	9 094.40	9 549.12
应付债券	7 500.00		7 666.74	7 869.85	8 499.44	9 094.40	9 549.12
金融负债合计	31 624.60		31 246.91	32 117.35	34 686.74	37 114.81	38 970.55
金融资产							
货币资金（金融）	869.92						
金融资产合计	869.92						
净负债	30 754.68		31 246.91	32 117.35	34 686.74	37 114.81	38 970.55
股东权益							
股本	7 087.78		7 087.78	7 087.78	7 087.78	7 087.78	7 087.78
资本公积	8 109.69		8 109.69	8 109.69	8 109.69	8 109.69	8 109.69
其他综合收益	3 520.72		3 520.72	3 520.72	3 520.72	3 520.72	3 520.72
盈余公积	4 308.81		5 041.66	5 865.45	6 762.97	7 721.79	8 725.25
未分配利润	11 391.52		17 987.22	23 592.39	26 548.95	29 232.23	31 012.39
股东权益合计	34 418.52		41 747.08	48 176.03	52 030.11	55 672.22	58 455.83
净负债及股东权益总计	65 173.20		72 993.98	80 293.38	86 716.85	92 787.03	97 426.39

预计利润表　　　　　　　　　　　　　单位:万元

项目	基期	占收入比	2016年	2017年	2018年	2019年	2020年
一、营业总收入	31 926.74		35 757.95	39 333.75	42 480.45	45 454.08	47 726.78
减:营业成本	20 590.16		21 454.77	23 600.25	25 488.27	27 272.45	28 636.07
二、毛利	11 336.58		14 303.18	15 733.50	16 992.18	18 181.63	19 090.71
减:营业税金及附加	239.07	0.01	267.76	294.54	318.10	340.37	357.39
销售费用	2 115.47	0.07	2 369.33	2 606.26	2 814.76	3 011.79	3 162.38
管理费用	545.61	0.02	611.08	672.19	725.97	776.79	815.62
三、税前营业利润	8 436.43		11 055.01	12 160.51	13 133.35	14 052.69	14 755.32
减:经营利润所得税	1 687.29		2 211.00	2 432.10	2 626.67	2 810.54	2 951.06
四、税后经营净利润	6 749.14		8 844.01	9 728.41	10 506.68	11 242.15	11 804.26
五、利息费用	1 491.94		1 894.31	1 863.22	1 914.28	2 067.43	2 212.14
减:利息费用抵税	298.39		378.86	372.64	382.86	413.49	442.43
六、税后利息费用	1 193.55		1 515.45	1 490.57	1 531.43	1 653.94	1 769.72
七、净利润	5 555.59	—	7 328.56	8 237.84	8 975.25	9 588.21	10 034.54
实体现金流量		—	1 023.22	2 429.01	4 083.21	5 171.97	7 164.90
实体价值	71 026.76		1 023.22	2 429.01	4 083.21	5 171.97	89 561.30
净债务价值	30 754.68						
股权价值	40 272.09						
每股收益	0.78						
每股股权价值	5.68						
每股净资产	4.86						

2016—2020年度预计利润表　　　　　　　　　　　单位:万元

项目	基期	占收入比	2016年	2017年	2018年	2019年	2020年
一、营业总收入	31 926.74		35 757.95	39 333.75	42 480.45	45 454.08	47 726.78
减:营业成本	20 590.16		21 454.77	23 600.25	25 488.27	27 272.45	28 636.07
二、毛利	11 336.58		14 303.18	15 733.50	16 992.18	18 181.63	19 090.71
减:营业税金及附加	239.07	0.01	267.76	294.54	318.10	340.37	357.39
销售费用	2 115.47	0.07	2 369.33	2 606.26	2 814.76	3 011.79	3 162.38
管理费用	545.61	0.02	611.08	672.19	725.97	776.79	815.62
三、税前营业利润	8 436.43		11 055.01	12 160.51	13 133.35	14 052.69	14 755.32
减:经营利润所得税	1 687.29		2 211.00	2 432.10	2 626.67	2 810.54	2 951.06
四、税后经营净利润	6 749.14		8 844.01	9 728.41	10 506.68	11 242.15	11 804.26
五、利息费用	1 491.94		1 894.31	1 863.22	1 914.28	2 067.43	2 212.14
减:利息费用抵税	298.39		378.86	372.64	382.86	413.49	442.43
六、税后利息费用	1 193.55		1 515.45	1 490.57	1 531.43	1 653.94	1 769.72
七、净利润	5 555.59	—	7 328.56	8 237.84	8 975.25	9 588.21	10 034.54

5. 西子传媒公司 2016 至 2020 年每年的实体现金流量:

实体现金流量=税后经营净利润-净经营资产的增加

2016 至 2020 年实体现金流量表 单位:万元

	2016 年	2017 年	2018 年	2019 年	2020 年
实体现金流量	1 023.22	2 429.01	4 083.21	5 171.97	7 164.90

(0.5分,某一年数据错误,扣0.25分,直至扣完为止)

西子传媒公司的实体价值=实体现金流量现值的合计(折现率为8%)=71 026.76(万元)。(0.25分)

净债务价值=2015 年净负债的账面价值=30 754.68。(万元)

股权价值=实体价值-净债务价值=71 026.76-30 754.68=40 272.09(万元)。(0.25分)

每股股权价值=40 272.09÷7 087.78=5.68(元/股)。(0.25分)

由于每股股权价值 5.68 小于初步达成的拟收购价格 7.29,因此,根据每股股权价值,拟收购价格被高估了。(0.25分)

五、成本管理会计(20分)

(一) 11.5 分

1. 设置并登记生产步骤产品成本明细账(见表1~表3)。

表 1 卷材车间产品成本明细账(3分)

产品名称:水刺无纺布卷材 2016 年 10 月 单位:万元

摘　　要	自制半成品	直接材料	直接人工	制造费用	合　　计
月初在产品成本		15	2	121	138
本月生产费用		70	20	648	738
合计		85	22	769	876
月末在产品成本		21	2.5	81	104.5
半成品成本		64	19.5	688	771.5

【评分标准说明】半成品成本——直接材料(1分)、直接人工(1分)、制造费用(1分)

表 2 剪裁车间产品成本明细账(2分)

产品名称:A 型面膜原坯 2016 年 10 月 单位:万元

摘　　要	自制半成品	直接材料	直接人工	制造费用	合　　计
月初在产品成本	130	0	3	72	205
本月生产费用	771.5	0	23	432	1 226.5
合计	901.5	0	26	504	1 431.5
月末在产品成本	128.58	0	1.07	20.04	149.69
半成品成本	772.92	0	24.93	483.96	1 281.81

【评分标准说明】半成品成本——自制半成品/直接材料(1分)、直接人工(0.5分)、制造费用(0.5分)

表3　成品车间产品成本明细账(2分)

产品名称:面膜(中药护理)　　2016年10月　　产成品产量:20吨　　　　　单位:万元

摘要	自制半成品	直接材料	直接人工	制造费用	合计
月初在产品成本	260	160	4	28	452
本月生产费用	1 281.81	640	22	160	2 103.81
合计	1 541.81	800	26	188	2 555.81
月末在产品成本	384.54	96	3.3	24	507.84
完工产品成本	1 157.27	704	22.7	164	2 047.97
完工产品单位成本(吨)	57.86	35.2	1.14	8.2	102.4

【评分标准说明】完工产品成本——自制半成品(0.5分)、直接材料(0.5分)、直接人工(0.5分)、制造费用(0.5分)

2. 综合逐步结转分步法成本还原。

表4　产品成本还原计算表

产品名称:面膜(中药护理)　2016年10月　　　产成品产量:20吨　　　　　单位:万元

	项目	半成品	直接材料(天然纤维)	直接材料(精华液)	直接人工	制造费用*	合计
第一次还原	还原前产品成本	1 157.27		704	22.7	164	2 047.97
	上一步骤本月所产半成品成本		772.92		24.93	483.96	1 281.81
	还原率	0.90**					
	半成品成本还原①	−1 157.27	695.63		22.44	439.2	
第二次还原	上一步骤本月所产半成品成本	64			19.5	688	771.5
	还原率	0.90***					
	半成品成本还原②	−695.63	57.6		17.55	620.48	
	还原后产成品成本		57.6	704	62.69	1 223.68	2 047.97
	产成品单位成本(吨)		2.88	35.2	3.13	61.19	102.4

* 四舍五入计算差异计入制造费用; * * 1 157.27/1 281.81=0.9; * * * 695.63÷771.50=0.9。

【评分标准说明】半成品成本还原Ⅰ(1分)、半成品成本还原Ⅱ(1分)、还原后产成品成本(1分),其中,每格按照可以0.25分计算。

3. 根据计算结果及背景信息,分析导致"纯天然中药护理面膜"成本较高的主要原因。

(1) 产品成本结构中,精华液成本和制造费用占比较高,是成本分析的重点。(0.5分)

(2) 根据背景资料可知,水刺无纺布卷材生产线引进国际先进设备,机械化程度较高,设备和厂房折旧较高(制造费用较高)。该生产线年设计生产能力为5 000吨,但是,投产一年以来累计生产"无纺布卷材"2 000吨,不到生产能力的一半。

同样,面膜剪裁成型车间设计生产能力为每年2 000吨,目前年均生产面膜540吨(15×3×12)。

较低的开工率导致单位产品制造费用偏高。(0.5分)

(3) "纯天然中药精华液"尚未进入大规模批量生产阶段,产量较低,导致成本偏高。(0.5分)

(二) 2分

1. 计算9~10月份各基本生产车间的维修费用。

维修车间每月固定成本合计＝20＋0.2×10＝22(万元)

每次维修变动成本＝0.1＋0.025×2＝0.15(万元)

9 月份总成本＝22＋20×0.15＝25(万元)

卷材车间分配维修劳务费用＝(25÷20)×10＝12.5(万元)(0.125 分)

剪裁车间分配维修劳务费用＝(25÷20)×10＝12.5(万元)(0.125 分)

10 月份总成本＝22＋40×0.15＝28(万元)

卷材车间分配维修劳务费用＝(28÷40)×12＝8.4(万元)(0.125 分)

剪裁车间分配维修劳务费用＝(28÷40)×28＝19.6(万元)(0.125 分)

2. 从基本生产车间角度,分析采取上述维修费用分配方案可能出现的问题、原因及改进建议。

问题:10 月份两个基本生产车间维修业务量都增加,维修服务总成本增加。但是,由于剪裁车间维修业务量增加更多。因此,剪裁车间分配的维修费用增加的同时,卷材车间分配的维修劳务费用却降低。这种分配结果,剪裁车间肯定不满意。同样,对于卷材车间,也容易出现"维修次数增加,维修成本降低"的一种错觉。(0.5 分)

原因:这种分配方案将维修车间的固定成本和变动成本统一按照维修次数标准进行分配,维修业务量增加导致单位维修劳务分配的固定成本下降。因此,一个车间的维修业务量会影响另一个车间维修劳务成本的分配结果。(0.5 分)

建议:将维修车间的固定成本和变动成本采用不同的方法进行分配。其中,固定成本采取平摊或者预设分配率方式分配,变动成本按照实际使用量计算。同时,根据维修难度和维修时间消耗等因素调整单次维修计费标准,设定不同维修收费标准(变动成本)。(0.5 分)

(注:下划线标注部分为关键采分点,评审过程中酌情处理。如有分析错误,可按照每处 0.25 分进行扣分处理。)

(三) 6.5 分

1. 计算生产每包合格湿巾产品消耗的直接材料标准成本和直接人工标准成本。

提示:废品成本由合格产品承担。

(1) 计算每包合格湿巾所耗用的直接材料标准成本:

每包湿巾需要直接材料	0.8 千克
每包湿巾平均边角废料	0.15 千克
每包湿巾耗用直接材料合计	0.95 千克
废品率	5%
每包合格湿巾直接材料标准用量[0.95÷(1−5%)]	1.0 千克
直接材料标准价格	2.5 元/千克

直接材料标准成本＝1×2.5＝2.5(元)。(1 分)

(2) 计算每包合格湿巾所耗用的直接人工标准成本:

停工和休息时间占实际加工工时百分比＝8÷32×100%＝25%。

每包合格湿巾实际加工工时	0.152 小时
每包合格湿巾停工和休息时间(0.1×25%)	0.038 小时
每包合格湿巾耗用直接人工工时	0.19 小时
废品率	5%
每包合格湿巾直接人工标准工时 0.19÷(1−5%)	0.2 小时
标准小时工资率	20 元/小时

直接人工标准成本＝20 元/小时×0.2 小时＝4(元)。(1 分)

2. 计算直接材料的价格差异和数量差异。

　　　　直接材料价格差异＝94 000×(2.8－2.5)＝28 200(元)(0.5分)
　　　　直接材料数量差异＝(94 000－95 000×1)×2.5＝－2 500(元)(0.5分)

3. 计算直接人工的工资率差异和效率差异。

　　　　直接人工工资率差异＝(21－20)×21 000＝21 000(元)(0.5分)
　　　　直接人工效率差异＝20×(21 000－0.2×95 000)＝40 000(元)(0.5分)

4. 计算变动制造费用的耗费差异和效率差异。

　　　　变动制造费用实际分配率＝210 000÷21 000＝10(元/小时)
　　　　变动制造费用耗费差异＝21 000×(10－9.5)＝10 500(元)(0.5分)
　　　　变动制造费用效率差异＝9.5×(21 000－0.2×95 000)＝19 000(元)(0.5分)

5. 计算固定制造费用的耗费差异、闲置能量差异和效率差异。

　　　　固定制造费用标准分配率＝700 000÷28 000＝25(元/小时)
　　　　固定制造费用耗费差异＝720 000－700 000＝20 000(元)(0.5分)
　　　　固定制造费用闲置能量差异＝700 000－25×21 000＝175 000(元)(0.5分)
　　　　固定制造费用效率差异＝25×21 000－95 000×0.2×25＝50 000(元)(0.5分)

"天平杯"浙江省第十二届大学生
财会信息化竞赛参考答案
及评分标准(本科组)

一、公司战略与风险控制(20分)

(一)

1.

① 上市公司市值管理是上市公司基于公司市值信号,综合运用多种科学、合规的价值经营方式和手段,以达到公司价值创造最大化、价值实现最优化的一种战略管理行为。其中价值创造是市值管理的基础,价值经营是市值管理关键,价值实现是市值管理的目的。(1分)

② 股权质押的风险在于:当股价低于平仓线时,该公司大股东如无法及时补缴保证金,则会被债权人强制平仓,即:本例中银行将质押的股份以大宗交易、二级市场直接抛售等方式变现,以还本付息。(1分)

③ 大股东为了避免自己公司股票被强制平仓,被债权人抛售套现,一般来说不会轻易任凭股票价格逼近预警线或平仓线。否则,其要想保住股权,必须动用大量的现金来追缴保证金,而在2014年以来的市场和经济环境背景下,短时间筹措大量现金也很困难。因此,有观点认为大股东股权质押活动中暗示着重要的投资机会。(1分)

2. 略(2分)

(二)

1. C1公司内部控制存在如下薄弱环节:(0.5分,能答对3个方面以上可以给分)

A. 控制环境存在薄弱环节,由不熟悉担保业务的李某负责办理担保业务。不符合控制环境中有关职员工作胜任能力的要求。

B. 对担保申请人通达公司的资信状况调查不深,审批不严。C1公司没有相应的管理制度说明管理混乱,不得提供担保。

C. 企业没有建立担保授权和审批制度,对于审批人超越权限审批的担保业务,经办人应当拒绝办理。由李某根据总经理指示办理,不符合授权和审批制度。

D. 企业为关联方提供担保的,与关联方存在近亲属关系的有关人员在评估与审批环节应当回避。但是,该公司总经理并没有遵循回避原则。

E. 没有签订担保合同。

C2公司内部控制中存在如下薄弱环节:(0.5分,能答对3个方面以上可以给分)

A. 工程项目的可行性研究存在缺陷,不应仅由工会有关人员进行可行性研究或评审。企业应该组织规划、工程、技术、财务、法律等部门的专家对项目建议书和可行性研究报告进行充分论证和评审,出具评审意见。

B. 工会主席私自决定施工单位,表明该公司授权批准程序存在缺陷。工程招标一般包括招标、投标、开标、评标和定标5个主要环节。

C. 公司董事会授权工会主席白某全权负责工程项目实施和工程价款支付的审批,属于授权审批不当。企业应当加强对工程建设过程的监控,实行严格的概预算管理。应当实行严格的工程管理制度,委托经过招标确定的监理单位进行监理,未经工程监理许可签字,不得拨付工程价款,不得进行竣工验收。

D. 工程重大的项目变更应当按照项目决策和概预算控制的有关程序和要求重新履行审批手续,不能仅由白某一人签字批准。

E. 竣工验收控制不严,不应仅由工会人员进行竣工验收,而是由建设单位合同设计、施工、监理单位以及工程质量监督部门等,对该项目是否符合规划设计要求以及建筑施工和设备安装质量进行全面的检验过程。

C3 公司内部控制中存在的薄弱环节:(0.5分,全部答对才可以给分)

A. 采购环节,供应商的选择和采购方式的选择存在缺陷,未建立科学的供应商评估制度,大宗采购未采用招标方式。

B. 固定资产验收控制存在缺陷。未由专门的验收机构或验收人员对购买物资进行验收,出具验收证明。

C4 公司内部控制存在下列薄弱环节:(0.5分,全部答对才可以给分)

A. 未对投资项目进行分析论证。对投资项目应进行严格的可行性研究与分析。可行性研究需要从投资战略是否符合企业的发展战略、是否由可靠的资金来源、能否取得稳定的投资效益、投资风险是否可控或在可承受范围内等几个方面进行论证。

B. 投资决策控制存在缺陷,未履行集体决策等审批程序,重大投资项目、应当报经董事会或股东大会审批。

C. 资金支出环节的控制存在缺陷,财务部在明知没有签订投资合同的情况下仍支付对外投资资金,把关不严。

2.该公司董事长总会计师和财务部经理在会议发言中的不妥之处在于:

(1) GW影视股份公司的董事长认为只要能够搞好内部控制,花多大代价都值得的观点不当。理由:建立有效的内部控制应考虑成本效益原则。(0.5分)

(2) 总会计师提出的在财务部门增设审计处,并由财务部具体领导的建议不当。理由:内部审计应具有相对独立性,应直接向管理层负责。(0.5分)

(3) 财务部经理提出的对超预算支出一律不予批准的意见不当。理由:特殊情况下,根据业务需要,经履行必要审批手续,可以调整工程项目预算。(1分)

(4) 财务部经理提出的由各子公司技术部全权负责固定资产采购业务的意见不当。理由:违背了不相容职务相互分离的原则。(1分)

(三)

1. 任职基本条件:(1分)

A. 根据法律、行政法规及其他有关规定,具备担任上市公司董事的资格。

B. 具有《指导意见》所要求的独立性。

C. 具备上市公司运作的基本知识,熟悉相关法律、行政法规、规章及规则。

D. 具有5年以上法律、经济或者其他履行独立董事职责所必需的工作经验。

E. 公司章程规定的其他条件。

认识独立董事的法律风险应当结合法律法规的效力层次:(1分)

A. 来自证券监督管理部门的行政处罚。

B. 民事赔偿。即:独立董事执行公司职务时违反法律、行政法规或公司章程的规定,给公司带来损失的,应当承担赔偿责任。

C. 刑事责任。

D. 自律监管措施。例如,违反《股票上市规则》《上市公司规范运作指引》等证券交易所发布的规定、指引等规范性文件,会产生一定的法律风险。这类风险包括交易所的通报批评、公开谴责、被公开认为不适合担任上市公司董事等。

2. 从独立董事的专业、咨询和资源提供3个功能角度讨论即可。(3分,每个方面1分)

(四)

1. 从数据看,内部人亲属的股票交易已经越来越成为一种非常重要的内部人交易行为了。《中华人民共和国证券法》等法律并不允许内部人短线交易,并设置了内部人禁止股票买卖的敏感期,但内部人亲属并不受此限制。内部人亲属除了履行"在买卖后2个交易日内申报并披露"的义务外,买卖内部人所任职公司股票没有其他明确要求。内部人亲属指的是董事、监事和高级管理人员的父母、配偶、子女和兄弟姐妹4种类型,其中涉及内部人配偶的交易行为又是最普遍的。从本例中可以看出,这次借壳上市的介绍人C某某实际上并不完全属于上市公司董事、监事和高级管理人员序列,但却利用其介绍人的身份所具有的信息优势让其妻子从事股票买卖并获利。(2分)

2. (1) 公平披露(Fair disclosure 简称FD)是指当上市公司及其相关信息披露义务人发布未公开重大信息时,必须向所有投资者公开披露,以使所有投资者均可同时获悉同样的信息。当前我国证券市场上的诚信理念普遍缺失,发行人和分析师对公平信息披露的意识不强,加之选择性信息披露本身具有的隐秘性,这使得我国中小板市场上此类违规现象较多。(1分)

(2) 为进一步规范上市公司信息披露行为,确保信息披露的公平性,保护投资者的合法权益,2006年深交所率先颁布实施了《深圳证券交易所上市公司公平信息披露指引》,标志着我国首次在将公平信息披露的监管的历年引入中国资本市场信息监管。该政策规定,上市公司(管理层)和相关信息披露义务人发布非公开重大信息时,必须向所有投资者公开披露,从事使所有投资者可以同时获悉同样的信息;不得私下提前向特定对象单独披露、透露或泄露,其中非公开重大信息就包括但不限于上市公司并购、重组、重大投资、担保行为。并且还规定投资银行、会计师和律师等中介机构人员对这些非公开重大信息负有保密责任。对于违规行为交易所责令改正、通报批评直至报证监会调查的处分。(1分)

本例中借壳上市的介绍人C某某将利用其掌握的私人信息透露给其妻子,使其妻子利用内部信息提前进行股票交易活动并获利,违反了保密原则,涉嫌内幕交易罪。该案例也反映出我国在对公平信息披露的监管不严、惩处不力的现状,特别是对内部人直系亲属利用私人信息进行内幕交易获利的惩罚力度和威慑力还远远不够。(1分)

二、内部控制与审计(20分)

(一)

1. 从下列分析程序可以看出,SM公司2014年财务报表存在重大错报风险:

单位:万元

项目	2014年审前数	2013年审定数	变动值	变动率
总资产	5 500	2 700	2 800	103.70%
负债	3 850	1 700	2 150	126.47%

（续表）

项目	2014 年审前数	2013 年审定数	变动值	变动率
所有者权益	1 650	1 000	650	65.00%
资产负债率	70.00%	62.96%	7.04%	11.18%
营业收入	9 580	4 500	5 080	112.89%
营业成本	7 940	3 570	4 370	122.41%
营业利润	1 640	930	710	76.34%
毛利率	17.12%	20.67%	−3.55%	−17.17%
利润总额	1 300	710	590	83.10%
净利润	1 430	750	680	90.67%

（1）分析广告产品营业收入、营业成本和毛利率的变动：(0.5 分)

2013 年毛利率约 21%，2014 年度毛利率为 17%，毛利率下降 3.5 个百分点，但是 2014 年净润较 2013 年净利润有较大幅度增加；同时 2014 年营业收入较 2013 年相比也有大幅度上升，根据材料(3)，SM 公司有大幅增加净利润的动机，所以 SM 很可能存在虚增收入的情况。

（2）分析资产负债率的变动：(0.5 分)

2013 年 SM 公司资产负债率约为 63%，2014 年 SM 公司资产负债率约为 70%，上涨 7 个百分点，一般认为资产负债率大于 50% 公司有较高的流动性风险，结合材料(4)，SM 公司存在难以偿还债务的风险，所以长短期负债可能存在披露不足的风险。

2. 对于事项(1)：

表明存在重大错报风险。撤销原由内部审计部门并有财务部门代为进行不定期抽查与监督，大大削弱了对控制的监督，导致财务报表层次的重大错报风险。注册会计师应建议 GW 影视股份公司向 SM 公司派遣董事并任命相应管理层，由 GW 影视股份公司内部审计部门对所有子公司进行统一内部审计，并向 GW 影视股份公司董事会或者审计委员会汇报。(0.5 分)

对于事项(2)：

表明存在重大错报风险。信息技术环境的变化很可能导致相当一段时期内的信息技术难以与经营活动融合，从而导致财务报表层次的重大错报风险。(0.5 分)

对于事项(3)：

表明存在重大错报风险。业绩承诺的压力使得 SM 公司很可能进行财务报表舞弊行为，从而导致财务报表层次的重大错报风险。(0.5 分)

对于事项(4)：

表明存在重大错报风险。SM 公司为了能从银行取得借款，可能会隐瞒负债，特别是隐瞒短期借款，导致短期借款的完整性认定存在重大错报风险。(0.5 分)

对于事项(5)：

表明存在重大错报风险。SM 公司主营业务收入和预计负债确认上存在较大不确定性，按照会计谨慎性原则，SM 公司不应确认主营业务收入并且应合同要求确认预计负债。该事项导致营业收入的发生认定存在重大错报风险，预计负债的完整性存在重大错报风险。(0.5 分)

对于事项(6)：

表明存在重大错报风险。SM 公司改变收入确认方式，使当年收入与上一年有较大差异，该事项导致营业收入的发生、完整性、计价和分摊存在重大错报风险。(0.5 分)

对于事项(7)：

表明存在重大错报风险。注册会计师无法确认关联方交易公允性，很难对关联方披露作出合

理评估,该事项导致营业收入的发生、计价和分摊存在重大错报风险。(0.5分)

3. 王明和赵立两位注册会计师应当考虑采用下列方式予以应对:

(1) 改变拟实施审计程序的性质,以获得更为可靠、相关的审计证据,或获取其他佐证性信息,包括更加重视实地观察,在实施函证程序时改变常规函证内容,询问 SM 公司的非财务人员等。(0.5分)

(2) 改变实质性程序的时间,包括在期末或接近期末实施实证性程序,或针对本期较早时间发生的交易事项或贯穿于整个本期的交易事项实施测试。(0.5分)

(3) 改变审计程序的范围,包括扩大样本规模,采用更详细的数据实施分析程序等。(0.5分)

(二)

1. 重要性:

财务报表层次重要性水平取下面 3 个计算结果中的最小值:

$$507\ 764\ 060.95 \times 0.5\% = 2\ 538\ 820.30$$
$$1\ 379\ 210\ 793.60 \times 0.5\% = 6\ 896\ 053.97$$
$$206\ 602\ 225.20 \times 5\% = 10\ 330\ 111.26$$

所以财务报表层次重要性水平为 253.88(万元)。

非重要科目重要性水平为 $253.88 \times 0.7 = 177.72$(万元)。

重要性科目重要性水平为 $253.88 \times 0.5 = 126.94$(万元)。

因为主营业务收入是公司收入的主要来源,所以主营业务收入属于重要科目,所以主营业务收入的重要性水平为 126.94 万元。(0.5分)

2. 因母带移交日期与播放日期基本同步且收入按照播放集数确定,收入确认应按照每集 70 万元并按播放时间确认相应收入,预计销售总额为 $3\ 360 + 500 = 3\ 860$(万元),应确认收入 $70 \times 36 = 2\ 520$(万元),预计总成本为 $3\ 000 + 200 = 3\ 200$(万元),相应的成本按照实际销售收入占预计销售总收入的比例在首轮发行期内进行结转,应结转相应成本 $3\ 200 \times (2\ 520 \div 3\ 860) = 2\ 089.12$(万元),超过重要性水平,拟调整。(0.5分)

借:主营业务收入	280
贷:预收账款	280

借:库存商品	310.88
贷:主营业务成本	310.88

按照 GW 影视公司和 YH 公司签署的协议,GW 影视投资比例为 20%,截至 2014 年 12 月 31 日,电视剧《XS》累计发行金额 14 472 万元,扣除 YH 公司 15% 的宣传费,收入总额应为 12 301.2 万元,GW 影视应获得 2 460.24 万元收入,GW 影视公司实际发生费用为 1 080 万元。超过重要性水平,拟调整。(0.5分)

借:应收账款	1 380.24
贷:主营业务收入	1 380.24

出于谨慎性原则,GW 影视公司不能按照票房 1 亿元确认相应收入,但可按照事先票房 8 500 万元确认相应收入,GW 影视公司可按每张电影票 0.3 元的获得相应票房收益,所以期末可以确认收入金额为 $0.3 \times 8\ 500 = 2\ 550$(万元),确认相应成本应按照计划成本法进行结转,$2\ 550 \div (0.3 \times 10\ 000) \times (1\ 800 + 80) = 1\ 598$(万元),超过重要性水平,拟调整。(0.5分)

借:应收账款	2 550
贷:主营业务收入	2 550

借：主营业务成本　　　　　　　　　　　　　　　　　　　　　　　1 598
　　贷：库存商品　　　　　　　　　　　　　　　　　　　　　　　　　1 598

GW 影视公司不能将成本进行相应结转，应归结于生产成本，生产成本金额应为 1 389 万元，预收制片款＝2 200×0.4×0.5＝440（万元），作为预收账款处理，社会团体补助作为制片资助款应列入存货项目的减项。所以生产成本应为 1 389－30＝1 369（万元）。超过重要性水平，拟调整。（0.5 分）

借：营业外收入　　　　　　　　　　　　　　　　　　　　　　　　30
　　贷：生产成本　　　　　　　　　　　　　　　　　　　　　　　　　30

借：生产成本　　　　　　　　　　　　　　　　　　　　　　　　　1 389
　　贷：主营业务成本　　　　　　　　　　　　　　　　　　　　　　　1 389

借：主营业务成本　　　　　　　　　　　　　　　　　　　　　　　440
　　贷：预收账款　　　　　　　　　　　　　　　　　　　　　　　　　440

3. 每笔会计分录按 0.5 分计，或者上述 4 个项目共需调整收入 2 520－2 800＋2 460.24－1 080＋2 550－0＝3 650.24（万元）；共需调整成本 2 089.12－2 400＋1 080－1 080－1 598－0－1 389＋440＝338.12（万元）。

所以审计调整分录为：

借：生产成本　　　　　　　　　　　　　　　　　　　　　　　　　1 389.00
　应收账款　　　　　　　　　　　　　　　　　　　　　　　　　3 930.24
　主营业务成本　　　　　　　　　　　　　　　　　　　　　　　338.12
　　贷：主营业务收入　　　　　　　　　　　　　　　　　　　　　　　3 650.24
　　　预收账款　　　　　　　　　　　　　　　　　　　　　　　　　720.00
　　　库存商品　　　　　　　　　　　　　　　　　　　　　　　　　1 287.12

借：营业外收入　　　　　　　　　　　　　　　　　　　　　　　　30
　　贷：生产成本　　　　　　　　　　　　　　　　　　　　　　　　　30

4. 注册会计师必须保证 GW 影视股份公司执行较为严格的销售定价和信用审核手续，注册会计师应先询问执行该政策的营销部门、营销总监和总经理，确认该控制是否得到执行。注册会计师还需获取公司销售定价政策，并抽取部分销售定价/信用调整审批表，检查是否按照公司定价流程进行审批并按审批后金额入账。注册会计师还应抽查期后收款情况，检验信用风险是否得到控制。（0.5 分）

注册会计师为获取较高的保证，应抽取足够多的样本测试控制运行的有效性。注册会计师应当询问执行该控制的邮寄单据保管人、负责报告合同的专职秘书和负责记录销售收入的会计人员，确认该控制是否得到执行。注册会计师从销售收入明细账中抽取样本，核对客户订单、签收的邮寄单据以及发票、相关合同，以检查信息是否一致以及入账金额是否准确。（0.5 分）

注册会计师应随机抽取几个月应收账款汇总表进行控制测试，注册会计师分别与总经理、营销总监和财务总监就抽取的上述月份的汇总表进行讨论，证实管理层是否确实审阅了该报告并对重大差异和异常情况进行了调查和跟进。注册会计师还可通过询问营销经理和相关人员印证所采取的跟进措施。销售收入和应收账款汇总表与当月财务报表的销售收入总额和应收账款余额一致，注册会计师可核对上述月份的财务报表，证实是否有误。（0.5 分）

（三）

1. 不恰当，与治理层沟通具体审计程序的性质和时间安排，可能因这些程序易于被预见而降

低其有效性。(0.5分)

2. 恰当。(0.5分)

3. 不恰当,黄文注册会计师还应当实施审计程序以确定该内部审计工作是否足以实现审计目的。(0.5分)

4. 不恰当,黄文注册会计师需要判断 OP 公司业务是否简单或者复杂,在对其处置过程中获得的收益或损失是否超过重要性水平决定是否要进行审阅或者审计。(0.5分)

(四)

1. 联合摄制业务中,GW 影视股份公司负责摄制成本核算的,在收到合作方按合同约定预付的制片款项后,应先通过"预收制片款"(或报表科目:预收账款)科目进行核算;当影片完成摄制结转入库时,再将该款项转作影片库存成本的备抵,并在结转销售成本时予以冲抵。其他合作方负责摄制成本核算的,GW 影视股份公司按合同约定支付合作方的拍片款,参照委托摄制业务处理。(0.5分)

该类型风险主要为企业将未完成摄制的预收制片款直接作为收入确认,或者影片已完成摄制但未将生产成本结转入库存商品。在结转收入成本时的风险主要考虑按合同约定分享收益成本。

审计策略:在此环节中审计工作者应该注意登记入账销售交易是否真实,所以注册会计师应取得相应联合摄制业务合同,确定联合摄制业务的分享利益及分担风险比例;取得合作方预付制片款的银行单据确认企业已收到相应预收制片款;向合作方函证确认上述情况属实。(0.5分)

2. 受托摄制业务中,GW 影视股份公司收到委托方按合同约定预付的制片款项,应先通过"预收制片款"科目进行核算。当影片完成摄制并提供给委托方时,将该款项冲减该片的实际成本。"预收制片款"科目余额应列入资产负债表中的"预收账款"项目。(0.5分)

该类型风险主要为受委托摄制而取得的预收制片款直接作为收入确认。

审计策略:在此环节中审计工作者应该注意受托交易是否真实,所以注册会计师应取得相应受委托摄制业务合同,确定受托金额;取得委托方预付制片款的银行单据确认企业已收到相应预收制片款;向委托方函证确认上述情况属实。(0.5分)

3. 在委托摄制业务中,企业按合同约定预付给受托方的制片款项,应先通过"预付制片款"科目进行核算;当影片完成摄制并收到受托方出具的经审计或双方确认的有关成本、费用结算凭据或报表时,按实际结算金额将该款项转作影片库存成本。"预付制片款"科目余额应列入资产负债表中的"预付账款"项目。(0.5分)

该类型风险主要为将预付制片款直接作为成本确认。

审计策略:在此环节中审计工作者应该注意委托交易是否真实,所以注册会计师应取得相应委托摄制业务合同,确定委托总金额;取得预付制片款的银行单据确认企业已付相应预收制片款;向委托方函证确认上述情况属实及委托摄制业务进度。(0.5分)

4. 企业的协作摄制业务,按租赁、收入等会计准则中相关规定进行会计处理。租赁收入一般为经营租赁收入,对于经营租赁的租金,出租人应当在租赁期内各个期间按照直线法确认为当期经营租赁收入;其他方法更为系统合理的,也可以采用。出租人应当在实际收到或有租金时将其确认为经营租赁收入。(0.5分)

该类型风险主要为将收到租金直接作为成本确认而未按直线法分摊。

审计策略:在此环节中审计工作者应该注意协作交易是否真实,所以注册会计师应取得相应摄制协作合同,确定租金金额和期限;取得收到租金的银行单据;向总制片单位函证确认上述情况属实。(0.5分)

（五）

1. 合并商誉＝3 850－[4 500－(4 500－3 500)×25％]×80％＝450(万元)。

所以编制调整分录：(0.5分)

借：商誉	200	
贷：递延所得税负债		200

2. 高管应计提 206 602 225.20×1‰＝206.60(万元)的年终奖。

借：管理费用	206.60	
生产成本	180.00	
贷：应付职工薪酬		386.60(0.5分)

3. 样本错报金额＝[16.4－(16.4－0.4)÷5×2－0.2]÷2－(16.4－0.4)÷5＝1.7(万元)，样本平均错报金额＝1.7÷200＝0.008 5(万元)。

计算管理费用错报金额的点估计值＝0.008 5×8 000＝68(万元)。

因为错报估计值小于重要性水平，所以无需编制审计调整分录。(0.5分)

4. 可容忍偏差率为6％和预计总体偏差率为1.75％的交叉处为注册会计师应测试的样本规模，即88。(0.5分)

该项控制不可信赖，样本中可接受的偏差数不大于2，注册会计师发现了3例偏差，超出了可接受程度，因此判断该项控制不可信赖。(0.5分)

三、财务会计(20分)

（一）

1. 该项合并属于非同一控制下的控股合并。

理由：购买B公司60％股权能够对B公司实施控制，甲公司GW影视股份公司和Y公司不存在关联方关系。

2. 企业合并成本为付出非现金资产的公允价值5 700万元。

GW影视股份公司转让作为对价的固定资产和无形资产使2013年利润总额增加＝[4 200－(2 800－600－200)]＋[1 500－(2 600－400－200)]＝1 700(万元)。

3. 长期股权投资的入账价值为5 700万元。

借：固定资产清理	2 000	
累计折旧	600	
固定资产减值准备	200	
贷：固定资产		2 800

借：长期股权投资——投资成本	5 700	
累计摊销	400	
无形资产减值准备	200	
营业外支出	500	
贷：固定资产清理		2 000
无形资产		2 600
营业外收入		2 200

借：管理费用	200	
贷：银行存款		200

4. GW 影视股份公司对 B 公司的长期股权投资采用成本法核算,2014 年 12 月 31 日 GW 影视股份公司对 B 公司长期股权投资的账面价值仍为其初始投资成本 5 700 万元。

5. GW 影视股份公司出售 B 公司 20%股权产生的损益=2 500-5700÷60%×20%=600(万元)。

借:银行存款	2 500
贷:长期股权投资——投资成本	1 900
投资收益	600

6. 2015 年 1 月 2 日剩余 40%部分长期股权投资在 2013 年 6 月 30 日的初始投资成本=5 700-1 900=3 800(万元),小于按剩余持股比例计算的应享有原取得投资时可辨认净资产公允价值的份额 4 000 万元(10 000×40%)的差额 200 万元,应分别调整长期股权投资和留存收益 200 万元。

借:长期股权投资——投资成本	200
贷:盈余公积(200×10%)	20
利润分配——未分配利润	180

剩余 40%部分投资按权益法核算追溯调整的长期股权投资金额=[(1 200÷2+1 600)-(4 800-3 600)÷20×1.5-(2 400-2 000)÷10×1.5]×40%=820(万元)

借:长期股权投资——损益调整	820
贷:盈余公积(820×10%)	82
利润分配——未分配利润	738

2015 年 1 月 2 日按权益法调整后长期股权投资的账面价值=3 800+20+820=4 820(万元)。

7. 2015 年 12 月 31 日 GW 影视股份公司对 B 公司长期股权投资的账面价值=4 820+[800-(4 800-3 600)÷20-(2 400-2 000)÷10]×40%+300×40%=5 220(万元)。

借:长期股权投资——损益调整	280
贷:投资收益	280
借:长期股权投资——其他综合收益(300×40%)	120
贷:其他综合收益	120

(二)

1. GW 影视股份公司会计处理:

(1) 2013 年应确认的费用和资本公积=(100-4-4)×10×12×1÷3=3 680(万元)。

借:管理费用	3 680
贷:资本公积——其他资本公积	3 680

2013 年应确认的长期股权投资和资本公积=20×10×12×1÷3=800(万元)。

借:长期股权投资	800
贷:资本公积——其他资本公积	800

(2) 2014 年应确认的费用和资本公积=(100-4-2-2)×10×12×2÷3-3 680
=3 680(万元)。

借:管理费用	3 680
贷:资本公积——其他资本公积	3 680

2014 年应确认的长期股权投资和资本公积＝$20\times10\times12\times2\div3-800=800$（万元）。

借:长期股权投资　　　　　　　　　　　　　　　　　　　　　　800
　贷:资本公积——其他资本公积　　　　　　　　　　　　　　　　　　800

（3）2015 年应确认的费用和资本公积＝$(100-4-2)\times10\times12-3\,680-3\,680$
$$=3\,920（万元）。$$

借:管理费用　　　　　　　　　　　　　　　　　　　　　　　　3 920
　贷:资本公积——其他资本公积　　　　　　　　　　　　　　　　　3 920

2015 年应确认的长期股权投资和资本公积金额＝$20\times10\times12-800-800=800$（万元）。

借:长期股权投资　　　　　　　　　　　　　　　　　　　　　　800
　贷:资本公积——其他资本公积　　　　　　　　　　　　　　　　　800

2. GW 新媒体公司会计处理:

（1）2013 年应确认的费用和资本公积＝$20\times10\times12\times1\div3=800$（万元）。

借:管理费用　　　　　　　　　　　　　　　　　　　　　　　　800
　贷:资本公积——其他资本公积　　　　　　　　　　　　　　　　　800

（2）2014 年应确认的费用和资本公积＝$20\times10\times12\times2\div3-800=800$（万元）。

借:管理费用　　　　　　　　　　　　　　　　　　　　　　　　800
　贷:资本公积——其他资本公积　　　　　　　　　　　　　　　　　800

（3）2015 年应确认的费用和资本公积＝$20\times10\times12-800-800=800$（万元）。

借:管理费用　　　　　　　　　　　　　　　　　　　　　　　　800
　贷:资本公积——其他资本公积　　　　　　　　　　　　　　　　　800

3. 合并财务报表抵销 GW 影视股份公司个别财务报表中确认的长期股权投资和 GW 新媒体公司个别财务报表确认的资本公积,合并财务报表抵销分录:

（1）2013 年抵销分录:

借:资本公积　　　　　　　　　　　　　　　　　　　　　　　　800
　贷:长期股权投资　　　　　　　　　　　　　　　　　　　　　　800

合并财务报表中结果中本期应确认管理费用和资本公积＝$3\,680+800=4\,480$（万元）。

（2）2014 年抵销分录:

借:资本公积　　　　　　　　　　　　　　　　　　　　　　　　1 600
　贷:长期股权投资　　　　　　　　　　　　　　　　　　　　　　1 600

合并财务报表中结果本期应确认管理费用和资本公积＝$3\,680+800=4\,480$（万元）,资本公积累计金额＝$4\,480+4\,480=8\,960$（万元）。

（3）2015 年抵销分录:

借:资本公积　　　　　　　　　　　　　　　　　　　　　　　　2 400
　贷:长期股权投资　　　　　　　　　　　　　　　　　　　　　　2 400

合并财务报表中结果本期应确认管理费用和资本公积＝$3\,920+800=4\,720$（万元）,资本公积累计金额＝$8\,960+4\,720=13\,680$（万元）。

4. 行权日的会计处理:

(1) GW影视股份公司公司会计分录:

借:银行存款   3 420

资本公积——其他资本公积   13 680

贷:股本   1 140

资本公积——股本溢价   15 960

(2) GW新媒体公司会计分录:

借:资本公积——其他资本公积   2 400

贷:资本公积——股本溢价   2 400

(三)

1. 2011年12月31日:

借:投资性房地产   3 940

累计折旧   312

贷:固定资产   3 940

投资性房地产累计折旧[(3 940-40)÷50×4]   312

2. 2012年1月1日:

借:银行存款   480

贷:预收账款   480

2012年1月31日:

每月确认租金收入=480÷12=40(万元)。

每月计提的折旧额=(3 940-40)÷50÷12=6.5(万元)。

借:预收账款   40

贷:其他业务收入(480÷12)   40

借:其他业务成本   6.5

贷:投资性房地产累计折旧[(3 940-40)÷50÷12]   6.5

3. 2013年12月31日:

借:投资性房地产——成本   4 472

投资性房地产累计折旧[(3 940-40)÷50×6]   468

贷:投资性房地产   3 940

盈余公积   100

利润分配——未分配利润   900

4. 2014年12月31日:

借:投资性房地产——公允价值变动损益(4 550-4 472)   78

贷:公允价值变动损益   78

5. 2015年1月1日:

借:银行存款   4 600

贷:其他业务收入   4 600

借:其他业务成本 4 550

   贷:投资性房地产——成本 4 472

           ——公允价值变动 78

借:公允价值变动损益 78

   贷:其他业务成本 78

四、财务管理(20分)

(一)

1. 杜邦分析法的计算过程如下:

从GW公司2014年年报中取得杜邦分析法计算所需数据为:

单位:元

	期末数	期初数
所有者权益合计	890 612 390.41	679 418 772.23
资产总计	1 379 210 793.60	751 553 478.54
营业总收入	507 764 060.95	439 209 047.80
净利润	206 602 225.20	158 813 644.35

杜邦分析法计算结果为:(1分)

	权益净利率	销售净利率	总资产周转率	权益乘数
本期	23.20%	40.69%	0.37	1.55
上期	23.37%	36.16%	0.58	1.11

分析:本期权益净利率与上期接近,略微下降,虽然本期销售净利率提高了4.53%,权益乘数上升了0.44,但是总资产周转率下降了0.21,说明销售净利率的提高和权益乘数上升带来的好处被总资产周转率的下降所抵消。(0.5分)

2. 传统杜邦分析法的局限:(1分)

(1) 计算总资产净利率的"总资产"与"净利润"不匹配。总资产为全部资金提供者享有,而净利润则专属于股东的,两者不匹配。

(2) 没有区分经营活动损益和金融活动损益。

(3) 没有区分金融负债与经营负债。

(二)

1. 该项目新筹集负债的税后资本成本$=11.46\% \times (1-25\%)=8.6\%$。(0.5分)

替代上市公司的负债/权益$=50\% \div (1-50\%)=1$。

替代上市公司的$\beta_{资产}=\beta_{权益} \div [1+(1-25\%) \times 负债/权益]=2 \div (1+0.75 \times 1)=1.14$。

该项目的负债/权益$=60\% \div (1-60\%)=1.5$。

该项目的$\beta_{权益}=\beta_{资产} \times [1+(1-25\%) \times 负债/权益]=1.14 \times [1+(1-25\%) \times 1.5]$

$=1.14 \times 2.125=2.42$。

股权资本成本$=5\%+2.42 \times (10\%-5\%)=17.1\%$。(1分)

加权平均资本成本$=8.6\% \times 60\%+17.1\% \times 40\%=12\%$。(0.5分)

2. 净现值计算过程如下表所示:

单位:万元

项 目	零时点	第1年	第2年	第3年	第4年	第5年
经营许可费	−800					
固定资产投资	−400					
广告费支出	−60					
许可费摊销抵税		40	40	40	40	40
固定资产折旧抵税		10	10	10	10	10
广告费抵税		15				
税后营业收入		450	600	600	600	600
税后人工成本		−52.5	−63.75	−63.75	−63.75	−63.75
税后运营及维护成本		−75	−75	−75	−75	−75
税后景区管理费		−22.5	−30	−30	−30	−30
项目残值收入						300
残值净收入纳税						−25
垫支营运资本	−120	−40				160
现金净流量	−1380	325	481.25	481.25	481.25	916.25
折现系数(12%)	1	0.8929	0.7972	0.7118	0.6355	0.5674
现金金流量的现值	−1380.00	290.19	383.65	342.55	305.83	519.88
净现值	462.11					

项目净现值为462.11万元,项目可行。

(每年现金净流量计算正确,得1分;净现值计算正确,得0.5分)

3. 如果门票价格下降10%,则新的净现值计算如下:

单位:万元

项 目	零时点	第1年	第2年	第3年	第4年	第5年
经营许可费	−800					
固定资产投资	−400					
广告费支出	−60					
许可费摊销抵税		40	40	40	40	40
固定资产折旧抵税		10	10	10	10	10
广告费抵税		15				
税后营业收入		405	540	540	540	540
税后人工成本		−52.5	−63.75	−63.75	−63.75	−63.75

（续表）

项 目	零时点	第1年	第2年	第3年	第4年	第5年
税后运营及维护成本		−75	−75	−75	−75	−75
税后景区管理费		−20.25	−27	−27	−27	−27
项目残值收入						300
残值净收入纳税						−25
垫支营运资本	−108	−36				144
现金净流量	−1 368	286.25	424.25	424.25	424.25	843.25
折现系数（12％）	1	0.892 9	0.797 2	0.711 8	0.635 5	0.567 4
现金金流量的现值	−1 368.00	255.59	338.21	301.98	269.61	478.46
净现值	275.86					

与原有净现值相比，门票价格下降10％后，净现值下降了462.11−275.86＝186.25（万元），该项目净现值对门票价格的敏感系数为(186.25÷462.11)÷10％＝4.03。

（税后营业收入计算正确，得0.5分；税后景区管理费计算正确，得0.5分；垫支营运成本计算正确，得0.5分；净现值计算正确，得0.5分；敏感系数计算正确，得0.5分）

（三）

1. 编制预计资产负债表和利润表如下：

单位：万元

年 份	2014	2015	2016
利润表项目（年度）：			
营业收入	12 000	13 440	14 246.4
税后经营净利润	1 500	1 680	1 780.8
减：税后利息费用	275	275	308
税后利润	1 225	1 405	1 472.8
减：应付股利	725	745	1 103.2
本期利润留存	500	660	369.6
加：年初未分配利润	4 000	4 500	5 160
年末未分配利润	4 500	5 160	5 529.6
资产负债表项目（年末）：			
经营营运资本	1 000	1 120	1 187.2
净经营性长期资产	10 000	11 200	11 872
净经营资产总计	11 000	12 320	13 059.2
净金融负债	5 500	6 160	6 529.6
股本（股数1 000万股）	1 000	1 000	1 000
年末未分配利润	4 500	5 160	5 529.6
股东权益合计	5 500	6 160	6 529.6
净金融负债及股东权益总计	11 000	12 320	13 059.2

(2015年和2016年的营业收入正确,得0.5分;净经营性资产合计正确,得0.5分)

2. 2015年实体现金流量＝税后经营净利润－净经营资产增加

$$=1\,680-(12\,320-11\,000)=360(万元)。(0.5分)$$

2016年实体现金流量＝税后经营净利润－净经营资产增加

$$=1\,780.8-(13\,059.2-12\,320)=1\,041.6(万元)。(0.5分)$$

2015年股权现金流量＝745(万元)。(0.5分)

2016年股权现金流量＝1\,103.2(万元)。(0.5分)

3. 股权价值评估计算如下：

实体现金流

年份(年末)	2014	2014	2014
实体现金流量(万元)		360	1 041.6
加权平均资本成本		10%	10%
折现系数		0.909 1	0.826 4
预测期现值(万元)	1 188.05	327.28	860.78
后续期现值(万元)	22 810.62		27 602.4
实体价值合计(万元)	23 998.68		
债务价值(万元)	5 500		
股权价值(万股)	18 498.68		
股数(万元)	1 000		
每股价值(元)	18.50		

(2014年后续期现值计算正确,得0.5分;股权价值计算正确:得0.5分)

股权现金流

年份(年末)	2014	2014	2014
实体现金流量(万元)		745	1 103.2
加权平均资本成本(万元)		12%	12%
折现系数(万元)		0.892 9	0.797 2
预测期现值(万元)	1 544.68	665.21	879.47
后续期现值(万元)	15 537.32		19 489.87
实体价值合计(万元)	17 082.00		
债务价值(万元)	0		
股权价值(万元)	17 082.00		
股数(万股)	1 000		
每股价值(元)	17.08		

实体现金流量法计算每股价值为18.50元。

股权现金流量法计算每股价值为 17.08 元。

（后续期现值计算正确，得 0.5 分；实体现金流量法计算每股价值正确，得 0.5 分；股权现金流计算每股价值正确，得 0.5 分）

（四）

1. 年折旧额＝1 000×（1－10％）÷6＝150（万元）

第 4 年年末变现值＝240（万元）

第 4 年年末账面值＝1 000－150×4＝400（万元）

固定资产残值变现抵税＝（400－240）×25％＝40（万元）

项目初始现金流＝－1 000－200＝－1 200（万元）

营业现金净流量＝520×（1－25％）－150×（1－25％）＋150×25％＝315（万元）（0.5 分）

残值回收现金流量＝240＋40＝280（万元）（0.5 分）

营运资金回收现金流量＝200（万元）

项目净现值＝－1 200＋315×（P/A，15％，4）＋（280＋200）×（P/F，15％，4）

　　　　　＝－1 200＋315×2.855 0＋480×0.571 8

　　　　　＝－26.21（万元）（0.5 分）

结论：企业自行购买该设备投资是不可行的。

2. 根据会计准则规定，判断租赁的性质：

（1）该租赁在期满时资产所有权不转让。

（2）租赁期相比资产使用年限＝4÷6＝66.67％，小于税法规定的 75％。

（3）租赁最低付款额的现值＝270×（P/A，12％，4）＝270×3.037 3＝820.07 万元，低于租赁资产的公允价值的 90％（1 000×90％＝900）。

所以，该项租赁为经营租赁，租金可以直接抵税。（0.5 分）

判断租赁相比自行购买的净现值：

单位：万元

时　间	0	1	2	3	4
租赁方案：					
租金支付		－265	－265	－265	－265
租金抵税		66.25	66.25	66.25	66.25
租赁方案现金流量		－198.75	－198.75	－198.75	－198.75
折现系数［12％×（1－25％）＝9％］	1	0.917 4	0.841 7	0.772 2	0.708 4
现金净流量		－182.33	－167.29	－153.47	－140.79
租赁方案现金流量现值	－643.89				

租赁方案现金流量计算正确：得 1 分；租赁方案现金流现值正确，得 0.5 分

单位：万元

时　间	0	1	2	3	4
借款购买方案：					
税后借款支出		－90	－90	－90	－1 090
折旧抵税		37.5	37.5	37.5	37.5

(续表)

时 间	0	1	2	3	4
余值变现					240
余值变现损失减税					40
借款购买方案现金流量		−52.5	−52.5	−52.5	−772.5
折现系数	1	0.917 4	0.841 7	0.772 2	0.708 4
现金净流量		−48.16	−44.19	−40.54	−547.24
购买方案净现值	−680.13				
租赁相比自行购买的净现值	36.24				

(借款购买方案现金流量计算正确:得1分;购买方案净现值计算正确:得0.5分;租赁相比自行购买的净现值正确,得0.5分。)

该项目的净现值调整=项目常规净现值+租赁净现值=−26.21+36.24=10.03(万元)。

所以,利用租赁是可行的。(0.5分)

五、成本管理会计(20分)

1. 公司概况。

GW影视主营电视剧投资、制作与发行业务,并涉猎纪录片制作与发行,以及广告等电视剧衍生业务;且拥有全资子公司新长城影业培育电影业务,以及控股子公司GW新媒体培育网络剧等新媒体业务。目前公司业务结构仍以电视剧为主,过去3年营业收入构成中电视剧业务占比均在95%以上。公司2011、2012年均生产6部精品剧,集数分别达269、283集,在全国取得发行许可证总集数中份额分别为1.8%、1.34%;2013年10部496集电视剧取得发行许可证,份额上升至3.15%;连续3年位列国内前十大电视剧出品机构。GW影视以打造精品大剧的出品策略为定位;近年作品普遍受主流播出渠道认可,2012年度在上星频道份额排名突出;多数剧目销售价格较优。公司为业内品牌知名度较高的精品剧制作机构。

公司未来的发展战略为继续聚焦内容供应领域,并在渠道与屏幕多元化的趋势中,打造多元的电视剧、电影、纪录片、节目制作、微电影、广告等产品线;覆盖五大屏(电视、电影、电脑、Pad、手机),大小牌(广告牌、户外牌),尤其是要加大对互联网新媒体网络剧、碎片短剧等新业态的培育力度;发展成为品牌突出的综合内容提供商。公司于2014年6月6日正式登陆A股市场;上市后将借助资本市场平台实现内生与外延的持续发展。6月28日,收购SHSM广告(主营电影广告、户外广告)与ZJGX影视(主营电视媒体代理广告)的方案落地。围绕打造面向多屏受众的综合内容出品商的发展战略,公司将通过持续的资本运作,打造具备协同效应的产业链条。

2. 行业分析。

(1) 电视剧需求平稳,"一剧两星"具综合影响。

目前电视剧市场规模维持平稳增长的态势,年增速在15%左右。电视剧下游电视台收入增速趋于平缓;视频新媒体行业收入高速增长,但由于需要海量采集版权维持优势,在版权费的投入上,加大了对优质剧的采购力度,因此呈现出整体需求平稳增长、优质剧版权费高速增长的特点。整体而言,电视剧下游渠道的购买需求稳健增长。电视剧行业近3年当年播出新剧总数均在350部以上;2013年为368部;其中中央台和卫视频道2013年首播新剧总数为123部。与2013年取得发行许可证电视剧总数441部相较,国内电视剧整体发行率较高;但进入上星频道的精品剧目门槛仍较高,多数仅在地面台等频道实现发行的电视剧经济效益偏低。

2014年4月15日,总局召开2014年全国电视剧播出工作会议。会上宣布,自2015年1月1日开始,总局将对卫视综合频道黄金时段电视剧播出方式进行调整。具体内容包括:同一部电视剧每晚黄金时段联播的综合频道不得超过两家,同一部电视剧在卫视综合频道每晚黄金时段播出不得超过两集。"一剧两星"政策一定程度上增加了上星频道晚间电视剧容量,但也压缩了部分高收益剧的利润空间;但我们认为,这对高收益剧未造成严重冲击。原因是过去3年收视率超过1%的首播剧主要产生于独播剧中,其中三、四家合播的占比只在30%左右。

(2)电视剧行业集中度仍有待提高,产能退出仍将持续。

在领先影视剧公司加快市场份额扩张步伐之后,电视剧市场集中度较前几年已大为提升,但行业整体的低集中度格局仍未改变。我们认为原因在于前文所述的电视剧的整体发行率仍较高。

但在下游电视台广告收入整体趋缓,优秀频道加大节目投入,电视剧预算趋于平稳,且上星频道电视剧市场集中度趋于提升的格局下,我们判断,已经持续1年的电视剧落后产能退出仍将持续。该行业背景下,业内品牌公司将在质量优良剧目的支撑下,维持平稳发展;部分精细化运营能力强的公司将受益于"一剧两星"带来的容量扩张。

(3)电影广告、网络剧等新业态兴起。

电影广告与放映收入增速近几年在传媒各业态中居于前列。2013年银幕数同比增长38.7%,银幕数持续快速增长驱动的票房以及映前广告高增速趋势仍在持续。据估算,2013年国内电影广告市场规模已达28亿,映前广告与植入广告近两年的规模增长快速。新媒体渠道中网络剧出品制作渐成风气,主流视频网站均已有代表网络自制剧上线,其中不乏佳作。

3. 公司分析。

(1)编剧资源整合与创作能力突出。

GW影视大股东GW集团实际控制人ZJY为国家一级作家、编剧,整合编剧资源能力突出。与同业公司相比,长城影视在编剧资源整合、剧本品质把控上具备优势,电视剧剧本供应较少采用直接购买已有剧本版权的模式,主要采取自行组织编剧创作的模式。尤其是在大型电视剧的生产中,公司已实现集中多名优秀编剧集体创造,通过流水线分工和批量化创作方式高效完成的生产模式。

目前,公司剧本集中创作的时间周期多控制在2~3个月,在剧本创作以相对松散、独立的编剧个体艺术创作为主的整体行业环境中,公司的生产模式具备了较突出的效率和品质保障,并通过制片方意志的贯彻,能够及时将市场需求融入剧本,为创作市场适销的电视剧作品奠定基础。编剧价值贯穿于电视剧、电影、网络剧,乃至节目各种内容产品中,公司在编剧环节的突出特色与优势为产品线扩张奠定了坚实基础。

(2)全流程整合控制精细化运营效率高。

长城影视的电视剧业务具有鲜明的独家运作特征,公司投拍的所有电视剧均为独家投资、摄制、发行。与此相应,公司的电视剧项目采取全流程市场导向和全流程整合控制的业务模式;在剧本创作、拍摄管理和后期制作等环节,体现出自主掌控程度高的特征。拍摄环节公司采取制片人制度,即由公司向剧组派驻制片人负责整体剧组的运作;且所投拍的电视剧全部为以公司自有员工作为制片人的模式。

与同业其他公司常用的后期制作外包不同,公司配置了90人以上的后期制作团队,下设剪辑合成、影视包装、影视特效等小组,以保证公司后期制作的整体效率和成片效果。公司的电视剧项目运营的全流程高度自主掌控特点有利于保障项目的整体效率,在精细化运营上显示出优势;2011年以来项目周期基本控制在300天以内,毛利率整体维持在50%左右。

（3）内生与外延驱动打造面向多屏的综合内容出品商。

公司上市后步入新发展阶段，未来的发展战略为面向多屏的综合内容出品商，产品线将拓展至电视剧、电影、纪录片、节目制作、微电影、广告等，全线覆盖五大屏（电视机、电影、电脑、移动屏Pad、手机），大小牌（各种广告牌户外牌），并积极培育新媒体业务，保持和互联网的亲密接触。尤其可充分发挥公司编剧优势、精细化运营优势，出品成本可控的精品网络剧、碎片短剧。随着网络剧等新媒体产品的持续开发，互联网内容成为公司未来发展核心之一，并实现内容产业化延伸。公司已公布非公开增发预案，拟引入多名特定投资者，募集不超过 75 000 万元，用于投拍精品剧以及电影，加大电影的布局力度。

公司上市以后即加快产业并购速度，长期发展中将注重与公司互补型企业的重点选择，在并购企业同时，注重并购团队培养、公司治理的改善、股权激励、并购企业的文化融合等要素，做到并购协同效应。6 月 28 日，公司拟收购 SHSM 广告与 ZJGX 影视的方案落地。

SHSM 以电影院线广告代理为主营业务，并介入地铁广告代理运营，为集调研、策划、创意、媒介、制作五大业务于一身的综合传播机构；已拥有合计 144 个城市、595 家高端影城、4 239 块电影银幕的映前广告等优质媒体库资源；2013 年实现净利润 496 万，2014 至 2016 年业绩承诺分别为1 400 万、1 700 万、2 100 万元。

ZJGX 主要从事电视广告代理业务，并涉及户外和互联网广告代理，以及产品路演、活动策划。浙江光线已建立一套完善的电视媒体资源分析系统，能够为客户在海量电视内容资源中迅速找到最佳融入点，并作出媒体与广告主双赢共生的完美执行方案，在业内广受好评。目前业务主要集中于 ZJ 省，注重为有限的客户提供高附加值的服务同时保持更高的毛利率。

4. 管理层价值评估建议。

（1）盈利关键假设。

公司现有业务结构——电视剧、广告、纪录片中，仍以电视剧收入占比为主。公司出品剧目独播数量占比较高，加上注重编剧以及全流程整合控制的精细化运营能力，"一剧两星"政策对公司负面影响有限。2014 年公司预计发行 13 部 690 集电视剧；2015 年之后，我们假设公司电视剧业务收入进入平稳增长阶段，2015、2016 年电视剧收入增速分别为 12.5%、11%。公司原有广告、纪录片业务将维持平稳增长的趋势；SHSM 广告与 ZJGX 并购落地后，将带来广告收入与利润增厚；未来随着公司多元内容产品线逐步落地，将带来多元的营业收入。

（2）管理层盈利预测与估值。

公司测算并估计 GW 影视 2014 至 2016 年 EPS 分别为 0.42、0.55、0.64 元。当前股价对应P/E 分别为 47、36、31 倍。目前传媒行业重点公司 2014 年平均 PE 为 49.9 倍，按 PE 相对估值，目标价 20.96 元，具有较高的投资价值。

"天平杯"浙江省第十一届大学生

财会信息化竞赛参考答案

及评分标准(本科组)

一、公司战略与风险控制(20分)

（一）

1. CD路桥工程股份公司目前采取的总体战略为密集型成长战略,该战略也被称为加强型成长战略,指企业充分利用现有产品或服务的潜力,强化现有产品或服务的竞争地位。(1分)

CD路桥所处行业竞争激烈,行业受经济周期影响剧烈,多数工程项目的甲方均为政府等部门,加之路桥类企业众多,市场僧多粥少。该公司目前主要针对市场需求和企业的施工建设能力和资质,充分开发现有建筑市场,扩大并保持住市场份额。该战略适合CD路桥这样的决心在现有产品或市场领域做大做强且具有丰富和强大施工市场地位、经验和能力的公司。(1分)

2. CD路桥工程股份公司所做出的战略性选择必然是其充分衡量了公司所处的宏观政治经济环境和行业环境因素后的结果。从政治环境层面来看,国家的西部大开发战略,为路桥等建筑施工行业提供了市场,这也使得CD路桥能够在未来不断立足本行业获得持续发展。(1分)

但从经济环境角度来看,CD路桥所在行业极易受经济周期波动影响且为资本、技术高度密集行业,在经济运行下调的阶段,市场对路桥建筑施工的需求会相对萎缩,此时该企业的可持续性发展则依赖于其丰富的经验和技术能力,应合理控制成本,提供高质量的施工工程服务。(1分)

3. 下图即为波特教授提供的用于行业分析和商业战略选择的五力模型框架图。在该模型中,波特教授提供了影响行业战略选择的五种力量,分别是新进入者的威胁、供应商议价能力、购买商议价能力、替代产品的威胁、同业竞争者竞争强度。供应商议价能力取决于:(1)市场中没有替代品,因而没有其他供货商;(2)该产品或服务是独一无二的,且转换成本非常高;(3)供应商所处的行业由少数几家公司主导并面向大多数客户销售;(4)供应商的产品对于客户的生产业务很重要;(5)企业的采购量占供应商产量的比例很低;(6)供应商能够直接销售产品并与企业抢占市场。

购买商的议价能力取决于:(1)购买商从卖方购买的产品占了卖方销售量的很大比例;(2)购买商所购买的产品对其经营来说不是很重要,而且该产品缺少唯一性,导致购买商不需要锁定一家供应商;(3)转换其他供应商购买的成本较低;(4)购买商所购买的产品或服务占其成本的比例较高;(5)购买商所购买的产品或服务容易被替代;(6)购买商的采购人员具有高超的谈判技巧;(7)购买商有能力自行制造或提供供应商的产品或服务。

替代产品的威胁:当购买商面临的替代品越多,购买商的议价能力就越高。

同业竞争者的竞争强度:(1)竞争者的数量;(2)行业增长率;(3)行业的固定成本;(4)产品的转换成本;(5)不确定性;(6)退出壁垒。

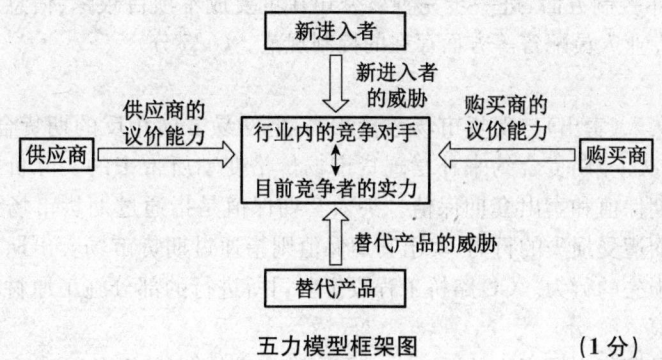

五力模型框架图 (1分)

以 CD 路桥工程股份公司为例,该公司作为 SC 省主要的路桥类大型建筑施工企业,在资金、技术、人才乃至市场等层面拥有较大的竞争优势,并且国家对这类企业的准入资质具有较为严格的准入管制。竞争者进入成本和门槛较高。此外,该公司前五大客户群约占到该公司 71% 的销售收入,其中最大客户所获得收入约占到该公司全部销售收入的近 20%。这表明公司盈利高度依赖于一些重点客户,这些客户的流失将十分有可能会严重影响公司盈利水平和持续性,这进一步说明公司的盈利在一定程度上取决于公司对某些重点客户的获取或保持。

考虑到路桥施工市场的竞争程度,公司高度依重其所提供的施工产品的质量和成本。此外,从施工材料提供角度来看,CD 路桥工程公司从其前五大供应商处采购的工程材料占总采购额不到 18%,每个供应商的采购额较为均衡且占比不高。因此,从采购角度来看,CD 路桥工程公司处于卖方市场,能够更好地保证材料采购质量并控制采购成本。随着路桥建筑施工市场越来越多地采用 BOT 等施工合同方式,该类公司所在行业也日益演化为高技术含量、高资金密度的行业,新进入者进入该行业的门槛也会越来越高。(1分)

(二)

1. 2008 年 5 月 22 日,财政部会同证监会、审计署、银监会、保监会制定并印发《企业内部控制基本规范》(简称:"内控规范")。自 2009 年 7 月 1 日起适用于中华人民共和国境内设立的大中型企业(包括上市公司)执行。同时鼓励小企业和其他单位参照其内容建立与实施内部控制。《内控规范》借鉴了以美国 COSO 报告为代表的国际内部控制框架,并结合中国国情,要求企业所建立与实施的内部控制,应当包括下列 5 个要素:(1)内部环境;(2)风险评估;(3)控制活动;(4)信息与沟通;(5)内部监督。(1分)

内部控制是指为确保实现企业目标而实施的程序和政策,内部控制的目标不仅是为了保证财务报告的可靠性与合规性,而且有助于提高企业运营的效益和效率。内部控制是由企业董事会、证监会、经理层和全体员工实施的、旨在实现控制目标的过程。内部控制的目标是合理保证企业经营管理合法合规、资产安全、财务报告及相关信息真实完整,提高经营效率和结果,促进企业实现发展战略。(1分)

2. 据 CD 路桥工程股份公司内部控制审计报告资料,该公司内部控制缺陷主要体现在施工质量和成本控制方面,属于业务流程内部控制缺陷;(1分)这些内部控制缺陷极易导致企业收入、利润不真实不准确,成本控制失效以及施工质量的下降。(1分)

3. 建立健全内控制度,保障内部控制执行到位,进一步规范建造合同的管理、核算中存在的不完善之处;(0.5分)施工工程质量是企业安身立命之本,企业应建立健全质检资料文档系统,完善专门的编制规范和归档要求,将其作为评定工程质量和获取工程计量的依据;(0.5分)质检资料的质量直接影响到项目质量等级评定,质量事故的认定,也影响计量,是保障施工项目质量的重点控制措施；(0.5分)成本控制方面,进一步完善该公司在重要成本项目跟踪、信息反馈、盘点、材料结转、异常成本控制、专业人员配备等方面存在的控制规范。(0.5分)

(三)

套期保值是指买入(卖出)与现货市场数量相当,但交易方向相反的期货合约,以期在未来某一时间通过卖出(或买入)期货合约来补偿现货市场价格变动所带来的实际价格风险的行为。套期保值分为买入套期保值和卖出套期保值。买入套期保值是指通过期货市场买入期货合约以防止因现货价格上涨而遭受损失的行为;卖出套期保值则指通过期货市场卖出期货合约以防止因现货价格下降而遭受损失的行为。CD路桥工程股份公司所进行的部分施工原材料套期保值属于前者,即:买入套期保值。(1分)

实物套期保值是期货市场产生的原动力。无论是农产品期货市场,还是金属、能源期货市场,其产生都是源自生产经营活动中面对现货价格剧烈波动所带来的风险时自发形成的买卖远期合同的交易行为。这种远期合约买卖的交易机制经过不断完善,例如将合约标准化、引入对冲机制、建立保证金制度等,从而形成现代意义上的期货交易。企业通过期货市场为生产经营买了保险,保证了其生产经营活动的可持续性发展。可以说,套期保值是期货市场最基本的属性。(1分)

本案例中,CD路桥股份公司为了避免钢材、水泥等原材料价格上涨所带来的施工成本增加的风险,在确保利润的价格水平之上根据市场情况逐步在期货市场进行买入保值,减少钢材等施工原材料的价格上涨过快对其获利能力的削弱程度。(1分)

(四)

1. CD路桥工程股份公司属于施工企业,项目核算主要适用《建造合同》企业会计准则,需要在施工期间按照完工程度确认收入,按照区分项目进行材料核算,是进行施工成本归集,进而进行收入成本确认的前提。上述退库事项,说明ZCWH分公司各项目的材料成本归集不准确,造成收入成本不配比。(0.5分)

建议:CD路桥工程股份公司应当按照准则的规定,按照项目进行材料成本核算,及时准确地归集材料成本,以确保项目成本核算的真实、准确。(0.5分)

存货盘点时,遗漏已领出未使用部分,部分存货挂协作单位的预付款,资金流、实物流混淆,不利于项目的管理。存货管理是施工管理的重要环节,期末存货盘点是存货管理的重要流程,存货盘点不严格,将导致存货账实不符,是公司内控执行的一大缺陷。同时也会造成完工百分比计算的不准确。(0.5分)

建议:制订存货盘点制度并严格执行。真实反映存货特别是工程材料的领料使用情况,准确计算工程完工程度(完工百分比)。(0.5分)

2. CD路桥工程股份公司为加强应收款项的回收,制定《项目投标及工程款收款内部控制制度》:

(1) 该制度需要明确项目经理部是工程款项回收的直接责任部门,工程项目经理是所管项目应收工程款的第一责任人;(1分)

(2) 规定项目部及相关业务部门建立应收工程款台账,详细反映每个建设单位应收工程款的发生、增减变动、余额、每笔账龄、相关责任人、合同约定的收款日期及欠款原因等信息。同时加强合同管理,对建设单位执行合同情况进行跟踪分析,防止坏账风险的发生。(1分)

(3) 规定公司财务部按季编制应收工程款明细表,向公司主管领导和有关业务部门反映应收工程款的余额和账龄等信息,及时分析应收工程款管理情况,提请有关责任部门采取相应的措施,减少公司资产损失,并要求公司经营部应随时关注建设单位的相关信息,进行动态管理。一旦对方出现异常情况并有可能危及公司工程款的顺利回收,公司经营部应及时告知财务部,由财务部

负责督促相关项目部及业务部门催收账款。(1分)

二、审计(20分)

(一)

1. 对于事项(1):(0.5分)

两位注册会计师应提请NH公司编制以下报表重分类调整分录:

借:应收账款——D公司　　　　　　　　　　　　　　　　　　9 500 000

　贷:预收款项——D公司　　　　　　　　　　　　　　　　　　　　9 500 000

NH公司应按账龄分析法补提应收账款坏账准备,补提金额=9 500 000×15%=1 425 000(元)

故对事项(1),两位注册会计师还应提请NH公司编制以下的审计调整分录:

借:资产减值损失——坏账损失　　　　　　　　　　　　　　　1 425 000

　贷:应收账款——坏账准备　　　　　　　　　　　　　　　　　　1 425 000

对于事项(2):　(0.5分)

按照完工百分比法,应该确认的收入和成本没有确定,应该按照规定确认。

合同完工进度=25 200 000÷(25 200 000+16 800 000)=60%。

确认的合同收入=合同总收入×60%=40 000 000×60%=24 000 000(元)。

应确认的合同费用=预计总成本×60%=(25 200 000+16 800 000)×60%=25 200 000(元)。

应确认的合同毛利=收入-费用=24 000 000-25 200 000=-1 200 000(元)。

应确认的合同预计损失=[(25 200 000+16 800 000)-40 000 000]×(1-60%)=800 000(元)。

两位注册会计师应提请NH公司编制以下审计调整分录:

借:营业成本——主营业务成本　　　　　　　　　　　　　　　25 200 000

　贷:营业收入——主营业务收入　　　　　　　　　　　　　　　　24 000 000

　　存货——工程施工(合同毛利)　　　　　　　　　　　　　　　　1 200 000

借:资产减值损失　　　　　　　　　　　　　　　　　　　　　800 000

　贷:存货——存货跌价准备　　　　　　　　　　　　　　　　　　800 000

对于事项(3):(0.5分)

注册会计师无需提出调整意见。

对于事项(4):(0.5分)

广告费用应该分期摊销记入当期损益,两位注册会计师应提请NH公司编制以下审计调整分录:

借:销售费用——广告费　　　　　　　　　　　　　　　　　　7 200 000

　一年内到期的非流动资产(长期待摊费用)　　　　　　　　　　600 000

　贷:未分配利润　　　　　　　　　　　　　　　　　　　　　　7 800 000

对于事项(5):(0.5分)

两位注册会计师应提请NH公司在其2013年度财务报表附注中将该事项作为资产负债表日后重大非调整事项进行披露。

对于事项(6):(0.5分)

对于已经出租的房产,应该转为投资性房产核算,并将计提的折旧记入其他业务成本,两位注册会计师应提请NH公司做以下审计调整分录:

借：投资性房地产 12 000 000
　贷：固定资产 12 000 000

借：固定资产——累计折旧 330 000
　贷：投资性房地产——投资性房地产累计折旧（摊销） 330 000

借：营业成本——其他业务成本 270 000
　贷：管理费用——折旧费 270 000

2. 6 个个别事项，注册会计师应出具的审计报告类型为：

对事项(1)：保留意见审计报告；(0.5 分)

对事项(2)：保留意见审计报告；(0.5 分)

对事项(3)：标准无保留意见审计报告；(0.5 分)

对事项(4)：否定意见审计报告；(0.5 分)

对事项(5)：保留意见审计报告；(0.5 分)

对事项(6)：保留意见审计报告。(0.5 分)

（二）

1. 成新高速 G 标段完工百分比：

2010 年 12 月 31 日的完工百分比＝1.5÷2.4＝62.5％(0.5 分)

2011 年 12 月 31 日的完工百分比＝(2.378－0.2)÷2.42＝90％(0.5 分)

2012 年 6 月 30 日的完工百分比＝(2.42＋0.02)÷2.44＝100％(0.5 分)

2. 成新高速 G 标段在 2010、2011、2012 年度里应该确认的合同收入分别是 1.875 亿元、0.825 亿元、0.3 亿元。（每个 0.5 分，合计 1.5 分）

成新高速九标在 2010、2011、2012 年度里应该确认的合同成本分别是 1.5 亿元、2.178 亿元（2.378－0.2）、2.44 亿元（2.42＋0.02）。（每个 0.5 分，合计 1.5 分）

3. 依据《企业会计准则 15 号——建造合同》，工程施工建造合同采用成本完工百分比确认收入和成本。工程施工收入确认和计量的具体方法为：在资产负债表日，建造合同的结果应能够可靠估计的，根据完工百分比法确认合同收入和合同费用。建造合同的结果不能可靠估计的，合同成本能够收回的，合同收入根据能够收回的实际合同成本予以确认，合同成本在其发生的当期确认为合同费用；合同成本不可能收回的，在发生时立即确认为合同费用，不确认为合同收入；合同预计总成本超过合同总收入的，本公司将预计损失确认为当期费用；本公司采用累计实际发生的合同成本占合同预计总成本的比例或已经完成的合同工作量占合同预计总工作量的比例确定合同完工进度。资产负债表日，按照合同总收入乘以完工进度扣除以前会计期间累计已确认收入后的金额，确认为当期合同收入；同时，按照合同预计总成本乘以完工进度扣除以前会计期间累计已确认费用后的金额，确认为当期合同费用。(1 分)

CD 路桥工程股份公司施工收入成本确认与《企业会计准则 15 号—建造合同》准则不符。以业主批复的计量进度作为完工进度存在一定的合理性，但业主批复快慢、准确与否及计量的时间性差异等将较大地影响到收入、成本的确认，这与权责发生制的理论依据不符。(1 分)

4. CD 路桥工程股份公司《建造合同》核算流程中存在的问题很可能将导致不能准确编制预计总收入和总成本以及在施工过程中不能根据不断变化的情况及时调整预计总收入和总成本，影响合同当期收入和成本核算的准确性，进而导致财务报表不能得到公允反映。若项目预算总成本与实际成本偏离较大，变更不及时，将会造成同一合同不同会计期间的毛利率差异过大，并导致损益不准确，并且造成财务数据与工程实际进度的脱节。(0.5 分)

建议:(1)重视工程项目的管理,加强合同预计总收入、预计总成本的编制及变更的管理。获取现场、报送项目的合同收入、成本变更的依据(程序)等资料。原则上项目每年都要进行施工,实际发生成本与预计成本应该存在变化,预计总成本每年都需要重新调整,特别是在物价(如钢铁、水泥、沙石、人工等)变化比较大的情况下,如不调整,企业预计总成本编制就会存在不准确的情况。如果是内部承包,要求内部承包团队保证固定利润率,但同时要关注其履约能力,无法履约的则作相应的调整,真实反映项目成本的实际情况,不存在人为调节利润的情况。(0.5分)

(2) 合同收入变更的依据是否充分,需要提供业主确认的资料,基于对目前国内施工环境的考虑,如果有监理确认的资料,也可以依据合同合理确定,未经业主确认的变更最多采用成本覆盖法确认收入增加,一些特殊的边设计边施工的项目应该采用成本覆盖法,不应该确认利润。(0.5分)

(3) 对截至审计日已完工的项目,及时进行收入确认及成本估计,由各个公司组织核实,确定期初的收入成本及债权债务,以确定申报期财务报表的期初数。(0.5分)

(三)

以BT(建造—移交)方式建设公共基础设施,即政府或代理公司与本公司签订工程投资建设回购协议,并授权本公司代理其实施投融资职能进行工程建设,工程完工后移交政府,政府根据协议在约定的期限内支付回购资金和投资补偿。(1分)

具体核算时,本公司对同时提供建造服务的BT项目建造期间发生的项目成本暂在"长期应收款——未进入回购期BT项目"中归集,并按《企业会计准则第15号——建造合同》确认相关的收入和费用。工程审价后,以确定的回购基数(审价金额)作为BT项目"长期应收款——已进入回购期BT项目"的初始确认金额,并结转"长期应收款—未进入回购期BT项目"。若BT项目在未审价前进入合同约定的回购期,则以合同约定的暂定回购基数或预计建造合同总收入作为"长期应收款——已进入回购期BT项目"的初始确认金额,待工程审价后调整暂定回购基数。(1分)

"长期应收款——已进入回购期BT项目"按实际利率法计算的摊余成本进行后续计量,实际利率根据合同约定收取的回购款项(含投资补偿)在回购期间的未来现金流量折现为审价确定的回购基数(尚未审价项目为暂定回购基数)所适用的利率确定。对已进入回购期的BT项目,当发生减值时,将其账面价值减记至预计未来现金流量(不包括尚未发生的未来信用损失)现值,减记金额确认为资产减值损失并计入当期损益。对按合同约定一年内将收回的BT回购款,本公司将其从"长期应收款——已进入回购期BT项目"转至"一年内到期的非流动资产——一年内到期的BT应收款"中列示,对回购期到期但尚未收回的BT回购款,本公司将未收回余额转至应收账款列示。本公司对不同时提供建造服务的BT项目工程审价后(或未审价前进入合同约定的回购期),以BT项目的实际投资成本作为"长期应收款——已进入回购期BT项目"的初始确认金额,按实际利率法计算的摊余成本进行后续计量时,实际利率以政府回购款项(含投资补偿)在回购期间的未来现金流量折现为实际投资成本所适用的利率确定,其他核算按前款政策处理。(2分)

(四)

借:成本费用　　　　　　　　　　　　　　　　　2 812 000
　　贷:专项储备　　　　　　　　　　　　　　　　2 812 000(0.5分)

借:专项储备　　　　　　　　　　　　　　　　　14 353 742.15
　　贷:银行存款、应付账款等　　　　　　　　　14 353 742.15(0.5分)

形成固定资产的同时记:固定资产和累计折旧的增加。该固定资产在使用过程中不计提折旧。折旧冲回或者红字。减少2010年的成本费用50万元。

借:固定资产　　　　　　　　　　　　　　　　　5 250 000
　　贷:累计折旧　　　　　　　　　　　　　　　　5 250 000(0.5分)

三、财务会计(20分)

(一)

(1) 借:银行存款   100
    贷:递延收益   100

    借:递延收益   20
      贷:营业外收入   20(0.5分)

(2) 借:银行存款   20
    贷:营业外收入   20(0.5分)

(3) 借:银行存款   240
    贷:递延收益   240

    借:固定资产   240
      贷:银行存款   240

    借:管理费用($240\div5\times6\div12$)   24
      贷:累计折旧   24

    借:递延收益   24
      贷:营业外收入   24(0.5分)

(4) 借:银行存款   20
    贷:营业外收入   20(0.5分)

(二)

(1) HB建筑公司2011年的会计处理:(1分)

$$完工进度=12\,600\,000\div(12\,600\,000+23\,400\,000)=35\%$$

实际发生合同成本时会计分录为:

借:工程施工   12 600 000
  贷:银行存款   12 600 000

记录已结算的工程价款时会计分录为:

借:应收账款   18 000 000
  贷:工程结算   18 000 000

记录已收的工程价款时会计分录为:

借:银行存款   17 000 000
  贷:应收账款   17 000 000

      2011年确认的合同收入$=40\,000\,000\times35\%=14\,000\,000$(元)

      2011年应确认的合同毛利$=(40\,000\,000-36\,000\,000)\times35\%=1\,400\,000$(元)

确认合同收入、合同毛利并结转合同成本时的会计分录为:

借:工程施工——合同毛利   1 400 000
    主营业务成本   12 600 000
  贷:主营业务收入   14 000 000

(2) HB 建筑公司 2012 年的会计处理:(1 分)

$$完工进度 = 31\,500\,000 \div (31\,500\,000 + 10\,500\,000) = 75\%$$

实际发生合同成本时会计分录为:

借:工程施工(31 500 000-12 600 000)　　　　　　　　　　　　18 900 000
　贷:银行存款　　　　　　　　　　　　　　　　　　　　　　　　18 900 000

记录已结算的工程价款时会计分录为:

借:应收账款　　　　　　　　　　　　　　　　　　　　　　　　18 000 000
　贷:工程结算　　　　　　　　　　　　　　　　　　　　　　　　18 000 000

记录已收的工程价款时会计分录为:

借:银行存款　　　　　　　　　　　　　　　　　　　　　　　　17 200 000
　贷:应收账款　　　　　　　　　　　　　　　　　　　　　　　　17 200 000

　　2012 年确认的合同收入 = 40 000 000×75%-14 000 000 = 16 000 000(元)
　　2012 年应确认的合同毛利 = (40 000 000-42 000 000)×75%-1 400 000 = -2 900 000(元)
　　2012 年预计的合同损失 = (42 000 000-40 000 000)×(1-75%) = 500 000(元)

确认合同收入、合同毛利并结转合同成本时会计分录为:

借:主营业务成本　　　　　　　　　　　　　　　　　　　　　　18 900 000
　贷:主营业务收入　　　　　　　　　　　　　　　　　　　　　　16 000 000
　　工程施工——合同毛利　　　　　　　　　　　　　　　　　　　2 900 000

同时编制会计分录为:

借:资产减值损失　　　　　　　　　　　　　　　　　　　　　　500 000
　贷:存货跌价准备　　　　　　　　　　　　　　　　　　　　　　500 000

(3) HB 建筑公司 2013 年的会计处理:(1 分)

$$完工进度 = 100\%$$

实际发生合同成本时会计分录为:

借:工程施工　　　　　　　　　　　　　　　　　　　　　　　　10 100 000
　贷:银行存款　　　　　　　　　　　　　　　　　　　　　　　　10 100 000

记录已结算的工程价款时会计分录为:

借:应收账款　　　　　　　　　　　　　　　　　　　　　　　　10 000 000
　贷:工程结算　　　　　　　　　　　　　　　　　　　　　　　　10 000 000

记录已收的工程价款时会计分录为:

借:银行存款　　　　　　　　　　　　　　　　　　　　　　　　11 800 000
　贷:应收账款　　　　　　　　　　　　　　　　　　　　　　　　11 800 000

　　2013 年确认的合同收入 = 46 000 000-14 000 000-16 000 000 = 16 000 000(元)
　　2013 年应确认的合同毛利 = 46 000 000-41 600 000-1 400 000-(-2 900 000) = 5 900 000(元)

确认合同收入、合同毛利并结转合同成本时会计分录为:

借:主营业务成本　　　　　　　　　　　　　　　　　　　　　　　　　10 100 000
　　工程施工——合同毛利　　　　　　　　　　　　　　　　　　　　　5 900 000
　　贷:主营业务收入　　　　　　　　　　　　　　　　　　　　　　　　　16 000 000

同时编制会计分录为:

借:存货跌价准备　　　　　　　　　　　　　　　　　　　　　　　　　　500 000
　　贷:主营业务成本　　　　　　　　　　　　　　　　　　　　　　　　　500 000

工程完工时会计分录为:

借:工程结算　　　　　　　　　　　　　　　　　　　　　　　　　　　46 000 000
　　贷:工程施工——合同毛利　　　　　　　　　　　　　　　　　　　　4 400 000
　　　　工程施工　　　　　　　　　　　　　　　　　　　　　　　　　　41 600 000

(三)

(单位:万元,下面为本题所涉会计分录)

1. J建设收购A公司股权交易中的"股权转让日"为2011年1月1日。(0.5分)

2. 会计分录:

(1) 借:长期股权投资——成本　　　　　　　　　　　　　　　　　　　　230
　　　　贷:银行存款　　　　　　　　　　　　　　　　　　　　　　　　230(0.5分)

RJ建设初始投资成本230万元小于应享有的A公司可辨认净资产公允价值的份额240万元(800×30%),应调整长期股权投资的初始投资成本。

借:长期股权投资——成本　　　　　　　　　　　　　　　　　　　　　10
　　贷:营业外收入　　　　　　　　　　　　　　　　　　　　　　　　10(0.5分)

(2) 借:应收股利(100×30%)　　　　　　　　　　　　　　　　　　　30
　　　　贷:长期股权投资——成本　　　　　　　　　　　　　　　　　30(0.5分)

(3) 借:银行存款　　　　　　　　　　　　　　　　　　　　　　　　　30
　　　　贷:应收股利　　　　　　　　　　　　　　　　　　　　　　　30(0.5分)

(4) 借:长期股权投资——其他权益变动　　　　　　　　　　　　　　　15
　　　　贷:资本公积——其他资本公积(50×30%)　　　　　　　　　　15(0.5分)

(5) 借:长期股权投资——损益调整(160×30%)　　　　　　　　　　　48
　　　　贷:投资收益　　　　　　　　　　　　　　　　　　　　　　　48(0.5分)

(6) 借:投资收益(200×30%)　　　　　　　　　　　　　　　　　　　60
　　　　贷:长期股权投资——损益调整　　　　　　　　　　　　　　　60(0.5分)

(7) 2012年12月31日,长期股权投资的账面余额＝230＋10－30＋15＋48－60＝213(万元),因可收回金额为200(万元),所以应计提减值准备13万元。

借:资产减值损失　　　　　　　　　　　　　　　　　　　　　　　　　13
　　贷:长期股权投资减值准备　　　　　　　　　　　　　　　　　　　13(0.5分)

(8) 借:银行存款　　　　　　　　　　　　　　　　　　　　　195

　　长期股权投资减值准备　　　　　　　　　　　　　　　13

　　投资收益　　　　　　　　　　　　　　　　　　　　　5

　　长期股权投资——损益调整(60—48)　　　　　　　　　12

　　贷:长期股权投资——成本(240—30)　　　　　　　　210

　　　　——其他权益变动　　　　　　　　　　　　　　15(0.5分)

　借:资本公积——其他资本公积　　　　　　　　　　　　　15

　　贷:投资收益　　　　　　　　　　　　　　　　　　　　15(0.5分)

(四)

1. 该租赁属于融资租赁。(0.5分)

　　理由:该最低租赁付款额的现值=80×3.465 1+30×0.792 1=300.97(万元),占到租赁资产公允价值(310万)的90%以上。因此符合融资租赁的判断标准。另外,租赁期占资产尚可使用年限的80%,大于75%。因此,该项租赁业务应当认定为融资租赁。

2. 起租日的会计分录:(1分)

　　　　　　　　　最低租赁付款额=80×4+30=350(万元)

　　租赁资产的入账价值为300.97万元。

　　　　　　　　未确认融资费用=350-300.97=49.03(万元)

　借:固定资产——融资租入固定资产　　　　　　　　　　300.97

　　未确认融资费用　　　　　　　　　　　　　　　　　49.03

　　贷:长期应付款——应付融资租赁费　　　　　　　　350.00(0.5分)

3. 2014年12月31日:

　支付租金:

　借:长期应付款——应付融资租赁款　　　　　　　　　　80

　　贷:银行存款　　　　　　　　　　　　　　　　　　　80(0.5分)

　确认当年应分摊的未确认融资费用:

　　　　　当年应分摊的未确认融资费用=300.97×6%=18.06(万元)

　借:财务费用　　　　　　　　　　　　　　　　　　　　18.06

　　贷:未确认融资费用　　　　　　　　　　　　　　　　18.06(0.5分)

　计提折旧:

　　　　　　　计提折旧=(300.97-30)÷4=67.74(万元)

　借:制造费用——折旧费　　　　　　　　　　　　　　　67.74

　　贷:累计折旧　　　　　　　　　　　　　　　　　　　67.7(0.5分)

2015年12月31日:

　支付租金:

　借:长期应付款——应付融资租赁费　　　　　　　　　　80

　　贷:银行存款　　　　　　　　　　　　　　　　　　　80(0.5分)

　确认当年应分摊的未确认融资费用:

当年应分配的未确认融资费用=[300.97-(80-18.06)]×6%=14.32(万元)

借:财务费用　　　　　　　　　　　　　　　　　　　　　　　14.32
　贷:未确认融资费用　　　　　　　　　　　　　　　　　　　14.32(0.5分)

计提折旧:

$$计提折旧=(300.97-30)÷4=67.74(万元)$$

借:制造费用——折旧费　　　　　　　　　　　　　　　　　　67.74
　贷:累计折旧　　　　　　　　　　　　　　　　　　　　　　67.74(0.5分)

2016 年 12 月 31 日

支付租金:

借:长期应付款——应付融资租赁费　　　　　　　　　　　　　80
　贷:银行存款　　　　　　　　　　　　　　　　　　　　　　80(0.5分)

确认当年应分摊的未确认融资费用:

当年应分配的未确认融资费用=[300.97-(80-18.06)-(80-14.34)]×6%=10.40(万元)(0.5分)

借:财务费用　　　　　　　　　　　　　　　　　　　　　　　10.40
　贷:未确认融资费用　　　　　　　　　　　　　　　　　　　10.40

计提折旧:

$$计提折旧=(300.97-30)÷4=67.74(万元)(0.5分)$$

借:制造费用——折旧费　　　　　　　　　　　　　　　　　　67.74
　贷:累计折旧　　　　　　　　　　　　　　　　　　　　　　67.74(0.5分)

2017 年 12 月 31 日:

支付租金:

借:长期应付款——应付融资租赁费　　　　　　　　　　　　　80
　贷:银行存款　　　　　　　　　　　　　　　　　　　　　　80(0.5分)

确认当年应分摊的未确认融资费用:

当年应分配的未确认融资费用=49.03-18.06-14.34-10.40=6.23(万元)(0.5分)

借:财务费用　　　　　　　　　　　　　　　　　　　　　　　6.23
　贷:未确认融资费用　　　　　　　　　　　　　　　　　　　6.23(0.5分)

计提折旧:

$$计提折旧=(300.97-30)-67.74×3=67.75(万元)$$

借:制造费用——折旧费　　　　　　　　　　　　　　　　　　67.75
　贷:累计折旧　　　　　　　　　　　　　　　　　　　　　　67.75(0.5分)

归还设备:

借:长期应付款——应付融资租赁款　　　　　　　　　　　　　30.00
　累计折旧　　　　　　　　　　　　　　　　　　　　　　　270.97
　贷:固定资产——融资租入固定资产　　　　　　　　　　　　300.97(0.5分)

四、财务管理(20分)

(一)

1. CD 路桥工程股份公司承诺最近 3 年现金累计分配利润不少于年均可分配利润 30％的政策可能是由于受 2008 年 10 月 9 日我国证监会颁布的《关于修改上市公司现金分红若干规定的决定》的影响,该通知中要求上市公司公开发行证券应符合最近 3 年以现金方式累计分配的利润不少于最近 3 年实现的平均可分配利润的 30％。(0.5 分)

该政策首次将上市公司过去 3 年的分红历史与未来公开募集资金联系了起来。(0.5 分)

2. 传统的现金分红理论认为,企业资金实际是在上市公司分红和投资两者之间进行分配的。在企业不存在正净现值投资机会的情况下,上市公司应该将剩余资金分配给投资者,让其选择更有利可图的投资渠道。(0.5 分)

分红在抑制代理成本的同时,也会产生一些成本,如红利税收成本。同时滋生分红—投资同增同减的异象,使得部分企业为了未来公开募集资金而分红,从而给投资者带来损失。(0.5 分)

3. 判断和评价分红监管政策有效性的标准:(具备下面 6 点中任意 4 点即可,每点0.5分)

(a) 能否提升分红宣告的信息含量,帮助投资者甄别利益侵占的公司。

或(b) 能否抑制变融资边分红异象。

或(c) 分红作为融资前提是否具有改善资本配置效率的功能以及配套制度基础是否具备?

或(d) 是否在企业分红决策问题上割裂股东之间的分红偏好。

或(e) 分红监管政策是否会引发股东—债权人间的利益冲突。

或(f) 源头上分红监管是否有助于市场通过分红承诺及其履行情况分辨出高质量的 IPO 公司。

(二)

1. CD 路桥工程股份公司融资策略应与其所处生命周期阶段相匹配。CD 路桥工程股份公司一方参考答案:(主要学生能否提出判断企业所处生命周期阶段的方法,这些方法至少包括本答案给出的两种及以上方法并根据这些方法开展分析作出自己的判断就可以给分)

任何企业的发展都要经过引入、成长、成熟、衰退等大体四个阶段(如下图所示)。(0.5 分)

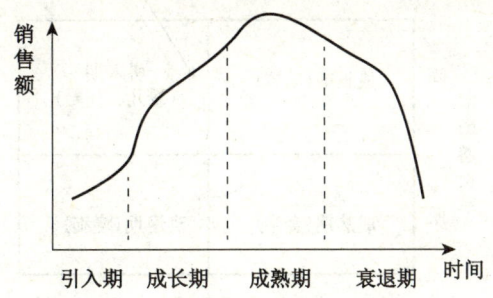

企业所处生命周期阶段可以采用销售增长率、市场占有率和现金流分布情况等指标来判断。其中前两种方法都要考虑公司和行业比例的关系,且没有固定标准。而第三种方法可以根据企业经营活动、投资活动和融资活动现金净流量的符号和分布情况加以研判。(1 分)

两个指标的计算:

指标名称	计算公式	指标作用研究
市场增长率	$$=\frac{本期销售额-上期销售额}{上期销售额}$$（高低分界点没有绝对的标准）	高的市场增长率表示有很好的盈利机会。但是,高增长的市场中激烈的竞争可能降低利润,而因为具有进入壁垒而增长缓慢的市场中反而可能非常有利可图。
相对市场占有率	$$=\frac{本企业某产品的市场占有率}{该产品最大竞争对手的市场占有率}$$（以 1 为高低分界点）	将市场份额设定为一种估计指定产品成本的方法。因为成本和市场份额都和生产经验有关

不同生命周期阶段企业的特征如下表。（0.5 分）

不同生命周期阶段企业的特征

	引入期	成长期	成熟期	衰退期
顾客	需要培训 早期采用者	更广泛 接受 效仿购买	巨大市场 重复购买 品牌选择	有见识 挑剔
产品	处于试验阶段,质量没有标准,也没有稳定的设计,设计和发展带来更大的成功	产品的可靠性、质量、技术性和设计产生差异	各部门之间标准化的产品	产品范围缩减 质量不稳定
风险	高	增长掩盖了错误的决策	重大	广泛波动
利润率	高价格 高毛利率 高投资低利润	利润最高 公平的高价和高利润率	价格下降 毛利和利润下降	降低流程和毛利 选择合理的高价和利润
竞争者	少	参与者增加	价格竞争	一些竞争者退出
投资需求	最大	适中	减少	最少或者没有

2. 画出企业生命周期与波士顿矩阵的组合。（0.5 分）

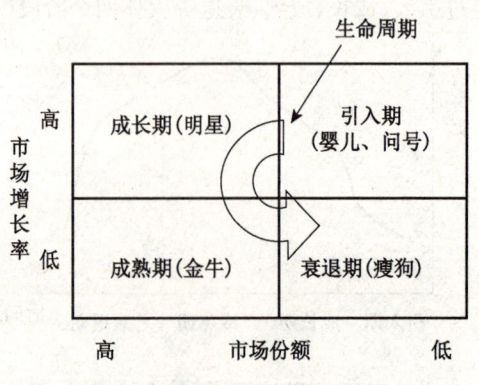

产品生命周期与波士顿矩阵的组合

一方面该公司高比例分红,另一方面通过公开募集资金,如 SEO 和债券融资,不断拓展融资渠道,选择融资成本更为低廉的资金支持。表明该公司为相对成熟的企业,投资回报率趋于平稳,对资金虽需求旺盛,但更偏好较低融资成本的金融工具。（1 分）

通过高派现,维持证监会要求的公开募集资金的基本要求;同时,不断在市场中需求替代的债

务融资工具作为补充,进一步降低加权累计资本成本率,提高公司业绩水平。(0.5分)

3. 经营风险和财务风险反向搭配原理如下图,理想的风险组合应该是第二和第四象限,即:高经营风险的公司选择低财务风险战略,低经营风险的公司选择高财务风险战略。(1分)

CD路桥工程股份公司的总资产负债率为67%左右,其中涉及银行贷款占总资产的比例为30%左右,1年内到期的非流动性负债为0,总体财务风险不高。在目前公司经营不确定性较高的背景下,该公司的资本结构较为合理。通过债务融资进一步降低融资成本的战略选择是可行的。(1分)

经营风险的大小是由特定的经营战略决定的,财务风险的大小是由资本结构决定的,它们共同决定了企业的总风险。

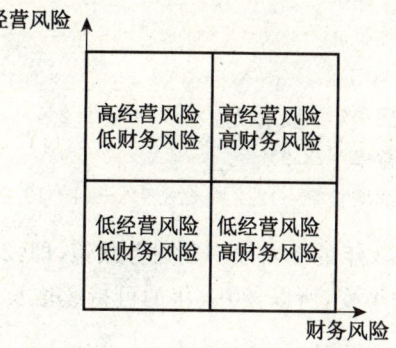

经营风险和财务风险反向搭配原理

(三)

(这里提供了动态和静态投资回收期法,并考虑了所得税因素,无论学生是采用静态还是动态方法,或是采用税前和税后方法,只要计算结果能够与其中任一种情况的答案相符,均给分)

(1) 本项目各项经济效益评价静态和动态指标测算如下:

投资利润率=项目利润总额÷自有资金投资×100%=41 167.05÷(92 709.80+74 585.4)
　　　　　=24.60%(0.5分)

所得税税率=1−30 875.29÷41 167.05=25%

静态投资回收期(所得税前)=2+[(26 287.33+128 521.63−92 709.8−7 485.4]
　　　　　　　　　　÷47 393.21=3.26(年)(0.5分)

静态投资回收期(所得税后)=2+[(26 287.33+128 521.63)×(1−25%)−92 709.8
　　　　　　　　　　+7 485.4]÷47 393.21=3.33(年)

动态投资回收期(所得税前):

　　　　　　−92 709.80−45 082.57+104 144.44=33 647.93
　　　　　　45 082.57÷104 144.44=0.43
　　　　　　2+0.43=2.43(年)

动态投资回收期(所得税后):

　　　　　　−92 709.80−46 047.6+108 650.79=30 106.61
　　　　　　46 047.6÷108 650.79=0.42
　　　　　　2+0.42=2.42(年)

(2) 项目净现值测算如下:

净现值(所得税前,9.15%):

$-92\,709.80-49\,207.62\div(1+9.15\%)+124\,074.79\div(1+9.15\%)2+45\,753.41\div(1+$

$9.15\%)3+15\,217.22\div(1+9.15\%)4=12\,257.76$(万元)(1分)

或

净现值(所得税后,9.15%):

$-92\,709.80-49\,207.62\div(1+9.15\%\times75\%)+124\,074.79\div(1+9.15\%\times75\%)2+$

$45\,753.41\div(1+9.15\%\times75\%)3+15\,217.22\div(1+9.15\%\times75\%)4=19\,055.16$(万元)

上述指标表明,本项目盈利能力较强,能够满足 CD 路桥工程股份所要求的各项财务指标要求。

(四)

1. 　　2013 年税后利润÷年末股东权益×100%=12.2%

　　2013 年留存收益率=78.9%

　　2013 年的可持续增长率=12.2%×78.9%÷(1-12.2%×78.9%)=10.7%

由于 2014 年可以维持 2013 年的经营效率和财务政策,即:2014 年的资产负债率、资产周转率、销售净利率、收益留存率均不变,所以,2014 年的可持续增长率=2013 年的可持续增长率=10.7%。(0.5分)

根据题意可知,2014 年同时满足可持续增长的 5 个假设条件,并且不断增长的施工能力能够为市场所接受。

因此,2014 年的预期销售增长率=2013 年的可持续增长率=10.7%。(0.5分)

根据"销售净利率不变"可知:2014 年的税后利润增长率=销售增长率=10.7%。

根据"资产周转率不变"可知:2014 年的资产增长率=销售收入增长率=10.7%。

根据"资产负债率不变"可知:2014 年的负债增长率=资产增长率=10.7%。

由于假定负债均为金融负债,且可以按 2013 年的平均利率水平在需要时取得借款。所以,2014 年的利息支出增长率=负债增长率=10.7%。

税后利息费用支出=利息支出×(1-所得税税率)

由于 2014 年的所得税税率不变,所以,2014 年税后利息费用增长率=利息支出增长率=10.7%。

由于税后经营利润=税后利润+税后利息费用,2014 年税后利息费用增长率=2014 年税后利润增长率=10.7%,所以,2014 年税后经营利润增长率=10.7%。

　　2014 年税后经营利润=420 107 429.51×(1-25%)×(1+10.7%)=348 794 193.35

　　2014 年期初投资资本回报率=2014 年税后经营利润/期初投资资本×100%=4.4%(0.5分)

　　负债资本成本=114 214 245.42÷5 344 392 006.89=2.1%

　　2013 年每股股利=66 367 459.35÷737 416 215.00=0.09

根据题意可知,2014 年及以后年度均可以实现可持续增长,因此股利增长率均为 10.7%。

　　权益资本成本=0.09×(1+10.7%)÷5+10.7%=12.7%

　　加权平均资本成本=2.1%×50%+12.7%×50%=7.4%(0.5分)

2. 因为预期销售增长率6%小于可持续增长率10.7%,并且投资资本回报率4.4%小于加权平均资本成本,所以处于财务战略矩阵的第三象限,即:见减损价值型现金剩余。(2分)

可行的财务战略:

减损型现金剩余(第三象限) (投资资本回报率-资本成本)小于0 (销售增长率-可持续增长率)小于0	首选的战略是提高投资资本回报率,途径有:(1)提高税后经营利润率;(2)提高资产周转率。 在提高投资资本回报率的同时,如果负债比率不当,可以适度调整,以降低平均资本成本。 如果企业不能提高投资资本回报率或者降低资本成本,则应该将企业出售。

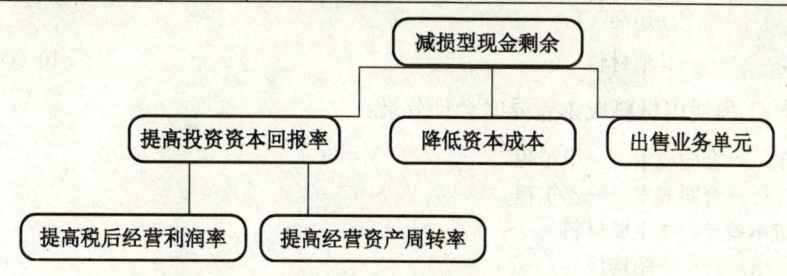

3.　　　　　　　　资产＝负债＋所有者权益

由于假定公司负债均为金融负债,所以,资产＝金融负债＋股东权益。

由于资产均为经营资产,即:金融资产为0,而净负债＝金融负债－金融资产,所以,净负债＝金融负债。

因此,资产＝净负债＋股东权益,即:2013年年末的资产7 908 273 681.81元。

根据"资产周转率不变"可知,2014年资产增长率＝销售收入增长率＝8%。

2014年年末资产＝7 908 273 681.81×(1+8%)＝8 540 935 576.35(元)

2013年销售净利率＝314 942 841.04÷4 271 478 342.07＝7.4%

根据"销售净利率不变"可知,2014年税后利润＝4 271 478 342.07×(1+8%)×7.4%＝341 376 549.10(元)。

由于"股利支付率不变",因此,收益留存率不变,仍为78.9%。

2014年留存收益＝341 376 549.10×78.9%＝269 346 097.24(元)。

由于2014年不增发新股,所以,2014年股东权益增加额＝2014年留存收益＝269 346 097.24(元)。

2014年年末股东权益＝2 563 881 674.92＋269 346 097.24＝2 833 227 772.15(元)

2014年年末净负债＝8 540 935 576.35－2 833 227 772.15＝5 707 707 804.20(元)(1分)

2014年年末权益乘数＝8 540 935 576.35÷2 833 227 772.15＝3.01(1分)

4.

2013年资产周转率＝4 271 478 342.07÷7 908 273 681.81＝0.54

2013年权益乘数＝7 908 273 681.81÷2 563 881 674.92＝3.08

2013年留存收益率＝78.9%

10%＝(销售净利率×0.54×3.08×78.9%)÷(1－销售净利率×0.54×3.08×78.9%)

(1+10%)÷10%＝1÷销售净利率×1.31

因此,销售净利率＝6.9%。(2分)

五、成本管理会计(20分)

(一)

1. 借:工程施工——合同成本——甲工程　42 000
　　　　　　　——合同成本——乙工程　36 000
　　贷:应付职工薪酬　78 000(0.5分)

　借:工程施工——合同成本——甲工程　299 400
　　　　　　　——合同成本——乙工程　256 800
　　贷:原材料——主要材料　417 000
　　　　　——结构件　129 000
　　　　　——其他材料　10 200(0.5分)

结转各合同工程耗用材料成本差异时会计分录:

借:工程施工——合同成本——甲工程　2 262
　　　　　　——合同成本——乙工程　2 049
　贷:材料成本差异——主要材料　6 450
　　　　　　　——结构件　1 935(红字)
　　　　　　　——其他材料　204(红字)(0.5分)

摊销各合同工程周转材料时会计分录:

借:工程施工——合同成本——甲工程　9 000
　　　　　　——合同成本——乙工程　7 500
　贷:周转材料——摊销　16 500(0.5分)

借:工程施工——合同成本——甲工程　6 000
　　　　　　——合同成本——乙工程　3 000
　贷:银行存款　9 000(0.5分)

结转应付工资时会计分录:

借:机械作业——挖土机　2 920
　　　　　——搅拌机　3 200
　贷:应付职工薪酬——工资　6 120(0.5分)

结转应付福利费时会计分录:

借:机械作业——挖土机　380
　　　　　——搅拌机　416
　贷:应付职工薪酬——职工福利　796(0.5分)

结转耗用材料成本及结转差异时会计分录:

借:机械作业——挖土机　21 184
　　　　　——搅拌机　2 376
　贷:原材料　22 880
　　材料成本差异　680(0.5分)

计提折旧时会计分录:

借:机械作业——挖土机　4 400
　　　　　——搅拌机　3 000
　贷:累计折旧　7 400(0.5分)

支付相关费用时会计分录：

借：机械作业——挖土机   7 420
     ——搅拌机   1 664
  贷：银行存款   9 084(0.5分)

借：工程施工——合同成本——甲工程   26 961.6
     ——合同成本——乙工程   19 999.2
  贷：机械作业——挖土机   36 304.8
     ——搅拌机   10 656.0(0.5分)

借：工程施工——合同成本——甲工程   8 825.5
     ——合同成本——乙工程   7 536.5
  贷：长期待摊费用   16 362.0(0.5分)

借：工程施工——合同成本——甲工程   67 248.44
     ——合同成本——乙工程   56 751.56
  贷：工程施工——间接费用   124 000.00(0.5分)

2. 根据"未完施工盘点单"所确定的未完施工成本，计入"工程成本明细账"的期末未完施工成本，并据以计算已完工程实际成本。甲工程本月已完工程实际成本＝6 444.8＋461 697.54－25 440＝442 702.34(元)；(1分)乙工程本月已完工程实际成本＝6 762.8＋395 851.56－42 400＝360 214.36(元)。(1.5分)

表1　人工费用分配表

2013年8月31日

单位：元

成本核算对象	实耗工日数	平均每工日人工费	应分配人工费
甲工程	21 000		42 000
乙工程	18 000		36 000
合计	39 000	2	78 000

表2　材料费分配表

2013年8月31日　　　　单位：元

成本核算对象	主要材料				小计		结构件		其他材料		合计		周转材料
	硅酸盐		黑色金属										
	计划成本	成本差异－1%	计划成本	成本差异2%	计划成本	成本差异	计划成本	成本差异－1.5%	计划成本	成本差异－2%	计划成本	成本差异	
甲工程	33 000	－330	189 000	3 780	222 000	3 450	72 000	－1 080	5 400	－108	299 400	2 262	9 000
乙工程	30 000	－300	165 000	3 300	195 000	3 000	57 000	－855	4 800	－96	256 800	2 049	7 500
合计	63 000	－630	354 000	7 080	417 000	6 450	129 000	－1 935	10 200	－204	556 200	4 311	16 500

表 4　生产成本(机械作业)明细账

总账科目:机械作业　二级科目:承包工程　明细科目:挖土机　　　　单位:元

月	日	摘要	借方	贷方	余额	借方发生额				
						人工费	燃料及动力费	折旧及修理费	其他直接费用	间接费用
8	×	分配人工费	2 920			2 920				
	×	职工福利费	380			380				
	×	领用材料	20 800				16 000	1 600		3 200
	×	分配价差	384				384			
	×	提取折旧费	4 400					4 400		
	×	发生修理费	1 820					1 820		
	×	支付差旅费	5 600						5 600	
	×	结转实际成本		36 304						
		合计	36 304	36 304	0	3 300	16 384	7 820	5 600	3 200

表 5　生产成本(机械作业)明细账

总账科目:机械作业　二级科目:承包工程　明细科目:搅拌机　　　　单位:元

月	日	摘要	借方	贷方	余额	借方发生额				
						人工费	燃料及动力费	折旧及修理费	其他直接费用	间接费用
8	×	分配人工费	3 200			3 200				
	×	职工福利费	416			416				
	×	领用材料	2 080				680	600		800
	×	分配价差	296				296			
	×	提取折旧费	3 000					3 000		
	×	发生修理费	1 664					1 664		
	×	结转实际成本		10 656						
		合计	10 656	10 656	0	3 616	976	5 264	5 600	800

表 7　机械使用费分配表

2013 年 8 月 31 日　　　　单位:元

成本核算对象	挖土机(每立方米成本:129.66)		搅拌机(每立方米成本44.4)		金额合计
甲工程	160	20 745.6	140	6 216	26 961.6
乙工程	120	15 559.2	100	4 440	19 999.2
合计	280	36 304.8	240	10 656	46 960.8

表8　其他直接费用分配表

2013 年 8 月 31 日　　　　　　　　　　　单位:元

成本核算对象	工程预算成本	分配率	分配金额
甲工程	496 400		8 825.5
乙工程	423 908		7 536.5
合计	920 308	1.777 9%	16 362

表9　间接费用分配表

2013 年 8 月 31 日　　　　　　　　　　　单位:元

成本核算对象	工程直接费用	分配率	应分配金额
甲工程	394 449.1		67 248.44
乙工程	332 884.7		56 751.56
合计	727 333.8	17.048 7%	124 000

表10　建筑安装工程成本明细账

工程名称:甲工程　建筑面积:预算造价　开工日期:　　　竣工日期:　　　单位:元

月	日	摘要	直接费用					间接费用	工程成本
			人工费	材料费	机械使用费	其他直接费用	合计		
8	1	期初未完施工	2 080	3 640	360		6 080	364.8	6 444.8
8	31	分配人工费	42 000				42 000		42 000
8	31	分配材料费		299 400			299 400		299 400
8	31	分配材料成本差异		2 262			2 262		2 262
8	31	分配周转材料摊销		9 000			9 000		9 000
8	31	分配机械使用费			32 961.6		32 961.6		32 961.6
8	31	分配其他直接费用				8 825.5	8 825.5		8 825.5
8	31	分配间接费用						67 248.44	67 248.44
8	31	本期施工费用发生额	42 000	310 662	32 961.6	8 825.5	394 449.1	67 248.44	461 697.54
8	31	减:期末未完施工	8 400	9 600	4 000	2 000	24 000	1 440	25 440
8	31	本期已完工程实际成本	35 680	304 702	29 321.6	6 825.5	376 529.1	66 173.24	442 702.34
8	31	自开工起累计已完工程实际成本	略	略	略	略	略	略	略

表 11　建筑安装工程成本明细账

工程名称:乙工程　　　　建筑面积:预算造价　　　开工日期:　　　　竣工日期:　　　　单位:元

月	日	摘要	直接费用					间接费用	工程成本
			人工费	材料费	机械使用费	其他直接费用	合计		
8	1	期初未完施工	2 100	3 860	420		6 380	382.8	6 762.8
8	31	分配人工费	36 000				36 000		36 000
8	31	分配材料费		256 800			256 800		256 800
8	31	分配材料成本差异		2 049			2 049		2 049
8	31	分配周转材料摊销		7 500			7 500		7 500
8	31	分配机械使用费			29 214.4		29 214.4		29 214.4
8	31	分配其他直接费用				7 536.6	7 536.6		7 536.6
8	31	分配间接费用						56 751.56	56 751.56
8	31	本期施工费用发生额	36 000	266 349	29 214.4	7 536.6	339 100.0	56 751.56	395 851.56
8	31	减:期末未完施工	14 600	15 400	6 000	4 000	40 000	2 400	42 400
8	31	本期已完工程实际成本	23 500	254 809	23 634.4	3 536.6	305 480.0	54 734.36	360 214.36
8	31	自开工起累计已完工程实际成本	略	略	略	略	略	略	略

(二)

1. 旧的成本控制系统下:

(1) 首先,将 S1,S2 中所归集的辅助性制造成本分配至 P1 和 P2 两个成本库。

$$基于直接人工成本的成本动因率＝1 176 000÷3 360 000＝0.35$$
$$基于机器工时数的成本动因率＝1 120 000÷160 000＝7$$

P1:0.35×1 200 000＝420 000；7×40 000＝280 000;合计:420 000＋280 000＝700 000;

P2:0.35×2 160 000＝756 000；7×120 000＝840 000;合计:756 000＋840 000＝1 596 000。

(2) 成本库 P1 中归集的辅助性制造成本:700 000＋480 000＝1 180 000(元);

成本库 P2 中归集的辅助性制造成本:1 596 000＋780 000＝2 376 000(元)。

(3) 1 180 000÷80 000＝14.75; 2 376 000÷120 000＝19.8。

分配给 R361 的辅助性制造成本:

14.75×60 000＋19.8×72 000＝885 000＋1 425 600＝2 310 600(元);

分配给 R572 的辅助性制造成本:

14.75×20 000＋19.8×48 000＝295 000＋950 400＝1 245 400(元)。

R361 的单位成本：$(2\,310\,600+15\times60\,000+18\times72\,000)\div500\,000+8=17.01$；（1分）

R572 的单位成本：$(1\,245\,400+15\times20\,000+18\times48\,000)\div400\,000+10=16.02$。（1分）

2. 新的成本控制系统下：

（1）首先计算每个作业成本库的成本动因率：

$240\,000\div200\,000=1.2$；$360\,000\div200\,000=1.8$；$380\,000\div160\,000=2.375$；

$900\,000\div160\,000=5.625$。

假定 R361 耗费的机械组装复杂性动因量为 X，则组装 R572 的机械组装复杂性动因量为 1.5X，机械组装成本库的动因率：$1\,676\,000\div(2\,000X+1.5X\times4\,000)=1\,676\,000\div8\,000X=Y$。

（2）R361 的单位成本：

$(1.2\times132\,000+1.8\times132\,000+2.375\times102\,000+5.625\times102\,000)\div500\,000+(15\times60\,000+18\times72\,000)\div500\,000+8+Y\times2\,000X\div500\,000=15.65$。（1分）

R572 的单位成本：

$(1.2\times68\,000+1.8\times68\,000+2.375\times58\,000+5.625\times58\,000)\div400\,000+(15\times20\,000+18\times48\,000)\div400\,000+10+Y\times6\,000X\div400\,000=17.72$。（1分）

3. 旧成本系统下：考虑到两种零件 R361 和 R572 的实际定价分别为 19 和 20 元，则两类产品的毛利率分别为：$(19-17.1)\div17.1=11.11\%$，$(20-16.02)\div16.02=24.84\%$；新成本系统下：则两类产品的毛利率分别为：$(19-15.65)\div15.65=21.41\%$，$(20-17.72)\div17.72=12.87\%$。

新的成本控制系统（作业成本法）要求准确确定导致成本的作业动因，使得动因—动因量—动因率—作业成本库成本归集四者之间具有较好的因果关联关系；如采用原先的成本分配方法，则 R572 的毛利率显然高于 R361；当采用新的成本分配方法，实际上 R361 的毛利要高于 R572。采用恰当的成本分配方法将成本和引致成本的作业更好地进行配比，避免因成本分配扭曲而导致的错误定价及决策失误。（2分）

"天平杯"浙江省第十届大学生
财会信息化竞赛参考答案及评分标准
（本科组）

一、公司战略与风险管理（15分）

（一）5分

1. 发展战略——一体化战略——纵向一体化。（1分）

   理由是为了克服公司的负外部性，增加对市场的控制力。（0.5分）

2. 本次收购打通了上游产业链，使产业生产更加一体化。（0.5分）

   提高募集资金使用效率提升公司效益，增厚每股收益。（0.5分）

   同时彻底解决公司与山东森威之间的关联交易。（0.5分）

3. 公司采用纵向一体化战略的主要风险包括：

   （1）不熟悉新业务领域所带来的风险；（1分）

   （2）纵向一体化，一般是涉及的投资额较在且资产专用性较强，增加了企业在该产业的退出成本。（1分）

（二）5分

1. 公司在行业内存在较高的进入壁垒，在国内市场具有很高的市场占有率。（1分）

   公司具有明显的规模效益，具有较强的成本领先优势。（1分）

   并购战略规避了公司的同业竞争，获得协同效应。（1分）

2. 2013年公司总体战略将继续按"管理信息化、服务网络化、发展品牌化、合作全球化、资本市场化"的方针，在进一步巩固现有基础上，通过更大力度的优化调整提升效率增加效益，同时重点实施国际化发展策略。（1分）

   经营计划：

   （1）加快主流市场业务平台的构建，带动系列产品加快向主流市场发展。（0.2分）

   （2）抓管理优化与精益化运营。要以更加有效的措施和力度来实施成本内化和提高内部效率。（0.2分）

   （3）积极推进模块化工厂建设，使之与各专业产品主营公司更好地相辅相成、协同发展。（0.2分）

   （4）抓好战略管理，集中资源做好轿车等速驱动轴专业产品的投资扩能。（0.2分）

   （5）重点围绕汽车环保、节能、安全和未来新能源汽车发展的趋势，组织开展包括汽车驱动电机项目、EPS电子助力转向系统以及电机控制器项目等新项目的开发，以培育新的业务增长点，并开展产业化投资。（0.2分）

（三）5分

1. 优缺点分析：

优点：

（1）改善公司负债结构。本期债券发行完成且募集资金运用计划予以执行后，长期债权融资比例有所提高，公司债务结构将得到改善。（0.5分）

（2）公司短期偿债能力增强。债券发行完成且募集资金运用计划予以执行后，流动比率和速动比率均有所提高，公司短期偿债能力增强。（0.5分）

（3分）锁定公司财务成本。发行固定利率的公司债券，有利于公司锁定财务成本，减少未来贷款利率变动带来的财务风险。（0.5分）

缺点：

（1）债务融资要求企业按照合同进行利息支付，利率一般是固定的，无论企业盈利状况如何，企业都必须支付利息。因此，如果企业负担不起利息时就将进入技术破产。（1分）

（2）巨额的债务会加剧公司利润的波动，表现为留存利润的波动和红利支付的波动。举债越多，红利支付水平波动越大。（1分）

2. 财务风险分析：

（1）现金流和利润波动风险。随着CPI指数上升、通货膨胀加剧，中国人民银行进行银根紧缩和加息，国家实施宏观调控政策及汽车消费鼓励政策退出等因素的影响，我国汽车产销量增速有所放缓，汽车行业景气度下滑；如果欧洲主权国家债务危机继续恶化和美国经济持续疲软，国内经济增速进一步放缓，将对汽车生产和消费市场产生较大的影响，进而造成公司经营业绩下滑和现金流量变小，公司现金流与利润将面临较大波动的风险。（0.5分）

（2）利率波动的风险。近年来，人民币贷款基准利率水平变动幅度较大，影响了公司债务融资的成本。中国人民银行未来可能根据宏观经济形势变化继续调整基准利率水平，并可能导致公司利息支出情况产生较大波动，从而对经营业绩产生一定影响。（0.5分）

（3）担保风险。为支持下属公司的发展，公司按照国家相关法律法规以及公司章程的规定，为下属公司及下属公司之间提供担保。如果被担保子公司出现经营风险，可能会影响到公司的财务状况。（0.5分）

二、内部控制与审计

（一）2分

不同意。

（1）根据报表附注，研发费用的确上涨了6.30%，约1890万；但根据"成本""销售费用"和"管理费用"附注，公司人工成本相比2011年还略有下降。（0.5分）

（2）结合利润表可以发现，导致利润下降的最主要原因有两个：一是财务费用的大幅度上升，上升金额达10057万，幅度达144.74%；二是在营业收入与上年基本持平的情况下，营业成本上升了近1个亿。（1分）

（3）结合成本构成，营业成本上升的原因是"其他"项目的上升；结合营业收入的分行业信息，营业成本的上升（或毛利率下降）主要是低毛利率的物资贸易收入占比上升，高毛利率的机械制造收入占比下降所致。公司主要收入来源——机械制造收入下降，毛利率略下降，跟公司"发展速度放缓、竞争加剧"的说法相符。（0.5分）

（二）8分

1. 报表层次的重大错报风险：（每小点1分）

（1）公司股权比例集中，实际控制人为自然人，可能存在控股股东凌驾于控制之上的风险。

（2）高级管理人员的薪酬与公司绩效和个人业绩相联系，管理层的激励政策以经营业绩为基础；而国际制造业竞争加剧，国内自主品牌轿车和商用车在 2012 年度出现了较大幅度的产量下滑，可能对管理层形成较大的利润压力。

2. 认定层次的重大错报风险：（每小点 1 分）

（1）公司拥有众多的子公司，使编制合并报表的难度增加，合并报表的列报和披露的相关认定可能存在重大错报风险。

针对此风险，应实施的实质性程序主要包括：

A. 审核合并范围是否正确。

B. 审核合并调整、抵销处理是否正确。

C. 对于纳入合并范围的子公司是否按规定在附注中披露。

（2）浙江制造公司关联企业众多，存在重大的关联交易，可能存在关联方企业的识别不准确、关联交易的计价准确性、完整性、关联方和关联交易的列报和披露相关的认定可能存在错报风险。

针对此风险，应实施的实质性程序主要包括：

A. 结合其他报表项目的审计过程识别是否存在管理层未识别出或未披露的关联方关系或关联方交易。

B. 对超出正常经营过程的重大关联方交易，检查相关的合同或协议，检查交易是否经过恰当授权和批准。

C. 检查关联方交易是否按照等同于公平交易中通行的条款执行。

D. 检查关联方及其交易是否已经在财务报表中按照相关的规定予以充分的披露。

（3）公司 2012 年度获得大量的政府补助，存在未能按照会计准则在财务报表上准确列报以及结转损益的风险（"递延收益"的"存在""计价和分摊""完整性"认定；"营业外收入"的"发生"和"准确性""完整性"的认定）。

针对上述风险，应实施的审计程序包括：

A. 检查政府补助的有关文件。

B. 检查将政府补助划分为与资产相关的政府补助或与收益相关的政府补助是否准确。

C. 检查将政府补助结转损益时是否满足有关条件。

（4）应收票据质押和背书转让的会计处理可能存在错报风险。附追索权的应收票据质押和背书，可能并不符合终止确认条件。负债的"完整性"认定存在错报风险。

针对此风险，应实施的实质性程序主要包括：

A. 获取已经质押和背书转让的应收票据清单，针对在 2012 年 12 月 31 日尚未到期的部分检查其条款是否附有追索权，是否符合终止确认条件。

B. 函证应收票据和短期借款，不符合终止确认条件的未到期部分不得终止确认。

（5）公司在 2012 年 4 月份以面值发行了 5 年期 15 亿公司债券，债券发行费用 15 100 000.00 元。债券发行有复杂的发行程序，按照实际利率法摊销发行费用计算较复杂，应付债券的合法性和计价和分摊认定可能存在重大错报风险。

针对此风险，应实施的实质性程序主要包括：

A. 检查其发行程序和授权批准是否合规。

① 检查企业发行债券是否经过国家有关部门的正式批准。

② 检查企业发行债券是否履行了法定的程序。

③ 检查企业发行债券是否通过企业最高管理层决议，由股东大会（股份公司）通过认定。

B. 复核利息费用。可通过重新计算利息来验证利息费用的正确性；复核发行费用的摊销表，重新计算摊销数,验证账面的摊销数的正确性。

C. 检查是否已在资产负债表上恰当披露。

(6) 在 12 月 31 日完成的同一控制下的并购,为公司 2012 年贡献了 3 000 多万元的利润,有通过关联资产交易改善利润的可能。与并购交易的发生、准确性认定、列报和披露相关认定可能存在重大错报风险。

针对此风险,应实施的实质性程序主要包括:

A. 审查确定合并日是否正确。确定是否确在 12 月 31 日实现了控制权的转移。

B. 审查是否按同一控制下合并的会计处理要求并入合并报表。

C. 检查是否在报表附注中作了恰当披露。

(注:风险评估涉及专业判断,竞赛学生答案只要言之有理,可酌情给分。)

(三) 3 分

1. 鉴证业务三方关系:注册会计师、董事会(责任方)、全体股东(预期使用者)。(0.5 分)

2. 鉴证对象:公司募集资金 2012 年度实际存放与使用情况。(0.5 分)

鉴证对象信息:董事会编制的 2012 年度《关于募集资金年度存放与使用情况的专项报告》。(0.5 分)

3. 鉴证标准:《深圳证券交易所主板上市公司规范运作指引》及相关格式指引的规定。(0.5 分)

4. 鉴证业务目标:合理保证。(0.25 分)

5. 为基于责任方认定的业务。(0.25 分)

理由:从鉴证报告可以看出,先有责任方(董事会)按标准编制的 2012 年度《关于募集资金年度存放与使用情况的专项报告》,即责任方认定;注册会计师获取该认定,再根据适当标准进行评价和计量,针对责任方认定提出鉴证结论。(0.5 分)

(四) 7 分

1. (每小点 0.5 分)

(1) 生产通知单未预先连续编号有缺陷。建议:应预先连续编号。

(2) 领料单没有一联交会计部门进行核算。建议:领料单需一式三联,仓库发料后,将其中一联连同材料交给领料部门,一联留在仓库登记材料明细账,一联交会计部门进行材料收发核算和成本核算。

(3) 没有缺陷。

(4) 没有缺陷。

2. 企业购入的存货已验收入库,由于没有收到购货发票等原因,可能没有暂估入账,此时会出现账面上没有存货而仓库中却有存货的情况,当对生产领用的存货进行了相应的账务处理后,就会导致了账面存货数量和账面金额均为负数的情况,另外,会计核算不及时或存货截止不正确等,也会导致这种情况的出现。(1 分)

3. (每小点 1 分)

(1) 存在不当之处。不能没有收货就冲回相应存货,相关存货可能在"在途物资"中核算。建议进一步检查相关存货发货情况和采购合同而定。如果合同约定供应商发货即转移相关原材料风险和报酬,并且于 2012 年 12 月 31 日供应商已经发货,则不应冲回相应存货,不应提出审计调整建议。

(2) 妥当。材料已经于 2012 年入库,应当确认为甲公司 2012 年存货。

(3) 妥当。计价错误导致少结转营业成本应调整。

(4) 存在不当之处。对于尚未发出的存货,虽然已经开具发票,但仍有可能尚不满足收入确定条件。对该事项应进一步追查相应的合同或文件,结合向客户函证等程序,考虑收入确认条件,以确定是否满足收入确认条件,是否纳入盘点范围。

三、财务会计

(一) 3分

1. 同一控制下控股合并。(0.5分)

理由:本公司与山东森威公司均为钱塘集团公司的子公司,属于子公司之间合并,合并后山东森威公司仍维持其独立法人资格继续经营。(0.5分)

2. 合并日:2012年12月31日(0.5分);本公司在2012年12月31日实际取得山东森威公司66.69%的股权。(0.5分)

3. 编制合并日会计分录:

借:长期股权投资　　　　　　　　　　　　　　　　152 834 383.24
　　资本公积　　　　　　　　　　　　　　　　　　 35 469 416.76
　贷:银行存款　　　　　　　　　　　　　　188 303 800.00(1分)

(二) 1.5分

1. 2012年5月1日债券摊余成本＝14 849(万元)。(0.25分)

2. 债券发行日会计分录

借:银行存款　　　　　　　　　　　　　　　　　　　　　14 849
　　应付债券——利息调整　　　　　　　　　　　　　　　　151
　贷:应付债券——面值　　　　　　　　　　　　　15 000(0.5分)

3. 2012年年末计息会计分录

借:财务费用　　　　　　　　　　　　　　　　　　　　　6 019
　贷:应付债券——利息调整　　　　　　　　　　　　　　　　19
　　应付利息　　　　　　　　　　　　　　　　　6 000(0.5分)

4. 2012年年末债券摊余成本＝14 849＋19＝14 868(万元)。(0.25分)

(三) 10.5分

1. 6.75分

(1) 错误。(0.25分)

理由:与固定资产购建相关利息费用在固定资产达到预定使用状态前发生应予资本化计入在建工程。(0.25分)

改正:

借:在建工程　　　　　　　　　　　　　　　　　　　　　　500
　贷:以前年度损益调整　　　　　　　　　　　　　　　500(0.25分)

借:以前年度损益调整　　　　　　　　　　　　　　　　　　125
　贷:应交税费——应交所得税　　　　　　　　　　　125(0.25分)

(2) 错误。(0.25分)

理由:分期收款销售时应按公允价值确认主营业务收入,应收价款与公允价值之间差额应按实际利率法摊销,分期计入利息收益。(0.25分)

借：以前年度损益调整 240

 贷：未确认融资费用 240(0.25分)

$240×(P/A, I, 5)=960$；

计算 $I=7.93\%$。(0.25分)

摊销：

借：未确认融资费用 76.128

 贷：以前年度损益调整 76.128(0.25分)

借：应交税费——应交所得税 40.968

 贷：以前年度损益调整 40.968(0.25分)

(3) 错误。(0.25分)

 理由：售后回购具有融资性质，出售时不应确认收入，应作为负债处理，回购价与售价之间差额作为利息费用处理。(0.25分)

 改正：

借：发出商品 600

 贷：以前年度损益调整 600(0.25分)

借：以前年度损益调整 1 000

 贷：其他应付款 1 000(0.25分)

借：以前年度损益调整 120

 贷：其他应付款 120(0.25分)

借：应交税费 70

 贷：以前年度损益调整 70(0.25分)

(4) 错误。(0.25分)

 理由：非货币性资产交换具有商业实质且公允价值能可靠确认的，换入资产入账价值是按照换出资产公允价值加应交相关税费确认，换出资产公允价值与账面价值之间差额确认为当期损益(0.25分)

 改正：

①

借：长期股权投资 396

 以前年度损益调整——主营业务成本 1 800

 贷：以前年度损益调整——主营业务收入 2 160

  以前年度损益调整——营业外收入 36(0.25分)

或者

借：长期股权投资 396

 贷：以前年度损益调整 396(0.25分)

②

借：以前年度损益调整 9.9

 贷：应交税费 9.9(0.25分)

③

借：以前年度损益调整 540
　　贷：长期股权投资减值准备 540(0.25分)

借：递延所得税资产 135
　　贷：以前年度损益调整 135(0.25分)

（5）错误。(0.25分)

理由：销售产品质量保证是一项或有事项，符合预计负债确认条件，应该确认预计负债，同时计入销售费用，实际发生产品售后维修费用不能计入损益。(0.25分)

改正：

借：以前年度损益调整 400
　　贷：预计负债 400(0.25分)

借：预计负债 300
　　贷：以前年度损益调整 300(0.25分)

或者：也算对

借：以前年度损益调整 100
　　贷：预计负债 100(0.25分)

借：递延所得税资产 25
　　贷：以前年度损益调整 25(0.25分)

2. 逐项说明对2012年利润表项目影响金额。

（1）对利润表影响：

财务费用－500万(0.25分)

所得税费用＋125万(0.25分)

（2）对利润表影响：

营业收入－240万(0.25分)

财务费用－76.128万(0.25分)

所得税费用－40.968万(0.25分)

（3）对利润表影响：

营业收入－1 000万元、营业成本－600万(0.25分)

财务费用＋120万(0.25分)

所得税费用－70万(0.25分)

（4）对利润表影响：

营业收入＋2 160万(0.25分)

营业成本＋1 800万元(0.25分)

营业外收入＋36万(0.25分)

资产减值损失＋540万(0.25分)

所得税费用－125.1万(0.25分)

（5）对利润表影响：

销售费用增加100万(0.25分)

所得税费用减少25万(0.25分)

(四) 10 分

1. 2011 年度漓江汽车底盘部件公司 2011 年经内部交易损益调整后净利润 = -1 200 - (B 产品逆销未实现利润 160 + 固定资产逆销未实现利润 77.5 + 无形资产逆销未实现利润 1 750) = -3 187.5(万元)。(0.5 分)

2. 2012 年度漓江汽车底盘部件公司 2012 年经内部交易损益调整后净利润 = 2 450 + 已实现内部利润(10 + 200 + 40) = 2 700(万元)。(0.5 分)

3. 2012 年合并财务报表的调整分录(3×0.5 分 = 1.5 分):

按权益法调整长期股权投资:

借:长期股权投资	-990
贷:未分配利润——年初	-1 350
资本公积——年初	360
借:长期股权投资(2 700×80%)	2 160
贷:投资收益	2 160
借:长期股权投资(30×80%)	24
贷:资本公积	24

调整后:

母公司:

$$长期股权投资 = 36 160 + (-990 + 2 160 + 24) = 37 354(万元);$$

$$投资收益 = 0 + 2 160 = 2 160(万元)。$$

子公司:

$$净利润 = 2 450 + 已实现内部利润(10 + 200 + 40) = 2 700(万元);$$

$$股东权益 = 上年末调整后股东权益 43 962.5 + 净利润 2 700 + 资本公积变动(-120 + 150)$$
$$= 46 692.5(万元)。$$

4. 2012 年合并财务报表的抵销分录。(15×0.5 分 = 7.5 分)

(1) 抵销母公司的长期股权投资与子公司的所有者权益:

借:股本——年初	24 000.0
资本公积——年初	9 050.0
——本年	30.0
盈余公积——年初	7 950.0
——本年	245.0
未分配利润——年末	5 417.5
贷:长期股权投资	37 354.0
少数股东权益(46 692.5×20%)	9 338.5

(2) 抵销母公司的投资收益与子公司的利润分配项目:

借:投资收益	2 160.0
少数股东损益(2 700×20%)	540.0
未分配利润——年初	2 962.5
贷:提取盈余公积	245.0
未分配利润——年末	5 417.5

（3）按持股比例转回合并日子公司留存收益：

借：资本公积　　　　　　　　　　　　　　　　　　　　　　　　　13 280
　　贷：盈余公积　（7 100×80%）　　　　　　　　　　　　　　　　　5 680
　　　　未分配利润（9 500×80%）　　　　　　　　　　　　　　　　7 600

（4）抵销内部存货交易：

借：营业收入（200×7.5）　　　　　　　　　　　　　　　　　　　　1 500
　　贷：营业成本——A产品　　　　　　　　　　　　　　　　　　　1 500

借：未分配利润——年初（800×0.8×25%）　　　　　　　　　　　　　160
　　贷：营业成本——B产品　　　　　　　　　　　　　　　　　　　　160

借：营业成本　　　　　　　　　　　　　　　　　　　　　　　　　　120
　　贷：存货——B产品（600×0.8×25%）　　　　　　　　　　　　　　120

（5）抵销内部固定资产交易：

借：未分配利润——年初　　　　　　　　　　　　　　　　　　　　　80
　　贷：固定资产——原价　　　　　　　　　　　　　　　　　　　　　80

借：固定资产——累计折旧（80÷8×3÷12）　　　　　　　　　　　　　2.5
　　贷：未分配利润——年初　　　　　　　　　　　　　　　　　　　　2.5

借：固定资产——累计折旧（80÷8）　　　　　　　　　　　　　　　　　10
　　贷：管理费用　　　　　　　　　　　　　　　　　　　　　　　　　10

（6）抵销内部无形资产交易：

借：未分配利润——年初　　　　　　　　　　　　　　　　　　　　1 800
　　贷：无形资产——原价　　　　　　　　　　　　　　　　　　　　1 800

借：无形资产——累计摊销（1 800÷9×3÷12）　　　　　　　　　　　　50
　　贷：未分配利润——年初　　　　　　　　　　　　　　　　　　　　50

借：无形资产——累计摊销（1 800÷9）　　　　　　　　　　　　　　　200
　　贷：管理费用　　　　　　　　　　　　　　　　　　　　　　　　200

（7）抵销母公司支付给子公司的销货款：

借：购买商品、接受劳务支付的现金　　　　　　　　　　　　　　　　100
　　贷：销售商品、提供劳务收到的现金　　　　　　　　　　　　　　　100

（8）抵销子公司支付给母公司的销货款：

借：购买商品、接受劳务支付的现金[200×7.5×(1+17%)]　　　　　　1 755
　　贷：销售商品、提供劳务收到的现金　　　　　　　　　　　　　　1 755

（9）将子公司可供出售金融资产公允价值变动净额归属于母公司的份额进行重分类：

借：权益法下被投资单位其他所有者权益变动的影响　　　　　　　　384
　　贷：可供出售金融资产公允价值变动净额[（450－120＋150）×80%]　384

四、财务管理

1. 10分

预计利润表　　　　　　　　　　　　　　　　单位:万元

年份	基期 (2012年 10月31日)	2012年 11~12月 (1/6年)	2012年	2013年	2014年	2015年	2016年	2017年
预测设定								
营业增长率	19%	N	N	19%	15%	11%	7%	5%
营业成本率	71.66%	N	N	71.66%	71.66%	71.66%	71.66%	71.66%
销售和管理费用/营业收入	8.58%	N	N	8.58%	8.58%	8.58%	8.58%	8.58%
折旧与摊销/营业收入	6.52%	N	N	6.52%	6.52%	6.52%	6.52%	6.52%
短期债务利率	5%	N	N	5%	5%	5%	5%	5%
长期债务利率	8.4%	N	N	8.4%	8.4%	8.4%	8.4%	8.4%
平均所得税税率	12.37%	N	N	12.37%	12.37%	12.37%	12.37%	12.37%
利润表项目								
税后经营利润								
一、营业收入	33 869.61	6 773.92	40 643.53	48 365.80	55 620.67	61 738.94	66 060.67	69 363.70
减:营业成本	24 269.83	4 853.97	29 123.80	34 658.93	39 857.77	44 242.13	47 339.08	49 706.03
销售和管理费用	2 907.43	581.49	3 488.92	4 149.79	4 772.25	5 297.20	5 668.01	5 951.41
折旧与摊销	2 208.30	441.66	2 649.96	3 153.45	3 626.47	4 025.38	4 307.16	4 522.51
二、税前经营利润	4 484.05	896.80	5 380.86	6 403.63	7 364.18	8 174.24	8 746.43	9 183.75
减:经营利润所得税	554.68	110.93	665.61	792.13	910.95	1 011.15	1 081.93	1 136.03
三、税后经营利润	3 929.37	785.87	4 715.24	5 611.50	6 453.23	7 163.08	7 664.50	8 047.72
金融损益								
四、短期借款利息	0.00	0.00	0.00	887.13	1 020.19	1 132.42	1 211.68	1 272.27
加:长期借款利息	1 477.93	295.59	1 773.52	1 490.37	1 713.93	1 902.46	2 035.63	2 137.41
五、利息费用合计	1 477.93	295.59	1 773.52	2 377.50	2 734.12	3 034.87	3 247.32	3 409.68
减:利息费用抵税	182.82	36.59	219.41	294.10	338.21	375.41	401.69	421.78
六、税后利息费用	1 295.11	259.00	1 554.11	2 083.40	2 395.91	2 659.46	2 845.62	2 987.90
七、税后利润合计	2 634.35	526.87	3 161.22	3 528.10	4 057.32	4 503.62	4 818.88	5 059.82
加:年初未分配利润	86.91		86.91	2 208.14	4 856.69	8 405.19	11 397.76	13 511.60
八、可供分配的利润			3 248.13	5 736.24	8 914.01	12 908.81	16 216.64	18 571.42
减:应付股利			1 039.99	879.56	508.82	1 511.05	2 705.03	3 444.24
九、未分配利润			2 208.14	4 856.69	8 405.19	11 397.76	13 511.60	15 127.18

预计资产负债表 单位:万元

年份	基期 (2012年 10月31日)	2012年 11~12月 (1/6年)	2012年	2013年	2014年	2015年	2016年	2017年
预测假定								
营业收入	33 869.61	6 773.92	40 643.53	48 365.80	55 620.67	61 738.94	66 060.67	69 363.70
经营现金	10%	N	N	10%	10%	10%	10%	10%
其他经营流动资产	75.34%	N	N	75.34%	75.34%	75.34%	75.34%	75.34%
经营流动负债	43.9%	N	N	43.9%	43.9%	43.9%	43.9%	43.9%
长期资产	80.84%	N	N	80.84%	80.84%	80.84%	80.84%	80.84%
短期借款/投资成本	30%	N	N	30%	30%	30%	30%	30%
长期借款/投资成本	30%	N	N	30%	30%	30%	30%	30%
项目								
净经营资产								
经营现金	3 389.47	677.39	4 066.86	4 836.58	5 562.07	6 173.89	6 606.07	6 936.37
其他经营流动资产	25 518.70	5 103.47	30 622.17	36 438.79	41 904.61	46 514.12	49 770.11	52 258.61
减:经营流动负债	14 867.68	4 993.99	19 861.67	21 232.59	24 417.47	27 103.40	29 000.63	30 450.67
经营营运资本	14 040.49	786.87	14 827.36	20 042.79	23 049.21	25 584.62	27 375.54	28 744.32
经营性长期资产	27 380.77	0.00	27 380.77	39 098.91	44 963.75	49 909.76	53 403.45	56 073.62
减:长期经营性负债	0.00	0.00	0.00	0.00	0.00	0.00	0.00	0.00
净经营长期资产	27 380.77	0.00	27 380.77	39 098.91	44 963.75	49 909.76	53 403.45	56 073.62
净经营资产总计	41 421.26	786.87	42 208.13	59 141.70	68 012.96	75 494.38	80 778.99	84 817.94
金融负债:								
短期借款	0.00		0.00	17 742.51	20 403.89	22 648.31	24 233.70	25 445.38
长期借款	21 200.00		21 200.00	17 742.51	20 403.89	22 648.31	24 233.70	25 445.38
金融负债合计	21 200.00		21 200.00	35 485.02	40 807.77	45 296.63	48 467.39	50 890.76
金融资产	0.00		0.00	0.00	0.00	0.00	0.00	0.00
净负债	21 200.00		21 200.00	35 485.02	40 807.77	45 296.63	48 467.39	50 890.76
股本	18 800.00		18 800.00	18 800.00	18 800.00	18 800.00	18 800.00	18 800.00
期初未分配利润			86.91	2 208.14	4 856.69	8 405.19	11 397.76	13 511.60
净利润			3 161.22	3 528.10	4 057.32	4 503.62	4 818.88	5 059.82
本年股利			1 039.99	879.56	508.82	1 511.05	2 705.03	3 444.24
期末未分配利润			2 208.14	4 856.69	8 405.19	11 397.76	13 511.60	15 127.18
股东权益合计			21 008.13	23 656.68	27 205.18	30 197.75	32 311.60	33 927.18
净负债及股东权益合计			42 208.13	59 141.70	68 012.96	75 494.38	80 778.99	84 817.94

预计现金流量表　　　　　　　　　　　　　　单位：万元

年份	基期（2012年10月31日）	2012年11～12月（1/6年）	2012年	2013年	2014年	2015年	2016年	2017年	稳定增长期
税后经营利润	2 634.35	785.87	4 715.24	5 611.50	6 453.23	7 163.08	7 664.50	8 047.72	
加：折旧与摊销	2 208.30	441.66	2 649.96	3 153.45	3 626.47	4 025.38	4 307.16	4 522.51	
营业现金毛流量	4 842.65	1 227.53	7 365.20	8 764.95	10 079.70	11 188.46	11 971.65	12 570.24	
减：经营营运资本的增加		786.87		5 215.42	3 006.42	2 535.41	1 790.92	1 368.78	
营业现金净流量		440.66		3 549.53	7 073.28	8 653.05	10 180.73	11 201.46	
减：净经营长期资产的增加		0.00		11 718.14	5 864.84	4 946.01	3 493.68	2 670.17	
折旧与摊销	2 208.30	441.66	2 649.96	3 153.45	3 626.47	4 025.38	4 307.16	4 522.51	
实体现金流量		0.00		−11 322.07	−2 418.03	−318.34	2 379.89	4 008.77	98 807.82

说明：2013—2017年每年实体现金流量估算各2分，共10分。

2. 2分

假设条件			
所得税率	12.37%		
国债利率	4%		
平均市场收益率	11.95%		
贝塔系数	1.3	比重	
权益资本成本	14.34%	40%	5.734%
短期借款	5.00%	30%	1.314%
长期借款	8.40%	30%	2.208%
综合资本成本			9.26%

说明：权益资本成本测算1分，综合资本成本测算1分，共2分。

3. 5分

单位：万元

我们评估结果		评估公司评估结果	
企业价值	54 263.45	权益价值	差异
债务价值	21 200		
权益价值	33 063.45	32 326.13	2.28%

判断：由于评估结果与评估公司公布的权益价值评估结果差异小于5%，故评估公司收益法估算的结果基本客观。

说明：估算权益价值4分；判断1分。

4. 3分

（1）由于钱塘集团公司是山东森威精锻有限公司的控股股东，持股比例（66.67%）超过2/3，拥有重大事项的法定决定权，因此该股权转让交易事项完全在钱塘集团公司主导下进行。（0.5分）

（2）资产评估有限公司的选择和聘请，实际由钱塘集团公司决定。（0.5分）

（3）收益法评估价值要高于成本法，但评估公司选择成本法的估值，实质上降低了股权交易价格。（0.5分）

（4）较低的股权交易价格，降低了上市公司的并购成本，客观上增加了上市公司价值。（0.5分）

（5）钱塘集团公司同时是上市公司的控股股东，且持股比例高达51.53％。较低的交易价格实际上形成了钱塘集团公司向上市公司进行支持（propping）的利益输送的客观事实。（0.5分）

（6）山东森威精锻有限公司和浙江制造的实际控制人（即终极股东）均为鲁南，且其个人持有钱塘集团公司80％的股权。该利益输送并未发生实际控制人的任何损失，相反，可以做大做强上市公司，有利于实际控制人长远价值最大化。（0.5分）

五、成本管理会计

（一）4分

1. 税前经营利润＝435 012 225.77＋170 057 075.94＝605 069 301.71（元）

平均所得税税率＝12.245 9％

税后经营净利润＝605 069 301.71×（1－12.245 9％）＝530 973 107.11（元）（0.5分）

剩余权益收益＝381 741 054.28－3 976 691 950.99×12％

＝－95 461 979.84（元）（0.5分）

金融负债＝34 000 000＋62 183 112＋30 000 000＋212 000 000

＋1 486 780 083.25＝1 824 963 195.25（元）

经营负债＝4 586 637 582.30－1 824 963 195.25＝2 761 674 387.05（元）

金融资产＝0

净经营资产＝8 563 329 533.29－2 761 674 387.05＝5 801 655 146.24（元）

剩余经营收益＝530 973 107.11－5 801 655 146.24×10.584 5％

＝－83 103 081.84（元）（0.5分）

剩余净金融支出＝170 057 075.94×（1－12.245 9％）－1 824 963 195.25×7.5％

＝12 359 816.83（元）（0.5分）

或　　　　　　　　　　＝－83 103 081.84－（－95 461 979.84）＝12 358 898（元）

（两者计算结果的差异源于加权平均资本成本取近似值）

2. 2011年的平均所得税税率＝76 796 229.61÷608 481 235.53＝12.621 0％

2011年的税后利息支出＝69 485 627.78×（1－12.621 0％）＝60 715 846.70（元）

2011年的税后经营净利润＝531 685 005.92＋60 715 846.70＝592 400 852.62（元）

2011年的基本经济增加值＝592 400 852.62－9 308 139 278.12×10.584 5％

＝－392 819 149.27（元）（0.5分）

2012年的基本经济增加值＝530 973 107.11－8 563 329 533.29×10.5845％

＝－375 412 507.3（元）（0.5分）

3. 主要原因在于：一是两者资产计算口径不同，剩余经营收益按净经营资产计算，基本经济增加值按总资产计算；二是剩余经营收益按要求报酬率计算，基本经济增加值按资本市场机会成本计算（本案例中权益资本要求报酬率与其资本成本相同）。（1分）

(二) 6分

1. 根据本量利分析原理,影响净经营收益的因素主要有:业务量、价格水平、单位变动成本和固定成本总额等,在多品种的情况下,业务品种结构的变化也是重要的影响因素。其中,业务量、价格水平对净经营收益的影响为同向,单位变动成本和固定成本总额对净经营收益的影响为反向。(1分)

年报资料显示:2012年度公司实现营业收入833 980.53万元,归属于母公司股东的净利润33 189.01万元,分别比去年增长了0.26%、−30.90%。其中营业利润下降了36.34%,税前经营收益下降了10.75%,净经营收益下降了10.37%。虽然成本费用水平有一定程度的上升,但其更重要的原因在于业务品种结构的变动。从行业结构分析,毛利率较高的机械制造业务(19.71%),其营业收入下降了2.8%,而毛利率较低的物资贸易业务(1.88%),其营业收入上升了30.47%,由此可见,营业收入总体水平的上升得益于低毛利率业务收入的大幅上升,使得综合毛利率出现了下降。此外,财务费用(金融支出)的大幅上升对合并报表的净收益也产生了很不利的影响。(2分)

2. 根据沙塘公司简化财务报表,其营业收入小幅下降,但其经营利润大幅上升97%,净经营利润大幅上升79%。仔细分析财务报表,除了营业税金及附加下降幅度略高于营业收入外,销售费用与管理费用出现了较大幅度的上升,因此其经营利润得以大幅上升的原因在于营业成本的大幅下降(下降12.98%)。(1分)

营业成本的下降自然可能是成本水平的下降,但其资产负债表显示存货项目增加了100%以上,因此更可能的原因是产量的大幅增加,因为提高产量就摊薄了单位产品应负担的固定生产成本,从而提高了毛利率(2012年的综合毛利率达到20.62%,而上年度仅为9.94%)。(1分)

现行财务会计采用的成本计算制度为全部成本制度,在这种制度下,管理层可以通过提高产品产量就可以实现增加利润的目的。对于管理会计应用而言,采用变动成本计算制度可以解决这一问题。(1分)

(三) 10分

1. 显然,此例中贡献毛益总额最大时其营业现金流量也最大。

$$甲产品的单位贡献毛益=600-290=310(元)$$
$$乙产品的单位贡献毛益=400-196=204(元)$$

假设甲产品产量为 x,乙产品产量为 y,则要求 $310x+204y$ 达到最大。约束函数为:

$$\begin{cases} x \leqslant 20\,000 \\ y \leqslant 40\,000 \\ 12x+8y \leqslant 400\,000 \\ x \geqslant 0, y \geqslant 0 \end{cases}$$

解得当 $x=20\,000$, $y=20\,000$ 时,贡献毛益可以达到最大(1 028万元)。(3分)

此时的初始投资金额为2 800万元,每年的贡献毛益为1 028万元,每年的固定成本为536万元(466+70),则每年的净利润为369万元,每年的营业现金净流量为649万元。(1分)

计算得净现值为11 878 240.52元,内部报酬率为19.16%。(1分)

2. 销售量下降10%时,内部报酬率为15.90%;(0.5分)

价格下降10%时,内部报酬率为12.43%;(0.5分)

单位变动成本上升10%时,内部报酬率为15.85%;(0.5分)

固定成本上升10%时,内部报酬率为18.30%。(0.5分)

3. 显然,该项目的内部报酬率高于公司的加权平均资本成本率,因此,从公司角度分析,该项目的投资无疑具有财务上的可行性。但由于公司特定的业绩评价考核机制,沙塘公司未必愿意投资该项目。如果新项目内部报酬率高于沙塘公司原有项目的平均内部报酬率,则沙塘公司无疑愿意投资。此时无论对子公司的业绩评价考核与公司整体利益都是有利的。(1.5分)

如果新项目内部报酬率虽高于资本成本但低于沙塘公司原有项目的平均内部报酬率,则沙塘公司无疑不愿意投资。此时对公司整体利益是不利的。而如果 A 公司投资,又会对 A 公司业绩评价考核不利。(1分)

建议按剩余收益或经济增加值指标进行考核。(0.5分)

"天平杯"浙江省第九届大学生
财会信息化竞赛参考答案及评分标准
(本科组)

一、公司战略与风险管理 （15分）

(一) 7分

(1) **总体战略**:公司层面的战略选择包括成长型战略、稳定型战略和收缩型战略。成长型战略是以扩张经营范围或规模为导向的战略,包括一体化战略、多元化战略和密集成长型战略;稳定型战略是以巩固经营范围或规模导向的战略,包括暂停战略、无变战略和维持利润战略;收缩型战略是以缩小经营范围或规模导向战略,包括扭转战略、剥离战略和清算战略。本公司从传统制造业转向光伏、电力行业,说明采取的是成长型中的多元化成长战略——新产品和新市场,并且是非相关多元化战略。(2分)

(2) **原因**:一是现有产品或市场中持续经营不能达到目标,传统产品可能将进入衰退期而导致回报率低,或同一领域中的技术创新机会很少,或行业缺少灵活性。本公司原生产的产品多是传统制造产品,竞争力不强;二是企业以前由于在现有产品市场中成功经营而保留下来的资金超过了其在现有产品或市场中的财务扩张所需要的资金,企业是喜欢将多余的资金投入到业务以外的领域,或是寻找多元化机会,取决于相对回报率和管理者的偏好;三是与现有的产品或市场相比,多元化战略意味着更高的利润。一般来说,多元化战略有两种:相关多元化战略与非相关多元化战略。(1分)

(3) **目的**:企业当前产业缺乏吸引力,而企业还不具备较强的能力和技能转向相关产业或服务,较为现实的选择就是采用非相关多元化战略。采用非相关多元化战略的主要目标不是利用产品、技术营销等到方面的共同性,而是从目标上考虑平衡现有资源或者获取新的利润率增长点。公司进入光伏和核电领域也是基于这一考虑。(1分)

(4) **评价战略成功的标准有**:一是可行性标准,它评估战略在实践中会如何运行。包括:是否有足够的资源使用权战略得以实施? 是否有足够的资金? 是否获得相关技术的支持? 员工能力是否足够? 二是可接受的标准。它评估战略收益结果是否可被接受? 包括战略产生的利润或增长是否足以达到高级管理者、股东或其他权益持有者的期望? 接受标准的另一指标是该战略所涉及的风险水平——该战略的实施是否充分需要对企业结构进行重大改变? 三是适宜性标准。它评价备选战略在多大程度上适用于战略分析中所识别出的风险。该战略是否充分利用了企业的优点、克服或避免了企业的缺点并且应对了环境方面的威胁? 它是否有助于企业实现目标? (1分)

(5) 公司采用非相关战略的优缺点:

优点:①分散风险;②获得高利润机会;③从现有的业务撤离;④能更容易地从资本市场中获得融资;⑤在企业无法增长的情况下找到新的增长点;⑥运作盈余资金;⑦利用未被充分利用的资源;⑧获得资金或其他业务利益;⑨运作企业在某个市场中的形象和声誉来进入另一个市场,而在

另一个市场中要取得成功,企业形象和声誉至关重要。(回答 3 点得分,1 分)

缺点:①如果企业进入一个具有低市盈率的成长型的行业,其股东收益会被稀释;②企业收购不会给原有股东带来额外的利益,因为不会有产业协同效应,所以,与投资于控股企业相比,个人投资者对其子公司进行投资反而会获得更高的收益;③企业中缺乏共同的身份和目的;④某项业务的失败会将其他业务拖下水,因为它会耗尽资源。(回答 2 点得分,1 分)

(二) 3 分

(1) 背景:反倾销是国际贸易的一种壁垒,公司下属全资子公司浙江 SUN 禾田金属有限公司遭遇反倾销调查的产品是方阀产品,属于传统制造产品,由于产品结构不平衡和价格偏低等原因导致反倾销调查。与同行业存在的问题相同,公司出口的方阀产品是劳动密集型的产品,产品的附加值相对偏低,到了国际市场上容易授人以柄,给进口国造成低价倾销的印象,这是经常被误认为是倾销的因素。(1 分)

(2) 原因:SUNHJ 缺乏对国际市场的深入调研和总体把握,一方面,由于把产品打入国际市场,对进口国市场行情和价格水平的了解不够而导致报价偏低,容易给进口国造成"价廉质劣"的印象;另一方面,由于缺乏对进口国消费者的调查研究,不重视款式、包装等方面的改进和创新,往往导致"好货卖不出好价钱",再加上公司不能把握国际市场和进口国行情而及时调整公司出口产品的价格和数量,致使某些商品在某一时期内大量涌入进口国,增大了对华反倾销的概率。(1 分)

(3) 措施:一是规范公司成本核算的基础工作,尽可能准确提供应对反倾销成本信息资料,争取在反倾销调查中胜诉,或者争取被征收最低的反倾销税;二是发挥行业协会的作用,做好出口产品数量与出口价格的预警工作,根据进口国市场的需求量,及时调整出口产品的数量与价格;三是做好产业升级和产品换代的战略选择,以高质量、高附加值的出口产品占有国际市场。(1 分)

(三) 5 分

(1) 套期保值策略的选择。套期保值属于衍生工具的期货合同,是指在未来的某个时间按一定的价格购买或销售一定资产的协议。一般利用报价系统完成。这包括交易员亲自在交易厅内碰面,被称作"交易场",并利用一套复杂的系统来说明他们乐意开展交易,但是交易所越来越多地用电子交易取代公开报价系统。(1 分)

套期保值决策总是涉及适当水平的风险和获利机会之间的权衡取舍。每种价格都有一个价格,或者是对冲产品的明确价格,或者是由对冲产生的机会成本。套期保值策略应符合组织的业务目标。对冲产品从可接受的产品和战略中进行选择,并考虑其在风险管理中的有效性,套期保值的决策应基于业务目标和对风险的承受能力,而不是市场条件。(1 分)

(2) 套期保值的目的和风险战略:

本公司主营制冷配件产业中,铜材占原材料成本约 60% 以上,其价格波动对公司经营业绩影响较大。为规避铜价波动带来的经营风险,该行业内早已形成产品价格与月度铜价相挂钩的结算体系。公司亦已在 2010 及 2011 制冷年度(2009 年 9 月-2011 年 8 月)进行了有效的铜期货套期保值操作,较好规避了铜价波动风险。(1 分)

套期保值属于高风险的财务战略,公司管理层应高度重视风险管理。风险管理是指对风险进行识别和评价,针对风险制定、实施相应战略,并对该战略进行监控的过程。管理风险时,管理层需要评估企业所面临的风险,采取措施来降低最严重的风险,并确保余下的风险处于企业所能承受的范围内。风险管理战略涉及针对识别的每一类风险选择和实施适当的风险管理,并对其进行监控和复核。可用的风险战略包括:风险规避、风险降低、风险转移和风险保留。(0.5 分)

为了正确实施风险管理战略,必须存在有效的、涵盖企业各级人员的风险管理制度、风险报告和沟通制度。一是董事会决定企业的总体经营方针,并且有权要求各级人员实施和遵守政策;二是业务单元经理负责评估单元未来所面临的风险,还必须确保风险管理政策得以实施;三是员工个人需要了解某个风险或负责管理某个风险。(0.5分)

本公司在采取套期保值财务战略时,实施了以下列措施规避风险:一是客户要求套期保值部分的保证金由其按 20%比例提前向公司支付;部分长期客户订单的套期保值由公司承担保证金。上述两种方式都是在产品价格和需求量确定的情况下实施的,不存在经营风险。二是公司内部针对套期保值业务制定了《套期保值业务管理制度》,严格规定了该业务的操作程序,所有相关员工了解风险存在的可能性,这些措施均能有效地控制和规避操作风险。(1分)

二、内部控制与审计 (20分)

(一)6分

1. 对于该公司实施股权激励:

(1)其条件是 N 年度扣除非经常损益后净利润相比 2009 年度的年复合增长率不低于 12%,且 N 年度扣除非经常性损益后的加权平均净资产收益率不低于 10%。从公司 2010 年报上看,公司 2010 年度扣除非经常性损益后的加权平均净资产收益率为 10.70%,刚刚高于股权激励计划设定的 10%。(2)将 2010 年度与 2009 年度的增减数据情况相比较来看,被审计单位 2010 年的营业总收入、归属于上市公司股东的扣除非经常性损益的净利润的增幅为 61.95%、35.63%,同行业主要竞争对手 JZHS 公司这两项指标只有 52.57%、32.91%。

根据舞弊三角理论,本例中"管理层或治理层的报酬中有相当一部分(本例中为股票期权)取决于被审计单位能否实现特定的指标要求(本例中为经营成果指标)",导致"管理层或治理层的个人经济利益受到被审计单位财务业绩或状况的影响",此时出现了舞弊三角中的"动机或压力",因此,审计人员可能要防范被审计单位相关管理人员为了自身股权激励利益的实现,可能通过虚增归属于上市公司股东的净利润,从而使扣除非经常性损益后的加权平均净资产收益率超过股权激励计划设定的 10%。因此,被审计单位 2011 年相关财务报告的收入类项目可能面临虚增,费用类项目可能面临低估。

评分标准(共 2 分)

指出:"刚刚高于股权激励计划设定的 10%"。(0.5分)

指出:"公司业绩增幅高于同行业公司"。(0.5分)

指出:"管理层或治理层的报酬中有相当一部分(本例中为股票期权)取决于被审计单位能否实现特定的指标要求(本例中为经营成果指标)",导致"管理层或治理层的个人经济利益受到被审计单位财务业绩或状况的影响"。(0.5分)

指出:"被审计单位 2011 年相关财务报告的收入类项目可能面临虚增,费用类项目可能面临低估"。(0.5分)

2. 对于 2011 年度的股票定向增发:

(1)与同行业主要竞争对手 JZHS公司的数据进行比较后可以发现:JZHS归属于上市公司股东的净利润、归属于上市公司股东的扣除非经常性损益的净利润增长幅度 16%左右,而加权平均净资产收益率、扣除非经常性损益后的加权平均净资产收益率都呈下降趋势,而被审计单位这些指标都是上升,并且归属于上市公司股东的净利润、归属于上市公司股东的扣除非经常性损益的净利润有 20%以上的增幅。每股收益主要竞争对手 JZHS 公司只有 3.36%的增幅,而被审计单位增幅高达 30%以上。

(2)其发行价格为 11.30 元/股。注册会计师注意到,该发行价格相当于发行日(2011 年 10 月21 日)公司收盘价 11.79 元/股的 95.84%。而 9 位投资者都是非关联方。如果公司的股票由于内外部因素继续下跌(甚至造成公开市场价低于发行价),有可能导致非关联方参与定向增发的积极性受影响。

根据舞弊三角理论,一方面,"与同行业的其他企业相比,增长过快或盈利能力异常";另一方面,定向增发在当前股价下可能使"管理层为满足外部投资者的预期或要求而承受过度的压力",公司在这种压力下可能会粉饰业绩,以刺激股价,从而便于定向增发顺利完成。因此,被审计单位2011年的收入类项目可能面临虚增,费用类项目可能面临低估,从而可能导致归属于上市公司股东的净利润虚增。

评分标准:(共1.5分)

指出:被审计单位的"业绩增幅偏高或高于竞争对手"或者"与同行业的其他企业相比,增长过快或盈利能力异常"。(0.5分)

指出:"公司发行价已经接近市场价格,公司面临增发压力",或者"如报告不良的盈利能力或财务状况可能会对正在进行的重大交易(本例为定向增发)产生不利影响"。(0.5分)

指出:"被审计单位2011年的收入类项目可能面临虚增,费用类项目可能面临低估"。(0.5分)

3. 多晶硅市场情况:

由于公司在2011年12月31日光伏资产、业务金额上10亿,账面上主要表现为机器设备等固定资产和在建工程。一方面,虽然公司2011年9月19日各项主要工艺和生产流程已经调试完毕,并于当天正式投产,但截至年底该项业务仍未产生收入,销售存在问题。另一方面,年底多晶硅价格下跌已经比较明显,国内多数多晶硅企业惨淡经营,企业开工率严重不足,部分已经被迫选择停产或半停产,过半多晶硅企业徘徊在破产边缘无法自拔。最新的证据是公司与相关方已商讨对光伏资产、业务进行处置的可能性。

因此,审计人员有必要怀疑多晶硅相关资产的价值可能发生减值。具体而言,相关的固定资产、在建工程和存货可能已经发生减值。而查阅公司报表附注的资产减值损失项目,发现其中只有应收账款的减值损失,其他项目都没有提取减值准备,因此,这些项目的计价认定可能有风险,考虑到这些资产的账面价值大,审计人员应该重点关注。

评分标准:(共1.5分)

指出:公司2011年9月19日正式投产,但截至年底该项业务仍未产生收入,销售存在问题。公司与相关方已商讨对光伏资产、业务进行处置的可能性。(0.25分)

指出:国内整体行业开工率严重不足,部分已经被迫选择停产或半停产。(0.25分)

指出:多晶硅相关的固定资产、在建工程和存货可能已经发生减值。(答对3个科目给0.5分,如果只回答出两个科目,0.3分,只回答一个科目为0.2分)

指出:公司报表附注的资产减值损失项目只有应收账款的减值损失,其他项目都没有提取减值准备。(0.25分)

指出:计价认定或"计价与分摊认定"可能有风险。(0.25分)

4. 公司变更折旧年限存在疑点:

疑点1:公司下属全资子公司内蒙古SUN光伏科技有限公司于2011年9月19日当天正式投产,按照会计准则从10月开始计提折旧,但计提折旧开始后不到2个月,公司2011年11月15日召开第四届董事会决定延长一倍的使用年限。

疑点2:公司延长折旧年限的理由是:多晶硅产业建设投入大、收益期长。但目前多晶硅价格下跌已经比较明显,国内多数多晶硅企业惨淡经营,企业开工率严重不足,部分已经被迫选择停产或半停产。而公司2011年9月19日多晶硅项目已有投产,但截至年底该项业务仍未产生收入,也可能存在开工率不足或半停产状态。由于没有产生收入，过高的折旧费用可能拖累业绩，影响管理层的业绩考评，因此公司延长折旧年限的动机和合理性存在疑问。

总体上看，固定资产的账面价值存在高估风险。

评分标准：（共1分）

指出：疑点1，间隔时间短。（0.25分）

指出：多晶硅行业和公司状况的背景。（0.25分）

指出：为未来提高业绩，或避免未来业绩下降。（0.25分）

指出：影响管理层业绩考评，影响管理层的股票期权实现。（0.25分）

（二）6.5分

1. 识别存货盘点中的缺陷及后果，并提出改进建议。（共4.5分）

缺陷1：盘点标签列出了存货明细账中的数量。（0.25分）

后果：盘点人员可能过分关注已记录在标签上的账存数，导致当已经盘点到"正确数"时就停止，可能低估实际存货的数量，账外资产不能被发现。（0.25分）

建议：盘点标签不应列出存货明细账中的数量，从而避免盘点人员对应该发现多少存货作出有偏向的预判。（0.25分）

缺陷2：盘点小组成员全部来自于仓储部门。（0.25分）

后果：由于该盘点人员本身负责管理或保管存货，由他们盘点将会导致其盗用存货的行为（监守自盗行为）被隐藏而不容易被发现。（0.25分）

建议：应该让不参与存货管理的其他部门员工（如会计人员）也参与存货的盘点，从而提高盘点的独立性，以免仓管人员掩盖存货保管中的舞弊行为。（0.25分）

缺陷3：盘点信息用铅笔记录在盘点标签上。（0.25分）

后果：在盘点后，盘点数据可能被修改而不易被发现。导致账上记录了错误的盘点数据。（0.25分）

建议：盘点数据应该用钢笔或其他不易擦除的笔书写。（0.25分）

缺陷4：没有列在预先连续编号的存货盘点标签中的存货，被记录在其他单独的存货盘点标签上。（0.25分）

后果：由于对这些单独的盘点标签没有进行总体的控制，没有和其他存货一样预先连续编号，因此可能导致这些盘点标签遗失。（0.25分）

建议：所有的盘点标签，包括那些额外的存货，都应该预先连续编号。（0.25分）

缺陷5：对于一个盘点人员盘点过的存货，缺乏另外一个人员或另外一组盘点人员的复盘。（0.25分）

后果：盘点的数据可能有误，或者盘点人员之前的舞弊可能被掩盖。（0.25分）

建议：对于一个盘点人员盘点后的存货，应该由小组另外一个人员或另外一组盘点人员进行复盘，以核实盘点的准确性。（0.25分）

缺陷6：会计人员C将盘盈盘亏直接就计入相应的费用账户。（0.25分）

后果：对于发现的盘盈盘亏没有相应的监督控制，没有查明原因，追究责任，不利于资产的安全。（0.25分）

建议：对于发现的盘盈盘亏，应该由更高层的管理人员查明原因，分清责任，经过授权处理后，会计人员才能根据准则的相关规定进行会计处理。（0.25分）

2. 由于在盘点过程中仍然存在存货流动，为了确保存货不会出现漏盘和重复盘点，注册会计师可以建议该子公司采取哪些程序或措施。（共2分）

（1）对盘点要给出明确的指令，任命一位独立的管理人员专门负责盘点的组织工作，该人员不负责存货的管理工作。（0.25分）

（2）在盘点之前，所有存放存货的场所应进行清理，存货有序摆放。所有的存货要清楚地标明品名、规格、型号等信息。（0.25分）

（3）在盘点后应做好标记，以示盘点过了，从而防止重复盘点。（0.25分）

（4）盘点人员应使用预先连续编号的盘点标签，在盘点完成后应清点盘点标签，确定是否有缺号（防止遗漏，防止已经盘点的存货没有被汇总）。（0.25分）

（5）每位盘点人员或盘点小组应预先确定好负责某一具体的或明确的盘点区域。每一区域要接受复盘。（0.25分）

（6）在盘点当日，应对所有收到或发出的存货进行单独的记录。例如：指出具体的收货单或发货单的号码。（0.25分）

（7）在盘点当天收到的存货应当单独摆放，直到盘点结束。（0.25分）

（8）在盘点当天要发出的商品应事先转移到一个单独的区域或者清晰地标明，以便他们在已按销售处理之后，不再被纳入存货盘点的范围。（0.25分）

（三）7.5分

1. 赊销过程的授权控制：（共4分）

（1）对于上述赊销控制，这里的控制偏差可能是哪些情况？（共1分）

偏差1：对新客户，信用部门员工A对没有满足设定赊销条件的也同意赊销，并授予了一定信用额度，将其计入客户信用情况主文件。（0.25分）

偏差2：对新客户，不是经过授权的信用部门员工A去进行信用审批。（0.25分）

偏差3：电脑系统出错或者客户信用情况主文件被修改，对没有在客户信用情况主文件中的客户也授权仓库发货。（0.25分）

偏差4：电脑系统出错或者客户信用情况主文件被修改，对客户信用情况主文件中存在的客户，超过信用额度部分的销售单也授权仓库发货。（0.25分）

（2）审计助理人员可以采取什么程序进行控制测试？（共1分）

程序1：检查新客户的信用审批单上是否有A的签字。（0.25分）

程序2：对于有A签字的信用审批单，根据AAA子公司规定的客户赊销条件，重新执行审批程序，确认A是否正确地执行信用审批。（0.25分）

程序3：检查系统生成的客户赊销授权文件，与电脑系统中的客户信用情况主文件进行比较，确认该客户在客户信用情况主文件中，并且没有超过其信用额度。（0.25分）

程序4：注册会计师利用虚拟的客户销售单（赊销），该客户不在客户信用情况主文件中，录入系统后，观察系统是否会对此生成授权文件，授权仓库发货。或者，该客户在客户信用情况主文件中，但本笔赊销已经超过客户信用额度，录入系统后，观察系统是否会对超过信用额度部分生成授权文件，授权仓库发货。（0.25分）

（3）审计项目组负责人正在对审计助理人员进行监督和复核，对上述（1）（3）这两种情况，如果你是项目负责人，你会提出哪些意见？（共0.5分）

意见1：在控制测试中不需要根据交易金额大小进行分层抽样测试。

控制测试仅关注是否执行规定的控制，而不关注执行或没有执行内控中交易的具体金额大小，也即：对于没有执行控制的交易，1元钱的一笔交易与1000元的一笔交易都只视为一个控制偏差。（0.25分）

意见2：是否控制偏差的判断有误，本处应为一项控制偏差。

在测试控制运行的有效性时,注册会计师应当从下列方面判断控制是否有效运行:a 控制在所审计期间的不同时点是如何运行的;b 控制是否得到一贯执行;c 控制由谁执行或以何种方式运行。

虽然本例中该赊销确实满足公司设定的赊销条件,并且购货单位也及时支付了货款,但该控制没有由经过授权的 A 员工来执行,因此仍是一项控制偏差。(0.25 分)

(4)(共 1.5 分)

由于全部 3 000 笔赊销交易中发现了 60 笔控制偏差,因此上年偏差率为 2%。

利用预计本年的总体偏差率 2%,可容忍偏差率 7%,可接受的信赖过度风险 10%,根据抽样规模表,可以确定控制测试样本规模为 75。(0.25 分)

由于最终发现 3 个偏差,根据偏差率上限表,样本 80 时偏差率上限为 8.2%,90 时偏差率上限为 7.3%,因此可以确定样本规模为 75 时的偏差率上限超过了可容忍偏差率 7%(0.25 分),因此,测试结果不能支持该项内部控制为高水平有效的结论(因此也就不支持注册会计师评估的重大错报风险水平)。(0.25 分)

结论对后续的审计测试的影响:

a. 提高重大错报风险的评估水平,并增加对赊销交易的实质性程序。(0.25 分)

b. 以样本规模为 75,发现 3 个偏差为基础计算得出预期总体偏差率 4%,重新查表,得出样本规模为 149,然后额外抽取 74 个个体(149－75),扩大控制测试范围,根据结果重新判断更新后的偏差率上限是否超过了可容忍偏差率 7%,是否支持该项内部控制为高水平有效的结论。(此处仅仅指出扩大控制测试范围给 0.25 分,完整给出具体数据给 0.5 分)

2. 销售费用中职工薪酬的实质性分析程序:(共 0.5 分)

注册会计师可以根据上年该销售部门的职工薪酬和员工人数,得出员工的 2010 年平均薪酬,然后,通过询问人事工资等部门,了解 2011 年工资标准调节信息,调整后得到 2011 年平均薪酬预期值,再乘以 2011 年员工人数,并对 2011 年的员工流动情况进行调整,从而得到 2011 年该销售部门员工薪酬的预期值,与 2011 年实际薪酬进行比较,得出差异,分析差异原因。

(本题目不要求列出具体算式,指出算式前的思路即可得分)

3. 应收账款的实质性测试(共 3 分)

(1)审计项目组负责人正在对其他审计人员进行监督和复核。对函证过程,如果你是项目负责人,你会对助理人员提出哪些意见?(共 0.75 分)

意见 1:函证对象的选择上有误。审计助理人员应该独立做出判断,不受被审计单位的干扰。考虑到西北客户涉及金额为 60 万元,金额较大。因此仍应考虑作为函证对象。(0.25 分)

意见 2:对客户代为编制的询证函的复核内容有误。审计助理人员不仅要核对金额,而且还要核对地址等其他信息,以防客户编写错误的地址,从而导致无法回函,进而只能采取证明力相对更低的其他证据。(0.25 分)

意见 3:对于询证函的寄出有误。由于函件放在该子公司的传达室,邮局工作人员第二日上午才会来收取邮件,这给被审计单位截取邮件进而修改或不寄出创造了机会。审计助理人员应将邮件投到被审计单位不能控制(打开)的邮局信箱,或直接交给邮局工作人员。(0.25 分)

(2)对于函证结果,除了该笔涉及纠纷的应收账款明细账之外,你是否接受 AAA 子公司的应收账款余额?(共 1.75 分)

根据函证结果推断总体错报金额:

三个层各自的错报:

80 万元以上的分层:60 000 元。(0.25 分)

5 万~80 万元的分层:

剔除非常偶然的外部异常因素造成的错报：71 000－28 000＝43 000(元)。(0.25 分)

用样本推断本层的非异常因素导致的错报：

$$43\ 000÷(6\ 047\ 600÷15\ 119\ 000)＝107\ 500(元)(0.25\ 分)$$

本层的错报汇总数：107 500＋28 000＝135 500(元)。(0.25 分)

5 万元以下的分层：

$$15\ 600÷(697\ 800÷3\ 489\ 000)＝78\ 000(元)(0.25\ 分)$$

根据全部样本，推断全部应收账款余额中汇总的错报：

$$60\ 000＋135\ 500＋78\ 000＝273\ 500(元)(0.25\ 分)$$

审计人员推断全部应收账款余额中汇总的错报 273 500 元，与之前应收账款的预计错报 280 000 元较为一致，远低于可容忍错报 684 000 元，因此可以认为应收账款账面余额发生的错报超过可容忍错报 684 000 元的风险很小。

因此，AAA 子公司应收账款余额 23 260 000 元可以接受。(0.25 分)

(3) 对于该笔涉及纠纷的应收账款明细账，审计助理人员需要注意什么问题？

审计人员要进一步就该项赊销款可收回性收集证据，在必要时要求被审计单位对该项应收账款计提坏账准备。(共 0.5 分)

三、财务会计 (25 分)

(一) 6 分

1. 天津节能公司和天津新能源公司均应纳入合并范围。(0.25 分)

理由：对于天津节能公司，本公司持有共 62％的股权，能够控制该公司，故该公司属于本公司的子公司，应纳入合并范围；对于天津新能源公司，本公司的子公司天津节能公司持有其 66％的股权，能够间接控制该公司，故该公司也属于本公司的子公司(孙公司)，也应纳入合并范围。(1 分)

2. 天津新能源公司应纳入合并范围，这一合并属于非同一控制下的企业合并。(0.25 分)

理由：本公司的控股子公司天津节能公司受让天津市金大地能源工程技术有限公司持有的天津新能源公司 66％的股权，双方在合并前不存在任何关联方关系，故这一合并属于非同一控制下的企业合并。(1 分)

长期股权投资的入账价值＝4 502 250.00(元)(0.5 分)

购买日应确认的商誉＝4 502 250.00－66％×4 446 236.77＝1 567 733.73(元)(1 分)

3. 2011 年度合并报表中与天津新能源公司有关的少数股东损益＝(1－66％)×[(－394 357.86)－(－124 108.16)]＝34％×(－270 249.70)＝－91 884.90(元)。(1 分)

2011 年度合并报表中与天津新能源公司有关的少数股东权益＝(1－66％)×4 175 987.07＝1 419 835.60(元)。(1 分)

(二) 11 分

(1) 会计处理不正确。(0.5 分)

理由：按照《CAS21—租赁》的规定，企业售后租回交易认定为经营租赁的，应当分情况处理：在确凿证据表明售后租回交易是按照公允价值达成的，售价与资产账面价值的差额计入当期损益。如果售后租回交易不是按照公允价值达成的，有关损益应于当期确认；但若该损失将由低于市价的未来租赁付款额补偿，应将其递延，并按与确认租金费用一致的方法分摊于预计的资产使用期限内；售价高于公允价值的，其高于公允价值的部分应予以递延，并在预计的资产使用期限内分

摊。(1分)

公允价值与账面价值的差额260万元(820−560),计入当期损益;售价与公允价值的差额120万元(940−820)应确认为递延收益,并在资产预计使用期限内摊销。(0.5分)

更正的会计分录为:

借:营业外收入 　　　　　　　　　　　　　　　　　　　　　　　1 200 000
　贷:递延收益 　　　　　　　　　　　　　　　　　　　　　1 200 000(0.5分)

借:递延收益(1 200 000÷3×6÷12) 　　　　　　　　　　　　　　　200 000
　贷:管理费用 　　　　　　　　　　　　　　　　　　　　　　200 000(0.5分)

(2) 会计处理不正确。(0.5分)

理由:按照《CAS13—或有事项》的规定,企业应当按照与重组有关的直接支出确定预计负债金额,计入当期损益。其中,直接支出是企业重组必须承担的直接支出,不包括留用职工岗前培训、市场推广、新系统和营销网络投入等支出。(1分)

更正的会计分录为:

借:预计负债(50 000+180 000) 　　　　　　　　　　　　　　　　230 000
　贷:管理费用 　　　　　　　　　　　　　　　　　　　　　230 000(1分)

(3) 会计处理不正确。(0.5分)

理由:按照《CAS13—或有事项》的规定,亏损合同产生的义务满足预计负债的确认条件,应当确认为预计负债。(1分)

若执行合同,发生损失=910−4 000×0.2=110(万元);

若不执行合同,则双倍返还定金损失160万元,同时按目前市场价格销售可获利240万元(1 150−910),所以不执行合同时,该产品可获利80万元(240−160)。

因此,甲公司应选择不执行合同方案,需要确认预计负债160万元。(0.5分)

更正的会计分录为:

借:营业外支出 　　　　　　　　　　　　　　　　　　　　　1 600 000
　贷:预计负债 　　　　　　　　　　　　　　　　　　　　1 600 000(0.5分)

(4) 会计处理不正确。(0.5分)

理由:按照《CAS4—固定资产》的规定,企业对于持有待售的固定资产,应当调整该项固定资产的预计净残值,使该项固定资产的预计净残值能够反映其公允价值减去处置费用后的金额,但不得超过符合持有待售条件时该项固定资产的原账面价值,原账面价值高于调整后预计净残值的差额,应作为资产减值损失计入当期损益。(1分)

该房产于2011年10月25日已满足持有待售固定资产的定义,因此应于当时即停止计提折旧,同时调整预计净残值至800万元。所以,2011年的折旧费用=(1 020−60)÷20×(10÷12)=40(万元);至签订销售合同时该资产的账面价值=1 020−48×(6÷12+3+10÷12)=1 020−208=812(万元),大于调整后的预计净残值800万元,应计提减值准备12万元(812−800)。(0.5分)

更正分录为:

借:累计折旧(480 000−400 000) 　　　　　　　　　　　　　　　80 000
　贷:管理费用 　　　　　　　　　　　　　　　　　　　　　80 000(0.5分)

借:资产减值损失 　　　　　　　　　　　　　　　　　　　　120 000
　贷:固定资产减值准备 　　　　　　　　　　　　　　　　120 000(0.5分)

(三) 5 分

1.

(1) 授予日是 2010 年 8 月 15 日。(0.25 分)

(2) 股票期权数量：$Q = Q_0 \times (1+n) = 1\,285 \times (1+1) = 2\,570$(万份)。(0.25 分)

(3)行权价格的调整

派息：$P = P_0 - V = 18.65 - 0.3 = 18.35$(元)。(0.25 分)

资本公积金转增股本：$P = P_0 \div (1+n) = 18.35 \div (1+1) = 9.18$(元)。(0.25 分)

经过本次调整,公司首期股票期权激励计划首次授予期权数量调整为 2 570 万份,行权价格调整为 9.18 元。

2. 2011 年该股权激励的相关会计分录：

母公司：

借：管理费用

　　长期股权投资

　　贷：资本公积——其他资本公积(0.5 分)

借：递延所得税资产

　　贷：资本公积——其他资本公积(0.5 分)

子公司：

借：管理费用

　　贷：资本公积——其他资本公积(0.5 分)

借：递延所得税资产

　　贷：资本公积——其他资本公积(0.5 分)

年末合并报表抵销分录：

借：资本公积——其他资本公积

　　贷：长期股权投资(0.5 分)

行权部分：

借：银行存款

　　贷：股本

　　　　资本公积——股本溢价(0.5 分)

借：资本公积——其他资本公积

　　贷：资本公积——股本溢价(0.5 分)

借：资本公积——其他资本公积

　　贷：递延所得税资产(0.5 分)

(四) 1.5 分

1. 该会计估计变更符合《企业会计准则》等相关会计规定。

理由：《企业会计准则》规定,为了能够更加真实、准确地反映公司的财务状况和经营成果,企业可根据所掌握的新的信息进行相关的会计估计变更。(0.25 分)

在报表附注中应对会计估计变更的内容和原因、变更对当期和未来期间的影响数及影响数不能确定的事实和原因进行披露。(0.25 分)

2. 该固定资产 2011 年 9 月建成试投产,折旧应从 10 月开始,按 10 年摊销,12 月 1 日,折旧年限变更为 20 年,因此 2011 年 10~11 月该固定资产折旧额是按 10 年摊销,12 月按 20 年。(1 分)

(五) 1.5 分

1. 从税收的影响角度考虑,企业应当成立分公司。

理由:设立子公司与分公司对本公司的税务影响不同。

(1) 成立子公司:子公司前两年的亏损,没法享受税收优惠,第三年的亏损可用第八年的利润来弥补,第四年的亏损可用第八年至第九年的利润弥补;第五年的亏损可用第八年—第十年的利润弥补,后面的亏损依次可用后续的连续五年的利润来弥补。(0.5 分)

(2) 成立分公司,由于企业所得税实行法人纳税制,所以总公司和分公司应当合并纳税,这样分公司的亏损在第一年、第二年都可以得到税前的扣除,可以得到纳税的好处,第三年至第七年的亏损,可在当年得到税前的扣除,可以得到延迟纳税的好处。(0.5 分)

2. 从本公司是上市公司的角度来看,公司会设立子公司。

理由:从本公司是上市公司来看,不仅考虑税收的影响还考虑净利润及所有者权益的影响。子公司向母公司报告企业成果只限于生产经营活动方面,而分公司则要向总公司报告全面情况;子公司是独立法人,其所得税计征独立进行。子公司可享受当地政府给其提供的包括免税期在内的税收优惠待遇;子公司利润汇回母公司要比分公司灵活得多,这等于母公司的投资所得、资本利得可以持留在子公司,或者可经选择税负较轻的时候汇回,得到额外的税收利益。(0.5 分)

四、财务管理 (20 分)

1. 10 分

(1) 参考答案:

王凯的评价方法应当具有以下假设前提:一是投资项目的风险与公司原有的风险相当;二是投资项目所需资金的筹资结构与公司原有的资本结构基本相同。(0.8 分)

评分标准:若只说明投资项目的加权平均资本成本与公司原有的加权平均资本成本相等,给 0.2 分。能说明"投资项目的可行性评价与项目的资金来源无关"的观点给 0.2 分。

卢燕的评价方法可以由 MM 理论解释,MM 理论认为:有负债企业的权益资本成本随着负债的变化而相应变化。为投资项目筹资,资本结构发生变化时,其加权平均资本成本也将发生变化。因此,项目可行性财务评价应当考虑项目所需资金的筹资方式,重新计算其加权平均资本成本,以此作为贴现率进行评价。(0.8 分)

评分标准:不一定要用 MM 理论来解释,只要能正确地说明由于投资项目筹资的资本结构与公司原有的资本结构不同,其加权平均资本成本也将发生变化,给 0.4 分。

(2) 参考答案:

2011 年年末权益资本的资本成本 $=5\%+10\%\times1.15=16.5\%$(0.8 分)

税后债务资本成本 $=6.02\%\times(1-25\%)=4.52\%$(0.4 分)

WACC $=(214\,845.04\times4.52\%+308\,797.86\times16.5\%)\div(214\,845.04+308\,797.86)$
$=11.58\%$(0.8 分)

(3) 参考答案:

① 无形资产(土地使用权)每年摊销 $3\,360\div30=112$(万元)。

按照直线法,新增固定资产的年折旧额为:

房屋、建筑物年折旧额 $=13\,980\times(1-10\%)\div30=419.4$(万元)

10年后房屋和土地的账面净值为：$(13\,980＋3\,360)－(112＋419.4)×10＝12\,026$（万元），若按照15\,000万元的价格出售，其收益为2\,974万元，该收益应抵减所得税743.5万元，为现金流出。

设备的年折旧额为：$16\,932×(1－5\%)÷10＝1\,608.54$（万元）；每年的折旧额和摊销额合计为2\,139.94万元。（0.8分）

② 投资项目各年的盈利和现金流量情况如下：（1分）

单位：万元

项目	2013年	2014年	2015—2022年（每年）
销售额	31\,071	72\,499	103\,570
变动性生产成本合计	22\,992.54	53\,649.26	76\,641.8
固定性生产成本合计	3\,800	3\,800	3\,800
变动性销售和管理费用	1\,896.38	4\,424.88	6\,321.26
固定性销售及管理费用	5\,000	5\,000	5\,000
营业税金及附加	138.3	322.7	461
折旧和摊销	2\,139.94	2\,139.94	2\,139.94
息税前利润	－4\,896.16	3\,162.22	9\,206
所得税	0	790.555	2\,301.5
净利润	－4\,896.16	2\,371.665	6\,904.5
净现金流量	－1\,532.18	4\,511.61	9\,044.44

这里需要考虑因第一年亏损引起的所得税的减少而增加的现金流量1\,224.04万元（$4\,896.16×0.25$）。

③ 投资项目的净现值：

$$NPV＝34\,839.62＋(9\,800＋15\,000＋16\,932×5\%－743.5)×0.2\,996－(34\,272＋9\,800×0.896\,2)$$
$$＝42\,301－43\,055＝－754（万元）（0.8分）$$

若完全按照 Excel 计算，结果是－764万元。

因此该项目不可行。（0.2分）

评分标准：结算结果与标准答案存在一定误差的仍给满分；由于前面的折旧摊销的计算错误导致现金流量或净现值计算错误的，而后面计算的方法正确，后面的计算给一半分。

（4）参考答案：

公司财务人员计算税前债务资本成本主要存在两个缺陷：

① 会计人员只考虑计入财务费用的利息费用，没有考虑资本化的利息，应当将资本化的利息费用也加以考虑。（0.6分）

② 如果公司在某一年度内有息负债增减比较频繁，计算税前债务资本成本应当考虑年度内各笔借款的借入和偿还的时间（持续期限）和每笔借款的利率加权平均计算。（0.6分）

③ 比较准确的计算公式如下：

$$K＝\frac{\sum 某笔借款的金额×该笔借款的持续时间×该笔借款的年利率}{\sum 某笔借款的金额×该笔借款的持续时间}（0.8分）$$

（5）参考答案：

① 该项目从第二年开始盈利,故第一年和第二年的利息额均为 686 万元(9 800×7‰＝686),第 3 至第 10 年的利息每年比上年减少 70 万元。(0.6 分)

② 投资项目历年的盈利现金股利计算如下:(1 分)

单位:万元

项目	2013 年	2014 年	2015 年	2016 年	2017 年
息税前利润	−4 896.16	3 162.22	9 206	9 206	9 206
减:利息费用	686	686	616	546	476
税前利润	−5 582.16	2 476.22	8 590	8 660	8 590
减:所得税	0	0	1 371.02	2 165	2 147.5
净利润	−5 582.16	2 476.22	7 218.98	6 495	6 442.5
偿还借款本金	0	1 000	1 000	1 000	1 000
分配现金股利	0	1 476.22	6 218.98	5 495	5 442.5
项目	2018	2019	2020	2021	2022
息税前利润	9 206	9 206	9 206	9 206	9 206
减:利息费用	406	336	266	196	126
税前利润	8 800	8 870	8 940	9 010	9 080
减:所得税	2 200	2 217.5	2 235	2 252.5	2 270
净利润	6 600	6 652.5	6 705	6 757.5	6 810
偿还借款本金	1 000	1 000	1 000	1 000	1 800
分配现金股利	5 600	5 652.5	5 705	5 757.5	5 010

2. 10 分

(1)

① 实体现金流量＝税后经营净利润−净投资＝15 386.16−(44 832.1−33 825.1)＝4 379(元)(1 分)

② 权益净利率＝净经营资产净利率＋(净经营资产净利率−税后利息率)×净财务杠杆

$$＝15 386.16÷44 832.1＋(15 386.16÷44 832.1−770.558 4÷15 353.1)×15 353.1÷44 832.1$$
$$＝49.579 7‰(0.5 分)$$

(2)

① 预计资产负债表(2012 至 2017 年):(1.5 分)

单位:万元

年份	基期	2012 年	2013 年	2014 年	2015 年	2016 年	2017 年
预测假设:							
增长率	16‰	16‰	14‰	12‰	10‰	9‰	8‰
销售收入	33 014	38 296	43 657	48 896	53 786	58 627	63 317
经营现金/销售收入	0.076 1	0.076 1	0.076 1	0.076 1	0.076 1	0.076 1	0.076 1
其他经营流动资产/销售收入	0.265 1	0.265 1	0.265 1	0.265 1	0.265 1	0.265 1	0.265 1
经营流动负债/销售收入	0.112 4	0.112 4	0.112 4	0.112 4	0.112 4	0.112 4	0.112 4
经营性长期资产/销售收入	1.131 5	1.1	1	0.9	0.9	0.9	0.9

（续表）

年份	基期	2012 年	2013 年	2014 年	2015 年	2016 年	2017 年
经营性长期负债/销售收入	0.002 3	0.002 3	0.002 3	0.002 3	0.002 3	0.002 3	0.002 3
短期债务/投资资本	0.082 9	0.1	0.15	0.15	0.15	0.15	0.15
长期债务/投资资本	0.259 5	0.3	0.3	0.3	0.3	0.3	0.3
项目							
经营性流动资产：							
货币资金	2 511.80	2 913.69	3 321.60	3 720.20	4 092.22	4 460.52	4 817.36
其他经营流动资产	8 751.90	10 152.20	11 573.51	12 962.33	14 258.57	15 541.84	16 785.19
经营性流动资产合计	11 263.70	13 065.89	14 895.12	16 682.53	18 350.78	20 002.35	31 602.54
经营性流动负债	3 710.80	4 304.53	4 907.16	5 496.02	6 045.62	6 589.73	7 116.91
经营性流动负债合计	3 710.80	4 304.53	4 907.16	5 496.02	6 045.62	6 589.73	7 116.91
经营营运资本	7 552.90	8 761.36	9 987.95	11 186.51	12 305.16	13 412.62	14 485.63
经营性非流动资产：							
经营性长期资产	37 356.00	42 125.61	43 657.45	44 006.71	48 407.38	52 764.04	56 985.17
经营性非流动资产合计	37 356.00	42 125.61	43 657.45	44 006.71	48 407.38	52 764.04	56 985.17
经营性非流动负债	76.8	89.09	101.56	113.75	125.12	136.38	147.29
经营性非流动负债合计	76.8	89.09	101.56	113.75	125.12	136.38	147.29
净经营性长期资产	37 279.20	42 036.52	43 555.89	43 892.96	48 282.26	52 627.66	56 837.87
净经营资产总计	44 832.10	50 797.88	53 543.84	55 079.47	60 587.42	66 040.29	71 323.51
金融负债							
短期债务	3 717.30	5 079.79	8 031.58	8 261.92	9 088.11	9 906.04	10 698.53
长期债务	11 635.80	15 239.37	16 063.15	16 523.84	18 176.23	19 812.09	21 397.05
金融负债合计	15 353.10	20 319.15	24 094.73	24 785.76	27 264.34	29 718.13	32 095.58
金融资产							
金融资产合计	0	0	0	0	0	0	0
净负债	15 353.10	20 319.15	24 094.73	24 785.76	27 264.34	29 718.13	32 095.58
股东权益：							
股本	4 837.80	4 837.80	4 837.80	4 837.80	4 837.80	4 837.80	4 837.80
资本公积	8 819.00	8 819.00	8 819.00	8 819.00	8 819.00	8 819.00	8 819.00
年初留存收益	12 386.30	15 822.20	16 821.93	15 792.31	16 636.91	19 666.28	22 665.36
本年利润	14 615.60	16 340.98	18 630.37	20 971.63	23 068.79	25 144.98	27 156.58
支付股利	11 179.70	15 341.25	19 659.98	20 127.03	20 039.42	22 145.90	24 250.80
年末留存收益	15 822.20	16 821.93	15 792.31	16 636.91	19 666.28	22 665.36	25 571.13
股东权益合计	29 479.00	30 478.73	29 449.11	30 293.71	33 323.08	36 322.16	39 227.93
净负债及股东权益总计	44 832.10	50 797.88	53 543.84	55 079.47	60 587.42	66 040.29	71 323.51

② 预计利润表（2012 至 2017 年）：(1.5 分)

单位:万元

项目	基期	2012 年	2013 年	2014 年	2015 年	2016 年	2017 年
预测假设							
增长率	16%	16%	14%	12%	10%	9%	8%
销售成本/销售收入	0.395 7	0.395 7	0.395 7	0.395 7	0.395 7	0.395 7	0.395 7
销售费用/销售收入	0.017 7	0.017 7	0.017 7	0.017 7	0.017 7	0.017 7	0.017 7
管理费用/销售收入	0.024 7	0.024 7	0.024 7	0.024 7	0.024 7	0.024 7	0.024 7
投资收益/销售收入	0.009 8	0.009 8	0.009 8	0.009 8	0.009 8	0.009 8	0.009 8
短期债务利率%	4	4	4	4	4	4	4
长期债务利率%	7	7	7	7	7	7	7
平均所得税税率%	20	20	20	20	20	20	20
营业税金/销售收入	0.005 2	0.005 2	0.005 2	0.005 2	0.005 2	0.005 2	0.005 2
经营损益							
一、营业收入	33 013.80	38 296.01	43 657.45	48 896.34	53 785.98	58 626.72	63 316.85
减:营业成本	13 062.80	15 152.85	17 274.25	19 347.16	21 281.87	23 197.24	25 053.02
营业税金及附加	170.6	197.9	225.6	252.67	277.94	302.96	327.19
销售费用	585.6	679.3	774.4	867.33	954.06	1 039.92	1 123.12
管理费用	815.3	945.75	1 078.15	1 207.53	1 328.28	1 447.83	1 563.66
加:投资收益	324.1	375.96	428.59	480.02	528.02	575.54	621.59
二、营业利润	18 703.60	21 696.18	24 733.64	27 701.68	30 471.85	33 214.31	35 871.46
加:营业外收入	579.1	0	0	0	0	0	0
减:营业外支出	50	0	0	0	0	0	0
三、税前经营利润	19 232.70	21 696.18	24 733.64	27 701.68	30 471.85	33 214.31	35 871.46
减:经营所得税费用	3 846.54	4 339.24	4 946.73	5 540.34	6 094.37	6 642.86	7 174.29
四、经营净利润	15 386.16	17 356.94	19 786.91	22 161.34	24 377.48	26 571.45	28 697.17
金融损益							
五、利息费用							
短期借款利息	148.69	203.19	321.26	330.48	363.52	396.24	427.94
长期借款利息	814.51	1 066.76	1 124.42	1 156.67	1 272.34	1 386.85	1 497.79
利息费用合计	963.2	1 269.95	1 445.68	1 487.15	1 635.86	1 783.09	1 925.73
减:利息费用抵税	192.64	253.99	289.14	297.43	327.17	356.62	385.15
六、税后利息费用	770.56	1 015.96	1 156.55	1 189.72	1 308.69	1 426.47	1 540.59
七、净利润	14 615.60	16 340.98	18 630.37	20 971.63	23 068.79	25 144.98	27 156.58

③ 预计现金流量表(2012 至 2017 年):(1.5 分)

单位:万元

年份	2012 年	2013 年	2014 年	2015 年	2016 年	2017 年
经营活动现金流量:						
税后经营净利润	17 356.94	19 786.91	22 161.34	24 377.48	26 571.45	28 697.17
加:折旧与摊销	2 527.54	2 619.45	2 640.40	2 904.44	3 165.84	3 419.11
营业现金毛流量	17 356.94	19 786.91	22 161.34	24 377.48	26 571.45	28 697.17

（续表）

年份	2012 年	2013 年	2014 年	2015 年	2016 年	2017 年
减：经营营运资本增加	1 208.46	1 226.59	1 198.55	1 118.65	1 107.46	1 073.01
营业现金净流量	16 148.48	18 560.32	20 962.79	23 258.83	25 463.98	27 624.16
减：净经营性长期资产增加	4 757.32	1 519.37	337.07	4 389.30	4 345.40	4 210.21
折旧与摊销	2 527.54	2 619.45	2 640.40	2 904.44	3 165.84	3 419.11
实体现金流量	11 391.16	17 040.95	20 625.72	18 869.53	21 118.58	23 413.94
金融活动现金流量：						
税后利息费用	1 015.96	1 156.55	1 189.72	1 308.69	1 426.47	1 540.59
减：净负债增加	4 966.05	3 775.58	691.03	2 478.58	2 453.79	2 377.45
债务现金流量	−3 950.10	−2 619.03	498.68	−1 169.89	−1 027.32	−836.86
股利分配	15 341.25	19 659.98	20 127.03	20 039.42	22 145.90	24 250.80
减：股权资本净增加	0	0	0	0	0	0
股权现金流量	15 341.25	19 659.98	20 127.03	20 039.42	22 145.90	24 250.80
融资现金流量	11 391.16	17 040.95	20 625.72	18 869.53	21 118.58	23 413.94

（3）根据上述预计现金流量表，利用 Excel 的函数功能，计算得：（2 分）

2017 年之后符合可持续增长条件，因此实际增长率等于可持续增长率。

① 可持续增长率＝8%（Excel 表计算）。

② 预测期实体现金流量的现值＝67 763.38（万元）。

③ 后续期实体现金流量的终值＝361 243.68（万元）。

④ 后续期实体现金流量的现值＝156 175.61（万元）。

⑤ 公司实体价值＝223 938.99（万元）。

⑥ 公司债务价值＝15 353.1（万元）。

⑦ 公司股权价值＝208 585.89＝208 586（万元）。

⑧ 公司收购的股权比例＝60 093÷208 586＝28.81%。

从持股数量分析，此次收购未能达到控股水平。

（4）若再次收购采用借款筹资，则还需收购 26.19% 的股权，按 2011 年年末 HZ 股权价值计算，尚需收购资金＝208 586×26.19%＝54 629（万元）。（0.2 分）

① SUNHJ 公司当前的资产负债率＝443 455÷752 252×100%＝58.95%，借款后的资产负债率将达到＝（443 455＋54 629）÷（752 252＋54 629）×100%＝498 084÷806 881×100%＝61.73%，显然，SUN 公司资产负债率在已经偏高的情况下将进一步提高，财务风险将进一步加大。（0.4 分）

② 根据 HZ 公司的管理用权益净利率指标分析，其经营资产净利率（2011 年）达到 40.24%，可以获得明显的财务杠杆利益。（0.4 分）

（5）其他的融资方式还有公开发行股份、债券（包括可转换债券等）、权证等。（1 分）

五、答案及评分标准（成本管理会计　20 分）

（一）　13 分

1. 产量基础成本法下制造费用分配率：

制造费用分配率＝8 000 000÷（36 000＋4 000）＝200（元/小时）

LINK1单位成本应分配制造费用＝（200×36 000）÷10 000＝720（元）

LINK2单位成本应分配制造费用＝（200×4 000）÷5 000＝160（元）

LINK1单位成本＝100＋240＋720＝1 060（元）

LINK2单位成本＝160＋280＋160＝600（元）（1分）

2. 作业成本计算法下LINK1、LINK2应分配的制造费用及单位成本

作业中心	作业动因分配率	LINK1		LINK2		作业成本合计
		作业动因量	作业成本（元）	作业动因量	作业成本（元）	
开料	500 000/500＝1 000	300	300 000	200	200 000	500 000
机加工	700 000/2 000＝350	1 400	490 000	600	210 000	700 000
剪切冲压	1 400 000/1 400＝1 000	1 000	1 000 000	400	400 000	1 400 000
数字机床切割	4 300 000/430＝10 000	230	2 300 000	200	2 000 000	4 300 000
除锈涂漆	2 400 000/1 200＝2 000	800	1 600 000	400	800 000	2 400 000
生产协调	500 000/500＝1 000	300	300 000	200	200 000	500 000
合计			5 990 000		3 810 000	9 800 000
产量（件）		10 000		5 000		

LINK1单位成本应分配制造费用＝5 990 000÷10 000＝599（元）

LINK2单位成本应分配制造费用＝3 810 000÷5 000＝762（元）

LINK1单位成本＝240＋599＝839（元）

LINK2单位成本＝280＋762＝1 042（元）（3分）

3. 原因就在于两种方法在间接费用的归集和分配方法和分配基础的选择上存在较大差别。（1分）

在产量基础成本计算法下，是以数量为基础来分配制造费用，而且一般是以工时这一单一标准对所有产品分配制造费用，制造费用与分配基础缺乏因果关系或相关关系。而作业成本法经过作业分析，划分作业中心，针对不同的作业中心性质不同选择相应具有因果关系或相关性最强的作业动因，以作业动因量为基础来分配制造费用，使成本计算准确性大大提高。（1分）

4. 应对未来可能的反倾销调查，从成本管理的视角，就是提高成本计算的科学性和准确性，避免"成本转移"或"成本补贴"。（1分）

上述SUN禾田有限责任公司作业成本系统不足表现在：虽然通过制冷配件事业部作业中心划分，对制造费用进行重新分配，提高了成本计算准确性。但作业中心划分和制造费用分配只局限于制冷配件事业部，没有将职能部门和辅助生产部门纳入作业成本系统，是一个不完整的作业成本系统。（1分）

进一步完善的建议和理由：技术研究中心、物流管理部、质检部、生产管理部、设备维修部等职能部门和辅助生产部门都是间接为产品生产提供服务，需要纳入作业成本系统。技术研究中心可以划分为工艺研究、产品设计两个作业中心，均可采用产品品种数量为作业动因；物流管理部可以划分为采购、仓管两个作业中心，分别采用订单数量、面积比例为作业动因；质检部、生产管理部、设备维修部可以分别采用检验时间、生产计划指令数、维修工时。（1分）

质检部是不增值作业，"质量是生产出来的，不是检验出来的"。质量检验不增加产品价值和顾客效用。质检部作为不增值作业，通过在生产过程建立全面质量管理体系，减少直至消除质检作业。（1分）

5. SUN禾田有限责任公司内部业务单元业绩评价思路：作业中心（班组）、车间、生产线等基本生产业务单元以可控成本为评价标准，辅助部门和职能部门以预算费用或非财务指标为评价标

准,预算费用需采用零基预算方法确定。(1分)

内部单元业绩评价指标体系

作业中心	评价指标	评价对象	车间	评价指标	评价对象	生产线	评价指标	评价对象
开料	可控单位成本(单位材料＋单位人工＋单位能耗)	班组成员	机加工	车间单位成本(可控单位成本＋单位车间管理费用)	车间主任	制冷配件生产线	生产线单位成本(车间单位成本＋单位生产线管理费用)	生产线经理
机加工								
冲压			冲压					
数据机床切割								
除锈涂漆			涂装					
生产协调	预算费用	车间主任						

工艺研究	每万元经费的生产工艺数量	班组成员	技术研究中心	每万元经费的专利数量	负责人			
产品设计	每万元经费的产品设计数量	班组成员						
采购	预算费用	班组成员	物流管理部	预算费用	负责人			
仓管	预算费用	班组成员						
		质检部	预算费用	负责人				
		设备维修部	预算费用	负责人				
		营销部	市场占有率	负责人				
		人力资源部	预算费用	负责人				
		财务管理部	预算费用	负责人				
		总裁办公室	预算费用	负责人				

(2分;上、下部分各1分。)

(二) 7分

1. (2分)

2013年度乙材料的采购预算

项目	第一季度	第二季度	第三季度	第四季度	全年
预计产量(件)	3 000	4 000	4 000	3 600	14 600
单位产品材料用量(m/件)	*	*	*	6	*
生产需要量(m)	18 000	24 000	24 000	21 600	87 600
加:期末结存量(m)	4 500	5 000	4 000	5 000	5 000
预计需要量合计(m)	22 500	29 000	28 000	26 600	92 600
减:期初结存量(m)	5 000	4 500	5 000	4 000	5 000
预计材料采购量(m)	17 500	24 500	23 000	22 600	87 600
材料计划单价(元/m)	*	*	20	*	*
预计采购金额(元)	350 000	490 000	460 000	452 000	1 752 000

2013 年度丙材料的采购预算

项目	第一季度	第二季度	第三季度	第四季度	全年
预计产量(件)	3 000	4 000	4 000	3 600	14 600
单位产品材料用量(Kg/件)	*	*	10	*	*
生产需要量(Kg)	30 000	40 000	40 000	36 000	146 000
加:期末结存量(Kg)	2 800	2 700	2 900	3 000	3 000
预计需要量合计(Kg)	32 800	42 700	42 900	39 000	149 000
减:期初结存量(Kg)	2 000	2 800	2 700	2 900	2 000
预计材料采购量(Kg)	30 800	39 900	40 200	36 100	147 000
材料计划单价(元/Kg)	*	10	*	*	*
预计采购金额(元)	308 000	399 000	402 000	361 000	1 470 000

2. (1分)

第一季度采购现金支出＝(350 000＋308 000)×60％＋182 000＝576 800(元);

第二季度采购现金支出＝(490 000＋399 000)×60％＋(350 000＋308 000)×40％
＝796 600(元);

第三季度采购现金支出＝(460 000＋402 000)×60％＋(490 000＋399 000)×40％
＝872 800(元);

第四季度采购现金支出＝(452 000＋361 000)×60％＋(460 000＋402 000)×40％
＝832 600(元);

第四季度末应付账款＝(452 000＋361 000)×40％＝325 200(元)。

3. (1分)

乙材料实际单价＝25 元/m,实际产量的实际耗用量＝16 000 m;

标准单价＝20 元/m,实际产量的标准耗用量＝2 800×6＝16 800 m;

甲产品耗用乙材料的成本差异＝16 000×25－16 800×20＝64 000(元);

甲产品耗用乙材料的价格差异＝(25－20)×16 000＝80 000(元);

甲产品耗用乙材料的数量差异＝20×(16 000－16 800)＝－16 000(元)。

丙材料实际单价＝9 元/kg,实际产量的实际耗用量＝30 400 kg;

标准单价＝10 元/m,实际产量的标准耗用量＝2 800×10＝28 000 m;

甲产品耗用丙材料的成本差异＝30 400×9－28 000×10＝－6 400(元);

甲产品耗用丙材料的价格差异＝(9－10)×30 400＝－30 400(元);

甲产品耗用丙材料的数量差异＝10×(30 400－28 000)＝24 000(元)。

4. (1分)

乙材料成本差异的主要原因是采购价格高于标准价格,而生产过程耗用量降低;丙材料成本差异的主要原因是生产过程耗用量超支,而采购过程中采购价格低于标准价格。

SUNJX 有限公司降低材料消耗量的主要措施:采购部门负责调查形成乙材料价格差异的原因,加强乙材料采购管理,降低乙材料采购价格;生产管理部门负责分析形成丙材料数量差异的原因,加强丙材料生产过程耗用量管理,降低丙材料生产耗用量。

5. （2分）

因为：盈亏点销售量＝固定成本÷（单价－单位变动成本）；

所以：2012年固定成本＝4 000×（500－250）＝1 000 000（元）。

因为：固定成本＝销量×（单位成本－单位变动成本）；

所以：1 000 000＝2012年销量×（300－250）。

2012年销量＝20 000（件）；

2012年利润＝20 000×（500－250）－1 000 000＝4 000 000（元）；

2013年预计利润＝4 000 000×（1＋20％）＝4 800 000（元）。

因为：2013年预计利润＝销售量×（单价－单位变动成本）－固定成本；

所以：4 800 000＝20 000×（1＋16％）×（单价－250）－1 000 000。

2013年销售单价＝500（元/件）。

"天平杯"浙江省第十三届大学生
财会信息化竞赛决赛试题及参考答案
（本科组）

审计(一)(10分)

Dragon 控股(集团)2015 年年末应收账款数据如下:

2015 年年末应收账款　　　　　　　　　　　单位:万元

项目	期末余额	期初余额
应收账款	40 225 852.47	26 354 641.60

公司 2014 年期末余额与 2013 年期末余额基本持平,2015 年公司的销售信用政策也未发生变化,假如不考虑其他因素,从合理怀疑的角度出发:

(1) 请简要分析财务报表认定层次可能存在的重大错报风险,并指出所影响的财务报表项目和认定。

(2) 请设计三种可以进一步采用的实质性程序。

参考答案:

(1) 应收账款 2015 年增长:(40 225 852.47－26 354 641.6)÷26 354 641.6＝52.63%,相较去年增长较快,但公司销售信用政策不变,应收账款的过快增长可能存在应收账款被高估的风险,影响的财务报表项目和认定是应收账款的存在认定。(4分)

(2) 针对应收账款存在认定可以实施的实质性程序包括(但不限于):(6分,答对三点即可得满分)

① 对应收账款项目实施函证程序。

② 检查应收账款的期后收款情况。

③ 实施如下分析程序:

a. 复核应收账款借方累计发生额与营业收入是否合理,并将当期应收账款借方发生额占销售收入净额的百分比与管理层考核指标及相关赊销政策相比较,如存在异常应查明原因;

b. 计算应收账款周转率、应收账款周转天数等指标,并与公司相关赊销政策、以前年度指标、同行业同期相关指标进行对比分析,检查是否存在重大异常。

审计(二)(10分)

Dragon 控股(集团)2015 年年末部分项目数据摘录如下:

2015 年年末部分项目数据　　　　　　　　　　　单位:元

项目	期末余额	期初余额
应付账款	39 978 182.79	31 002 256.54
存货	69 696 104.31	63 265 716.17

假定应付账款与存货之间存在直接对应关系,以前年度的增长基本保持同步,且两个项目 2013 年期末余额与 2014 年基本持平。公司 2015 年存货计提减值准备较多,应付账款项目经审计不存在重大错报风险,不考虑其他因素,从合理怀疑的角度出发:

(1) 简要分析财务报表认定层次可能存在的重大错报风险,指出所影响的财务报表项目和认定。

(2) 请设计三种可以进一步采用的实质性程序。

参考答案:

(1) 应付账款 2015 年度增长了(39 978 182.79－31 002 256.54)÷31 002 256.54＝28.95%,

而存货 2015 年度增长了(69 696 104.31−63 265 716.17)÷63 265 716.17=10.16%,低于应付账款的增长速度。因为应付账款与存货之间存在直接对应关系,以前年度的增长基本保持同步,同时存货当期计提较多减值准备,而报表项目是以抵减减值准备后的数据填列的,因此可以合理怀疑存货是否存在多计提减值准备的情况,影响的财务报表项目和认定是存货的计价和分摊。(4 分)

(2) 针对存货的计价和分摊认定(本题的情况多推测为多计减值准备)可以实施的实质性程序包括(但不限于):(6 分,答对三点即可得满分)

① 实施存货计价测试,包括检查前后各期是否一致、计价方法是否正确、收发计价方法是否准确等。

② 根据成本与可变现净值孰低的计价方法,检查计提存货跌价准备所依据的资料、假设及方法,考虑可变现净值的确定原则,评估存货跌价准备计提的合理性。

③ 检查存货的期后销售情况,确定其期后售价是否低于成本。

④ 年末实施存货监盘程序,并观察存货的状态。

⑤ 检查减值准备计提是否合理,关注其会计处理是否正确。

会计(一)(10 分)

为了降低技术泄密和人才流失的风险,Dragon 公司拟实施员工持股计划,以增强职工与公司利益的一致性,稳定人才队伍,公司董事会在讨论采用权益结算的股份支付还是采用现金结算的股份支付时产生意见分歧,请简述这两种股份支付类型在授予日、等待期内各个资产负债表日、可行权日之后的会计处理原则。(不考虑立即可行权的股份支付。)

参考答案:

(1) 授予日:(2 分)

在授予日不作会计处理。

(2) 等待期内每个资产负债表日:(4 分)

企业应当在等待期内的每个资产负债表日,将取得职工或其他方提供的服务计入成本费用,同时确认所有者权益或负债。

① 对于权益结算的涉及职工的股份支付,应当按照授予日权益工具的公允价值计入成本费用和资本公积(其他资本公积),不确认其后续公允价值变动。

借:管理费用等
　贷:资本公积——其他资本公积

② 对于现金结算的涉及职工的股份支付,应当按照每个资产负债表日权益工具的公允价值重新计量,确定成本费用和应付职工薪酬。

借:管理费用等
　贷:应付职工薪酬

(3) 可行权日之后:(4 分)

① 对于权益结算的股份支付,在可行权日之后不再对已确认的成本费用和所有者权益总额进行调整。

② 对于现金结算的股份支付,企业在可行权日之后不再确认成本费用,负债(应付职工薪酬)公允价值的变动应当计入当期损益(公允价值变动损益)。

借:公允价值变动损益
　贷:应付职工薪酬

或作相反会计分录。

会计(二)(10分)

为了降低技术泄密和人才流失的风险,Dragon 公司对子公司的关键性技术人才实施持股计划,以稳定人才队伍,请回答:Dragon 公司作为结算企业,对子公司关键性技术人才实施股份支付时,采用自身权益工具和非自身权益工具结算,这两种方式下(子公司没有结算义务)母子公司双方在等待期内的会计处理及合并报表中的抵消分录。

参考答案:

(1) Dragon 控股公司作为结算企业,对子公司的关键性技术人才实施股权支付且子公司作为接受服务的企业没有结算义务,如果授予的是其本身权益工具,则按照权益结算股份支付计量原则确认资本公积,同时确认对子公司的长期股权投资,子公司按照权益结算股份支付计量原则进行会计处理,等待期内的会计处理:(4分)

① 结算企业(母公司):

借:长期股权投资
　　贷:资本公积——其他资本公积(按权益结算股份支付计量原则确认资本公积)

② 接受服务企业(子公司):

借:管理费用等
　　贷:资本公积——其他资本公积(按权益结算股份支付计量原则确认资本公积)

③ 合并财务报表中应编制如下抵销分录:

借:资本公积
　　贷:长期股权投资

(2) 如果授予的不是以母公司本身权益工具结算且子公司作为接受服务的企业没有结算义务,等待期内母公司按照现金结算股份支付计量原则确认应付职工薪酬,同时确认对子公司的长期股权投资,子公司按照权益结算股份支付计量原则进行会计处理,等待期内的会计处理:(4分)

① 结算企业(母公司):

借:长期股权投资
　　贷:应付职工薪酬(按现金结算股份支付计量原则确认应付职工薪酬)

② 接受服务企业(子公司):

借:管理费用等
　　贷:资本公积——其他资本公积(按权益结算股份支付计量原则确认资本公积)

③ (2分)合并财务报表中应编制如下抵销分录:

借:资本公积
　　管理费用等(差额,也可能在贷方)
　　贷:长期股权投资

财管(一)(10分)

近几年,美容和婴儿产品市场发展迅猛,且前景广阔。2015 年 Dragon 控股公司成功开发新产品"纯天然水刺无纺布",专门投资成立富阳皓佳卫生材料有限公司(以下简称"富阳皓佳"),正式进军美容和婴儿产品市场。但目前美容产品和婴儿产品尚处于推广期,产品知名度和认可度较低,每月销量低,市场占有率低,需要公司在市场开拓方面投入大量资金。

请回答:

(1) 根据优序融资理论,简述企业一般的融资途径。

(2) 若公司拟通过发行可转换公司债券进行筹资,简述相比较普通债券和普通股而言,可转换公司债券的优缺点(不考虑发行可转换公司债券的条件要求)。

参考答案:

(1) 根据优序融资理论,当企业存在融资需求时,一般会首先选择内源融资(动用留存收益、资产变现等),其次会选择债务融资(银行借款、发行债券等),最后选择股权融资(发行股票等)。(3分)

(2) 可转换公司债券的优点:(3分)

① 相比普通债券,公司能够以较低的利率取得资金,降低了公司的筹资成本。

② 相较于普通股,公司取得了以高于当前股价出售普通股的可能性,有利于稳定公司股票价格。

可转换公司债券的缺点:(4分)

① 股价上涨风险。公司只能以较低的固定转换价格换出股票,会降低公司的股权筹资额。

② 股价低迷风险。发行可转换债券后,如果股价没有达到转股所需要的水平,可转换债券持有者没有如期转换普通股,则公司只能继续承担债务。在订有回售条款的情况下,公司短期内集中偿还债务的压力会更明显。

③ 筹资成本高于纯债券。尽管可转换债券的票面利率比纯债券低,但是加入转股成本之后的总筹资成本比纯债券要高。

财管(二) (10分)

西子传媒公司近几年连续稳定盈利,风险与市场总体风险趋同,但出于风险考虑,为了能够合理确定西子传媒公司的收购价格,Dragon 公司拟采用相对价值评估方法进行再次评估,请回答:

(1) 三种常用的股权市价比率模型及其适用范围。

(2) 假设西子传媒公司的四大业务板块中,以传媒内容、投资管理、互联网新媒体三类为主,公司主要支出是媒体渠道、创意实现、人才费用三大项目,各年度成本变化较大,请判断适用于西子传媒公司的模型,并说明理由。

参考答案:

(1) 常用的股权市价比率模型包括:(6分)

① 市价/净收益比率模型(市盈率模型),以可比企业平均市盈率×目标企业盈利作为目标企业股权价值,适合评估连续盈利,并且 β 值接近于 1 的企业。

② 市价/净资产比率模型(市净率模型),以可比企业平均市净率×目标企业净资产作为目标企业股权价值,适用于需要拥有大量资产、净资产为正值的企业。

③ 市价/收入比率模型(市销率模型),以可比企业平均市销率×目标企业的销售收入作为目标企业股权价值,主要适用于销售成本率较低的服务类企业,或者销售成本率趋同的传统行业的企业。

(2) 西子传媒公司适用于市盈率模型,因为西子传媒公司近几年连续盈利,且风险与市场总体风险趋同,可以推测其 β 值接近于 1。西子传媒的三类主要业务——传媒内容、投资管理、互联网新媒体,属于新兴行业,资金的主要投向是媒体渠道、创意实现、人才费用,并不会形成大量资产,因此不适合市净率模型。同时,因为公司各年度成本变化较大,而成本是影响企业现金流量和价值的重要因素之一,不容忽视,因此也不适合市销率模型。(4分)

"天平杯"浙江省大学生财会信息化竞赛

高职高专组试题及参考答案

"天平杯"浙江省第十三届大学生财会信息化竞赛试题(高职高专组)

第一部分 会 计

第一题(20分)

江 A 股份有限公司(以下简称"江 A 公司")是一家以生产家电产品为主营业务的生产型企业,所得税税率为 25%,增值税税率为 17%。除了题目有明确标明外,其销售价格或销售收入不含应向购买者收取的增值税额。已销产品采用实际成本计价,随时结转销售成本,已销产品均未计提存货跌价准备。江 A 公司 2015 年度内发生下列交易或事项:

(1) 本期正常销售产品 5 000 万元,实际成本为 3 200 万元,款项尚有 40% 未收到。销售的产品均提供为期一年的售后担保。根据以往经验,预计维修费用总额 10 万元。全年未实际发生维修费用。

(2) 本年度发生一批销售退货,退回的是 2014 年售出的产品,销售价款为 100 万元,成本为 64 万元,公司已付清退回产品的价款及税款。该批产品退回时,公司 2014 年度财务报告已报出。假定退货产品及增值税专用发票江 A 公司都已收到。

(3) 江 A 公司开设了网上商店,顾客可以在网上订货购物,预交全额货款,江 A 公司在收到货款后发出商品。同时规定,在特定区域范围内免费送货,超出特定区域将根据距离远近收取送货费,收取的送货费用单独核算,适用增值税税率 11%。2015 年江 A 公司收取货款 3 510 万元(含增值税),已经发出货物 3 159 万元,完成发货量 90%,已售产品成本 1 700 万元。另外,收取送货费 22.2 万元(含增值税),其中已经完成送货量 90%。2015 年支付给物流公司送货费 38 万元及税款 4.18 万元,其中:免费送货部分发生的送货费 28 万元,超出免费区域的送货费 10 万元,收到物流公司开具的增值税发票。

(4) 2015 年国庆及店庆期间江 A 公司品牌直销店推出买一送一的促销活动,购买一件大家电赠送一件小家电,共取得含税收入 491.4 万元,销售的大家电成本共计 270 万元,赠送的小家电含税售价共计 40 万元,成本 24 万元。

(5) 2015 年 9 月 1 日,江 A 公司向江 B 公司销售一批老式家电产品,开出的增值税专用发票上注明的销售价款为 110 万元,增值税额为 18.7 万元。该批商品成本为 75 万元;商品已经发出,款项已经收到。协议约定,江 A 公司应于次年 9 月 1 日将所售商品按原售价购回。

(6) 江 A 公司于 2015 年 12 月 10 日与批发商江 C 公司签订协议,江 C 公司购入江 A 公司家电一批,协议价格为 400 万元(不含增值税),现金折扣条件为(2/10,n/20);假如江 C 公司放弃现金折扣,江 C 公司可以将收款期延长 1 年,但销售价格将变更为 425 万元。江 A 公司于当日发出货物,成本为 260 万元。江 A 公司到年末未收到江 C 公司的货款,江 C 公司通知将在 1 年到期时支付货款。

(7) 江 A 公司应收江 D 公司货款的账面余额 280 万元,由于江 D 公司财务困难,无法偿还应付账款。经双方协商同意,江 D 公司偿还现款 50 万元,其余以江 D 公司普通股 100 万股抵偿该项债务,股票每股市价 2 元,每股面值 1 元。江 A 公司已对该项应收账款计提坏账准备 14 万元。

(8) 江 A 公司出售一项商标权,取得不含税转让费 220 万元,适用增值税税率 6%,不考虑其他税费。该商标权成本 290 万元,出售时已摊销额为 80 万元,已计提的减值准备 20 万元。

(9) 9 月 12 日,江 A 公司购入江 E 公司股票,支付价款 500 万元,交易费用 1 万元,该股票作为交易性金融资产核算。12 月 31 日,该股票的公允价值为 520 万元。

(10) 10 月 1 日,江 A 公司以 510 万元购入当日发行的一项 3 年期到期还本付息国债,其票面金额为 500 万元,票面利率为 5%,实际利率为 4%。江 A 公司将该国债作为持有至到期投资核算,每年年末计提利息。

(11) 本年度结转出售固定资产净收益 60 万元;计提管理用固定资产折旧 120 万元。

(12) 本年度计提短期借款利息 8 万元,计提长期借款利息 22 万元(利息分期支付)。借入资金均用于生产经营活动。

(13) 本年度以银行存款支付罚款支出 7 万元,广告费 100 万元。

(14) 本年度收回以前年度确认的坏账 10 万元,计提坏账准备 50 万元,计提存货跌价准备 58 万元,固定资产减值准备 100 万元。

(15) 本年度发生其他管理费用 520 万元(含职工薪酬),计提的城建税及教育费附加 60 万元,均以银行存款支付。

要求:(答案中金额单位用万元表示,会计分录要求写出必要的明细科目)

1. 根据交易或事项(1)~(10)编制江 A 公司 2015 年的相关会计分录。(12 分)

2. 计算交易或事项(1)~(15)对江 A 公司 2015 年度营业利润的影响金额。(2 分)

3. 计算交易或事项(1)~(15)对江 A 公司 2015 年度现金流量表中"销售商品、提供劳务收到的现金"的影响金额。(2 分)

4. 预计江 A 公司会持续盈利,能够获得足够的应纳税所得额。根据交易或事项(1)~(15),计算江 A 公司 2015 年度应交所得税金额。(2 分)

5. 计算交易或事项(14)对江 A 公司 2015 年度确认递延所得税费用的影响金额。(2 分)

第二题(20 分)

浙 A 股份有限公司(以下简称"浙 A 公司")为 A 股上市公司。为调整产品结构,公司决定投资建设新的生产线。该项目从 2011 年 1 月 1 日开始动工兴建,计划投资额为 10 000 万元,通过发行可转换公司债券筹集资金。

(1) 经有关部门批准,浙 A 公司于 2011 年 1 月 1 日按每份面值 100 元发行了 100 万份可转换公司债券,取得发行价款 10 000 万元。该债券期限 3 年,票面年利率为 3%,利息每年支付;每份债券均可在债券发行 1 年后的任何时间转换为 20 股普通股(按 5 元债券面值转换为一股普通股,每股面值 1 元)。浙 A 公司发行债券时,二级市场上与之类似但没有转股权的债券的市场利率为 8%。假定不考虑发行债券的佣金、手续费等其他相关因素。

(2) 浙 A 公司支付工程进度款的情况如下:2011 年 1 月 1 日支付给施工企业工程进度款 5 000 万元,2011 年 12 月月末支付 5 000 万元。该新生产线于 2011 年 12 月月末试运行后达到预定可使用状态并投入使用。已知闲置资金存入银行,银行存款年利率 4%;生产线试运行时领用材料 2 000 元,支付其他费用 1 100 元。

(3) 2012 年 1 月 1 日,浙 A 公司股票上涨幅度较大,可转换公司债券持有人将持有的可转换公司债券的 70％转为浙 A 公司的股份。

(4) 2015 年,因外部市场环境变化,该生产线生产的产品价格持续下跌,年末,浙 A 公司对生产线进行减值测试,估计该生产线的可回收金额为 2 000 万元。已知该生产线预计使用年限 8 年,净残值率 5％,按年数总和法计提折旧。

(5) 2016 年 1 月 1 日,浙 A 公司将该生产线转让给浙 B 公司,浙 B 公司以其生产的产品交换该生产线,并支付浙 A 公司 468 万元。浙 A 公司准备将换入的产品销往国外,已知换入产品的公允价值 1 800 万元;浙 A 公司向浙 B 公司开具的增值税专用发票上注明的销售额为 2 200 万元,增值税额 374 万元。假设不考虑增值税以外的相关税费,浙 A 公司换出的生产线在当月不提折旧,该交易具有商业实质,且双方资产的公允价值是可靠的。

(6) 2016 年 1 月 1 日,浙 A 公司同时与浙 B 公司签订租赁协议,约定将生产线所在的厂房以经营租赁的方式租给浙 B 公司,租赁期为 4 年,租赁开始日为 2016 年 1 月 1 日,浙 A 公司对投资性房地产采用公允价值模式进行后续计量,该厂房的原始价值为 300 万元,已计提折旧 120 万元,2016 年 1 月 1 日该厂房的公允价值为 200 万元。

要求:(要求写出"应付债券"的明细科目,金额单位用万元表示,小数点保留两位)

1. 根据资料(1)编制浙 A 公司发行可转换公司债券的会计分录。(3 分)

2. 根据资料(1)～(2)确定浙 A 公司发行可转换公司债券费用的资本化期间和金额,并编制2011 年 12 月末计提利息、支付利息和生产线投入使用的会计分录。(3 分)

3. 根据资料(1)～(3)编制浙 A 公司 2012 年初将债券转为股份时的会计分录。(3 分)

4. 根据资料(1)～(3)编制浙 A 公司 2013 年 12 月末计提利息、支付债券本息的会计分录。(3分)

5. 根据资料(4)确定浙 A 公司 2015 年末生产线的减值损失金额,并编制会计分录。(3 分)

6. 根据资料(5)编制浙 A 公司 2016 年 1 月 1 日生产线交换产品的会计分录。(3 分)

7. 根据资料(6)编制浙 A 公司 2016 年 1 月 1 日将厂房租给浙 B 公司的会计分录。(2 分)

第三题(20 分)

沪 A 股份有限公司(本题下称"沪 A 公司")系增值税一般纳税人,适用的增值税税率为 17％,适用的所得税税率为 25％。在本题涉及的相关年度,沪 A 公司预计未来期间能够取得足够的应纳税所得额用来抵减可抵扣暂时性差异的所得税影响,沪 A 公司按净利润的 10％提取法定盈余公积。

资料(一)

沪 A 公司财务经理在复核 2015 年度财务报表时,对以下交易或事项会计处理的正确性难以作出判断:

(1) 为减少交易性金融资产市场价格波动对公司利润的影响,2015 年 1 月 1 日,沪 A 公司将持有沪 B 公司股票从交易性金融资产重分类为可供出售金融资产,并将其作为会计政策变更采用追溯调整法进行会计处理。2015 年 1 月 1 日,沪 A 公司所持有沪 B 公司股票共计 300 万股,其中200 万股系 2014 年 1 月 5 日以每股 12 元的价格购入,支付价款 2 400 万元,另支付相关费用 8 万元;100 万股系 2014 年 10 月 18 日以每股 11 元的价格购入,支付价款 1 100 万元,另支付相关费用4 万元。2014 年 12 月 31 日,沪 B 公司股票的市场价格为每股 10.5 元。沪 A 公司估计该股票价格为暂时性下跌。

2015 年 12 月 31 日,沪 A 公司对持有的沪 B 公司股票按照年末公允价值进行了后续计量,并将其公允价值变动计入了所有者权益。2015 年 12 月 31 日,沪 B 公司股票的市场价格为每股 10 元。

（2）沪A公司原持有沪C公司60％的股权，能够对沪C公司实施控制。2015年5月3日，沪A公司对沪C公司长期股权投资账面价值为2 400万元，未计提减值准备，沪A公司将其持有的对沪C公司长期股权投资中的1/3出售给非关联某企业，出售取得价款1 500万元，当日被投资单位可辨认净资产公允价值总额为8 000万元。相关手续于当日完成，沪A公司不再对沪C公司实施控制，但具有重大影响。沪A公司取得沪C公司60％股权时，沪C公司可辨认净资产公允价值与账面价值总额均为4 500万元。自沪A公司取得对沪C公司长期股权投资后至部分处置投资前，沪C公司实现净利润2 500万元。其中，自沪A公司取得投资日至2015年年初实现净利润2 000万元。假定沪C公司一直未进行利润分配，沪C公司因其他综合收益变动而使其可辨认净资产公允价值总额增加1 000万元。不考虑相关税费等其他因素影响。

沪A公司于2015年5月3日对持有沪C公司长期股权投资中的1/3进行出售会计处理，确认转让收益700万元。未进行其他相关的会计处理。

（3）沪A公司于2015年6月28日与沪D公司签订协议，将其生产的一台大型设备出售给沪D公司。合同约定价款总额为14 000万元，签约当日支付价款总额的30％，之后30日内支付30％，另外40％于签约后180日内支付。

沪A公司于签约当日收到沪D公司支付的4 200万元款项。根据沪D公司提供的银行账户余额情况，沪A公司估计沪D公司能够按期付款。为此，沪A公司在2015年第二季度财务报表中确认了该笔销售收入14 000万元，并结转相关成本10 000万元。

2015年11月，沪D公司因自然灾害造成生产设施重大毁损，遂通知沪A公司，其无法按期支付所购设备其余40％款项。沪A公司在编制2015年度财务报表时，经向沪D公司核实，预计沪D公司所欠剩余款项在2018年才可能收回，2015年12月31日按未来现金流量折算的现值金额为4 800万元。沪A公司会计对上述事项调整了第二季度财务报表中确认的收入，但未确认与该事项相关的所得税影响。

　　借：主营业务收入　　　　　　　　　　　　　　　　　　　　　　　　　5 600
　　　　贷：应收账款　　　　　　　　　　　　　　　　　　　　　　　　　　　　5 600

（4）沪A公司于2014年11月申请一项国家级研发补贴。申报书的有关内容如下：本公司自2014年1月起对某项先进技术进行研究，预计研发支出为360万元、为期3年，已投入资金120万元。该研发项目还需新增投资240万元，计划自筹资金120万元，申请财政拨款120万元。研究项目结束后，研究成果归沪A公司所有。

2014年12月底，有关主管部门批准了沪A公司的申请，共补贴款项120万元，分两次拨付。2015年1月1日先拨付60万元，按规定时间和要求结项时再拨付60万元。主管部门要求补贴款项只能用于项目研发支出，不得挪作他用。该项补贴难以区分与资产相关的部分和与收益相关的部分。该项目将于2016年12月31日结项。

沪A公司2015年1月1日收到财政补贴款时确认营业外收入60万元，并在计算当年应纳税所得额时全额予以扣除。

资料（二）

沪A公司与沪E公司签订一项供销合同，合同中订明沪A公司在2014年11月份供应给沪E公司一批物资。由于沪A公司未能按照合同发货，致使沪E公司发生重大经济损失。沪E公司通过法律程序要求沪A公司赔偿经济损失400万元。该诉讼案件在2014年12月31日尚未判决。沪A公司根据实际情况确认了300万元的预计负债，并将该赔偿款反映在2014年度的财务报表上；沪E公司未确认应收赔偿款。2015年3月8日，经法院一审判决，沪A公司需要偿付沪E公司经济损失350万元，沪A公司不再上诉，并支付了赔偿款。假定2014年度沪A公司除上述预计的负债外,无其他纳税调整事项,沪A公司和沪E公司均已在2015年4月20日完成了2014年度所得税汇算清缴。

要求:(金额单位用万元表示)

1. 根据资料(一)(1),判断沪A公司2015年1月1日将持有沪B公司股票重分类并进行追溯调整的会计处理是否正确,同时说明判断依据;如果沪A公司的会计处理不正确,编制更正的会计分录。(此题不考虑所得税的影响)(4分)

2. 根据资料(一)(2),判断沪A公司2015年5月3日对持有沪C公司长期股权投资中的1/3进行出售的会计处理是否正确,同时说明判断依据;如果沪A公司的会计处理不正确,编制更正的会计分录。(此题不考虑所得税的影响)(4分)

3. 根据资料(一)(3),判断沪A公司2015年对上述事项的会计处理是否正确,同时说明判断依据;如果沪A公司的会计处理不正确,编制更正的会计分录。(4分)

4. 根据资料(一)(4),判断沪A公司2015年1月1日收到财政补贴款的会计处理及补贴款在计算应纳税所得额时全额予以扣除的处理是否正确,说明判断依据;如果沪A公司的会计处理不正确,编制更正的会计分录。(4分)

5. 根据资料(二)判断该项资产负债表日后事项的类型并说明理由。如果沪A公司需要调整资产负债表日的财务报表,请编制沪A公司相关会计分录。(4分)

第二部分　财务管理

阅读材料:

SNYS公司成立于1996年,为我国家用电器连锁经营模式的开创者。2004年7月,公司以每股16.33元的价格向境内投资者发行了2 500万股普通A股,并在深圳证券交易所中小企业板块挂牌上市。

2009年,公司实现营业收入583.00亿元,成为我国最大的商业连锁企业。面对零售贸易格局的巨变,在卓有远见的管理层的引领下,公司依托自身资源积淀和特殊禀赋,以内外延相结合的扩张方式、沿零售服务链条由线下向线上向O2O模式转型。战略转型是漫长而艰辛的,需要耗费巨额的资金,经营风险也很高。转型期间,公司以平衡资本结构为目标,循着留存收益、定向增发、银行借款、公司债券和门店资产运作计划的优序,多渠道、多方式地筹措战略转型所需的资金。然而,O2O模式的完善与运营,还需要巨额的资金投入。

由线下零售企业向线下线上互动运营的"云商"转型,公司的营业利润从2009年的387 503.2万元急剧下滑到2015年的-145 893.30万元。公司2015年的资产负债表、利润表及现金流量表补充资料见表1、表2和表3。

表1　SNYS公司2015年资产负债表　　　　　　　　　　单位:万元

项　目	2015-12-31	2014-12-31	项　目	2015-12-31	2014-12-31
流动资产			流动负债		
货币资金	2 227 446.80	2 480 628.40	短期借款	183 652.90	110 989.30
发放贷款及垫款	50 586.60	14 224.20	以公允价值计量且其变动计入当期损益的金融负债	13 720.00	9 040.00

（续表）

项　目	2015-12-31	2014-12-31	项　目	2015-12-31	2014-12-31
以公允价值计量且其变动计入当期损益的金融资产	264 470.50	286 207.70	应付票据	2 244 213.20	2 523 584.90
应收票据	0.00	57.70	应付账款	842 739.70	1 053 149.30
应收账款	53 557.90	67 107.50	预收款项	145 173.20	50 765.10
预付账款	385 180.40	412 115.80	应付职工薪酬	35 356.30	29 036.10
应收利息	7 520.00	6 671.20	应交税费	108 256.00	83 881.70
其他应收款	191 386.80	105 971.80	应付利息	4 208.90	4 082.80
存货	1 603 852.20	1 825 835.50	其他应付款	544 203.70	493 121.00
其他流动资产	280 740.20	232 398.40	一年内到期的非流动负债	21 718.70	5 426.60
流动资产合计	5 064 741.40	5 431 218.20	其他流动负债	68 448.60	59 333.50
			流动负债合计	4 211 691.20	4 422 410.30
			非流动负债		
非流动资产			长期借款	91 421.40	59 383.80
可供出售金融资产	154 950.50	80 401.90	应付债券	796 117.70	794 592.50
长期应收款	50 278.40	48 229.60	预计负债	6 124.40	5 620.80
长期股权投资	134 685.30	155 354.80	递延收益	142 191.80	133 352.40
投资性房地产	101 405.70	101 473.10	长期应付职工薪酬	1 723.30	1 644.00
固定资产	1 215 537.80	1 074 959.90	递延所得税负债	15 935.60	18 553.00
在建工程	323 083.40	393 989.40	其他非流动负债	487.30	291.50
工程物资	1 485.90	1 049.70	非流动负债合计	1 054 001.50	1 013 438.00
无形资产	701 541.30	672 328.60	负债合计	5 265 692.70	5 435 848.30
开发支出	3 602.30	8 842.40	股东权益		
商誉	46 185.20	41 975.60	股本	738 304.30	738 304.30
长期待摊费用	126 511.20	107 238.20	资本公积	467 956.70	467 956.70
递延所得税资产	166 436.10	113 094.40	其他综合收益	−7 734.30	−14 076.00
其他非流动资产	128 928.40	74 209.70	盈余公积	117 105.60	116 484.90
非流动资产合计	3 154 631.50	2 873 147.30	未分配利润	1 612 553.20	1 526 482.40
			归属于母公司股东权益合计	2 928 185.50	2 835 152.30
			少数股东权益	25 494.70	33 364.90
			股东权益合计	2 953 680.20	2 868 517.20
资产总计	8 219 372.90	8 304 365.50	负债及股东权益合计	8 219 372.90	8 304 365.50

表 2　SNYS 公司 2015 年利润表　　　　　　　　　　　单位:万元

项　　目	2015 年度	2014 年度
一、营业收入	10 892 529.60	10 529 222.90
减:营业成本	9 228 457.20	8 927 906.10
营业税金及附加	35 716.00	32 994.20
销售费用	1 410 502.50	1 273 971.10
管理费用	335 657.00	280 566.70
财务费用-净额	6 677.00	-14 908.70
资产减值损失	17 495.50	21 993.90
加:公允价值变动损益	-933.00	8 298.80
投资收益	-2 984.70	3 391.90
二、营业利润	-145 893.30	18 390.30
加:营业外收入	265 215.00	16 108.80
减:营业外支出	22 060.40	20 060.50
三、利润总额	97 261.30	14 438.60
减:所得税费用	14 857.50	4 008.30
四、净利润	82 403.80	10 430.30

表 3　SNYS 公司 2015 年现金流量表补充资料　　　　　单位:万元

将合并净利润调节为经营活动现金流量	2015 年度	2014 年度
合并净利润	82 403.80	10 430.30
加:资产减值损失	17 495.50	21 993.90
固定资产和投资性房地产折旧	93 690.60	74 795.30
无形资产摊销	30 210.90	32 820.80
长期待摊费用摊销	48 677.90	53 989.90
处置固定资产和无形资产的净(收益)/损失	-242 052.80	2 039.70
财务费用	18 885.90	20 191.20
投资损失/(收益)	2 984.70	-3 391.90
公允价值变动损失/(收益)	933.00	-8 298.80
递延所得税资产增加	-53 341.70	-36 198.00
递延所得税负债(减少)/增加	-8 058.50	1 277.00
存货的减少/(增加)	175 390.50	-110 190.30
经营性应收项目的增加	-15 760.90	-105 712.80
经营性应付项目的(减少)/增加	-289 600.80	270 102.10
经营活动(使用)/产生的现金流量净额	-138 141.90	223 848.40

说明:门店资产运作计划:2015 年 12 月,SNYS 公司将 11 个自有门店物业房产权及对应的土地使用权出售给 ZXJS 基金管理公司相关方设立的 ZXHXSNYC 资产支持专项计划,并以长期租赁方式回租,回笼资金 43.42 亿元,实现利润 19.77 亿元。

第一题(20分)

1. 计算 SNYS 公司 2015 年和 2014 年的净资产收益率、销售净利率、资产周转率和权益乘数,并运用杜邦财务分析体系对该公司净资产收益率的变动进行驱动因素分析。(注:以百分号表示的,精确到万分之一;无百分号表示的,保留 4 位小数)(3 分)

2. 根据第 1 问计算结果,确定 SNYS 公司 2015 年净资产收益率变动的主导因素(指标)。编制利润表同形报表(水平分析表和垂直分析表),对计算结果进行分析,发现驱动该指标变动的主导因素,并指出公司经营中存在的主要问题。(5 分)

同形报表参考表式:

项目	原始数据		水平分析表		垂直分析表	
	本年度	上年度	变动额	变动率	本年结构	上年结构
一、营业收入						

3. 2015 年,SNYS 公司经营巨亏,营业利润为－145 893.30 万元,实现的净利润却有 82 403.80 万元,阅读相关资料和报表数据,探寻原因,并就这一问题谈谈你的认识?(2 分)

4. 2015 年,无论是净利润,还是净资产收益率,抑或是销售净利率,均较 2014 年有所提升,你是否认为 SNYS 公司 2015 年的盈利能力较 2014 年强?为什么?(4 分)

5. 预期 SNYS 公司 2016 年营业收入增长率为 30%,假设公司流动资产营运效率、经营性流动负债销售百分比保持 2015 年水平,拟安排的资本性支出为 700 000 万元,折旧和摊销保持 2015 年水平,预计股利支付率为 30%,销售净利率为 2%,测算 SNYS 公司 2016 年外部融资额。(补充说明:表 1 中一年内到期的非流动负债,为即将到期的长期借款)(4 分)

6. 依据所学的筹资管理和资本结构原理,对该公司 2016 年外部融资方式的选择提出你的建议,并说明理由。(2 分)

第二题(20分)

SNYS 公司正在研究是否进行新项目甲的投资,以开拓新的利润增长点。项目将在明年年初开工建设(零时点),建设期限 1 年。甲项目相关资料预计如下:

(1) 该项目固定资产投资需 10 000 万元,预计可使用 6 年,税法规定的折旧年限为 8 年,预计净残值率为 5%,按照直线法计提折旧,项目结束时的变现价值预计 500 万元。

(2) 项目经营期内每年的营运资金需要量预计为当年销售收入的 15%。

(3) 预计第一年产品销售收入为 10 000 万元,销售量第 2 至第 3 年增长率为 10%,第 4 至第 5 年增长率为 6%,第 6 年增长率为 2%,销售价格不变。

(4) 预计第一年变动产品成本总额为 4 000 万元,此后单位产品成本每年上升 3%。

(5) 预计第一年固定费用及其他相关费用总额为 2 400 万元(不包括折旧与摊销),此后每年上升 6%。

(6) 公司所得税税率为 25%,投资人要求的报酬率为 12%。

为简化计算,假设甲项目的初始现金流量均发生在零时点,营业现金流量均发生在以后各年年末,垫支的营运资本在各年年初投入,在项目结束时全部收回。

要求:

1. 编制项目现金流量表,评价项目财务可行性。(15分)

(注:要求以 EXCEL 软件及其公式链接功能进行精确计算,最终结果表达以万元为单位,保留 2 位小数,现金流量表参考表式示例如下。)

甲项目现金流量表参考表式   单位:万元

项目 \ 年度	0	1	2	3	4	5	6	7
固定资产投资								
营业收入								
变动产品成本								
固定费用及其他相关费用								
固定资产折旧								
利润总额								
净利润								
营业现金流量								
营运资本								
营运资本投资								
营运资本回收								
固定资产变现收入								
固定资产变现损失抵税								
净现金流量								
折现系数								
折现现金流量								
净现值								

2. 你会用 Excel 插入函数法计算甲项目的净现值吗? 它与你计算出的净现值是否有差异? 如存在差异,请解释原因,并完成调整。(2分)

3. 假设投资人要求的报酬率下降到10%、销售价格上升10%,该项目的净现值分别为多少? 项目净现值对资本成本和销售价格变动哪个更敏感?(3分)

"天平杯"浙江省第十二届大学生财会信息化竞赛试题(高职高专组)

第一部分　会　计

第一题(20分)

(一) 资料

A公司的所得税税率为25%,A公司与B公司均为我国境内居民企业。A公司2011年至2015年有关投资业务的资料如下:

(1) A公司于2011年7月1日将银行存款5 000万元支付给B公司的原股东,取得B公司30%的股权,改组后B公司的董事会由7名董事组成,A公司对B公司的相关活动具有重大影响。2011年7月1日B公司的相关活动具有重大影响。2011年7月1日B公司可辨认净资产的公允价值为17 000万元,取得投资时被投资单位仅有一项管理用固定资产的公允价值与账面价值不相等,除此以外,其他可辨认资产、负债的账面价值与公允价值相等。该固定资产原值为2 000万元,已计提折旧2年,已计提折旧400万元,B公司预计该项固定资产的使用年限为10年,预计净残值为0,按照年限平均法计提折旧;A公司预计该固定资产公允价值为4 000万元,预计剩余使用年限为8年,预计净残值为0,按照年限平均法计提折旧。双方采用的会计政策、会计期间相同,对净利润的调整不考虑所得税因素。A公司拟长期持有对B公司的投资。

(2) 2011年11月10日A公司将其成本为180万元的商品以300万元的价格出售给B公司,B公司取得商品作为管理用固定资产,预计使用年限为10年,预计净残值为0,按照年限平均法计提折旧;至2011年资产负债表日,B公司仍未对外出售该固定资产。2011年度B公司实现净利润3 000万元,其中上半年实现的净利润为2 000万元。

(3) 2012年2月5日B公司董事会提出2011年利润分配方案,按照2011年实现净利润的10%提取盈余公积,并宣告发放现金股利400万元。

(4) 2012年2月5日B公司股东大会批准董事会提出2011年利润分配方案,按照2011年实现净利润的10%提取盈余公积,宣告发放现金股利改为500万元。2012年B公司发生净亏损为600万元,2012年B公司其他综合收益增加60万元(其中,10万元为B公司重新计量设定受益计划净负债或净资产所产生的变动),其他所有者权益增加40万元。至2012年年末,内部交易形成的固定资产未对外出售。

(5) 2013年度B公司发生净亏损为16 500万元。假定A公司应收B公司的长期款项50万元,实质上构成对B公司的净投资,此外投资合同约定B公司发生亏损A公司需要承担的额外损失最大限额为40万元。假定B公司2013年未发生其他所有者权益的变动金额。

(6) 2014 年度 B 公司实现净利润为 3 000 万元。

(7) 假定一:2015 年 1 月 10 日 A 公司出售对 B 公司的全部投资,出售价款为 3 000 万元。

假定二:2015 年 1 月 10 日 A 公司出售对 B 公司 20%的股权,出售价款为 2 000 万元。出售后 A 公司对 B 公司的持股比例变为 10%,对 B 公司无重大影响,改按可供出售金融资产进行会计核算。剩余 10%的股权投资的公允价值为 1 000 万元。

假定三:2015 年 1 月 10 日 A 公司再次从 B 公司其他股东处购入 B 公司 40%的股权,支付价款为 4 000 万元。至此 A 公司对 B 公司持股比例变为 70%,对 B 公司具有控制权,由权益法改按成本法进行会计核算。

假定四:2015 年 1 月 10 日 A 公司再次从 B 公司其他股东处购入 B 公司 10%的股权,支付价款为 1 000 万元。至此 A 公司对 B 公司持股比例变为 40%,对 B 公司仍然具有重大影响。当日,B 公司可辨认净资产的公允价值为 21 000 万元。

其他资料:A 公司各年实现利润总额均为 5 000 万元,不考虑其他纳税调整因素。

(二) 要求

1. 根据资料(l),说明 A 公司所持对 B 公司长期股权投资后续计量采用的方法并说明理由,编制 2011 年 7 月 1 日投资时的会计分录。

2. 编制 2011 年度 A 公司确认投资收益的会计分录,并计算 2011 年度 A 公司应交所得税、所得税费用和递延所得税的金额。

3. 编制 2012 年 A 公司按照权益法核算长期股权投资的会计分录,计算 2012 年度 A 公司应交所得税、所得税费用和递延所得税的金额。

4. 编制 2013 年 A 公司按照权益法核算长期股权投资的会计分录。

5. 编制 2014 年 A 公司按照权益法核算长期股权投资的会计分录。

6. 根据资料(6)的 4 个假定条件,分别编制 2015 年 1 月 10 日 A 公司出售或购买对 B 公司投资的会计分录。

(注:金额单位用万元表示)

第二题(20 分)

(一) 资料

A 公司和 B 公司均为增值税一般纳税人,适用的增值税税率均为 17%。

(1) 2014 年 1 月 17 日,A 公司购买 Y 上市公司发行的股票 100 万股,成交价为 2. 28 元/股(包括已宣告但尚未发放的现金股利每股 0.3 元),另付交易费用 2 万元,占 Y 公司表决权的 1%,A 公司不准备近期出售;1 月 20 日收到现金股利。

(2) 2014 年 3 月 31 日,A 公司研发成功一项专门用于生产 W 产品的专利并投入使用,累计实际发生支出为 800 万元,均为人工成本,其中符合资本化条件的支出为 500 万元。采用生产总量法按季摊销该专利权,在预计使用年限内可生产的 W 产品为 500 吨。

(3) 2014 年 4 月 20 日,A 公司以债务重组方式取得生产 W 产品的生产设备,取得增值税专用发票,设备价款为 60 万元,增值税进项税额为 10.2 万元。A 公司用于重组的应收账款账面余额为 90 万元,已计提坏账准备 9 万元。当日办理完毕相关手续。该生产设备预计使用年限为 10 年,预计净残值为 0,采用直线法计提折旧。

(4) 2014 年 6 月 30 日,Y 上市公司股票的收盘价格为每股 3 元;A 公司上述专利权本季度累计实际生 W 产品 100 吨。

(5) 2014 年 9 月 30 日,Y 上市公司股票的收盘价格为每股 1.8 元,A 公司预计 Y 公司的股票价格将持续下跌；A公司上述专利权本季度累计实际生产W产品100吨。

（6）2014年12月31日，Y上市公司股票价格有所上升，收盘价格为每股3.2元；A公司上述专利权本季度累计实际生产W产品80吨。

（7）A公司因经营战略发生较大调整，经与B公司协商，进行资产置换。2014年12月31日A公司和B公司签订资产置换合同，A公司以持有Y上市公司的股票、生产W产品的专利权和生产W产品的设备与B公司持有X公司10%表决权资本的长期股权投资、原材料进行交换。A公司可供出售金融资产的公允价值为320万元；专利权的公允价值为220万元，预计换出专利权（不考虑增值税）；固定资产公允价值为54万元。不含税公允价值总额为594万元，含税公允价值总额为603.18万元。

B公司换出持有X公司10%表决权资本的长期股权投资，账面价值为300万元（其中成本为200万元，损益调整为60万元，其他综合收益为40万元），公允价值为350万元；原材料的账面余额为200万元，已计提存货跌价值准备20万元，公允价值为300万元。不含税公允价值总额为650万元，含税公允价值总额为701万元。

A公司向B公司支付银行存款97.82万元。

（8）2015年2月10日，办理完毕资产所有权的划转手续。假定该交换具有商业实质且公允价值能够可靠计量。

（9）A公司和B公司交换前与交换后资产的用途不变。

（二）要求

1. 编制A公司2014年1月17日购入股票和1月20日收到现金股利的会计分录。

2. 编制A公司有关研发专门用于生产W产品专利权的资本化支出的会计分录及达到预定可使用状态转为无形资产的会计分录。

3. 编制A公司2014年4月20日债务重组的会计分录。

4. 编制A公司2014年6月30日有关金融资产、无形资产摊销和设备折旧的会计分录。

5. 编制A公司2014年9月30日有关金融资产、无形资产摊销和设备折旧的会计分录。

6. 编制A公司2014年12月31日有关金融资产、无形资产摊销和设备折旧的会计分录。

7. 判断A公司2014年12月31日无形资产、固定资产是否需要计提减值准备，如果需要计提，计算其金额。

8. 判断A公司该交易是否属于非货币性资产交换，计算A公司换入各项资产的入账价值及A公司换出各项资产应确认的损益，并编制相关会计分录。

9. 计算B公司换入各项资产的入账价值及B公司换出各项资产应确认的损益，并编制相关会计分录。

（注：金额单位用万元表示）

第三题（20分）

（一）资料

浙江D科技股份有限公司（以下简称公司或本公司）系经浙江省人民政府浙政股〔2005〕X号文批准，由浙江D科技有限公司依法整体变更成立，于2005年11月X日在浙江省工商行政管理局登记注册。公司现持有注册号为3300000000X的营业执照，注册资本229 333 333.00元，股份总数229 333 333股（每股面值1元）。其中，有限售条件的流通股份：A股82 441 560股；无限售条件的流通股份A股146 891 773股。公司股票已于2008年X月X日在深圳证券交易所挂牌交易。

本公司属计算机、通信和其他电子设备制造业。经营范围：机电设备、计算机、软件及网络工程、电子产品、测试技术的投资开发及技术转让、技术咨询、技术服务;机电设备(不含汽车)、电子产品、化工产品(不含危险品)、计算机及软件的生产、销售(凭环保审批意见生产);计算机网络工程安装;经营进出口业务(范围详见《中华人民共和国进出口企业资格证书》)。主要产品或提供的劳务:红外热像仪系列产品、DVR系列产品及视频监控系统等。

本公司将子公司杭州D微电子有限公司纳入本期合并财务报表范围。

1. 2014年报表资料

资产负债表

2014 年 12 月 31 日 单位:元

项 目	期末余额	期初余额
流动资产:		
货币资金	233 919 541.61	79 492 679.65
结算备付金		
拆出资金		
以公允价值计量且其变动计入当期损益的金融资产	1 524 931.51	
衍生金融资产		
应收票据	39 430 000.00	38 520 000.00
应收账款	367 444 668.64	222 393 978.08
预付款项	36 201 197.91	13 948 212.79
应收保费		
应收分保账款		
应收分保合同准备金		
应收利息	8 005 890.41	
应收股利		
其他应收款	24 316 077.67	12 527 819.68
买入返售金融资产		
存货	270 632 882.33	271 564 985.96
划分为持有待售的资产		
一年内到期的非流动资产		
其他流动资产	150 005 334.50	
流动资产合计	1 131 480 524.58	638 447 676.16
非流动资产:		
发放贷款及垫款		
可供出售金融资产		
持有至到期投资		
长期应收款		
长期股权投资	79 653.41	161 314.30

（续表）

项　　目	期末余额	期初余额
投资性房地产	4 155 397.61	4 295 176.74
固定资产	97 029 275.21	101 324 493.05
在建工程	4 183 164.25	1 196 014.63
工程物资		
固定资产清理		
生产性生物资产		
油气资产		
无形资产	27 519 492.10	29 884 468.06
开发支出		
商誉		
长期待摊费用		
递延所得税资产	8 783 353.34	6 916 279.61
其他非流动资产		
非流动资产合计	141 750 335.92	143 777 746.39
资产总计	1 273 230 860.50	782 225 422.55
流动负债：		
短期借款	80 000 000.00	55 091 420.08
向中央银行借款		
吸收存款及同业存放		
拆入资金		
以公允价值计量且其变动计入当期损益的金融负债		
衍生金融负债		
应付票据		
应付账款	42 043 245.60	26 997 798.00
预收款项	2 995 739.86	9 105 933.01
卖出回购金融资产款		
应付手续费及佣金		
应付职工薪酬	6 163 832.03	3 356 020.45
应交税费	13 972 749.84	5 353 354.56
应付利息	6 762 876.18	6 731 982.24
应付股利		

（续表）

项　目	期末余额	期初余额
其他应付款	2 278 494.98	2 110 446.24
应付分保账款		
保险合同准备金		
代理买卖证券款		
代理承销证券款		
划分为持有待售的负债		
一年内到期的非流动负债		
其他流动负债		
流动负债合计	154 216 938.49	108 746 954.58
非流动负债：		
长期借款		
应付债券	169 103 300.16	168 478 764.18
其中:优先股		
永续债		
长期应付款		
长期应付职工薪酬		
专项应付款	1 886 702.40	1 886 702.40
预计负债		
递延收益	12 237 848.74	20 323 560.45
递延所得税负债	228 739.73	
其他非流动负债		
非流动负债合计	183 456 591.03	190 689 027.03
负债合计	337 673 529.52	299 435 981.61
所有者权益：		
股本	229 333 333.00	200 000 000.00
其他权益工具		
其中:优先股		
永续债		
资本公积	427 499 024.26	31 898 400.00
减:库存股		
其他综合收益		
专项储备		

（续表）

项　目	期末余额	期初余额
盈余公积	37 881 623.06	32 797 965.72
一般风险准备		
未分配利润	239 363 724.39	216 592 656.37
归属于母公司所有者权益合计	934 077 704.71	481 289 022.09
少数股东权益	1 479 626.27	1 500 418.85
所有者权益合计	935 557 330.98	482 789 440.94
负债和所有者权益总计	1 273 230 860.50	782 225 422.55

利润表　　　　　　　　　　　　　　　　　　单位:元

项　目	本期发生额	上期发生额
一、营业总收入	362 227 582.80	261 451 264.56
其中:营业收入	362 227 582.80	261 451 264.56
利息收入		
已赚保费		
手续费及佣金收入		
二、营业总成本	338 612 510.34	247 847 204.99
其中:营业成本	194 658 674.74	121 024 066.45
利息支出		
手续费及佣金支出		
退保金		
赔付支出净额		
提取保险合同准备金净额		
保单红利支出		
分保费用		
营业税金及附加	4 089 888.21	3 084 540.10
销售费用	28 846 030.32	36 143 138.18
管理费用	82 570 456.46	67 567 857.55
财务费用	11 608 525.45	16 050 443.78
资产减值损失	16 838 935.16	3 977 158.93
加:公允价值变动收益(损失以"－"号填列)	1 524 931.51	
投资收益(损失以"－"号填列)	5 636 832.26	－291 589.12

（续表）

项 目	本期发生额	上期发生额
其中：对联营企业和合营企业的投资收益	−81 660.89	−291 589.12
汇兑收益（损失以"−"号填列）		
三、营业利润（亏损以"−"号填列）	30 776 836.23	13 312 470.45
加：营业外收入	33 228 004.32	23 031 235.90
其中：非流动资产处置利得	19 821.11	13 836.05
减：营业外支出	6 437 792.04	274 199.36
其中：非流动资产处置损失	6 004 804.32	12 200.69
四、利润总额（亏损总额以"−"号填列）	57 567 048.51	36 069 506.99
减：所得税费用	6 799 782.43	2 198 773.01
五、净利润（净亏损以"−"号填列）	50 767 266.08	33 870 733.98
归属于母公司所有者的净利润	50 788 058.66	33 870 315.13
少数股东损益	−20 792.58	418.85
六、其他综合收益的税后净额		
归属母公司所有者的其他综合收益的税后净额		
（一）以后不能重分类进损益的其他综合收益		
1. 重新计量设定受益计划净负债或净资产的变动		
2. 权益法下在被投资单位不能重分类进损益的其他综合收益中享有的份额		
（二）以后将重分类进损益的其他综合收益		
1. 权益法下在被投资单位以后将重分类进损益的其他综合收益中享有的份额		
2. 可供出售金融资产公允价值变动损益		
3. 持有至到期投资重分类为可供出售金融资产损益		
4. 现金流量套期损益的有效部分		
5. 外币财务报表折算差额		
6. 其他		
归属于少数股东的其他综合收益的税后净额		

（续表）

项　目	本期发生额	上期发生额
七、综合收益总额	50 767 266.08	33 870 733.98
归属于母公司所有者的综合收益总额	50 788 058.66	33 870 315.13
归属于少数股东的综合收益总额	−20,792.58	418.85
八、每股收益：		
（一）基本每股收益	0.23	0.17
（二）稀释每股收益	0.23	0.17

本期发生同一控制下企业合并的，被合并方在合并前实现的净利润为：0.00 元，上期被合并方实现的净利润为：0.00 元。

现金流量表

单位:元

项　目	本期发生额	上期金额发生额
一、经营活动产生的现金流量：		
销售商品、提供劳务收到的现金	257 610 480.00	292 194 373.52
客户存款和同业存放款项净增加额		
向中央银行借款净增加额		
向其他金融机构拆入资金净增加额		
收到原保险合同保费取得的现金		
收到再保险业务现金净额		
保户储金及投资款净增加额		
处置以公允价值计量且其变动计入当期损益的金融资产净增加额		
收取利息、手续费及佣金的现金		
拆入资金净增加额		
回购业务资金净增加额		
收到的税费返还	19 154 534.45	22 020 578.43
收到其他与经营活动有关的现金	27 271 731.38	17 935 740.13
经营活动现金流入小计	304 036 745.83	332 150 692.08
购买商品、接受劳务支付的现金	239 361 940.52	168 493 377.52
客户贷款及垫款净增加额		
存放中央银行和同业款项净增加额		
支付原保险合同赔付款项的现金		
支付利息、手续费及佣金的现金		
支付保单红利的现金		

（续表）

项　目	本期发生额	上期金额发生额
支付给职工以及为职工支付的现金	49 971 838.49	49 888 591.21
支付的各项税费	32 861 946.94	32 220 401.14
支付其他与经营活动有关的现金	73 386 812.88	59 359 373.06
经营活动现金流出小计	395 582 538.83	309 961 742.93
经营活动产生的现金流量净额	−91 545 793.00	22 188 949.15
二、投资活动产生的现金流量:		
收回投资收到的现金		
取得投资收益收到的现金		
处置固定资产、无形资产和其他长期资产收回的现金净额	38 511.96	36 693.99
处置子公司及其他营业单位收到的现金净额		
收到其他与投资活动有关的现金		
投资活动现金流入小计	38 511.96	36 693.99
购建固定资产、无形资产和其他长期资产支付的现金	16 476 469.36	4 088 261.34
投资支付的现金	150 000 000.00	
质押贷款净增加额		
取得子公司及其他营业单位支付的现金净额		
支付其他与投资活动有关的现金	100 000 000.00	
投资活动现金流出小计	266 476 469.36	4 088 261.34
投资活动产生的现金流量净额	−266 437 957.40	−4 051 567.35
三、筹资活动产生的现金流量:		
吸收投资收到的现金	424 809 995.00	1 500 000.00
其中:子公司吸收少数股东投资收到的现金		1 500 000.00
取得借款收到的现金	90 000 000.00	172 838 674.04
发行债券收到的现金		168 100 000.00
收到其他与筹资活动有关的现金		11 900 000.00
筹资活动现金流入小计	514 809 995.00	354 338 674.04
偿还债务支付的现金	65 091 420.08	294 635 757.96
分配股利、利润或偿付利息支付的现金	35 812 628.64	16 747 019.75
其中:子公司支付给少数股东的股利、利润		
支付其他与筹资活动有关的现金	1 624 707.00	13 524 707.00
筹资活动现金流出小计	102 528 755.72	324 907 484.71

（续表）

项　目	本期发生额	上期金额发生额
筹资活动产生的现金流量净额	412 281 239.28	29 431 189.33
四、汇率变动对现金及现金等价物的影响	179 955.08	−1 566 291.24
五、现金及现金等价物净增加额	54 477 443.96	46 002 279.89
加：期初现金及现金等价物余额	78 693 607.65	32 691 327.76
六、期末现金及现金等价物余额	133 171 051.61	78 693 607.65

2. 其他有关资料

（1）2014 年度，经中国证券监督管理委员会证监许可〔2014〕X 号文核准，本公司由主承销商 ZS 证券股份有限公司采用向特定投资者非公开发行股票方式，向 5 名特定认购对象非公开发行人民币普通股（A 股）股票 29 333 333 股（每股面值 1 元），发行价为每股人民币 15.00 元，共计募集资金 44 000.00 万元，坐扣承销和保荐费用 1 300.00 万元后的募集资金为 42 700.00 万元，已由主承销商 ZS 证券股份有限公司于 2014 年 3 月 14 日汇入本公司募集资金监管账户。另减除上网发行费、招股说明书印刷费、申报会计师费、律师费、评估费等与发行权益性证券直接相关的新增外部费用 206.603 774 万元后，公司本次募集资金净额为 42 493.395 726 万元。上述募集资金到位情况业经 TJ 会计师事务所（特殊普通合伙）验证，并由其出具《验资报告》（TJ 验〔2014〕X 号）。此次增资后，公司股本总额变更为 229 333 333.00 元。公司已于 2014 年 4 月 17 日办妥工商变更登记手续。

（2）2014 年利润分配预案：以公司 2014 年 12 月 31 日总股本 229 333 333 股为基数，向全体股东每 10 股派发现金股利 0.50 元人民币（含税）；同时，以资本公积金向全体股东每 10 股转增 10 股。2014 年利润分配预案需提交公司 2014 年度股东大会审议。

（3）递延所得税资产、递延所得税负债及当期所得税费用。

① 未经抵销的递延所得税资产。

未经抵销的递延所得税资产　　　　　　　　　　单位：元

项目	期末余额		期初余额	
	可抵扣暂时性差异	递延所得税资产	可抵扣暂时性差异	递延所得税资产
资产减值准备	58 555 688.93	8 783 353.34	46 108 530.73	6 916 279.61
合计	58 555 688.93	8 783 353.34	46 108 530.73	6 916 279.61

② 未经抵销的递延所得税负债。

未经抵销的递延所得税负债　　　　　　　　　　单位：元

项目	期末余额		期初余额	
	应纳税暂时性差异	递延所得税负债	应纳税暂时性差异	递延所得税负债
以公允价值计量且其变动计入当期损益的金融资产公允价值变动	1 524 931.51	228 739.73		
合计	1 524 931.51	228 739.73		

③ 当期所得税费用为 8 438 116.43 元。

(4) 应付债券的增减变动(不包括划分为金融负债的优先股、永续债等其他金融工具)。

应付债券的增减变动　　　　单位:元

债券名称	面值	发行日期	债券期限	发行金额	期初余额	本期发行	按面值计提利息	溢折价摊销	本期偿还	其他	期末余额
13D公司债	170 000 000.00	2013年05月15日	2016年05月15日	168 100 000.00	168 478 764.18			624 535.96			169 103 300.14
合计	—	—	—	168 100 000.00	168 478 764.18			624 535.96			169 103 300.14

(5) 存货跌价准备。

存货跌价准备　　　　单位:元

项目	期初余额	本期增加金额		本期减少金额		期末余额
		计提	其他	转回或转销	其他	
原材料	6 367 000.24	1 104 555.82				7 471 556.06
在产品	1 322 416.88	3 183 007.42				4 505 424.30
库存商品	4 519 785.95	3 040 771.03		3 649 637.29		3 910 919.69
合计	12 209 203.07	7 328 334.27		3 649 637.29		15 887 900.05

注:假定本期减少金额中的 20% 为转回,80% 为库存商品出售转销。

(二) 要求

1. 根据其他有关资料,编制 2014 年度必要的会计分录。(10分)

2. 根据所给资料分析,公司 2014 年年末与年初相比,货币资金、应收账款大幅增加的直接原因或可能原因是什么? 本期所得税费用大幅增加的主要原因是什么?(6分)

3. 从现金流量表中可以看出,2014 年和 2013 年公司投资活动净现金流量均为负数(2012 年为 -1 563 393.21 元),这是不是说明公司投资活动出现了问题,为什么?(2分)

4. 根据公司资本结构与资产结构的对称性关系,指出公司资本结构与资产结构对称性关系的类型。并说明其特点。(2分)

第二部分　财务管理

答题要求:如无特别指明,要求计算的项目应列出计算过程;计算结果有计量单位的应予以标明;每步骤的计算结果出现小数的,请保留小数点后两位小数。

第一题(20分)

(一) 资料

S公司只产销甲产品一种产品,甲产品只消耗乙材料。

(1) S公司 2014 年固定成本总额为 200 万元,甲产品的产销量、单价及单位变动成本的资料如表 1 所示。

表1　2014年甲产品的产销量、单价及单位变动成本

项目	产销量(件)	单价(元)	单位变动成本(元)
甲产品	20 000	500	300

(2) 2014年年末S公司按定期预算法编制2015年的预算,部分资料如下:

① 2015年的生产预算的部分数据如表2所示。

表2　2015年甲产品生产预算

项目	一季度	二季度	三季度	四季度	全年
预计销售量(件)	5 000	6 000	9 000	6 000	26 000
加预计期末存货量(件)					
减预计期初存货量(件)					
预计生产量(件)	A			B	C

甲产品2015年年初和年末的预计结存量均为500件,各季度末的预计结存量为下季度预计销售量的10%。

② S公司2015年甲产品的销售单价、单位变动成本和固定成本总额保持2014年水平不变。公司每季度的销售收入中,60%部分在本季度收到现金,另外的40%部分在下个季度收到现金。

③ 乙材料2015年年初的预计结存量为2 550千克,各季度末乙材料的预计结存量为下季度生产需用量的10%,2015年年末的预计结存量为3 000千克。每季度乙材料采购的货款有50%在当季支付,另外50%在下个季度付清。2015年年初的预计应付账款余额为125 000元。

④ 单位甲产品标准成本资料:乙材料用量标准为5千克/件,乙材料的价格标准为10元/千克。

(3) S公司2015年第一季度实际生产甲产品5 200件,耗用乙材料26 400千克,乙材料的实际单价为11元/千克。

(二) 要求

1. 计算甲产品2014年的保本销售量。
2. 计算安全边际率指标评价该企业的经营安全程度。
3. 填写表2(2015年甲产品生产预算)中A~C空格的数字(不需要列示计算过程)。
4. 填写表3(2015年乙材料采购预算)中D~F空格的数字(不需要列示计算过程)。

表3　2015年乙材料采购预算

项目	一季度	二季度	三季度	四季度	全年
预计生产量(件)					
用量标准(千克/件)					
生产需用量(千克)					
加:预计期末结存量(千克)					
减:预计期初结存量(千克)					
预计材料采购量(千克)					
计划单价(元/千克)					
预计采购金额(元)	D			E	F

5. 分别计算 S 公司 2015 年第四季度的销售预计现金收入和 2015 年年末预计应收账款金额。

6. 分别计算 S 公司 2015 年第一季度的预计采购现金支出和 2015 年年末预计应付账款金额。

7. (1)计算 2014 年销量下的经营杠杆系数；(2)利用上一步计算出的经营杠杆系数预计 2015 年的息税前利润增长百分比；(3)如果 2015 年销售预算能够实现，S 公司的每股盈余将增长 90%，则 S 公司的财务杠杆系数和总杠杆系数分别为多少？

8. 计算 S 公司第一季度甲产品消耗乙材料的成本差异、用量差异和价格差异。

第二题(20 分)

(一) 资料

Y 公司是一家上市公司，相关资料如下：

(1) 2014 年 12 月 31 日的简易资产负债表如表 4 所示。

表 4 Y 公司简易资产负债表
2014 年 12 月 31 日

资产	金额(万元)	负债及所有者权益	金额(万元)
货币资金	6 720	短期借款(利息率 5%)	5 000
应收账款	12 600	应付账款	10 080
存货	16 800	预收款项	6 720
固定资产	22 480	应付债券(利息率 7%)	8 000
		股本(每股面值 1 元)	20 000
		留存收益	8 800
合计	58 600	合计	58 600

该公司 2014 年的销售收入为 84 000 万元，实现净利润 8 400 万元，支付股利 4 200 万元。

(2) 该公司预计 2015 年销售收入将达到 96 600 万元，销售净利率将维持上年水平，股利支付率则比上年高出 20%。经分析，公司的流动资产项目与流动负债项目(短期借款除外)随销售收入呈正比例变动，保持稳定的百分比关系。该公司 2015 年预计新增固定资产投资 2 000 万元。

(3) 该公司 2015 年新增的固定资产投资计划在甲、乙、丙三个方案中选择一个，三个方案均在 2015 年年初发生固定资产投资 2 000 万元并立即投入生产，资本成本率为 10%。其中，甲方案投产后可用 5 年，按直线法计提折旧，报废后估计有残值收入 200 万元，该方案每年可取得净利 200 万元。乙方案投产后可用 6 年，估计其净现值为 268 万元。丙方案可用 5 年，投产后每年现金净流量相等，其内含报酬率为 12%。相关的时间价值系数表如表 5 所示。

表 5 相关的时间价值系数表

期数 t	1	2	3	4	5	6
(P/F，10%，t)	0.909 1	0.826 4	0.751 3	0.680 3	0.620 9	0.564 5
(P/A，10%，t)	0.909 1	1.735 5	2.486 9	3.169 9	3.790 8	4.355 3
(P/A，12%，t)	0.892 9	1.690 1	2.401 8	3.037 3	3.604 8	4.111 4

(4) 公司的所得税税率为 25%，外部融资需求量有以下两种筹资方案可供选择：

方案一：发行债券。以 800 元的价格发行面值为 1 000 元、票面利率为 8%、期限 5 年的公司债券一批,每年年末付息,到期一次还本,发行费用率为2%。

方案二:发行普通股。发行价格为4元。

(5) Z公司是Y公司的一家子公司,生产数学计算器和财务计算器两种产品,目前已达到最大产能。两种产品的相关数据如表6所示。

表6 两种产品的相关数据

	数学计算器	财务计算器
年产量(个)	50 000	100 000
直接材料成本(元)	150 000	300 000
直接人工成本(元)	50 000	100 000
直接人工工时(小时)	2 500	5 000
机器工时(小时)	25 000	50 000
生产批次(批)	50	50
检验工时(小时)	1 000	500

Z公司全年发生制造费用600 000元,依据作业动因设3个成本库,有关作业成本资料如表7所示。

表7 作业成本资料

作业	作业成本(元)
机器运行	375 000
调整准备	120 000
检验	105 000
总计	600 000

注:调整准备成本是指每一批产品生产以前都要发生的准备成本,包括调整机器、准备工卡模具、布置生产线、清理现场等费用。

(二) 要求

1. 根据资料(1)计算Y公司2014年年末的流动比率、资产负债率和权益乘数。

2. 根据资料(1)和(2)计算:

(1) 2014年年末敏感资产占销售收入的百分比。

(2) 2014年年末敏感负债占销售收入的百分比。

(3) 2015年外部融资需求量。

3. 根据资料(3):

(1) 计算甲方案的净现值。

(2) 计算丙方案的净现值。

(3) 分别计算甲和乙两个方案的年金净流量。

(4) 利用上述计算结果作出方案的选择。

4. 利用资料(4),结合其他资料给出的有关条件,为解决要求2中的外部融资需求量选择筹资方案,计算回答下列问题:

(1) 方案一发行债券的资本成本是多少?

（2）两个筹资方案的每股收益无差别点息税前利润为多少？

（3）根据公司 2015 年预计的息税前利润水平，应该选择哪个筹资方案？

5. 根据资料（5），完成下列任务（本要求不必列计算步骤）：

（1）填制表 8，为制造费用各项作业成本匹配成本动因，并计算出作业成本分配率（注明单位）。

表 8 作业成本配率计算表

作业	成本动因	作业成本分配率
机器运行		
调整准备		
检验		

（2）填制表 9，根据上步骤计算出的作业成本分配率计算单位财务计算器应该负担的制造费用。

表 9 单位制造费用计算表　　　　　　　　　单位:元

	数学计算器	财务计算器
机器运行成本		
调整准备成本		
检验成本		
制造费用合计		
单位产品制造费用		

（3）填制表 10，计算作业成本法下数学计算器的单位产品成本。

表 10 作业成本法下单位产品成本计算表　　　　　单位:元

	数学计算器	财务计算器
直接材料		
直接人工		
制造费用		
合计		

（4）若传统成本计算方法按人工工时分配制造费用，填制表 11，计算传统成本计算方法下数学计算器的单位产品成本。

表 11 传统成本计算法下单位产品成本计算表　　　　单位:元

	数学计算器	财务计算器
直接材料		
直接人工		
制造费用		
合计		

"天平杯"浙江省第十一届大学生财会信息化竞赛试题(高职高专组)

第一部分 会 计

第一题(20分)

甲上市公司(本题下称"甲公司"),2009年至2013年发生的有关经济业务如下:

资料一

有关长期股权投资的资料如下:

(1) 2009年度:

① 1月1日,以银行存款3 200万元购入乙公司持有的丁公司40%股权,对丁公司具有重大影响。购入前丁公司系乙公司的全资子公司。购买日丁公司可辨认净资产的公允价值为8 000万元,除下表所列项目外,丁公司其他资产、负债的公允价值与账面价值相同。

项目	账面原价(万元)	已提折旧或摊销(万元)	公允价值(万元)	丁公司设计使用年限(年)	甲公司取得投资后剩余使用年限(年)
A产品	500		900		
B设备	2 700	1 080	2 340	10	6
C无形资产	800	160	960	10	8
小计	4 000	1 240	4 200		

② 12月31日,丁公司因所持有的可供出售金融资产公允价值上升确认资本公积800万元(假定丁公司此前没有因可供出售金融资产公允价值变动确认的资本公积)。

③ 丁公司2009年度实现净利润1 500万元,计提盈余公积150万元。丁公司年初持有的存货在本年全部实现对外销售。

④ 除上述事项外,丁公司2009年度未发生其他影响所有者权益变动的交易和事项。

(2) 2010年度:

① 3月18日,丁公司实施2009年度利润分配方案,分配现金股利940万元。甲公司已收到分期股利376万元,并存入银行。

② 2010年上半年,丁公司主营的D产品因市场需求发生重大变化,销售量大幅度下降,经营活动处于停滞状态。甲公司账面有应收丁公司长期应收款1 600万元,系为扶植丁公司研发新产品的款项(假定不考虑折现因素)。协议规定上述款项不收取利息,待丁公司实现扭亏为盈后再分

期归还。

③ 2010 年 7 月,甲公司将本公司生产的一批产品销售给丁公司,售价为 2 000 万元,成本为 1 000 万元。至 2010 年 12 月 31 日,该批产品仍未对外部独立第三方销售。

④ 2010 年度,丁公司净亏损 8 840 万元。丁公司预计 2011 年新产品投产后可实现盈利。

⑤ 除上述事项外,丁公司 2010 年度未发生其他影响所有者权益变动的交易和事项。

(3) 2011 年度:

① 2011 年 1 月,甲公司 2010 年 7 月销售给丁公司本公司生产的一批产品全部实现对外部独立第三方销售。

② 1 月 1 日至 6 月 30 日,丁公司因新产品已投放市场,市场销售状况良好,实现净利润 2 920 万元。除实现净损益外,丁公司未发生其他影响所有者权益变动的交易和事项。

③ 7 月 1 日,甲公司与丙公司签订协议,将所持丁公司的部分股权转让给丙公司,股权转让价款合计为 2 140 万元。股权转让完成后,甲公司持有丁公司 20% 的股权,对丁公司仍具有重大影响。

(4) 其他有关资料如下:

① 丁公司固定资产采用年限平均法计提折旧,无形资产采用直线法摊销,预计净残值均为 0。至 2011 年 12 月 31 日,B 设备和 C 无形资产仍在正常使用中,未发生减值。

② 假定不考虑所得税影响。

资料二

2012 年有关经济业务如下:

(1) 2011 年 12 月 31 日,应收乙公司账款的账面为 10 140 万元,已计提坏账准备 1 140 万元。由于乙公司连年亏损,资金周转困难,不能偿付应于 2011 年 12 月 31 日前支付的应付账款。经双方协商,于 2012 年 1 月 2 日进行债务重组。乙公司用于抵债资产的公允价值和账面价值如下表所示。

乙公司抵债资产相关情况   单位:万元

项目	公允价值	账面价值
可供出售金融资产 (系丙公司股票投票)	800	790 (2010 年 12 月 31 日取得时的成本为 700 万元)
无形资产——土地使用权	5 000	3 000
库存商品	2 000	1 500

甲公司减免扣除上述资产抵偿债务后剩余债务的 60%,其余债务延期 2 年,每年按 2% 收取利息,利息于年末按年收取,实际利率为 2%。债务到期日为 2013 年 12 月 31 日。

(2) 甲公司将取得的上述可供出售金融资产仍作为可供出售金融资产核算,2012 年 6 月 30 日,其公允价值为 795 万元,2012 年 12 月 31 日,其公允价值为 700 万元(跌幅较大),2013 年 1 月 10 日,甲公司将可供出售金融资产对外出售,收到款项 710 万元存入银行。

(3) 2012 年 3 月 1 日,甲公司与南方公司签订资产置换协议。协议规定:甲公司以一台已使用 2 年的 A 设备换入南方公司的一台 B 设备,支付置换相关税费 1 万元,并支付补价款 3 万元。

(4) A 设备的账面原价为 50 万元,预计使用年限为 5 年,预计净残值率为 5%,并采用双倍余额递减法计提折旧,未计提减值准备;B 设备的账面原价为 30 万元,已计提折旧 3 万元。两公司资产置换不具有商业实质。

要求：

1. 根据资料一，(1)编制 2009 年甲公司购入丁公司股权时的相关会计分录。(2)计算甲公司 2009 年应确认的投资收益，并编制 2009 年年末甲公司调整对丁公司长期股权投资账面价值的相关会计分录。(3)计算甲公司 2010 年应确认的投资收益，并编制 2010 年年末甲公司调整对丁公司长期股权投资账面价值的相关会计分录。(4)计算甲公司 2011 年应确认的投资收益，并编制 2011 年度甲公司持有和转让丁公司股权的相关会计分录。(14 分)

2. 根据资料二，(1)计算甲公司债务重组过程中应确认的损益并编制相关会计分录。(2)编制甲公司处置可供出售金融资产的相关会计分录。(3)计算甲公司换出设备的账面价值和换入设备的入账价值并编制相关会计分录。(6 分)

（答案中的金额单位用万元表示）

第二题(20 分)

甲公司为上市公司(本题下称"甲公司")，属于增值税一般纳税人，增值税税率为 17%。2011 年至 2012 年发生的有关经济业务如下：

资料一

2011 年 1 月，甲公司内审部门在对甲公司 2010 年会计处理进行检查时，发现了如下交易或事项：

(1) 2010 年 1 月 1 日，甲公司董事会决定对直销的专营店采取奖励积分措施，以吸引顾客。该奖励积分计划内容为：在顾客购买商品时，免费赠送积分卡，顾客每购买 1 元商品奖励 1 分，每 1 积分的公允价值为 0.01 元(即每 1 积分可以免费购买 0.01 元的货物)。2010 年专营店销售商品 3 000 万元(不包括客户使用奖励积分兑换的商品)，共授予奖励积分 3 000 万分。甲公司估计有 20% 的积分顾客将放弃行权，不会使用。至 2010 年年末，顾客已使用积分 1 600 万分。甲公司在确认收入时，进行了如下会计处理：①确认主营业务收入 2 970 万元；②确认递延收益 30 万元。

(2) 甲公司开设了网上商店，顾客可以通过网上订货购物，预交全额货款，甲公司在收到货款后发出商品。同时规定，在特定区域范围内免费送货，超出特定区域将根据距离远近收取送货费。2010 年甲公司收取货款 2 340 万元，已经发出货物 2 106 万元(含增值税)。另外，收取送货费 14 万元，其中已经完成送货量 90%。2010 年支付给物流公司送货费 25 万元，其中：免费送货部分发生的送货费 18 万元，超出免费区域的送货费 7 万元。甲公司对上述业务进行了如下的会计处理：①确认主营业务收入(销售商品)2 000 万元；②确认其他业务收入(送货劳务)14 万元；③确认其他业务成本 7 万元；④确认销售费用 18 万元。

(3) 甲公司于 2010 年 12 月 5 日将出租到期的一座仓库出售给乙公司，收取价款 860 万元。该仓库在出售前作为投资性房地产，采用公允价值模式进行后续计量，出售时账面价值为 780 万元，其中成本 520 万元，公允价值变动 260 万元。此外，在将固定资产转为投资性房地产时形成的资本公积(其他资本公积)余额为 100 万元。甲公司对出售投资性房地产会计处理如下：①确认其他业务收入 860 万元；② 确认其他业务成本 780 万元。

(4) 甲公司于 2010 年 12 月 8 日将一批产成品用于抵偿丙公司的债务 400 万元。由于甲公司上马一项工程，占用了大量流动资金，造成财务困难，无法支付丙公司已到期的货款。经甲、丙公司协商后达成如下协议：甲公司用产成品按照现行市价 300 万元(不含税)抵偿所欠丙公司货款。甲公司于当日交付了货物，双方办理了债务解除手续。甲公司该批产成品的成本为 220 万元。甲公司对该债务重组会计处理如下：①未确认销售收入和销售成本；②将库存商品账面价值 220 万元与偿还债务金额 400 万元之间的差额确认为营业外收入 180 万元。

(5) 甲公司于 2010 年 12 月 15 日用一批产成品换入丁公司的一辆二手货车,该货车将用于生产经营。换入货车的公允价值为 15 万元(甲公司未取得增值税专用发票),甲公司换出产成品开出的增值税专用发票注明的价款为 12 万元,增值税税额为 2.04 万元。另外,甲公司补付丁公司货币资金 0.96 万元。该批货物的成本为 10 万元。甲公司进行了如下的会计处理:①认定该项业务属于非货币性资产交换;②未确认销售收入和销售成本;③确认了营业外收入 2 万元;④确认固定资产入账价值 15 万元。

(6) 甲公司于 2010 年 12 月 16 日与戊批发商签订协议,戊批发商购入甲公司的一批产成品,协议价格为 500 万元(不含增值税),给出的现金折扣条件为(2/10,n/15);假如戊公司放弃现金折扣,甲公司可以将收款期延长 1 年,但销售价格将变更为 530 万元。甲公司于当日发出货物,成本为420 万元。甲公司到年末尚未收到戊公司的货款,戊公司通知将在 1 年到期时支付货款。甲公司对该笔业务进行了如下会计处理:①确认主营业务收入 530 万元;②确认主营业务成本 420 万元。

资料二

甲公司 2012 年发生的有关经济业务:

(1) 甲公司 2011 年 12 月与乙公司签订合同,从 2012 年 1 月 1 日采用经营租赁方式租入乙公司商业用房,年租金 120 万元,租期 8 年,不得转租,如果提前解除合同应支付 150 万元违约金,由于该房产所处位置不适合商用,甲公司董事会 2012 年 12 月作出停止经营租赁的决议,假设甲公司会计政策表明企业在确定预计负债最佳估计数时应当考虑货币时间价值因素,假定实际年利率为5%,已知(P/A,5%,7)=5.786 4。

(2) 甲公司 2012 年 8 月与丙公司签订合同,将在 2013 年 1 月销售 1 000 吨商品给丙公司,甲公司该商品每吨成本估计为 4 万元,合同售价为每吨 5 万元,合同规定,如推迟交货售价将降低为每吨 4 万元,甲公司如中途终止合同将按照未交货部分货款 10% 计算违约金,2012 年 11 月,甲公司因安全问题被要求停产整顿,2012 年 12 月 31 日甲公司估计该合同只能按期提供库存 300 吨商品,其余尚未生产的 700 吨估计在 2013 年 4 月交货,同时延期交货的 700 吨商品成本预计上升为每吨 5 万元,假设不考虑其他销售税费。

(3) 甲公司 2012 年 5 月与丁公司签订承包某建造工程的合同,合同从 2012 年 7 月开始,至2013 年 6 月截止,合同金额为 600 万元,预计成本为 480 万元,如果单方面中途终止,甲公司应支付违约金 100 万元。至 2012 年 12 月 31 日已经发生成本 256 万元,由于施工难度增加预计还会产生成本 384 万元。

(4) 甲公司 2012 年 10 月与戊公司签订不可撤销合同,从 2012 年 12 月起至 2013 年 5 月止每月向戊公司提供 100 件某商品,售价每件 1.2 万元,截至 2012 年 12 月 31 日已经完成 100 件供货,尚有 800 件库存商品。该商品每件单位成本为 1.1 万元,每件销售税费为 0.2 万元,该商品 2012年 12 月 31 日市场售价每件 1.1 万元,甲公司如果停止合同需要支付违约金 30 万元。

(答案中的金额单位用万元表示)

要求:

1. 根据资料一,逐笔分析、判断(1)～(6)笔经济业务中各项会计处理是否正确(分别注明该笔经济业务及各项会计处理序号);如不正确,请作出正确的会计处理。(12 分)

2. 根据资料二,判断上述合同是否为亏损合同,如果是亏损合同;请作出相关会计处理。(8 分)

第三题(20 分)

甲股份有限公司(本题下称"甲公司")为一般纳税人,增值税税率为 17%,适用的所得税税率为25％。采用资产负债表债务法进行所得税会计的核算。有关经济业务如下：

资料一

假设2011年期初递延所得税资产和递延所得税负债余额均为0，每年税前会计利润均为3 000万元，甲股份有限公司2011年至2012年发生以下事项：

（1）每年计入投资收益的国债利息收入90万元；税法规定，国债利息收入免交所得税。

（2）2011年因发生违反法律、行政法规行为而交付的罚款30万元；税法规定，企业违反国家法规所支付的罚款不允许税前扣除。

（3）2011年年末交易性金融资产账面价值800万元，包括成本640万元和公允价值变动160万元，2012年年末交易性金融资产账面价值900万元，包括成本1 000万元和公允价值变动－100万元；税法规定，资产持有期间的公允价值变动金额不计入应纳税所得额，待出售时一并计入应纳税所得额。

（4）2011年年末可供出售金融资产账面价值500万元，包括成本580万元和公允价值变动－80万元，2012年年末可供出售金融资产账面价值560万元，包括成本500万元和公允价值变动60万元；税法规定，资产持有期间的公允价值变动金额不计入应纳税所得额，待出售时一并计入应纳税所得额。

（5）2011年年初存货跌价准备为0，2011年年末存货账面价值900万元，计提存货跌价准备100万元，2012年年末存货账面价值为800万元，销售结转跌价准备80万元，2012年年末计提存货跌价准备140万元；税法规定，企业计提的减值准备在资产未发生实质性损失前不允许税前扣除。

资料二

甲公司2009年至2012年与固定资产有关的经济业务资料如下（购进固定资产相关的增值税额可以抵扣，适用的增值税税率为17％）。

（1）2009年11月1日，甲公司在生产经营期间以自营方式建造一条生产线。购入工程物资，取得的增值税专用发票上注明的价款为2 200万元，增值税为374万元；发生保险费78万元，款项均以银行存款支付；工程物资已经入库。

（2）2009年11月15日，甲公司开始以自营方式建造该生产线。工程领用工程物资2 278万元；安装期间领用生产用原材料实际成本为100万元，发生安装工人薪酬70.4万元，没有发生其他相关税费。该原材料未计提存货跌价准备。

工程建造过程中，由于非正常原因造成部分毁损，该部分工程实际成本为50万元（不考虑增值税问题），未计提在建工程减值准备；应从保险公司收取赔偿款10万元，该赔偿款尚未收到。

工程达到预定可使用状态前进行试运转，领用生产用原材料实际成本为20万元。未对该批原材料计提存货跌价准备。工程试运转生产的产品完工转为库存商品，该库存商品的估计售价（不含增值税）为40万元。

（3）2009年12月31日，该生产线达到预定可使用状态，当日投入使用。该生产线预计使用年限为6年，预计净残值为26.4万元，采用直线法计提折旧。

（4）2010年12月31日，甲公司在对该生产线进行检查时发现其已经发生减值。甲公司预计该生产线在未来4年内每年产生的现金流量净额分别为200万元、300万元、400万元、600万元，2015年产生的现金流量净额以及该生产线使用寿命结束时处置形成的现金流量净额合计为400万元；假定按照5％的折现率和相应期间的时间价值系数计算该生产线未来现金流量的现值；该生产线的公允价值减去处置费用后净额为1 500万元。

	1 年	2 年	3 年	4 年	5 年
5%的复利现值系数	0.9524	0.9070	0.8638	0.8227	0.7835

(5) 2011 年 1 月 1 日,该生产线的预计尚可使用年限为 5 年,预计净残值为 25.12 万元,采用直线法计提折旧。

(6) 2011 年 6 月 30 日,甲公司采用出包方式对该生产线进行改良。当日,该生产线停止使用,开始进行改良。在改良过程中,甲公司以银行存款支付工程总价款 243.88 万元。

(7) 2011 年 8 月 20 日,改良工程完工验收合格并于当日投入使用,预计尚可使用年限为 8 年,预计净残值为 20 万元,采用直线法计提折旧。2011 年 12 月 31 日,该生产线未发生减值。

(8) 2012 年 4 月 20 日,甲公司与丁公司达成协议,将该固定资产出售给丁公司,价款为 2 000 万元,增值税税率为 17%。2012 年 4 月 30 日,甲公司与丁公司办理完毕财产移交手续,开出增值税发票并收到价款,不考虑其他相关税费。

要求:

1. 根据资料一,(1)按 2011 年的数据完成表 1,并编制相关的会计分录;(2)按 2012 年的数据完成表 2,并编制相关的会计分录。(12 分)

表 1　　　　　　　　　　　　　　　　　　　　　单位:万元

项目	账面价值	计税基础	可抵扣暂时性差异	应纳税暂时性差异
交易性金融资产				
可供出售金融资产				
存货				
暂时性差异会计				
递延所得税和负债余额				

表 2　　　　　　　　　　　　　　　　　　　　　单位:万元

项目	账面价值	计税基础	可抵扣暂时性差异	应纳税暂时性差异
交易性金融资产				
可供出售金融资产				
存货				
暂时性差异会计				
递延所得税和负债余额				

2. 根据资料二,(1)编制 2009 年 11 月 1 日购入一批工程物资的会计分录。(2)编制 2009 年建造生产线的有关会计分录。(3)编制 2009 年 12 月 31 日该生产线达到预定可使用状态的会计分录。(4)计算 2010 年度该生产线计提的折旧额。(5)计算 2010 年 12 月 31 日该生产线的可收回金额。(6)计算 2010 年 12 月 31 日该生产线应计提的固定资产减值准备金额,并编制相应的会计分录。(7)计算 2011 年度该生产线改良前计提的折旧额。(8)编制 2011 年 6 月 30 日该生产线转入改良时的会计分录。(9)计算 2011 年 8 月 20 日改良工程达到预定可使用状态后该生产线的成本。(10)计算 2011 年度该生产线改良后计提的折旧额。(11)编制 2012 年 4 月 30 日出售该生产线相

关的会计分录。（8分）

（答案中的金额单位用万元表示）

第二部分　财务管理

答题要求：如无特别指明，要求计算的项目应列出计算过程，计算结果有计量单位的应予以标明，每步骤的计算结果请保留两位小数（百分比指标保留百分号前两位小数）。

第一题（20分）

资料：

（1）YG公司是一家主营服装服饰产品及服装辅料的设计、制造、销售、进出口贸易的企业。该公司2013年的资产负债表、利润表和现金流量表列示如下：

资产负债表

2013年12月31日　　　　　　　　　　　　　　　　　　　单位：元

资　产	期末余额	年初余额
流动资产：		
货币资金	3 533 175 898.61	3 144 172 816.15
结算备付金		
拆出资金		
交易性金融资产		
应收票据	6 930 950.00	14 050 215.41
应收账款	448 391 001.87	277 326 827.44
预付款项	222 243 217.58	1 417 447 462.34
应收保费		
应收分保账款		
应收分保合同准备金		
应收利息	5 629 837.17	12 191 498.41
应收股利		
其他应收款	2 902 355 779.90	2 777 194 263.62
买入返售金融资产		
存货	22 645 442 235.60	23 472 966 928.66
一年内到期的非流动资产		
其他流动资产		
流动资产合计	29 764 168 920.73	31 115 350 012.03
非流动资产：		
发放委托贷款及垫款		
可供出售金融资产	6 516 692 802.14	8 522 747 917.68
持有至到期投资		

（续表）

资　产	期末余额	年初余额
长期应收款		
长期股权投资	6 476 377 249.85	4 474 478 575.28
投资性房地产	474 062 123.18	495 396 329.53
固定资产	4 304 897 640.37	4 596 478 089.56
在建工程	265 454 017.39	459 736 379.73
工程物资		
固定资产清理		
生产性生物资产		
油气资产		
无形资产	307 861 407.85	315 563 256.22
开发支出		
商誉	47 814 252.96	47 814 252.96
长期待摊费用	7 352 656.18	7 694 237.32
递延所得税资产	181 445 479.84	198 841 049.83
其他非流动资产		
非流动资产合计	18 581 957 629.76	19 118 750 088.11
资产总计	48 346 126 550.49	50 234 100 100.14
流动负债：		
短期借款	12 920 611 987.36	15 115 552 010.24
向中央银行借款		
吸收存款及同业存放		
拆入资金		
交易性金融负债		
应付票据	73 442 952.47	107 710 000.00
应付账款	940 833 589.43	1 041 902 715.68
预收款项	15 867 066 058.45	14 887 405 255.83
卖出回购金融资产款		
应付手续费及佣金		
应付职工薪酬	323 001 708.89	297 831 250.63
应交税费	61 501 078.30	− 601 884 558.82
应付利息	84 231 881.68	70 689 759.39
应付股利		

（续表）

资　产	期末余额	年初余额
其他应付款	685 705 156.76	600 714 017.62
应付分保账款		
保险合同准备金		
代理买卖证券款		
代理承销证券款		
一年内到期的非流动负债	614 692 710.00	1 881 359 450.00
其他流动负债		
流动负债合计	31 571 087 123.34	33 401 279 900.57
非流动负债：		
长期借款	2 074 593 648.17	1 681 662 235.94
应付债券		
长期应付款		
专项应付款	1 008 860.17	701 562.17
预计负债		
递延所得税负债	409 465 623.01	539 596 585.21
其他非流动负债	69 574 691.00	
非流动负债合计	2 554 642 822.35	2 221 960 383.32
负债合计	34 125 729 945.69	35 623 240 283.89
所有者权益（或股东权益）：		
实收资本（或股本）	2 515 906 634.94	2 522 729 292.67
资本公积	1 549 896 420.84	2 182 028 768.80
减：库存股		
专项储备		
盈余公积	1 247 221 898.95	1 247 221 898.95
一般风险准备		
未分配利润	8 919 440 517.07	8 673 149 397.64
外币报表折算差额	−12 068 867.00	−14 269 541.81
所有者权益（或股东权益）合计	14 220 396 604.80	14 610 859 816.25
负债和所有者权益（或股东权益）总计	48 346 126 550.49	50 234 100 100.14

利 润 表

2013 年度 单位:元

项 目	本期金额	上期金额
一、营业总收入	15 166 875 602.26	10 732 502 076.11
其中:营业收入	15 166 875 602.26	10 732 502 076.11
二、营业总成本	13 233 633 379.11	9 195 020 872.04
其中:营业成本	8 102 648 971.53	5 448 222 090.68
营业税金及附加	1 534 496 249.66	566 405 242.73
销售费用	1 660 511 441.57	1 568 297 196.52
管理费用	758 758 437.36	754 138 276.12
财务费用	730 817 323.23	844 511 411.28
资产减值损失	446 400 955.76	13 446 654.71
加:公允价值变动收益(损失以"－"号填列)		
投资收益(损失以"－"号填列)	653 644 243.54	543 450 202.65
其中:对联营企业和合营企业的投资收益	28 869 316.13	98 777 045.00
汇兑收益(损失以"－"号填列)		
三、营业利润(亏损以"－"号填列)	2 586 886 466.69	2 080 931 406.72
加:营业外收入	75 876 725.95	147 878 256.42
减:营业外支出	533 535 590.35	13 215 350.29
其中:非流动资产处置损失	21 405 969.47	3 362 448.51
四、利润总额(亏损总额以"－"号填列)	2 129 227 602.29	2 215 594 312.85
减:所得税费用	770 265 208.93	558 977 266.45
五、净利润(净亏损以"－"号填列)	1 358 962 393.36	1 656 617 046.40

现 金 流 量 表

2013 年度 单位:元

项 目	本期金额	上期金额
一、经营活动产生的现金流量		
销售商品、提供劳务收到的现金	16 847 476 136.97	14 672 538 047.97
收到的税费返还	10 701 158.85	31 229 868.31
收到其他与经营活动有关的现金	1 786 092 670.77	266 696 304.06
经营活动现金流入小计	18 644 269 966.59	14 970 464 220.34
购买商品、接受劳务支付的现金	7 035 926 715.25	4 948 517 173.98
支付给职工以及为职工支付的现金	1 348 160 016.55	1 489 819 995.62

（续表）

项　　目	本期金额	上期金额
支付的各项税费	2 267 752 705.96	1 894 685 769.86
支付其他与经营活动有关的现金	2 190 567 172.96	1 346 689 734.67
经营活动现金流出小计	12 842 406 610.72	9 679 712 674.13
经营活动产生的现金流量净额	5 801 863 355.87	5 290 751 546.21
二、投资活动产生的现金流量		
收回投资收到的现金	3 630 113 080.02	6 184 929 709.54
取得投资收益所收到的现金	314 089 246.17	227 139 372.29
处置固定资产、无形资产和其他长期资产收回的现金净额	281 897 233.23	157 666 878.99
处置子公司及其他营业单位收到的现金净额		127 946 701.31
收到其他与投资活动有关的现金	917 224 978.01	41 556 878.13
投资活动现金流入小计	5 143 324 537.43	6 739 239 540.26
购建固定资产、无形资产和其他长期资产支付的现金	166 544 983.42	373 692 861.16
投资支付的现金	4 013 396 676.01	6 693 930 753.32
取得子公司及其他营业单位支付的现金净额	309 363 436.19	116 165 780.52
支付其他与投资活动有关的现金	1 076 260 937.75	1 436 916 882.70
投资活动现金流出小计	5 565 566 033.37	8 620 706 277.70
投资活动产生的现金流量净额	−422 241 495.94	−1 881 466 737.44
三、筹资活动产生的现金流量		
吸收投资收到的现金		9 603 922.00
其中:子公司吸收少数股东投资收到的现金		9 603 922.00
取得借款收到的现金	17 266 239 528.00	22 722 726 196.51
收到其他与筹资活动有关的现金	173 600 651.94	725 546 323.61
筹资活动现金流入小计	17 439 840 179.94	23 457 876 442.12
偿还债务支付的现金	20 273 047 930.77	23 505 990 917.66
分配股利、利润或偿付利息支付的现金	2 106 349 789.38	2 503 003 454.57
其中:子公司支付给少数股东的股利、利润	4 300 000.00	44 875 000.00
支付其他与筹资活动有关的现金	83 281 869.44	391 685 139.50
筹资活动现金流出小计	22 462 679 589.59	26 400 679 511.73
筹资活动产生的现金流量净额	−5 022 839 409.65	−2 942 803 069.61

（续表）

项 目	本期金额	上期金额
四、汇率变动对现金及现金等价物的影响	−2 692 550.34	4 755 594.59
五、现金及现金等价物净增加额	354 089 899.94	471 237 333.75
加：期初现金及现金等价物余额	3 082 547 699.47	2 611 310 365.72
六、期末现金及现金等价物余额	3 436 637 599.41	3 082 547 699.47

（2）YG 公司及行业标杆企业 2013 年的部分财务指标列于下表：

YG 公司及行业标杆企业 2013 年的部分财务指标

项 目	YG 公司	行业标杆企业
年末流动比率	A	2
全部资产现金回收率	B	7%
销售净利率	C	10%
总资产周转率	D	1
权益乘数（用平均数计算）	E	G
净资产收益率	F	20%

（3）甲供应商为 YG 公司提供的信用条件为"2/10，N/40"。

（4）YG 公司无优先股，2013 年年末普通股股份总数为 220 000 万股，刚刚发放每股股利 0.4 元，预计股利增长率为 5%。该公司计划在 2014 年年初从外部筹集资金 200 000 万元，有以下两个筹资方案：

方案一，发行普通股 20 000 万股，发行价每股 10 元；

方案二，发行债券 200 000 万元，债券利率 6%。假定两个筹资方案的筹资费用均忽略不计。

公司适用所得税税率为 25%。

要求：

1. 利用资料（1）和（2），完成下列要求：（15 分）

（1）计算"YG 公司及行业标杆企业 2013 年的部分财务指标"表格中英文字母 A～G 所代表的数值。

（2）YG 公司与行业标杆企业相比较，资产产生现金的能力孰强孰弱？长期偿债能力孰强孰弱？

（3）计算 YG 公司和行业标杆企业之间净资产收益率的差异，使用因素分析法依次计算确定销售净利率、总资产周转率和权益乘数三因素变动对净资产收益率差异的影响，并据此回答：为了拉近与标杆企业之间在净资产收益率上的差异，需要改善的首要指标是什么指标？

（4）计算 YG 公司 2013 年的营运资金数额。

（5）计算 YG 公司在 2013 年年末的财务杠杆系数，已知 YG 公司 2013 年年度利润表中的财务费用全部为利息费用。

2. 根据资料（3），回答下列问题：（2 分）

（1）如果 YG 公司放弃甲供应商提供的现金折扣，则放弃现金折扣的信用成本率为多少？

（2）在其他条件相同的情况下，如果 2014 年 YG 公司放弃了以前一直利用的供应商提供的现金折扣,那么这项改变对 YG 公司的现金周转期造成什么影响?

3. 假设公司 2014 年预计实现息税前利润 300 000 万元,2013 年的利息费用在 2014 年保持不变(本要求中取近似值 73 000 万元),请结合资料(4)完成下列要求:(3 分)

(1) 计算两个方案的每股收益无差别点息税前利润。

(2) 根据每股收益无差别点选择最优筹资方案。

(3) 用股利增长模型法计算方案一增发新股的资本成本。

第二题(20 分)

资料:

(1) S 公司为国内一家上市公司,2013 年股利分配前的股东权益项目资料如下:

S 公司 2013 年股利分配前的股东权益

股本(普通股 30 000 万股,每股面值 1 元)	30 000 万元
资本公积	18 000 万元
盈余公积	11 000 万元
未分配利润	20 000 万元
股东权益合计	79 000 万元

S 公司计划按每 10 股送 2 股的方案发放股票股利(股票股利的金额按股票面值计算),并按发放股票股利前的股数派发每股现金股利 0.2 元。

(2) S 公司 2014 年销售预算表列示如下。公司的每季度销售收入中,当季度收到现金 60%,下季度收到现金 40%。预算年度期初应收账款金额为 11 000 万元。

S 公司 2014 年销售预算　　　　　　　　　金额单位:万元

项目	一季度	二季度	三季度	四季度	合计
…	…	…	…	…	…
预计销售收入	25 000	38 000	45 000	30 000	
期初应收账款	11 000				
第一季度					
第二季度					
第三季度					
第四季度					
现金收入合计					

注:表中"…"表示省略的数据。

(3) S 公司采用直线法计提折旧,适用的企业所得税税率为 25%。现在公司拟投资一条生产线,资本成本率为 10%,有甲、乙、丙、丁四个方案可供选择。

甲方案需投资 4 200 万元购置新设备,新设备购入后立即投入使用,投产时需追加营运资金投资 1 000 万元,设备使用寿命为 5 年,报废后估计有残值收入 100 万元。实施该方案后预计每年增加销售收入为 3 200 万元,每年增加的付现成本为 1 800 万元。

乙方案、丙方案和丁方案的寿命期分别为 5 年、5 年和 6 年,各方案寿命期内各时点的现金净流量数据如下表所示。

乙方案、丙方案和丁方案寿命期内各时点的现金净流量　　　　单位:万元

项目	NCF						
	0	1	2	3	4	5	6
乙方案	−4 000	1 040	1 040	1 040	1 040	1 040	—
丙方案	−3 200	900	900	900	900	900	—
丁方案	−2 000	520	520	520	520	520	520

相关时间价值系数如下表所示。

相关时间价值系数表

期数	(P/F, 10%, t)	(P/A, 9%, t)	(P/A, 10%, t)	(P/A, 12%, t)
1	0.909 1	0.917 4	0.909 1	0.892 9
2	0.826 4	1.759 1	1.735 5	1.690 1
3	0.751 3	2.531 3	2.486 9	2.401 8
4	0.683 0	3.239 7	3.169 9	3.037 3
5	0.620 9	3.889 7	3.790 8	3.604 8
6	0.564 5	4.485 9	4.355 3	4.111 4

要求:

1. 根据资料(1),S公司按计划完成股利分配方案后资产负债表中的股本、资本公积、未分配利润和股东权益合计数分别为多少?(4分)

2. 根据资料(2),计算回答下列问题:(2分)

(1) S公司第一季度的现金收入是多少?

(2) 预计2014年年末应收账款数额。

3. 根据资料(3),完成下列要求(下列要求中,净现值指标计算结果请取整,其他指标的计算结果请保留两位小数。):(14分)

(1) 计算甲方案各年现金净流量(包括 NCF_0,$NCF_{1\sim4}$ 及 NCF_5)。

(2) 计算甲方案的净现值和现值指数。

(3) 计算乙方案的内含报酬率,并评价该方案的可行性。

(4) 计算丙方案的净现值和现值指数。如果S公司在甲方案和丙方案中只能选择一个方案,应该选择哪个方案?

(5) 计算丁方案的净现值。

(6) 分别计算甲方案和丁方案的年金净流量。

(7) 假设无论选择哪个方案,S公司都能在方案寿命期终了后重新找到与原来一样好的方案,那么在甲方案和丁方案中,S公司应该选择哪一个方案?

"天平杯"浙江省第十届大学生财会
信息化竞赛试题(高职高专组)

第一部分 会 计

第一题(20分)

资料一

甲公司与乙公司及其原股东没有关联关系,甲公司 2012 年至 2013 年有以下投资业务:

(1) 2012 年 1 月 1 日甲公司发行 2 000 万股公司股票换入乙公司原股东持有的乙公司股权 40%并对其有重要影响,甲公司股票每股面值 1 元,市价 3 元,另支付股票发行费用等 30 万元。投资日乙公司可辨认净资产公允价值为 12 500 万元,账面价值 10 000 万元,除下表项目外,乙公司投资当日其他资产、负债公允价值等于账面价值。

乙公司相关财务资料   单位:万元

项 目	账面原值	已提折旧(摊销)	公允价值	剩余使用年限
固定资产	5 000	1 000	5 000	10
无形资产	2 000	0	3 500	30
小计	7 000	1 000	8 500	

上述资产中,固定资产采用年限平均法计提折旧,无形资产采用直线法摊销,预计净残值均为 0,折旧、摊销额均计入管理费用。

(2) 2012 年 4 月 20 日乙公司宣告分派 2011 年现金股利 1 000 万元,次日实际派发。

(3) 乙公司 2012 年实现净利润 2 500 万元,其中向甲公司销售的内部未实现利润为 500 万元,因持有可供出售金融资产公允价值上升计入资本公积 400 万元。

(4) 2013 年 1 月 2 日甲公司用 2 580 万元继续购入乙公司 20%的股权并对乙公司实施控制,当日乙公司可辨认净资产公允价值为 15 000 万元。

(5) 2013 年 4 月 10 日乙公司宣告分派 2009 年现金股利 900 万元,次日实际派发。

(6) 2013 年乙公司实现净利润 2 800 万元。

假定投资方与被投资方未发生内部交易,不考虑所得税等其他因素的影响。

资料二

甲公司为上市公司,该公司内部审计部门在对其 2012 年年度财务报表进行内审时,对以下交易或事项的会计处理提出疑问：

（1）2012 年 6 月 30 日，甲公司与 A 公司签订合同，自 A 公司购买一项专门用于甲产品生产的设备，合同价格为 4 000 万元，因甲公司现金量不足，按合同约定价款自合同签订之日满 1 年后分 4 期支付，每年 6 月 30 日支付 1 000 万元。假定甲公司折现率约为 10%，（P/A，10%，4）＝3.169 9。该项设备预计使用寿命为 5 年，预计净残值为 0，采用年限平均法计提折旧。相关会计处理如下：

借：固定资产	4 000
贷：长期应付款	4 000
借：生产成本	400
贷：累计折旧	400

（2）2012 年 1 月甲公司从其他企业集团中收购了 100 辆巴士汽车，确认了巴士汽车牌照专属使用权 800 万元，作为无形资产核算。甲公司从 2012 年起按 10 年进行该无形资产摊销。经检查，巴士拍照专属使用权没有使用期限。相关会计处理如下：

| 借：管理费用 | 80 |
| 贷：累计摊销 | 80 |

（3）12 月 1 日，甲公司与乙公司签订销售合同，向乙公司销售一批 E 商品。合同规定：E 商品的销售价格为 700 万元，甲公司于 2013 年 4 月 30 日以 740 万元价格购回该批 E 商品。12 月 1 日，甲公司根据销售合同发出 E 商品，款项已收到并存入银行存款；该批 E 商品的实际成本为 600 万元。相关会计处理如下：

借：银行存款	700
贷：主营业务收入	700
借：主营业务成本	600
贷：库存商品	600

（4）2012 年 11 月甲公司与 B 公司签订合同，甲公司于 2013 年 1 月销售商品给 B 公司，合同价格为 1 600 万元，如甲公司单方面撤销合同，应支付违约金为 500 万元。2012 年 12 月 31 日市场价格大幅度的上升，甲公司为了履行合约仍然购入该商品入库，购买商品成本总额为 2 000 万元。相关会计分录处理如下：

| 借：营业外支出 | 400 |
| 贷：预计负债 | 400 |

（5）甲公司有一项投资性房地产，此前采用成本模式进行计量，至 2012 年 12 月 30 日，该办公楼的原价为 4 000 万元，已提折旧 240 万元，已提减值准备 100 万元。2012 年 12 月 30 日甲公司决定采用公允价值对出租的办公楼进行后续计量。该办公楼 2012 年 12 月 30 日的公允价值为 3 800 万元。2012 年 12 月 30 日前无法取得该办公楼的公允价值。相关会计处理如下：

借：投资性房地产——成本	3 800
投资性房地产累计折旧	240
投资性房地产减值准备	100
贷：投资性房地产	4 000
资本公积——其他资本公积	140

(6) 甲公司其他有关资料如下：

① 不考虑相关税费的影响。

② 各交易均为公允交易,且均具有重要性。

(题目中的金额单位用万元表示)

要求：

1. 根据资料一,(1)编制甲公司 2012 年对该项股权投资的会计分录,计算 2012 年年末该项投资的账面价值;(2)编制甲公司 2013 年对该项股权投资的会计分录,计算 2013 年年末该项投资的账面价值。(答案中的金额单位用万元表示)(5.5 分)

2. 根据资料二,(1)逐项判断甲公司会计处理是否正确;如不正确,简要说明理由,并编制更正有关会计差错的会计分录(有关会计差错更正按当期差错处理),不要求编制调整盈余公积的会计分录;(2)对相关会计差错作出更正,计算其对甲公司 2012 年度财务报表相关项目的影响金额,并填列下表。(答案中的金额单位以万元表示)(14.5 分)

项　　目	调整金额
存货	
无形资产	
固定资产	
长期应付款	
其他应付款	
预计负债	
资本公积	
未分配利润	
主营业务收入	
主营业务成本	
管理费用	
财务费用	
资产减值损失	
营业外支出	

第二题(20 分)

资料一

A 股份有限公司(以下简称"A 公司")为上市公司,2009 年至 2011 年发生的相关交易或事项如下：

(1) 2009 年 1 月 1 日递延所得税资产余额为 25 万元,均为应收 B 公司账款 700 万元、计提坏账准备 100 万元引起的;递延所得税负债余额为 0。

(2) 2009 年 3 月 10 日,A 公司就应收 B 公司账款 700 万元与 B 公司签订债务重组合同。合同规定：B 公司以其生产的一批库存商品甲及一项股权投资偿付该项债务;B 公司办理完相关资产的转移手续后,双方债权债务结清。

当日,B公司将库存商品甲交付A公司。B公司该批商品的账面余额为280万元,公允价值为300万元,未计提减值准备;B公司用于偿债的股权投资的账面余额为200万元,公允价值为210万元,未计提减值准备。A公司将收到的该批甲商品作为库存商品管理,将取得的股权投资划分为可供出售金融资产。

(3) A公司取得甲商品后,市场上出现了该类商品的替代产品,甲商品严重滞销,截至2009年年末,该批商品只销售20%给C公司,售价为80万元,款项于销售当日已收妥存入银行。出于促销的考虑,A公司对C公司作出如下承诺:该产品售出后3年内如出现非意外事件造成的故障和质量问题,A公司免费负责保修。A公司期末预计未来期间将发生的相关修理支出为该项销售收入的2%(假定该预计是合理的)。

(4) 2009年年末,A公司预计剩余甲商品的可变现净值为200万元。可供出售金融资产的公允价值为290万元。A公司2009年利润总额为5 000万元。

(5) 2010年2月3日,A公司将2009年年末留存的甲商品全部赊销给D公司,售价为250万元,价税合计为292.5万元。双方签订的销售合同约定:D公司应于2010年10月3日支付全部款项。对于该笔销售,A公司未作出质量保证承诺。

(6) 截至2010年12月31日,A公司尚未收到D公司欠款。A公司于资产负债表日对该项应收账款计提坏账准备20万元。2010年,销售给C公司的甲商品多次出现质量问题,A公司共发生修理支出10万元。

(7) A公司2010年利润总额为5 000万元。2010年年末,A公司持有的可供出售金融资产的公允价值为280万元;存货跌价准备余额为0。

(8) 2011年1月15日,A公司收到法院通知,D公司已宣告破产清算,无力偿付所欠部分款项。A公司预计可收回应收账款的20%。

(9) 其他有关资料如下:

① A公司采用资产负债表债务法核算所得税,适用的所得税税率为25%。

② A公司2009年至2011年除上述部分事项涉及所得税纳税调整外,无其他纳税调整事项。

③ A公司预计在未来期间有足够的应纳税所得额用于抵扣可抵扣暂时性差异。

④ 假设税法规定A公司计提的坏账准备在实际发生坏账损失前不允许税前扣除;与产品售后服务相关的费用在实际发生时允许税前扣除;资产在持有期间公允价值的变动不计入当期应纳税所得额,待处置时一并计算应计入应纳税所得额。

⑤ A公司各年度财务报表批准报出日均为4月30日。

⑥ 盈余公积提取比例为10%。

资料二

A上市公司(以下简称A公司)经批准于2012年1月1日以31 000万元的价格(不考虑相关税费)发行面值总额为30 000万元的可转换公司债券。该可转换公司债券期限为4年,票面年利率为4%,实际利率为6%。自2012年起,每年1月1日付息。自2013年1月1日起,该可转换公司债券持有人可以申请按债券转换日的账面价值转为A公司的普通股(每股面值1元),初始转换价格为每股12元,不足转为1万股的部分按每股12元以现金结清。

其他相关资料如下:

(1) 2012年1月1日,A公司收到发行价款31 000万元,所筹资金用于某机器设备的技术改造项目,该技术改造项目于2012年12月31日达到预定可使用状态并交付使用。

(2) 2013年1月3日,该可转换公司债券的50%转为甲公司的普通股,相关手续已于当日办妥;未转为A公司普通股的可转换公司债券持有至到期,其本金及最后一期利息一次结清。

假定：

① A 公司采用实际利率法确认利息费用。

② 每年年末计提债券利息并确认利息费用。

③ 2012 年该可转换公司债券借款费用的 100％计入该技术改造项目成本。

④ 不考虑其他相关因素。

⑤ 按实际利率计算的可转换公司债券的现值即为其包含的负债成分的公允价值。

$$[(P/A, 6\%, 4) = 3.465\,1, (P/F, 6\%, 4) = 0.792\,1]$$

要求：

1. 根据资料一，(1)编制 A 公司进行债务重组的相关会计分录；(2)分别计算 A 公司 2009 年年末应计提的存货跌价准备及预计负债，并编制相关会计分录；(3)计算确定 2009 年应纳税所得额、应交所得税、递延所得税资产或负债发生额及所得税费用，并编制相关会计分录；(4)计算确定 2010 年应纳税所得额、应交所得税、递延所得税资产或负债发生额及所得税费用，并编制相关会计分录；(5)编制 2010 年日后期间发生日后事项的相关会计分录；(6)根据日后事项的相关处理，填列 A 公司报告年度(2010 年度)资产负债表、利润表相关项目调整表中各项目的调整金额(调增数以"＋"表示，调减数以"－"表示)。(14 分)

资产负债表项目	调整金额(万元)
应收账款	
递延所得税资产	
应交税费	
盈余公积	
未分配利润	
利润表项目	调整金额(万元)
资产减值损失	
所得税费用	
净利润	

2. 根据资料二，(1)编制 A 公司发行该可转换公司债券的会计分录；(2)计算 A 公司 2012 年 12 月 31 日应计提的可转换公司债券利息和应确认的利息费用；(3)编制 A 公司 2012 年 12 月 31 日计提可转换公司债券利息和应确认的利息费用的会计分录；(4)编制 A 公司 2013 年 1 月 1 日支付可转换公司债券利息的会计分录；(5)计算 2013 年 1 月 3 日可转换公司债券转为甲公司普通股的股数；(6)编制甲公司 2013 年 1 月 3 日与可转换公司债券转为普通股有关的会计分录。(6 分)("应付债券"科目要求写出明细科目；答案金额用万元表示；计算结果保留两位小数)

第三题(20 分)

蓝光有限公司(下称"蓝光公司")为增值税一般纳税人，增值税税率为 17％，以人民币为记账本位币，对外币业务采用发生时的汇率折算，按季计算汇兑损益，按季进行利息处理。

2013 年 1 月 1 日有关外币账户期初余额如下表所示。

2013 年 1 月 1 日有关外币账户期初余额

项 目	外币(美元)	折算汇率	折合人民币金额(元)
银行存款	100 000	8	800 000
应收账款	500 000	8	4 000 000
应付账款	200 000	8	1 600 000

蓝光公司 2013 年上半年发生以下经济业务:

(1) 1 月 15 日收到某外商投入的外币资本 50 万美元,当日的市场汇率为 1 美元＝7.9 元人民币,款项已由银行收存。

(2) 1 月 18 日,进口一台不需要安装的机器设备用于生产,设备价款 40 万美元尚未支付,当日市场汇率为 1 美元＝7.9 元人民币。以人民币支付进口关税 658 400 元,支付增值税 671 568 元。

(3) 1 月 20 日,对外销售一批产品,价款 20 万美元,当日的市场汇率为 1 美元＝7.8 元人民币,款项尚未收到,出口增值税税率为 0。

(4) 2 月 1 日,从建行借入 500 万港元用于扩建生产线,借期 3 年,年利率为 6％,利息在每季度末支付。借入当日的市场汇率为 1 港元＝1.08 元人民币。

扩建生产线的工程采用外包方式,由香港永生公司承建,工程已于 2013 年 1 月 1 日开工。根据工程协议规定,工程总造价 800 万港元,预计将于 2013 年 10 月 1 日达到预定可使用状态,工程款分别在 2 月 1 日支付 200 万港元,4 月 1 日支付 200 万港元(当日汇率 1 港元＝1.09 元人民币),剩余 400 万港元在工程验收合格后支付(当日汇率 1 港元＝1.09 元人民币)。

(5) 3 月 31 日,计提利息,计算汇兑损益。当日的市场汇率为 1 美元＝7.7 元人民币,1 港元＝1.1 元人民币。

(6) 5 月 28 日,以美元存款偿还应付账款 20 万美元,当日的市场汇率为 1 美元＝7.7 元人民币。

(7) 6 月 30 日,收回应收账款 30 万美元,当日的市场汇率为 1 美元＝7.6 元人民币。

(8) 6 月 30 日,计算第二季度利息,计算汇兑损益。当日的市场汇率为 1 美元＝7.6 元人民币,1 港元＝1.06 元人民币。

要求:

1. 编制 2013 年第一、二季度上述业务的会计分录,计算各外币账户的汇兑损益。

2. 计算 2013 年第一、二季度上述汇兑差额对本年利润总额的影响。

第二部分 财务管理

复利现值系数表

项 目	1 年	2 年	3 年	4 年	5 年	6 年	7 年	8 年
9％	0.917 4	0.841 7	0.772 2	0.708 4	0.649 9	0.596 3	0.547	0.501 9
10％	0.909 1	0.826 4	0.751 3	0.683	0.620 9	0.564 5	0.513 2	0.466 5
11％	0.900 9	0.811 6	0.731 2	0.658 7	0.593 5	0.534 6	0.481 7	0.433 9

年金现值系数表

项　　目	1 年	2 年	3 年	4 年	5 年	6 年	7 年	8 年
9％	0.917 4	1.759 1	2.531 3	3.239 7	3.889 7	4.485 9	5.033	5.534 8
10％	0.909 1	1.735 5	2.486 9	3.169 9	3.790 8	4.355 3	4.868 4	5.334 9
11％	0.900 9	1.712 5	2.443 7	3.102 4	3.695 9	4.230 5	4.712 2	5.146 1

答题要求:如无特别指明,要求计算的项目应列出计算过程,计算结果有计量单位的应予以标明,每步骤的计算结果请保留两位小数(百分比指标保留百分号前两位小数)。

第一题(20 分)

(一) 资料

(1) DF 股份有限公司 2012 年的资产负债表、利润表和有关现金流量补充资料分别如表 1、表 2 和表 3 所示。

表 1　资产负债表

2012 年 12 月 31 日

编制单位:DF 股份有限公司　　　　　　　　单位:元　币种:人民币

项目	期末余额	年初余额
流动资产:		
货币资金	1 225 097 615.35	1 177 932 310.80
交易性金融资产		
应收票据	23 272 758.32	22 955 232.25
应收账款	498 067 213.09	365 509 237.59
预付款项	4 326 689.67	61 278 850.29
应收利息	4 103 117.35	5 936 524.90
应收股利		
其他应收款	10 536 168.15	13 200 353.58
买入返售金融资产		
存货	361 749 130.00	260 574 616.50
一年内到期的非流动资产		
其他流动资产	272 850 000.00	428 700 000.00
流动资产合计	2 400 002 691.93	2 336 087 125.91
非流动资产:		
可供出售金融资产		
持有至到期投资		
长期应收款		
长期股权投资	510 414 506.48	460 802 838.13

（续表）

项目	期末余额	年初余额
投资性房地产	160 224 171.12	153 197 455.11
固定资产	289 269 357.32	320 500 412.21
在建工程	17 515 076.36	17 927 319.29
工程物资		
固定资产清理		
生产性生物资产		
油气资产		
无形资产	38 564 518.31	39 378 496.94
开发支出		
商誉		
长期待摊费用		
递延所得税资产	1 130 726.59	588 048.69
其他非流动资产		
非流动资产合计	1 017 118 356.18	992 394 570.37
资产总计	3 417 121 048.11	3 328 481 696.28
流动负债：		
短期借款		
交易性金融负债		
应付票据		
应付账款	282 612 998.80	205 173 891.28
预收款项	36 551 982.72	112 762 668.02
卖出回购金融资产款		
应付手续费及佣金		
应付职工薪酬	101 244 570.24	93 507 970.73
应交税费	21 450 197.69	24 196 325.40
应付利息		
应付股利		
其他应付款	99 277 072.83	107 713 182.80
一年内到期的非流动负债		
其他流动负债	88 520 868.62	81 729 542.61
流动负债合计	629 657 690.90	625 083 580.84
非流动负债：		

（续表）

项目	期末余额	年初余额
长期借款		
应付债券		
长期应付款		
专项应付款		
预计负债		4 320 000.00
递延所得税负债		
其他非流动负债	10 166 666.67	13 436 666.67
非流动负债合计	10 166 666.67	17 756 666.67
负债合计	639 824 357.57	642 840 247.51
所有者权益（或股东权益）：		
实收资本（或股本）	1 256 000 064.00	1 256 000 064.00
资本公积	871 155 024.82	871 155 024.82
盈余公积	59 297 933.61	52 355 261.01
未分配利润	590 843 668.11	506 131 098.94
所有者权益合计	2 777 296 690.54	2 685 641 448.77
负债和所有者权益总计	3 417 121 048.11	3 328 481 696.28

表2 利润表

2012 年 1～12 月　　　　　　　　　　　　　单位：元　币种：人民币

项目	本期金额	上期金额
一、营业总收入	3 298 291 641.46	3 116 524 256.16
其中：营业收入	3 298 291 641.46	3 116 524 256.16
二、营业总成本	3 242 018 660.66	3 055 440 719.61
其中：营业成本	2 859 960 195.48	2 692 831 894.99
营业税金及附加	23 364 078.26	27 771 742.21
销售费用	90 309 568.62	105 058 740.45
管理费用	286 963 490.36	245 451 306.73
财务费用	－20 753 552.63	－18 337 125.45
资产减值损失	2 174 880.57	2 664 160.68
加：公允价值变动收益（损失以"－"号填列）		
投资收益（损失以"－"号填列）	101 679 328.41	105 113 442.84
汇兑收益（损失以"－"号填列）		

(续表)

项目	本期金额	上期金额
三、营业利润(亏损以"-"号填列)	157 952 309.21	166 196 979.39
加:营业外收入	47 648 653.21	45 120 217.69
减:营业外支出	4 741 090.42	11 327 517.32
其中:非流动资产处置损失	38 257.86	369 125.19
四、利润总额(亏损总额以"-"号填列)	200 859 872.00	199 989 679.76
减:所得税费用	8 377 825.11	6 112 767.35
五、净利润(净亏损以"-"号填列)	192 482 046.89	193 876 912.41

表3 DF公司现金流量补充资料　　单位:元　币种:人民币

项目	本年金额
将净利润调节为经营活动现金流量:	
净利润	192 482 046.89
加:资产减值准备	2 174 880.57
固定资产折旧、油气资产折耗、生产性生物资产折旧	51 228 474.46
无形资产摊销	1 728 282.07
长期待摊费用摊销	
处置固定资产、无形资产和其他长期资产的损失(收益以"-"号填列)	-94 680.38
固定资产报废损失(收益以"-"号填列)	
公允价值变动损失(收益以"-"号填列)	
财务费用(收益以"-"号填列)	-9 130 875.29
投资损失(收益以"-"号填列)	-101 679 328.41
递延所得税资产减少(增加以"-"号填列)	-542 677.90
递延所得税负债增加(减少以"-"号填列)	
存货的减少(增加以"-"号填列)	-102 468 739.68
经营性应收项目的减少(增加以"-"号填列)	-76 794 789.70
经营性应付项目的增加(减少以"-"号填列)	-9 857 043.72
其他	
经营活动产生的现金流量净额	-52 954 451.09

(2) 已知该公司2011年年初的总资产为2 301 587 942.08元所有者权益为2 061 971 544.04元。

(3) DF公司2012年的现金股利刚刚发放,该年和2011年的现金股利发放率均为50%,预计该公司从2013年开始进入稳定增长期,每年现金股利增长率为5%。该公司成立至今普通股股份总数一直维持为1 000 000 000股。

(4) DF公司的β系数为0.9,目前一年期国债利率为3%,股票市场的平均收益率为10%。

（5）公司所得税税率为 25%。

（二）要求

1. 计算 DF 公司 2012 年年末狭义营运资金数额。

2. 计算 DF 公司 2012 年的现金周转期。假设一年按 360 天计算。

3. 在其他条件相同的情况下，如果 DF 公司放弃了原来所利用的供应商提供的现金折扣，则对现金周转期会产生何种影响？

4. 在其他条件相同的情况下，如果 DF 公司增加应收账款占用，则对现金周转期会产生何种影响？

5. （1）计算该公司 2012 年和 2011 年的净资产收益率。（2）用连环替代法结合杜邦分析关系式，依次分析销售净利率、总资产周转率和权益乘数 3 个因素的变动对前后两年净资产收益率变动所产生的影响。（3 个因素的计算结果保留三位小数，其余的计算结果保留两位小数。）

6. 计算 DF 公司 2012 年的每股股利。

7. 从过往的最近两年股利支付情况看，DF 公司执行的是哪一种现金股利政策？解释该政策的执行是否有利于公司股价的稳定？

8. 投资者甲想购买 DF 公司的股票。（1）请按资本资产定价模型为投资者甲计算投资 DF 公司股票的必要收益率。（2）估计 DF 公司股票价值。（3）若 DF 公司股票的市场价是 5 元，用股票估值结果判断投资者甲应不应该购买 DF 公司的股票？

9. 计算 DF 公司 2012 年的经营净收益、净收益营运指数，并说明净收益营运指数与收益质量之间的关系。

10. 计算 DF 公司 2012 年的现金营运指数，该指数反映公司为取得同样的收益占用了更多还是更少的营运资金？

第二题(20 分)

（一）资料

（1）鸿丰公司本年实际销售收入为 15 000 万元，该年的原预测销售收入为 17 000 万元。鸿丰公司的变动成本率为 60%，固定成本为 2 400 万元。

（2）鸿丰公司目前资本结构为：总资本 8 000 万元，其中债务资金 3 000 万元（年利息 180 万元）；普通股资本 5 000 万元（5 000 万股，面值 1 元，市价 5 元）。公司计划年度准备追加筹资 2 000 万元，有两个筹资方案可供选择：方案一，增发普通股 500 万股，每股发行价 4 元；方案二，发行债券 2 000 万元，利息率 8%。

（3）鸿丰公司的所得税税率为 25%，计划年度追加筹资后的加权平均资本成本为 10%。

（4）鸿丰公司下属的某投资中心现有的一台旧设备为两年前购进，当时投资额为 140 000 元，依据税法确定的该设备使用年限为 7 年，残值为 7 000 元，现尚可使用 5 年。使用旧设备需要垫支的营运资金为 12 000 元，每年能实现销售收入 160 000 元，每年付现营运成本为 100 000 元。旧设备目前的变现价值为 90 000 元，最终报废时残值变现收入为 4 000 元。另外，预计 4 年后旧设备需要发生大修理支出 16 000 元，该项支出在最后两年进行摊销。

现有一新设备甲可以替换旧设备，新设备投资额为 160 000 元，可以使用 5 年，依据税法确定的新设备使用年限为 5 年，残值为 8 000 元。使用新设备需要垫支的营运资金为 16 000 元，每年能实现销售收入 200 000 元，每年付现营运成本为 110 000 元。新设备最终报废时残值变现收入为 10 000 元。

公司财务人员采用净现值法进行是否以新换旧的决策，将整理的旧设备方案的有关现金流量及现值计算的资料列在表 1 中。

表1　继续使用旧设备方案　　　　　　　　　　　　　　单位:元

项目	现金流量	年份	10%的现值系数 (保留四位小数)	现值
旧设备变价收入	−90 000	0	1	−90 000.00
垫支营运资金	−12 000	0	1	−12 000.00
每年销售收入	160 000	1—5	3.790 8	606 528.00
每年营运成本	−100 000	1—5	3.790 8	−379 080.00
每年折旧抵税	19 000×25%=4 750	1—5	3.790 8	18 006.30
大修理支出	−16 000	3	0.751 3	−12 020.80
残值变价收入	4 000	5	0.620 9	2 483.60
残值净损失减税	750	5	0.620 9	465.68
营运资金收回	12 000	5	0.620 9	7 450.80
净现值	——	——	——	A

(二) 要求

1. 根据资料(1):(1)用指数平滑法预测鸿丰公司计划年度的销售收入,已知平滑指数为0.5;(2)计划年度鸿丰公司预计实现的息税前利润为多少? (3)在计划年度销售收入水平下的经营杠杆系数是多少?

2. 根据资料(1)～(3),计算两个筹资方案的每股收益无差别点,并作出筹资方案的选择。

3. 根据资料(3)和(4):(1)检查表1计算使用旧设备方案的净现值时是否有缺失项目,若有请补充计算缺失项目的现值,然后合计出表中A的值,即求出旧设备方案的净现值。(2)表2仿照表1的格式计算新设备甲方案的净现值,请写出其中空白栏目B～I的数值,可以不用写计算过程。(3)根据表1和表2净现值的计算结果作出是否用新设备甲替换旧设备的决策。(4)若另有一新设备乙也可以替换旧设备,使用年限为6年,净现值为130 000元,比较甲、乙设备方案的年金净流量并作出方案抉择。

表2　使用新设备甲的方案　　　　　　　　　　　　　　单位:元

项目	现金流量	年份	10%现值系数 (保留四位小数)	现值
设备投资	−160 000	0	1	−160 000.00
垫支营运资金				B
每年销售收入				C
每年营运成本				D
每年折旧抵税				E
残值变价收入				F
残值净收益纳税				G
营运资金收回				H
净现值	——	——	——	I

"天平杯"浙江省第九届大学生财会信息化竞赛试题(高职高专组)

第一部分　会　计

第一题(20分)

甲股份有限公司(本题下称"甲公司"),系增值税一般纳税人,适用的增值税税率为17%。2010年至2012年有关资料如下:

资料一(7分)

甲公司外币业务采用当日市场汇率进行折算,按季核算汇兑损益。

(1) 2010年3月31日有关外币账户余额如下:

项目	外币金额(万美元)	折算汇率	折算人民币金额(万元)
银行存款(借方)	400	6.26	2 504
应收账款(借方)	300	6.26	1 878
长期借款(贷方)	1 000	6.26	6 260
应付利息(贷方)	15	6.26	93.9

长期借款1 000万美元,系2009年10月1日借入的专门用于建造某生产线的外币借款,借款期限为24个月,年利率为6%,按季计提利息,每年1月和7月支付半年的利息,假定不考虑借款手续费。至2010年3月31日,该生产线正处于建造过程之中,已使用外币借款600万美元,预计将于2010年12月完工。

(2) 2010年4月至6月,甲公司发生如下外币业务(假定不考虑增值税等相关税费):

① 4月1日,为建造该生产线进口一台设备,并以外币银行存款100万美元支付设备购置价款。设备于当月投入安装。当日市场汇率为1美元=6.24人民币元。

② 4月20日,将50万美元兑换成人民币,当日银行美元买入价为1美元=6.20人民币元,卖出价为1美元=6.30人民币元,兑换所得人民币已存入银行。当日市场汇率为1美元=6.25人民币元。

③ 5月1日,以外币银行存款向外国公司支付生产线安装费用120万美元。当日市场汇率为1美元=6.25人民币元。

④ 5月15日,收到第1季度发生的应收账款100万美元。当日市场汇率为1美元=6.27人民币元。

⑤ 6月30日,计提外币专门借款利息。假定外币专门借款应计利息通过"应付利息"科目核算。当日市场汇率为1美元=6.27人民币元。

⑥ 第二季度剩余专门借款存在银行产生的利息收入为0.5万美元,已存入银行。

资料二(13分)

甲公司2010年至2012年长期股权投资有关交易和事项如下:

(1) 2010年度:

① 2010年1月1日,甲公司以3 800万元的价格协议购买黄山公司法人股1 000万股,股权转让过户手续于当日完成。购买黄山公司股份后,甲公司持有黄山公司10%的股份,作为长期股权投资,采用成本法核算。假定不考虑购买发生的相关税费。相关资产转让手续于当日办理完毕。

2010年1月1日黄山公司的可辨认净资产公允价值总额为30 000万元。假定黄山公司各项资产、负债的公允价值与其账面价值相同。

② 2010年3月10日,甲公司收到黄山公司同日派发的2009年度现金股利100万元、股票股利200万股。

黄山公司2009年年度利润分配方案为每10股派发现金股利1元、每10股发放2股股票股利。

③ 2010年度黄山公司实现净利润2 800万元。

(2) 2011年度:

① 2011年3月1日,甲公司收到黄山公司同日派发现金股利240万元。

黄山公司2010年度利润分配方案为每10股派发现金股利2元。

② 2011年5月31日,甲公司与黄山公司第一大股东X公司签订股权转让协议。协议规定,甲公司以每股3.5元的价格购买X公司持有的黄山公司股票3 000万股。甲公司于6月20日向X公司支付股权转让价款10 500万元。股权转让过户手续于7月2日完成。假定不考虑购买时发生的相关税费。2011年7月2日黄山公司可辨认净资产公允价值为32 800万元。假定黄山公司除一项固定资产外,其他资产、负债的公允价值与账面价值相等。该固定资产的账面价值为600万元,公允价值为1 000万元,预计尚可使用年限为10年,采用年限平均法计提折旧,无残值。甲公司对黄山公司追加投资后能够对黄山公司施加重大影响。

③ 2011年度黄山公司实现净利润7 000万元,其中1月至6月实现净利润3 000万元,7月至12月实现净利润4 000万元。

(3) 2012年度:

① 2012年3月20日,甲公司收到黄山公司派发的股票股利420万股。

黄山公司2011年利润分配方案为每10股派发股票股利1股。

② 2012年12月31日,黄山公司因可供出售金融资产公允价值变动减少资本公积100万元。

③ 2010年度黄山公司实现净利润8 000万元。

(4) 其他有关资料如下:

① 除上述交易之外,甲公司与黄山公司之间未发生其他交易。

② 黄山公司除实现净利润及上述资料中涉及股东权益变动的交易和事项外,未发生影响股东权益变动的其他交易和事项。

③ 黄山公司按净利润的10%提取盈余公积。

④ 假定不考虑内部交易和所得税的影响。

要求:

1. 根据资料一:

（1）编制 2010 年第 2 季度外币业务的会计分录。

（2）计算 2010 年底 2 季度计入在建工程和当期损益的汇兑净损益。

（3）编制与期末汇兑损益相关的会计分录。

（答案中的金额单位用万元表示）

2．根据资料二：

（1）编制甲公司 2010 年对黄山公司股权投资相关的会计分录，并计算 2010 年 12 月 31 日长期股权投资的账面价值。

（2）编制甲公司 2011 年对黄山公司股权投资相关的会计分录，并计算 2011 年 12 月 31 日长期股权投资的账面价值。

（3）编制甲公司 2012 年对黄山公司股权投资相关的会计分录，并计算 2012 年 12 月 31 日长期股权投资的账面价值。

（不要求写出长期股权投资的明细科目）（答案中的金额单位用万元表示）

第二题（20 分）

资料一（5 分）

三凌公司 2010 年发生的与编制现金流量表有关项目的经济业务如下：

（1）收到到期的商业汇票款 46 800 万元（销售商品所致），存入银行。

（2）销售商品一批，售价 100 000 万元，增值税 17 000 万元，价税款收到并存入银行。

（3）销售商品一批，售价 50 000 万元，增值税 8 500 万元，价税款未收。

（4）预收货款 300 万元，存入银行。

（5）用银行存款支付购买原材料货款 48 000 万元，增值税 8 160 万元。

（6）支付前期的应付账款 1 200 万元。

（7）本期购买原材料预付货款 150 万元

（8）当期因购货退回现金 60 万元。

（9）购买原材料，货款 10 000 万元，增值税 1 700 万元，价税款未付。

（10）本期实际支付工资及各种奖金 45 000 万元。其中：生产工人及车间管理人员 4 000 万元；在建工程人员 300 万元，无形资产研发人员 20 万元。

（11）用银行存款支付工程物资款，买价 200 万元，增值税 34 万元；支付机器设备款，买价 300 万元，增值税 51 万元。

（12）本期向银行借入长期借款 600 万元，短期借款 100 万元。

（13）本期发行股票收到现金 8 000 万元，发行债券收到现金 7 000 万元。

（14）本期支付现金股利 60 万元，支付利息 7 万元。

（15）本期以银行存款购买股票 10 万股，每股买价 10.2 元（含应收股利 0.2 元），交易费用 5 万元；确认为交易性金融资产。购买债券面值 20 万元，实际支付 21 万元，另外支付相关税费 1 万元，确认为持有至到期投资。

（16）出售机器一台，原值 6 万元，已提折旧 2.5 万元，出售价 3 万元已收并存入银行，支付清理费用 0.2 万元。

资料二：（15 分）

三凌公司所得税税率为 25%，假设 2011 年期初递延所得税资产和递延所得税负债余额均为 0，2011 年利润表上利润总额为 3 000 万元，2011 年至 2012 年发生以下事项：

（1）2011 年 1 月 1 日，以 2 045.08 万元自证券市场购入当日发行的一项 3 年期分期付息到期还本国债。该国债票面金额为 2 000 万元,票面年利率为 4%,实际年利率为 3.2%,到期日为 2013 年 12 月 31 日。三凌公司将该国债作为持有至到期投资核算。税法规定,国债利息收入免交所得税。

(2) 2011 年年末交易性金融资产的账面价值 800 万元,包括成本 640 万元和公允价值变动 160 万元;2012 年年末交易性金融资产账面价值 900 万元,包括成本 1 000 万元和公允价值变动－100 万元。税法规定,企业以公允价值计量的金融资产持有期间公允价值变动不计入应纳税所得额。

(3) 2011 年年末可供出售金融资产账面价值 500 万元,包括成本 580 万元和公允价值变动－80 万元;2012 年年末可供出售金融资产账面价值 640 万元,包括成本 580 万元和公允价值变动 60 万元。税法规定,企业以公允价值计量的金融资产持有期间公允价值变动不计入应纳税所得额。

(4) 2011 年年初存货跌价准备为 0,2011 年年末存货账面价值 900 万元,当期已计提存货跌价准备 100 万元;2012 年年末存货账面价值 800 万元,销售结转跌价准备 80 万元,2012 年年末计提存货跌价准备 140 万元。税法规定,资产在发生实质性损失前,计提的减值准备不允许税前扣除。

(5) 2012 年 12 月 31 日,三凌公司发生了可于 5 年内税前弥补的亏损 600 万元。

三凌公司预计未来期间能够产生足够的应纳税所得额用于抵扣可抵扣暂时性差异,预计未来期间适用的所得税税率不会发生变化,不考虑其他因素。

要求:

1. 根据资料一:

计算现金流量表中有关项目的金额。(1)销售商品、提供劳务收到的现金;(2)购买商品、接受劳务支付的现金;(3)支付给职工以及为职工支付的现金;(4)购建固定资产、无形资产和其他长期资产所支付的现金;(5)取得借款收到的现金;(6)吸收投资收到的现金;(7)分配股利、利润或偿付利息支付的现金;(8)投资支付的现金;(9)支付其他与投资活动有关的现金;(10)处置固定资产、无形资产和其他长期资产收回的现金净额。(单位:万元)

2. 根据资料二:

(1) 填表(2011 年 12 月 31 日)。

2011 年 12 月 31 日　　　　　　　　　　　　单位:万元

项目	账面价值	计税基础	可抵扣暂时性差异	应纳税暂时性差异
交易性金融资产				
可供出售金融资产				
持有至到期投资				
存货				
可抵扣亏损				
暂时性差异合计				
递延所得税资产和递延所得税负债余额				

(2) 填表(2012 年 12 月 31 日)。

2012 年 12 月 31 日   单位:万元

项目	账面价值	计税基础	可抵扣暂时性差异	应纳税暂时性差异
交易性金融资产				
可供出售金融资产				
持有至到期投资				
存货				
可抵扣亏损				
暂时性差异合计				
递延所得税资产和递延所得税负债余额				

(3) 写出 2011 年、2012 年与当期所得税和递延所得税相关的会计分录。

(4) 计算 2011 年、2012 年利润表"综合收益总额"。(15 分)

(答案中的金额单位用万元表示,保留两位小数)

第三题(20 分)

资料一(5.5 分)

天天公司为上市公司,增值税税率 17%,所得税税率 25%,2009 至 2010 年有关业务如下:

(1) 2009 年 7 月 30 日,天天公司就应收 A 公司账款 7 200 万元与 A 公司签订债务重组合同。合同规定,A 公司以其拥有的一栋在建写字楼及一项长期股权投资偿付该项债务;A 公司在建写字楼和长期股权投资所有权转移至天天公司后,双方债权债务结清。8 月 5 日,A 公司将在建写字楼和长期股权投资所有权转移至天天公司。天天公司对该应收账款已计提了坏账准备 1 000 万元;A 公司在建写字楼的账面余额 2 160 万元,公允价值 2 640 万元;长期股权投资账面余额 3 120 万元,已提减值准备 240 万元,公允价值 2 760 万元;天天公司将取得的股权投资作为长期股权投资,采用成本法核算。

(2) 天天公司取得在建写字楼后,委托某建造商继续建造,至 2010 年 1 月 1 日,累计新发生工程支出 960 万元,2010 年 1 月 1 日,该写字楼达到预定可使用状态并办理完毕资产结转手续。对于该写字楼,天天公司与 S 公司签订租赁合同,将该写字楼整体出租给 S 公司。合同规定:租赁期从 2010 年 1 月 1 日开始,租赁期为 5 年;年租金为 240 万元,每年年末支付。天天公司预计写字楼的使用年限为 30 年,预计净残值为 0。2010 年 12 月 31 日,天天公司收到租金 288 万元。同日该写字楼的公允价值为 3 840 万元。

(3) 2010 年 12 月 20 日,天天公司与 C 公司签订长期股权投资转让合同。根据转让合同,天天公司将债务重组取得的长期股权投资转让给 C 公司,并向 C 支付补价 240 万元,取得 C 公司一项土地使用权。12 月 31 日,天天公司以银行存款向 C 支付 240 万元补价,双方办理完毕相关资产的产权转让手续。同日,天天公司长期股权投资的账面价值为 2 760 万元,公允价值为 2 400 万元,C 公司土地使用权公允价值为 2 640 万元,取得的土地使用权作无形资产核算。

(4) 其他资料:①假定天天公司投资性房地产均采用公允价值模式进行后续计量;②假定不考虑相关税费影响。

资料二(9.5 分)

天天公司系生产电子仪器的上市公司,由管理总部和甲、乙两个车间组成。该电子仪器主要销往欧美等国,由于受国际金融危机的不利影响,电子仪器市场销量一路下滑。天天公司在编制2009年度财务报告时,对管理总部、甲车间、乙车间和商誉等进行减值测试。天天公司有关资产减值测试资料如下:

(1) 管理总部和甲车间、乙车间有形资产减值测试相关资料:

① 管理总部资产由一栋办公楼组成。2009年12月31日,该办公楼的账面价值为2 000万元。甲车间仅拥有一套A设备,生产的半成品仅供乙车间加工成电子仪器,无其他用途;2009年12月31日,A设备的账面价值为1 200万元。乙车间仅拥有B、C两套设备,除对甲车间提供的半成品加工为产成品外,无其他用途;2009年12月31日,B、C设备的账面价值分别为2 100万元和2 700万元。

② 2009年12月31日,办公楼如以当前状态对外出售,估计售价为1 980万元(即公允价值),另将发生处置费用20万元。A、B、C设备的公允价值均无法可靠计量;甲车间、乙车间整体,以及管理总部、甲车间、乙车间整体的公允价值也均无法可靠计量。

③ 办公楼、A、B、C设备均不能单独生产现金流量。2009年12月31日,乙车间的B、C设备在预计使用寿命内形成的未来现金流量现值为4 658万元;甲车间、乙车间整体的预计未来现金流量现值为5 538万元;管理总部、甲车间、乙车间整体的预计未来现金流量现值为7 800万元。

④ 假定进行减值测试时,管理总部资产的账面价值能够按照甲车间和乙车间资产的账面价值进行合理分摊。

(2) 商誉减值测试相关资料:

2008年12月31日,天天公司以银行存款4 200万元从二级市场购入北方公司80%的有表决权股份,能够控制北方公司。当日,北方公司可辨认净资产的公允价值和账面价值均为4 000万元;天天公司在合并财务报表层面确认的商誉为1 000万元。

2009年12月31日,天天公司对北方公司投资的账面价值仍为4 200万元,在活跃市场中的报价为4 080万元,预计处置费用为20万元;天天公司在合并财务报表层面确定的北方公司可辨认净资产的账面价值为5 400万元,北方公司可收回金额为5 100万元。

天天公司根据上述有关资产减值测试资料,进行了如下会计处理:

第一,认定资产组或资产组组合。①将管理总部认定为一个资产组;②将甲、乙车间认定为一个资产组组合。

第二,确定可收回金额。①管理总部的可收回金额为1 960万元;②对子公司北方公司投资的可收回金额为4 080万元。

第三,计量资产减值损失。①管理总部的减值损失金额为50万元;②甲车间A设备的减值损失金额为30万元;③乙车间的减值损失金额为120万元;④乙车间B设备的减值损失金额为52.5万元;⑤乙车间C设备的减值损失金额为52.5万元;⑥天天公司个别资产负债表中,对北方公司长期股权投资减值损失的金额为120万元。

资料三(5分)

天天公司的财务经理在复核20×9年度财务报表时,对以下交易或事项会计处理的正确性难以作出判断:

(1) 为减少交易性金融资产市场价格波动对公司利润的影响,20×9年1月1日,天天公司将所持有乙公司股票从交易性金融资产重分类为可供出售金融资产,并将其作为会计政策变更采用追溯调整法进行会计处理。20×9年1月1日,天天公司所持有乙公司股票共计300万股,其中200万股系20×8年1月5日以每股12元的价格购入,支付价款2 400万元,另支付相关交易费用8万元;100万股系20×8年10月18日以每股11元的价格购入,支付价款1 100万元,另支付相关交易费用4万元。20×8年12月31日,乙公司股票的市场价格为每股10.5元。天天公司估计该股票价格为暂时性下跌。

20×9年12月31日,天天公司对持有的乙公司股票按照年末公允价值进行了后续计量,并将其公允价值变动计入了所有者权益。20×9年12月31日,乙公司股票的市场价格为每股10元。

(2) 为减少投资性房地产公允价值变动对公司利润的影响,从20×9年1月1日起,天天公司将出租厂房的后续计量由公允价值模式变更为成本模式,并将其作为会计政策变更采用追溯调整法进行会计处理。天天公司拥有的投资性房地产系一栋专门用于出租的厂房,于20×6年12月31日建造完成达到预定可使用状态并用于出租,成本为8 500万元。

20×9年度,天天公司对出租厂房按照成本模式计提了折旧,并将其计入当期损益。

在投资性房地产后续计量采用成本模式的情况下,天天公司对出租厂房采用年限平均法计提折旧,出租厂房自达到预定可使用状态的次月起计提折旧,预计使用25年,预计净残值为0。在投资性房地产后续计量采用公允价值模式的情况下,天天公司出租厂房各年年末的公允价值如下:20×6年12月31日为8 500万元;20×7年12月31日为8 000万元;20×8年12月31日为7 300万元;20×9年12月31日为6 500万元。

本题不考虑所得税及其他因素。

要求:

1. 根据资料一,(1)计算天天公司与A公司债务重组过程中应确认的损益并编制相关会计分录;(2)计算A公司与天天公司债务重组过程中应确认的损益并编制相关会计分录;(3)计算天天公司写字楼在2010年应确认的公允价值变动损益并编制相关会计分录;(4)计算天天公司转让长期股权投资所产生的损益并编制相关会计分录。(单位:万元)

2. 根据资料二,逐项分析、判断天天公司对上述资产减值的会计处理是否正确(分别注明该事项及其会计处理的序号);如不正确,请作出正确的会计处理。(单位:万元)

3. 根据资料三,(1)判断天天公司20×9年1月1日将持有乙公司股票重分类并进行追溯调整的会计处理是否正确,同时说明判断依据;如果甲公司的会计处理不正确,编制更正的会计分录;(2)判断天天公司20×9年1月1日起变更投资性房地产的后续计量模式并进行追溯调整的会计处理是否正确,同时说明判断依据;如果甲公司的会计处理不正确,编制更正的会计分录。(单位:万元)

(答案中的金额单位用万元表示)

第二部分 财务管理

答题要求:要求计算的项目应列出计算过程;计算结果有计量单位的,应予标明;如无特别指明,每步骤的计算结果请保留两位小数(百分比指标保留百分号前两位小数)。

第一题(20分)

B公司的有关资料如下:

(1) B公司2011年全年销售额7 200万元,采用的是30天按发票金额付款的信用政策,变动成本率为60%,坏账损失率占销售额的2%,收账费用发生30万元,企业的资金成本率为10%,一年按360天计算。

为了扩大销售,公司2012年拟改变现有的信用政策,现有甲、乙两个方案供考虑。甲方案将信用期间放宽到 40 天,仍按发票金额付款,预计全年销售额将增加到 9 000 万元,坏账损失率将提高至销售额的 3%,收账费用将增加至 42 万元。乙方案在将信用期间放宽到 40 天的同时,提出"1/20,N/40"的现金折扣条件,估计会有 80% 的客户(按销售额计算)享受现金折扣优惠,其余条件和甲方案相同。

(2) B公司 2011 年的销售净利率为 12%,股利支付率为 50%,2011 年 12 月 31 日的简易资产负债表如下:

简易资产负债表 单位:万元

资产	金额	负债及所有者权益	金额
货币资金	1 500	短期借款	600
应收账款	1 100	应付账款	1 200
存货	2 500	预收账款	1 100
固定资产	3 000	应付债券	800
无形资产	100	所有者权益	4 500
资产合计	8 200	负债及所有者权益合计	8 200

经测算,B公司 2012 年预计销售收入将达到 9 000 万元,销售净利率和股利支付率不变,无形资产也不相应增加。经分析,流动资产项目与流动负债项目(短期借款除外)随销售收入同比例增减。

该公司 2012 年有一项固定资产投资计划,投资额为 2 000 万元,计算期内各年预计净现金流量为:$NCF0 = -2 000$ 万元,$NCF1 = 500$ 万元,$NCF2-4 = 700$ 万元,$NCF5 = 800$ 万元。公司为该项目设定的折现率为公司 2011 年的资金成本 10%。

(3) 该公司决定于 2012 年 1 月 1 日公开发行债券 2 200 万元,每张债券面值 100 元,票面利率 10%,期限为 5 年,每年年末付息,到期一次还本。公司确定的发行价为 102 元,筹资费率为 2%,公司适用的所得税税率为 25%。

要求:

1. 根据资料(1),若采用甲方案,请确定与原方案相比增加的边际贡献、增加的应收账款应计利息、增加的税前损益。(3 分)

2. 根据资料(1),若采用乙方案,请确定与原方案相比增加的应收账款应计利息、增加的现金折扣成本、增加的税前损益,并进一步作出信用政策的选择。(4 分)

3. 根据资料(2)计算 2011 年年末的权益乘数。(1 分)

4. 利用资料(1)和(2)给出的相关数据,计算:(4 分)

(1) 2011 年年末敏感资产占销售收入的百分比。

(2) 2011 年年末敏感负债占销售收入的百分比。

(3) 2012 年对外筹资数额。

5. 根据资料(2),计算 B公司 2012 年固定资产投资项目的回收期、净现值。(4 分)

6. 根据资料(2),利用 EXCEL 插入函数法直接求得固定资产投资项目的内部收益率。(2 分)

7. 根据资料(3),计算 B公司 2012 年发行债券的资本成本。(2 分)

第二题(20 分)

E公司是我国一家制造业上市公司,有关资料如下:

(1) 该公司生产的产品中只有甲产品耗用乙材料,定额单耗量(指在现有生产技术条件下,生产单位产品所需要的材料数量)为 6 千克/件。全年乙材料计划单价不变,为 8 元/千克。2011 年第 4 季度按定期预算法编制 2012 年的企业预算时,部分预算资料如下:

① 乙材料 2012 年年初的预计结存量为 1 800 千克,各季度末乙材料的预计结存量分别为 1 200 千克、1 400 千克、1 400 千克和 1 500 千克。

② 每季度乙材料的购货款于当季支付 40%,剩余 60% 于下一个季度支付。该公司不完整的 2012 年度乙材料的采购预算如下表所示:

2012 年度乙材料的采购预算

项目	第一季度	第二季度	第三季度	第四季度	全年合计
预计甲产品生产量(件)	3 800	3 800	4 200	4 800	16 600
材料定额单耗量(千克/件)					
预计生产需要量(千克)					
加:期末结存量(千克)					
减:期初结存量(千克)					
预计材料采购量(千克)					
材料计划单价(元/千克)					
预计采购金额(元)	(A)	(B)			(C)

③ E 公司 2012 年第一季度实际生产甲产品 4 000 件,耗用乙材料 26 000 千克,乙材料的实际单价为 7.5 元/千克。

(2) 2012 年 3 月 31 日 E 公司股票的 β 系数为 1.2,每股市价 20 元,每股收益 1 元。在发放上年度股利前,股东权益项目构成如下:普通股 5 000 万股,每股面值 1 元,计 5 000 万元;资本公积 1 000 万元,盈余公积 2 000 万元,未分配利润 4 000 万元。公司实行稳定增长的股利政策,股利年增长率为 3%。目前一年期国债利息率为 4%,市场组合风险收益率为 8%。不考虑通货膨胀因素。

(3) E 公司拟定两个 2011 年度分红备选方案:

方案一:凡在 2012 年 4 月 16 日前登记在册的本公司股东,有权享有每股 0.50 元的现金股利,除息日是 2012 年 4 月 17 日,股利发放日为 2012 年 5 月 16 日。

方案二:发放股票股利,每 10 股送 1 股,除息日为 2012 年 4 月 17 日。

要求:

1. 根据资料(1):

(1) 确定 E 公司生产甲产品耗用乙材料的采购预算表中用字母表示的项目的数值(不需要列示计算过程)。(3 分)

(2) 计算 E 公司乙材料采购第二季度的预计采购现金支出金额。(1 分)

(3) 计算单位甲产品的乙材料标准成本。(1 分)

(4) 计算 E 公司第一季度甲产品消耗乙材料的成本差异,以及用量差异和价格差异。(3 分)

(5) 根据上步计算结果,指出 E 公司进一步降低甲产品消耗乙材料成本的主要措施。(1 分)

2. 根据资料(2):

(1) E 公司股票 2012 年 3 月 31 日的市盈率是多少?(1 分)

(2) 运用资本资产定价模型计算投资 E 公司股票的必要收益率。(1分)

3. 根据资料(3)：

(1) 根据我国相关法律、政策的规定，对个人投资者从上市公司取得的股息红利所得应计征个人所得税。请基于个人股东税负上的考虑，计算两个分红方案的每股股利应纳个人所得税，并据此进行选择。(3分)

(2) 若采用分红方案二,计算股利分配方案完成之后的普通股股数及股东权益各项目的金额。(4分)

(3) 若市净率保持不变,则在完成分红方案二之后,E 公司股票的价格估计为多少？(2分)

"天平杯"浙江省第十三届大学生财会信息化竞赛

参考答案及评分标准(高职高专组)

第一部分 会 计

第一题(20分)

1.（12分）

（1）相关会计分录：（1分）

① 销售产品会计分录：

借：应收账款		2 340
银行存款		3 510
贷：主营业务收入		5 000
应交税费——应交增值税（销项税额）		850

借：主营业务成本		3 200
贷：库存商品		3 200

② 预计维修费用会计分录：

借：销售费用		10
贷：预计负债		10

（2）相关会计分录：（1分）

借：银行存款		117
贷：主营业务收入		100
应交税费——应交增值税（销项税额）		17

借：主营业务成本		64
贷：库存商品		64

（3）相关会计分录：（2分）

① 预收货款的会计分录：

借：银行存款		3 532.2
贷：预收账款		3 532.2

② 发出货物的会计分录:

借:预收账款　　　　　　　　　　　　　　　　　　　　　　　3 178.98

　　贷:主营业务收入　　　　　　　　　　　　　　　　　　　2 700.00

　　　　其他业务收入　　　　　　　　　　　　　　　　　　　　18.00

　　　　应交税费——应交增值税(销项税额)(459+1.98)　　460.98

　　[主营业务收入＝3 159÷1.17＝2 700(万元);其他业务收入金额＝22.2÷1.11×90%＝18(万元)]

借:主营业务成本　　　　　　　　　　　　　　　　　　　　　1 700

　　贷:库存商品　　　　　　　　　　　　　　　　　　　　　1 700

③ 支付给物流公司送货费的会计分录:

借:其他业务成本　　　　　　　　　　　　　　　　　　　　　　10.00

　　销售费用　　　　　　　　　　　　　　　　　　　　　　　　28.00

　　应交税费——应交增值税(进项税额)　　　　　　　　　　　 4.18

　　贷:银行存款　　　　　　　　　　　　　　　　　　　　　　42.18

(4) 相关会计分录:(1分)

借:银行存款　　　　　　　　　　　　　　　　　　　　　　　 491.4

　　贷:主营业务收入　　　　　　　　　　　　　　　　　　　 420.0

　　　　应交税费——应交增值税(销项税额)　　　　　　　　　71.4

借:主营业务成本　　　　　　　　　　　　　　　　　　　　　 294.0

　　贷:库存商品　　　　　　　　　　　　　　　　　　　　　 294.0

(5) 相关会计分录:(1分)

借:银行存款　　　　　　　　　　　　　　　　　　　　　　　 128.7

　　贷:其他应付款——江 B 公司　　　　　　　　　　　　　　110.0

　　　　应交税费——应交增值税(销项税额)　　　　　　　　　18.7

借:发出商品　　　　　　　　　　　　　　　　　　　　　　　　75.0

　　贷:库存商品　　　　　　　　　　　　　　　　　　　　　　75.0

(6) 相关会计分录:(1分)

借:长期应收款——江 C 公司　　　　　　　　　　　　　　　　425

　　贷:主营业务收入　　　　　　　　　　　　　　　　　　　 400

　　　　未实现融资收益　　　　　　　　　　　　　　　　　　　25

借:主营业务成本　　　　　　　　　　　　　　　　　　　　　 260

　　贷:库存商品　　　　　　　　　　　　　　　　　　　　　 260

(7) 相关会计分录:(1分)

借:长期股权投资——投资成本/可供出售金融资产　　　　　　 200

　　银行存款　　　　　　　　　　　　　　　　　　　　　　　　50

　　营业外支出——债务重组损失　　　　　　　　　　　　　　　16

　　坏账准备　　　　　　　　　　　　　　　　　　　　　　　　14

　　贷:应收账款——江 D 公司　　　　　　　　　　　　　　　280

（8）相关会计分录：（1分）

借：银行存款 233.2

　　累计摊销 80.0

　　无形资产减值准备——商标权 20.0

　　贷：无形资产——商标权 290.0

　　　　应交税费——应交增值税（销项税额） 13.2

　　　　营业外收入——处置非流动资产利得 30.0

（9）相关会计分录：（1分）

① 9月12日购入股票的会计分录：

借：交易性金融资产——成本 500

　　投资收益 1

　　贷：银行存款/其他货币资金 501

② 12月31日公允价值变动的会计分录：

借：交易性金融资产——公允价值变动 20

　　贷：公允价值变动损益 20

（10）相关会计分录：（2分）

① 10月1日购入国债的会计分录：

借：持有至到期投资——成本 500

　　持有至到期投资——利息调整 10

　　贷：银行存款/其他货币资金 510

② 12月31日计提利息：

应收利息＝持有至到期投资面值500×票面利率5%×持有时间3÷12＝6.25（万元）；

实际利息＝持有至到期投资期初摊余成本510×实际利率4%×持有时间3÷12＝5.1（万元）。

会计分录：

借：持有至到期投资——应计利息 6.25

　　贷：持有至到期投资——利息调整 1.15

　　　　投资收益 5.10

2.（2分）

营业利润＝主营业务收入（5 000－100＋2 700＋420＋400）－主营业务成本（3 200－64＋1 700＋294＋260）＋其他业务收入18－其他业务成本10－营业税金及附加60－管理费用（120＋520）－销售费用（10＋28＋100）－财务费用30－资产减值损失208＋公允价值变动损益20＋投资收益（5.1－1）＝8 420－5 390－1 043.9＝1 986.1（万元）。

3.（2分）

销售商品、提供劳务收到的现金＝3 510－117＋3 532.2＋491.4＋128.7＋50＋10＝7 605.3（万元）。

4.（2分）

利润总额＝营业利润1 986.1＋营业外收入（60＋30）－营业外支出（7＋16）＝2 053.1（万元）；

2015年应交所得税额＝（利润总额2 053.1＋罚款支出7－国债利息收入5.1＋计提维修费用10＋资产减值损失208－公允价值变动损益20－债务重组转销坏账准备14－出售无形资产转销

的减值准备 20)×25%＝2 219×25%＝554.75(万元)。

5. (2分)

经济业务(14)产生的可抵扣暂时性差异＝(50＋10)＋58＋100＝218(万元);

递延所得税资产＝218×25%＝54.5(万元);

递延所得税费用＝递延所得税负债－递延所得税资产;

经济业务(14)对 2015 年度确认递延所得税费用的影响金额＝0－54.5＝－54.5(万元)。

第二题(20分)

1. (3分)

发行可转换公司债券时,应将收到的价款分拆为负债成分和权益成分。

借助 Excel 提供的函数,负债成分公允价值＝10 000×(P/S, 8%, 3)＋10 000×3%×(P/A, 8%, 3)＝10 000×0.793 8＋300×2.577 1＝7 938＋773.13＝8 711.13(万元);

权益成分公允价值＝10 000－8 711.13＝1 288.87(万元)。

会计分录:

借:银行存款		10 000.00
应付债券——可转换公司债券(利息调整)		1 288.87
贷:应付债券——可转换公司债券(面值)		10 000.00
其他权益工具		1 288.87

2. (3分)

该笔借款费用资本化期间为 2011 年 1 月 1 日至 2011 年 12 月 31 日。

2011 年 1 月 1 日至 2011 年 12 月 31 日应付利息＝债券面值 10 000×票面利率 3%×期限 1＝300(万元);

2011 年 1 月 1 日至 2011 年 12 月 31 日利息费用＝应付债券期初摊余成本 8 711.13×实际利率 8%×期限 1＝696.89(万元);

该笔借款费用资本化金额＝该笔借款当期实际利息费用 696.89－尚未动用借款存入银行取得的利息收入(5 000×4%＝200)＝496.89(万元)。

2011 年 12 月月末会计分录:

计提利息:

借:在建工程		496.89
银行存款(或:应收利息)		200.00
贷:应付利息		300.00
应付债券——可转换公司债券(利息调整)		396.89

支付利息:

借:应付利息		300
贷:银行存款		300

生产线投入使用:

借:固定资产(10 000＋496.89＋0.2＋0.11)		10 497.2
贷:在建工程		10 497.2

3. (3分)

转换的股份数＝转换的债券面值(10 000×70%)÷换股率 5＝1 400(万股)。

转换时的会计分录：

借：应付债券——可转换公司债券（面值）（10 000×70%）	7 000.00
其他权益工具（1 288.87×70%）	902.21
贷：应付债券——可转换公司债券（利息调整）（891.98×70%）	624.39
股本（1 400×1）	1 400.00
资本公积——股本溢价	5 877.82

注：2011 年年末利息调整余额＝1 288.87－396.89＝891.98（万元）。

4. （3分）

2012 年年末利息调整余额＝（1 288.87－396.89－428.64）×30%＝463.34×30%＝139（万元）；

2013 年应付利息＝债券面值（10 000×30%）×票面利率 3%×期限 1＝90（万元）；

2013 年利息费用＝应付利息 90＋利息调整余额 139＝229（万元）。

2013 年 12 月月末计提利息会计分录：

借：财务费用	229
贷：应付利息	90
应付债券——可转换公司债券（利息调整）	139

支付债券本息的会计分录：

借：应付债券——可转换公司债券（面值）	3 000
应付利息	90
贷：银行存款	3 090

5. （3分）

2015 年年末生产线累计折旧额＝10 497.2×（1－5%）×8÷36＋10 497.2×（1－5%）×7÷36＋10 497.2×（1－5%）×6÷36＋10 497.2×（1－5%）×5÷36＝2 216.08＋1 939.07＋1 662.06＋1 385.05＝7 202.26（万元）；

2015 年年末生产线的减值损失金额＝（10 497.2－7 202.26）－2 000＝1 294.94（万元）。

会计分录：

借：资产减值损失	1 294.94
贷：固定资产减值准备	1 294.94

6. （3分）

浙 B 公司支付补价所占比重＝400÷（400＋1 800）＝18.18%，小于 25%，属于非货币性资产交换。

会计分录：

借：固定资产清理	2 000.00
累计折旧	7 202.26
固定资产减值准备	1 294.94
贷：固定资产	10 497.20
借：库存商品	1 800
应交税费——应交增值税（进项税额）	306
银行存款	468
贷：固定资产清理	2 000
应交税费——应交增值税（销项税额）	374
营业外收入——处置非流动资产利得	200

7. (2分)

借:投资性房地产——成本	200
累计折旧	120
贷:固定资产	300
其他综合收益	20

第三题(20分)

1. (4分)

沪A公司2015年1月1日将持有沪B公司股票重分类并进行追溯调整的会计处理是不正确的。

理由:交易性金融资产不能与其他金融资产进行重分类。

更正的会计分录:

借:交易性金融资产——成本(2 400+1 100)	3 500.0
可供出售金融资产——公允价值变动(3 512-300×10.5)	362.0
盈余公积	36.2
利润分配——未分配利润	325.8
贷:可供出售金融资产——成本(2 400+1 100+8+4)	3 512
交易性金融资产——公允价值变动(3 500-300×10.5)	350
其他综合收益	362

| 借:可供出售金融资产——公允价值变动(300×10.5-300×10) | 150 |
| 贷:其他综合收益 | 150 |

| 借:公允价值变动损益 | 150 |
| 贷:交易性金融资产——公允价值变动 | 150 |

2. (4分)

沪A公司2015年5月3日仅对持有沪C公司长期股权投资中的1/3进行出售会计处理是不正确的。

理由:沪A公司由于处置1/3持有沪C公司长期股权投资,丧失了对沪C公司的控制权,但处置后的剩余股权能够对沪C公司具有重大影响,应当将成本法改为权益法核算,并对该剩余股权视同取得时即采用权益法核算进行调整。

更正的会计分录:

(1) 调整初始长期股权投资的账面价值(4 500×40%-2 400×2÷3):

借:长期股权投资——成本	200
贷:盈余公积	20
利润分配——未分配利润	180

(2) 调整后续长期股权投资账面价值[(8 000-4 500)×40%]:

借:长期股权投资——损益调整(2 500×40%)	1 000
贷:盈余公积	80
利润分配——未分配利润	720
投资收益	200

借：长期股权投资——其他综合收益(1 000×40%)　　　　　　　　　　　400
　　贷：其他综合收益　　　　　　　　　　　　　　　　　　　　　　　　　400

3.（4分）

沪A公司2015年根据资料(3)所做的会计处理不正确。

理由：2014年第二季度末，根据合同约定及沪D公司的财务情况，销售价款14 000万元符合收入的确认条件。11月沪D公司发生财务困难，应收剩余款项预计未来现金流量现值减少，说明应收款项发生了减值，应对应收账款计提坏账准备并确认减值损失，不能冲减第二季度确认的收入。

更正会计分录：

借：应收账款　　　　　　　　　　　　　　　　　　　　　　　　　　　5 600
　　贷：主营业务收入　　　　　　　　　　　　　　　　　　　　　　　　5 600

借：资产减值损失　　　　　　　　　　　　　　　　　　　　　　　　　　800
　　贷：坏账准备　　　　　　　　　　　　　　　　　　　　　　　　　　　800

借：递延所得税资产　　　　　　　　　　　　　　　　　　　　　　　　　200
　　贷：所得税费用　　　　　　　　　　　　　　　　　　　　　　　　　　200

4.（4分）

（1）沪A公司2015年1月1日收到财政补贴款时确认营业外收入60万元的会计处理不正确。

理由：该项补贴款难以区分与资产相关的部分和与收益相关的部分，不能全额计入营业外收入，应先计入"递延收益"，并在2015年1月1日至2016年12月31日间分两年进行分配。

更正会计分录：

借：营业外收入　　　　　　　　　　　　　　　　　　　　　　　　　　　30
　　贷：递延收益　　　　　　　　　　　　　　　　　　　　　　　　　　　30

（2）沪A公司将60万元补贴款在计算全年应纳税所得额时全部予以扣除的处理不正确。

理由：对于企业所得税的处理，根据《财政部　国家税务总局关于专项用途财政性资金企业所得税处理问题的通知》(财税〔2011〕70号)，企业不能税前扣除这部分补贴收入。

借：所得税费用(30×25%)　　　　　　　　　　　　　　　　　　　　　7.5
　　贷：应交税费——应交所得税　　　　　　　　　　　　　　　　　　　7.5

5.（4分）

判断：该项资产负债表日后事项是资产负债表日后调整事项。

理由：该事项在2014年资产负债表日前已经存在，2015年3月8日诉讼案件结案，法院判决证实了沪A公司在2014年资产负债表日已经存在现时义务，需要调整原先确认的与该诉讼案件相关的预计负债。并调整资产负债表日的财务报表。

会计分录：

记录支付的赔偿款：

借：以前年度损益调整　　　　　　　　　　　　　　　　　　　　　　　50
　　贷：其他应付款——沪E公司　　　　　　　　　　　　　　　　　　　50

借：预计负债——未决诉讼　　　　　　　　　　　　　　　　　　　　　300
　　贷：其他应付款——沪E公司　　　　　　　　　　　　　　　　　　　300

借：其他应付款——沪E公司 350
　　贷：银行存款 350

记录所得税的调整：

借：应交税费——应交所得税(350×25％) 87.5
　　贷：递延所得税资产(300×25％) 75.0
　　　　以前年度损益调整(50×25％) 12.5

将"以前年度损益调整"转入利润分配：

借：利润分配——未分配利润 37.5
　　贷：以前年度损益调整 37.5

调整利润分配有关数字：

借：盈余公积——法定盈余公积 3.75
　　贷：利润分配——未分配利润 3.75

第二部分　财务管理

第一题(20分)

1.（3分）

指　标	2015	2014
净资产收益率	2.79％	0.36％
销售净利率	0.76％	0.10％
资产周转率	1.325 2	1.267 9
权益乘数	2.782 8	2.895 0

（0.5分）　　　　　　　　　　　　（0.5分）

销售净利率变动对净资产收益率影响：2.41％；（0.5分）
资产周转率变动对净资产收益率影响：0.13％；（0.5分）
权益乘数变动对净资产收益率影响：−0.11％；（0.5分）
综合影响：2.41％＋0.13％＋（−0.11％）＝2.43％；
或：2.79％−0.36％＝2.43％。（0.5分）

2.（5分）

导致该公司2015年净资产收益率上升的主要因素是销售净利率。（0.5分）

单位：万元

项　　目	原始数据		水平分析表		垂直分析表	
	本年度	上年度	变动额	变动率	本年结构	上年结构
一、营业收入	10 892 529.60	10 529 222.90	363 306.70	3.45％	100.00％	100.00％
减：营业成本	9 228 457.20	8 927 906.10	300 551.10	3.37％	84.72％	84.79％

（续表）

项　目	原始数据		水平分析表		垂直分析表	
	本年度	上年度	变动额	变动率	本年结构	上年结构
营业税金及附加	35 716.00	32 994.20	2 721.80	8.25%	0.33%	0.31%
销售费用	1 410 502.50	1 273 971.10	136 531.40	10.72%	12.95%	12.10%
管理费用	335 657.00	280 566.70	55 090.30	19.64%	3.08%	2.66%
财务费用—净额	6 677.00	−14 908.70	21 585.70	−144.79%	0.06%	−0.14%
资产减值损失	17 495.50	21 993.90	−4 498.40	−20.45%	0.16%	0.21%
加：公允价值变动损益	−933	8 298.80	−9 231.80	−111.24%	−0.01%	0.08%
投资收益	−2 984.70	3 391.90	−6 376.60	−187.99%	−0.03%	0.03%
二、营业利润	−145 893.30	18 390.30	−164 283.60	−893.32%	−1.34%	0.17%
加：营业外收入	265 215.00	16 108.80	249 106.20	1546.40%	2.43%	0.15%
减：营业外支出	22 060.40	20 060.50	1 999.90	9.97%	0.20%	0.19%
三、利润总额	97 261.30	14 438.60	82 822.70	573.62%	0.89%	0.14%
减：所得税费用	14 857.50	4 008.30	10 849.20	270.67%	0.14%	0.04%
四、净利润	82 403.80	10 430.30	71 973.50	690.04%	0.76%	0.10%
	（0.5分）	（0.5分）			（0.5分）	（0.5分）

驱动销售净利率上升的主要因素是营业外收入的异常增长。（0.5分）

2015年销售净利率虽较2014年有所上升，但亦仅为0.76%。经营中存在主要问题是：毛利率低，仅为15.38%（或营业成本率高，84.72%）（1分）；期间费用率高，达16.09%，且呈上升趋势。（1分）

3.（2分）

在营业利润−145 893.30万元情况下，公司还能实现82 403.80万元的净利润，主要是因为巨额的营业外收入（265 215.00万元），较上年增长了1 546.40%。根据题目所提供的说明资料，创新型门店资产运作计划中因门店出售价高于账面成本带来收益，是公司营业外收入的主要来源。（1分）

从报表重组（粉饰利润）视角谈：这一资产运作计划，让陷于经营巨亏的公司，成功扭亏为盈。或从融资方式创新型视角谈，通过这一资产运作计划，公司获得43.42亿元资金，以新型的融资方式成功筹措战略转型需要。（1分）

4.（4分）

不认为（不赞同）。2015年，公司的净利润及相关盈利指标的数值虽有所增加（提升），但利润的质量不好。（1分）

一是经营活动净收益（净收益营运指数）下降：

2015年公司经营活动净收益＝82 403.80−280 649.40＝−198 245.60（万元）；

2014年公司经营活动净收益＝10 430.30−24 380.80＝−13 950.50（万元）。

这说明，公司的经营活动是亏损（不能盈利），2015年较2014年亏损更多。净利润上升是因为门店资产运作计划等非经营活动产生的收益，而这类收益（非经常性收益）不具有可持续性。（1.5分）

二是经营所得现金(现金营运指数)下降:

2015 年经营所得现金=－198 245.60+190 074.90=－8 170.70(万元);

2014 年经营所得现金=－13 950.50+183 599.90=169 649.40(万元)。

2014 年公司经营活动还能产生现金,2015 年这一数值则为负。

经营活动现金流量也由 2014 年的 223 848.40 万元下降到－138 141.90 万元。(1.5分)

5.（4分）

资产销售百分比=5 064 741.40÷10 892 529.60=46.50％;(1分)

负债销售百分比=3 988 390.7÷10 892 529.60=36.62％;(1分)

外部融资额=(46.50％－36.62％)×10 892 529.60×30％+700 000－172 579.40

－10 892 529.60×(1+30％)×2％×(1－30％)=652 031.14(万元);

EXCEL 连续计算,结果为:652 081.77(万元)。(2分)

6.（2分）

建议用权益融资方式(或增发股票,或定向增发)。(0.5分)

战略转型充满风险,需要合适的财务风险与之匹配。(0.5分)

公司的资产负债率已达 64.06％,有息负债率也有 13.51％,采用债务融资会导致公司财务风险上升。(1分)

第二题(20分)

1.（15分）

单位:万元

项目	分值	0	1	2	3	4	5	6	7
固定资产投资	0.5分	－10 000.00							
营业收入	1分			10 000.00	11 000.00	12 100.00	12 826.00	13 595.56	13 867.47
变动成本费用	1分			4 000.00	4 532.00	5 134.76	5 606.13	6 120.77	6 430.48
固定费用及其他	1分			2 400.00	2 544.00	2 696.64	2 858.44	3 029.94	3 211.74
固定资产折旧	1分			1 187.50	1 187.50	1 187.50	1 187.50	1 187.50	1 187.50
利润总额	1分			2 412.50	2 736.50	3 081.10	3 173.93	3 257.35	3 037.75
净利润	1分			1 809.38	2 052.38	2 310.83	2 380.45	2 443.01	2 278.31
营业现金流量	1分			2 996.88	3 239.88	3 498.33	3 567.95	3 630.51	3 465.81
营运资本	1分			1 500.00	1 650.00	1 815.00	1 923.90	2 039.33	2 080.12
营运资本投资	1分		－1 500.00	－150.00	－165.00	－108.90	－115.43	－40.79	
营运资本回收	0.5分								2 080.12
固定资产变现收入	0.5分								500.00
固定资产变现损失抵税	0.5分								593.75
净现金流量	1分	－10 000.00	－1 500.00	2 846.88	3 074.88	3 389.43	3 452.52	3 589.72	6 639.68
折现系数	1分	1.000 0	0.892 9	0.797 2	0.711 8	0.635 5	0.567 4	0.506 6	0.452 3
折现现金流量		－10 000.00	－1 339.29	2 269.51	2 188.64	2 154.04	1 959.05	1 818.67	3 003.46
净现值	1分			2 054.08					

项目净现值为 2 054.08 万元,大于 0,具有财务可行性。(1分)

2. (2分)

Excel 插入函数法净现值＝1 834.00(万元)。(0.5分)

与项目净现值有差异。这是因为 Excel 程序设计者将发生第一次现金流量的时间定义为第1年年末,系统只承认第1至第 n 期的净现金流量,因此,用插入函数法求得的净现值为第0年的前1年的价值。

调整思路有两种:(其一即可)

(1) 投资项目的净现值等于按插入函数法求得的净现值乘以(1＋贴现率)。

(2) 投资项目的净现值等于以 NPV 函数计算的第1期之后的现金流量现值与第0期现金流量之和。(1分)

项目净现值＝1 834.00×(1＋12％)＝2 054.08(万元);

项目净现值＝NPV(0.12, －1 500, 2 846.88, 3 074.88, 3 389.43, 3 452.52, 3 589.72, 6 639.68)－10 000＝2 054.08(万元)。(0.5分)

3. (3分)

资本成本下降为 10％→甲项目的净现值为 3 191.63 万元;(1分)

销售价格上升 10％→甲项目的净现值为 5 269.75 万元;(1分)

项目净现值对资本成本的敏感系数为 2.77,对销售价格的敏感系数为 5.54,对销售价格更敏感。(1分)

"天平杯"浙江省第十二届大学生财会信息化竞赛
参考答案及评分标准(高职高专组)

第一部分 会 计

第一题(20分)

1. A公司长期股权投资后续计量采用权益法,理由:A公司对B公司的相关活动具有重大影响。

借:长期股权投资——投资成本(17 000×30%)   5 100

  贷:银行存款   5 000

    营业外收入   100(2分)

2. B公司2011年7月1日至2011年12月31日调整后的净利润＝1 000－(4 000÷8－2 000÷10)÷2－[(300－180)－(300－180)÷10÷12]＝731(万元)或＝1 000－(4 000－1 600)÷8÷2－[(300－180)－(300－180)÷10÷12]＝731(万元)。

借:长期股权投资——损益调整   219.3

  贷:投资收益 (731×30%)   219.3

2011年度A公司应交所得税＝(5 000－100－219.3)×25%＝1 170.18(万元);

所得税费用＝1 170.18(万元)。

不确认递延所得税。(3分)

3. 借:应收股利 (500×30%)   150

  贷:长期股权投资——损益调整   150

  借:长期股权投资——其他综合收益   18

   贷:其他综合收益(60×30%)   18

  借:长期股权投资——其他权益变动   12

   贷:资本公积——其他资本公积(40×30%)   12

2012年度B公司调整后的净利润＝－600－(4 000－1 600)÷8＋(300－180)÷10 ＝888(万元)

借:投资收益   266.4

  贷:长期股权投资——损益调整(888×30%)   266.4

2012年度A公司应交所得税＝(5 000＋266.4)×25%＝1 316.6(万元);

所得税费用＝1 316.6(万元)。

不确认递延所得税。(3.5分)

4. 2013年度B公司调整后的净利润＝－16 500－(4 000－1 600)÷8＋120÷10

$$＝－16 788(万元)；$$

应承担的亏损＝16 788×30％＝5 036.4(万元)；

至2012年年末长期股权投资的账面价值＝5 100＋219.3－150＋18＋12－266.4

$$＝4 932.9(万元)；$$

实际承担的亏损＝4 932.9＋50＋40＝5 022.9(万元)；

未承担的亏损＝5 036.4－5 022.9＝13.5(万元)。

应在备查簿中登记。

借：投资收益　　　　　　　　　　　　　　　　　　　　　　5 022.9

　　贷：长期股权投资——损益调整　　　　　　　　　　　　　4 932.9

　　　　长期应收款　　　　　　　　　　　　　　　　　　　　　50

　　　　预计负债　　　　　　　　　　　　　　　　　　　40.0(2分)

5. 2014年度B公司调整后的净利润＝3 000－(4 000－1 600)÷8＋120÷10＝2 712(万元)。

借：预计负债　　　　　　　　　　　　　　　　　　　　　　　40.0

　　长期应收款　　　　　　　　　　　　　　　　　　　　　　　50.0

　　长期股权投资——损益调整　　　　　　　　　　　　　　　710.1

　　贷：投资收益(2 712×30％－13.5)　　　　　　　　　　800.1(1分)

6. 假定一：

借：银行存款　　　　　　　　　　　　　　　　　　　　　　3 000.0

　　长期股权投资——损益调整(219.3－150－266.4－4 932.9＋710.1)　　4 419.9

　　贷：长期股权投资——投资成本　　　　　　　　　　　　　5 100.0

　　　　　　　　　　——其他综合收益　　　　　　　　　　　　18.0

　　　　　　　　　　——其他权益变动　　　　　　　　　　　　12.0

　　　　投资收益　　　　　　　　　　　　　　　　　　　　2 289.9

借：其他综合收益(50×30％)　　　　　　　　　　　　　　　　15

　　资本公积——其他资本公积　　　　　　　　　　　　　　　　12

　　贷：投资收益　　　　　　　　　　　　　　　　　　　　27(2分)

假定二：① 出售时：

借：银行存款　　　　　　　　　　　　　　　　　　　　　　2 000.0

　　长期股权投资——损益调整(4 419.9×20％÷30％)　　　　2 946.6

　　贷：长期股权投资——投资成本(5 100×20％÷30％)　　　3 400.0

　　　　　　　　　　——其他综合收益(18×20％÷30％)　　　12.0

　　　　　　　　　　——其他权益变动(12×20％÷30％)　　　　8.0

　　　　投资收益　　　　　　　　　　　　　　　　　　1 526.6(1分)

② 在丧失共同控制或重大影响之日,剩余股权投资的公允价值与账面价值之间的差额计入当期损益：

借：可供出售金融资产　　　　　　　　　　　　　　　　　　　　　1 000.0

　　长期股权投资——损益调整（4 419.9－2 946.6）　　　　　　　　1 473.3

　贷：长期股权投资——投资成本（5 100－3 400）　　　　　　　　1 700.0

　　　　　　　　　——其他综合收益（18－12）　　　　　　　　　6.0

　　　　　　　　　——其他权益变动（12－8）　　　　　　　　　　4.0

　　　投资收益　　　　　　　　　　　　　　　　　　　　　　　763.3(1分)

③ 原股权投资因采用权益法核算而确认的其他综合收益,应当在终止采用权益法核算时采用与被投资单位直接处置相关资产或负债相同的基础进行会计处理。

借：其他综合收益（50×30%）　　　　　　　　　　　　　　　　　15

　　资本公积——其他资本公积　　　　　　　　　　　　　　　　　12

　贷：投资收益　　　　　　　　　　　　　　　　　　　　　　　27(1分)

假定三：① 投资时：

借：长期股权投资——投资成本　　　　　　　　　　　　　　　　4 000

　贷：银行存款　　　　　　　　　　　　　　　　　　　　　4 000(1分)

② 长期股权投资在购买日的初始投资成本＝原持有股权投资的账面价值710.1＋购买日新增投资成本4 000＝4 710.1（万元）。

借：长期股权投资——投资成本　　　　　　　　　　　　　　　　710.1

　　长期股权投资——损益调整　　　　　　　　　　　　　　　4 419.9

　贷：长期股权投资——投资成本　　　　　　　　　　　　　　5 100.0

　　　　　　　　　——其他综合收益　　　　　　　　　　　　18.0

　　　　　　　　　——其他权益变动　　　　　　　　　　　12.0(1分)

③ 购买日之前采用权益法核算而确认的其他综合收益、其他权益变动,应当在处置时转入损益。(0.5分)

假定四：

借：长期股权投资——投资成本（21 000×10%）　　　　　　　　2 100

　贷：银行存款　　　　　　　　　　　　　　　　　　　　　　1 000

　　营业外收入　　　　　　　　　　　　　　　　　　　1 100(1分)

第二题(20分)

1. A公司2014年1月17日购入股票和1月20日收到现金股利的会计分录：(2分)

借：可供出售金融资产——成本[100×(2.28－0.3)＋2]　　　　　　200

　　应收股利（100×0.3）　　　　　　　　　　　　　　　　　　30

　贷：银行存款　　　　　　　　　　　　　　　　　　　　　　230

借：银行存款　　　　　　　　　　　　　　　　　　　　　　　30

　贷：应收股利　　　　　　　　　　　　　　　　　　　　　　30

2. A公司2014年第一季度有关研发专门用于生产W产品专利权的会计分录：(2分)

借：研发支出——资本化支出　　　　　　　　　　　　　　　　　500

　贷：应付职工薪酬　　　　　　　　　　　　　　　　　　　　500

| 借：无形资产 | 500 | |
| 　贷：研发支出——资本化支出 | | 500 |

3. A公司2014年4月20日债务重组的会计分录：(1分)

借：固定资产	60.0	
应交税费——应交增值税(进项税额)	10.2	
坏账准备	9.0	
营业外支出	10.8	
贷：应收账款		90.0

4. A公司2014年6月30日有关金融资产公允价值变动、无形资产摊销和设备折旧的会计分录：(2分)

| 借：可供出售金融资产——公允价值变动 | 100 | |
| 　贷：其他综合收益(100×3－200) | | 100 |

| 借：制造费用 | 100 | |
| 　贷：累计摊销(500×100÷500) | | 100 |

| 借：制造费用 | 1 | |
| 　贷：累计折旧(60÷10×2÷12) | | 1 |

5. A公司2014年9月30日有关金融资产减值、无形资产摊销和设备折旧的会计分录：(2分)
公允价值变动＝(3－1.8)×100＝120(万元)。

借：资产减值损失	20	
其他综合收益	100	
贷：可供出售金融资产——公允价值变动		120

| 借：制造费用 | 100 | |
| 　贷：累计摊销(100÷500×500) | | 100 |

| 借：制造费用(60÷10×3÷12) | 1.5 | |
| 　贷：累计折旧 | | 1.5 |

6. A公司2014年12月31日有关金融资产公允价值变动、无形资产摊销和设备折旧的会计分录：(2分)

公允价值变动＝(3.2－1.8)×100＝140(万元)。

| 借：可供出售金融资产——公允价值变动 | 140 | |
| 　贷：其他综合收益 | | 140 |

| 借：制造费用 | 80 | |
| 　贷：累计摊销(80÷500×500) | | 80 |

| 借：制造费用(60÷10×3÷12) | 1.5 | |
| 　贷：累计折旧 | | 1.5 |

7. 按照会计准则，该无形资产、固定资产于2014年12月月底已满足持有待售长期资产的定义，因此应于当时即停止计提摊销和折旧。

专利权公允价值减去处置费用后的净额＝220(万元)，等于账面价值220(500－280)万元，所以不需要计提减值准备。

固定资产公允价值减去处置费用后的净额＝54(万元)，小于账面价值56(60－1－1.5－1.5)

万元,所以需要计提减值准备,应计提的减值准备金额＝56－54＝2(万元)。(2分)

8. 补价＝(350＋300)－594＝56(万元)。

56÷(56＋594)＝8.62％<20％,属于非货币性资产交换。

长期股权投资的成本＝(594＋56)×350÷650＝350(万元);

原材料的入账价值＝650×300÷650＝300(万元);

换出金融资产的损益＝320－320＋140＝140(万元);

换出无形资产和固定资产的损益＝0。

借:固定资产清理	54
累计折旧	4
固定资产减值准备	2
贷:固定资产	60
借:可供出售金融资产——成本(X公司)	350.00
原材料	300.00
应交税费——应交增值税(进项税额)(300×17％)	51.00
其他综合收益(100－100＋140)	140.00
累计摊销	280.00
贷:可供出售金融资产——成本	200.00
——公允价值变动(100－120＋140)	120.00
投资收益	140.00
无形资产	500.00
固定资产清理	54.00
应交税费—应交增值税(销项税额)(54×17％)	9.18
银行存款	97.82(3分)

9. 可供出售金融资产成本＝(650－56)×320÷594＝320(万元);

专利权成本＝594×220÷594＝220(万元);

固定资产成本＝594×54÷594＝54(万元);

换出长期股权投资的投资收益＝350－300＋40＝90(万元);

换出原材料的收益＝300－(200－20)＝120(万元)。

借:可供出售金融资产——成本	320.00
无形资产	220.00
固定资产	54.00
应交税费——应交增值税(进项税额)(54×17％)	9.18
银行存款	97.82
贷:长期股权投资——X公司(投资成本)	200.00
——X公司(损益调整)	60.00
——X公司(其他综合收益)	40.00
投资收益	50.00
其他业务收入	300.00
应交税费——应交增值税(销项税额)(300×17％)	51.00
借:其他业务成本	180
存货跌价准备	20
贷:原材料	200

借：其他综合收益   40
  贷：投资收益   40(4分)

第三题(20分)

1. (10分)

(1) 借：银行存款   424 933 957. 26
   贷：股本   29 333 333. 00
     资本公积——股本溢价   395 600 624. 26

(2) 不需要编制会计分录。

(3) 借：所得税费用   6 799 782. 43
    递延所得税资产(8 783 353. 34—6 916 279. 61) 1 867 073. 73
   贷：递延所得税负债   228 739. 73
     应交税费——应交所得税   8 438 116. 43

(4) 借：财务费用(或在建工程等)   624 535. 96
   贷：应付债券——利息调整   624 535. 96

(5) 借：资产减值损失   7 328 334. 27
   贷：存货跌价准备   7 328 334. 27
  借：存货跌价准备   3 649 637. 29
   贷：资产减值损失   729 927. 46
     库存商品   2 919 709. 83

2. 货币资金大幅增加主要系本期非公开发行，新增募集资金所致。

应收账款大幅增加主要系本期销售收入增加(较上年同期增加38.54%)以及适度增加信誉良好核心客户的信用所致。

本期所得税费用大幅增加的主要原因是公司利润增长。2014年公司营业收入36 222.76万元，较上年同期增加38.54%，营业成本占比变化不大，销售费用较上年同期减少20.19%，财务费用较上年同期数减少63.30%，从而引起利润增长，造成本期所得税费用增加。(6分)

3. 投资活动净现金流量为负数，不能简单说明公司投资活动出现了问题。对于一个健康发展的公司来说，这是一种正常现象，它表明了企业经营活动发展和企业扩张的内在需要，也反映了公司在扩张方面的努力。(2分)

4. 根据资产负债表可知，流动资产高于流动负债，说明流动资产的一部分资本来源由流动负债来满足，另一部分由长期筹资来满足，故属于稳定结构的资本与资产对称性关系。特点是：低风险，高成本。(2分)

第二部分 财务管理

第一题(20分)

1. 计算甲产品2014年的保本销售量。

$$保本销售量 = \frac{固定成本}{单价-单位变动成本} = \frac{2\,000\,000}{500-300} = 10\,000(件)(1分)$$

2. 评价该企业的经营安全程度。

$$安全边际率=\frac{安全边际量}{实际销售量}\times100\%=\frac{20\,000-10\,000}{20\,000}=50\%（1分）$$

因为安全边际率在 40% 以上，所以该企业的经营安全程度为很安全。（1分）

3. 填写表 2 中 A～C 空格的数字（不需要列示计算过程）。

表 2　2015 年甲产品生产预算

项目	一季度	二季度	三季度	四季度	全年
预计销售量（件）	5 000	6 000	9 000	6 000	26 000
加预计期末存货量（件）	600	900	600	500	500
减预计期初存货量（件）	500	600	900	600	500
甲产品预计生产量（件）	A＝5 100（1分）	6 300	8 700	B＝5 900（1分）	C＝26 000（1分）

4. 填写表 3 中 D～F 空格的数字（不需要列示计算过程）。

表 3　2015 年乙材料采购预算

项目	一季度	二季度	三季度	四季度	全年
预计生产量（件）	5 100	6 300	8 700	5 900	26 000
用量标准（千克/件）	5	5	5	5	5
生产需用量（千克）	25 500	31 500	43 500	29 500	130 000
加：预计期末结存量（千克）	3 150	4 350	2 950	3 000	3 000
减：预计期初结存量（千克）	2 550	3 150	4 350	2 950	2 550
预计材料采购量（千克）	26 100	32 700	42 100	29 550	130 450
计划单价（元/千克）	10	10	10	10	10
预计采购金额（元）	D＝261 000（1分）	327 000	421 000	E＝295 500（1分）	F＝1 304 500（1分）

5. 分别计算 S 公司 2015 年第四季度的销售预计现金收入和 2015 年末预计应收账款金额。

S 公司第四季度的销售预计现金收入＝第三季度销售收入的 40%＋第四季度销售收入的 60%

＝9 000×500×40%＋6 000×500×60%

＝3 600 000（元）（1分）

2015 年年末预计应收账款金额＝第四季度销售收入的 40%

＝6 000×500×40%

＝1 200 000（元）（1分）

6. 分别计算 S 公司 2015 年第一季度的预计采购现金支出和 2015 年年末预计应付账款金额。

2015 年第一季度的预计采购现金支出＝期初应付账款＋第一季度预计采购金额的 50%

＝125 000＋261 000×50%

＝255 500（元）（1分）

$$2015 年年末预计应付账款金额＝第四季度预计采购金额的 50\%＝295\ 500×50\%$$
$$＝147\ 750\ (元)(1 分)$$

7.

(1)
$$DOL＝\frac{基期边际贡献}{基期息税前利润}＝\frac{(500-300)×20\ 000}{(500-300)×20\ 000-2\ 000\ 000}＝2(1 分)$$

(2)
$$2015 年预计销售量变动率＝\frac{26\ 000-20\ 000}{20\ 000}×100\%＝30\%$$

$$预计 2015 年的息税前利润增长百分比＝30\%×2＝60\%(1 分)$$

(3)
$$总杠杆系数＝\frac{每盈余变动率}{销售量变动率}＝\frac{90\%}{30\%}＝3(1 分)$$

$$财务杠杆系数＝\frac{总杠杆系数}{经营杠杆系数}＝\frac{3}{2}＝1.5(1 分)$$

8.
$$用量差异＝(实际用量-实际产量下标准用量)×标准价格$$
$$＝(26\ 400-5\ 200×5)×10$$
$$＝4\ 000\ (元)(1 分)$$

$$价格差异＝(实际价格-标准价格)×实际用量$$
$$＝(11-10)×26\ 400＝26\ 400\ (元)(1 分)$$

$$乙材料的成本差异＝26\ 400×11-5\ 200×5×10＝30\ 400\ (元)(1 分)$$

或：

$$乙材料的成本差异＝4\ 000＋26\ 400＝30\ 400\ (元)$$

第二题(20 分)

1. 根据资料(1)计算 Y 公司 2014 年年末的流动比率、资产负债率和权益乘数；

$$流动比率＝\frac{流动资产}{流动负债}＝\frac{6\ 720＋12\ 600＋16\ 800}{5\ 000＋10\ 080＋6\ 720}＝1.66(1 分)$$

$$资产负债率＝\frac{负债总额}{资产总额}×100\%＝\frac{5\ 000＋10\ 080＋6\ 720＋8\ 000}{58\ 600}×100\%$$
$$＝50.85\%(1 分)$$

$$权益乘数＝\frac{总资产}{股东权益}＝\frac{58\ 600}{20\ 000＋8\ 800}＝2.03(1 分)$$

2.

(1)
$$2014 年年末敏感资产占销售收入的百分比＝\frac{6\ 720＋12\ 600＋16\ 800}{84\ 000}×100\%$$
$$＝43\%(1 分)$$

(2)
$$2014 年年末敏感负债占销售收入的百分比＝\frac{10\ 080＋6\ 720}{84\ 000}×100\%＝20\%(1 分)$$

(3)
$$2015 年预计销售净利率＝2014 年销售净利率＝\frac{8\ 400}{84\ 000}×100\%＝10\%$$

$$2015 年股利支付率＝2014 年股利支付率＋20\%＝\frac{4\ 200}{8\ 400}×100\%＋20\%＝70\%$$

$$2015 年外部融资需求量＝(96\ 600-84\ 000)×43\%-(96\ 600-84\ 000)×20\%＋2\ 000-96\ 600$$
$$×10\%×(1-70\%)＝2\ 000(万元)(1 分)$$

3. (1) 甲方案各年的现金净流量:

$$NCF_0 = -2\,000(万元)$$

$$NCF_{1\sim4} = 200 + \frac{2\,000-200}{5} = 560(万元)$$

$$NCF_5 = 200 + \frac{2\,000-200}{5} + 200 = 760(万元)$$

甲方案净现值 $NPV = 560 \times (P/A, 10\%, 4) + 760 \times (P/F, 10\%, 5) - 2\,000$

$$= 560 \times 3.169\,9 + 760 \times 0.620\,9 - 2\,000$$

$$= 247.06(万元)(1分)$$

或: 甲方案净现值 $NPV = 560 \times (P/A, 10\%, 5) + 200 \times (P/F, 10\%, 5) - 2\,000$

$$= 560 \times 3.790\,8 + 200 \times 0.620\,9 - 2\,000$$

$$= 247.03(万元)$$

(2) 计算丙方案的净现值:

设丙方案投产后每年现金净流量为 A,则根据内含报酬率为 12% 的条件有:

$$A \cdot (P/A, 12\%, 5) - 2\,000 = 0$$

由此得:

$$A = \frac{2\,000}{(P/A, 12\%, 5)} = \frac{2\,000}{3.604\,8} = 554.82(万元)$$

因此:

丙方案净现值 $NPV = 554.82 \times (P/A, 10\%, 5) - 2\,000$

$$= 554.82 \times 3.790\,8 - 2\,000$$

$$= 103.21(万元)(1分)$$

(3) 分别计算甲和乙两个方案的年金净流量:

甲方案的年金净流量 $= \frac{247.03}{(P/A, 10\%, 5)} = \frac{247.03}{3.790\,8} = 65.17(万元)(1分)$

乙方案的年金净流量 $= \frac{268}{(P/A, 10\%, 6)} = \frac{268}{4.355\,3} = 61.53(万元)(1分)$

(4) 利用上述计算结果作出方案的选择:

甲方案和乙方案使用年限不一样,使用年金净流量比较,甲方案的年金净流量大于乙方案,因此甲方案优于乙方案。

甲方案和丙方案使用年限一样,直接使用净现值对比,甲方案的净现值大于丙方案,因此甲方案优于丙方案。

综上所述,应选择最优方案甲方案。(1分)

4. (1) 发行债券的资本成本 $= \frac{1\,000 \times 8\% \times (1-25\%)}{800 \times (1-2\%)} = 7.65\%(1分)$

(2) 原有借款利息 $= 5\,000 \times 5\% + 8\,000 \times 7\% = 810(万元)$

原有普通股股数 $= 20\,000$ (万股)

方案一新增利息 $= 2\,000 \times 8\% = 160(万元)$

方案二新增普通股股数 $= \frac{2\,000}{4} = 500$ (万股)

设两个筹资方案的每股收益无差别点息税前利润为 EBIT，则有：

$$\frac{[(EBIT-810-160)\times(1-25\%)]}{20\,000}=\frac{[(EBIT-810)\times(1-25\%)]}{20\,000+500}$$

解得：EBIT＝7 370（万元）（1 分）

（3）2015 年预计的息税前利润＞2015 年预计的净利润（96 600×10％＝9 660 万元）＞每股收益无差别点息税前利润（7 370 万元），所以应选择方案一发行债券。（1 分）

5.（1）填制表 8，为制造费用各项作业成本匹配成本动因，并计算出作业成本分配率（注明单位）。

表 8　作业成本配率计算表

作　业	成本动因	作业成本分配率
机器运行	机器工时	375 000÷（25 000＋50 000）＝5（元/工时）（1 分）
调整准备	生产批次	120 000÷（50＋50）＝1 200（元/批）（1 分）
检验	检验工时	105 000÷（1 000＋500）＝70（元/工时）（1 分）

（2）填制表 9，根据上步骤计算出的作业成本分配率计算单位财务计算器应该负担的制造费用。

表 9　单位制造费用计算表　　　　单位:元

	数学计算器	财务计算器
机器运行成本	5×25 000＝125 000	5×50 000＝250 000
调整准备成本	1 200×50＝60 000	1 200×50＝60 000
检验成本	70×1 000＝70 000	70×500＝35 000
制造费用合计	255 000	345 000
单位产品制造费用	255 000÷50 000＝5.10	345 000÷100 000＝3.45（1 分）

（3）填制表 10，计算作业成本法下数学计算器的单位产品成本。

表 10　作业成本法下单位产品成本计算表　　　　单位:元

	数学计算器	财务计算器
直接材料	150 000÷50 000＝3.00	300 000÷100 000＝3.00
直接人工	50 000÷50 000＝1.00	100 000÷100 000＝1.00
制造费用	5.10	3.45
合计	9.10 （1 分）	7.45

（4）若传统成本计算方法按人工工时分配制造费用，填制表 11，计算传统成本计算方法下数学计算器的单位产品成本。

传统成本计算方法按人工工时分配制造费用：

制造费用分配率 $=\dfrac{600\,000}{2\,500+5\,000}=80$（元/小时）

数学计算器应分配的制造费用 $=80\times2\,500=200\,000$（元）

财务计算器应分配的制造费用 $=80\times5\,000=400\,000$（元）

表 11　传统成本计算法下单位产品成本计算表　　　　　　　（单位:元）

	数学计算器	财务计算器
直接材料	150 000÷50 000＝3.00	300 000÷100 000＝3.00
直接人工	50 000÷50 000＝1.00	100 000÷100 000＝1.00
制造费用	200 000÷50 000＝4	400 000÷100 000＝4
合计	8 (1分)	8

（要求5的表8～表11中注明分值的栏目为得分点,小计6分）

"天平杯"浙江省第十一届大学生财会信息化竞赛参考答案及评分标准(高职高专组)

第一部分 会 计

第一题(20 分)

1. 资料一:(14 分)

(1) 编制 2009 年甲公司购入丁公司股权时的相关会计分录:(1 分)

借:长期股权投资 3 200
　贷:银行存款 3 200

(2) 计算甲公司 2009 年应确认的投资收益,并编制 2009 年年末甲公司调整对丁公司长期股权投资账面价值的相关会计分录。(3 分)

A 产品账面价值与公允价值的差额应调减的利润＝900－500＝400(万元);

B 设备公允价值与账面价值差额应调整增加的折旧额＝2 340÷6－(2 700－1 080)÷6
＝120(万元);

C 无形资产公允价值与账面价值差额应调整增加的摊销额＝960÷8－(800－160)÷8
＝40(万元);

调整后的净利润＝1 500－500－400－120－40＝940(万元);

甲公司应享有份额＝940×40％＝376(万元)。

确认投资收益的账务处理为:

借:长期股权投资－损益调整 376
　贷:投资收益 376

确认被投资企业所有者权益变动:(以下两种做法均给分)

借:长期股权投资——其他权益变动(80×40％) 320
　贷:资本公积——其他资本公积 320

注:按新准则:

借:长期股权投资——其他综合收益 320
　贷:其他综合收益 320

(3) 计算甲公司 2010 年应确认的投资收益,并编制 2010 年年末甲公司调整对丁公司长期股权投资账面价值的相关会计记录。(4 分)

2010 年 3 月 18 日,甲公司收到丁公司分来的股利 376 万元。

借:银行存款　　　　　　　　　　　　　　　　　　　　　　　　376
　贷:长期股权投资——损益调整　　　　　　　　　　　　　　　　　　376

甲公司长期股权投资账面价值＝3 896－376＝3 520(万元)或:3 200＋376＋320－376
　　　　　　　＝3 520(万元);

丁公司可辨认净资产公允价值＝9 740－940＝8 800(万元)或 8 000＋800＋940－940
　　　　　　　＝8 800(万元);

B设备公允价值与账面价值差额应调整增加的折旧额＝2 340÷6－(2 700－1 080)÷6
　　　　　　　　　　　　＝120(万元);

C无形资产公允价值与账面价值差额应调整增加的摊销额＝960÷8－(800－160)÷8
　　　　　　　　　　　　＝40(万元)。

甲公司出售产品给丁公司产生的损益中,按照持股比例计算确定归属于本企业的部分不予确认。

丁公司调整后的净亏损＝－8 840－120－40－1 000＝－10 000(万元);

甲公司应承担的亏损份额为＝10 000×40％＝4 000(万元)。

上述亏损总额已超过甲公司长期股权投资的账面价值,故应确认减记至 0 的亏损为限。

借:投资收益　　　　　　　　　　　　　　　　　　　　　　　　3 520
　贷:长期股权投资——损益调整　　　　　　　　　　　　　　　　　3 520

借:投资收益　　　　　　　　　　　　　　　　　　　　　　　　480
　贷:长期应收款　　　　　　　　　　　　　　　　　　　　　　　480

(4) 计算甲公司 2011 年应确认的投资收益,并编制 2011 年度甲公司与持有和转让丁公司股权相关会计分录。(4 分)

B设备公允价值与账面价值差额应调整增加的折旧额＝[2 340÷6－(2 700－1 080)÷6]÷2
＝60(万元);

无形资产公允价值与账面价值差额应调整增加的摊销额＝[960÷8－(800－160)÷8]÷2＝20
(万元)。

在 2011 年,甲企业将该商品对外部独立第三方出售,因该部分内部交易损益已经实现,甲企业在确认应享有丁公司 2011 年净损益时,应考虑将原未确认的该部分内部交易损益计入投资收益。

丁公司调整后的净利润＝2 920－60－20＋1 000＝3 840(万元);

甲公司所享有的投资收益份额:3 840×40％＝1 536(万元)。

恢复长期应收款价值:

借:长期应收款　　　　　　　　　　　　　　　　　　　　　　　480
　贷:投资收益　　　　　　　　　　　　　　　　　　　　　　　　480

恢复长期股权账面价值:

借:长期股权投资——损益调整(1 536—480)　　　　　　　　　　　1 056
　贷:投资收益(1 536—480)　　　　　　　　　　　　　　　　　　1 056

丁公司净资产价值＝－1 200＋3 840＝2 640(万元)。

甲公司对丁公司长期股权投资的账面价值为 1 056(万元)。

出售股份时：

借：银行存款 2 140

长期股权投资——损益调整［(376－376－3 520＋1 056)×50％］ 1 232

贷：长期股权投资——成本（3 200×50％） 1 600

——其他权益变动(或：长期股权投资－其他综合收益) 160

投资收益 1 612

借：资本公积——其他资本公积(或：其他综合收益) 160

贷：投资收益 160

2. 资料二：(6分)

(1) 甲公司扣除抵债资产后应收债权账面余额＝10 140－800－5 000－2 000×(1＋17％)

＝2 000(万元)；

剩余债务的公允价值＝2 000×40％＝800(万元)；

甲公司债务重组中应确认的损益＝10 140－1 140－800－5 000－2 000－340－800

＝60(万元)。

借：可供出售金融资产——成本 800

无形资产——土地使用权 5 000

库存商品 2 000

应交税费——应交增值税(进项税额) 340

应收账款——债务重组 800

坏账准备 1 140

营业外支出 60

贷：应收账款 10 140(2分)

(2) 2012 年 6 月 30 日：

借：资本公积——其他资本公积(或：其他综合收益) 5

贷：可供出售金融资产——公允价值变动 5

2012 年 12 月 31 日：

借：资产减值损失 100

贷：可供出售金融资产——公允价值变动 95

资本公积——其他资本公积(或：其他综合收益) 5

2013 年 1 月 10 日：

借：银行存款 710

可供出售金融资产——公允价值变动 100

贷：可供出售金融资产——成本 800

投资收益 10 (2分)

(3) A 设备的固定资产账面价值＝50－50×40％－(50－50×40％)×40％＝18(万元)。

借：固定资产清理——A 设备 18

累计折旧 32

贷：固定资产——A 设备 50

换入 B 设备的入账价值＝18＋1＋3＝22(万元)。

借：固定资产——B设备	22
贷：固定资产清理——A设备	18
银行存款	4（2分）

第二题（20分）

1. 资料一：（12分，每小题2分）

（1）事项（1）中①和②都不正确。甲公司应该确认主营业务收入2 992万元（销售价格3 000—应计入递延收益8），确认递延收益8万元（奖励积分公允价值3 000×0.01—放弃行权的奖励积分公允价值3 000×0.01×20％—已行权1 600×0.01）。

（2）事项（2）中①和②不正确；③和④正确；收取货款不能全额确认收入，预收的货款只有在发出商品时才能确认收入，甲公司应该确认主营业务收入＝发出货物含税收入2 106÷1.17＝1 800（万元）；收取送货费14万元中，已完成劳务部分为90％，应确认其他业务收入，其他业务收A金额＝14×90％＝12.6（万元）；支付给物流公司送货费25万元中，免费送货部分18万元应计入销售费用，非免费送货部分7万元应该计入其他业务成本，与劳务收入配比。

（3）事项（3）中①正确；②不正确。出售投资性房地产取得的价款应计入其他业务收A为860万元；其他业务成本＝投资性房地产账面价值780—公允价值变动260—资本公积（其他资本公积）100＝420（万元）。

（4）事项（4）中①和②均不正确。将库存商品抵债债务应当视同销售，甲公司应确认主营业务收入300万元，确认主营业务成本220万元，确认营业外收入＝抵偿债务金额400—抵债资产含税公允价值351＝49（万元）。

（5）事项（5）中①和④正确；②和③不正确。补价所占比重＝支付的补价0.96÷（换出资产公允价值12＋支付的补价0.96）×100％＝7.41％，小于25％，该交易属于非货币性资产交换。该非货币性资产交换因为换入、换出资产未来现金流量显著不同，因而具有商业实质；而且能够取得公允价值，因此，换出资产应作为销售处理。甲公司应确认主营业务收入12万元，确认主营业务成本10万元，不能确认营业外收入。固定资产入账价值＝换出资产公允价值12＋增值税销项税额2.04＋支付的补价0.96＝15（万元）。

（6）事项（6）中①不正确；②正确。分期付款销售具有融资性质的，应按照现销价500万元确认为主营业务收入，将应收协议价款530万元与现销价500万元之间的差额，确认为未实现融资收益30万元，同时确认主营业务成本420万元。

2. 资料二：（8分，每小题2分）

（1）属于亏损合同。事项（1）租期尚有7年，租金折现金额＝120×5.786 4＝694.37（万元），违约金150万元，履行合同义务不可避免会发生的成本超过预期经济利益，为亏损合同，以150万元确认预计负债。

借：营业外支出	150
贷：预计负债	150

（2）属于亏损合同。事项（2）按期交货部分属正常业务，业务利润＝（5—4）×300＝300（万元），延期交货部分属于亏损合同，业务利润＝（4—5）×700＝—700（万元），若违约支付违约金＝5×700×10％＝350（万元），据此应确认为亏损合同，最低净成本为350万元，以350万元确认预计负债。

借：营业外支出	350
贷：预计负债	350

(3) 属于亏损合同。事项(3)合同收入为 600 万元,合同成本预计＝256＋384＝640(万元),亏损 40 万元属于亏损的合同,预计损失应首先按照建造合同准则确认减值＝(640－600)×(1－256÷640)＝24(万元),无预计负债。

借:资产减值损失　　　　　　　　　　　　　　　　　　　　　　　　24

　贷:存货跌价准备　　　　　　　　　　　　　　　　　　　　　　　　　24

(4) 属于亏损合同。事项(4)不执行合同发生的预计亏损＝(1.1＋0.2－1.1)×100×5＋30＝130(万元);执行合同发生的预计亏损＝(1.1＋0.2－1.2)×100×5＝50(万元);因此,选择执行合同,确认合同部分发生减值损失 50 万元;同时,对剩余无合同部分计提减值损失:(1.1＋0.2－1.1)×(800－100×5)＝60(万元);因此其发生减值损失总额＝50＋60＝110(万元)。

借:资产减值损失　　　　　　　　　　　　　　　　　　　　　　　　110

　贷:存货跌价准备　　　　　　　　　　　　　　　　　　　　　　　　　110

第三题(20 分)

1. 资料一:(12 分,每 1 小题 6 分)

(1) 2011 年:

表 1　　　　　　　　　　　　　　　　　　　　　　　　　　　　单位:万元

项　目	账面价值	计税基础	可抵扣暂时性差异	应纳税暂时性差异
交易性金融资产	800	640		160
可供出售金融资产	500	580	80(影响资本公积,单独计算)	
存货	900	1 000	100	
暂时性差异合计			180	160
递延所得税资产和递延所得税负债余额			180×25％＝45 其中计入资本公积 20	16×25％＝40

借:所得税费用(当期所得税费用 735,递延所得税费用 15)[(3 000－90＋30)×25％＋40－25]　750

　　递延所得税资产　　　　　　　　　　　　　　　　　　　　　　　25

　贷:应交税费——应交所得税[(3 000－90＋30)×25％]　　　　　　　735

　　　递延所得税负债　　　　　　　　　　　　　　　　　　　　　　　40

借:递延所得税资产　　　　　　　　　　　　　　　　　　　　　　　20

　贷:资本公积—其他资本公积(或:其他综合收益)　　　　　　　　　　20

(2) 2012 年:

表 2　　　　　　　　　　　　　　　　　　　　　　　　　　　　单位:万元

项　目	账面价值	计税基础	可抵扣暂时性差异	应纳税暂时性差异
交易性金融资产	900	1 000	100	
可供出售金融资产	560	500		60(影响资本公积,单独计算)

（续表）

项目	账面价值	计税基础	可抵扣暂时性差异	应纳税暂时性差异
存货	800	960（减值准备余额为160）	160	
暂时性差异合计			260	60
递延所得税资产和递延所得税负债余额			260×25％＝65	60×25％＝15,计入资本公积

借：所得税费用[（300−90）×25％−40−40]（当期所得税费用727.5,递延所得税费用−80）

　　　　　　　　　　　　　　　　　　　　　　　　　　　　　647.5

　　　递延所得税资产（65−25）　　　　　　　　　　　　　　40.0

　　　递延所得税负债　　　　　　　　　　　　　　　　　　　40.0

　　贷：应交税费——应交所得税[（300−90）×25％]　　　　727.5

借：资本公积——其他资本公积（或：其他综合收益）　　　　　35

　　贷：递延所得税资产　　　　　　　　　　　　　　　　　　20

　　　递延所得税负债　　　　　　　　　　　　　　　　　　　15

2. 资料二：(8分)

(1) 编制2009年11月1日购入一批工程物资的会计分录：(0.5分)

借：工程物资（2 200＋78）　　　　　　　　　　　　　　　2 278

　　应交税费——应交增值税（进项税额）　　　　　　　　　374

　　贷：银行存款　　　　　　　　　　　　　　　　　　　2 652

(2) 编制2009年建造生产线有关会计分录：(2分)

借：在建工程　　　　　　　　　　　　　　　　　　　　　2 278

　　贷：工程物资　　　　　　　　　　　　　　　　　　　2 278

借：在建工程　　　　　　　　　　　　　　　　　　　　　100

　　贷：原材料　　　　　　　　　　　　　　　　　　　　100

借：在建工程　　　　　　　　　　　　　　　　　　　　　70.4

　　贷：应付职工薪酬　　　　　　　　　　　　　　　　　70.4

前3笔分录可以合并写：

借：在建工程　　　　　　　　　　　　　　　　　　　2 448.4

　　贷：工程物资　　　　　　　　　　　　　　　　　2 278.0

　　　原材料　　　　　　　　　　　　　　　　　　　100.0

　　　应付职工薪酬　　　　　　　　　　　　　　　　70.4

借：营业外支出　　　　　　　　　　　　　　　　　　　40

　　其他应收款　　　　　　　　　　　　　　　　　　　10

　　贷：在建工程　　　　　　　　　　　　　　　　　　50

借：在建工程　　　　　　　　　　　　　　　　　　　　20

　　贷：原材料　　　　　　　　　　　　　　　　　　　20

借：库存商品　　　　　　　　　　　　　　　　　　　　40

　　贷：在建工程　　　　　　　　　　　　　　　　　　40

（3）编制 2009 年 12 月 31 日该生产线达到预定可使用状态的会计分录：(0.5 分)

借：固定资产(2 278＋100＋70.4－50＋20－40)　　　　　　　　　　2 378.4

　　贷：在建工程　　　　　　　　　　　　　　　　　　　　　　　2 378.4

（4）计算 2010 年度该生产线计提的折旧额：(0.5 分)

$$2010 年折旧额 = (2 378.4 - 26.4) \div 6 = 392（万元）$$

（5）计算 2010 年 12 月 31 日该生产线的可收回金额：(1 分)

① 未来现金流量现值＝200×0.952 4＋300×0.907 0＋400×0.863 8＋600×0.822 7＋400×0.783 5＝1 615.12（万元）。

② 公允价值减去处置费用后净额为 1 500 万元，所以，该生产线可收回金额为 1 615.12 万元。

（6）计算 2010 年 12 月 31 日该生产线应计提的固定资产减值准备金额，并编制相应的会计分录：(0.5 分)

应计提减值准备金额＝(2 378.4－392)－1 615.12＝371.28（万元）。

借：资产减值损失　　　　　　　　　　　　　　　　　　　　　　371.28

　　贷：固定资产减值准备　　　　　　　　　　　　　　　　　　　371.28

（7）计算 2011 年度该生产线改良前计提的折旧额：(0.5 分)

$$2011 年改良前计提的折旧额 = (1 615.12 - 25.12) \div 5 \times 1 \div 2 = 159（万元）$$

（8）编制 2011 年 6 月 30 日该生产线转入改良时的会计分录：(0.5 分)

借：在建工程　　　　　　　　　　　　　　　　　　　　　　　　1 456.12

　　累计折旧(392＋159)　　　　　　　　　　　　　　　　　　　551.00

　　固定资产减值准备　　　　　　　　　　　　　　　　　　　　371.28

　　贷：固定资产　　　　　　　　　　　　　　　　　　　　　　　2 378.40

（9）计算 2011 年 8 月 20 日改良工程达到预定可使用状态后该生产线的成本。(0.5 分)

$$生产线成本 = 1 456.12 + 243.88 = 1 700（万元）$$

（10）计算 2011 年度该生产线改良后计提的折旧额。(0.5 分)

$$2011 年改良后应计提的折旧额 = (1 700 - 20) \div 8 \times 4 \div 12 = 70（万元）$$

（11）编制 2012 年 4 月 30 日出售该生产线相关的会计分录：(1 分)

$$账面价值 = 1 700 - 70 \times 2 = 1 560（万元）$$

借：固定资产清理(1 700－70×2)　　　　　　　　　　　　　　　1 560

　　累计折旧　　　　　　　　　　　　　　　　　　　　　　　　140

　　贷：固定资产　　　　　　　　　　　　　　　　　　　　　　　1 700

借：银行存款　　　　　　　　　　　　　　　　　　　　　　　　2 340

　　贷：固定资产清理　　　　　　　　　　　　　　　　　　　　　2 000

　　　　应交税费——应交增值税(销项税额)(2000×17%)　　　　　340

借：固定资产清理　　　　　　　　　　　　　　　　　　　　　　440

　　贷：营业外收入　　　　　　　　　　　　　　　　　　　　　　440

第二部分　财务管理

第一题（20 分）

1. （1）A＝年末流动比率＝$\dfrac{\text{年末流动资产}}{\text{年末流动负债}}＝\dfrac{29\ 764\ 168\ 920.73}{31\ 571\ 087\ 123.34}＝0.94$（1 分）

B＝全部资产现金回收率＝$\dfrac{\text{经营活动现金流量净额}}{\text{平均总资产}}×100\%$

$＝\dfrac{5\ 801\ 863\ 355.87}{(48\ 346\ 126\ 550.49＋50\ 234\ 100\ 100.14)÷2}×100\%＝11.77\%$（1 分）

C＝销售净利率＝$\dfrac{\text{净利润}}{\text{销售收入}}×100\%$

$＝\dfrac{1\ 358\ 962\ 393.36}{15\ 166\ 875\ 602.26}×100\%＝8.96\%$（1 分）

D＝总资产周转率＝$\dfrac{\text{销售收入}}{\text{平均总资产}}$

$＝\dfrac{15\ 166\ 875\ 602.26}{(48\ 346\ 126\ 550.49＋50\ 234\ 100\ 100.14)÷2}＝0.31$（1 分）

E＝权益乘数＝$\dfrac{\text{平均总资产}}{\text{平均净资产}}$

$＝\dfrac{(48\ 346\ 126\ 550.49＋50\ 234\ 100\ 100.14)÷2}{(14\ 220\ 396\ 604.80＋14\ 610\ 859\ 816.25)÷2}＝3.42$（1 分）

F＝净资产收益率＝$\dfrac{\text{净利润}}{\text{平均净资产}}×100\%$

$＝\dfrac{1\ 358\ 962\ 393.36}{(14\ 220\ 396\ 604.80＋14\ 610\ 859\ 816.25)÷2}×100\%＝9.43\%$（1 分）

G＝$20\%÷(10\%×1)＝2$（分）

（2）因为 YG 公司的全部资产现金回收率高于行业标杆企业，所以 YG 公司资产产生现金的能力较强。（1 分）

因为 YG 公司的权益乘数高于行业标杆企业，所以 YG 公司的长期偿债能力较弱。（1 分）

（3）YG 公司和行业标杆企业之间净资产收益率的差异＝$9.43\%－20\%＝－10.57\%$

销售净利率的变动对净资产收益率产生的影响＝$(8.96\%－10\%)×1×2＝－2.08\%$（1 分）

总资产周转率的变动对净资产收益率的产生的影响＝$8.96\%×(0.31－1)×2＝－12.36\%$（1 分）

权益乘数的变动对净资产收益率产生的影响＝$8.96\%×0.31×(3.42－2)＝3.94\%$（1 分）

由于总资产周转率的变动对净资产收益率产生的不利影响最大，所以 YG 公司为了拉近与标杆企业之间在净资产收益率上的差异，需要改善的首要指标是总资产周转率。（1 分）

（4）计算 YG 公司 2013 年的营运资金数额：

营运资金＝流动资产－流动负债＝$29\ 764\ 168\ 920.73－31\ 571\ 087\ 123.34$

$＝－1\ 806\ 918\ 202.61$（元）（1 分）

（5）计算 YG 公司的财务杠杆系数：

$$DFL＝\dfrac{\text{息税前利润}}{\text{息税前利润}－\text{利息}}＝\dfrac{2\ 129\ 227\ 602.29＋730\ 817\ 323.23}{2\ 129\ 227\ 602.29}＝1.34$$（1 分）

2. (1)

$$放弃现金折扣的信用成本率 = \frac{折扣率}{1-折扣率} \times \frac{360}{信用期-折扣期}$$

$$= \frac{2\%}{1-2\%} \times \frac{360}{40-10} = 24.49\%（1分）$$

(2) 如果放弃供应商提供的现金折扣,则可以延长应付账款周转期,在其他条件不变的情况下,会使现金周转期缩短。(或现金周转期减少,或现金周转加速)(1分)

3. (1)计算两个方案的每股收益无差别点息税前利润:

$$\frac{(\overline{EBIT}-73\,000) \times (1-25\%)}{220\,000+20\,000} = \frac{(\overline{EBIT}-73\,000-200\,000 \times 6\%) \times (1-25\%)}{220\,000}$$

$$\overline{EBIT} = 217\,000（万元）（1分）$$

(2) 由于2014年预计息税前利润300 000万元大于每股收益无差别点息税前利润217 000万元,所以应选择方案二(发行债券)。(1分)

(3)

$$增发新股的资本成本 = \frac{D_1}{P_0(1-f)} + g = \frac{0.4 \times (1+5\%)}{10} + 5\% = 9.2\%（1分）$$

第二题(20分)

1. S公司按计划完成股利分配方案后资产负债表中的股本、资本公积、未分配利润和股东权益合计数分别为:

$$股本 = 30\,000 \times (1+2 \div 10) \times 1 = 36\,000（万元）（1分）$$

$$资本公积 = 18\,000（万元）（1分）$$

$$盈余公积 = 11\,000（万元）$$

$$未分配利润 = 20\,000 - 30\,000 \times \frac{2}{10} \times 1 - 30\,000 \times 0.2 = 8\,000（万元）（1分）$$

$$股东权益合计 = 36\,000 + 18\,000 + 11\,000 + 8\,000 = 73\,000（万元）（1分）$$

2. (1) S公司第一季度的现金收入:

$$第一季度的现金收入 = 11\,000 + 25\,000 \times 60\% = 26\,000（万元）（1分）$$

(2) 预计2014年年末应收账款数额:

$$2014年年末应收账款 = 30\,000 \times 40\% = 12\,000（万元）（1分）$$

3. (净现值指标计算结果请取整,其他指标的计算请保留两位小数。)

(1) 甲方案各年现金净流量:

$$NCF_0 = -4\,200 - 1\,000 = -5\,200（万元）（1分）$$

$$NCF_{1\sim4} = 税后营业利润 + 非付现成本$$

$$= \left(3\,200 - 1\,800 - \frac{4\,200-100}{5}\right) \times (1-25\%) + \frac{4\,200-100}{5}$$

$$= 1\,255（万元）（1分）$$

$$NCF_5 = 税后营业利润 + 非付现成本 + 回收额$$

$$= 1\,255 + 100 + 1\,000 = 2\,355（万元）（1分）$$

(2) 甲方案的净现值 $NPV = 1\,255 \times (P/A, 10\%, 4) + 2\,355 \times (P/F, 10\%, 5) - 5\,200$

$$= 240（万元）（1分）$$

或:

$$甲方案的净现值 NPV = 1\,255 \times (P/A,\,10\%,\,5) + 1\,100 \times (P/F,\,10\%,\,5) - 5\,200$$
$$= 240(万元)$$

或：

$$甲方案的净现值 NPV = 1\,255 \times (P/A,\,10\%,\,1) + 1\,255 \times (P/F,\,10\%,\,2) + 1\,255 \times (P/F,\,10\%,\,3)$$
$$+ 1\,255 \times (P/F,\,10\%,\,4) + 2\,355 \times (P/F,\,10\%,\,5) - 5\,200$$
$$= 240(万元)$$

$$甲方案的现值指数 = 1\,255 \times (P/A,\,10\%,\,4) + 2\,355 \times (P/F,\,10\%,\,5) \div 5\,200$$
$$= 1.05(1分)$$

或：
$$甲方案的现值指数 = [1\,255 \times (P/A,\,10\%,\,5) + 1\,100 \times (P/A,\,10\%,\,5)] \div 5\,200$$
$$= 1.05$$

或：

$$甲方案的现值指数 = [1\,255 \times (P/F,\,10\%,\,5) + 1\,255 \times (P/F,\,10\%,\,2) + 1\,255 \times (P/F,\,10\%,\,3)$$
$$+ 1\,255 \times (P/F,\,10\%,\,4) + 2\,355 \times (P/F,\,10\%,\,5)] \div 5\,200$$
$$= 1.05$$

(3) 令
$$1\,040 \times (P/A,\,IRR,\,5) - 4\,000 = 0$$
得
$$(P/A,\,IRR,\,5) = 3.846\,2$$

现已知乙方案的寿命期为 5 年,查时间价值系数表可得,时期为 5,系数 3.846 2 所对应的贴现率在 9％至 10％之间,使用插值法求内含报酬率 IRR:

$$IRR = \frac{3.889\,7 - 3.846\,2}{3.889\,7 - 3.790\,8} \times (10\% - 9\%) + 9\% = 9.44\%(1分)$$

因为内含报酬率小于资金成本,所以乙方案不可行。(1分)

(4) 计算丙方案的净现值和现值指数。如果 S 公司在甲方案和丙方案中只能选择一个方案,应该选择哪个方案?

$$丙方案的净现值 = 900 \times (P/A,\,10\%,\,5) - 3\,200 = 212(万元)(1分)$$
$$丙方案的现值指数 = 900 \times (P/A,\,10\%,\,5) \div 3\,200 = 1.07(1分)$$

寿命期相等,能够获得最大净现值的方案为最优方案,因为甲方案净现值 240 万元大于丙方案净现值 212 万元,所以应该选择甲方案。(1分)

(5) 计算丁方案的净现值。

$$丁方案的净现值 = 520 \times (P/A,\,10\%,\,6) - 2\,000 = 265(万元)(1分)$$

(6) 分别计算甲方案和丁方案的年金净流量。

$$甲方案的年金净流量 = \frac{净现值}{年金现值系数}$$
$$= \frac{240}{(P/A,\,10\%,\,5)} = 63.31(万元)(1分)$$

$$丁方案的年金净流量 = \frac{265}{(P/A,\,10\%,\,6)} = 60.85(万元)(1分)$$

(7) 如果无论选择哪个方案,S 公司都能在方案寿命期终了后重新找到与原来一样好的方案,那么在甲方案和丁方案中,S 公司应该选择年金净流量最大的方案也就是甲方案。(1分)

"天平杯"浙江省第十届大学生财会信息化竞赛参考答案及评分标准(高职高专组)

第一部分　会　计

第一题(20分)

1. 资料一:(5.5分)

(1)(共3.5分)

2012年1月1日:(1分)

借:长期股权投资——成本	6 000
贷:股本	2 000
资本公积——股本溢价	4 000
借:资本公积——股本溢价	30
贷:银行存款	30

初始投资成本6 000万元大于应享有乙公司可辨认净资产公允价值份额5 000万元(12 500×40%),不作调整。

2012年4月20日:(1分)

借:应收股利	400
贷:长期股权投资——损益调整	400

2012年4月21日:

借:银行存款	400
贷:应收股利	400

2012年12月31日(1.5分)调整后净利润=(2 500-500)-(5 000-4 000)÷10-(3 500-2 000)÷30=2 000-100-50=1 850(万元)。

借:长期股权投资——损益调整(1 850×40%)	740
贷:投资收益	740
借:长期股权投资——其他权益变动(400×40%)	160
贷:资本公积——其他资本公积	160

2012年12月31日该项长期股权投资账面价值=6 000+(740-400)+160=6 500(万元)。

(2)(共2分)

2013 年 1 月 2 日增资权益法转成本法，属于多次交易分步合并。在个别财务报表中，应当以购买日之前所持被购买方的股权投资的账面价值与购买日新增投资成本之和作为该项投资的初始投资成本。

借：长期股权投资	2 580
贷：银行存款	2 580

2013 年 1 月 2 日长期股权投资账面价值＝6 500＋2 580＝9 080（万元）。

2013 年 4 月 10 日：

借：应收股利（900×60%）	540
贷：投资收益	540

2013 年 4 月 11 日：

借：银行存款	540
贷：应收股利	540

因采用成本法核算，2013 年 12 月 31 日该项长期股权投资的账面价值同 2013 年 1 月 2 日，为 9 080 元。

2. 资料二：(14.5 分)

(1) 资料(1)处理不正确。分期付款购买固定资产，应按照购买价款的现值作为固定资产的入账价值，入账价值应为 3 169.9(1 000×3.169 9)万元，应确认未确认融资费用为 830.1 万元。

更正分录如下：

借：未确认融资费用	830.1
贷：固定资产	830.1
借：累计折旧	83.01
贷：生产成本	83.01
借：财务费用	158.50
贷：未确认融资费用	158.50(2 分)

资料(2)处理不正确。使用寿命不确定的无形资产不进行摊销。

更正分录为：

借：累计摊销	80
贷：管理费用	80(1 分)

资料(3)处理不正确。通常情况下，售后回购交易属于融资交易，商品所有权上的主要风险和报酬没有转移，企业不应确认销售商品收入，收到的款项应确认为负债；回购价格大于原售价的，差额应在回购期间按期计提利息，计入财务费用。

更正分录为：

借：主营业务收入	700
贷：其他应付款	700
借：发出商品	600
贷：主营业务成本	600
借：财务费用	8
贷：其他应付款	8(2 分)

资料(4)处理不正确。该合同属于亏损合同,因其存在合同标的资产,故应计提存货跌价准备,不应确认预计负债,金额为 2 000－1 600＝400(万元)。

更正分录为:

借:预计负债　　　　　　　　　　　　　　　　　　　　　　　　　　　　　400

　　贷:营业外支出　　　　　　　　　　　　　　　　　　　　　　　　　　　400

借:资产减值损失　　　　　　　　　　　　　　　　　　　　　　　　　　400

　　贷:存货跌价准备　　　　　　　　　　　　　　　　　　　　　400(1.5 分)

资料(5)处理不正确。投资性房地产后续计量由成本模式变更为公允价值模式,属于会计政策变更,应通过留存收益调整。

更正分录为:

借:资本公积——其他资本公积　　　　　　　　　　　　　　　　　　　　140

　　贷:利润分配——未分配利润　　　　　　　　　　　　　　　　　140(1 分)

公司 2012 年度财务报表相关项目(单位:万元):(7 分)

项　　　目	调整金额
存货	＋116.99(－83.01＋600－400)
无形资产	＋80
固定资产	－747.09(－830.1＋83.01)
长期应付款	－671.6(－830.1＋158.5)
其他应付款	708(700＋8)
预计负债	－400
资本公积	－140
未分配利润	140
主营业务收入	－700
主营业务成本	－600
管理费用	－80
财务费用	166.5(8＋158.5)
资产减值损失	400
营业外支出	－400

第二题:(20 分)

1. 资料一:(14 分)

(1) 编制 A 公司进行债务重组的相关会计分录:

借:库存商品　　　　　　　　　　　　　　　　　　　　　　　　　　　　300

　　应交税费——应交增值税(进项税额)　　　　　　　　　　　　　　　　51

　　可供出售金融资产　　　　　　　　　　　　　　　　　　　　　　　210

　　坏账准备　　　　　　　　　　　　　　　　　　　　　　　　　　　100

　　营业外支出——债务重组损失　　　　　　　　　　　　　　　　　　　39

　　贷:应收账款　　　　　　　　　　　　　　　　　　　　　　700(0.5 分)

(2) 分别计算 A 公司 2009 年年末应计提的存货跌价准备及预计负债,并编制相关会计分录:

A 公司 2009 年年末应计提的存货跌价准备＝300×(1－20％)－200＝40(万元);

A 公司 2009 年年末应确认的预计负债＝80×2％＝1.6(万元)。

借:资产减值损失　　　　　　　　　　　　　　　　　　　　　40

　贷:存货跌价准备　　　　　　　　　　　　　　　　　　　　　40

借:销售费用　　　　　　　　　　　　　　　　　　　　　　　1.6

　贷:预计负债　　　　　　　　　　　　　　　　　　　　　1.6(2分)

(3) 计算确定 2009 年应纳税所得额、应交所得税、递延所得税资产或负债发生额及所得税费用,并编制相关会计分录:

A 公司 2009 年的应纳税所得额＝5 000－100＋1.6＋40＝4 941.6(万元);

A 公司 2009 年的应交所得税＝4 941.6×25％＝1 235.4(万元)。

应确认的递延所得税资产＝(1.6＋40)×25％－25＝－14.6(万元)(转回),期末递延所得税资产余额为 10.4 万元;

应确认的递延所得税负债＝(290－210)×25％＝20(万元),期末递延所得税负债余额为 20 万元;

应确认的所得税费用＝1 235.4＋14.6＝1 250(万元)。

借:所得税费用　　　　　　　　　　　　　　　　　　　　1 250.0

　资本公积——其他资本公积　　　　　　　　　　　　　　　20.0

　贷:应交税费——应交所得税　　　　　　　　　　　　　1 235.4

　　　递延所得税资产　　　　　　　　　　　　　　　　　14.6

　　　递延所得税负债　　　　　　　　　　　　　　　20.0(2.5分)

(4) 计算确定 2010 年应纳税所得额、应交所得税、递延所得税资产或负债发生额及所得税费用,并编制相关会计分录:

A 公司 2010 年的应纳税所得额＝5 000－40＋20－1.6＝4 978.4(万元);

A 公司 2010 年的应交所得税＝4 978.4×25％＝1 244.6(万元);

应确认的递延所得税资产＝20×25％－10.4＝－5.4(万元)(转回);

应确认的递延所得税负债＝(280－210)×25％－20＝－2.5(万元)(转回);

应确认的所得税费用＝1 244.6＋5.4＝1 250(万元)。

借:所得税费用　　　　　　　　　　　　　　　　　　　　1 250.0

　递延所得税负债　　　　　　　　　　　　　　　　　　　2.5

　贷:应交税费——应交所得税　　　　　　　　　　　　　1 244.6

　　　递延所得税资产　　　　　　　　　　　　　　　　　5.4

　　　资本公积——其他资本公积　　　　　　　　　　　2.5(2.5分)

(5) 编制 2010 年日后期间发生日后事项的相关会计分录:

应补提的坏账准备＝292.5×(1－20％)－20＝214(万元);

应调整确认的递延所得税资产＝214×25％＝53.5(万元)。

借:以前年度损益调整　　　　　　　　　　　　　　　　　214

　贷:坏账准备　　　　　　　　　　　　　　　　　　　　214

借:递延所得税资产　　　　　　　　　　　　　　　　　53.5

　贷:以前年度损益调整　　　　　　　　　　　　　　　53.5

借：利润分配——未分配利润   160.5

  贷：以前年度损益调整   160.5

借：盈余公积   16.05

  贷：利润分配——未分配利润   16.05(2.5分)

(6) 填列 A 公司报告年度资产负债表、利润表相关项目调整表中各项目的调整金额：(4 分)

资产负债表项目调整	调整金额（万元）
应收账款	−214
递延所得税资产	+53.5
应交税费	0
盈余公积	−16.05
未分配利润	−144.45
利润表项目调整	调整金额（万元）
资产减值损失	+214
所得税费用	−53.5
净利润	−160.5

2. 资料二：(6分)

(1) 可转换公司债券负债成分的公允价值＝30 000×0.792 1＋30 000×4％×3.465 1

$$=27\ 921.12(万元)；$$

应计入资本公积的金额＝31 000−27 921.12＝3 078.88(万元)。

借：银行存款   31 000.00

  应付债券——可转换公司债券——利息调整   2 078.88

    贷：应付债券——可转换公司债券——面值   30 000.00

      资本公积——其他资本公积   3 078.88(1.5分)

(2) 2012 年 12 月 31 日应付利息＝30 000×4％＝1 200(万元)；

应确认的利息费用＝27 921.12×6％＝1 675.27(万元)。(1分)

(3) 借：在建工程   1 675.27

    贷：应付利息   1 200.00

      应付债券——可转换公司债券——利息调整   475.27(1分)

(4) 借：应付利息   1 200

    贷：银行存款   1 200(0.5分)

(5) 转换日转换部分应付债券的账面价值＝(27 921.12＋475.27)×50％

$$=14\ 198.20(万元)；$$

转换的股数＝14 198.20÷12＝1 183.18(万股)；

支付的现金＝0.18×12＝2.16(万元)。(1分)

(6) 借：应付债券——可转换公司债券——面值 15 000.00

    资本公积——其他资本公积(3 078.88×50%) 1 539.44

    贷：股本 1 183

      应付债券——可转换公司债券——利息调整[(2 078.88−475.27)×50%] 801.81

      资本公积——股本溢价 14 552.47

      库存现金 2.16(1 分)

第三题(20 分)

1. 编制会计分录：

① 1 月 15 日，收到某外商投入的外币资本：

借：银行存款——美元(500 000×7.9) 3 950 000

  贷：实收资本 (500 000×7.9) 3 950 000(0.5 分)

② 1 月 18 日，进口机器设备：

借：固定资产——设备 3 818 400

  应交税费——应交增值税(进项税额) 671 568

  贷：应付账款——美元 (400 000×7.9) 3 160 000

    银行存款——人民币(658 400+671 568) 1 329 968(0.5 分)

③ 1 月 20 日，出口销售：

借：应收账款——美元(200 000×7.8) 1 560 000

  贷：主营业务收入 1 560 000(0.5 分)

④ 2 月 1 日，借入港元：

借：银行存款——港元 (5 000 000×1.08) 5 400 000

  贷：长期借款——港元 (5 000 000×1.08) 5 400 000(0.5 分)

2 月 1 日，支付工程款：

借：在建工程——生产线 2 160 000

  贷：银行存款——港元 (2 000 000×1.08) 2 160 000(1 分)

4 月 1 日，支付工程款：

借：在建工程——生产线 2 180 000

  贷：银行存款——港元 (2 000 000×1.09) 2 180 000(1 分)

⑤ 3 月 31 日：

A. 计提利息。

2～3 月利息费用=5×(6%÷12)×2×1.1=5×1.1=5.5(万元人民币)

资本化起点是 2 月 1 日，终点是 10 月 1 日。

借：在建工程——生产线 55 000

  贷：银行存款(港元) (50 000×1.1) 55 000(1 分)

B. 计算汇兑损益。

a. 银行存款美元账户的汇兑损益=期末折算的人民币余额−(期初人民币余额+增加额−减少额)=600 000×7.7−(100 000×8.00+500 000×7.9)=4 620 000−(800 000+3 950 000)

＝－130 000(元人民币)；

银行存款美元期末余额＝10＋50＝60(万美元)；(1分)

银行存款港元账户的汇兑损益＝期末折算的人民币余额－(期初人民币余额＋增加额－减少额)＝2 950 000×1.1－(5 000 000×1.08－2 000 000×1.08－50 000×1.1)＝3 245 000－(5 400 000－2 160 000－55 000)＝60 000(元人民币)；

银行存款港元期末余额＝500－200－5＝295(万港元)。(1分)

b. 应收账款美元账户的汇兑损益＝700 000×7.7－(500 000×8.00＋200 000×7.8)＝5 390 000－(4 000 000＋1 560 000)＝－170 000(元人民币)；

应收账款美元期末余额＝50＋20＝70(万美元)。(1分)

c. 应付账款美元账户的汇兑损益＝600 000×7.7－(200 000×8.00＋400 000×7.9)＝4 620 000－(1 600 000＋3 160 000)＝－140 000(元人民币)；

应付账款美元期末余额＝20＋40＝60(万美元)。(1分)

d. 长期借款港元账户本金的汇兑损益＝5 000 000×1.1－(5 000 000×1.08)＝5 500 000－5 400 000＝100 000(元人民币)；

长期借款港元期末余额＝500(万港元)。(1分)

资本化期间为2013年2月1日至10月1日,故第一季度长期借款本金和利息的汇兑差额10万元人民币应全部资本化,其余外币账户的汇兑差额应费用化。

借：银行存款——港元 　　　　　　　　　　　　　　　　　　　　60 000
　　应付账款——美元 　　　　　　　　　　　　　　　　　　　　140 000
　　在建工程 　　　　　　　　　　　　　　　　　　　　　　　　100 000
　　财务费用 　　　　　　　　　　　　　　　　　　　　　　　　100 000
　　贷：银行存款——美元 　　　　　　　　　　　　　　　　　　130 000
　　　　应收账款——美元 　　　　　　　　　　　　　　　　　　170 000
　　　　长期借款——港元 　　　　　　　　　　　　　　　　100 000(1分)

⑥ 5月28日还款：

借：应付账款——美元(200 000×7.7) 　　　　　　　　　　　　1 540 000
　　贷：银行存款——美元(200 000×7.7) 　　　　　　　　1 540 000(1分)

⑦ 6月30日,收回应收账款：

借：银行存款——美元(300 000×7.6) 　　　　　　　　　　　　2 280 000
　　贷：应收账款——美元(300 000×7.6) 　　　　　　　　2 280 000(1分)

⑧ 6月30日：

A. 计提利息。

4～6月利息费用＝500×(6%÷12)×3×1.06＝7.5×1.06＝7.95(万元人民币),全部资本化。

借：在建工程——生产线 　　　　　　　　　　　　　　　　　　79 500
　　贷：银行存款(港元)(75 000×1.06) 　　　　　　　　　　79 500(1分)

B. 计算汇兑损益。

a. 银行存款美元账户的汇兑损益＝期末人民币余额－(期初人民币余额＋增加额－减少额)＝700 000×7.6－(600 000×7.7－200 000×7.7＋300 000×7.6)＝5 320 000－(4 620 000－

1 540 000＋2 280 000)＝－40 000(元人民币);

银行存款美元期末余额＝60－20＋30＝70(万美元);

银行存款港元账户的汇兑损益＝期末人民币余额－(期初人民币余额＋增加额－减少额)＝875 000×1.06－(2 950 000×1.1－200万×1.09)－7.5万×1.06＝927 500－(3 245 000－2180 000－79 500)＝－58 000(元人民币);

银行存款港元期末余额＝295－200－7.5＝87.5(万港元)。(1分)

b. 应收账款美元账户的汇兑损益＝400 000×7.6－(700 000×7.7－300 000×7.6)＝3 040000－(5 390000－2 280 000)＝－70 000(元人民币);

应收账款美元期末余额＝70－30＝40(万美元)。(1分)

c. 应付账款美元账户的汇兑损益＝400 000×7.6－(600 000×7.7－200 000×7.7)＝3 040 000－(4 620 000－1 540 000)＝－40 000(元人民币);

应付账款美元期末余额＝60－20＝40(万美元)。(1分)

d. 长期借款港元账户本金的汇兑损益＝5 000 000×1.06－(5 000 000×1.1)＝5 300 000－5 500 000＝－200 000(元人民币);

长期借款港元期末余额＝500(万港元)。(1分)

资本化期间为2013年2月1日至10月1日,故第二季度长期借款本金和利息的汇兑差额应全部资本化,其余外币账户的汇兑差额应费用化。

借:应付账款——美元 40 000
长期借款——港元 200 000
财务费用 128 000
贷:银行存款——美元 40 000
——港元 58 000
应收账款——美元 70 000
在建工程 200 000(1分)

2. 计算上述汇兑损益对本年利润总额的影响。

汇兑损益对利润总额的影响＝100 000＋128 000＝228 000(元人民币)(减少利润)。(1分)

第二部分　财务管理

第一题(20分)

1. 　　　2012年年末狭义营运资金数额＝流动资产－流动负债
　　　　　　＝2 400 002 691.93－629 657 690.90
　　　　　　＝1 770 345 001.03(元)(1分)

2. 应收账款周转期＝360÷(销售收入净额÷应收账款平均余额)
　　　　　＝应收账款平均余额×360÷销售收入净额
　　　　　＝$\dfrac{498\,067\,213.09＋23\,272\,758.32＋365\,509\,237.59＋22\,955\,232.25}{2}$
　　　　　×360÷3 298 291 641.46
　　　　　＝49.65(天)

存货周转期＝360÷(销售成本÷存货平均余额)

$$= 存货平均余额×360÷销售成本\frac{361\ 749\ 130.00+260\ 574\ 616.50}{2}×360÷2\ 859\ 960\ 195.48$$

$$= 39.17(天)$$

应付账款周转期＝360÷(销售收入净额÷应付账款平均余额)

$$= 应付账款平均余额×360÷销售收入净额$$

$$= \frac{282\ 612\ 998.80+205\ 173\ 891.28}{2}×360÷3\ 298\ 291\ 641.46$$

$$= 26.62(天)$$

现金周转期＝存货周转期＋应收账款周转期－应付账款周转期

$$= 49.65+39.17-26.62 = 62.20(天)(1分)$$

3. 放弃现金折扣会延长应付账款的周转期,则现金周转期缩短。(1分)

4. 在其他条件相同的情况下,增加应收账款占用会延长应收账款周转期,从而使现金周转期增加。(1分)

5. (1) 净资产收益率＝(净利润÷平均所有者权益)×100%

$$2012年净资产收益率 = \frac{192\ 482\ 046.89}{\dfrac{2\ 777\ 296\ 690.54+2\ 685\ 641\ 448.77}{2}}×100\%$$

$$= 7.05\%(1分)$$

$$2011年净资产收益率 = \frac{193\ 876\ 912.41}{\dfrac{2\ 685\ 641\ 448.77+2\ 061\ 971\ 544.04}{2}}×100\%$$

$$= 8.17\%(1分)$$

(2) 用连环替代法结合杜邦分析关系式,依次分析销售净利率、总资产周转率和权益乘数三个因素的变动对前后两年净资产收益率变动所产生的影响。(三个因素的计算结果保留三位小数,其余的计算保留两位小数。)

	2011 年	2012 年
销售净利率	$\dfrac{193\ 876\ 912.41}{3\ 116\ 524\ 256.16}×100\% = 6.221\%$	$\dfrac{192\ 482\ 046.89}{3\ 298\ 291\ 641.46}×100\% = 5.836\%$
总资产周转率	$\dfrac{3\ 116\ 524\ 256.16}{(3\ 328\ 481\ 696.28+2\ 301\ 587\ 942.08)÷2} = 1.10$	$\dfrac{3\ 298\ 291\ 641.46}{\dfrac{3\ 417\ 121\ 048.11+3\ 328\ 481\ 696.28}{2}} = 0.978$
权益乘数	$\dfrac{(3\ 328\ 481\ 696.28+2\ 301\ 587\ 942.08)÷2}{(2\ 685\ 641\ 448.77+2\ 061\ 971\ 544.04)÷2} = 1.18$	$\dfrac{(3\ 417\ 121\ 048.11+3\ 328\ 481\ 696.28)÷2}{(2\ 777\ 296\ 690.54+2\ 685\ 641\ 448.77)÷2} = 1.23$
净资产收益率	8.17%	7.05%

2011 年净资产收益率:6.221%×1.107×1.186=8.17%　①

第一次替代:5.836%×1.107×1.186=7.66%　②

第二次替代:5.836%×0.978×1.186=6.77%　③

第三次替代:5.836%×0.978×1.235=7.05%　④

销售净利率下降的影响＝②－①＝7.66%－8.17%＝－0.51%;(1分)

总资产周转率下降的影响＝③－②＝6.77％－7.66％＝－0.89％；(1分)

权益乘数上升的影响＝④－③＝7.05％－6.77％＝0.28％。(1分)

6. DF公司2012年的每股股利＝$\frac{192\,482\,046.89\times50\%}{1\,000\,000\,000}$＝0.10（元）。(1分)

7. DF公司最近两年执行的是固定股利支付率政策。(1分)

该政策的执行不利于公司股价的稳定,因为公司每年的收益很难保持稳定不变,导致年度间的股利额波动较大,由于股利的信号传递作用,波动的股利容易给投资者带来经营状况不稳定、投资风险较大的不良印象,从而形成公司股价的不利因素。(1分)

8. 投资者甲想购买DF公司的股票。

(1) 按资本资产定价模型为投资者甲计算投资DF公司股票的必要收益率：

$$R = R_f + \beta(R_m - R_f) = 3\% + 0.9\times(10\% - 3\%) = 9.3\%(1分)$$

(2) DF公司股票的价值＝$\frac{D_1}{R-g}$＝$\frac{0.10\times(1+5\%)}{9.3\%-5\%}$＝2.44（元）。(1分)

(3) 若DF公司股票的市场价是5元,高于其内在价值,投资者甲不应该购买。(1分)

9. 经营净收益＝净利润－非经营净收益

　　　＝192 482 046.89－(94 680.38＋9 130 875.29＋101 679 328.41＋542 677.90)

　　　＝81 034 484.91(元);(1分)

净收益营运指数＝经营净收益÷净利润

　　　＝81 034 484.91÷192 482 046.89

　　　＝0.42。(1分)

净收益营运指数越小,非经营收益所占比重越大,收益质量越差。(1分)

10. 现金营运指数＝经营活动现金流量净额÷经营所得现金

　　　＝经营活动现金流量净额÷(经营净收益＋非付现费用)

　　　＝－52 954 451.09÷[81 034 484.91＋(2 174 880.57＋51 228 474.46

　　　　＋1 728 282.07)]＝－0.39。(1分)

该指数小于1,反映公司为取得同样的收益占用了更多的营运资金。(1分)

第二题(20分)

1. (1) 用指数平滑法预测公司计划年度的销售收入：

计划年度预测销售收入

＝平滑指数×基年实际销售收入＋(1－平滑指数)×基年预测销售收入

＝0.5×15 000＋(1－0.5)×17 000＝16 000(万元)(1分)

(2) 　　EBIT＝16 000×(1－60％)－2 400＝4 000(万元)(1分)

(3) 在计划年度销售收入水平下的经营杠杆系数：

$$DOL = \frac{M}{EBIT} = \frac{16\,000\times(1-60\%)}{4\,000} = 1.6(1分)$$

2. 计算两个筹资方案的每股收益无差别点：

$$\frac{(\overline{EBIT}-180)\times(1-25\%)}{5\,000+500} = \frac{(\overline{EBIT}-180-2\,000\times8\%)\times(1-25\%)}{5\,000}$$

$$\overline{EBIT} = 1\,940(万元)(1分)$$

因为预计利润高于息税前利润平衡点,所以应该选择方案二发行债券。(1分)

3. (1)缺失的项目及现值包括:

变卖旧设备净损失减税的现值=[90 000-(140 000-19 000×2)]×25%=-3 000(元)(1分)

大修理支出摊销抵税的现值=8 000×25%×(3.790 8-2.486 9)=2 607.80(元)(1分)

净现值:

$$A=-90\ 000.00-12\ 000.00+454\ 896.00-284\ 310.00+18\ 006.30-12\ 020.80$$
$$+2\ 483.60+465.68+7\ 450.80-3\ 000+2\ 607.80$$
$$=84\ 579.38(元)(1分)$$

完整的计算表如下:

表1　继续使用旧设备方案　　　　　　　　　　单位:元

项目	现金流量	年份	10%的现值系数（保留四位小数）	现值
旧设备变价收入	-90 000	0	1	-90 000.00
变卖旧设备净损失减税	[90 000-(140 000-19 000×2)]×25%=-3 000	0	1	-3 000.00
垫支营运资金	-12 000	0	1	-12 000.00
每年销售收入	160 000×(1-25%)=120 000	1～5	3.790 8	454 896.00
每年营运成本	-100 000×(1-25%)=-75 000	1～5	3.790 8	-284 310.00
每年折旧抵税	19 000×25%=4 750	1～5	3.790 8	18 006.30
大修理支出	-16 000	3	0.751 3	-12 020.80
大修理支出摊销抵税	8 000×25%=2 000	4～5	1.303 9	2 607.80
残值变价收入	4 000	5	0.620 9	2 483.60
残值净损失减税	(7 000-4 000)×25%=750	5	0.620 9	465.68
营运资金收回	12 000	5	0.620 9	7 450.80
净现值		——	——	84 579.38

(2)

表2　使用新设备甲的方案　　　　　　　　　　单位:元

项目	现金流量	年份	10%现值系数（保留四位小数）	现值
设备投资	-160 000	0	1	-160 000.00
垫支营运资金	-16 000	0	1	B=-16 000.00
每年销售收入	200 000×(1-25%)=150 000	1～5	3.790 8	C=568 620.00
每年营运成本	-110 000×(1-25%)=-82 500	1～5	3.790 8	D=-312 741.00

(续表)

项目	现金流量	年份	10%现值系数(保留四位小数)	现值
每年折旧抵税	30 400×25%＝7 600	1～5	3.790 8	E＝28 810.08
残值变价收入	10 000	5	0.620 9	F＝6 209.00
残值净收益纳税	(8 000－10 000)×25%＝－500	5	0.620 9	G＝－310.45
营运资金收回	16 000	5	0.620 9	H＝9 934.40
净现值	——	——	——	I＝124 522.03

(B—I 每空 1 分小计 8 分)

(3) 因为新设备甲方案的净现值大于旧设备方案的净现值,所以选择新设备甲方案。(1 分)

(4) 使用甲设备方案年金净流量＝$\dfrac{净现值}{年金现值系数}$＝$\dfrac{124\,522.03}{(P/A,\,10\%,\,5)}$＝$\dfrac{124\,522.03}{3.790\,8}$
＝32 848.48 (元);(1 分)

使用乙设备方案年金净流量＝$\dfrac{净现值}{年金现值系数}$＝$\dfrac{130\,000}{(P/A,\,10\%,\,6)}$＝$\dfrac{130\,000}{4.355\,3}$
＝29 848.69 (元)。(1 分)

因为乙设备方案的年金净流量小于甲设备的,所以应该选择使用甲设备。(1 分)

"天平杯"浙江省第九届大学生财会信息化竞赛参考答案及评分标准(高职高专组)

第一部分 会 计

第一题(20分)

1. 资料一:(7分)

(1) 编制 2010 年第二季度外币业务的会计分录:

① 4月1日:

借:在建工程   624
  贷:银行存款——美元户 (100×6.24)   624(0.5 分)

② 4月20日:

借:银行存款——人民币户 (50×6.2)   310
  财务费用   2.5
  贷:银行存款——美元户 (50×6.25)   312.5(0.5 分)

③ 5月1日:

借:在建工程   750
  贷:银行存款——美元户 (120×6.25)   750(0.5 分)

④ 5月15日:

借:银行存款——美元户 (100×6.27)   627
  贷:应收账款——美元户 (100×6.26)   626
  财务费用   1(0.5 分)

⑤ 6月30日:

第二季度利息=1 000×6‰×3÷12×6.27=94.05(万元),应计入在建工程部分=94.05-0.5×6.27=90.915(万元)。

借:银行存款——美元户 (0.5×6.27)   3.135
  在建工程   90.915
  贷:应付利息——美元户 (15×6.27)   94.050(1 分)

(2) 计算 2010 年第二季度计入在建工程和当期损益的汇兑净损益:

① 计入在建工程的汇兑损益：

长期借款：1 000×(6.27－6.26)＝10(万元)(贷方)；(0.5分)

应付利息：15×(6.27－6.26)＋15×(6.27－6.27)＝0.15(万元)(贷方)。(0.5分)

计入在建工程的汇兑净损失＝10＋0.15＝10.15(万元)。(0.5分)

② 计入当期损益的汇兑损益：

银行存款账户发生的汇兑损益＝(400－100－50－120＋100＋0.5)×6.27－(400×6.26－100×6.24－50×6.25－120×6.25＋100×6.27＋0.5×6.27)＝－2.4(万元)；(0.5分)

应收账款账户产生的汇兑损益＝(300－100)×6.27－(300×6.26－100×6.26)＝2(万元)；(0.5分)

计入当期损益的汇兑净损失＝2.5－1＋2.4－2＝1.9(万元)。(0.5分)

(3) 编制与期末汇兑损益相关的会计分录：

借：在建工程	10.15
应收账款	2.00
财务费用	0.40
贷：银行存款	2.40
长期借款	10.00
应付利息	0.15(1分)

2. 资料二：(13分)

(1) 2010年度：

① 2010年1月1日：

借：长期股权投资	3 800
贷：银行存款	3 800(0.5分)

② 2010年3月10日：

借：银行存款	100
贷：投资收益	100(0.5分)

③ 2010年12月31日长期股权投资账面价值为3 800万元。(0.5分)

(2) 2011年度：

① 2011年3月1日：

借：银行存款	240
贷：投资收益	240(0.5分)

② 2011年6月20日：

借：预付账款	10 500
贷：银行存款	10 500(0.5分)

③ 2011年7月2日：

A. 调整原10%股权投资。

2010年1月1日投资成本3 800万元大于其享有黄山公司可辨认净资产公允价值的份额3 000万元(30 000×10%)，不调整长期股权投资成本。(1分)

2010年1月1日至2011年7月2日，被投资单位可辨认净资产公允价值增加＝32 800－30 000＝2 800(万元)。长期股权投资总额应调增＝2 800×10%＝280(万元)，其中：应调增留存收益＝（2 800－100÷10％）×10％＝180（万元），应调增投资收益＝（3 000－240÷10％）×10％＝60（万元），应调增资本公积＝280－180－60＝40（万元）。（1分）

调整分录如下：

借：长期股权投资　　　　　　　　　　　　　　　　　　　　　　　　280
　贷：盈余公积　　　　　　　　　　　　　　　　　　　　　　　　　　　18
　　　利润分配——未分配利润　　　　　　　　　　　　　　　　　　　162
　　　投资收益　　　　　　　　　　　　　　　　　　　　　　　　　　　60
　　　资本公积——其他资本公积　　　　　　　　　　　　　　　　　40（2分）

B.　追加部分。

借：长期股权投资　　　　　　　　　　　　　　　　　　　　　　　10 500
　贷：预付账款　　　　　　　　　　　　　　　　　　　　　　　10 500（1分）

追加投资时被投资单位股本总额＝（1 000＋200）÷10％＝12 000（万股）

追加投资部分持股比例＝3 000÷12 000×100％＝25％，对黄山公司总的投资持股比例为35％（10％＋25％）。

追加投资持股比例部分的初始投资成本10 500万元大于其享有黄山公司可辨认净资产公允价值的份额8 200（32 800×25％）万元，不调整长期股权投资的成本。（1.5分）

④　2011年12月31日：

借：长期股权投资　　　　　　　　1 393｛［4 000－（1 000－600）÷10×6÷12］×35％｝
　贷：投资收益　　　　　　　　　　　　　　　　　　　　　　　1 393（1分）

⑤　2011年12月31日长期股权投资的账面价值＝3 800＋280＋10 500＋1 393＝15 973（万元）。（1分）

（3）2012年度：

①　2012年12月31：

借：资本公积——其他资本公积　　　　　　　　　　　　　　　　　　35
　贷：长期股权投资（100×35％）　　　　　　　　　　　　　　　35（0.5分）

②　确认2012年权益法核算确认的投资权益：

借：长期股权投资｛［8 000－（1 000－600）÷10］×35％｝　　　　　　2 786
　贷：投资收益　　　　　　　　　　　　　　　　　　　　　　2 786（0.5分）

③　2012年12月31日长期股权投资的账面价值＝15 973－35＋2 786＝18 724（万元）。（1分）

第二题（20分）

1.　资料一：（5分，每小题0.5分）

（1）销售商品、提供劳务收到的现金＝46 800＋100 000＋17 000＋300＝164 100（万元）。

（2）购买商品、接受劳务支付的现金＝48 000＋8 160＋1 200＋150－60＝57 450（万元）。

（3）支付给职工以及为职工支付的现金＝4 000（万元）。

（4）购建固定资产、无形资产和其他长期资产所支付的现金＝300＋20＋200＋34＋300＋51
　　　　　　　　　　　　　　　　　　　　　　　　　＝905（万元）。

（5）取得借款收到的现金＝600＋100＝700（万元）。

(6) 吸收投资收到的现金＝8 000＋7 000＝15 000(万元)。

(7) 分配股利、利润或偿付利息支付的现金＝60＋7＝67 万元。

(8) 投资支付的现金＝10×(10.2－0.2)＋5＋21＋1＝127 万元。

(9) 支付其他与投资活动有关的现金＝10×0.2＝2 万元。

(10) 处置固定资产、无形资产和其他长期资产收回的现金净额＝3－0.2＝2.8 万元。

2. **资料二**(15 分)

(1) (5 分)

2011 年 12 月 31 日　　　　　　　　　　　　　　单位:万元

项目	账面价值	计税基础	可抵扣暂时性差异	应纳税暂时性差异
交易性金融资产	800	640		160
可供出售金融资产	500	580	80(不影响所得税费用)	
持有至到期投资	2 045.08×103.2% －80＝2 030.52	2 030.52		
存货	900	1 000	100	
可抵扣亏损	—			
暂时性差异合计			180	160
递延所得税资产和递延所得税负债余额(其中影响资本公积金额)			180×25%＝45(其中影响资本公积金额为 20)	160×25%＝40

(2) (5 分)

2012 年 12 月 31 日　　　　　　　　　　　　　　单位:万元

项目	账面价值	计税基础	可抵扣暂时性差异	应纳税暂时性差异
交易性金融资产	900	1 000	100	
可供出售金融资产	640	580		60(不影响所得税费用)
持有至到期投资	2 030.52×103.2% ＝2 015.50	2 015.50		
存货	800	960(减值准备余额＝160)	160	
可抵扣亏损	—	—	600	
暂时性差异合计			860	60
递延所得税资产和递延所得税负债余额(其中影响资本公积金额)			860×25%＝215	15(其中影响资本公积金额＝60×25%＝15)

(3) 写出与当期所得税和递延所得税相关的会计分录:

2011 年:

借：所得税费用[(3 000−2 045.08×3.2%)×25%]　　　　　　　　733.64
　　递延所得税资产　　　　　　　　　　　　　　　　　　　　　25.00
　　贷：应交税费——应交所得税[(3 000−2 045.08×3.2%+180−80−160)×25%]　718.64
　　　　递延所得税负债　　　　　　　　　　　　　　　　　　　40(1分)

借：递延所得税资产　　　　　　　　　　　　　　　　　　　　　20
　　贷：资本公积　　　　　　　　　　　　　　　　　　　　　　20(0.5分)

2012年：

借：递延所得税资产(215−25)　　　　　　　　　　　　　　　　190
　　递延所得税负债　　　　　　　　　　　　　　　　　　　　　40
　　贷：所得税费用　　　　　　　　　　　　　　　　　　　　　230(1分)

借：资本公积　　　　　　　　　　　　　　　　　　　　　　　　35
　　贷：递延所得税资产　　　　　　　　　　　　　　　　　　　20
　　　　递延所得税负债　　　　　　　　　　　　　　　　　　　15(0.5分)

(4) 计算综合收益总额：

2011年综合收益总额＝3 000−733.64−80(可供出售金融资产的公允价值变动计入资本公积的金额)＋20＝2 206.36(万元)。(1分)

2012年综合收益总额＝−600+230+80+60(可供出售金融资产的公允价值变动计入资本公积的金额)−35＝−265(万元)。

第三题(20分)

1. 资料一：(5.5分)

(1) 天天公司与A公司债务重组过程中应确认的损益＝(7 200−1 000)−(2 640+2 760)＝800(万元)。(0.5分)

借：在建工程　　　　　　　　　　　　　　　　　　　　　　　2 640
　　长期股权投资　　　　　　　　　　　　　　　　　　　　　2 760
　　坏账准备　　　　　　　　　　　　　　　　　　　　　　　1 000
　　营业外支出——债务重组损失　　　　　　　　　　　　　　800
　　贷：应收账款——A公司　　　　　　　　　　　　　　　　7 200(0.5分)

(2) A公司与天天公司债务重组过程中应确认的债务重组损益＝7 200−(2 640+2 760)＝1 800(万元)；(0.5分)

在建工程转让损益＝2 640−2 160＝480(万元)；(0.5分)

投资转让损益＝2 760−(3 120−240)＝−120(万元)。(0.5分)

借：应付账款——天天公司　　　　　　　　　　　　　　　　7 200
　　投资收益　　　　　　　　　　　　　　　　　　　　　　　120
　　长期股权投资减值准备　　　　　　　　　　　　　　　　　240
　　贷：在建工程　　　　　　　　　　　　　　　　　　　　　2 160
　　　　长期股权投资　　　　　　　　　　　　　　　　　　　3 120
　　　　营业外收入——债务重组利得　　　　　　　　　　　　1 800
　　　　　　　　——处置非流动资产损益　　　　　　　　　　480(0.5分)

(3) 天天公司写字楼在2010年应确认的公允价值变动损益＝3 840−(2 640+960)＝240(万

元)。(0.5分)

借：投资性房地产——公允价值变动　　　　　　　　　　　　　240
　　贷：公允价值变动损益　　　　　　　　　　　　　240(0.5分)

(4) 天天公司转让长期股权投资所产生的损益＝2 400－2 760＝－360(万元)。(0.5分)

借：无形资产　　　　　　　　　　　　　　　　　　　　2 640
　　投资收益　　　　　　　　　　　　　　　　　　　　360
　　贷：长期股权投资　　　　　　　　　　　　　　　　2 760
　　　　银行存款　　　　　　　　　　　　　　　　240(0.5分)

2. 资料二：(9.5分)

(1) 资产组或资产组组合的认定：

① 将管理总部认定为一个资产组的处理不正确。

因为管理总部不能独立产生现金流量,不能认定为一个资产组。(1分)

② 将甲、乙车间认定为一个资产组组合的处理不正确。

甲、乙车间组成的生产线构成完整的产销单元,能够单独产生现金流量,应认定为一个资产组;管理总部、甲、乙应作为一个资产组组合。(1分)

(2) 可收回金额的确定：

① 正确。(0.5分)

② 不正确。

对子公司北方公司股权投资的可收回金额＝公允价值4 080－处置费用20＝4 060(万元)。(1分)

(3) 资产减值损失的计量：

①～⑥均不正确。

资产组组合应确认的减值损失＝资产组组合的账面价值(2 000＋1 200＋2 100＋2 700)－资产组组合的可收回金额7 800＝200(万元);(1分)

按账面价值比例计算,办公楼(总部资产)应分摊的减值金额＝200×(2 000÷8 000)＝50(万元),因办公楼的公允价值减去处置费用后的净额＝1 980－20＝1 960(万元),办公楼分摊减值损失后其账面价值不应低于1 960万元,所以办公楼只能分摊减值损失40万元,剩余160万元为甲、乙车间构成的资产组应分摊的减值损失。(1分)

分摊减值损失160万元后,甲、乙资产组的账面价值5 840万元(1 200＋2 100＋2 700－160)大于该资产组的未来现金流量现值5 538万元,故甲、乙车间构成的资产组应确认的减值损失为160万元。(1分)

按账面价值所占比例,甲车间A设备应分摊的减值损失＝160×(1 200÷6 000)＝32(万元);B设备应分摊的减值损失＝160×(2 100÷6 000)＝56(万元);C设备应分摊的减值损失＝160×(2 700÷6 000)＝72(万元)。(1分)

按账面价值所占比例乙车间分摊的减值损失总额＝56＋72＝128(万元),分摊减值损失后,乙车间的账面价值4 672万元(2 100＋2 700－128)大于乙车间未来现金流量现值4 658万元,所以乙车间应计提的减值损失为128万元。(1分)

对北方公司长期股权投资的可收回金额＝4 080－20＝4 060(万元),应计提的减值准备＝4 200－4 060＝140(万元)。(1分)

3. 资料三：(5分)

(1) 天天公司将持有的乙公司股票进行重分类并进行追溯调整的会计处理是不正确的。因为天天公司是为了减少交易性金融资产市场价格波动对公司利润的影响而进行重分类的,不符合重分类的条件,所以处理是不正确的。并且交易性金融资产是不能与其他金融资产进行重分类的。（1分）

更正的分录为：

借：交易性金融资产——成本　　　　　　　　　　　　　　　　　　3 500.0
　　盈余公积　　　　　　　　　　　　　　　　　　　　　　　　　　36.2
　　利润分配——未分配利润　　　　　　　　　　　　　　　　　　325.8
　　贷：可供出售金融资产　　　　　　　　　　　　　　　　　　　　3 150.0
　　　　交易性金融资产——公允价值变动　　　　　　　　　　　　　350.0
　　　　资本公积——其他资本公积　　　　　　　　　　　　　362.0（1分）

借：可供出售金融资产——公允价值变动　　　　　　　　　　　　　150
　　贷：资本公积——其他资本公积　　　　　　　　　　　　　150（0.25分）

借：公允价值变动损益　　　　　　　　　　　　　　　　　　　　　150
　　贷：交易性金融资产——公允价值变动　　　　　　　　　　150（0.25分）

（2）天天公司变更投资性房地产的后续计量模式并进行追溯调整的会计处理是不正确的。因为天天公司是为了减少投资性房地产公允价值变动对公司利润的影响而变更后续计量模拟的,并且投资性房地产后续计量是不可以从公允价值模式变更为成本模式的。（1分）

更正的分录为：

借：投资性房地产——成本　　　　　　　　　　　　　　　　　　　8 500
　　投资性房地产累计折旧　　　　　　　　　　　　　　　　　　　680
　　盈余公积　　　　　　　　　　　　　　　　　　　　　　　　　52
　　利润分配——未分配利润　　　　　　　　　　　　　　　　　　468
　　贷：投资性房地产　　　　　　　　　　　　　　　　　　　　　8 500
　　　　投资性房地产——公允价值变动　　　　　　　　　　1 200（1分）

借：投资性房地产累计折旧　　　　　　　　　　　　　　　　　　　340
　　贷：其他业务成本　　　　　　　　　　　　　　　　　　340（0.25分）

借：公允价值变动损益　　　　　　　　　　　　　　　　　　　　　800
　　贷：投资性房地产——公允价值变动　　　　　　　　　　800（0.25分）

第二部分　财务管理

第一题（20分）

1. 若采用甲方案：

$$增加的边际贡献=（9\ 000-7\ 200）\times（1-60\%）=720（万元）（1分）$$

$$原方案应计利息=\frac{7\ 200}{360}\times30\times60\%\times10\%=36（万元）$$

$$甲方案应计利息=\frac{9\ 000}{360}\times40\times60\%\times10\%=60（万元）$$

增加的应收账款应计利息＝60－36＝24(万元)（1分）

增加的收账费用＝42－30＝12(万元)

增加的坏账损失＝9 000×3％－7 200×2％＝126(万元)

增加的税前损益＝720－24－12－126＝558(万元)（1分）

2. 若采用乙方案：

增加的边际贡献＝(9 000－7 200)×(1－60％)＝720(万元)

原方案应计利息＝$\frac{7\ 200}{360}$×30×60％×10％＝36(万元)

乙方案平均收现期＝20×80％＋40×(1－80％)＝24(天)

乙方案应计利息＝$\frac{9\ 000}{360}$×24×60％×10％＝60(万元)

增加的应收账款应计利息＝36－36＝0(万元)（1分）

增加的收账费用＝42－30＝12(万元)

增加的坏账损失＝9 000×3％－7 200×2％＝126(万元)

增加的现金折扣成本＝9 000×80％×1％－0＝72(万元)（1分）

增加的税前损益＝720－0－12－126－72＝510(万元)（1分）

采用甲方案能增加更多的税前收益,因此应该选择甲方案,即将信用期延长至40天,不提供现金折扣。（1分）

3. 2011年年末的权益乘数＝8 200÷4 500＝1.82。（1分）

4. (1) 敏感资产销售百分比＝(1 500＋1 100＋2 500)÷7 200×100％＝70.83％。（1分）

(2) 敏感负债销售百分比＝(1 200＋1 100)÷7 200×100％＝31.94％。（1分）

(3) 需要增加的资金数额＝2 000＋(9 000－7 200)×(70.83％－31.94％)

＝2 700.02(万元)；

留存收益增加提供的资金＝9 000×12％×(1－50％)＝540(万元)；

对外筹资数额＝2 700.02－540＝2 160.02(万元)。（2分）

5. 计算固定资产投资项目的回收期：

时点	0	1	2	3	4	5
现金净流量	(2 000)	500	700	700	700	800
现金净流量累计值	(2 000)	(1 500)	(800)	(100)	600	1 400

PP＝3＋100÷700＝3.14(年)。（2分）

计算固定资产投资项目的净现值：

NPV ＝500×(P/F, 10％, 1)＋700×[(P/A, 10％, 4)－(P/A, 10％, 1)]＋800×(P/A, 10％, 5)－2 000

＝500×0.909 1＋700×(3.169 9－0.909 1)＋800×0.620 9－2 000

＝533.83(万元)。（2分）

6. 利用EXCEL插入函数法直接求得固定资产投资项目的内部收益率为19.30％。（2分）

7. 2012年发行债券的资本成本＝$\frac{100×10％×(1－25％)}{102×(1－2％)}$＝7.50％。（2分）

第二题(20分)

1. (1) 确定E公司乙材料采购预算表中用字母表示的项目数值。(3分)

2012年度乙材料的采购预算

项目	第一季度	第二季度	第三季度	第四季度	全年合计
预计甲产品生产量(件)	3 800	3 800	4 200	4 800	16 600
材料定额单耗量(千克/件)	6	6	6	6	6
预计生产需要量(千克)	22 800	22 800	25 200	28 800	99 600
加:期末结存量(千克)	1 200	1 400	1 400	1 500	1 500
减:期初结存量(千克)	1 800	1 200	1 400	1 400	1 800
预计材料采购量(千克)	22 200	23 000	25 200	28 900	99 300
材料计划单价(元/千克)	8	8	8	8	8
预计采购金额(元)	A=177 600	B=184 000	201 600	231 200	C=794 400

(2) E公司第二季度预计采购现金支出$=177\ 600 \times 60\% + 184\ 000 \times 40\% = 180\ 160$(元)。(1分)

(3) 乙材料的单位标准成本$=$用量标准$\times$价格标准$=6 \times 8 = 48$(元/件)。(1分)

(4) 第一季度甲产品消耗乙材料的成本差异$=26\ 000 \times 7.5 - 4\ 000 \times 6 \times 8 = 3\ 000$(元);(1分)

用量差异$=(26\ 000 - 4\ 000 \times 6) \times 8 = 16\ 000$(元);(1分)

价格差异$=(7.5-8) \times 26\ 000 = -13\ 000$(元)。(1分)

(5) 根据上一步骤计算结果,E公司进一步降低甲产品消耗乙材料成本的主要措施应为降低材料的耗用量。(1分)

2. (1) E公司股票2012年3月31日的市盈率$=20 \div 1 = 20$。(1分)

(2) E公司股票的必要收益率$=4\% + 1.2 \times (8\% - 4\%) = 8.8\%$。(1分)

3. (1) 方案一每股股利应纳个人所得税$=0.50 \times 50\% \times 20\% = 0.05$(元)。(1分)

方案二每股股利应纳个人所得税$=0.1 \times 50\% \times 20\% = 0.01$(元)。(1分)

(注:按目前有关税法及政策规定,对个人投资者从上市公司取得的股息红利所得暂减按50%计入个人应纳税所得额,股票股利以派发红利的股票票面金额为收入额计征个人所得税)

因为方案二每股股利应纳个人所得税更少,所以从个人股东税负上考虑,应该选择方案二。(1分)

(2) 方案二在发放股利后:

普通股股数$=5\ 000 + 500 = 5\ 500$(万股)。(1分)

股东权益各项目的金额:

股本$=5\ 500 \times 1 = 5\ 500$(万元);(1分)

资本公积$=1\ 000$(万元);(0.5分)

盈余公积$=2\ 000$(万元);(0.5分)

未分配利润$=4\ 000 - 500 = 3\ 500$(万元)。(1分)

(3) 设完成分红方案二之后的E公司股票价格为x,则有:

$$\frac{\dfrac{20}{12\ 000}}{5\ 000} = \frac{\dfrac{x}{12\ 000}}{5\ 500}$$

解得:$x=18.18$(元)(2分)

"天平杯"浙江省第十三届大学生
财会信息化竞赛决赛试题及参考答案
（高职高专组）

必答题

简述存货管理的目标。(10分)

(1) 保证生产正常进行。(1分)

生产过程中需要的原材料和在产品,是生产的物质保证,为保障生产的正常进行,必须储备一定量的原材料;否则可能会造成生产中断、停工待料的现象。(1分)

(2) 有利于销售。(1分)

一定数量的存货储备能够增加企业在生产和销售方面的机动性和适应市场变化的能力。当企业市场需求量增加时,若产品储备不足就有可能失去销售良机,所以保持一定量的存货是有利于市场销售的。(1分)

(3) 便于维持均衡生产,降低产品成本。(1分)

有些企业产品属于季节性产品或者需求波动较大的产品,此时若根据需求状况组织生产,则可能有时生产能力得不到充分利用,有时又超负荷生产,这会造成产品成本的上升。为了降低生产成本,实现均衡生产,就要储备一定的产成品存货,并应相应地保持一定的原材料存货。(1分)

(4) 降低存货取得成本。(1分)

一般情况下,当企业进行采购时,进货总成本与采购物资的单价和采购次数有密切关系。而许多供应商为鼓励客户多购买其产品,往往在客户采购量达到一定数量时,给予价格折扣,所以企业通过大批量集中进货,既可以享受价格折扣,降低购置成本,也因减少订货次数,降低了订货成本,使总的进货成本降低。(1分)

(5) 防止意外事件的发生。(1分)

企业在采购、运输、生产和销售过程中,都可能发生意料之外的事故,保持必要的存货保险储备,可以避免和减少意外事件的损失。(1分)

会计(一)

根据《企业会计准则第14号——收入》,销售商品收入同时满足哪些条件才能予以确认?(10分)

销售商品收入同时满足下列条件的,才能予以确认:

(1) 企业已将商品所有权上的主要风险和报酬转移给购货方。(2分)

(2) 企业既没有保留通常与所有权相联系的继续管理权,也没有对已售出的商品实施有效控制。(2分)

(3) 收入的金额能够可靠地计量。(2分)

(4) 相关的经济利益很可能流入企业。(2分)

(5) 相关的已发生或将发生的成本能够可靠地计量。(2分)

会计(二)

债务重组的主要方式有哪些?举例说明。(10分)

(1) 以资产清偿债务,是指债务人转让其资产给债权人以清偿债务的债务重组方式。债务人通常用于偿债的资产主要有:现金、存货、固定资产、无形资产等。(2.5分)

(2) 债务转为资本,是指债务人将债务转为资本,同时债权人将债权转为股权的债务重组方式。(2.5分)

(3) 修改其他债务条件,是指修改不包括上述两种情形在内的债务条件进行债务重组的方式,

如减少债务本金、降低利率、免去应付未付的利息等。(2.5分)

(4) 以上3种方式的组合,是指采用以上3种方法共同清偿债务的债务重组形式。例如,以转让资产清偿某项债务的一部分,另一部分债务通过修改其他债务条件进行债务重组。(2.5分)

财务管理(一)

剩余股利政策的4个决策步骤依次是什么? 这种股利政策有何优缺点? (10分)

(1) 决策步骤:

(a) 设定目标资本结构,在此资本结构下,公司的加权平均资本将达到最低水平。(2分)

(b) 确定公司的最佳资本预算,并根据公司的目标资本结构预计资金需求中所需增加的权益资本数额。(1分)

(c) 最大限度地使用留存收益来满足资金需求中所需增加的权益资本数额。(1分)

(d) 留存收益在满足公司权益资本增加需求后,若还有剩余再用来发放股利。(1分)

(2) 优缺点:

优点:留存收益优先保证再投资的需要,有助于降低再投资的资金成本,保持最佳的资本结构,实现企业价值的长期最大化。(2分)

缺陷:若完全遵照执行剩余股利政策,股利发放额就会每年随着投资机会和盈利水平的波动而波动。在盈利水平不变的前提下,股利发放额与投资机会的多寡呈反方向变动;而在投资机会维持不变的情况下,股利发放额将与公司盈利呈同方向波动。剩余股利政策不利于投资者安排收入与支出,也不利于公司树立良好的形象。(3分)

财务管理(二)

短期借款的利息支付方式主要有哪些? 分别作出说明并指出相对而言哪种利息支付方式对企业最有利。(10分)

(1) 收款法、贴现法、加息法。(2分)

(2) 收款法是在借款到期时向银行支付利息的方法。(2分)

贴现法是指银行向企业发放贷款时,先从本金中扣除利息部分,到期时借款企业偿还全部贷款本金的一种利息支付方法。(2分)

加息法是银行发放分期等额偿还贷款时采用的利息收取方法。在分期等额偿还贷款情况下,银行将根据名义利率计算的利息加到贷款本金上,计算出贷款的本息和,要求企业在贷款期内分期偿还本息之和的金额。(2分)

(3) 收款法。(2分)